MICROECONOMICS
微观经济学

［美］达龙·阿西莫格鲁　［美］戴维·莱布森　［美］约翰·A. 李斯特　著
（Daron Acemoglu）　　（David Laibson）　　（John A. List）

崔传刚　译　翁翕　审校

第三版
Third Edition

中信出版集团｜北京

图书在版编目（CIP）数据

微观经济学：第三版 /（美）达龙·阿西莫格鲁，
（美）戴维·莱布森，（美）约翰·A. 李斯特著；崔传刚
译 . -- 北京：中信出版社，2024. 10. -- ISBN 978-7
-5217-6750-6（2024.10重印）

Ⅰ . F016

中国国家版本馆 CIP 数据核字第 2024DJ4006 号

Authorized translation from the English language edition, entitled
Microeconomics, 3rd Edition by Daron Acemoglu, David Laibson, John A. List.
Published by Pearson Education, Inc
Copyright © 2022 by Pearson Education, Inc.
All rights reserved. No part of this book may be reproduced or transmitted in any
form or by any means, electronic or mechanical, including
photocopying, recording or by any information storage retrieval system, without
permission from Pearson Education, Inc.
CHINESE SIMPLIFIED language edition published by CITIC PRESS CORPORATION,
Copyright © 2024 by CITIC PRESS CORPORATION

本书中文简体字版由 Pearson Education Limited（培生教育出版集团）授权中信出版集团在中华人民共和国境内（不包
括香港、澳门特别行政区及台湾地区）独家出版发行。
未经出版者书面许可，不得以任何方式抄袭、复制或节录本书中的任何部分。
本书封底贴有 Pearson Education Limited（培生教育出版集团）激光防伪标签，无标签者不得销售。

微观经济学（第三版）

著者：　　［美］达龙·阿西莫格鲁　［美］戴维·莱布森　［美］约翰·A. 李斯特
译者：　　崔传刚
出版发行：中信出版集团股份有限公司
　　　　　（北京市朝阳区东三环北路 27 号嘉铭中心　邮编　100020）
承印者：　北京通州皇家印刷厂

开本：787mm×1092mm　1/16　　　　印张：37.5　　　字数：800 千字
版次：2024 年 10 月第 1 版　　　　　印次：2024 年 10 月第 2 次印刷
京权图字：01-2024-4246　　　　　　书号：ISBN 978-7-5217-6750-6
　　　　　　　　　　　　　定价：139.00 元

版权所有·侵权必究
如有印刷、装订问题，本公司负责调换。
服务热线：400-600-8099
投稿邮箱：author@citicpub.com

谨以此书献给我们深爱的安妮卡、阿拉斯、阿尔达、伊莱、格蕾塔、梅森、马克斯和诺亚，感谢他们所给予的不辍激励。

目录

前言 / VII

1 经济学导论 _ 001

第 1 章　经济学原理与实践 / 003

1.1　经济学的范畴 / 004
1.2　经济学三大原理 / 009
1.3　经济学第一原理：优化 / 009
1.4　经济学第二原理：均衡 / 016
1.5　经济学第三原理：实证 / 019
1.6　经济学对你有用吗？/ 020

第 2 章　经济科学：运用数据和模型理解世界 / 025

2.1　科学方法 / 026
2.2　因果关系和相关关系 / 032
2.3　经济问题和答案 / 039
附录 2A　绘制和解释图表 / 044

第 3 章　优化：竭力做到最好 / 053

3.1　优化：试图找出最佳可行选项 / 054
3.2　优化应用：租到最理想的房子 / 055
3.3　运用边际分析实现优化 / 060

第 4 章　需求、供给与均衡 / 073

4.1　市场 / 074
4.2　买方如何行事？/ 076
4.3　卖方如何行事？/ 086
4.4　供需均衡 / 092
4.5　如果政府试图控制油价，会产生什么后果？/ 098

2 微观经济学基础 _ 107

第 5 章　消费者和激励 / 109

5.1　买方问题 / 110
5.2　综合考虑 / 114
5.3　从买方问题到需求曲线 / 119
5.4　消费者剩余 / 120
5.5　需求弹性 / 126
附录 5A　用无差异曲线表示偏好：预算约束的另一用途 / 140

第 6 章　卖方和激励 / 144

6.1　完全竞争市场中的卖方 / 145
6.2　卖方问题 / 145
6.3　从卖方问题到供给曲线 / 156
6.4　生产者剩余 / 161
6.5　从短期到长期 / 162

6.6 从企业到市场：长期竞争均衡 / 165

附录 6A 企业具有不同成本结构时的均衡 / 180

第 7 章 完全竞争和"看不见的手" / 182

7.1 完全竞争和效率 / 183

7.2 扩展"看不见的手"：从个人到企业 / 187

7.3 扩展"看不见的手"：跨行业资源配置 / 191

7.4 价格引导"看不见的手" / 196

7.5 公平和效率 / 208

第 8 章 贸易 / 217

8.1 生产可能性曲线 / 218

8.2 贸易的基础：比较优势 / 222

8.3 美国各州间贸易 / 228

8.4 国家间贸易 / 231

8.5 反对自由贸易的理由 / 239

第 9 章 外部性和公共物品 / 251

9.1 外部性 / 252

9.2 外部性的私人解决方案 / 259

9.3 外部性的政府解决方案 / 262

9.4 公共物品 / 269

9.5 公共池塘资源 / 277

第 10 章　经济中的政府：税收和监管 / 286

- 10.1　美国的税收和政府支出 / 287
- 10.2　监管 / 304
- 10.3　政府失灵 / 308
- 10.4　公平与效率 / 311
- 10.5　消费者主权和家长主义 / 313

第 11 章　生产要素市场 / 323

- 11.1　竞争性劳动力市场 / 324
- 11.2　劳动供给：劳动与休闲之间的权衡 / 328
- 11.3　工资不平等 / 334
- 11.4　其他生产要素市场：实物资本和土地 / 341
- 附录 11A　劳动力市场的买方垄断 / 352

3 市场结构 _ 355

第 12 章　垄断 / 357

- 12.1　引入一种新市场结构 / 358
- 12.2　市场势力的来源 / 359
- 12.3　垄断者问题 / 363
- 12.4　选择最优数量和价格 / 368
- 12.5　"失灵"的"看不见的手"：垄断的成本 / 372
- 12.6　恢复效率 / 373
- 12.7　政府的反垄断政策 / 378

第 13 章　博弈论和策略选择 / 388

13.1　同时行动博弈 / 389
13.2　纳什均衡 / 394
13.3　纳什均衡的应用 / 397
13.4　人们在实践中如何进行博弈？/ 400
13.5　扩展式博弈 / 404

第 14 章　寡头垄断和垄断竞争 / 417

14.1　另外两种市场结构 / 418
14.2　寡头垄断 / 419
14.3　垄断竞争 / 433
14.4　"失灵"的"看不见的手"/ 439
14.5　总结：四种市场结构 / 441

第 15 章　时间和风险的权衡 / 451

15.1　时间和风险的模型化 / 452
15.2　货币的时间价值 / 453
15.3　时间偏好 / 459
15.4　概率和风险 / 464
15.5　风险偏好 / 470

第 16 章　信息经济学 / 475

16.1　信息不对称 / 476
16.2　隐藏行为：存在道德风险的市场 / 483
16.3　信息不对称世界中的政府政策 / 489

第 17 章　拍卖和议价 / 497

17.1　拍卖 / 498
17.2　议价 / 511

第 18 章　社会经济学 / 523

18.1　慈善和公正的经济学 / 524
18.2　信任和报复的经济学 / 536
18.3　他人如何影响我们的决策 / 541

致谢 / 551

注释 / 561

术语表 / 571

前言

第三版的新内容

我们正处在经济历史中的一个非凡时段,而其所提供的各种丰富实例,则使得经济学能够更好地和今日学习者的实际相结合。这正是我们此次进行改版的初衷。

在新版《微观经济学》中,除了更新现有数据和实证专栏,我们还在每章末尾增加了"循证经济学习题"。这些习题为学生提供了分析和解释现实世界经济问题的有意义练习。以下是本版中其他变化的一些示例。

- 在第1章中,我们增加了关于如何从实证和规范角度审视新冠疫情对经济影响的新内容。我们还讨论了新冠疫情危机期间健康与经济产出之间的权衡。新增加的循证经济学习题关注的是社交媒体、高等教育以及去看电影的机会成本。
- 在第4章中,我们讲述了一个2020年居家令如何影响汽油需求的故事。新增加的"用数据说话"专栏介绍了原油价格何以暂时跌至每桶0美元以下。
- 在第5章中,新增的"用数据说话"专栏重点关注了税收凸显性对价格弹性的影响。新增的"循证经济学习题"探讨了金钱激励在帮助人们戒烟方面的有效性。
- 在第6章中,新增的"用数据说话"专栏通过研究提高起步价对优步司机收入的影响,为我们提供了一个关于长期竞争均衡的示例。
- 在第7章中,新增的"用数据说话"专栏"假如亚当·斯密造访白宫"考察了政府监管和安全的成本和收益。
- 在第9章中,新增的"选择与结果"示例"疫苗接种:你从未注意到的正外部性"探讨了疫苗接种对全社会的影响。新增的循证经济学习题对水压致裂与俄克拉何马州地震发生次数增加之间的联系进行了分析。
- 在第11章中,我们通过"为员工培训买单"和"宽带和不平等"两项内容,强调了微观经济学在研究突出社会问题方面的作用。开篇的循证经济学问题关注了就业歧视和民主党总统提名问题。在一项新增加的循证经济学习题中，我们利用经济学家克劳迪娅·戈尔丁、塞西莉亚·劳斯、玛丽安娜·贝特朗、塞德希尔·穆来纳森、克尔温·查尔斯以及乔纳森·古里安等人的实证研究，探讨了歧视对性别和种族工资差异的影响。

- 在第14章中，我们在新增的"播客说"专栏中探讨了市场力量和两党制度之间的联系。
- 在第16章中，我们在新增的"播客说"专栏中讨论了企业社会责任项目为何能解决工作场所的信息不对称。
- 第18章新增的"播客说"专栏重点研究了企业如何能够实现对客户道歉的最优化。该专栏利用数百万次优步出行的实地实验数据来回答这个问题："说'对不起'最有效、最高效的方式是什么？"

破解学习和教学上的难题

许多学习经济学入门课程的学生都很难理解机会成本、权衡、稀缺性、需求和供给等关键概念与其生活和职业的相关性，并因此降低了为课堂做准备以及积极参与课堂学习的意愿。这本教科书则向他们展示了如何创造性地运用经济思维来改善他们的工作和日常生活。我们编写这本教科书的主要目的之一就是要告诉大家，经济学基础知识不仅引人入胜，对个人而言也具有丰富的应用价值。

我们热爱经济学。我们惊叹于经济系统的运作方式。当我们购买一部智能手机时，会想到它背后复杂的供应链：成千上万的人参与了这种令人敬畏的科技产品的生产，而使用的零件则来自全球各地。

市场能够在无人掌控的情况下完成一项世界性的工作，这一现象带给我们的震撼绝不亚于意识或生命本身的存在。我们认为，市场体系的创立（以及通过解决外部性问题等方式维持其正常运行的监管）是人类最伟大的成就之一。

我们写作本书的目的，既在于强调经济思想的简洁，也在于彰显其在解释、预测和改进世界方面的非凡力量。我们要求学生掌握经济分析的基本原理。秉承这一目标，我们确立了"优化"、"均衡"和"实证"这三个关键经济学思想，它们构成了理解人类行为的经济学方法的核心。

当代技术变革日新月异，经济学也因此比以往任何时候都更加贴近学生的生活，更加为其所掌握。他们每天所使用的各种科技无不证明强大的经济力量在起作用：为避开峰时定价，优步用户会关注道路交通的实时拥堵情况，爱彼迎用户则通过比较同一城市不同地铁站附近的房源来探究位置、便利性和价格之间的关系。

将各种经济学概念转化为学生能够理解的语言、可视化表现形式及实证案例，正是我们作为教育工作者的职责所在。相比于10年前，今日各类市场的互动性要高出许多，而这种情况也证明，与我们的经济生活息息相关的并非只有那些具备完全信息的竞争市场。如今我们的学生会经常性地参与拍卖活动，通过优步等有组织的平台购买商品和服务；在进行在线交易时，他们必须与普遍存在的信息不对称做斗争，同时还要尽力避开这些新型交易所固有的一系列令人困惑的错误和陷阱。

面对这个瞬息万变的世界，学生们不仅要理解机会成本、供给和需求等大众耳熟能详的经济学概念，还必须理解博弈论、拍卖、社会经济不平等和行为错误等现代经济学概念。这些概念在大多数经济学原理教科书中所占的篇幅都微乎其微，却是我们这本教材的重中之重。今天，经济分析已经扩展了它的概念和经验边界，并因此变得更加相关、更为有用。

这个崭新的世界也为经济学教学带来了诸多机遇，但前提是我们要调整我们的经济学原理教科书，将现代和基于实证的经济学思想纳入其中。这一直是我们的初衷，在《微观经济学》（第三版）中我们仍将矢志不渝地以此为目标。

在一个各种经验主义观点相互竞争、各种政治派别的新闻来源都被谴责为"虚假"的年代，我们的学生需要具备系统质疑和评估其所阅读内容的能力。这就是为什么在"循证经济学"部分以及各章末尾的作业中，我们既会探讨学术研究的作用，也会检讨其局限性。希望我们的教科书能助力培养新一代的缜密思考者、明智决策者、积极的公民，甚至一些未来的经济学家！

我们的观点：三个统一性主题

优化

第一个关键原理是人们会试图找出最佳可用选项，即进行**优化**。我们并不认为人们总是能够成功实现优化，但确实相信人们会试图进行优化，而且通常会取得不错的效果。鉴于大多数决策者会试图做出能够获得最大净收益的选择，优化是预测人类行为的一项有用工具。优化还是一项有用的规定性工具。通过教会人们如何进行优化，我们可以改进他们的决策，提升他们的生活质量。到本课程结束时，每个学生都应该是一名熟练的优化决策者——无须使用复杂的数学运算，只需运用经济直觉。

均衡

第二个关键原理是对第一个原理的延伸：经济系统在**均衡**状态下运行，在此状态下，人人同时在尝试优化。我们要求学生注意到，并不是只有他们在尝试将其福利最大化。当每个人都感觉到自己无法通过选择另一种行动方案来增进利益时，经济系统就处于均衡状态。均衡原理强调了各经济行为主体之间的联系。例如，苹果零售店之所以会储备大量的苹果手机，是因为有大量的消费者会前来购买。反之，大量消费者之所以会前往苹果零售店，是因为这些零售店已经做好了销售足量苹果手机的准备。在均衡状态下，消费者和生产者同时在进行优化，他们的行为是相互交织的。

实证

我们的前两个原理——优化和均衡，都是概念层面的。第三个原理是方法论层面的，这就是实证。经济学家使用数据来检验经济学理论、理解世界并与政策制定者对话。因此，尽管本书的实证分析都极为简洁，但数据在其中扮演了主要角色。在我们看来，强调理论与真实数据相匹配，是本书与其他经济学教科书的最大不同之处。我们会向学生展示经济学家如何使用数据来回答具体问题，而这也使得本书的各章节都言之有物、引人入胜、妙趣横生。当代的学生会强烈关注理论背后的证据，我们的教科书则提供这种证据。

例如，我们会在每一章的开篇提出一个实证问题，然后用数据来回答这个问题。其中有一章开篇的问题是：

吸烟者会因为每月100美元的奖励而戒烟吗？

在这一章的稍后部分，我们描述了当研究人员付钱鼓励吸烟者戒烟时，吸烟率是如何下降的。

依据我们的经验，初涉经济学课程的学生经常会有这样一种印象：经济学不过是一系列缺乏实证依据的理论论断。借助数据，我们解释了经济学家如何评估和改进科学见解这一问题。数据也使概念变得更容易被记忆。数据能够将对话从抽象的原理转移到具体的事实，因此对证据的使用有助于学生建立对经济学的直觉。本书的每一章都会阐明经济学家如何使用数据来回答那些能直接引起学生兴趣的问题，都会展现实证在推动经济科学发展方面的关键作用。

专栏

所有专栏都会展示直观性的实证问题。

- 在"循证经济学"（EBE）专栏中，我们会展示经济学家如何使用数据来回答我们在每章开篇提出的问题。"循证经济学"会使用来自实地实验或实验室实验的实际数据以及自然产生的数据，以强化在这一章中所讨论的部分主要概念。这种理论与数据的结合，能够让学生对经济学在其周围世界中所发挥的作用有实质性的理解。每章所探讨的问题并不仅仅是枯燥的知识性观点，而是学生走出教室时会遇到的鲜活问题：脸书是免费的吗？上大学值吗？自由贸易会让你失去工作吗？换位思考有价值吗？政府的最优规模是多大？劳动力市场是否存在歧视？

循证经济学

吸烟者会因为每月 100 美元的奖励而戒烟吗？

- 在本章的开头，我们提出了一个关于吸烟者是否会因每月 100 美元的奖励而戒烟的问题。本章所提供的工具可以帮助我们初步思考这种激励是否可行，以及它为何可行。
- 在思考此问题的过程中我们了解到，收入增加会导致消费者的预算约束发生变化，进而导致对商品和服务需求的变化。为了理解这些工具的实际作用方式，我们可以回到此前的示例。图 5.4 显示了我们可用支出的增加所带来的影响。
- 基于此，我们可以再回到关于戒烟的问题。鉴于我们的经济框架，在购物问题中起作用的原则同样适用于吸烟者。在可得到 100 美元戒烟奖励的情况下，你可以在吸烟的当前收益和 100 美元收入增长的收益之间进行权衡。不吸烟的话，你还可以节省下一笔钱：本用于购买香烟或雪茄的钱。简单起见，我们假设你每月可以因此省下 100 美元，这样，你需要比较的是，每月额外 200 美元收入所带来的收益，是否会大于吸烟带来的当前收益。如果答案为是，你就应该戒烟；如果答案为否，那么你可以继续吸烟，并错失 200 美元的奖励。

- "用数据说话"是另一个以真实数据为讨论基础来分析经济问题的专栏。我们所探讨的问题包括：麦当劳是否应该关注弹性问题？如果劳动供应增加，工资真的会下降吗？为什么有些企业会做广告，而有些则不会？

用数据说话

"公平贸易"产品为何受到追捧？

- 因为担心自由贸易的发展导致发展中国家遭到剥削，一个新型市场应运而生。这个市场迎合的是那些关注发展中国家的环境、公平劳动以及童工等各类生产相关问题的消费者。从发展中国家进口且符合某些标准的产品，会被第三方组织认证为"公平贸易"产品。
- 一种商品的生产必须达到一定标准方能获得"公平贸易"的标签。例如，如果生产商不允许成立工会，使用童工或奴隶劳工，或者不遵守《联合国人权宪章》，那么该产品就不能被归类为"公平贸易"产品。

前 言

- 消费者看起来极度渴求"公平贸易"产品，在过去的10年中，"公平贸易"产品的销售额增速达到了两位数。令人惊讶的是，即使在2008年经济衰退之后，此类产品的销售额仍在继续扩张，其中2009年的增幅为15%。
- 尽管近来对"公平贸易"产品的需求激增，但并非人人都是它的拥趸。监管数十亿美元的生产并不容易，而且认证机构执行劳工标准的能力也时常跟不上对"公平贸易"产品日益增长的需求。

- 为了与"优化"主题保持一致，在一个名为"选择与结果"的专栏中，我们会要求学生做出真实的经济决策，或者评估过去的真实决策所产生的结果。然后我们会告诉大家经济学家可能会如何就相关问题进行决策。我们所探究的问题包括：人们真的找出最佳可行选项了吗？勒布朗·詹姆斯应该自己粉刷房子吗？报复有进化逻辑吗？

选择与结果

疫苗接种：你从未注意到的正外部性

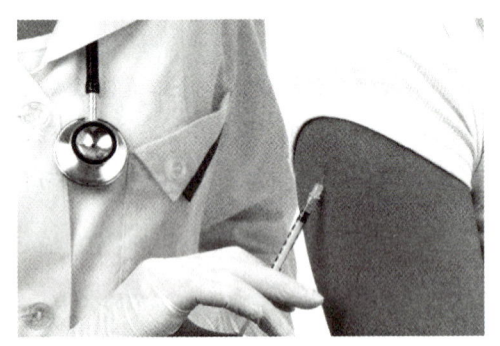

- 当经济主体力求做到最好并忽略了其行为对他人的影响时，便会产生外部性。从这个意义上说，把外部性视为"错误"其实是错的。外部性的产生，可能只是因为我们不知道自己会给他人带来何种伤害。在这种情况下，我们可能会做出一些让我们后悔的选择。
- 以疫苗接种为例。当你在决定是否接种某种疫苗时，你考虑的可能只是接种疫苗的私人收益及成本，也就是接种疫苗给你自己带来的收益及成本。但你并不是唯一从中获得收益或为此付出成本的人。
- 如果你决定接种某种疫苗，其他人也会受益：一旦你接种疫苗，他们就不会因你而感染这种病毒。但如果你选择不接种疫苗，因为你有可能感染并传播病毒，所以别人也可能会因你而感染。我们很多人在决定是否接种疫苗时，自然不会考虑到这种外部性（无论其为正还是为负），但全球各国政府已经开始将这些因素引入公众视野。事实上，在面临因疫情关停学校、企业、机场和任何50人以上参与的活动时，政策制定者已经将关于外部性的讨论带入了世界上的每个家庭。

微观经济学
XII

微观经济学：灵活学习表

传统路径	理论路径	应用路径
第1章 经济学原理与实践	第1章 经济学原理与实践	第1章 经济学原理与实践
第2章 经济科学：运用数据和模型理解世界（可选）	第2章 经济科学：运用数据和模型理解世界	第2章 经济科学：运用数据和模型理解世界（可选）
第2章附录 绘制和解释图表	第2章附录 绘制和解释图表	第2章附录 绘制和解释图表
第3章 优化：竭力做到最好（可选）	第3章 优化：竭力做到最好	第3章 优化：竭力做到最好（可选）
第4章 需求、供给与均衡	第4章 需求、供给与均衡	第4章 需求、供给与均衡
第5章 消费者和激励	第5章 消费者和激励 第5章附录 用无差异曲线表示偏好：预算约束的另一用途	5.4 消费者剩余（可选） 5.5 需求弹性（可选）
第6章 卖方和激励	第6章 卖方和激励 第6章附录 企业具有不同成本结构时的均衡	6.4 生产者剩余（可选）
第7章 完全竞争和"看不见的手"	第7章 完全竞争和"看不见的手"	第7章 完全竞争和"看不见的手"
第8章 贸易	第11章 生产要素市场	第8章 贸易
第9章 外部性和公共物品	第12章 垄断	第9章 外部性和公共物品
第10章 经济中的政府：税收和监管	第13章 博弈论和策略选择	第10章 经济中的政府：税收和监管
第11章 生产要素市场	第14章 寡头垄断和垄断竞争	第11章 生产要素市场（可选）
第12章 垄断	第8章 贸易	第12章 垄断
第13章 博弈论和策略选择	第9章 外部性和公共物品	第13章 博弈论和策略选择
第14章 寡头垄断和垄断竞争	第10章 经济中的政府：税收和监管	第14章 寡头垄断和垄断竞争
第15章 时间和风险的权衡（可选）	第15章 时间和风险的权衡（可选）	第15章 时间和风险的权衡（可选）
第16章 信息经济学（可选）	第16章 信息经济学（可选）	第16章 信息经济学（可选）
第17章 拍卖和议价（可选）	第17章 拍卖和议价（可选）	第17章 拍卖和议价（可选）
第18章 社会经济学（可选）	第18章 社会经济学（可选）	第18章 社会经济学（可选）

1
经济学导论

第1章 经济学原理与实践

脸书是免费的吗？

脸书不向你收取费用，所以你可能会说："脸书是免费的。"

但我们可以从另一个角度思考这个问题：在使用脸书时，你放弃了自己的什么东西？别着急继续往下读，请先想一下上述问题。

脸书虽然不向你收费，但它获取了你的数据，占用了你的时间。现在我们先集中谈一谈你的时间问题（当然，你的数据也非常宝贵！）。当你把时间花在脸书上时，你也就放弃了另外一种利用时间的方式。你原本可以用这段时间踢足球、刷YouTube、小憩、学习、在Spotify（一家在线流媒体音乐播放平台）上听音乐，或者从事其他你觉得能够为你带来某种价值的活动，例如赚钱。对一名普通的大学生来说，如果能够把花在社交媒体上的时间用于工作，赚到的钱足以支付一辆跑车一年的租金。

把花在脸书、Instagram（照片墙）、TikTok（字节跳动旗下短视频平台）以及其他数以百计社交媒体应用上的时间用于打零工，只是利用时间的一个选择。你觉得用于社交媒体的时间的最佳替代用途是什么？这其实就是在以经济学角度思考脸书的成本问题，在本章稍后的"循证经济学"专栏中，我们会进一步对此问题进行探讨。

在本章中，我们将向你介绍如何从经济学角度来思考世界。经济学家研究的是人们做出的所有选择，包括选择职业这样的重大决策和登录脸书或任何其他社交媒体平台这样的日常决策。为了理解这些选择，经济学家会关注它们所涉及的成本和收益，包括被挤占活动的隐性成本。

人们是如何做出这些选择的？人们应该怎样做出这些选择？经济学家的答案偶尔会让你感到惊讶，但会帮助你做出提升幸福感的选择。

本章概览

1.1	1.2	1.3	EBE	1.4	1.5	1.6
经济学的范畴	经济学三大原理	经济学第一原理：优化	脸书是免费的吗？	经济学第二原理：均衡	经济学第三原理：实证	经济学对你有用吗？

> **重要概念**
>
> - 经济学研究的是人的选择。
> - 经济学第一原理是人会试图优化；他们试图找出最佳可用选项。
> - 经济学第二原理是经济系统趋向均衡，在均衡状态下，没人认为能通过改变自身行为而受益。
> - 经济学第三原理是实证，即利用数据进行分析。经济学家利用数据检验理论，以确定世界上各种事情发生的原因。

1.1 经济学的范畴

经济学涵盖的不只是钱。经济学家研究人类的所有行为，从一个人决定租车，到决定不系安全带，再到新手司机在急转弯时选择车速，这些都是选择，都是经济学家一视同仁的研究对象。==选择，而非金钱，才是经济学家所有研究事物的统一特征。==

事实上，经济学家认为几乎所有的人类行为都是选择的结果。例如，想象一位父亲告诉他十几岁的女儿，她必须负责清洗家里的汽车。他的女儿有多种选择：她可以洗车；她也可以讨价还价，然后去做一项更简单的家务活；她还可以拒绝洗车并承担相应后果；她甚至可以搬出去住（虽然这反应有些过激，但仍然是一个选项）。按照经济学家的思维逻辑，你所做的一切都是你所做选择的结果。

经济主体和经济资源

说经济学只关乎选择，是为了以一种简单的方法来概括研究主题。为了给出一个更为准确的定义，我们首先要引入两个重要的概念：经济主体和资源配置。

经济主体是指做出选择的个人或群体。为了说明这一概念的广阔范畴，我们先列举一些以个人为经济主体的实例以及他们做出的某项选择。例如：一名消费者要选择买哪一款手机；一位家长要选择是否以及如何对子女的优秀表现予以奖励；一名学生要选择上课还是逃课；一位公民要选择是否去投票，以及去的话，把票投给哪位候选人；一名工人要选择尽职尽责还是偷懒摸鱼；一名罪犯要选择出售病毒还是阿片类药物（或两者都不选，又或两者都选）；一位商业领袖要选择在世界上哪个地方开设新工厂；一位参议员要选择投票赞成还是反对最高法院的提名者。当然，你也是一个经济主体，因为你每天都要做出大量的选择。

不是所有的经济主体都是个人。经济主体也可以是一个群体，比如一个政府、一支军队、一家公司、一所大学、一个政治团体、一家工会、一支运动队，甚至是一个街头帮派（见图1.1）。有时经济学家会简化分析，将这些群体视为一个单一决策者，而对群体中不同个体对群体决策的贡献忽略不计。

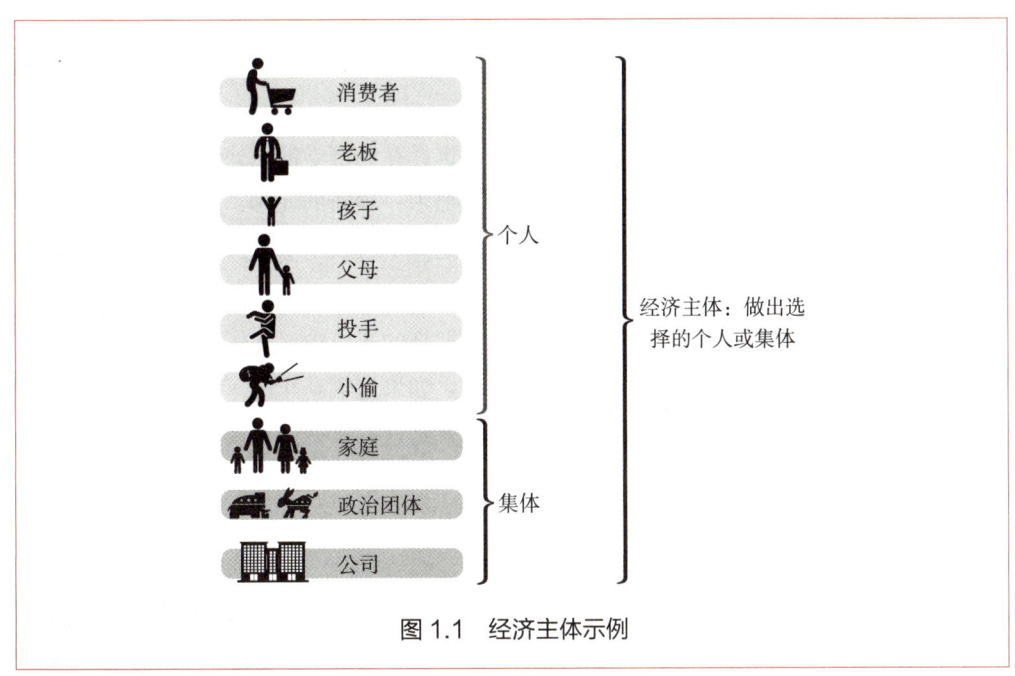

图 1.1 经济主体示例

第二个需要理解的重要概念是，经济学研究稀缺资源的分配。**稀缺资源**是指人们想要且想要数量超过了其可获得数量的东西（假定资源可免费获得）。黄金婚戒、指压按摩、意大利手袋、百老汇演出、苹果手机、三层巧克力软糖冰激凌和景观房都是稀缺资源。但并不一定只有奢侈品才会稀缺——日常用品也会稀缺，比如卫生纸、地铁座位和干净的饮用水。稀缺之所以存在，是因为人们在一个资源有限的世界里有着无限的欲望。世界上没有足够的资源让每个人（免费）得到他们想要的一切。

以汽车为例，如果汽车能以零元价格获得，那它肯定会出现短缺。那么，社会如何决定哪些人能获得有限供应的汽车？社会一般会如何分配经济中的所有稀缺资源？

在现代经济中，像你这样的消费者在资源分配过程中扮演着重要的角色。你每天拥有 24 小时可供分配——这是你每天的时间预算。你可以选择将这 24 小时中的多少时间用于上脸书，可以选择用多少时间来做其他活动，比如学习或者工作。如果你有一份工作，你可以选择如何花掉自己辛苦挣来的工资。这些不同类型的选择决定了稀缺资源在现代经济中的分配方式：分配给那些有支付能力和支付意愿的消费者。

经济学家无意将自己的个人喜好强加给你。举个例子，你需要决定是开车、骑自行车、步行、叫网约车、打出租车还是乘坐公共交通工具上下班。我们感兴趣的是告诉你如何运用经济学思维方式，这样你就能够比较各种备选方案的成本和收益，做出最适合自己的选择。

经济学的定义

我们现在已经为更准确地定义经济学做好了准备。**经济学**研究的是经济主体如何选择分配稀缺资源以及这些选择会如何影响社会。

我们之前提到的例子都强调了人们的选择，选择在经济学的正式定义中扮演了重要的角色。但是，经济学的定义也为我们的讨论增加了一项新的元素：个人经济主体的选择对社会的影响。例如，一辆新车的出售，影响的可不仅仅是那个开车离开经销商停车场的人。这笔交易会产生销售税，政府会利用这笔税收资助高速公路和医院等项目。这辆新车的购置也会增加道路的拥堵——高峰时段拥挤的车流中又多了一辆车。你家门前路上可能又多了一辆与你抢最后一个停车位的车。如果这辆新车的车主驾驶鲁莽，这辆车也可能给其他司机带来危险。经济学家研究的就是这些最初选择及其对世界上其他人的多重影响。

实证经济学与规范经济学

我们现在已对经济学的含义有了基本的了解：经济学研究的是人的选择。但为什么要研究这些选择？部分原因是经济学家对此充满好奇心，但这只是其中一个很小的因素。理解人们的选择是非常有实际用处的，有两个关键原因：

（1）经济学分析能够描述人们的实际行为（实证经济学）。

（2）经济学分析能够就人们（包括社会）应该做什么提供建议（规范经济学）。

以上两项应用，第一项是描述性的，第二项则是建议性的。

经济学研究的是选择。

实证经济学旨在描述人们的实际行为

对经济主体实际行为的描述就是对世界的客观陈述，换言之，它们是可以用数据来确认或者检验的陈述。例如，从 2020 年 3 月到 4 月，美国劳动力中失业人口的比例从 4.4% 上升到 14.7%，这是有记录以来的最大增幅。[1] 在这一个月中，新冠疫情导致的封锁使得众多企业关门歇业，还有很多公司进行了裁员。描述已发生的事情或者预测将要发生的事情，这被称为**实证经济学**或实证经济分析。

例如，有人预测可再生能源的发电能力将在 2019 年至 2024 年之间增加 50%（尤其是太阳能、风能、水电和生物能源）。[2] 这一预测可以与未来的数据进行比较，以检验其准确性。因为随着时间的流逝，预测最终会变得可检验，所以它也是实证经济学的一部分。

规范经济学旨在为人们的行为提供建议

另一种经济学分析叫作**规范经济学**，旨在为个人和社会的选择提供建议。规范经济学研究的是人们应该做什么。规范经济学几乎总是依赖于主观判断，这意味着规范分析至少部分依赖于个人的感受、喜好或观点。既然如此，我们应该依据谁的主观判断？经济学家认为，这应该取决于被建议对象的主观偏好。

举个例子，假如一位经济学家要帮助一名劳动者确定他在投资中应该承担多大的风险。这位经济学家可能会去了解劳动者对投资风险的偏好。假设这位劳动者说，如果将退休金投资于时常大幅下跌（且不可预测）的股市——例如，道琼斯工业平均指数在2020年2月和3月新冠疫情开始时下跌了38%，他晚上就会睡不好觉。经济学家会解释称：避免风险也是有代价的——无风险投资的长期平均回报率会低于股市投资，股票的年均回报率比无风险投资要高出6个百分点。如果这名劳动者在知晓这些区别后仍然选择无风险投资，那么经济学家会帮助劳动者找到这种无风险投资。此时，经济学家扮演了工程师的角色，帮助这名劳动者找到了适合其风险水平的投资组合。

这里的关键点在于这名劳动者想要什么。对大多数经济学家而言，这名劳动者选择任何等级的风险水平都是合理的，只要他理解这一风险对其平均回报率的影响——较低的风险意味着较低的平均回报率。当经济学分析被用来帮助个人经济主体做出能够实现个人最大利益的选择时，这类规范经济学就被称为规定经济学（prescriptive economics）。

有时，规范分析会变得十分复杂，因为它可能涉及很多经济主体。我们接下来就转向更为复杂的规范分析。

规范分析与公共政策

规范分析也为整个社会提供建议。例如，经济学家经常被要求评估公共政策，如税收或法规。当公共政策创造出赢家和输家时，公民往往会对政府计划的可取性持反对观点。一个人眼中的候鸟保护区对另一个人而言则是蚊虫滋生的沼泽。通过环境法规保护湿地有利于观鸟者，但对想要开发那片土地的土地所有者而言则是不利的。

当一项政府政策创造出赢家和输家时，经济学家需要基于道德判断进行规范分析。对于会使一个群体受损而使另一个群体受益的政策，经济学家在进行评估时必须进行道德判断。

当经济学家思考政府政策时，道德判断通常是无法避免的，因为很少有政策能够使每个人都受益。决定输家所承担的成本相对于赢家所得到的收益是否值得，这在一定程度

关于这片沼泽的未来，不同经济主体在观点上存在分歧。土地所有者想要建造住宅，环保人士想保留湿地以保护濒危的美洲鹤。应该怎么做？

上就是道德判断。制定环境法规，防止房地产开发商为建造新房而排干沼泽地的水，这样做是否符合道德？如果这些环境法规保护了其他人重视的候鸟呢？是否存在可能的妥协——例如，政府可否考虑从房地产开发商手中收购土地？这些事关社会应该做什么的公共政策问题都是规范经济问题。

微观经济学和宏观经济学

要理解经济学的范畴，你还需要知道另一种分类。经济学可以分为两个广泛的研究领域，许多经济学家在这两个领域都有所涉猎。

微观经济学研究的是个人、家庭、企业和政府如何做出选择，以及这些选择如何影响定价、资源配置和其他经济主体的福利水平。一般来说，当我们想要了解整体经济的某一特定部分，比如燃煤发电市场时，就需要微观经济学家的帮助。

例如，一些微观经济学家会研究燃煤发电厂所产生的污染情况。微观经济学家可能会根据其对电力总体需求和能源行业技术发展前景的预测（包括太阳能和风能对燃煤发电厂的替代），来推测未来十年的燃煤污染水平。推测未来的燃煤污染水平就属于实证经济分析。

一些微观经济学家会对燃煤污染情况进行规范分析。例如，由于全球变暖主要是由煤、石油和其他化石燃料导致的碳排放引起的，微观经济学家便设计出新的政府政策，以减少此类燃料的使用。例如，"碳税"的设立就是为了降低碳排放。在碳税政策下，碳排放相对较高的能源生产企业（如燃煤发电厂）要比碳排放较低的能源生产企业（如风力发电厂）缴纳更多的每单位能源生产税。一些微观经济学家的工作就是设计碳税等干预性政策，并确定这些干预性政策会如何影响家庭和企业对能源的选择。

宏观经济学是对经济整体的研究。宏观经济学家研究各种整体经济现象，比如一国经济总产出的增长率、总体价格的增长百分比（通货膨胀率），以及有就业意愿但未能找到工作的人占全国劳动人口的比例（失业率）。宏观经济学家负责设计能够提升整体或"总体"经济表现的政府政策。

例如，宏观经济学家会试图找到能够刺激经济并使其脱离持续负增长（即经济衰退）的最佳政策。在应对2020年新冠疫情危机所导致的经济收缩过程中，宏观经济学家发挥了积极作用。如何管理成长良好的经济也是宏观经济学家的关注点。例如，在2018年，美国失业率达到了低于4%的历史低水平，（经通胀调整的）年经济增长率也强劲地超过了3%，在这一背景下，美联储提高利率以抵御通胀上升的潜在威胁，宏观经济学家则就这一做法是否审慎进行了辩论。

1.2 经济学三大原理

现在你已经对经济学是什么有所认知。但你可能还想知道它与其他社会科学，比如人类学、历史学、政治学、心理学和社会学等有什么区别。所有社会科学都研究人类行为，那么经济学有何与众不同之处？

经济学家强调三个关键概念。

（1）**优化**：我们已经解释过，经济学研究的是人的选择。研究所有人类的选择，这乍看上去似乎是一个不可能实现的巨大且多样的主题。从表面上看，你今晚登录脸书的决定，似乎与一位企业高管决定在中国投资5亿美元建一家笔记本电脑工厂的决定没有多少共同之处。尽管如此，经济学家仍提炼出了一些强有力的概念，可适用于经济主体所做的各种不同选择。其中的一个观点是，所有选择都是通过优化这一概念联系在一起的。所谓优化，即试图找出最佳可行选项。经济学家并不认为人总能成功找出最佳可行选项。相反，经济学家认为人会试图找出最佳可行选项。人并不总能取得成功，因为我们并非完美的、无所不知的决策者。经济学家就人如何成功找出最佳可行选项问题进行了大量讨论，我们会在第3章中继续就此展开探讨。

优化是经济学第一原理。经济学家认为，人所做出的选择，小到是否接受看电影邀约，大到和谁结婚，都可以用优化，即试图找出最佳可行选项来解释。==决策依靠的不是能够预知未来的水晶球。==人会基于既有的有限信息、知识、经验和训练，尽其所能做出最佳选择。

（2）**均衡**：经济学第二原理认为，经济系统趋向均衡，在均衡状态下，考虑到其他人的选择，没有经济主体认为能通过改变自身行为而使其个人受益。当所有主体都认为他们不能通过选择另一种行动方式来做得更好时，经济体系就处于平衡状态。换句话说，均衡是一种每个人都同时在进行优化的状态。

（3）**实证**：经济学第三原理强调的是实证主义，即循证分析。换言之，就是用数据来进行分析。经济学家利用数据来发展理论，检验理论，评估不同政府政策的效果，并确定世界上各种事情发生的原因。

1.3 经济学第一原理：优化

现在让我们更深入地思考第一个原理。经济学是关于选择的研究，经济学家则提出了一个关于如何做出选择的重要理论。经济学家认为，人会进行优化，这意味着经济主体会基于既有的（有限）信息、知识、经验和训练，试图找出最佳可行选项。可行选项指的是经济主体可用并且负担得起的选择。如果你钱包里有10美元，但没有任何信用卡、借记卡可用，那么5美元的人造肉汉堡就是一个可行的晚餐选项，而价值50美元的龙虾就不是一个可行的选项。

可行的概念不仅取决于经济主体的财务预算，还受制于多种不同的约束条件。例如，想要一天工作超过24个小时是不可行的，你也不可能同时出现在伦敦和北京的会场。

人们做任何决定都只能取决于做选择时可用的信息。举个例子，假设你选择开车从圣迭戈前往洛杉矶，途中你的车被一名酒驾司机撞了，你很不走运，但这不代表你没有实现优化。优化意味着你要权衡你现阶段所掌握的信息，而不是说你能完美地预测未来。当人基于可用信息找出了最佳可行选项时，经济学家就会说这个决策者是理性的，或者说，他们表现出了理性。理性行动不要求你能够预测未来，只需要经济主体对已知的成本、收益以及风险做出逻辑评估。

然而，如果你明知道自己的朋友喝醉了，还是决定让他开车带你从圣迭戈前往洛杉矶，那么此时你就没有做出最优可行选择。和之前的情形一样，判断一项决策是否理性，看的不是结果，而是你最初决策的质量。即使你和喝醉的司机朋友最终安全到达目的地，你选择让他开车这件事也仍是一项糟糕的选择。所幸的是，尽管你做了一个错误的决定，但你运气还不错。

在本书中，我们会将大量篇幅用于对优化的分析。我们会解释如何找出最佳可行选项，我们也会讨论支持"经济主体通常会找出最佳可行选项（或近似选项）"这一理论的部分证据。我们还会讨论一些人始终无法找到最佳可行选项的重要案例。==当经济主体犯下可预测的错误时，规范（和规定）经济分析能帮助他们意识到自己的错误并在未来做出更佳选择。==

最后需要注意的是，具体优化事项会因人而异，因群体而异。很多公司试图实现利润最大化，但是大部分个人不会试图使自己的个人收入最大化。如果我们的目标是收入最大化，那么我们每周的工作时间将远超40小时，我们还会主动延迟退休。多数家庭都会尽力使其整体福利水平最大化，而所谓整体福利水平，既包含了收入、休闲、健康，也包括社交网络、人际关系和人生使命感等很多其他因素。与此同时，多数政府都在优化其复杂的政策目标组合。对大多数经济主体来说，优化（和经济学）关乎的绝不仅仅是金钱。

新冠疫情危机就是一个展现优化复杂性的好例子。如果政府只追求总体经济产出最大化，那么在整个疫情期间，企业和员工就会持续工作，完全不会顾及健康方面的后果。相反，在危机期间，几乎所有国家都采取了包括封锁和居家在内的积极公共卫生措施，而这导致各国的总体经济急剧萎缩。因此，针对新冠疫情危机的应对政策包含了在健康和经济产出之间的权衡。几乎所有国家都认为，经济产出的急剧下降是部分减少疫情所导致的疾病和死亡（发病率和死亡率）的代价。你可以将其视为第一次近似人为让经济休克的经济衰退。

权衡和预算约束

所有的优化问题都涉及权衡。当必须牺牲部分利益以获得其他利益时，**权衡**就会产生。重新思考一下脸书的案例。如果你把 1 小时时间用于刷脸书，那么就无法将这 1 小时用于做其他事情。例如，在绝大多数时候，你不能在从事兼职工作的同时编辑自己的脸书个人资料。（当然，有些学生认为他们可以一边听课一边浏览朋友发的帖子。但根据本书作者的亲身经验，这么做的结果是我们不会从那堂课上学到多少东西。）

经济学家使用预算约束来描述权衡。**预算约束**是指一个人在不超出预算的前提下能选择去做（或购买）的事情（或事物）组合。

下面举一个实例。为了简化分析，假设你在每小时的空闲时间内只能从事以下两项活动中的一项：上社交媒体网站或做兼职。假设你一天有 5 个小时空闲时间（除去睡觉、吃饭、洗澡、上课、做习题、复习考试等必需活动之后）。把这 5 个小时作为你的空闲时间预算，那么你的预算约束是：

5 小时 = 上社交媒体时间 + 做兼职时间

这一等式也被称作预算约束，它意味着你将面临一项权衡。如果你在社交媒体上多耗费 1 小时，那么你做兼职的时间就会少 1 小时（除非你在从事有偿工作的时候偷偷使用脸书——如果是这样，记得不要把你的老板加入好友列表）。同样，如果你做兼职的时间多 1 小时，那你的上网时间就会少 1 小时。一项活动的增加意味着另一项活动的减少。我们从表 1.1 中可以看出这一点，在这张表里，我们列出了这 5 小时空闲时间可能的分配方式。

表 1.1　5 小时空闲时间的可能分配方式（仅列出整数情况）

预算	上社交媒体时间	做兼职时间
5 小时	0 小时	5 小时
5 小时	1 小时	4 小时
5 小时	2 小时	3 小时
5 小时	3 小时	2 小时
5 小时	4 小时	1 小时
5 小时	5 小时	0 小时

注：假设 5 小时的空闲时间只能用于上社交媒体或做兼职，表中每行代表一种不同的时间分配方式。为简化分析，表中仅列出整数情况。

预算约束是非常有用的经济学工具，因为它使权衡得以被量化。经济学家在谈论人们的选择时，总会考虑到预算约束。识别可行选项和权衡是非常重要的——预算约束为我们提供了这方面的信息。

机会成本

现在我们准备介绍优化工具箱中的另一关键工具：机会成本。我们以社交媒体为例说明这一概念。我们花在社交媒体上的时间是我们本可以用于其他活动的时间。上文的示例中只列举了社交媒体和兼职工作这两项可互相替代的活动。但在现实生活中，因为你使用社交媒体而可能遭到挤占的活动则有千千万万，比如踢足球、慢跑、做白日梦、上瑜伽课、冥想、睡觉、和朋友一起吃饭或者做习题等等。当你把时间花在社交媒体上时，也不知不觉地牺牲了从事其他替代性活动的时间。

把你因为使用社交媒体而放弃的活动列一个表。思考哪一项活动是额外使用 1 小时社交媒体的最佳替代，然后将其置顶。别急着往下读，先把这一项替代活动写下来。和朋友一起喝咖啡？复习备考？出去慢跑？哪一项是额外使用 1 小时社交媒体的最佳替代？

每当进行时间分配时，我们便面临着权衡。当我们做某件事的时候，就得放弃做其他事情。加入篮球队意味着放弃曲棍球比赛。在考试周，在睡觉上多花 1 小时就意味着学习或者和朋友聚会减压的时间少了 1 小时。你不能在写一篇学期论文的同时更新自己的脸书。拖延并不能让你摆脱这一颠扑不破的逻辑。例如，如果你只是推迟了写论文的时间，那么当交论文的最后期限临近时，你还是得放弃某些其他活动。（也许会牺牲为经济学期末考试备考复习的时间？）

评估权衡可能是一件难事，因为会有很多供考虑的选项。经济学家往往聚焦于最佳替代活动。我们将这种最佳替代活动称为**机会成本**。这是优化者在分配其时间时实际放弃的东西。回想一下你额外使用 1 小时社交媒体的最佳替代活动，那就是你使用 1 小时社交媒体的机会成本。

为了说明这个概念，我们再举一个例子。假设你全家打算利用假期时间出去旅行。你的选择包括去加勒比海坐游轮、去迈阿密或者去洛杉矶（假设这些选项的花销和用时相同）。如果你的第一选择是去加勒比海坐游轮，第二选择是去迈阿密，那么你去坐游轮的机会成本就是去迈阿密。去坐游轮挤掉了迈阿密之旅，所以迈阿密之旅是你为了乘坐游轮而放弃的选项。

机会成本概念适用于所有的权衡，而不仅仅是你一天 24 小时的时间预算。假设一个木工有一块很好的枫木，可以用来做一个雕塑、一个碗或者一个相框（假设它们需要的木料数量和耗时相同）。如果这个木工的第一选择是将其做成雕塑，第二选择是将其做成木碗，那么木碗就是制作这个雕塑的机会成本。

赋予机会成本货币价值

经济学家有时会试图赋予机会成本货币价值。要估算你 1 小时时间的货币价值，一种方法是分析你做兼职或者延长现有兼职的工作时间所带来的结果。

如果你能找到一份适合你日程安排的工作，那么你在社交媒体上耗费 1 小时的机会成本至少等于你工作 1 小时的收益。其原因是：兼职工作是你列出来的一堆用以打发时间的替代选项之一，如果兼职工作位于你列表的最上方，那么它就是最佳替代活动，也就是你将时间用于社交媒体的机会成本。但如果兼职工作不是你的首选，因此不是最佳替代，这时结果又会如何？如果真如此，那么最佳替代就是比兼职工作还要好的选择，所以此时最佳替代的价值比兼职工作更高。总之，你的机会成本要么等于这份兼职工作的价值，要么高于这份兼职工作的价值。

为了将这些观点变得可量化，我们有必要注意如下数据：2020 年，美国 16~24 岁劳动者的工资中位数是每小时 14.70 美元——该数据来自美国劳工统计局。[3] 除了工资，一份工作还包含许多其他特性，包括各种不合意的工作任务（如要对粗鲁无礼的顾客笑脸相迎）、在职培训、和友好的或者不友好的同事相处、完善履历等等。

如果我们忽略这些除工资以外的特性，那么工作 1 小时的价值只是工资（税后）。然而，如果正面的和负面的非工资特性不能互相抵消，这个计算将会变得困难许多。简便起见，在接下来的分析中，我们将只关注税后工资——年轻劳动者的时薪约为 13 美元，但你们应牢记工作带来的所有非工资影响。

成本-收益分析

让我们运用机会成本来解决一个优化问题。具体而言，我们想要比较一组可行替代选项，并选出其中最好的一个。我们将这个过程称为成本-收益分析。**成本-收益分析**是一种计算，将收益和成本以一个共同计量单位（比如美元）表示，通过收益相加并减去成本来确定最佳选项。成本-收益分析用于识别具有最大净收益的替代选项。**净收益**等于选择一个替代选项的总收益减去选择这一替代选项的总成本。

为了理解这些概念的实际应用，我们假设你和朋友想要从波士顿去位于佛罗里达州的迈阿密海滩度假。假设唯一的问题是你们不确定应该开车去还是坐飞机去。你的朋友认为你们应该开车去，因为租车费和油费均摊下来"每人只需要 200 美元"。他说"这比 300 美元一张的机票要划算得多"，并试图据此把行程定下来。

要使用成本-收益分析方法来分析这个问题，你需要列出开车和坐飞机这一替代方案的所有收益和成本。在这里，我们将计算出开车相较于坐飞机的相对收益和相对成本。我们需要将这些收益和成本以相同的计量单位表示。

从收益的角度来说，开车可以节省 100 美元——开车需要花费 200 美元，而机票价格为 300 美元，两者之差恰好为 100 美元。我们有时称这些成本为现金支出成本。但是，现金支出成本不是唯一需要考虑的事情。开车还会多花费 40 小时的时间——开车往返需 50 小时，而乘飞机往返只需 10 小时，两者之差正好为 40 小时。额外花费的 40 小时也是开车的成本，尽管它不是直接的现金支出成本。

我们现在准备决定是开车去还是坐飞机去佛罗里达。我们需要将所有的收益和成本用同一个单位表示，在我们的例子中这个单位是美元。上文提到，开车去将会额外花费 40 小时的旅行时间。为了完成分析，我们必须将这些时间成本转化为美元。为此，我们将要用到每小时 13 美元的时间机会成本。开车相较于坐飞机的净收益等于开车的收益（节省了 100 美元的现金支出）减去开车的成本（额外 40 小时的时间）：

（节省的 100 美元现金支出成本）−（额外的 40 小时旅行时间）×（13 美元/小时）
=100 美元−520 美元
=−420 美元

因此，开车的净收益是绝对的负值。基于本例中的数字，一个追求优化的经济主体会选择坐飞机。

关于去迈阿密旅行的分析是一个简单的成本-收益分析例子，成本-收益分析是一个很好用的工具，可以把各种东西都分解为一个简单的数字：以货币计价的净收益。本书将会指导你进行这样的计算。无论你做何种选择，成本-收益分析都能为你提供帮助。

对经济学家来说，成本-收益分析就是优化的一个示例。当你找出具有最大净收益的选项时，就是在进行优化。成本-收益分析非常有助于规范经济学分析，能够让经济学家确定个人或者社会应该做什么。成本-收益分析也启发了许多有价值的实证经济学观点。在很多情况下，成本-收益分析都对实际消费者的选择做出了准确的预测。

在本书中，你将看到数以百计的优化示例。此外，我们还会用整整一章来介绍优化（第 3 章），以便你能够更全面地了解这一经济学基本原理。

循证经济学

脸书是免费的吗？

- 我们现在回到本章开始时提出的问题。现在你知道使用脸书有机会成本——你在这上面所花费时间的最佳替代使用。我们现在来估算这个成本。为此，我们需要一些数据。在本书中，每当看到"循证经济学"部分，你就知道我们是在使用数据分析经济学问题。

- 据估算，2019 年美国成年人每天花在社交媒体平台上的平均时长为 56 分钟，这

些社交媒体平台包括脸书、TikTok、照片墙、Snapchat（色拉布，一款照片应用分享）、推特、Pinterest（拼趣）、Tumblr（汤博乐，全球最大的轻博客网站）和领英等网站。[4] 为了简化计算，我们把这一时长扩展为每日1小时。即便我们选择一个相对保守的时间机会成本，即每小时13美元，也使得每个美国人每年的时间机会成本达到4 745美元：

$$（1小时/天）×（365天/年）×（13美元/小时）= 4\ 745美元$$

- 2019年美国有2.54亿成年人（18岁及以上），因此美国成年人每年使用社交媒体的机会成本至少为：

$$（4\ 745美元/成人）×（2.54亿成年人）≈ 1.2万亿美元$$

- 我们还可以用另外一种方式来思考这一计算。如果美国成年人把他们花在社交媒体上的时间用于平均时薪13美元的工作，那么2019年美国的经济产出会增加1.2万亿美元。这一数字比奥地利和瑞典两个国家的年度总产出加起来还要高。
- 至此，我们进行了一场纯粹的实证经济分析，描述了社交媒体的使用频率及这种使用背后所隐含的权衡。然而，这些分析都没有回答如下问题：脸书和其他社交媒体的用户是否在进行优化？我们已经看到，花费在像脸书这类网站上的时间具有其他有价值的用途（见表1.2）。但是，脸书用户也获得了大量的收益，而这或许证明他们的时间分配自有其合理性。例如，社交网站帮我们随时了解家人和朋友的最新动态，促进了友谊和其他社会关系的形成，而且脸书和类似的网站都非常具有娱乐性。实际上，我们或许应该把更多时间花在脸书上！
- 因为不能简单地量化这些收益，所以我们把判断的任务留给你。经济学家不会告诉你应该做什么，但是会帮助你认清做决定时需要面临的权衡。经济学家会对前面提到的规定性问题进行如下总结：

　　假设机会成本为每小时13美元，每天使用社交媒体1小时，那么每年的机会成本是4 745美元。你从脸书中获得的收益超过这一机会成本了吗？如果你每年从中获得的收益少于4 745美元，那么你应该减少对脸书的使用。

- 经济学家不会将自己的喜好强加于他人。在经济学家看来，能通过频繁使用脸书获得高收益的人应该继续这样做。但是我们确实希望经济主体能意识到这背后隐含的权衡问题。经济学家志在帮助人们充分利用金钱和闲暇时间等稀缺资源。在很多情况下，人们已经为自己的资源找到了最佳用途，但有时候经济学思维能帮助人们做出更好的选择。换句话说，经济学思维能帮助你更好地进行优化。

表 1.2　4 745 美元能够买到什么？

	单位成本（美元）	数量	总成本（美元）
星巴克的卡布奇诺	4	52 杯	208
苹果手机	740	1 部	740
纽约到巴黎的往返机票	1 200	1 张	1 200
巴黎的酒店	275	5 晚	1 375
纽约到美属维京群岛的往返机票	300	1 张	300
美属维京群岛的酒店	180	5 晚	900
苹果手机应用程序	2	11 个	22
总计			4 745

注：每个人都会选择以自己独特的方式花掉这 4 745 美元。本表展示了一个可行的商品和服务组合。注意，本表只包括商品或服务的货币成本。一个完整的经济分析应该还包括消费这些商品或服务所需的时间机会成本。

问题	答案	数据	注意事项
脸书是免费的吗？	不是。2019 年，美国使用脸书等社交媒体的时间机会成本超过 1.2 万亿美元。	由 www.eMarketer.com 估算的脸书使用量统计数据。来自美国劳工部的工资数据。	我们只针对美国社交媒体用户进行了计算。将这些计算扩展至全球数十亿社交媒体用户是一件非常有价值的事。例如，仅脸书在全球就拥有超过 17 亿用户。

1.4　经济学第二原理：均衡

在多数经济情形下，你并非唯一试图进行优化的人。其他人的行为也会影响你的决定。经济学家认为世界是由大量经济主体构成的，它们相互作用，相互影响彼此在优化上的努力。我们在上文曾提到，均衡是一种特殊状态，在这种状态下每个人都在试图优化，所以没有人认为能够通过改变自己的行为增进个人的利益。

这一定义包含了一个关键但也很微妙的要点。我们说的是在均衡状态下，没有人认为他们能从改变自己的行为中受益。在均衡状态下，所有经济主体都会基于他们拥有的所有信息，包括他们对他人行为的认知，试图做出最优可行选择。

为了直观地理解均衡概念，想想你所在地区超市的常规付款通道的排队长度（不包括快速付款通道）。如果一个队的等候时间比其他队短，优化者就会选择那个队。如果一个队的等候时间比其他队长，优化者就会避开那个队。所以短的队会吸引购物者，而长的队会劝退购物者。但队伍的长度并非唯一影响因素。你会根据自己所看到的一切，包括每个人购物车里东西的数量，来估计哪一队会更快，从而决定排哪一队。有时候，你可能会等得更久，因为可能会发生一些意想不到的事情，例如一位顾客花了 5 分钟才找到合适的零钱，或者某位顾客的购物车底部堆满了待结账的小物件。但经济学家仍会说"在均衡状态下"，所有的结账队伍等待时间大致相同。当预期所有队伍的等待时间相同时，没有购物者会想要更换队伍，换句话说，没有人会认为他们能通过更换队伍而获利。

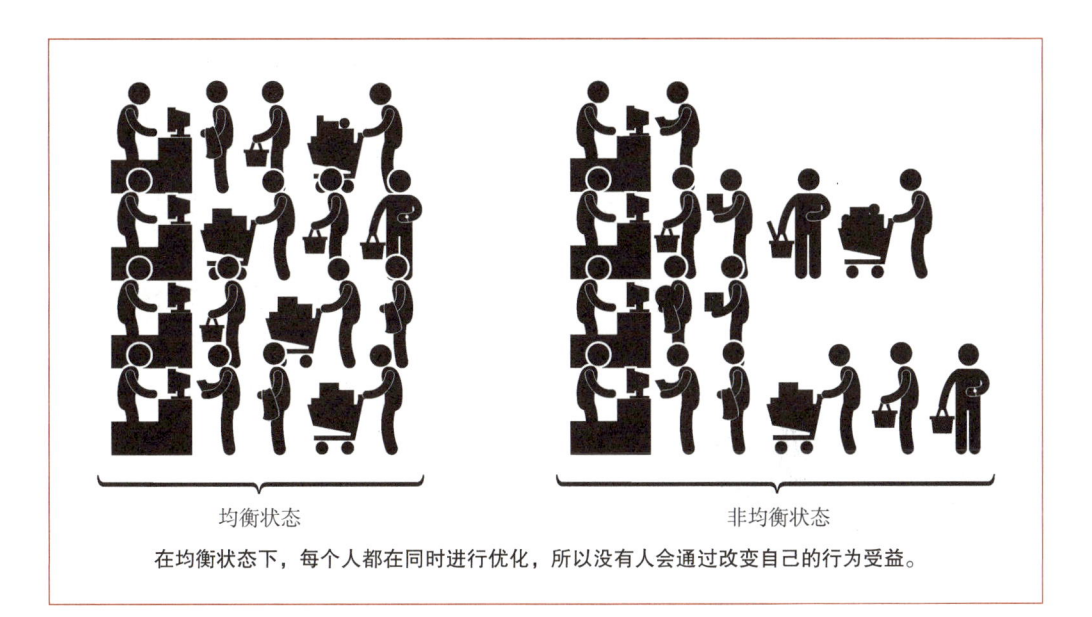

均衡状态　　　　　　　非均衡状态

在均衡状态下，每个人都在同时进行优化，所以没有人会通过改变自己的行为受益。

再举一个例子。假设汽油的市场价是每加仑① 2 美元且汽油市场处于均衡状态。以下 3 个条件需要得到满足：

（1）汽油卖家（即能源公司）生产的汽油数量等于买家购买的汽油数量。
（2）能源公司只会在石油开采和汽油生产的成本低于市场价格（每加仑 2 美元）的时候进行油井作业。
（3）汽油买家只会为对应的价值超过 2 美元的活动消费 1 加仑汽油，比如开车去参

---

① 1 美制加仑≈3.785 升。——编者注

加最好朋友的婚礼。买家不会为对应的价值低于 2 美元的活动消费 1 加仑汽油。

在均衡状态下，基于汽油的市场价格，汽油的买卖双方都在进行优化。没有人能通过改变自己的行为而受益。（我们会在第 4 章中进一步讨论这一均衡分析的示例。）

注意，我们已经开始思考众多经济主体之间互相影响的情况。他们也许是国际象棋比赛中的两名选手，也许是亿贝（eBay）拍卖市场上的 30 名参与者，也许是在纽约证券交易所买卖股票的数亿投资者，也许是为使用拖拉机、卡车、摩托车和汽车而购买汽油的数十亿家庭。在所有这些情况中，我们认为所有人都在持续且同时进行优化——例如国际象棋比赛中选手走的每一步棋和纽约证券交易所进行的每一笔交易。这些选择结合到一起便产生了均衡——经济学家认为，这种均衡分析能很好地描述多人互动时的实际情况。

搭便车问题

让我们用均衡概念来分析一个你可能感兴趣的经济学问题：室友。假设一套合租房中住着 5 名室友。每名室友都可以贡献自己的一些时间，用以帮助提升所有室友的总体福利水平，比如扔掉空的比萨盒和饮料罐。每名室友也都可以只把时间花在对自己有利的事情上，比如在 TikTok 上看视频或者在 Spotify 上听音乐。

假设其中一名室友因为讨厌脏乱而开始花时间打扫厨房。尽管其他室友很欣赏这一行为，但他们并没有加入其中的积极性。如果这名室友花费 30 分钟洗碗，其他室友不用动手指就都能获益。如果所有人都加入进来做一些清洁工作，那么所有人都会受益。但是，这 5 名室友中的每个人都有把这件事情留给其他人的动机。结果是，室友较多的合租房，其环境往往都是一团糟。基于均衡理论做出的预测是：当人们处于一个大的合租环境时，环境会比单独居住时更乱。

指望由其他室友承担清洁工作这一例子，就是经济学家所说的搭便车。大多数人都想把脏活扔给其他人做。我们都想成为自己不用做任何贡献却仍能从别人的付出中获益的搭便车者。

有时搭便车的行为能侥幸获得成功。当搭便车的人只有少数而贡献者较多时，搭便车的行为可能会被忽略。例如，有一小部分人想方设法不付钱就乘坐公共交通工具。跳闸机逃票的人总归是少数，因此并不会危害地铁系统。但是如果所有人都逃票，地铁可能很快就要关门大吉。事实上，逃票问题在纽约市发生得越来越频繁。监管纽约公共交通系统的政府机构在 2018 年 12 月

一个纽约地铁系统中的搭便车者。是你在为他支付乘地铁的费用吗？

发布报告称，估计该市每天有 20.8 万地铁乘客逃票，35 万公共汽车乘客逃票。[5] 你可以看到很多纽约人逃票被抓现行的视频。[6]

在地铁里，保安巡视能使搭便车问题得到遏制。在合租环境中，社会压力会使搭便车的行为得到遏制。搭便车之所以是个问题，是因为我们很难当场抓到这些搭便车的人。在地铁站里跳闸机逃票不是什么难事。在没人看到的时候，我们很容易会把面包渣留在沙发上而不做清理。

人的私人利益有时候与公共利益并不一致。均衡分析有助于我们预测这些交互经济主体的行为，并理解为什么会出现搭便车。人们有时只顾追求自己的私人利益，不会自愿为公共利益做出贡献。不幸的是，无私行为，比如战争中的英雄行为只是例外，自私行为更为常见。当人们互动时，每个人都可能做对自己最有利的事情，而不会以实现整个社会的福利优化为目标行事。

均衡分析能帮助我们设计出减少甚至杜绝搭便车的特殊机制，比如财务合同。举个例子，如果每名室友都同意每周支付 5 美元来雇清洁工，结果会怎样？相比监督人们是否遵守了"自觉保持个人卫生"的规定，强制要求每人每周支付 5 美元是一件更容易的事，毕竟比萨渣上可没有写名字。所以，均衡分析解释了为什么个人往往不会为社会利益服务，以及如何设计激励机制去解决这些问题。

1.5　经济学第三原理：实证

经济学家使用数据来检验自己的想法。我们把这些循证分析称为实证分析或者实证。经济学家使用数据来确定有关人类行为的理论（例如优化和均衡）是否和人类的实际行为相符。当然，我们也想知道我们的理论能否解释世界上正在发生的事情。如果不能，那么我们需要从头研究并得出更好的理论。这正是经济科学以及一般科学的进步方式。

经济学家也有兴趣了解世界上各种事情发生的原因。我们可以用一个简单的例子来说明什么是因果关系，什么不是因果关系。炎热的天气和拥挤的海滩往往出现在一年中的同一时间。在这个例子中，什么是原因，什么是结果？当然是高温使人们想要去游泳，而不是人们去游泳导致天气升温。

但是在某些情况下，因果关系却很难厘清。一个人是因为本来就比较聪明所以才能上大学，还是因为上了大学所以才变得比较聪明？这两者或许互为因果，又或许有其他因素在发挥作用，例如，对阅读的热爱也许会使一个人变得聪明，并且使他考上大学。

在本书第 2 章中，我们将详细讨论实证这一话题，尤其是因果关系。有时因果关系很容易判断，但有时辨别原因和结果需要费一番心思。

1.6 经济学对你有用吗?

你应该学习这门课程吗?成本-收益分析能帮助你思考这个问题。

首先我们假设你已经选择了上大学。因此,我们能假设学费、住宿费和伙食费是沉没成本(无论你是否学习经济学课程都不会对该成本产生影响)。那除去这些成本,学习这门课程还有其他成本吗?对作为学生的你来说,这门课程的主要机会成本是你因为要学习这门课程而不得不放弃的另一门课程。什么课程是你不得不放弃的呢?欧洲历史?生物化学?俄罗斯诗歌?如果这门课程需要占用两学期时间,那么你就需要考虑放弃另外两门课程。

现在,我们考虑学习经济学课程的收益。学习经济学课程的收益体现为几种不同的形式,但最大的收益是使你能够把经济学思维应用于日常生活。无论你是在做如何与其他4名室友保持合租公寓干净整洁的决策,还是在做如何利用你的空闲时间的决策,经济学思维都能帮你提高决策质量。这些收益会贯穿你一生中所有需要做重要决定的时刻,比如应当将退休金用于何种投资以及如何挑选住房。

大部分决定都以成本和收益逻辑为依据。因此,你可以通过实证经济分析预测他人的行为。经济学能够阐释和厘清人类的行为。

当你需要给其他人建议或需要自己做决定时,我们希望你也能运用经济学原理。这属于规范经济学。==学习如何做出好的选择,这是你能通过学习经济学获得的最大收益。==这也是为什么我们这本书始终围绕决策这一概念展开。通过经济学视角来观察整个世界,会让你这一生都拥有巨大的优势。

我们也认为经济学充满乐趣。探究人的动机是一件非常有意思的事,特别是在这一过程中我们能收获许多出乎意料的见解。

为了获得这些收益,你需要把本书中的思想和身边的经济活动联系起来。为了建立此类联系,请牢记以下几项建议:

(1)权衡和成本-收益分析等经济学工具适用于任何经济决策,所以你要学习如何在日常决策中运用它们。这能帮助你熟练掌握这些工具并意识到它们的局限性。

(2)即使你没有在做决定,当周边的人正在使用资源或交换资源时,你也可以通过仔细观察学习到许多经济学常识。下一次去超市、去二手车行或参加足球比赛时,你要像经济学家一样思考。例如,为什么足球运动员在点球时随机选择射门方向是一种均衡?为什么守门员在面对点球时随机选择扑救方向也是一种均衡?(提示:如果点球的球员已被预知只会向一个方向射门,结果会怎样?)

(3)领会经济学思想的最简单方法是密切关注世界上正在发生的事情。上网阅读《纽约时报》《华尔街日报》《金融时报》,它们都有非常出彩的经济学报道。一些新闻杂志也会做这类报道。甚至还有一本名为《经济学人》的杂志,是政要们的必读刊物。当然，你不需要通过阅读《经济学人》来学习经济学。包括《人物》《体育画报》《时尚》在内的所有杂志，它们几乎每页都有对受经济因素驱动事件的描述。识别和理解这些因素会是一个挑战。但随着时间的推移，你会很容易认识并解释每一个头条背后的经济学故事。

你一旦意识到自己在持续做经济决策，就会明白学习这门课程只是第一步。你会发现最重要的应用发生在课堂外和期末考试后。经济学工具会提升你在各种情况下的表现，让你成为一名更好的商人、更好的消费者和更好的公民。要持续观察并且记住每一个选择背后都有经济学在起作用。

总结

- 经济学研究的是经济主体如何选择分配稀缺资源，以及这些选择会给社会带来何种影响。经济学包括两种分析方法：实证经济分析（人们实际上做了什么）和规范经济分析（人们应该做什么）。在经济学中有两大关键主题：微观经济学（个体决策和个体市场）和宏观经济学（整体经济）。
- 经济学基于三大关键原理：优化、均衡和实证。
- 基于可获得的信息找出最佳可行选项，这被称为优化。为了优化，一个经济主体需要考虑多项问题，包括权衡、预算约束、机会成本和成本-收益分析。
- 均衡是一种状态，在这种状态下，基于对他人选择的认知，没人认为能通过改变自己的行为而使个人获益。在均衡状态下，每个人都在同时进行优化。
- 经济学家用数据来检验自己的想法。我们把这些基于证据的分析称为实证分析或者实证。经济学家使用数据来确定有关人类行为的理论（例如优化和均衡）是否和人类实际行为相符。经济学家还使用数据来确定这个世界上各种事情的发生原因。

关键术语

经济主体	微观经济学	预算约束
稀缺资源	宏观经济学	机会成本
稀缺性	优化	成本-收益分析
经济学	均衡	净收益
实证经济学	实证	
规范经济学	权衡	

问题

1. 为什么我们要为自己消费的大部分商品付费？
2. 许多人认为经济学研究主要聚焦货币市场和金融市场。阅读本章后，你会如何定义经济学？
3. 考察下面的表述，判断它们是规范性的还是实证性的，并阐释理由。
   a. 2020年3月至4月，美国工业生产（一个针对工厂、矿业和公用事业产出的测算指标）下降了11.2%，这是自1个多世纪前有记录以来的最大月度降幅。
   b. 为降低引发全球变暖的碳排放，美国政府应该将碳税提高到每吨二氧化碳10美元。
4. 微观经济学与宏观经济学有何不同？苹果手机在中国的销售属于微观经济学还是宏观经济学的研究范畴？中国经济总产出的增长率呢？
5. 预算约束表示的是什么？预算约束如何能解释消费者面临的权衡？
6. 本章介绍了机会成本的概念。
   a. 机会成本是什么意思？
   b. 高中毕业后用1年时间做背包客游历欧洲，这一行为的机会成本是什么？这么做是不理性的吗？
7. 许多环境法规的成本都能转化为以美元计算，比如旨在减少煤炭工厂空气污染的"尾气处理装置"的成本。环境法规的收益常常直观地体现为挽救了多少生命（减少死亡率）或者降低了某种疾病的发生率（减少发病率），这给环境法规的成本-收益分析带来了何种影响？有句老话说："你不能给一个人的生命定价。"你是否认同这种观点？请给出原因。
8. 假设玉米的市场价格是每蒲式耳①3.20美元，那么玉米市场要想在这个价格上达到均衡，需要满足哪三个条件？
9. 经济学家常常考虑搭便车的问题。
   a. 搭便车是什么意思？举例说明。
   b. 解释为什么在徒步旅行线路上乱丢垃圾是一个典型的搭便车行为。
10. 用一个简单的日常生活事例来解释因果关系概念。
11. 请确定下面例子中的原因和结果。
    a. 世界范围内桃子的价格上涨和加利福尼亚州遭遇干旱。
    b. 可可的价格大幅上涨和可可作物遭受虫害。
    c. 中彩票和买游艇。

循证经济学习题

1. 估算去电影院看一场电影的机会成本（以美元来表示机会成本）。提示：要同时考虑现金支付成本（电影票的价格）和间接成本（你的时间的价值）。
2. 估算一个学生上一年大学的机会成本（以美元来表示机会成本）。假设该学生的学费为T美元，食宿费用为R美元。估算在一个典型学年中该学生在学习上所花费时间的价值，也就是上大学的间接成本。
3. 估算你每年在社交媒体上所花费的时间。然后用美元估算这一时间的机会成本。

---

① 1蒲式耳在英国相当于36.3688升，在美国相当于35.238升。该单位用于干散固体物质体积的测量。——编者注

习题

1. 你已经购买了周五晚上的音乐会门票（不能退票也不可转售），而一个朋友邀请你在同一天参加她的生日聚会。尽管你很喜欢这个朋友，但你因为非常想去音乐会（而且这个乐队不会再来这座城市演出），于是礼貌地拒绝了她的邀请。
   a. 你得知朋友将会在她的生日聚会上提供免费且不限量的牛排，而牛排正是你最喜欢的食物。这会不会影响你去听音乐会的决定？请使用"机会成本"来解释。
   b. 假设你发现（你已购买的）不能退的音乐会门票价格是 10 美元，而你之前误认为是 100 美元。了解到这个信息会不会影响你去音乐会的决定？

2. 你正在考虑买房子，并且找到了一套喜欢的房子，价格是 20 万美元。你了解到银行将会给你提供 16 万美元的按揭贷款，因此你需要支付 4 万美元的首付，而这会花光你全部的储蓄。通过计算，你发现，按揭还款额、房产税、保险、维护费和水电费加在一起，你每月需支付 950 美元。那么，这 950 美元是你拥有这套房子的成本吗？在计算拥有这套房子的成本时，你遗漏了哪些重要的因素？

3. 上大学的最大成本之一是无法从事全职工作并获得收入这一机会成本。另外，在经济衰退期间，人们经常发现很难找到一份全职工作。基于这两项事实，在经济衰退期间，想上大学的人是会增加还是会减少？

4. 你正在控制自己的体重，决定要在周六晚上的聚会中消费总计热量为 800 卡路里的比萨和芝士汉堡。一块比萨的热量为 200 卡路里，一个芝士汉堡的热量为 400 卡路里。
   a. 创建一张表格，列出在 800 卡路里的"预算"内，你能消费的比萨和芝士汉堡数量的不同组合。简单起见，只考虑整数情况（例如，不用考虑半份的情况）。
   b. 按照这些假设，一个芝士汉堡的机会成本是什么？

5. 你在超市准备结账时看到了两支结账的队伍：队伍 A 中有 3 个人，队伍 B 中有 5 个人。
   a. 假设人们只是随机选择队伍。你认为这种情况是均衡的吗？为什么是？为什么不是？
   b. 假设这 8 个购物者都通过优化选择了他们的队伍。如何解释队伍 B 比队伍 A 多两个人这一情况？
   c. 假设最后一个排队的人选择了队伍 B，而且他也是一个优化者。这是否意味着你应该排到他的后面？

6. 假设你的朋友做了以下的每一个陈述。他可能只是性情阴郁，也可能是个经济学家！简要地解释一下他是如何得出每一个结论的，并尝试运用优化和均衡概念。
   a. "移到那个更短的排队队伍是没有用的。"
   b. "不要在交通堵塞时试图改变车道。"
   c. "不要积极地交易股票，因为我们不可能预测明天的价格是上涨还是下跌。"

   这些陈述中哪些涉及优化，哪些涉及均衡？请解释。

7. 2014 年，加利福尼亚州已连续第三年遭遇严重干旱。在水供给不断减少的情况下，布朗州长发出呼吁，希望大家自发减少 20% 的用水量。这个目标后来并没有实现。2015 年初，布朗州长发布行政命令，要求当地供水机构将供水量减少 25%，但是没有详细说明实施机制。该行政命令中也没有提及征税和罚款措施。州政府官员希望他们能够在不诉诸罚款手段的情况下达到目的。[7]
   a. 从个人房主的角度看，在干旱时期用水的成本和收益是什么？你认为 2014 年自发削减用水令没有起作用的原因是什么？

b. 使用本章的概念，解释你如何能使个人房主在干旱时减少用水量？

c. 最终，很多社区开始在用水上设置罚款制度。然而，虽然许多中等收入家庭大幅减少了用水量，但富裕家庭的用水量下降幅度相对较小。[8] 你如何从经济的角度解释这一现象？

8. 在经济学期末考试的前一晚，你必须决定将多少时间用于学习。对于这个问题，假设你关心的只是你最终的考试分数。该考试总分为20分。（下面表格中的"总收益"一列表示你会因为知识增加而多获得的分数。"总成本"一列则表示你会因为缺乏睡眠导致粗心错误而失去的分数。"边际"列表示你每多学1小时所产生的影响。这些边际数字是相邻两行数字的差。）

学习小时数	总收益	边际收益	总成本	边际成本
0	0	—	0	—
1	10	10	0	0
2	16	6	3	3
3	20	4	8	5
4	20	0	15	7

a. 如果你用最优的方式学习，将会在考试中得到多少分？（提示：取总收益列，然后减去总成本列，以计算出你将在测试中得到的分数。学习多少小时能使这个分数最大化？）

b. 如果花1小时学习的边际收益超过那1小时学习的边际成本，你是否应该花这1小时学习？解释你的理由。

c. 如果花1小时学习的边际收益小于那1小时学习的边际成本，你是否应该花这1小时学习？解释你的理由。

d. 利用本题b和c部分的见解（再次）找出能使你在考试中取得最高分数的学习时数。

第 2 章 经济科学：运用数据和模型理解世界

上大学值吗？

你很有可能正在上大学，或者正在考虑上大学。如你所知，在美国上大学是一笔很大的投资。在 2019—2020 学年，社区大学的学费（不包括食宿费）平均为 3 730 美元，州内公立大学的学费平均为 10 440 美元，州外公立大学的学费平均为 26 820 美元，非营利私立大学的学费平均为 36 880 美元。[1] 这还不是上大学的唯一成本。如前所述，你的时间每小时至少价值 13 美元——这些时间的价值，每年至少为上大学增加 20 000 美元的机会成本。

你本可以用这些时间去环游世界或者工作赚钱，为什么会选择坐在教室里？如同很多其他投资一样，你会想知道大学教育将会给你带来什么样的回报。"教育回报"是什么？你应该如何对其进行测算？在本章的循证经济学专栏中，我们将关注那些关于大学教育和义务教育法律对工资影响的最新研究。本章你将了解到，可以运用数据和模型来回答这类问题。数据和模型是经济学家用来理解世界的关键工具。

重要概念

- 模型是对现实的简化描述。
- 经济学家使用数据来评估模型的准确性，并以此来理解世界的运转方式。
- 相关关系并不意味着因果关系。
- 实验能够帮助经济学家评估原因和结果。
- 经济学研究专注于那些对社会十分重要且可以用模型和数据解答的问题。

本章概览

2.1	EBE	2.2	EBE	2.3
科学方法	一个拥有大学学历的劳动者比一个拥有高中学历的劳动者多挣多少钱？	因果关系和相关关系	教育能带来什么回报？	经济问题和答案

2.1 科学方法

在第 1 章中，我们解释了优化和均衡的概念，即经济学的前两个原理。现在我们来解释经济学家如何将这两个原理付诸实践，以及你如何也能做到这一点。

经济学是一门科学。和其他科学家一样，经济学家用科学原理解释数据。例如，天文学家感兴趣的可能是几个世纪以来所观测到的火星在夜空中位置变化的数据。用于解释该数据的科学原理，则是行星在引力作用下围绕着另一个质量大得多的天体（比如太阳系中的太阳）的曲线运行轨迹。你一旦有了关于火星轨道的精确模型，就既可以解释火星位置的历史观测结果，也可以准确预测火星的未来位置。如果你想让自动驾驶交通工具在火星着陆，并有一天在火星上建立人类定居点，就需要准确预测火星的未来位置。天文学家可以准确地告诉我们火星在未来数百万年的位置。

经济学家也在试图解释过去并预测未来。人们所做的选择就是我们所使用的数据。经济学家用优化和均衡这两个核心科学原理来解释这类数据。收集数据并利用这些数据来理解世界被称为实证，这是经济学的第三个关键原理。

实证，即用数据来分析世界，是所有科学分析的核心。科学方法是一个持续的过程，经济学家和其他社会科学家及自然科学家旨在通过这一过程达到如下目的：

（1）建立关于世界运转方式的模型；
（2）通过数据检验来评估这些模型。

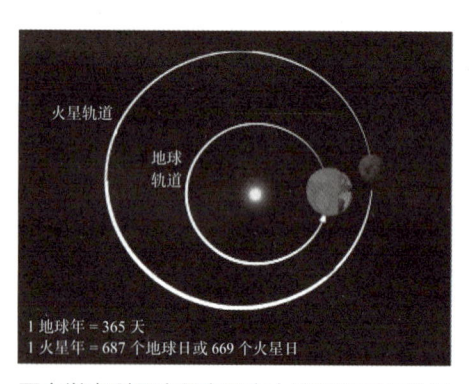

天文学家利用火星在天空中位置的历史数据来预测它未来的位置，从而促进太空旅行和其他形式的科学探究。经济学家则利用人的历史选择数据来预测其未来选择，从而使家庭、企业和政府能够预测和规划未来。

通过运用数据检验模型，经济学家得以将好的模型和坏的模型区分开来。所谓好的模型，是指其能做出和数据大致相符的预测。当一个模型与数据严重不符时，经济学家会尝试修正这个模型或者完全重建模型。开发模型，然后检验模型，通过对这两个步骤的循环往复，经济学家就能够找到可以更好地解释过去甚至可以预测未来的模型。

比如，我们想知道上大学将如何提高学生随后在劳动力市场上的收入。再比如，我们想知道提高来福车司机的工资会如何影响这家共享出行公司的市场份额和盈利能力。我们还想知道提高汽油税会如何影响汽油的购买并最终如何影响温室气体的排放。你将看到实证分析会使我们能够回答如上这些问题以及与家庭、企业、政府和社会更普遍相关的无数其他问题。

考虑到世界的复杂性，我们并不指望科学方法能够产生一个完美的模型——我们永远都不能精确地预测未来。但不管怎么说，经济学家确实希望能找出有助于理解我们已有观测数据并能够部分预测未来的模型。在本节中，我们将解释什么是模型，以及如何使用数据来检验模型。

模型和数据

在古希腊哲学家有重大发现之前，每个人都认为地球是平的。现在我们知道，地球更像一个沙滩球而不是飞盘。然而时至今日，我们仍然在大量使用平面模型。在利用谷歌地图进行导航时，你使用的就是一张平面地图。

平面地图和地球仪都是关于地球表面的模型。**模型**是对现实的简化描述。经济学家有时会把模型称为理论。这些术语在使用时通常可互换。

因为模型是经过简化的，所以它们并不是对现实的完美重现。显而易见，平面地图并不是完全精确的地球表面模型，即并没有反映出地球表面的曲率。如果你从纽约飞往东京，这个曲率就会对你有影响。但是如果你只是在纽约市内通行，就无须担心地球是一个球形的问题。

科学家和通勤者都会使用最适合的模型分析手头的问题。即使一个模型或地图所基于的是明显错误的假设，比如地球是平的，它依然可以帮助我们做出优质的预测，为未来制订合理的计划。相比于成为这个世界的完美复制品，一个模型更重要的是简单和有用。

图 2.1 纽约地铁线路图

注：这是纽约市地铁系统的一个模型。它被高度简化了——例如，它把纽约市视为一个完美的平面，而且扭曲了城市的形状。但对通勤者和游客来说，它仍然非常有用。

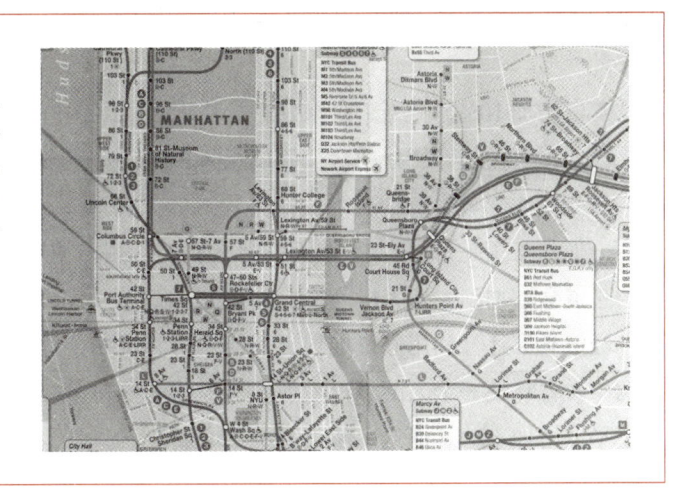

科学模型被用于进行可以用实证证据检验的预测。所谓**实证证据**，是指通过观察和测算得到的事实。我们也把实证证据称为**数据**。如第 1 章所述，经济学家常常形容自己是实证主义者，或者说自己践行的是实证主义，因为我们使用实证证据。实证主义者使用数据来回答关于世界的问题并且验证模型。例如，我们可以通过实际乘坐地铁和验证地图的准确性来检验纽约市地铁线路图模型。

在进行实证分析时，经济学家将一个模型所做出的预测称为**假说**。每当这些假说与现有数据相矛盾时，经济学家就会从头再来，尝试提出一个更好的模型，产生新的假说。

在新冠疫情危机期间，伦敦帝国理工学院的科学家开发的一个流行病学模型对公共卫生政策产生了重大影响。利用从经验证据中获得的一些疫情特征（比如被感染者的预估死亡率为0.9%），这些科学家创建了一个病毒传播模型。根据该模型的预测，如果不采取措施抑制疫情，英国将有51万人死亡，美国将有220万人死亡。[2]该模型还预测，保持社交距离等公共卫生政策能大幅降低死亡人数。因此，采用这些政策将减缓病毒的传播，并防止医疗系统因患者过多而陷入瘫痪。

该模型的关键预测和科学家们的主要假说是社交距离将大大减少新冠病毒的传播。作为一种预测工具，帝国理工学院的模型发挥了重要作用，促使政府采取了更加严格的保持社交距离干预措施，如居家避疫政策等，而这也确实显著减缓了病毒的传播，也减少了死亡人数。[3]

一个经济模型

让我们举一个经济模型的例子。我们将从研究一个非常简单的模型入手。但即使是比这个例子复杂得多的经济模型，也同样是对现实的简化描述。

所有的模型都始于假设。思考如下关于教育回报的假设：每多接受1年的教育，你未来的工资就会增加10%。让我们基于这个假设生成一个将人的受教育程度和工资联系起来的模型。

工资增加10%，相当于在原有工资基础上乘以（1+0.10），即工资为原有工资的1.10倍。因此，有关教育回报的这一假设意味着，一个人多接受1年教育所赚得的收入是他在未接受这1年教育的情况下所赚得收入的1.10倍。例如，如果一个人接受了13年的教育，他的工资是每小时15美元，那么我们预测，在接受了第14年的教育后，他每小时的工资会增加到1.10×15美元，也就是16.5美元。

经济学家还会利用假设推导出其他结论。例如，有关教育回报的假设意味着，多接受两年教育将使一个人的工资增加两次10%——每多接受1年教育，工资水平就会在原有水平上增加10%，而这会使工资总共增加21%：

$$1.10 \times 1.10 = 1.21$$

同样，多接受4年教育会使一个人的工资水平4次增加10%，这意味着工资水平总共约增加46%：

$$1.10 \times 1.10 \times 1.10 \times 1.10 = (1.10)^4 \approx 1.46$$

这意味着，与高中毕业后就不再上学相比，一个人大学毕业后的收入将增加46%。换言之，该模型提出的一个预测或假说是大学毕业生将比高中毕业生多赚46%。

原则上，我们可以将这个分析应用于任意年限的教育。因此，我们建立了一个将人们的受教育程度和他们的收入联系起来的一般模型。我们推导出的模型被称为教育回报模型。它描述了人们接受更多教育的经济收益，也就是教育投资的回报。绝大多数经济模型远比这个模型复杂。在一些经济模型中，我们需要做大量的数学分析才能推导出关于这些假设的结果。但不管怎么说，这个简单的模型是我们展开讨论的一个很好的起点。它表明了所有模型都具备的两个重要特性。

首先，经济学家知道模型只是一种近似，因此他们明白模型不可能完全正确。从字面上看，根据这一模型，任何一个人多接受1年教育，其将来的工资都将会正好增加10%，但是这个精确的预测肯定是错误的。例如，与大学的倒数第二年相比，大学最后一年会给你带来更多的收入增长。因为在最后一年你会获得正式的文凭，而这份文凭是你简历中的重中之重。同样地，你在大学中主修的专业也会对你毕业后的收入产生重要影响。例如，那些主修经济学的人往往比大多数主修其他专业的人收入更高。我们上面的简单模型就忽略了很多这样的细微之处。正如一幅平面地铁线路图只是对一个城市特征的近似模拟，教育回报模型也只是对受教育年限与工资之间关系的近似估计。该模型忽略了很多特殊的因素，只是简化地预测了受教育程度和工资之间的关系。

其次，模型所做出的预测可以用数据来检验。在这个例子中，检验预测的数据就是人们的受教育年限和收入水平。我们现在准备用一些数据来评估上述教育回报模型的预测结果。

循证经济学

一个拥有大学学历的劳动者比一个拥有高中学历的劳动者多挣多少钱？

- 要检验该模型，我们需要先有数据。我们可以从"当前人口调查"中获得所需数据，这是一项来自美国政府的数据。这项调查匿名搜集了普通人口的收入、受教育程度和很多其他特征信息，任何人都可以使用这些数据。这种面向大众开放的数据被称为"公用数据"。

- 图2.2总结了我们检验该模型所需的平均年收入数据。该图显示，在美国，年龄介于25~34岁、

拥有高中文凭（且不再接受教育）的全职劳动者，2018 年的年收入中位数为 35 620 美元。该图还显示，年龄在 25~34 岁、拥有大学学历（且不再接受教育）的全职劳动者，2018 年的年收入中位数为 55 660 美元。

- 如果我们把这两组中位数相除，即最高学历为大学者的收入除以最高学历为高中者的收入，得出的比率为 1.56，这也表示他们的收入差距为 56%。

$$\frac{\text{接受 16 年教育的 25~34 岁美国劳动者的年收入中位数}}{\text{接受 12 年教育的 25~34 岁美国劳动者的年收入中位数}} = \frac{55\ 660\ \text{美元}}{35\ 620\ \text{美元}} \approx 1.56$$

- 根据上文中的教育回报模型，每多接受 1 年教育会使工资增长 10%，那么多接受 4 年教育应该使工资增长至原来的 1.10^4，即 1.46 倍。我们可以看到，该模型与数据并不十分吻合，但差距也不大。受教育年限从 12 年提高到 16 年，收入增长了 56%，高于模型预测的 46%。

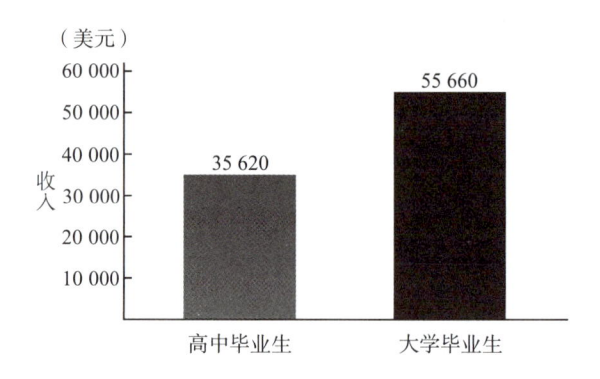

图 2.2 根据教育程度区分的美国全职劳动者年收入中位数（2018 年数据）

注：那些最高学历为高中的人，年收入中位数是 35 620 美元，而那些最高学历为大学的人，年收入中位数是 55 660 美元。
资料来源："当前人口调查"统计的 2018 年收入。

问题	答案	数据	注意事项
一个拥有大学学历的劳动者比一个拥有高中学历的劳动者多挣多少钱？	大学毕业生的年收入中位数比高中毕业生的年收入中位数高出 56%。	2018 年工资数据来源于美国"当前人口调查"针对 25~34 岁全职劳动者所开展的调查。[4] 图 2.2 对每个受教育群体的年收入中位数进行了对比。	这些数值是根据对大量个体进行统计后得到的中位数。每个个体的实际情况可能会有所差别。

均值和中位数

你可能想知道如何使用"当前人口调查"中的数据计算出上述工资水平。我们使用了**中位数**这一概念。所谓中位数，就是一组数字的"中间"值。具体来说，中位数的计算方法是将数字从小到大排序，然后在列表的中间找到该值。

我们可以用一个简单的例子说明中位数的计算方式。比如，现有权先生、利特尔顿女士、洛克先生、雷耶女士和谢泼德女士共5人，他们每个人的时薪都不相同。

权：26 美元/小时
利特尔顿：24 美元/小时
洛克：8 美元/小时
雷耶：35 美元/小时
谢泼德：57 美元/小时

我们说过，中位数的计算方法是将数字从最小到最大排序，然后在列表的中间找到该值。对上面的时薪数据进行排序，我们得到了这个排列顺序：8 美元，24 美元，26 美元，35 美元，57 美元。我们可以看到，中间的数值，即**中位数**，是 26 美元。（当列表中数字的个数为偶数时，中位数就是两个中间数值的平均值。所以 8 美元、24 美元、26 美元和 35 美元这 4 个数字的中位数是 24 美元和 26 美元的平均值：25 美元。）

科学家们有时也会研究均值或平均数。**均值**（或**平均数**）是用所有数值的总和除以数值的个数所得出的结果。在统计学家和其他科学家这里，均值和平均数这两个术语可以互换。

针对上面的例子，如果我们将这 5 个人的工资加在一起，再除以 5，就可以计算出他们的工资均值是每小时 30 美元。

$$\frac{26\text{ 美元} + 24\text{ 美元} + 8\text{ 美元} + 35\text{ 美元} + 57\text{ 美元}}{5} = 30\text{ 美元}$$

总结一下，中位数是一组有序数字的中间数值，均值则是一组数字的平均值。当一组数字有一个或者多个极端数值时，其中位数和均值会相差很大。例如，假设谢泼德的工资特别高——她也许是一位公司律师，平均每小时工资为 257 美元（而不是原来的每小时 57 美元）。那么，这些人的工资均值将上升为每小时 70 美元，但是工资中位数并没有改变，仍然是每小时 26 美元。因此，均值会受到离群值（所谓离群值，是指与列表中其他数字差异较大的极端数值）的影响，而中位数不受离群值影响。

我们使用这份只有 5 个人的小样本分析解释了中位数和均值的概念。但是在经济学中，数据分析要想令人信服，则有赖于对大规模样本的使用。例如，一篇典型的经济学研究论文所使用的通常都是成千上万人规模的数据。当我们在图 2.2 中指出更高的受教育程度和更高收入水平相关联时，所依赖的并非只是少数的观察值（每条数据都被称为一个"观察值"）。相反，我们使用了从美国人口中随机选择并经人口普查局调查的 1.5 万名全职劳动者的数据。使用大量的观察值能加强实证论证的说服力，因为大量的观察样本更有可能体现我们所抽取样本的那个基础群体。

为了向大家展示如何提出令人信服的实证论证，本书使用了大量来自庞大群体的真实数据。基于大量观察值的可信实证论证是科学方法的重要组成部分。

实例论证

教育并不决定命运。有些受过很多教育的人挣钱很少，也有些受过很少教育的人挣钱很多。这个世界上很多知名企业的创始人都没有大学毕业：比尔·盖茨从哈佛辍学创办微软，拉里·埃里森在创建甲骨文之前从两所不同的大学辍学，马克·扎克伯格则从哈佛辍学创办了脸书。[5]

考虑到这些例子，人们可能很容易得出这样的结论：从大学辍学是一条通向成功的伟大道路。然而，用几则逸事或者一些小样本就试图断定统计意义上的关系是错误的。

如果你随机挑选两个 30 岁的人来研究，那么一个只有高中学历的人比一个拥有大学学历的人收入更高的概率为 1/3。这个事实指出了一点：尽管获得大学学历通常有助于你提高收入，但决定你收入的绝不仅仅是教育。

当你只看一小部分数据时，会很容易得出错误的结论。下次再有报纸专栏作家试图用这些实例来左右你的观点时，请记住这个提醒。如果这个专栏作家用从成千上万人的实际经历中得出的数据来支持自己的说法，那么他的工作确实做得很到位，他的结论可能值得相信。但如果他仅仅以几则逸事来证明自己的观点，那么你要对其结论保持怀疑态度。如果你怀疑这些事例都是经过精心挑选的，只为证明专栏作家自己的观点，那么就更要持质疑态度了。这样的论证不可当真。

这条规则有一个例外。当你在反驳一个笼统的陈述时，举例论证就是一种适当的方法。例如，如果有人断言每个 NBA（美国男子职业篮球联赛）的球员都必须身材高大，那么仅仅一个反例就足以证明这种说法是错误的。例如，你可以举蒂尼·博格斯的例子，他的身高只有 5 英尺 3 英寸（约 1.6 米），体重 133 磅（约 60.3 千克），却在 NBA 打了 15 个赛季的控球后卫。

2.2 因果关系和相关关系

不幸的是，即使是基于大型数据集的分析也可能具有误导性。以我们之前提到的教育回报模型为例。基于有关工资和受教育年限的大数据集，我们已经看到，平均而言人们每多接受1年教育，工资大概会增加10%。这是不是意味着只要你在学校多待1年，就一定会让你未来的工资增加10%？不一定。让我们通过一个例子来思考为什么情况并非总是如此。

红色广告的故事

假设有一家百货商场聘请你担任顾问。你提出了一条关于广告活动的假说：在广告活动中使用红色能更好地吸引人们的眼球。为了验证你的假说，你从过往的广告活动中搜集证据，包括这些广告活动的主色调以及活动期间商场的销售额变化。

结果，你的实证研究证实了自己的假说！在使用了大量红色图片的广告活动期间，商场的销售额上升了25%；在使用了大量蓝色图片的广告活动期间，商场销售额只上升了5%。你跑到CEO那里报告这一非凡结果。你真是一个天才！

不幸的是，CEO当场解雇了你。他注意到了什么被你遗漏的东西？

红色主题的广告活动大部分集中在圣诞季，而蓝色主题的广告活动则分布于一年中的其余任意时间。正如这位CEO所说："并不是在广告活动中使用红色使我们的收入增加，而是圣诞季使我们的收入增加。是因为圣诞季，我们才在广告活动中更多地使用红色。即使我们在圣诞季推出蓝色主题的广告活动，我们的收入仍会上升约25%。"

这是一个真实的故事，当然出于保护这位朋友的目的，我们修改了故事的细节，并且隐去了这家商场的名字。在本章附录中，我们还会讲一个相关的故事，那个故事中的CEO并不像这个故事中的CEO这样敏锐。

因果关系与相关关系

如同上述案例中错误的广告分析一样，人们经常会把相关关系误以为是因果关系。当一件事直接影响另一件事时，就会产生**因果关系**。==你可以把因果关系看成从原因到结果的路径==：打开炉灶一段时间就会使水壶里的水沸腾。

科学家把变化的因素或特征称为**变量**，比如烧水壶里水的温度。科学家称，当一个变量（例如在炉灶上天然气的燃烧量）引发另一个变量（例如烧水壶里水的温度）改变时，就会产生因果关系。

相关关系意味着两个变量趋向于同时改变——当一个变量改变时，另一个变量也会改变。它们之间存在某种关系。这种关系可能是因果关系，即使不存在因果关系，也可能存在相关关系。例如，上音乐课的学生在SAT（美国高中毕业生学术能力水平考试）测验中的得分高于不上音乐课的学生。于是，一些音乐教育家很开心地由此得出因果关系的结论：学生多上音乐课能够提升SAT成绩。

但是，请不要着急给你的弟弟妹妹买乐器。这个因果关系缺少足够证据，而且上音乐课和SAT成绩的相关关系还有很多其他可能的解释。

结果

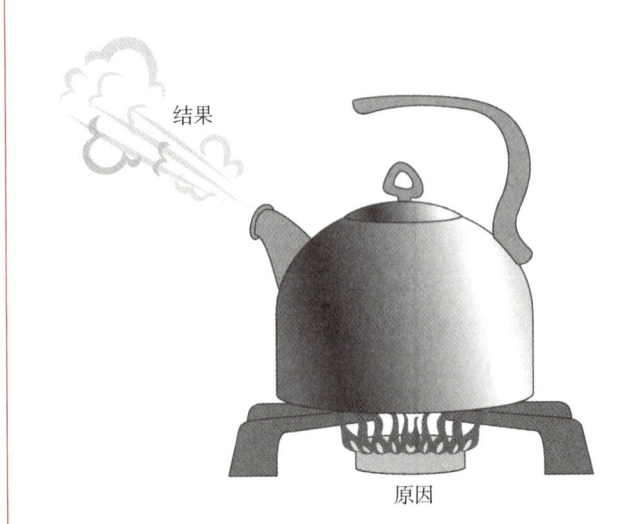

原因

从原因到结果。炉灶上的火焰烧热了水壶里的水，导致水沸腾和蒸发。但蒸发的水不会导致火焰在炉灶上燃烧。

慢跑能使人们变得更健康吗？良好的健康状况会使人们去慢跑吗？事实上，这两种因果关系同时成立。

例如，学音乐的学生往往家境富裕，他们的父母可以通过聘请家教来提升孩子的 SAT 成绩。在这种情况下，因果路径是从财富到 SAT 家教再到更高的 SAT 分数。上音乐课并不能让你在 SAT 考试中获得高分。是家长有钱才让孩子去上音乐课，同样也是因为家长有钱，他们的孩子才在 SAT 考试中取得高分（通过家教这个渠道）。

若两个变量相关，则意味着可能存在因果关系，因此需要进一步探究——但这往往只是分析的开始。有趣的是，当研究者试图寻找音乐课和高认知能力之间的因果关系时，他们总是以失败告终。[6]因此，如果一个年轻的小号手弄断了手指并因此退出音乐课，并不必然导致其未来的 SAT 成绩下滑。总而言之，尽管上音乐课和 SAT 成绩具有相关性，但上音乐课似乎并不会促使 SAT 成绩提升。

你能想到其他把相关关系和因果关系混淆的情况吗？加入高中运动队是否会让你的人生更加成功（例如，在 30 岁时有更高的收入）？在 15 岁时吸烟是否会让你以后更可能对非法毒品上瘾？这些是因果关系吗？还是只是相关关系？

相关关系可分为三类：正相关关系、负相关关系和零相关。**正相关关系**意味着两个变量倾向于朝着相同的方向变动。例如，调查表明，收入相对较高的人比收入相对较低的人更有可能已婚。在这种情况下，我们可以说收入和婚姻状况这两个变量呈正相关关系。**负相关关系**意味着两个变量倾向于朝着相反的方向变动。例如，受教育程度高的人失业的可能性相对较低。在这种情况下，我们说受教育程度和失业这两个变量呈负相关关系。当两个变量没有关联时，我们称其为**零相关**。你的朋友数量和你住在街道的哪一边没有关系。

相关关系不意味着因果关系的情况

我们不应贸然认定两个变量之间的相关关系必然意味着某种特定的因果关系，这主要出于以下两个原因：

（1）遗漏变量；

（2）反向因果关系。

遗漏变量是指那些研究中被忽略，但如果将其纳入便能够解释两个变量为何相关的因素。前面提到，红色广告元素的数量和商场的销售额增长率正相关。但是，红色广告元素并不必然带来商场的销售额增长。是圣诞季的来临促使商场使用更多红色广告元素，同时使其月度销售额不断增长。因此，圣诞季是一个遗漏变量，它解释了为什么红色广告元素往往和销售额增长出现在同一时间（见图2.3）。

图2.3 遗漏变量的一个例子

注：商场中红色广告元素的数量与销售额增长呈正相关。也就是说，当广告以红色为主题时，商场销售额的按月环比增速往往更快。但并不是红色广告元素的使用带来商场收入的增长，而是圣诞季的来临促使商场使用了更多红色广告元素，同时使商场的销售额上升。圣诞季是一个遗漏变量，它解释了红色广告元素与销售额按月环比增长之间的正相关关系。

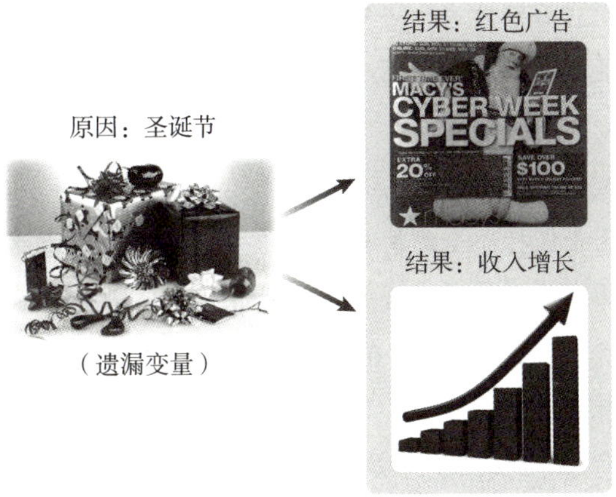

原因：圣诞节（遗漏变量）

结果：红色广告

结果：收入增长

是否也存在一个遗漏变量，可以解释为什么受教育程度和收入存在正相关？一个可能的因素是个人努力工作的意愿。或许那些特别努力的人在大学课堂上的表现就比其他学生更好？也许经常熬夜写学期论文得以让勤奋的学生在课业上取得好成绩，而这也使得他们愿意继续留校学习。同样的因素也使得这些人的收入比其他人更高，因为他们往往工作到很晚，或者经常周末加班。是这种狂热的努力使你收入更高（同时让你从大学毕业而没有辍学），还是说接受高等教育这件事本身使你收入更高？什么是因？什么是果？我们将在本章稍后解开这个谜团。

反向因果关系是困扰我们区分相关关系和因果关系的另一个问题。当我们混淆原因和结果的方向时，就会产生反向因果关系。例如，考虑到相对富裕的人往往也相对健康，一些社会科学家便得出结论：拥有更多财富会给人们带来更好的健康状况，因为有钱人可以负担得起好的医疗服务。但是，这两者也可能存在反向因果关系：更好的健康状况也许能给人们带来更多的财富。例如，和不太健康的人相比，健康的人可以更努力工作，可以延迟退休，并且医疗支出更少。事实证明这两种因果关系都存在：更多的财富能够带来更好的健康状况，更好的健康状况也能够带来更多的财富。

在我们的教育回报分析中，是否也有反向因果关系在起作用？也就是说，30 岁时更高的工资能否让你在 20 多岁时接受更多的教育？我们可以从逻辑上排除这种可能性。除非你拥有时光机，否则你 30 岁时的工资不可能让你在 20 多岁时接受更多的教育。所以，在教育回报的例子中，反向因果关系不太可能存在。但是，在很多其他分析中，如在财富和健康之间的关系上，反向因果关系是一个关键的考虑因素。

选择与结果

先花后付？

- 两位经济学家——安德鲁·弗朗西斯-谭和雨果·米亚隆基于美国的调查数据计算了婚礼支出和离婚率之间的实证关系。[7] 他们发现，在结婚典礼或者订婚戒指上花费更多的夫妻，有更高的离婚率（在其他因素保持不变的情况下）。例如，在他们的样本中，婚礼花费超过 2 万美元的新婚女性，其每年离婚的可能性是婚礼花费在 5 000 美元到 1 万美元之间的女性的 3.5 倍。

- 这是一个有趣的实证证据。这种相关关系是否证明保持长久婚姻的关键是举行一个小型婚礼，甚或是干脆来一场私奔？在婚礼上支出较多真的会导致夫妻离婚吗？或者是有什么遗漏变量在其中发挥作用？什么遗漏变量会促使人们举办一场豪华的婚礼，也会导致他们最终离婚？虚荣心？自尊心？物质主义？

昂贵的婚礼会导致离婚？还是有什么其他因素在起作用？

- 或者昂贵的婚礼可能会给新婚夫妇带来经济压力，而这些压力可能会导致离婚。所以，可能存在一条从婚礼支出到离婚率的因果路径。

- 事实上，这篇论文的作者没有声称自己证明了昂贵的婚礼会导致离婚。他们明白，相关关系并不意味着必然有因果关系。考虑到这种复杂的例子，我们能否确定什么是相关关系，什么是真正的因果关系？经济学家已经为识别因果关系开发了一整套丰富的工具，我们会在之后讨论其中的一些工具。

实验经济学和自然实验

确定因果关系的一种方法是进行实验。实验是一种调查变量之间因果关系的受控方法。虽然你可能不会在报纸上读到太多关于经济实验的报道，但关于医学实验的头条新闻却很常见。例如，美国食品药品监督管理局（FDA）要求在新疫苗获批供公众使用之前，制药公司必须通过精心设计的实验来证明这些疫苗的有效性。在我们撰写本书时，数十种新冠疫苗正在经历这一严格的测试过程。

为了进行实验，研究人员通常需要找到目标人群，之后将其分为实验组（测试组）和对照组。实验组会被暴露于某种新奇体验之下，例如给他们注射一种有效性和安全性尚待评估的新型疫苗。相比之下，对照组没有得到任何不同寻常的对待。对照组可能接受安慰剂疫苗注射，比如注射没有任何已知益处的生理盐水。实验参与人员会被随机分配到实验组或者对照组。**随机化**是指以随机方式而非人为选择的方式将受试者分配到实验组或对照组。实验组和对照组被对待的方式在其他方面完全相同，只在某一特定维度故意存在差别。实验的最终目的是确定这一差别所产生的影响。

如果想要知道一种备受期待的新疫苗是否有助于避免受试者感染新冠病毒，我们可以找1 000名受试者，随机将其中500人归入实验组，这些人将接受新疫苗注射。另外500人则归入对照组，接受安慰剂疫苗（生理盐水）注射。然后对所有受试者进行随访，监测他们的新冠病毒感染率。这项实验的目的是检验如下因果关系假说：注射真正的疫苗比注射生理盐水更能预防新冠病毒感染。

现在，考虑一项经济学实验。假设我们想知道大学学历能够产生什么影响。我们可以找到1 000名负担不起大学费用但又想上大学的高中生（如果免费的话），随机选择其中500人归入实验组，为他们支付所有上大学的费用。其他500名学生则被归入对照组。然后我们会跟踪所有1 000名学生，包括那500名因为负担不起学费而未能上大学的学生。我们将对他们成年之后的生活进行定期调查，并观察受过大学教育群体和没受过大学教育群体的工资水平。这项实验将检验大学教育会促使工资上涨这一假说。

实验成本有时会非常昂贵。例如，我们刚刚所描述的大学入学实验将耗资数千万美元，因为研究人员需要为500名学生支付上大学的费用。

另一个问题是，实验不能立即为一些重要的问题提供答案。例如，要想知道受更多教育对整个职业生涯工资水平的影响，需要耗费数十年的时间。

还有一个问题是实验有时候运行不佳。例如，如果医学研究人员没有真正随机分配病人接受治疗，那么这个实验可能根本没有教给我们任何东西。再例如，如果去前沿研究型医院的患者恰好是那些获得新疫苗的患者，那么我们就无法确定因果关系；我们无法了解患者的病情好转到底是因为疫苗还是因为这些重点医疗中心的其他什么东西。在一个精心设计的实验中，谁接受新疫苗注射和谁不接受注射，完全是随机决定的。

如果研究设计得很糟糕，经济学家便对其结论持怀疑态度。糟糕的研究方法会导致无效的研究结论,这就是我们经常说的"废料进,废品出"。

如果我们没有预算或时间来进行实验,或者没有能力进行真正的随机化实验,我们还能用什么方法来确定因果关系?一种方法是研究由自然实验产生的历史数据。**自然实验**是一种实证研究,在这种研究中,一些不受实验者控制的过程会以随机或近乎随机的方式将受试者分配到对照组和实验组。

在很多情况下,自然实验是我们唯一能从中得出结论的实验方法。例如,将军们不会随机选择村庄投掷炸弹——如果这样做了,他们会被送上军事法庭。但有时,随机因素会导致一些村庄遭到轰炸,而其他村庄则得以幸免。梅丽莎·戴尔是一位经济学家,她曾荣获享有盛誉的贝茨·克拉克奖。为了确定越南战争期间不同轰炸政策的影响,她对一次这样的自然实验进行了探究。[8] 大多数自然实验在伦理方面远没有那么复杂。稍后,我们将讨论一项自然实验——在这个例子中,义务教育法的改变使得一些孩子多获得了一年的教育。

经济学家发现并利用自然实验来回答许多重大问题。这种方法有助于为我们手头的问题提供更明确的答案:你从教育中得到了什么?

循证经济学

教育能带来什么回报?

- 1 个世纪之前,义务教育法的执行远没有现在这么严格,青少年高中未毕业便可以辍学。菲利普·奥雷普卢斯研究了义务教育法的变化所引发的一项自然实验。[9] 在 1947 年之前,英国允许孩子在年满 14 岁时便可辍学。但在 1947 年,英国将允许辍学的年龄提高了 1 岁,即必须年满 15 岁方可辍学。在 1947 年前,多数英国孩子都会在 14 岁辍学。但在 1947 年之后,几乎再没有人这么做。
- 在这项自然实验中,这些在 1946 年年满 14 岁的孩子就变成了在 1948 年年满 14 岁孩子的"对照组"(后者被强制要求多上 1 年学)。奥雷普卢斯将 1946 年年满 14 岁孩子的终生劳动力市场收入同 1948 年年满 14 岁孩子的终生劳动力市场收入进行了对比。[①] 利用这一自然实验,奥雷普卢斯估算出多上 1 年学的回报大约为 10%。换句话说,他的分析表明,多上 1 年学的因果效应是可以让你在劳动生涯的每一年都多挣 10%。
- 自然实验是实证经济学中一个非常有用的数据来源。在很多问题中,它们帮助我们把相关关系和因果关系区分开来。在教育回报这个问题上,自然实验的结果证明受教育年限和高收入之间的相关性并不仅仅是因为存在某些遗漏变量,也体现了教育的因果影响。由此可见,教育回报模型得到了强有力的数据支持。每多接受 1 年教育会使你未来的收入提升 10%,这个结论有没有让你想多上几年学?

---

① 分别在 1946 年和 1948 年年满 14 岁的人,可能面临不同的历史背景,从而决定了其将来面临不同的收入,这是一个遗漏变量。——审校注

问题	答案	数据	注意事项
教育能带来什么回报？	平均而言，孩子多上 1 年学，其之后的工资就会增加 10%。	英国综合住户调查。将英国那些被允许在 14 岁辍学的孩子和那些由于义务教育法改变而被强制多接受 1 年学校教育的孩子进行比较。	除义务教育法的改变以外，还应注意其他可以解释为什么那些依法多上 1 年学的孩子后来能在工作中赚到更多钱的因素（这是一个遗漏变量的例子）。

2.3　经济问题和答案

经济学家喜欢把自己的研究看作一个提出问题和解答问题的过程。我们已经看到了一些这样的问题。例如，在本章中，我们的问题是"教育能带来什么回报？"；在第 1 章中，我们则问道："脸书是免费的吗？"

好的问题有许多不同的形式，但最令人兴奋的经济问题有两个共同的特点。

1. **好的经济问题针对的是对个人经济主体和/或我们的社会很重要的话题**。经济学家倾向于认为经济学研究有益于改进社会福利。我们试图进行对人类行为或经济活动具有普遍影响的研究。例如，理解教育回报极其重要，因为个人为获得教育投入了大量的资源。美国每年在教育上的支出为 1.5 万亿美元加上学生的时间成本。理解所有这些投资能带来多少回报，是一件非常有意义的事。如果教育的回报非常高，社会则可能鼓励进行更多的教育投资。如果教育的回报很低，我们就应该同那些正在决定是否要继续读书的学生分享这一重要事实。了解教育的回报，也有助于个人和政府决定他们该将多少稀缺资源用于教育投资。

2. **好的经济问题都可以找到答案**。在其他一些学科中，提出一个好问题就足够了。例如，哲学家认为一些最重要的问题没有答案。相比之下，经济学家感兴趣的，主要是那些通过付出足够努力、进行仔细推理和依靠实证证据能够回答的问题。

下面所列举的是我们在本套书中讨论的一些经济问题。在浏览这些问题时，你会发现这些问题的答案对你以及整个社会都有着十分有趣（偶尔甚至有些好笑）的启示。在本套书中，我们将探究这些问题的答案。我们相信，这将是一段富有启发性和令人振奋的旅程。

问题

- 脸书是免费的吗？
- 一个拥有大学学历的劳动者比一个拥有高中学历的劳动者多挣多少钱？教育能带来什么回报？
- 地理位置如何影响租房成本？
- 如果汽油近乎免费，你会购买多少？
- 吸烟者会为了每月100美元的奖励而戒烟吗？
- 乙醇补贴将如何影响乙醇生产者？
- 一个只有利己者构成的市场能否使社会整体福利最大化？优步这类公司是否在利用"看不见的手"？
- 自由贸易会让你失去工作吗？政府可以采取哪些方法来减少俄克拉何马州的地震发生次数？
- 英国女王如何才能缩短前往温布利球场的交通时间？
- 政府的最优规模是多大？
- 劳动力市场是否存在歧视？
- 垄断对社会有没有好处？
- 换位思考有价值吗？
- 要构建一个竞争市场，我们需要多少企业？
- 人们是否更偏好于即时满足？
- 为什么新车一经售出就会大幅贬值？为什么私人医疗保险这么贵？
- 在亿贝的拍卖中你应该如何出价？谁来决定家庭如何支出？
- 人们在意公平吗？
- 美国每年经济产出的总市场价值是多少？
- 为什么平均而言美国人比印度人富裕得多？
- 为什么你比你的曾曾祖父母富裕得多？
- 地理位置注定了热带和亚热带地区的贫困？
- 雇主歇业会对当地的就业和失业造成何种影响？
- 银行倒闭的频率有多高？
- 是什么导致了1922—1923年的德国恶性通货膨胀？
- 是什么导致了2007—2009年的经济衰退？
- 政府支出对GDP的刺激作用有多大？
- 耐克等公司是否损害了越南劳动者的利益？
- 乔治·索罗斯是如何赚到10亿美元的？
- 投资者会追求历史回报吗？
- 人类生命的价值是什么？
- 政府和政界人士是否会遵循其公民和选民的意愿？

总结

- 科学方法是一个持续的过程，经济学家和其他科学家通过这一过程达到如下目的：
  （1）建立关于世界运转方式的模型；
  （2）通过数据检验来评估这些模型。
- 实证证据是通过观察和测量所获得的事实。实证证据也被称为数据。
- 经济学家试图揭示变量之间的因果关系。
- 确定因果关系的一种方法是进行实验。经济学家正在积极地开展实验室实验和实地实验。经济学家还通过研究由自然实验产生的历史数据来确定因果关系。

关键术语

科学方法	因果关系	遗漏变量
模型	变量	反向因果关系
实证证据（数据）	相关关系	实验
假说	正相关关系	随机化
中位数	负相关关系	自然实验
均值（平均数）	零相关	

问题

1. 经济学家使用科学方法，这究竟是什么意思？经济学家如何区分有效模型和无效模型？

2. 实证是什么意思？

3. 经济模型的两个重要特性是什么？模型通常是对现实的简化描述，这是否意味着模型不符合实际？

4. 假设在炎热的夏天，有5 000个人买了冰激凌。如果平均每个人购买了2个冰激凌，那么这一天一共卖出了多少个冰激凌？

5. 样本大小会如何影响实证论证的有效性？在什么情况下，单个例子就足以证明你的观点？

6. 请解释为什么相关关系并不一定意味着因果关系。因果关系一定意味着正相关关系吗？请解释你的答案。

7. 请分别列举出一对变量之间存在正相关关系、负相关关系、零相关的例子。

8. 随机化是什么意思？随机化会如何影响实验结果？

9. 本章探讨了自然实验和随机化实验。自然实验与随机化实验有什么不同？

10. 假设你必须找出安全带规则对交通事故死亡率的影响，你会选择做随机化实验还是利用自然实验？请解释。

循证经济学习题

1. 让我们回到拥有大学学历的劳动者比拥有高中学历的劳动者多挣多少钱这个问题。在本章第一个循证经济学模块中,我们提供了关于美国劳动者收入的数据。数据显示,在设定的年龄段中,拥有大学学历的全职劳动者的收入中位数比拥有高中学历的全职劳动者的收入中位数高出56%。我们能否仅依靠这些数据便推断出上大学会让人有更高的工资?从下面的4个答案中选择一个。

   a. 不一定。受过大学教育的劳动者收入更高,这可能是由于先前存在的某些因素使这些劳动者上了大学,同时也使这些劳动者赚得更多。这被称为反向因果关系。

   b. 不一定。受过大学教育的劳动者收入更高,可能是由于先前存在的某些因素使这些劳动者上了大学,同时也使这些劳动者赚得更多。这是一个遗漏变量问题。

   c. 是的。受过大学教育与收入呈正相关关系。

   d. 是的。受过大学教育与收入呈正相关关系,即使同和我们相同年龄的劳动者比较也是如此。

2. 在本章的第二个循证经济学模块中我们提到,菲利普·奥雷普卢斯使用一个关于义务教育法的自然实验推断出,多接受1年教育的回报是收入增长10%。在本问题中,我们假设奥雷普卢斯的这一发现是正确的,并且适用于所有情况下的所有人群。(这些都是出于说明目的而做出的强假定。)

   a. 对比两名劳动者,其中一名受过12年的教育,另一名受过18年的教育。假设这两名劳动者在其他方面完全相同。按百分比计算,第二名劳动者的收入会高出多少?

   b. 假设第一名劳动者每年挣5万美元。第二名劳动者一年能挣多少钱?

习题

1. 你的统计学教授说只有7名学生参加了期中考试。她列出了全部7个分数:40、46、40、36、45、42和10。这些分数的中位数是多少?平均数是多少?请解释为什么其中一个数字比另一个数字小。

2. 虽然均值和中位数密切相关,但两者之间的差异有时也值得关注。

   a. 假设A国有5个家庭。他们的收入分别是10 000美元、20 000美元、30 000美元、40 000美元和50 000美元。A国家庭收入的中位数是多少?均值是多少?

   b. B国也有5个家庭,其收入分别是10 000美元、20 000美元、30 000美元、40 000美元和150 000美元。B国家庭收入的中位数是多少?均值是多少?

   c. 哪个国家的收入更加不平等,A国还是B国?

   d. 假设你认为美国的收入不平等已日趋严重。基于你对本问题的回答,你认为美国家庭收入的均值和中位数之比是会上升还是会下降?请解释。

3. 假设你无意中看到一项研究,这项研究发现阅读和人的预期寿命之间存在相关关系:读书越多的人预期寿命越长。请找出至少一种可行的方法,证明这两者之间即便没有直接因果联系,也至少存在相关关系。

4. 某医学杂志上的一篇文章称,在所有因新冠住院的患者中,那些使用呼吸机(一种帮助人们呼吸的设备）的患者比那些仅接受额外输氧的患者更有可能死亡。这是否表明呼吸机实际上是有害的？请用相关关系和因果关系的概念做出解释。

5. 正如本章正文中所解释的，我们有时候很难厘清因果关系的方向。

   a. 你认为警察数量增加会降低犯罪率吗，为什么？你认为高犯罪率会导致警察数量增加吗，为什么？

   b. 2012年，《新英格兰医学期刊》上发表的一项研究表明，一个国家的巧克力消费量与该国的诺贝尔奖获得者数量存在很强的相关关系。你是否认为那些希望鼓励国民赢得诺贝尔奖的国家应该增加对巧克力的消费？

   c. 《应用生理学》杂志近期刊登的一篇文章称，在同龄的老人中，跑步者比不跑步者拥有更健康的肌肉。虽然那些作为对照的不跑步者仍然能够生活自理，但他们的肌肉比跑步者更轻，肌肉力量也更弱。大众媒体便以此为据称锻炼能使人更健康。这是解释本例中因果关系的唯一方法吗？

6. 本章表明，总体而言，一个人受教育程度越高，工资就越高。经济学家就这一关系提出了两种解释。人力资本论者称，高中和大学教育让人获得了有价值的技能，雇主愿意支付更高的工资来吸引拥有这些技能的人。信号传递论者则称，大学毕业生赚得更多是因为大学毕业证对雇主来说是一个信号，说明求职者勤奋、聪明、坚毅。你如何利用那些分别受过2年、3年和4年大学教育的人的数据来解释这一争论？

7. 你决定进行一项实验。你邀请了50位朋友参加聚会。你随机挑选其中25位朋友，告诉他们聚会上将会有免费食物，结果他们大部分人都在聚会上现身。你没有告知另外25位朋友会有免费食物，结果他们没有一人露面。根据这一实验结果，你得出结论：免费食物是人们参加聚会的原因。一位朋友指出："注意，相关关系并不意味着因果关系。"你会如何回应？

8. 俄勒冈州于2008年扩大了该州医疗补助计划的覆盖范围。大约9万人申请了医疗补助，但该州的资金只够多覆盖（从这9万名申请人中随机选择）3万人。你如何利用俄勒冈州的经验来估算扩大医疗补助计划覆盖范围对健康状况的影响？

9. 一个简单的经济模型预测，车票价格的下降意味着会有更多的人乘坐公交车。然而，你会注意到，有些人即使在票价下降后仍然不会乘坐公共汽车。

   a. 这是否说明该模型是不正确的？

   b. 你会如何检验这个模型？

附录2A　绘制和解释图表

当你开始学习经济学时，很重要的一点是要很好地掌握如何理解数据，以及如何以可视化的形式清晰地呈现数据。图表无处不在，在电视、网络、报纸和杂志、经济学教科书上都可以看到。为什么图表如此受欢迎？

==精心设计的图表是对大量信息的总结。俗话说得好，"一图胜千言"。==本书包含了许多图表，你会发现，图表是对经济学概念语言描述的一种有益补充。

事实上，可视化在经济分析的每个阶段都非常有用。正如你将在本书中看到的，简单的图表能够揭示模型中变量之间的关系。图表能够让研究人员识别数据中重要的潜在属性，比如时间趋势，从而使复杂的数据库更加直观。为了说明数据可视化如何助力经济分析，我们将向你介绍本书作者之一约翰·A.李斯特的一项研究，并在此过程中介绍数据可视化。

一项关于激励的研究

如果我们付给你50美元，你会不会更努力地学习经济学，让自己这门课的成绩得A？如果我们把奖励提高到500美元呢？你的第一反应可能会是："啊，当然……为什么不呢？这笔钱可以买到一部新的苹果手机，或者买一张妮琪·米娜演唱会的票。"

但是，正如我们在第1章中学到的，发奋学习是有机会成本的，例如，它可能会占用你听演唱会的时间，或者占用你在最喜欢的咖啡厅和朋友聊天的时间。你必须将这些机会成本与在这门课上得A的收益进行比较。你也许会说，反正这是个假设性问题，没必要更深入地思考自己的可能的行为。

但如果这个问题是真实存在的呢？

在过去的几年里，真的有数千名学生得到了这样的金钱奖励。萨利·萨多夫、史蒂文·莱维特和约翰·A.李斯特在位于芝加哥郊区的两所高中进行了一项实验。在这场持续了数年的实验中，他们使用激励措施试图改变学生的行为。这样的实验让我们能够思考两个变量之间的关系——具体到这个例子，就是看经济奖励的增加会如何影响学生的考试成绩。这也自然会导致对原因和结果的讨论，正如我们在本章学到的，我们会检验变量间简单的相关关系，并确定是否存在因果关系。相关关系和因果关系都是能够帮助我们理解周围世界的强有力概念，并且正如我们将看到的，数据可视化是进行这项分析的重要工具。

实验设计

芝加哥海茨有两所高级中学，这两所学校都存在高辍学率问题，经常有超过 50% 的九年级学生在获得高中文凭之前就辍学。这个问题并非芝加哥海茨所独有，许多城市学区也存在着类似的问题。

经济学家能帮上忙吗？为了降低辍学率，同时提高在校学生的成绩，经济学家设计出了不同的激励措施。本例中的激励措施便是为那些学习成绩提高的学生提供金钱奖励。[10]

让我们先看看这个旨在降低辍学率的实验。所有学生被随机分为如下三组：

对学生进行激励的实验组：学生每个月只要达到实验者设定的特定学业标准（具体内容见下文），就会在该月获得 50 美元奖励。

对家长进行激励的实验组：学生每个月只要达到实验者设定的特定学业标准，他们的家长就会在该月获得 50 美元奖励。

对照组：学生或者家长都不会得到和学习成绩挂钩的金钱奖励。

学生要达到设定的月度标准，需要做到如下 3 点：

（1）当月没有任何一门课成绩为 D 或者 F；
（2）当月无故旷课不超过一次；
（3）当月没有被停学。

描述变量

在了解这些学生实际上获得了多少奖金之前，让我们先仔细地考察一下我们可能感兴趣的变量。顾名思义，变量是一个可能会变化的因素，也就是说，它可以在不同的情况下取不同的值。在本部分，我们将向你展示如何使用饼状图、柱状图、时间序列图来描述变量。

饼状图

饼状图非常容易理解。**饼状图**是将一个圆分为大小不同的扇形，每个扇形的面积体现着自身与剩余其他部分的相对重要性，这些部分加起来便是整个饼状图。饼状图显示了某个经济变量可被分成若干组成部分，每部分占总变量的一定比例，这些部分各自所占比例加起来等于 100%。

例如，在上述实验中，我们要求学生从下面各项中选择一个（且唯一的）类别：非裔美国人、非拉丁裔白人、拉丁裔美国人、其他。从图 2A.1 中我们得知，参与实验的九年级学生中有 59% 是非裔美国人。因此，我们将饼状图中 59% 的区域标记出来，并以其代表非裔美国人占所有实验参与者的比例。我们看到有 15% 的学生认为自己是非拉丁裔白人,在图中我们将其用相应图例表示。我们继续对参与者进行划分,直到整个圆被100%填满。这个圆所描述的就是实验参与者自我认同的种族和民族身份构成。

图 2A.1　芝加哥海茨实验参与者的种族和民族划分

注:饼状图以一种直观方式展现了芝加哥海茨地区所有参与实验的高中生的四个不同类别。各种族的学生所占比例加起来是100%。同样,代表各种族学生的扇形加起来就是一个完整的圆。

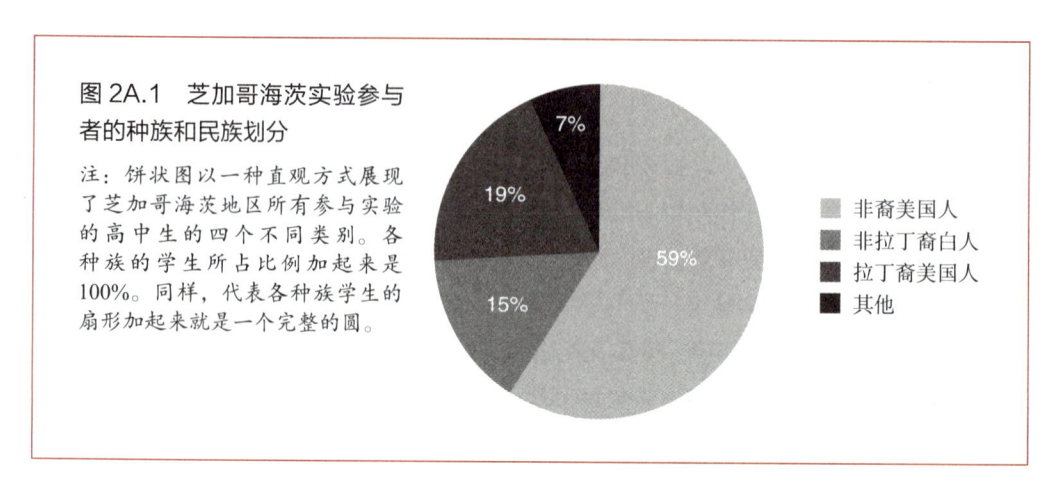

- 非裔美国人 59%
- 非拉丁裔白人 15%
- 拉丁裔美国人 19%
- 其他 7%

柱状图

另一种可以用于总结和显示变量的图表是柱状图。顾名思义,**柱状图**使用不同高度或长度的柱子来表示不同组别的特性。柱状图便于将单个变量在不同组别之间进行比较。要想制作柱状图,你只需绘制一些并排的矩形,并使每个矩形的高度(在水平柱状图中则为长度)与其所描述的变量值保持一致。

例如,图2A.2展示了各组学生的总体成功率。在该图中,横轴或者 x 轴为**自变量**,即由实验者选择的变量(比如本研究中学生被随机分配的实验组和对照组)。纵轴或 y 轴为**因变量**,即可能受实验影响的变量。在图2A.2中,因变量是达到学业标准的学生占比。请注意,图中数值1代表占比为100%,0.3代表占比为30%。

图 2A.2　各组达到学业标准的学生占比

注:柱状图便于对各组之间的数字进行对比。在本例中,我们可以通过比较每条柱子的高度来比较各组学生在达到学业标准方面的表现。例如,对家长进行激励的实验组的柱子比对照组的柱子高,这意味着对家长进行激励的实验组的学生达到学业标准的比例高于对照组。

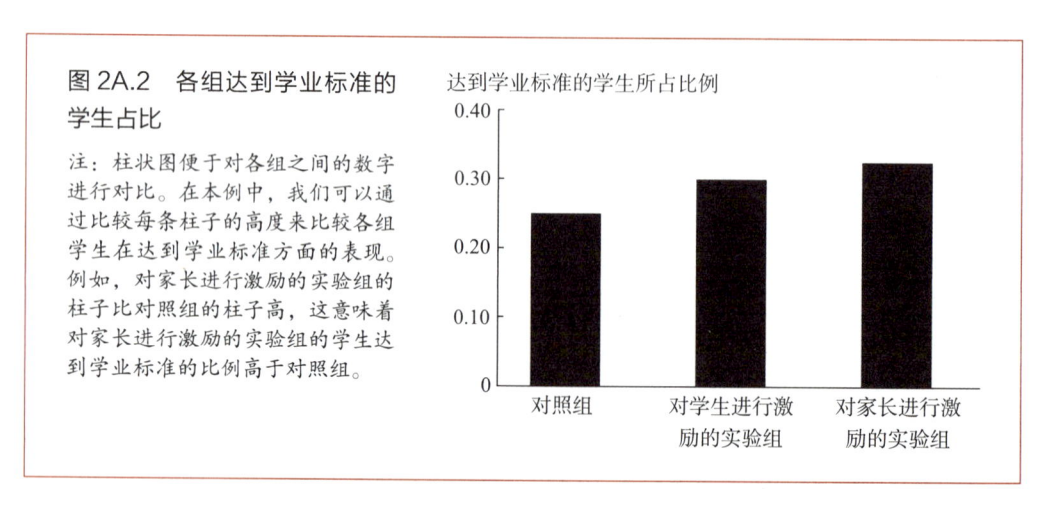

达到学业标准的学生所占比例

组别	比例
对照组	0.25
对学生进行激励的实验组	0.30
对家长进行激励的实验组	0.32

我们在图2A.2中发现了一些有趣的实验结果。例如,我们可以看到,对照组的学

生（即没有获得激励的学生）中有25.1%的人达到了学业标准。相较而言，对家长进行激励的实验组的学生中有32.5%的人达到了学业标准。后者达到标准的学生数量大幅增加，这证明激励起了作用。

时间序列图

通过饼状图和柱状图，我们可以总结出如何将一个变量分为不同的组，但是如果我们想了解一个变量会如何随着时间推移而发生变化，又该怎么办？例如，达到学业标准的学生占比在整个学年是如何变化的？用时间序列图便可解决这个问题。**时间序列图**展示的是在不同时间点的数据。

以图2A.3为例，它显示了在对照组和对家长进行激励的实验组中，每月达到学业标准的学生所占的比例。请记住，尽管有多个月份和组别，我们仍然只衡量一个单一的变量——在这个例子中为达到学业标准的学生占比。图2A.3清楚地表明，对家长进行激励的实验组中达到学业标准的学生数量高于对照组。但请注意，这两个组之间的差异每月都在变化。如果没有一个时间序列，我们就不能了解这些月度差异，也无法了解激励措施的有效性会在整个学年里发生何种变化。在你阅读本书时，请记住，我们讨论的变量可能随时间发生变化，而时间序列图在跟踪这些变化方面是极其有用的。

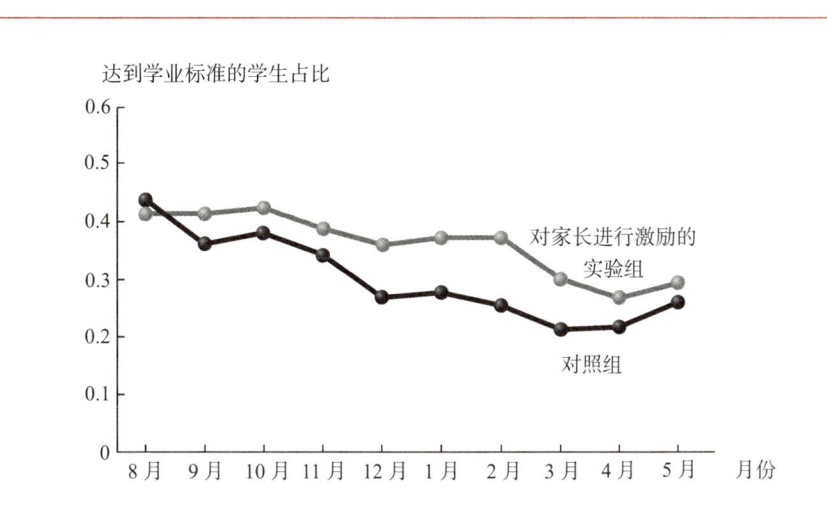

图2A.3 每月达到学业标准的学生占比

注：时间序列图提取了柱状图中的一些信息，并展示了在实验期内其每月是如何变化的。将图中的点连在一起能更清楚地展示每月的变化趋势。此外，通过使用不同线条，我们能在同一图中展示两个组（对照组和对家长进行激励的实验组）的数据，从而可以像前面的柱状图一样对两个组进行比较。

原因和结果

我们已经在本章中讨论了因果关系和相关关系。经济学家对前者更感兴趣。因果关系以一种积极的方式将两个变量联系起来——如果 b 是由于 a 而发生的，则 a 就是 b 的原因。

例如，我们从上述实验研究中得出结论：对学生的表现予以金钱奖励能够提高他们的学习成绩。如果实验操作不当，例如，学生没有被随机分为对照组和实验组，情况就不一定如此。例如，假设实验者把所有过去成绩不佳的学生都放进了对照组，那么，对照组相比实验组表现较差可能是因为其本身的学生构成，而不是因为缺乏金钱激励。从这样的实验中得出的学生学业成绩和金钱奖励之间的任何关系都可能被解释为相关关系，因为在实验开始时所有其他条件就都不相同——对照组中的差生比例高于其他组。

幸运的是，芝加哥海茨的实验是依照本章之前讨论过的随机化原则来开展的。实验者将学生随机分到各组，所以每个组中的学生具有同样的代表性，换句话说，各组学生的平均智商等属性是相似的。因此，实验期间各组的学业表现差异都是由不同的实验条件，比如受到的金钱激励程度不同导致的。

这意味着我们可以得出结论：对学生进行激励的实验组和对照组在学业表现上存在差异的原因是前者得到了 50 美元的激励，而后者没有得到进步激励。

相关关系不一定意味着因果关系

相关关系经常被误认为是因果关系。相关关系确实意味着可能存在因果关系（这也是我们需要进一步深入探究的原因），但并不一定如此。例如，不久前，一名高级营销主管向我们展示了图 2A.4（出于保密原因，图中数字已做更改）。他试图证明所在公司的零售广告有效地增加了销售额："图中显示了广告和销售额之间有着明显的正相关关系。当我们投放 1 000 条广告时，销售额大约是 3 500 万美元。而当我们只投放 100 条广告时，销售额只有 2 000 万美元。这证明更多广告会带来更高的销售额。"

在讨论图 2A.4 能否证明两者之间存在因果关系之前，让我们先思考一下图 2A.4 的基本特征。在该图中我们看到：

1. 横轴（或 x 轴）标绘出的变量 x，在此图中代表广告数量；
2. 纵轴（或 y 轴）标绘出的变量 y，在此图中代表以万美元为单位的销售额；
3. x 轴与 y 轴的交点为原点，销售额和广告数量在原点都为 0。

在图 2A.4 中，广告数量是自变量，销售额是因变量。当两个变量的值向同一方向同时增加时，它们呈正相关关系；当一个变量的值随着另一个变量值的增加而减少，即两者变化方向相反时，它们呈负相关关系。

图 2A.4 广告与销售额

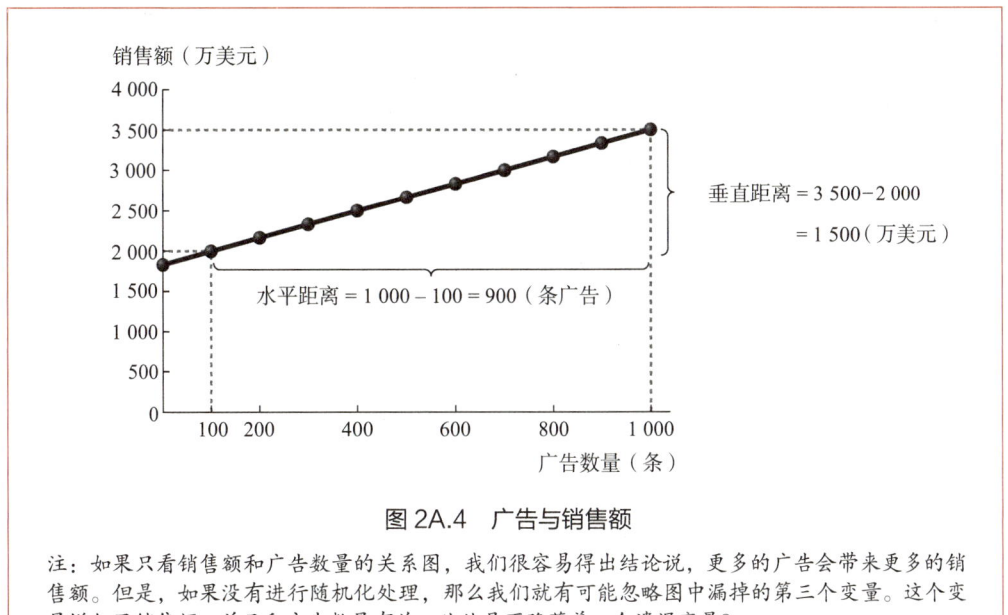

注：如果只看销售额和广告数量的关系图，我们很容易得出结论说，更多的广告会带来更多的销售额。但是，如果没有进行随机化处理，那么我们就有可能忽略图中漏掉的第三个变量。这个变量增加了销售额，并且和广告数量有关。此处是否隐藏着一个遗漏变量？

所以，在图 2A.4 中，我们看到两个变量之间存在正相关关系。那这种正相关关系的程度如何？我们用斜率来表示。**斜率**等于 y 轴所示变量的数值变化除以 x 轴所示变量的数值变化：

$$斜率 = \frac{y \text{轴数值的变化}}{x \text{轴数值的变化}} = \frac{\text{垂直距离}}{\text{水平距离}}$$

在这个例子中，随着广告数量从 100 条增加到 1 000 条，销售额从 2 000 万美元增加到 3 500 万美元。因此，垂直距离，即销售额（y 轴）的变化是 1 500 万美元；水平距离，即广告数量（x 轴）的变化是 900 条。因为两者都在上升（往相同方向移动），所以斜率为正：

$$斜率 = \frac{35\,000\,000\,\text{美元} - 20\,000\,000\,\text{美元}}{1\,000\,\text{条广告} - 100\,\text{条广告}} = \frac{15\,000\,000\,\text{美元}}{900\,\text{条广告}} = 16\,667\,\text{美元/每条广告}$$

因此，图 2A.4 表明，每多做 1 条广告，销售额就会增加约 16 667 美元。但是，这是否意味着在现实生活中零售商只要增加 1 条广告投放，销售额就必然增加 16 667 美元？

遗憾的是，并非如此。尽管我们很容易把销售额随广告数量的增加而增长理解为这两个变量存在因果关系，但不能确定二者一定是因果关系。在这个例子中，这位营销主管忘记了为什么他的公司会在一开始时就大幅增加广告投放数量——广告的投放数量可不是在实验中随机决定的。事实证明，该公司这么做是因为遇上了假日，而在假日中，企业的销售额无论如何都会很高。

所以，经过进一步的深入研究（此处我们省略了研究细节），我们发现这些数据实际反映的是零售商在购物旺季（感恩节前后和12月）投放了更多的广告，而这个时间段销售额本来就会因购物旺季的到来而上升。与本章前面所提到的百货商场红色广告的例子类似，销售的季节性变化因素充分解释了广告和销售之间的相关关系，同时也排除了存在因果关系的可能性。

这个例子说明，当你在一幅图中连点成线时，需要格外小心。我们不能仅因为两个变量同时移动（存在相关关系）就认为它们必然存在因果关系。可能只是其他变量导致了它们同时变化——在这个例子中，这个变量是购物旺季。

为了能更清楚地理解这一点，我们再看一张关于美国冰激凌月度产量和每月溺水人数关系的图。我们使用2011年中各月的数据绘制了图2A.5。在图2A.5中我们看到，在冰激凌产量相对较高的月份，溺水事件频发，在冰激凌产量相对较低的月份，溺水事件也要少得多。这是否意味着你不应该在吃冰激凌后游泳？

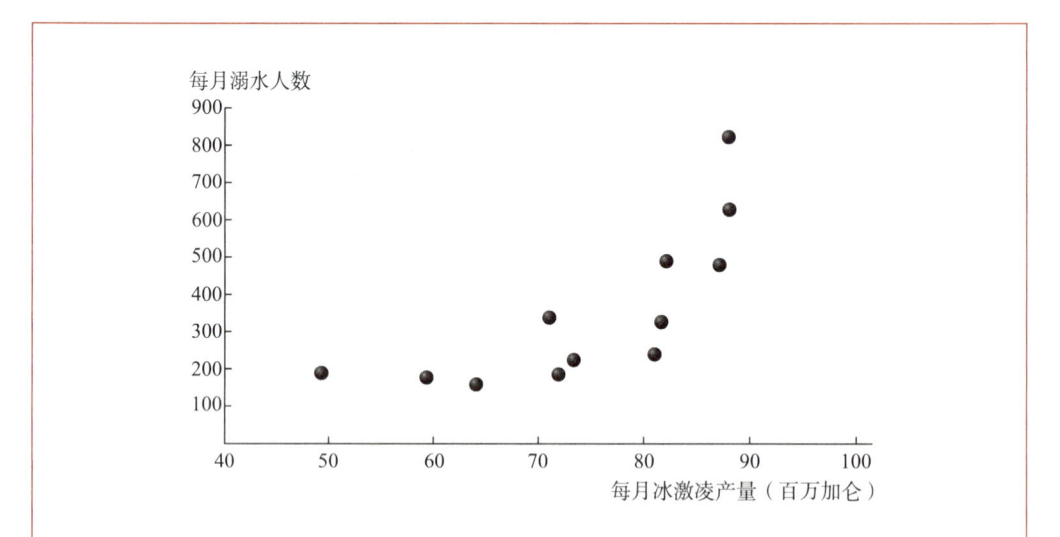

图 2A.5　美国每月的冰激凌产量和溺水人数

注：本图描绘了美国月度冰激凌产量与溺水人数的关系。这12个点分别代表着2011年的12个月。这两个变量存在因果关系吗？还是说某个遗漏变量导致了这两个变量的联动？提示：图中右上角的点是7月的数据，左下角的点是12月的数据！
资料来源：美国疾病控制与预防中心；布赖恩·W. 古尔德，威斯康星大学乳品营销与风险管理项目（2011）。

确实，被这样一幅图劝服的家长可能会相信这是因果关系，并且坚决禁止他们的孩子在游泳池或湖泊附近吃冰激凌！但让我们这些冰激凌爱好者感到庆幸的是，这背后其实还隐藏了一个遗漏变量。在夏天，当天气炎热时，人们会吃更多的冰激凌，也会更经常去游泳。更经常去游泳则会引发更多的溺水事故。尽管人们在夏天会吃更多的冰激凌，但吃冰激凌本身并不会导致溺水。

正如在零售商广告的例子中购物旺季是一个遗漏变量，这个例子中的遗漏变量是高温天气。是高温天气让我们更经常去游泳，吃更多的冰激凌。而更经常去游泳导致了更多的溺水事故（正如我们所预料的那样）。尽管如图 2A.5 所示，吃冰激凌与溺水存在正相关关系，但吃冰激凌并不会导致溺水。

我们希望本附录既能帮你理解如何构建数据图表，也能让你明白如何去解读这些对数据的可视化展示。我们学到的很重要的一点就是，不能仅因为两个变量存在相关关系（且在图表中同时变动），就认为它们存在因果关系。因果关系是社会科学中的黄金标准。如果不理解两个变量间的因果关系，我们就无法可靠地预测当政府通过干预手段改变其中的一个变量时，世界将会发生何种变化。实验有助于揭示因果关系，例如我们通过芝加哥海茨的实验认识到，激励措施能够影响学生的表现。

附录关键术语

饼状图　　　　　　　　自变量　　　　　　　　时间序列图
柱状图　　　　　　　　因变量　　　　　　　　斜率

附录习题

A1. 你会如何用图表表现以下内容？

　　a. 美国的收入不平等在过去 10 年中日趋加剧。

　　b. 某国制造部门的所有劳动者都属于如下三类中的一类（且每名劳动者仅属于其中一类）：31.5% 的人高中辍学，63.5% 的人拥有正规高中文凭，其余人拥有职业培训证书。

　　c. 2012 年，亚拉巴马州的家庭收入中位数为 43 464 美元，康涅狄格州的家庭收入中位数为 64 247 美元。

A2. 下表中数据显示了巴西 2004—2012 年的咖啡产量。

年份	产量（吨）
2004	2 465 710
2005	2 140 169
2006	2 573 368

（续表）

年份	产量（吨）
2007	2 249 011
2008	2 796 927
2009	2 440 056
2010	2 907 265
2011	2 700 440
2012	3 037 534

　　a. 利用这些数据绘制一张时间序列图。

　　b. 2009—2011 年，巴西的咖啡产量均值是多少？

　　c. 按百分比计算，2012 年的咖啡产量比 2009—2011 年的产量均值增长了多少？

A3. 假设下表显示了美国女童子军（Girl Scouts，美国最大的女孩团体组织）所得收入和其销售的饼干盒数之间的关系。

饼干盒数	收入（美元）
50	200

（续表）

饼干盒数	收入（美元）
150	600
250	1 000
350	1 400
450	1 800
550	2 200

a. 利用散点图来表示这些数据。

b. 这两个变量存在正相关关系还是负相关关系？请解释。

c. 你在散点图中得到的直线的斜率是多少？这一斜率与美国女童子军销售的每盒饼干的价格之间存在何种关系？

第3章 优化：竭力做到最好

地理位置如何影响租房成本？

假设你刚刚在市中心附近找到了一份工作，现在你需要决定住在哪里。如果你住在市中心附近，通勤往返只需要15分钟。如果你住在郊区，往返则需要60分钟。在公寓面积同等的条件下，哪里的居住成本相对更低？你该如何选择住处？面对这样的权衡时，你应该如何做出最优决策？

在本章中，我们将深入讨论优化这一概念。所谓优化，即试图找出最佳可行选项。你将学习如何使用成本-收益分析来进行优化。我们还会将这些知识应用到如何租房这一例子中。我们将在本章反复讨论这个例子，并在循证经济学专栏中对其进行实证检验。

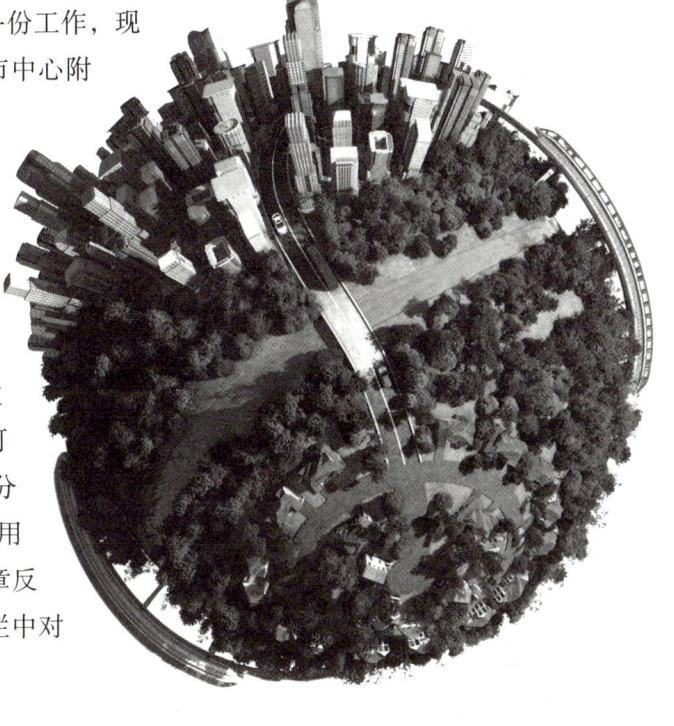

重要概念

- 当一个经济主体试图找出最佳可行选项时，他就是在进行优化。
- 基于总价值进行优化，先计算出每一个可行选项的总价值，然后从中找出总价值最高的选项。
- 基于边际分析进行优化，先计算出变换可行选项所产生的总价值变动，然后通过对比边际变化，从中选出总价值最高的选项。
- 基于总价值的优化和基于边际分析的优化会给出相同的答案。

本章概览

3.1	3.2	3.3	EBE
优化：试图找出最佳可行选项	优化应用：租到最理想的房子	运用边际分析实现优化	地理位置如何影响租房成本？

3.1 优化：试图找出最佳可行选项

在第 1 章中，我们将经济学描述为对选择的研究。经济学家通常假设人在做选择时会试图基于已有信息找出最佳可行选项。换言之，人会追求优化。前文已经提到，优化是经济学的首要原理。

经济学家运用优化来预测个人、家庭、企业和政府所做的大多数选择。对经济学家而言，诸多看似无关的决策，如大学生决定去哪里度假、上班族打算租什么样的房子，以及苹果公司如何给手机定价，都和优化原理密切相关。经济学家认为，人们在面对任何选择时都会寻求优化。但经济学家并不假定人们总能成功实现优化，稍后我们会继续讨论这个问题。

当然，优化并非易事，而且往往非常复杂。我们从租房这件事上便可以看出它的复杂性。大城市中往往有数以百万计的公寓出租，每套公寓在卧室数量、地理位置、景观视野和社区配套设施等方面都不尽相同，这些都是租房者需要考虑的因素。

因此，要想做出最优决策，你需要进行多方面的权衡。如果一套公寓的租金更低，而另一套公寓距离工作地点更近，你会如何对两者进行比较？你又如何确定哪一套公寓更适合你？在这一章中，你将了解如何使用优化原理来评估这些权衡。我们将向你介绍经济学家所使用的最为重要的优化工具。

我们可以从很多角度讨论租房问题，但请记住，租房问题只是我们用来解释一般优化概念的一个例证。我们可以使用优化原理来分析经济主体面临的任何决策。这些决策有的可能是无关紧要的小事（比如锻炼时该慢跑多远的距离），有的则可能是有深远影响的大事（比如你应该接受多少年的教育）。

我们可以通过很多不同的方法实现优化。在本章中，我们将向你介绍两种优化方法。这两种优化方法策略不同，但会得出相同的结论。第一种方法是简单计算出每一个可行选项的总价值，然后选择总价值最高的选项。第二种方法是进行边际分析，我们会在本章稍后解释。边际分析会重点关注各可行选项之间的差异，然后通过分析这些差异来找出最优选项。由于这两种优化方法得到的结论相同，因此你可以从具体问题出发，自主选择更为适用的优化方法。

选择与结果

人们真的找出最佳可行选项了吗？

- 我们已经强调过人会试图找出最佳可行选项，但不能确定这些尝试的成功频率和程度。经济主体是否总能成功找出最佳可行选项？答案当然是否定的！既然如此，为什么经济学家还要如此关注最佳可行选项，也就是他们所说的**最优选择**或**最优**？
- 经济学家认为，即使真实世界中的人不能总保持正确，最优选择仍然是对大多数经济行为的一种有用近似。经济学家感兴趣的是最优选择会在何种情况下成为人类行为的良好近似。同样，识别出人类会在哪些情况下系统性地犯错也是经济学家的兴趣所在。
- 经济学中甚至还有一个专门研究人在不同情况下表现如何的分支。**行为经济学**解释了为什么人们在一些情况下可以找出（或接近找出）最优，在另外的情况下却无法找出最优（即使是在他们试图做出正确选择的情况下）。通过综合有关人类决策的经济学和心理学理论，行为经济学家对这一系列行为进行了理论研究。
- 一些特殊情况下的行为无法实现最优。例如，当人们存在拖延甚至上瘾等自控问题时，最优选择并不能很好地描述行为。
- 在面对一项新任务时，人们往往也无法成功实现优化。例如，人们首次玩扑克牌时通常都表现不佳，即便想好好表现，也仍会犯各种低级错误。我们从未见有人故意在牌桌上输钱，但都见过人因不擅长玩牌（或喝多了）而输钱。由于缺乏经验的经济主体往往会犯错误，所以在人们拥有了丰富经验后，最优能更好地描述行为。
- 例如，随着投资者经验的增长，他们犯的错误往往会越来越少。约翰·坎贝尔、塔伦·拉马多拉伊和本杰明·拉尼什2014年的论文关注到了这种表现提升模式。在研究了印度1 160万投资者的匿名数据之后，他们发现，有经验的投资者（那些开设股票交易账户时间相对较长的投资者）的年收益率远高于那些缺乏经验的投资者。[1] 这三位作者以甲壳虫乐队的名曲《渐入佳境》命名了这篇论文。
- 人并非生来就知道如何针对不同情况做出最优选择，所以学习如何做出更好的选择对我们所有人都有用处。经济学家会指导大家做出最优选择——这种建议属于规定经济分析。
- 我们希望你能通过以下两种方式应用最优选择概念：第一，描述那些有知识、有经验且头脑清醒的决策者的行为；第二，识别和改进次优选择，尤其是你自己的选择！

3.2 优化应用：租到最理想的房子

让我们更深入地探索优化理论。为了阐明其中的思想，我们回到开篇提到的你正打算租房子的例子。

假设你已经把选择范围缩小到了4套公寓（你的候选清单）。图3.1概括介绍了这个候选清单，并指出了每一套公寓的两大关键信息——每月的租金和每月的通勤时间。图

一个完整的优化分析应当考察公寓附近的学校或公园等基础设施的情况，因为这些设施改变了公寓的净收益。

3.1 假定离上班地点越远的公寓，租金越便宜；当租金降低时，通勤时间就会增加。这就产生了一个权衡。本章稍后会解释为什么经济力量会预测租金和与工作地点的距离之间存在这样的反向关系。我们还将展示证实这一预测的实证证据。

你可能还想知道图 3.1 中没有包含的关于这些公寓的其他信息。这些公寓之间还有哪些区别？例如，步行去附近的自助洗衣房需要多长时间？附近是否有公园？我们也没提到除时间以外的通勤成本，如乘坐公共交通的直接货币成本或者自驾要负担的油费和通行费等。这些也都应该是我们需要比较的。

这些当然都是现实中的重要因素，但我们将暂时忽略这些因素。忽略这些因素的目的是让计算更简便，如此一来，一些基本的经济概念就会变得更容易理解。你会在本章后面的习题部分发现，一旦理解了基本概念，你就能很轻松地往里面添加更多细节。现在，我们先假设这 4 套公寓（分别以"很近""近""远""很远"表示）除了图 3.1 中所列出的差别，其余都完全一致。

另外也请注意，我们在这个例子中只关注成本——通勤时间成本和租金成本。我们假设这些公寓在面积和周边环境等方面都不存在差别。这样一来，成本-收益分析就变得更为简单。在正常的成本-收益分析中，决策者寻找的是净收益（即收益减去成本）最高的选项。当所有选项的收益相同时，成本-收益分析就简化为寻找拥有最低成本的选项。这也是我们接下来要做的事。

图 3.1 包含了我们需要的信息，但是这些信息本身不能让我们找出最理想的公寓。首先，我们需要把租金成本和通勤成本加总，以计算出每一套公寓的总成本。总成本包括直接的租金成本和间接的通勤时间成本。

为了加总这两项成本，我们首先需要确定一个统一的记账单位。我们以美元 / 月为单位来表示房租，再把通勤时间这个间接成本转换成相同的计量单位。

我们使用第 1 章介绍过的机会成本概念来解决这个问题。我们先假设某人通勤时间的机会成本是 10 美元 / 小时，这是当你花更多时间通勤时被挤占的其他活动的每小时价值。用货币衡量通勤时间的价值，并不意味着这些时间如果没有花在通勤上，就会被用于工作。这额外的时间无论被你用来做什么，比如小憩、社交、看视频、更悠闲地洗个澡或者工作，都会为你带来价值。

图 3.1 你的候选清单上的公寓，仅在通勤时间和租金上存在差别，其他条件一致

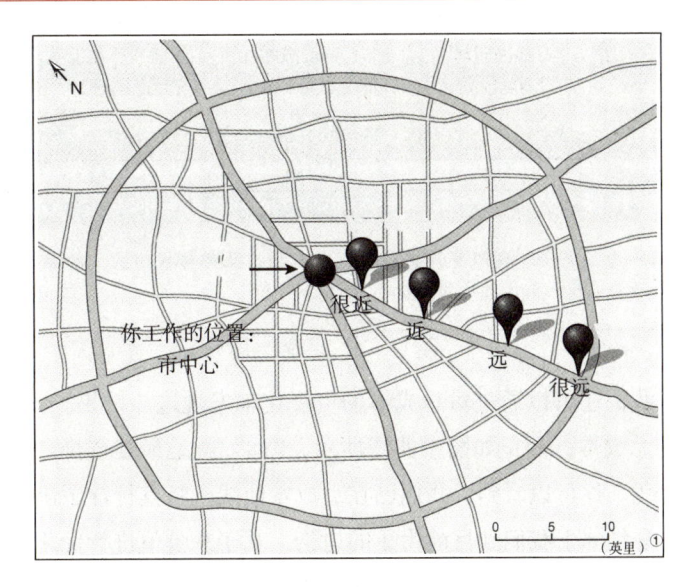

注：很多城市都有一个中央商务区，该区域常常被称为市中心，有大量企业雇主集中于此。在大部分城市中，在其他条件一致的情况下，市中心附近的公寓租金要比远离市中心的公寓租金更高。为什么会这样？

公寓	通勤时间（小时/月）	租金（美元/月）
很近	5	1 180
近	10	1 090
远	15	1 030
很远	20	1 000

如果每个月通勤需要花费 20 小时，每小时的机会成本为 10 美元，那么通勤时间的货币成本为：

$$(20 小时/月) \times (10 美元/小时) = 200 美元/月$$

上述等式左边第一项是每个月的通勤时间，单位为小时/月。等式左边第二项是时间的机会成本，单位为美元/小时。两项相乘，"小时"单位被抵消，剩下的就是用美元/月表示的最终时间成本。

现在我们准备修改表 3.1。以刚才每月通勤时间为 20 小时的计算为例，我们可以计算出任意通勤时间的成本。表 3.1 显示了全部 4 套公寓以美元/月为单位的通勤成本。

表 3.1 给出了我们优化问题的答案。对一个时间机会成本为 10 美元/小时的消费者来说，最好的公寓是"远"。这套公寓的总成本最低，含直接租金成本和间接通勤时间成本在内，共计 1 180 美元。

---

① 1 英里≈1.6 千米。——编者注

表3.1 用统一单位表示的通勤成本和租金成本，假设时间机会成本是10美元/小时

公寓	通勤时间 （小时/月）	通勤成本 （美元/月）	租金 （美元/月）	总成本：租金＋通勤 （美元/月）
很近	5	50	1 180	1 230
近	10	100	1 090	1 190
远	15	150	1 030	1 180
很远	20	200	1 000	1 200

注：为了优化，我们有必要将所有成本和收益都转换为统一的单位。在这个例子中，统一单位是美元/月。最优选择为总成本最低的"远"。

我们还可以通过对总成本的可视化来发现这一结果。图3.2展示了全部4套公寓各自的总成本，而正如图中曲线所示，"远"就是最佳选择。经济学家将最佳可行选项称为最优，你可以看到，我们已在总成本曲线上将其标注了出来。

总结一下我们到目前为止的讨论，基于总价值进行优化共分为三步：

（1）将所有成本和收益转换为相同单位，比如美元/月。
（2）计算每个选项的总净收益。
（3）找出净收益最高的选项。

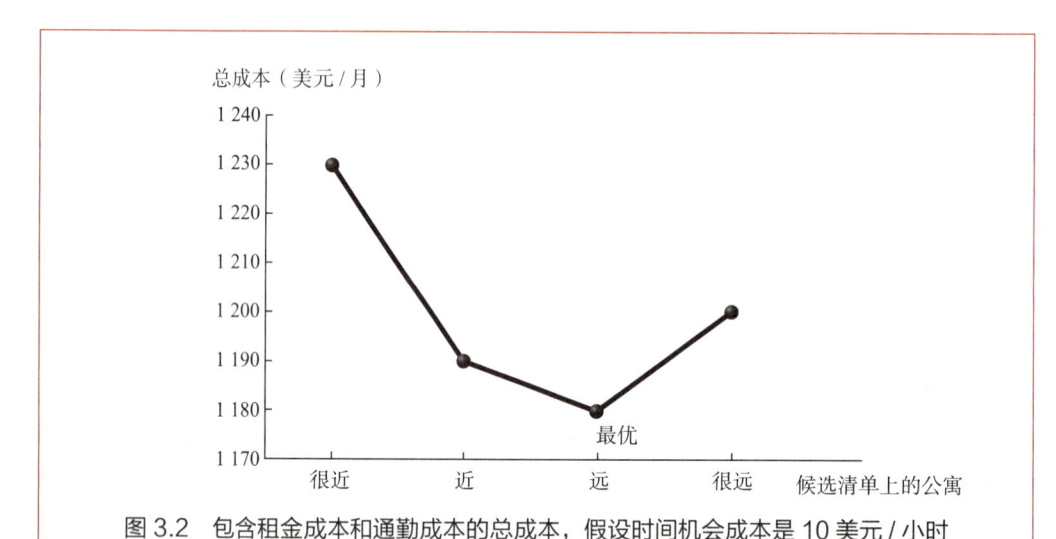

图3.2 包含租金成本和通勤成本的总成本，假设时间机会成本是10美元/小时

注：如果消费者进行优化选择，他会选择"远"。这套公寓的总成本最低，即直接租金成本和间接通勤成本之和最小（如表3.1所示）。通勤成本通过计算消费者的时间机会成本求得，在本例中，时间的机会成本为10美元/小时。

前后对比

如果租房者要做出最优选择，那么时间机会成本的变化将会影响其选择。本例中，我们一直把时间的机会成本假设为10美元/小时。现在重新假设时间的机会成本为15

美元/小时。为什么时间的机会成本会上升？举个例子，如果小时工的时薪上涨，那么他们时间的机会成本就会随之增加。

时间的机会成本增加会对预测的行为产生什么影响？在我们开始一步步讲解之前，你可以先凭直觉想一下。时间价值的改变会如何影响对居住地点的最优决策？高时间价值的上班族应该住得离工作地点更近还是更远？

要回答这个问题，我们同样需要把间接成本（通勤时间）转换为与直接租金成本相同的单位，也就是美元/月。我们将时间的机会成本改为15美元/小时，然后对表3.1进行相应修订。表3.2以美元/月为单位列出了4套公寓的通勤成本。

表3.2为我们新的优化问题提供了答案。时间的机会成本为15美元/小时，通勤者的最优公寓从"远"变为"近"。"近"的总成本最低，含直接租金成本和间接通勤成本在内共计1 240美元。

表3.2 用统一单位表示的通勤成本和租金成本，假设时间机会成本是15美元/小时

公寓	通勤时间 （小时/月）	通勤成本 （美元/月）	租金 （美元/月）	总成本：租金+通勤 （美元/月）
很近	5	75	1 180	1 255
近	10	150	1 090	1 240
远	15	225	1 030	1 255
很远	20	300	1 000	1 300

注：为了优化，我们有必要将所有成本和收益都转换为相同单位。在这个例子中，相同单位是美元/月。最优选择为总成本最低的"近"。

图3.3绘制出了在时间机会成本为15美元/小时的情况下每套公寓的总成本。该图显示出，"近"是最佳选择，即最优。

如果时间的机会成本从10美元/小时增加到15美元/小时，则对通勤者来说，选择一套能够减少通勤时间的公寓更为合算。所以最优选择从相对便宜但通勤时间较长的"远"公寓，变为了相对昂贵但通勤时间较短的"近"公寓。

图3.4将图3.2和图3.3中两条不同的成本曲线展示在一幅图中。黑色线代表时间机会成本为10美元/小时的通勤者的总成本曲线。灰色线代表时间机会成本为15美元/小时的通勤者的总成本曲线。图3.4展现出两个关键特征：

（1）10美元/小时的成本曲线位于15美元/小时的成本曲线下方。对所有公寓来说，在时间机会成本为10美元/小时的情况下，每套公寓都有更低的通勤成本，因此，由直接租金成本和间接通勤成本构成的公寓总成本也都相应更低。

（2）时间机会成本为10美元/小时的曲线最低值在"远"，而时间机会成本为15美元/小时的曲线最低值在"近"。换句话说，当时间机会成本从10美元/小时增加到15美元/小时，最优公寓从"远"变成了"近"。

第3章 优化：竭力做到最好

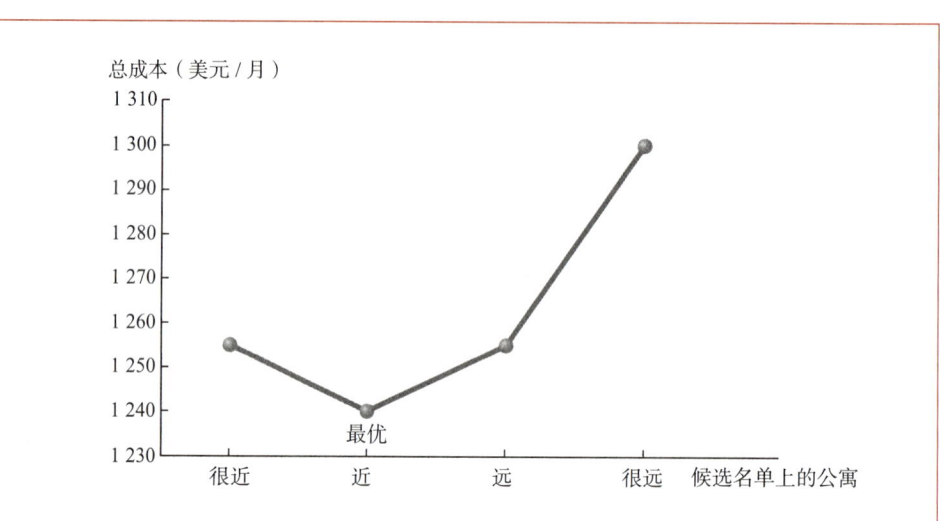

图 3.3　包含租金成本和通勤时间成本的总成本，假设时间机会成本是 15 美元 / 小时

注：在机会成本为 15 美元 / 小时的情况下，最优选择是"近"。这套公寓的总成本最低，即直接租金成本和间接通勤时间成本之和最小。

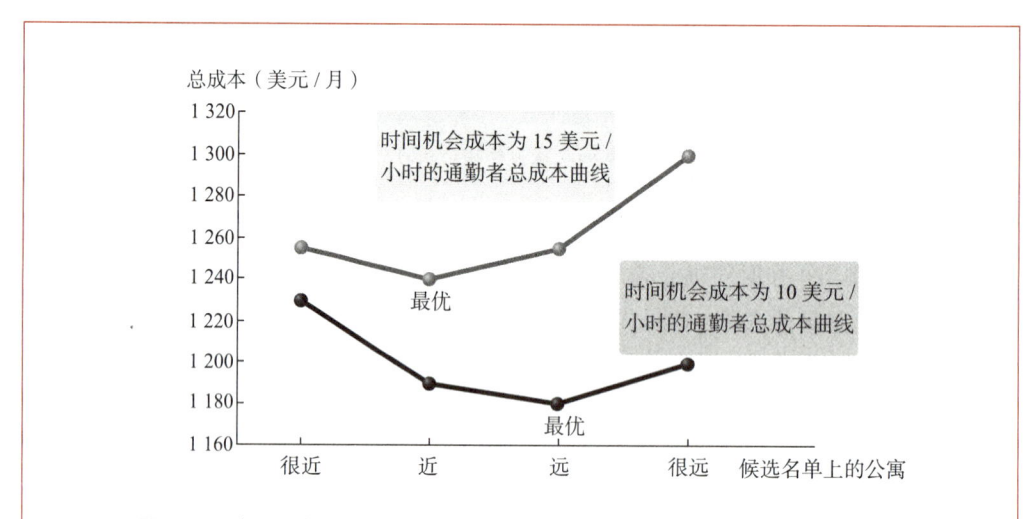

图 3.4　时间机会成本分别为 10 美元 / 小时和 15 美元 / 小时的总成本曲线

注：当机会成本从 10 美元 / 小时上升到 15 美元 / 小时，最佳公寓更靠近市中心。有更高时间机会成本的员工应该选择通勤时间更短的公寓。

3.3　运用边际分析实现优化

在此之前，我们一直在通过计算每套公寓的总价值来研究租房问题。现在我们将讨论另一种优化方法：运用边际分析实现优化。利用边际分析的优化通常比利用总价值的优化更容易执行，因为前者只关注不同选项之间的差异。

所谓运用边际分析实现优化，是指通过思考选项变换所带来的成本和收益变化来解决优化问题。例如，假设我们去迈阿密的同一家酒店度假时有两个选择：四日游或者五日游。假定你正在这两个选项之间做抉择。如果你基于总价值进行优化，就需要先计算出四日游的总净收益，然后将其与五日游的总净收益进行比较。或者你也可以只考虑这两个选项之间的差异。换句话说，你可以只考虑多出来的那一天的成本和收益。如果假期第五天的收益超过了成本，那么优化者就会选择五日游。在这两个选项间进行抉择时，优化者不必担心前四天，因为这四天是两个选项共有的部分。优化者可以把焦点放在把这两个假期区分开来的那个要素上：第五天。

经济学家使用"边际"来指代选项之间的某一差异。通常，这项差异可能是多出来的一个"步骤"或多出来的一个"单位"。假期的第五天就是四日游和五日游之间的差异，或者说边际。

研究一个可行选项与另一个可行选项之间差异的成本-收益计算被称为**边际分析**。边际分析比较的是某件事情多做一步的结果，即成本和收益的变化。回想之前租公寓的例子，边际分析可以用于研究进一步远离市中心所带来的成本和收益变化。

==边际分析永远不会改变"何为最优"这一问题的最终答案，但会帮你厘清思考优化的方式。==边际分析促使我们聚焦于所对比选项的差异。边际分析提供了另一种找到最优选择的方法。边际分析是经济学中最重要的概念之一，它不仅能加深我们对优化概念的理解，也可以用来进行优化。

边际成本

让我们回到选择最优公寓的问题。回到这个问题的目的是保持前文分析的连续性，但请注意，我们所谈到的这些方法其实可以用于几乎所有的优化问题。

之前研究选择租住哪一套公寓时，我们并没有使用边际分析，而是通过计算和比较4套公寓的总成本（包括直接成本和间接成本）解决了这个问题。现在我们将使用边际分析来解决同一个公寓选择问题。最优选择不会改变（我们接下来将证实这一点），但是你思考问题的方式将会发生变化。

我们再次假设时间的机会成本为10美元/小时。现在我们不再单独考察每套公寓，而是改为以比较的方式进行思考。具体而言，就是关注当我们从一套公寓"搬"到另一套距离市中心更远的公寓时，租住成本会发生什么变化。每两套公寓之间的成本差异是多少。

表3.3可以帮助你思考这些变化。"通勤成本"这一列显示的是每套公寓在时间机会成本为10美元/小时的情况下每月的通勤成本。"边际通勤成本"这一列显示的是从一套公寓搬到离市中心更远的另一套公寓时，每个月额外的通勤时间成本。例如，从公寓

"近"搬到"远"会产生50美元/月的额外通勤成本。换句话说,"边际通勤成本"这一列显示的是候选清单上相邻位置的两套公寓的通勤成本之差。具体到这个例子中,边际通勤成本都是相同的,也就是说,每次往离市中心更远的相邻位置搬,通勤成本都会出现相同数量的增加。这并非普遍的实际情况,只是我们为讨论方便而做的设定。一般来讲,**边际成本**是从一个可行选项转移到另一个可行选项所产生的额外成本。

表3.3 成本与边际成本,假设时间机会成本为10美元/小时

公寓	通勤成本 (美元/月)	边际通勤成本 (美元/月)	租金 (美元/月)	边际租金 (美元/月)	总成本 (美元/月)	边际总成本 (美元/月)
很近	50	—	1 180	—	1 230	—
近	100	50	1 090	-90	1 190	-40
远	150	50	1 030	-60	1 180	-10
很远	200	50	1 000	-30	1 200	20

注:我们可以通过研究搬离市中心的边际成本来解决这个问题。应该在什么时候停止向远离市中心的方向搬离?

现在让我们转向"租金"这一列,此列显示的是每套公寓每月的租金。"边际租金"这一列显示了从一套公寓搬到离市中心更远的另一套公寓所带来的每月租金的变化。例如,从公寓"很近"搬到公寓"近"可以让你每月省下租金90美元,所以这里的边际租金是一个负数,为-90美元。同样地,如果从公寓"近"搬到公寓"远",那么你每个月可以省下租金60美元,所以边际租金为-60美元。

最后,我们还想知道总成本的边际值。我们可以用两种方法计算总成本的边际值。第一种方法,我们可以将边际通勤成本和边际租金相加得出边际总成本。例如,通过查看第一组边际成本数字,我们得到:

$$50\text{ 美元} + (-90\text{ 美元}) = -40\text{ 美元}$$

换句话说,从公寓"很近"搬到公寓"近",每月会增加50美元的通勤成本,同时租金的变化为-90美元,两者综合起来所产生的变化为-40美元。

另一种方法是直接计算总成本。我们通过"总成本"这一列便可实现这一计算。例如,公寓"很近"每月的通勤成本为50美元,租金成本是1 180美元,所以它的总成本是1 230美元。公寓"近"每月的通勤成本是100美元,租金成本是1 090美元,所以总成本是1 190美元。当从公寓"很近"搬到公寓"近"时,每月的总成本从1 230美元变化为1 190美元,也就是降低了40美元。

这两种方法都证明,当从公寓"很近"搬到公寓"近"时,边际总成本是-40美元。

边际通勤成本＋边际租金＝50美元＋（−90美元）＝−40美元
公寓"近"的总成本−公寓"很近"的总成本＝1 190美元−1 230美元＝−40美元

我们在两种情况下都得出"-40美元/月"这一数字并非偶然。两者之所以完全一致，是因为边际总成本的计算与我们如何分解成本无关。我们可以将各类边际成本相加来计算边际总成本，也可以将一套公寓的总成本减去另一套公寓的总成本来计算边际成本。因为答案总是相同的，所以你可以任意选择一种你觉得更容易的方法。

表3.3中的最后一列"边际总成本"包含了我们寻求优化所需的所有信息。让我们从这一列的顶部开始，思考每一次搬往离市中心更远的公寓会如何影响上班族。第一次搬家，从公寓"很近"搬到公寓"近"，边际成本是-40美元/月，因此成本是下降的。这次搬家是值得的。

第二次搬家，从公寓"近"搬到公寓"远"，边际成本是-10美元/月，因此成本也是下降的。这次搬家也是值得的。

第三次搬家，从公寓"远"搬到公寓"很远"，边际成本是20美元/月。由于这一次成本是上升的，所以这次搬家不值得。

总结一下，前两次搬家都是物有所值，而最后一次则不是。公寓"很远"不可能是最优选择，因为上班族从公寓"远"搬到公寓"很远"后境况变差了。"很近"也不可能是最优选择，因为从公寓"很近"搬到公寓"近"，上班族的境况变好了。最后，公寓"近"也不可能是最优选择，因为从公寓"近"搬到公寓"远"，上班族的境况变好了。

我们由此可以得出结论：公寓"远"为最优，也就是最佳可行选项。从公寓"近"搬到公寓"远"，上班族的境况变好了。但是，从公寓"远"搬到公寓"很远"，上班族的境况变差了。公寓"远"是唯一一套满足以下特质的公寓：搬到该公寓会使上班族的境况变好，搬离该公寓则会使上班族的境况变差。换句话说，公寓"远"具有一个优点：它是一个比其他相邻选项都更好的选项。

优化者的目标是让自己的境况尽可能地变好——但在最优的情况下，他们无法变得更好。在这个例子中，在其他因素保持不变的情况下，比所有其他可行选项都更好的公寓就是总成本最小的公寓。这是一个边际优化原理的例子。**边际优化原理**指明了一个最优可行选项所具有的特质：移至该选项会使你的境况变好，而偏离该选项会使你的境况变差。

我们可以借助图表来形象地表达这些概念。图3.5绘制了每套公寓的总成本曲线以及每次从一套公寓搬到离市中心更远公寓的边际成本曲线。例如，从公寓"很近"搬到公寓"近"会使每月的总成本降低40美元。图中虚线的垂直部分显示出，公寓"近"每月的总成本和公寓"很近"每月的总成本存在-40美元的差异。

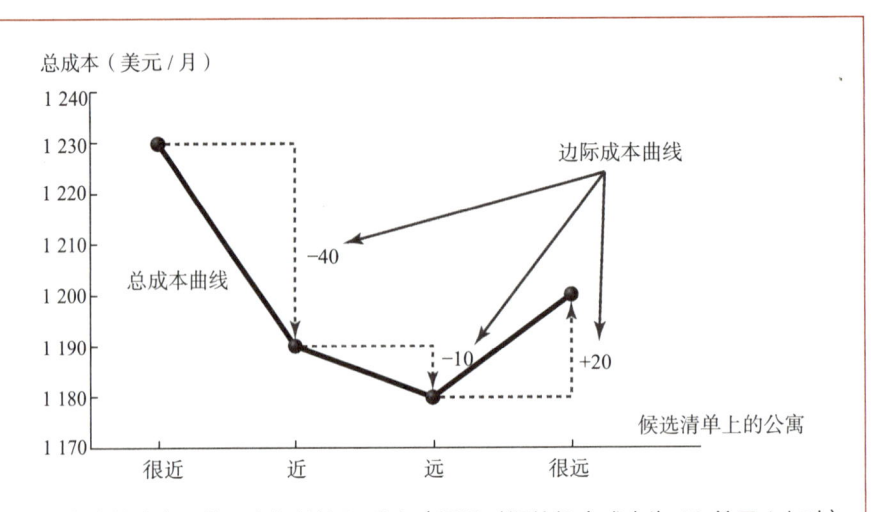

图3.5 每套公寓的总成本和换公寓间的边际成本（假设时间的机会成本为10美元/小时）

注：成本最低的选择是"远"。我们可以通过观察总成本曲线或者边际成本曲线发现这一点。当边际成本为负数时，总成本下降。当边际成本为正数时，总成本上升。公寓"远"是唯一一套比其他所有选项都要好的公寓。当搬到公寓"远"时，边际成本为负数；当搬离公寓"远"时，边际成本为正数。因此，公寓"远"是唯一一套满足边际优化原理的公寓。

当总成本曲线的形状是图3.5所示的U形时，利用边际分析的优化总是会选出唯一的最优选项。当总成本下降时，边际成本将为负值，边际分析建议我们应该搬到离市中心更远的地方，从而降低总成本。在总成本降到最低点后，边际成本将转正，这意味着租客不应该继续往远离市中心的地方搬。

当总成本曲线的形状不是U形时，计算会变得更复杂。但即使出现这种情况，边际分析最终确定的最优选择也会与通过最小总成本所确定的选项一致。

由于边际分析总是会选出与总净收益最大化相同的最优选项，所以你可以根据所分析的特定问题选择一种更容易的方法。然而，理解为什么经济学家在实践中大多使用边际分析也具有重要意义。边际分析十分简便，因为你可以忽略其他一切，只需关注这些选项的不同特定属性。边际分析会提醒你排除那些与你的决策无关的信息。

综上所述，边际分析有三个步骤：

（1）把所有的成本和收益转换为相同的单位，例如美元/月。

（2）计算变换选项所产生的边际结果。

（3）应用边际优化原理，选择具有如下特质的最佳选项：移至该选项会使你的境况变好，而偏离该选项会使你的境况变差。

边际分析，也就是上述三个步骤，可用于解决任何优化问题。边际分析最常应用于各可行选项具有清晰次序的情况。例如，你今晚应该睡多少小时？6小时、7小时、8小时，还是9小时？更长时间的睡眠能让你得到更多的休息，但睡眠是有机会成本的——你如果想要更多的睡眠，就要牺牲一些其他的活动，例如早餐或者早上9点的经济学课。从6小时到7小时、8小时或者9小时的睡眠变动生成了一组可以应用边际分析的清晰步骤。例如，从睡6小时变动到睡7小时会有净收益吗？从睡7小时变动到睡8小时会有净收益吗？从睡8小时变动到睡9小时会有净收益吗？你会找到一个最优的睡眠小时数，变动到最优睡眠小时数会使你的境况改善，而偏离最优睡眠小时数会使你的境况变差。

以下例子也可以使用边际分析来计算最优值：你明天应该学习多少小时？这个夏天你应该把多少周时间用于打工？你下次健身时应该慢跑多久？

循证经济学

地理位置如何影响租房成本？

- 在本章中，我们假设在公寓其他特征一致的前提下，市中心附近的公寓租金更高。你可能会想，事实是否真的如此？
- 人们通常认为市中心的公寓脏乱差，而乡村的房子则非常漂亮。但是，如果我们想要单独分析地理位置对住房成本的影响，就需要让公寓的状况（如公寓的大小）保持固定，而仅改变其地理位置。
- 经济学家贝丝·威尔逊和詹姆斯·弗鲁建立了一个数据库，搜集了俄勒冈州波特兰市众多出租公寓的信息。[2] 他们利用统计方法对离市中心较近的公寓和离市中心较远的相似的公寓有效地进行了比较。他们的分析揭示出距离和租金之间有着强烈的负相关关系，图3.6描述了这一关系。
- 图3.6所统计的公寓都为一卧一卫户型，公寓内配备洗衣房、非露天停车场、有线电视和空调，但没有壁炉、健身房和游泳池。除了与市中心的距离不同，这些公寓的其他特征都相同。该分析对这些公寓的租金进行了比较。
- 图3.6证实，公寓与市中心的距离会影响租金。公寓离市中心越近，租金越高。例如，在距市中心6英里处，具有上述特征的公寓的租金为1 000美元左右。在距市中心1英里处，"相同"公寓的租金是1 500美元。

图3.6 俄勒冈州波特兰市的公寓租金取决于其和市中心的距离

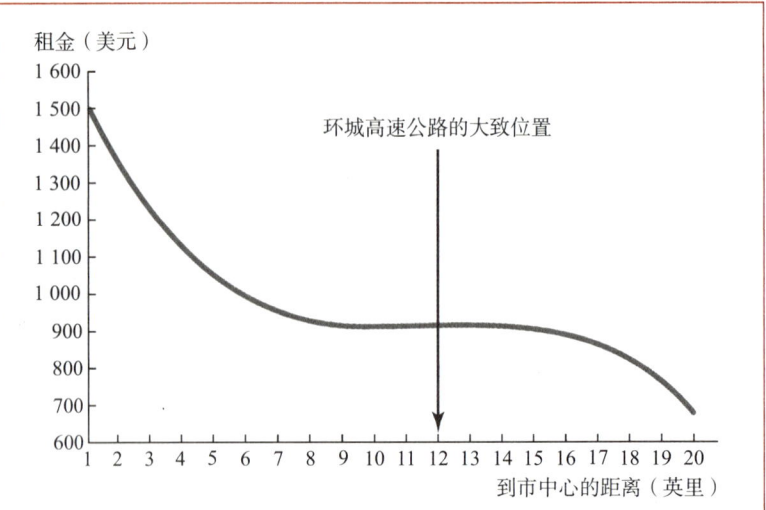

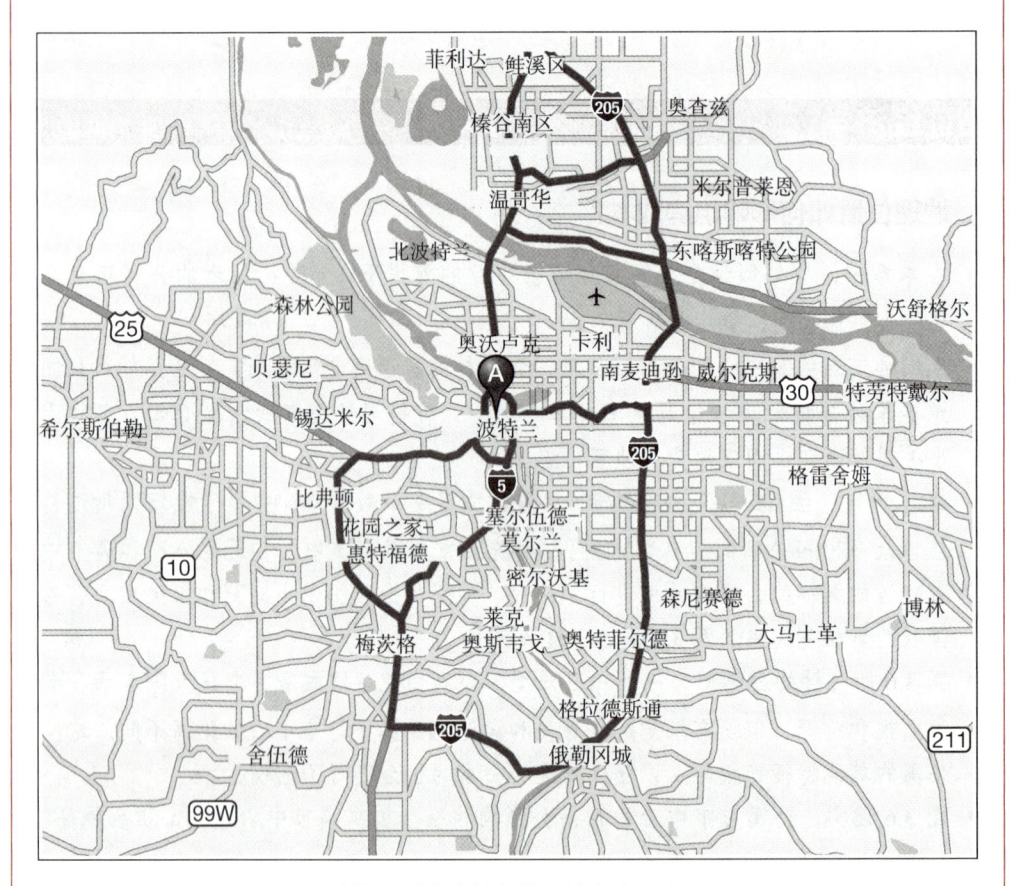

注：本图的描述对象是除了到市中心的距离不同，其他条件都相同的公寓。图中的箭头所指的是环城高速公路的大致位置，波特兰大部分城区都位于此环路之内。

租金（美元）

环城高速公路的大致位置

到市中心的距离（英里）

俄勒冈州波特兰市的环城高速公路

注：像多数大城市一样，波特兰有一条环城高速公路，距市中心大约12英里。

- 图3.6还显示出，在距市中心12英里附近，图中的曲线明显变得平缓。你能猜到这个地区房租不再变化的原因吗？考虑时间机会成本与波特兰市高速公路系统的结构后，你就可以得出答案。像大部分城市一样，在距波特兰市中心大约12英里处，有一条可缩短出行时间的环形高速公路（"环路"）。住在环路几英里范围内的人具有离高速公路近的优势。因为环路的存在，距市中心9~14英里区域的居住者的通勤时间差别不大。

稀缺、价格和激励

- 我们现在回到前面提到的一个重要问题。为什么离市中心越远的地方租金越低？这与本章的主题"优化"有什么关系？

- 我们通过分析发现，如果市中心的租金与偏远社区相同，寻求优化的通勤者会很乐意住在市中心。但不是每个人都能住在市中心，也不是每个人都能短途通勤，市中心的公寓也不够住。这就是经济稀缺性的一个实例。稀缺是我们在第1章最早学到的概念之一。

胡德山位于波特兰市的东边，面对该山的公寓居民可以欣赏到它的美景。但不是每个人都能欣赏到这样的景观，一些低层公寓，还有一些西向的公寓并不具备这么好的视野。东向的高层公寓租金要比没有这绝美视野的类似公寓高20%。对经济学家来说，这种价格差异正是一种测算稀缺资源（比如看得见风景的房间）的货币价值的好方法。

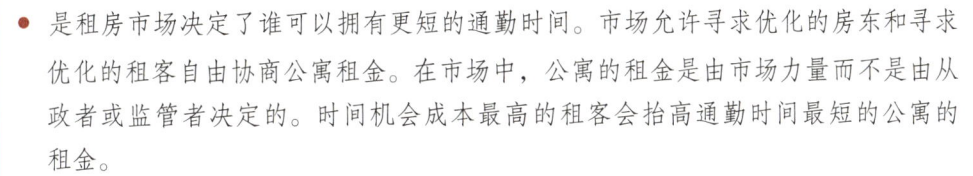

- 是租房市场决定了谁可以拥有更短的通勤时间。市场允许寻求优化的房东和寻求优化的租客自由协商公寓租金。在市场中，公寓的租金是由市场力量而不是由从政者或监管者决定的。时间机会成本最高的租客会抬高通勤时间最短的公寓的租金。

- 随着市中心公寓价格的上升，只有具有最高时间机会成本的上班族才会愿意租住此类公寓。

- 大多数上班族会选择搬到更远的地方，接受通勤时间更长的结果。这是一种权衡，即用更长的通勤时间来交换更低的租金。

- 市场价格的作用是把市中心的公寓分配给那些愿意为其支付最多租金的租客。这种分配机制意味着，那些地理位置最好的公寓主要是由高收入的上班族以及其他具有高时间机会成本的人租住。

- 一些市场的批评者抱怨市场不公平：为什么收入最高的工作者还要得到那些位置最好的公寓？市场的捍卫者则回应说，人们通过付费方式来获取优质公寓的使用权，拥有最好位置的公寓自然要付最高的租金，而市场分配机制保证那些愿意为最好的公寓支付最高价格的人得到它们。

- 理解市场分配过程如何运作是本书第4章和其他很多章节的主题。在讨论这些问题时，我们希望你们思考一下社会到底应该如何决定稀缺资源（比如市中心的公寓）的价格。是否应该有一个允许房东和租客通过自由协商来决定公寓租金的系统？如果该系统只允许收入最高者承租最便利的公寓，那么结果会怎样？这是否不公平？租金管制法等政府政策会如何影响这个市场？你能想出更好的方法来解决我们社会中日益严重的经济不平等问题吗？

问题	答案	数据	注意事项
地理位置如何影响租房成本？	在大部分城市（尽管并非所有城市），与市中心距离越远，公寓租金会越低（在质量相同的条件下）。例如，在俄勒冈州波特兰市，当你从市中心搬到城外 6 英里的其他地方的同等公寓时，租金会下降 33%。	俄勒冈州波特兰市的公寓租金。	虽然该分析使用特殊统计方法对和市中心距离不同的相似公寓进行了比较，但在这一过程中，有可能一些重要的公寓特征并未保持完全固定，这会使计算产生偏差。

注：在几乎所有城市中，每平方英尺[①]房屋售价通常会随着与市中心的距离的变化而发生变化。右图显示的是波士顿城市地铁不同站点周边的每平方英尺房屋售价（数据来自 Estately 地产，2016 年）。拥有最高每平方英尺房屋售价的车站是"公园街"，它位于城市的中心位置。但在这条线路最北面的"灰西鲱"和最南面的"布伦特里"这两个市郊地铁站附近，房价则普遍出现下降。

灰西鲱 519 美元 / 平方英尺
戴维斯 533 美元 / 平方英尺
波特 607 美元 / 平方英尺
哈佛 798 美元 / 平方英尺
中央广场 663 美元 / 平方英尺
肯德尔/麻省理工学院 768 美元 / 平方英尺
公园街 962 美元 / 平方英尺
查尔斯/马塞诸塞医院 897 美元 / 平方英尺
波士顿市中心
市中心十字 946 美元 / 平方英尺
波士顿南站 905 美元 / 平方英尺
百老汇 773 美元 / 平方英尺
安德鲁 532 美元 / 平方英尺
肯尼迪博物馆/马萨诸塞大学 392 美元 / 平方英尺
北昆西 310 美元 / 平方英尺
沃尔斯顿 317 美元 / 平方英尺
昆西中心 285 美元 / 平方英尺
昆西亚当斯 259 美元 / 平方英尺
布伦特里 226 美元 / 平方英尺

---

① 1 英尺 =30.48 厘米。——编者注

微观经济学

最后还有一些例子表明，在新冠等病毒大流行期间，企业和公共卫生官员也会自然而然地选择使用边际分析。一家制药公司应该雇用多少科学家来研究正在开发的特定疫苗？一种有希望的疫苗在获得美国食品药品监督管理局批准之前应该达到多少周的良好疗效？购物者在商店排队时应当保持多少英尺的距离？在此类情况（以及许多其他情况）中，尝试优化者会很自然地去评估多做一步（或少做一步）的净收益变化。

总结

- 经济学家认为优化（即试图找出最佳可行选项）描述了经济主体做出的绝大多数选择。然而人并不总能成功做出最优选择。大量的经济学研究都试图回答以下问题：人在什么时候能成功找出最佳可行选项（最优）？人又在什么时候无法实现这一目标？
- 使用优化概念来描述和预测行为是实证经济分析的一个范例。
- 优化概念也为改进尚未实现最优的决策提供了一种很好的方法。使用优化来改进决策是规定经济分析的一个范例。
- 利用总价值的优化有3个步骤：(1) 将所有的成本和收益转换为统一的单位，如美元/月；(2) 计算每个选项的总净收益；(3) 找出净收益最高的选项。
- 边际分析用于评估人们变换选项所产生的净收益变化。边际分析计算的是一件事情多做一步（或少做一步）的结果。
- 边际成本是从一个选项移动到下一个选项所产生的额外成本。
- 利用边际分析的优化有3个步骤：(1) 将所有的成本和收益转换为统一的单位，如美元/月；(2) 计算变换选项所产生的边际结果；(3) 应用边际优化原理，选择具有如下特质的最佳选项：移至该选项会使你的境况变好，而偏离该选项会使你的境况变差。
- 利用总价值的优化和利用边际分析的优化会得到相同的答案。这两种方法是同一枚硬币的两面。

关键术语

最优选择	行为经济学	边际成本
最优	边际分析	边际优化原理

问题

1. 优化是什么意思？比较利用总价值的优化和利用边际分析的优化的异同。
2. 优化原理是否意味着现实世界的人总能找出最佳可行选项？
3. 有些人选择居住在市中心附近；另一些人选择远离市中心，每天花更长的时间通勤。选择居住在通勤时间较长的地点是否意味着没有实现优化？
4. 为什么一个人的时间机会成本改变意味着其最优的公寓地点选择也会改变？
5. 假设你已掌握了学区分界线东西两侧相似住宅的销售信息。你如何利用这些数据来评估家长对子女所在学校质量的重视程度？
6. 有一句谚语："任何值得做的事情都值得做好。"你认为经济学家会认同这句谚语吗？
7. 为什么边际分析有助于识别出优化问题的关键所在？
8. 请解释公寓市场会如何分配市中心附近供给稀缺的公寓。
9. 优化分析是实证经济分析还是规范经济分析，抑或两者都是？请解释。

循证经济学习题

1. 你是一个租客，正在俄勒冈州波特兰市寻找公寓。你的租房预算为950美元/月，所以你在找环城高速公路周边的公寓。你找到了两套公寓，其中一套位于波特兰市的东边（东公寓），另一套位于波特兰市的西边（西公寓）。这两套公寓的出租价格都是950美元/月，而且到你位于市中心的工作地所需的时间也一样。除了以下差别，这两套公寓在其他方面都完全一样。

   a. 在东公寓能看到胡德山的壮丽景观，在西公寓则不能。你对该景观的估值为25美元/月。你应该租哪套公寓？
   b. 仔细考察后，你发现西公寓到机场的时间要比东公寓少近30分钟。出于工作原因，你每月需要乘坐两次飞机（这需要你每月开4次车，以实现从家到机场的往返），你对自己时间的估值是每小时20美元。基于这些新信息，你应该租哪套公寓？
   c. 就在租下这套公寓之前，你发现自己的工作职责发生了改变，每月只需乘坐一次飞机。基于这一新信息，你应该租哪套公寓？
   d. 你的工资也上涨了，这使你的时间价值增加到每小时23美元。基于这一新信息，你应该租哪套公寓？

习题

1. 无线通信技术的发展正在降低远距离通勤的非财务成本，例如，人们可以在乘坐地铁时就把工作干完，开车的人也有更多的娱乐选择。这会如何影响人们在市中心附近租住的意愿？请使用时间机会成本概念解释你的推理。
2. 居家办公技术的进步，使得部分上班族无须再像以前那样频繁出入办公室，例如，各种

Zoom会议让员工可以待在家中而不用前往办公室。这会如何影响人们在市中心附近租住的意愿？请使用时间机会成本概念解释你的推理。

3. 你被当地一家餐厅聘为顾问。该餐厅正在考虑是应该在晚上9点关门，还是应该增加1小时的营业时间（晚上10点关门）。考虑到工资和水电费，每增加1小时营业时间的额外成本（边际成本）是200美元。

   a. 如果最后1小时营业的额外收入（边际收入）为250美元，你会建议怎么做？基于你的建议，餐厅利润会有多大变化？

   b. 如果额外收入只有100美元呢？

   c. 你需要了解关于边际收益的哪些信息，才能得出晚上9点是最理想的关门时间这一结论？

4. 判断以下说法是更好地描述了利用总价值的优化还是利用边际分析的优化。

   a. 约翰正在选择看哪部电影。（所有电影的票价相同，并在同一时间/地点播放。）他认为新的《蝙蝠侠》电影胜过新的《蜘蛛侠》电影，而这两部电影都胜过新的《超人》电影。

   b. 尼基决定进行慢跑3英里的锻炼，理由是3英里慢跑比2英里慢跑或4英里慢跑要好。

   c. 在一次庭院旧货出售中，里根计算出他愿意支付200美元购买的大号床售价100美元（产生的净收益为100美元），他愿意支付220美元购买的特大号床售价300美元（产生的净收益为-80美元）。

5. 这学期你选修了两门课程：生物课和化学课。两门课都即将进行随堂测验。下表显示了你在每门课上学习不同的时间相应会得到的成绩。（本题假设每小时学习时间不能再细分。）例如，下表显示，如果你在化学课上花1小时而在生物课上花费2小时，那么你的化学课成绩为77分，生物课成绩为74分。

学习小时数	化学课成绩	生物课成绩
0	70	60
1	77	68
2	82	74
3	85	78

你的目标是将两个测验的平均成绩最大化。请运用基于边际分析的优化来做决定：如果你总共只有1小时来准备两个测验（换言之，你会在一门课上花1小时，在另一门课上花0小时），那么你会如何分配这1小时的学习时间？现在重复这一分析，但这次假设你一共有2小时来准备这两个测验。你会如何在这两门课上分配这2小时的学习时间？最后，再次重复这一分析，但假设你一共有3小时来准备这两个测验。你又会如何在这两门课上分配这3小时的学习时间？

6. 你经营着一家白天营业的咖啡店。你正在考虑在晚上继续营业。下表显示的是晚上每增加1小时营业时间所带来的总收益（即收入）。

每晚营业小时数	总收益（美元）	边际收益
0	0	—
1	100	
2	150	
3	180	
4	200	
5	210	
6	200	

   a. 计算并填写边际收益（从一行到下一行的差值）。

   b. 如果你的目标是总收益最大化，那么你的门店应该营业多久？当你超过这个数额时，边际收益是多少？

   c. 假设额外营业每小时的成本为25美元。

在这种情况下，你的商店晚上应该营业多久？

7. 斯科特喜欢观看棒球比赛，特别是辛辛那提红人队的主场比赛。在所有其他条件都相同的情况下，他喜欢坐在靠近棒球场地的位置。他也喜欢早点儿到体育馆观看击球训练。为了能看到训练，他愿意为每分钟击球训练支付1美元。他把车停在离体育馆越近的地方，他能看到的击球训练就越多（停车场同时开放）。运用以下信息，找出斯科特最优的座位类型和停车地点。

座位类型	价格（美元）	对斯科特而言的观赛价值（美元）
一等座	235	200
二等座	95	130
三等座	85	125
四等座	79	120
五等座	69	100

停车地点	比赛之夜的停车费（美元）	观看击球训练的时间（分钟）	抵达时间的收益（美元）
威斯汀停车场	5	0	0
喷泉广场南停车场	10	10	10
河西停车场	17	35	35
河东停车场	25	50	50
体育馆地下停车场	45	60	60

8. 假设不同的减污水平给社会带来的总收益和总成本如下：

(1) 污染减少量（单位）	(2) 总收益（美元）	(3) 总成本（美元）	(4) 总净收益（美元）	(5) 边际收益（美元）	(6) 边际成本（美元）
0	0	0			
1	20	9			
2	38	20			
3	54	33			
4	68	48			
5	80	65			
6	90	84			

a. 填写第4列。

b. 运用第4列的总净收益证明，如果美国环境保护署（EPA）想将总净收益最大化，那么它应该要求减少3单位的污染。

c. 填写第5列和第6列，从污染减少量由0单位变为1单位开始。

d. 证明：根据边际优化原理，美国环境保护署也应该要求减少3单位的污染。

9. 假设你们公司的边际收益由方程式 $MR=24-Q$ 给出，这意味着第3个单位的产出会带来21 [即（24-3）] 美元的额外收入。假设你们公司的边际成本由方程式 $MC=4+Q$ 给出，因此，第3个单位会使成本增加7 [即（4+3）] 美元。

a. 如果你们现在正在生产两个单位的产品，那么增加产量生产第3个单位产品是不是个好主意？请说明理由。

b. 找到使边际成本等于边际收益（$MC=MR$）的 Q 值（将此作为对未来章节的预习）。请解释为什么这个值可以使利润最大化。

第 4 章　需求、供给与均衡

如果汽油价格下降，人们会多买多少汽油？

2019 年，美国的汽油零售价格在 2.50 美元 / 加仑左右波动。这时你会购买多少汽油？如果价格降低，比如降为 1 美元 / 加仑，你又会购买多少汽油？汽油价格需要降到多低才会吸引你经常去自驾旅行？如果价格降为 0.04 美元 / 加仑，几近免费呢？你觉得不可思议，但这正是在政府巨额补贴下，委内瑞拉 2013 年的汽油售价。

在本章中，我们将以能源市场和汽油市场为例，探讨买方和卖方如何应对商品和服务价格的变化。我们将在本章的循证经济学专栏中考察委内瑞拉的汽油市场。汽油价格会如何影响汽油购买者（如家庭）和汽油销售商（如埃克森美孚公司）的决策？当汽油价格不受政府政策约束时，买卖双方的决策将如何共同决定油价？

（无铅　自助加油）

重要概念

- 在完全竞争市场上：（1）所有的卖方都销售相同的商品或服务；（2）任何单个买方或单个卖方都不足以仅凭自身力量影响该商品或服务的市场价格。
- 需求曲线描绘了市场价格和买方需求量之间的关系。
- 供给曲线描绘了市场价格和卖方供给量之间的关系。
- 竞争均衡价格使得需求量等于供给量。
- 当价格无法自由波动时，市场不能使需求量等于供给量。

本章概览

4.1	4.2	EBE	4.3	4.4	4.5
市场	买方如何行事？	如果汽油价格下降，人们会多买多少汽油？	卖方如何行事？	供需均衡	如果政府试图控制油价，会产生什么后果？

4.1 市场

每年全球有超过 10 亿名司机把车开进加油站。这些司机几乎从来没有遇到过加油站的油"售罄"的情况。在大多数情况下，司机们只需要不到 10 分钟就可以把油箱加满并重新开车上路。

这个系统的效率令人惊叹。没有人告知那些经营加油站的企业有多少司机来加油，也没有人告知司机去哪里加油。票务销售商不会预售"加油"票。但是不知为何，每个想要加油的司机几乎总能加到足够的油。司机加到了他们想要购买的汽油，经营加油站的企业则赚到了足够的钱，用来支付员工薪酬以及股东股息。

本章主要介绍汽油市场以及其他类似的市场如何运行。**市场**是指一群从事商品和服务交易的经济主体以及进行交易的规则和协议。农业和工业产品，比如小麦、大豆、铁和煤等，都在市场上进行交易。市场可以有具体的物理位置（如荷兰阿尔斯梅尔鲜花拍卖市场），也可以没有，例如，汽油市场分散于各个建有加油站的街角。同样，Monster.com（一个求职网站）可以在任何有电脑和网络的地方运营。对经济学家来说，像 OkCupid、Match、ChristianMingle、Tinder、Hinge、Grindr、Coffee Meets Bagel 这些交友网站 / 应用程序也都是市场。

我们的讨论聚焦于所有交易都由市场力量灵活定价（区别于政府定价），买卖双方自愿进行的市场。本章将解释市场如何使用价格来分配商品和服务。==作为一种选择手段，价格鼓励能够以相对低成本生产商品的卖方与赋予商品相对高价值的买方进行交易。==

我们将通过研究能源市场来说明这一切，尤其会以汽油市场为研究重点（汽油提炼自原油）。你将了解到，汽油的定价基于一种潜在假设，即加油站准备出售的汽油的数量与司机想要购买的汽油的数量相等。

竞争市场

假设一个城市有数百个加油站，每个加油站都有一个独立所有者。如果你所在街区的加油站每加仑汽油的价格比其他加油站高出 1 美元，那么这个加油站将会失去大部分生意。同样，如果你坚持要以每加仑汽油比标价少 1 美元的价格付款，那么你将无法为汽车加油，因为加油站服务员通常不和你讨价还价。无论你开的是凯迪拉克还是起亚，都要为 1 加仑普通无铅汽油支付相同的价格。

哭穷和讨价还价都不会让你加到更便宜的汽油，不信的话，你可以在下次需要加油的时候尝试一下。但在试着这么做之前，你一定要确保油箱里的油足够让你开到下一个加油站。

如果所有的卖方和买方都面临一个相同的价格，那么这个价格就是**市场价格**。在**完**

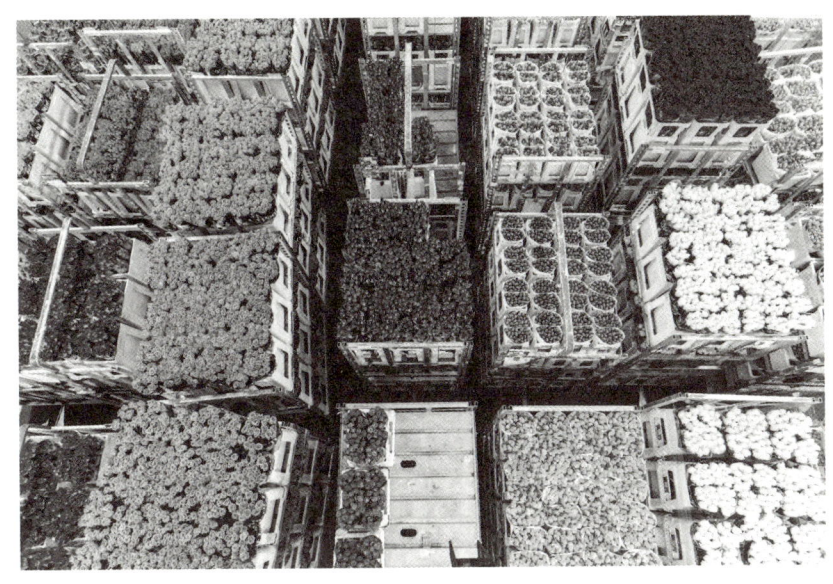

这间位于荷兰阿尔斯梅尔的仓库占地面积超过 100 个足球场，每天举办数千场花卉批发（批量）拍卖会。

完全竞争市场上，卖方全部销售相同的商品或服务，任何单个买方或单个卖方都不足以仅凭自身力量影响该商品或服务的市场价格，这就意味着所有买方和卖方都是**价格接受者**。换句话说，他们都接受了这个市场价格，并且无法通过讨价还价得到一个更好的价格。

完全竞争市场几乎不存在。但是，经济学家仍然试图了解这样的市场。乍一听这很疯狂。为什么经济学家要研究一个世界上几乎不存在的东西？答案是，虽然完全竞争市场几乎不存在，但很多市场非常接近完全竞争市场。很多加油站都有邻近的竞争者（通常就在马路对面），这些竞争者阻止了加油站收费高于市场价格。有一些加油站没有邻近竞争者（例如乡村公路上一座孤零零的加油站），但这是特例。如果卖方几乎销售相同的商品，并且大部分市场参与主体面临着大量竞争，那么完全竞争模型会成为实际市场运行方式的一个有用近似。

相比之下，在一些市场中，大型市场参与主体能够单独控制市场价格，比如软件市场中的微软公司。我们将会在后面的章节中分析此类市场（尤其是第 12 章和第 14 章）。

本章的目标是了解完全竞争市场（即商品

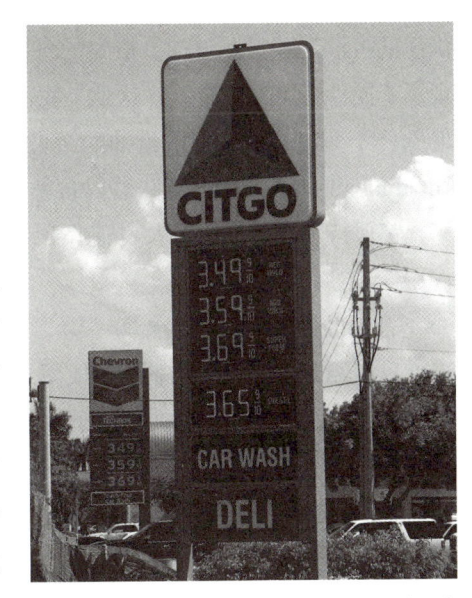

当两个加油站位于同一个十字路口时，它们的定价往往非常接近，有时完全相同。

第 4 章 需求、供给与均衡

相同且市场参与主体无法单独影响市场价格的市场）的属性。在此过程中，我们将提出三个问题：

（1）买方如何行事？
（2）卖方如何行事？
（3）买方和卖方的行为如何共同决定市场价格和商品交易量？

在接下来的三节内容中，我们将分别讨论这几个基本问题。

4.2 买方如何行事？

我们从研究买方的行为入手。假设这些买方是价格接受者：他们要么接受市场价格，要么放弃市场价格，不会为了降低价格而讨价还价。现在研究商品的价格与买方愿意购买的商品数量之间的关系。在给定价格下，买方愿意购买的商品或服务的数量被称为**需求量**。

为了说明需求量的概念，我们不妨想一想自己的购买行为。当汽油价格上升时，你会减少汽油消费吗？例如，如果汽油价格上升，那么住在校外的学生也许会放弃开车，转而骑自行车上学，他也许会与人拼车，或者改乘公共交通工具。如果汽油价格升得足够高，那么他甚至可能会把自己的"油老虎"卖掉。

让我们将这些变化进行量化。以克洛伊为例，她是一个典型的消费者，会因为汽油价格上升而减少汽油购买量。克洛伊也许不能立即调整她的汽油使用量，但是从长远来看，如果汽油价格上升，她就会通过改乘公共交通工具等方式来减少汽油的使用量。克洛伊的汽油购买量和汽油价格间的直接关系参见图4.1右上角的阴影框。框中的表格展现了不同价格下的需求量，这就是我们所说的**需求表**。克洛伊的汽油需求表显示，在其他条件不变时，克洛伊的汽油购买量会随着油价的变化而变化。**"在其他条件不变时"**（holding all else equal）意味着除价格以外的其他因素，例如收入、租金和高速通行费等，都保持不变。这个需求表显示出，当汽油价格下跌时，克洛伊会增加汽油购买量。

需求曲线

我们经常想要将需求表绘制成图。这就需要用到需求曲线。**需求曲线**描绘了价格和需求量间的关系（同样是在其他条件不变时）。在图4.1中，每个圆点对应着需求表中的一组数据。例如，最左边的圆点代表价格为6美元/加仑时，汽油需求量为50加仑/年。类似地，最右边的圆点代表价格为1美元/加仑时，汽油需求量为300加仑/年。注意，x轴代表需求量，y轴代表价格。经济学家惯常使用x轴表示需求量，y轴表示价格。如图4.1所示，经济学家经常"将这些圆点连接起来"，这意味着价格和需求量并不必须总为整数。

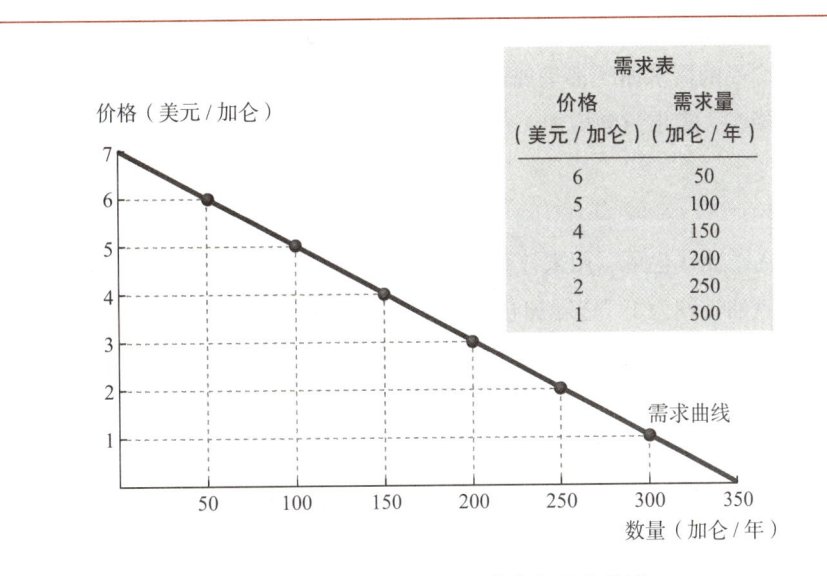

图 4.1 克洛伊的汽油需求表和需求曲线

需求表	
价格（美元/加仑）	需求量（加仑/年）
6	50
5	100
4	150
3	200
2	250
1	300

注：汽油价格越低，克洛伊会选择购买越多的汽油。换句话说，当汽油价格降低时，她的需求量会增加。因此，需求曲线是向下倾斜的——高价格（纵轴或 y 轴）会导致低需求量（横轴或 x 轴）；低价格（y 轴）则导致高需求量（x 轴）。

需求曲线存在一个关键特性：汽油价格和需求量呈**负相关关系**，也就是说，当其中一个上升时，另一个则下降，反之亦然。在克洛伊的例子中，汽油价格为 6 美元/加仑时，对应的需求量是 50 加仑/年；汽油价格为 1 美元/加仑时，对应的需求量大幅上升

通用汽车的悍马（H2）重达 3 吨多，消耗每加仑汽油可行驶约 10 英里，是世界上燃油效率最低的几款个人汽车之一。2005—2008 年，汽油价格上升了 30%，悍马销量下跌了 50%。在那段时间，其他品牌的汽车销量都没有这样的急剧下降。悍马需求量的急速下跌导致通用汽车公司在 2010 年停产了这一品牌。2014 年，汽油价格暴跌（从每加仑 3.50 美元跌至 2.00 美元），此后一直保持在低位。当汽油价格下降时，（二手）悍马的需求量出现了上升！[1]

第 4 章 需求、供给与均衡

为 300 加仑 / 年。汽油价格和需求量会向相反方向移动。

几乎所有商品的需求曲线都呈现这种基本的负相关关系，经济学家将其称为**需求定律**：当价格下降时，需求量会增加（在其他条件不变时）。

支付意愿

克洛伊的需求曲线也可以用来计算她愿意（和能够）为额外 1 加仑汽油支付的金额。额外的 1 加仑汽油被称为 1 "边际加仑"。在任何给定数量下，她的需求曲线的高度就是她愿意为该边际单位商品支付的金额。换句话说，她的需求曲线的高度就是她赋予那额外 1 加仑汽油的货币价值。

例如，克洛伊愿意为她的第 150 加仑汽油支付 4 美元。换句话说，当已经有 149 加仑汽油可供当年使用时，克洛伊对额外 1 加仑汽油的支付意愿是 4 美元。**支付意愿**是买方愿意为额外 1 单位商品支付的最高金额。

相比之下，如果克洛伊已经有 199 加仑汽油可供当年使用，那么她只愿意为额外的 1 加仑汽油支付 3 美元。克洛伊对额外 1 加仑汽油的支付意愿与她已经拥有的汽油数量（图 4.1 中 x 轴上的数量）呈负相关关系。她拥有的汽油数量越多，愿意为额外 1 加仑汽油支付的金额就越少。这种负相关关系适用于大多数商品和服务。你拥有某物（例如比萨）的数量越多，你从另一单位同样商品中所获得的收益就越少。

这就是一个关于**边际收益递减**的例子：随着你对某种商品消费数量的增加，你对额外 1 单位该商品的支付意愿下降。记住这个概念的一个简单方法是想想甜甜圈。早上吃的第一个甜甜圈对你来说很有价值，所以你愿意花很多钱买它；第四个相同的甜甜圈对你来说价值就要低很多，所以你的支付意愿会下降。一般来说，你吃的甜甜圈越多，你愿意为额外 1 个甜甜圈支付的钱就越少。

从个体需求曲线到总需求曲线

到目前为止，我们讨论的都是克洛伊这样的单个消费者。但我们所讨论的这些理论，其实广泛适用于包括个人消费者和企业在内的所有汽油购买者。

以全球能源市场为例。克洛伊的需求曲线告诉我们，当汽油价格下跌时她会购买更多的汽油。其他汽油消费者也会在汽油价格下跌时增加汽油消费。

尽管几乎所有的个体需求曲线都向下倾斜，但这也是它们唯一的共同点。例如，在印度，一名普通劳动者的年收入大约是 2 000 美元。无论汽油价格是多少，这名印度劳动者的汽油消费量都不可能和一名典型的美国劳动者（收入约为前者的 25 倍）相提并论。

这给我们带来了挑战。我们如何解释世界范围内数十亿消费者对汽油的需求？他们的个体需求曲线都会服从需求定律，但此外再无相似之处。为了研究世界范围内的能源市场行为，经济学家需要研究全世界的石油需求曲线，即所有个体需求曲线的总和。经济学家把这个累加过程称为个体需求曲线的**加总**。

先看如何将只有两个买方的需求累加。我们会先教你使用需求表来加总，之后再说明如何利用需求曲线来加总。请记住，这两种关于需求的不同思考方式是等效的。两者相互匹配相互强化。

图 4.2 包含 2 个个体需求表和 1 个总需求表。要想计算某一特定价格下的总需求量，只需把苏和卡洛斯在此价格下的需求量相加。例如，当汽油价格为 4 美元 / 加仑时，苏每年的需求量是 200 加仑。在同一个价格下，卡洛斯每年的需求量是 400 加仑。所以当汽油价格为 4 美元 / 加仑时，加总后的需求量是每年 600 加仑（200 加仑 + 400 加仑）。

从概念上讲，加总需求量就是在固定价格下把每一个买方的需求量相加。重要的是要记住，相加在一起的是数量而不是价格。为了帮你记住这一点，我们来看一个例子。假设面包店的甜甜圈的价格为每个 1 美元。此时两个饥肠辘辘的学生走进面包店，他们两人都要买 1 个甜甜圈（按 1 美元的标价）。因此这两个学生的总需求量是 2 个单价为 1 美元的甜甜圈，而不是 1 个单价为 2 美元的甜甜圈。请记住这 2 个甜甜圈的故事，以免你在做总需求表时出现混淆。

图 4.2 中也包含了我们绘制的需求曲线。当一条需求曲线为直线时，价格和需求量之间的关系被称为是线性的。经济学家经常用直线来表示需求曲线，因为它们很容易解释，也很容易以方程来表示。但真实世界的需求曲线往往不是完美的直线，因此线性模型主要用作示例。

图 4.2 中的需求曲线同样可以用加总需求表的方式来进行加总。我们要看的仍然是某一价格下的需求量。以价格为 4 美元 / 加仑为例，苏的需求曲线表明其每年的需求量是 200 加仑，卡洛斯的需求曲线表明其每年的需求量是 400 加仑。所以当价格为 4 美元 / 加仑时，每年的总需求量是两个人的需求量之和：200 加仑 + 400 加仑 = 600 加仑。

构建市场需求曲线

图 4.2 展示了在只有两个买方的情况下，我们该如何加总需求曲线。我们想要研究市场中所有买方的需求。经济学家将此称为市场需求曲线。**市场需求曲线**是所有潜在买方的个体需求曲线之和。市场需求曲线描绘了在其他条件不变时，总需求量和市场价格之间的关系。

苏的需求表		卡洛斯的需求表		总需求表	
价格 (美元/加仑)	需求量 (加仑/年)	价格 (美元/加仑)	需求量 (加仑/年)	价格 (美元/加仑)	需求量 (加仑/年)
5	100	5	200	5	300
4	200	4	400	4	600
3	300	3	600	3	900
2	400	2	800	2	1 200
1	500	1	1 000	1	1 500

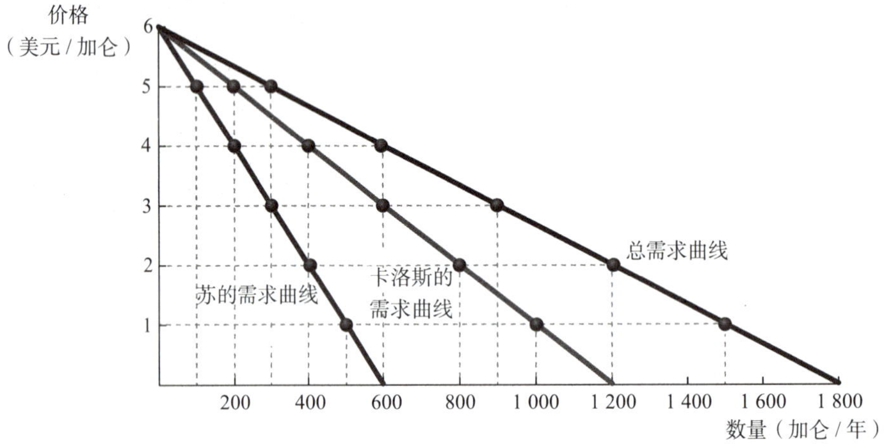

图 4.2 需求表与需求曲线的加总

注：将个人需求表每个价格下的需求量相加得到加总的需求表。同样，将个人需求曲线上每个价格对应的需求量相加就能得到加总的需求曲线。

每年有数十亿经济主体购买汽油。如果我们把某一具体市场价格下的汽油需求量相加，就能计算出该价格下汽油市场的总需求量。但是经济学家很少研究汽油市场的需求。研究能源市场的经济学家发现，汽油市场与所有其他石油加工产品的市场有着密切联系。航空燃油、柴油和汽油都是从石油中提炼得来的。于是，当经济学家研究汽油市场时，他们把所有这些加总为总的石油市场。图 4.3 中展示的是以亿桶计的世界石油需求曲线的粗略近似。"桶"是石油市场常用的计量单位，每桶石油为 42 加仑。

最后要注意的是，图 4.3 的需求曲线不是一条直线，与之前提到的线性需求曲线有些许不同。这提醒我们，需求曲线的关键特性是价格和需求量之间呈负相关。不是直线的需求曲线也同样可以呈现这种负相关关系。

自 2015 年以来，每桶石油的市场价格一直在 50 美元左右波动（2020 年春季除外，当时正值全球新冠疫情大流行的高峰期，我们将在稍后就此进行讨论）。图 4.3 中还包含一条水平虚线，这条虚线对应的是每桶 50 美元的石油市场价格。这条水平价格线与需求曲线的交点用圆点标出。在这个交点处，买方的支付意愿（需求曲线的高度）等于石油的市场价格。当买方的支付意愿高于石油的市场售价时，买方会持续购买石油。当购买数量少于每年350亿桶时，支付意愿（需求曲线的垂直高度）高于每桶50美元的市场价格，因此买方会通过购买更多石油来获利。买方会持续购买石油，直到达到每年350亿桶的需求量。在那一个点上，买方的支付意愿与市场价格相同，继续购买更多的石油不再有收益。

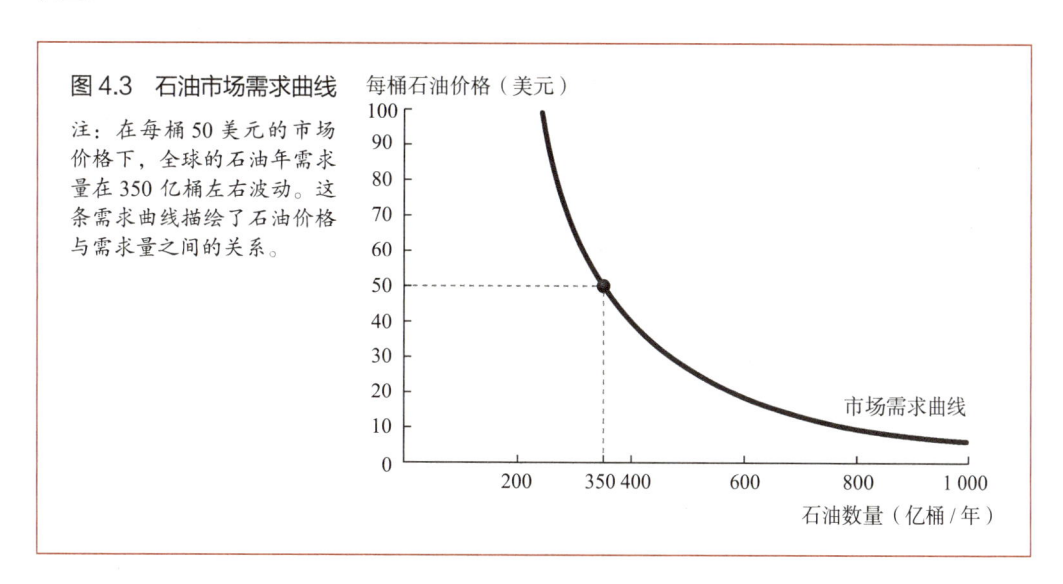

图4.3 石油市场需求曲线

注：在每桶50美元的市场价格下，全球的石油年需求量在350亿桶左右波动。这条需求曲线描绘了石油价格与需求量之间的关系。

需求曲线的移动

当引入需求曲线时，我们解释称，它描述了在其他条件不变时，价格和需求量之间的关系。现在让我们更深入地探讨一下那些一直都保持相同的"其他因素"。

当下列5个主要因素发生变化时，需求曲线会发生移动：

- 喜好和偏好；
- 收入和财富；
- 相关商品的可用性和价格；
- 买方的数量和规模；
- 买方对未来的信心。

喜好和偏好的变化

喜好和偏好的变化就是我们个人喜欢、欣赏或看重的东西的改变。例如，随着越来越多的消费者认为气候变化是一个重要的全球问题，且应当通过减少对化石燃料（如汽油）的使用来加以应对，石油产品的需求已经出现下降（在价格保持不变的情况下）。在现实中，这在一定程度上表现为对混合动力汽车和电动汽车的需求激增，这些汽车可减少温室气体的排放。对石油产品购买意愿下降导致石油需求曲线向左移动。我们称这种现象为需求曲线的"左移",因为在给定的石油价格下需求下降对应着曲线沿着 x 轴向左移动。图 4.4 给出了一个需求曲线左移的例子。

2020 年,全球新冠疫情大流行使得大多数国家鼓励其民众留在家中,石油需求曲线也在这一年出现了一次极为剧烈的左移。在 2020 年的初春时节,封锁和居家令造成大多数发达经济体近乎停摆,而这导致石油需求曲线短暂地向左移动了大约 50%。[2]

喜好变化自然也可以使需求曲线移动。它对应着给定市场价格下的需求变动。例如,如果你开始和相隔几个城镇的人约会,你的交通需求就会相对增加。在这种情况下,你的个体需求曲线就会右移。图 4.4 也描绘了需求曲线的右移。

这些例子说明了两个关键概念:

(1) 只有当给定价格下的需求改变时,需求曲线才会发生移动。需求曲线的左移和右移参见图 4.4(a)。

(2) 如果一件商品自身的价格改变,且它的需求曲线没有移动,那么它自身的价格变化就会导致需求量沿着需求曲线变动。参见图 4.4(b)。

熟练掌握这些术语非常重要,因为它们会经常出现。请利用图 4.4 来强化你对"需求曲线的移动"和"沿着需求曲线的变动"之间区别的认识。如果在给定价格下需求发生了变动,需求曲线就会移动,记住这一点会对你很有帮助。

下面我们将继续讨论喜好和偏好之外导致需求曲线移动的其他因素。

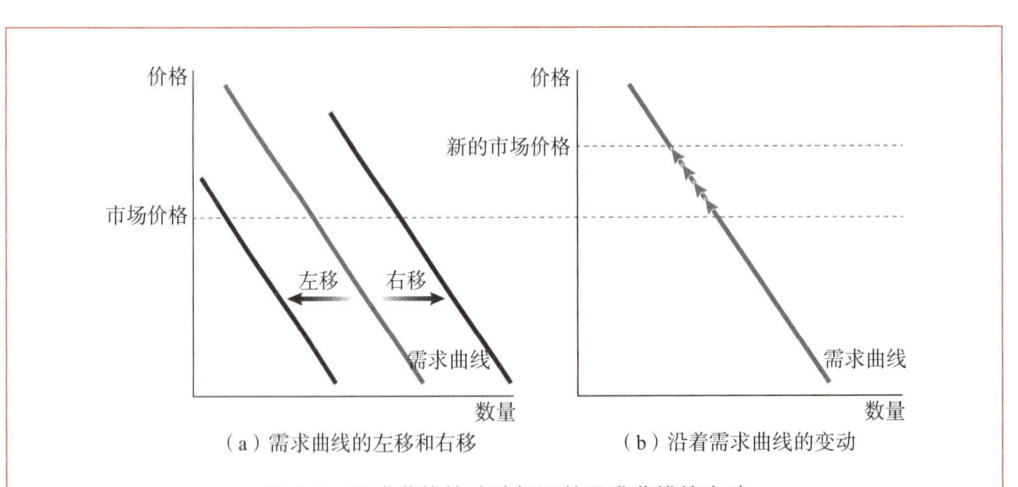

图 4.4 需求曲线的移动与沿着需求曲线的变动

(a) 需求曲线的左移和右移

(b) 沿着需求曲线的变动

注:除了价格,许多其他因素也会影响商品的需求。如果在给定价格下,这些因素的变化导致需求减少,需求曲线将左移 [见图(a)]。如果在给定价格下,这些因素的变化导致需求增加,需求曲线将右移 [见图(a)]。相比之下,如果只有商品自身价格发生变化,那么需求曲线不会移动,而是需求量沿着需求曲线变动 [见图(b)]。

收入和财富的变化

收入和财富的变化会影响你购买商品和服务的能力。假设你最近找到了第一份全职工作，从一个精打细算的学生变成了年薪4万美元的上班族。你也许会购买一辆汽车，因此需要加油。你也可能开始选择更为昂贵的度假方式，例如坐飞机去夏威夷，而不是坐公交车去哈肯萨克市拜访朋友。现在你对燃料（直接和间接）的支付意愿更高了，这意味着在燃料价格固定的前提下，你的需求曲线出现了右移。对于一种**正常品**，收入的增长会使需求曲线右移（在商品价格固定的情况下），导致消费者购买更多此类商品。遵循同样的逻辑，对于一种正常品，收入的下降会使需求曲线左移（在商品价格固定的情况下），导致消费者减少购买此类商品。

对于一种劣等品，收入的增长会使需求曲线左移。劣等品只是一个术语，并无想要羞辱世棒午餐肉爱好者之意。

出于对比，我们可以考虑一下世棒午餐肉这一类的罐装预制肉食品。在发达国家，随着人们的收入增长，他们可能会减少对罐装食品的消费，转而购买更多的新鲜食品。如果收入增长使一种商品的需求曲线左移（在商品价格固定的情况下），那么这种商品就被称为**劣等品**。这一名称看似带有侮辱性，但实际上它只是一个描述收入增长和需求曲线左移之间关系的专业术语。

相关商品的可用性和价格的变化

即使石油价格没有发生改变，相关商品的可用性和价格的变化也会影响石油产品的需求量，因此石油的需求曲线也会移动。例如，如果一个城市的公共交通价格上升，人们很可能会增加开车出行的次数。这个过程会使石油需求曲线右移。当一种商品的价格上升使得另一种商品的需求曲线右移时，这两种商品被称为**替代品**。因为公共交通价格的上升减少了人们使用公共交通的次数，增加了人们使用汽车的次数，促使石油需求曲线右移，所以公共交通和石油是替代品。

相比之下，还有一些相关的商品和服务之间的关系和上述例子相反。例如，假设一个距离你居住地200英里的滑雪场降低了票价。价格下降会使一些人增加去滑雪场的次数，因此会增加交通需求并且使石油需求曲线右移。当一种商品的价格下降使得另一种商品的需求曲线右移时，这两种商品被称为**互补品**。

买方的数量和规模的变化

当买方的数量增加时，需求曲线右移。当买方的数量减少时，需求曲线左移。买方购买行为的规模也很重要。例如，如果一个小镇的镇长将所有的公交车从汽油动力转换成电池动力，这对全球汽油需求的影响将远不及世界最大城市之一东京市的市长做出相同转变。

买方对未来信心的变化

买方对未来信心的变化也会影响需求曲线。假设在经济全面放缓的头几个月一些人开始失业。你即使还没有失业，也可能很担忧。你也许会在不久的将来丢掉工作，预见到这种可能性也许会促使你现在就储备一份应急基金。为此，你也许现在就会通过拼车或者取消周末前往本地滑雪场的计划来削减花销。这种"勒紧裤腰带"的行为往往会减少汽油的使用量并且使石油需求曲线左移。

小结：需求曲线的移动与沿着需求曲线的变动

当下列因素发生变化时，需求曲线会发生移动：
（1）喜好和偏好；
（2）收入和财富；
（3）相关商品的可用性和价格；
（4）买方的数量和规模；
（5）买方对未来的信心。
沿着需求曲线变动的唯一原因：
商品自身价格的变动。

循证经济学

如果汽油价格下降，人们会多买多少汽油？

- 我们已经解释了汽油需求量会随着汽油价格的上升而下降，现在我们准备研究支持这一观点的实证证据。
- 巴西和委内瑞拉是邻国，2013年两国人均收入水平相似。两国都是石油生产大国，在2013年，每个国家石油日均产量约为300万桶。但这两个国家有着迥然不同的能源政策。像大多数国家一样，巴西对汽油销售征收重税。相反，委内瑞拉则给予汽油销售大量补贴。为了对比两国的政策，我们比较了两国在2013年汽油的价格（以美元为单位），其中巴西的汽油价格为每加仑5.58

（无铅　自助加油）

美元，而委内瑞拉的汽油价格仅为每加仑 0.04 美元。委内瑞拉政府提供的高额补贴使汽油几乎免费。委内瑞拉是一个主要的石油生产国，即使汽油价格只有每加仑 0.04 美元，政府仍然有足够的汽油来满足消费者的需求。

- 根据需求定律，在其他条件不变时，更低的价格会导致更高的需求量。事实上，在 2013 年，委内瑞拉的人均汽油消耗量几乎是巴西的 5 倍。
- 图 4.5 的 y 轴显示了 2013 年的汽油价格（包含税收和补贴），x 轴显示了 2013 年的人均汽油需求量。正如图中所示，价格和需求量呈负相关关系。为了让你了解（同一时间段有着相似人均收入的）另一个拉丁美洲国家的情况，我们把墨西哥也加入了这一图中。墨西哥政府对汽油消费提供了少量补贴，所以它的情况正好介于巴西和委内瑞拉之间。需求定律预测价格与需求量之间呈负相关关系，我们的数据则恰好证明了这一预测。
- 委内瑞拉极端的汽油补贴政策让委内瑞拉政府损失了一笔巨额的弃置收入（一种机会成本）：若是把在国内销售的这些石油用于出口，其收益要高出许多。起初，政府的应对策略是对石油进行定量配给。但最终，当局意识到补贴本身才是真正的问题所在并取消了补贴。
- 但是，这个故事并没有结束。很多石油生产国，例如科威特和卡塔尔等，也在大规模补贴本国的汽油消费。正如你所料，跟其他富裕国家相比，这些国家都有极高的人均能源使用量。[3]

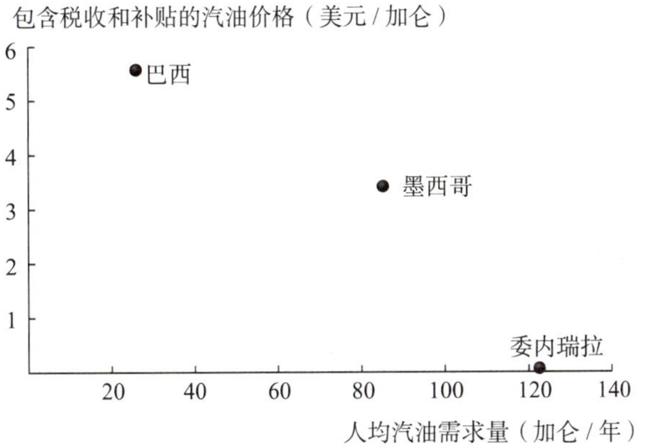

图 4.5　巴西、墨西哥和委内瑞拉的人均汽油需求量和汽油价格（2013 年）

注：在汽油市场上，价格和需求量呈负相关关系。
资料来源：需求量数据来自经济合作与发展组织。包含税收和补贴的汽油价格来自 AIRINC。

问题	答案	数据	注意事项
如果汽油价格下降，人们会多买多少汽油？	在2013年，委内瑞拉的人均汽油消耗量是巴西的5倍。两国的油价分别为每加仑0.04美元、每加仑5.58美元。	我们比较了人均收入水平相似，但汽油价格差别巨大的几个拉丁美洲国家的汽油需求量。税收和补贴的差异导致了汽油价格的差异。	尽管这些国家在2013年的人均收入水平相似，但也存在一些未纳入本分析的其他差异。

4.3 卖方如何行事？

你现在已经理解了买方的行为。为了对市场有更完整的理解，我们也需要研究卖方的行为。买方和卖方在市场中的互动决定了市场价格。

我们要分析商品的价格和卖方愿意出售或供给的商品数量之间的关系。在给定价格下，卖方愿意供给的商品或服务的数量被称为**供给量**。

为了对供给量的概念有一个直观的认识，可以想一想类似于埃克森美孚这样的公司。由于石油价格上涨，埃克森美孚公司供给石油的意愿会增加。石油的探测和开采成本相对较高，有些油田位于水深为2英里的深海区，而且这些石油储藏在海底以下8英里处。钻探这样的油井需要两个橄榄球场那么长的特制船只，并且需要配备数百名工人及机器人潜艇。因为费用高昂，所以只有当石油价格高于60美元/桶时，石油公司才会钻探这样的油井。

从北极圈的海上钻井平台开采石油的成本更高。如果一小座冰山就能使"泰坦尼克号"沉没，那么在每年有数以万计的大冰山经过的区域设立和维护固定钻井平台更是一项艰巨的挑战。北极圈的海上钻井平台只会在石油价格高于70美元/桶时开采石油。2014年，石油价格达到了100美元/桶，很多北极油田都得到了开发。对埃克森美孚等石油公司来说，石油价格越高，盈利的钻井平台就越多。很多观察者谈论石油市场并提出石油将用尽的观点。事实上，对像埃克森美孚这样的公司而言，只是便

只有当石油价格超过70美元/桶时，北极圈海上钻井平台的石油开采活动才会盈利。与其形成极端对比的是，在沙特阿拉伯的沙漠中开采石油的成本还不到15美元/桶。

宜的石油快要用尽了。地表以下的石油储量远远超过我们的需求量。问题在于大部分石油的开采和运输都非常昂贵。此外，大多数科学家预测，石油的大量使用将导致大气中温室气体含量上升，从而引发气候变化，这就为不开采埋藏在地表下的大量石油提供了另外一个理由。

供给曲线

当石油价格上升，埃克森美孚公司做出的反应是在更具挑战性的位置开发新油田。同样地，当石油价格下跌，埃克森美孚公司做出的反应是缩小开发项目的规模并且停止石油钻井平台的生产。图 4.6 中的供给表总结了埃克森美孚公司的石油生产量和价格之间的关系。**供给表**是一个表格，展现的是在其他条件不变时，不同价格下的供给量。该供给表显示出，当石油价格上升时，埃克森美孚公司增加了石油供给量。图 4.6 同时绘制了埃克森美孚公司的供给曲线。**供给曲线**描绘的是不同价格下的供给量。换句话说，供给曲线是对供给表的图形化呈现。

图 4.6 中的供给曲线有一个关键特性：石油价格与供给量存在正相关关系。当两个变量往相同方向移动时，即当一个变量上升另一个也会上升时，我们就说这两个变量存在**正相关**关系。我们可以很容易地从图 4.6 中发现这个特性，因为这条曲线是向上倾斜的。在几乎所有情况下，供给量都与价格呈正相关关系（在其他条件不变时），这就是经济学家所说的**供给定律**。

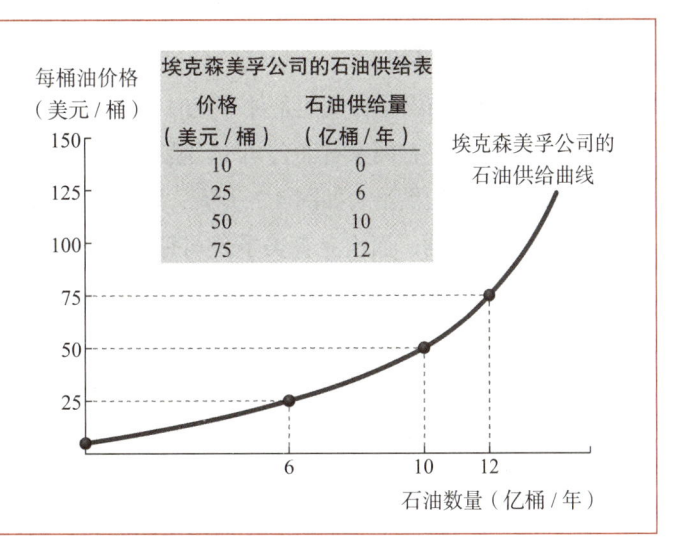

图 4.6 埃克森美孚公司的石油供给表和供给曲线

注：当石油价格（y 轴）上升时，石油供给量（x 轴）增加，所以价格和供给量呈正相关关系。同样地，我们可以说供给曲线是向上倾斜的。在此图中，供给曲线是弯曲的，它反映了如下事实：埃克森美孚公司的石油储备是有限的，而且随着供给量提升，扩大生产的难度也会越来越高。

埃克森美孚公司的石油供给表	
价格（美元/桶）	石油供给量（亿桶/年）
10	0
25	6
50	10
75	12

当石油价格超过 10 美元 / 桶时，埃克森美孚公司会开始生产石油。当石油价格为 25 美元 / 桶时，对应的供给量是 6 亿桶 / 年。当石油价格上升为 50 美元 / 桶时，对应的供给量为 10 亿桶 / 年。当石油价格为 75 美元 / 桶时，供给量上升到 12 亿桶 / 年。

接受意愿

如果埃克森美孚公司寻求优化，那么只要石油的售价不低于该公司生产石油的边际成本，公司就应该愿意供给额外的一桶石油。我们在"优化：竭力做到最好"一章（第3章）中讲到，边际成本是生产额外一单位商品所产生的额外成本。只要石油的售价不低于其每桶边际成本，生产者就应该愿意多供给额外的一桶石油。

对一个寻求优化的公司来说，供给曲线的高度就是公司的边际成本。例如，埃克森美孚公司的供给曲线表明，如果石油价格为50美元/桶，那么其每年的供给量为10亿桶。我们可以反过来说，埃克森美孚公司愿意接受以50美元的价格来生产其第10亿桶石油。这就是供给曲线告诉我们的信息。经济学家把这称为埃克森美孚公司的接受意愿。**接受意愿**是指卖方愿意出售额外一单位商品所需要的最低价格。在某一特定供给量下，接受意愿等于供给曲线的高度。对一个寻求优化的公司来说，接受意愿等同于边际生产成本。埃克森美孚公司之所以愿意接受以50美元的价格出售额外的一桶石油，是因为50美元是埃克森美孚公司在一年中生产第10亿桶石油的边际成本。如果埃克森美孚公司接受以低于50美元的价格供给其第10亿桶石油，该公司就会在这一生产单位上亏损。

从个体供给曲线到市场供给曲线

当研究买方时，我们将他们的个体需求曲线加总，得到市场需求曲线。我们将这一方法同样应用于卖方。累加供应量和累加需求量的方式相同。我们将某一特定价格下的供应量累加起来，然后在每一个可能的价格上重复这个过程，并以此绘制出市场供给曲线。**市场供给曲线**描绘了在其他条件不变时，总供给量和市场价格之间的关系。

让我们从假设只有两家石油公司（埃克森美孚公司和雪佛龙公司）开始进行加总分析。假设它们的石油供给表如图4.7所示。当价格为50美元/桶时，雪佛龙公司每年的石油供给量为7亿桶，而埃克森美孚公司每年的石油供给量为10亿桶。所以当价格为50美元/桶时，石油总供给量为17亿桶（7亿桶+10亿桶）。我们对每个价格重复上述计算，最终得到图4.7中的总供给曲线。

当然，市场中并非只有埃克森美孚公司和雪佛龙公司，而是包含成千上万的石油生产者。正如市场需求曲线是所有潜在买方的个体需求曲线之和，市场供给曲线是所有潜在卖方的个体供给曲线之和。

将成千上万的石油生产者的个体供给曲线加总，我们得到了如图4.8所示的市场供给曲线。图4.8中还包含一条表示价格在50美元/桶的虚线，这条虚线代表2016年全球石油市场的近似价格。在这个价格下，石油的总供给量为每年350亿桶。

雪佛龙公司的石油供给表		埃克森美孚公司的石油供给表		石油总供给表	
价格 (美元/桶)	石油供给量 (亿桶/年)	价格 (美元/桶)	石油供给量 (亿桶/年)	价格 (美元/桶)	石油供给量 (亿桶/年)
10	0	10	0	10	0
25	4	25	6	25	10
50	7	50	10	50	17
75	9	75	12	75	21

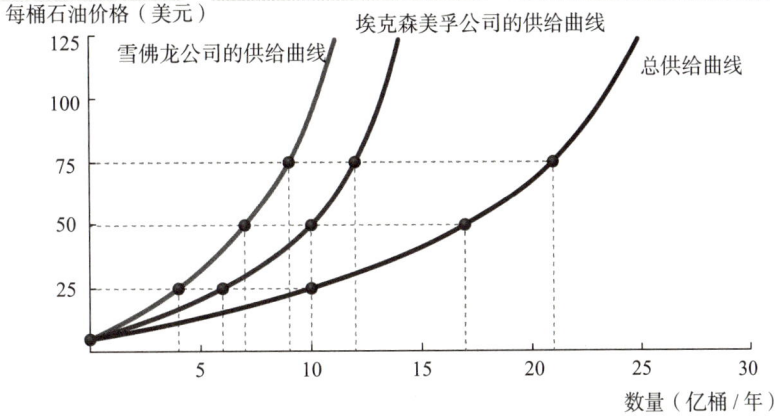

图 4.7　供给表的加总和供给曲线的加总

注：为了计算在某一特定价格下的总供给量，我们把该价格下每个供给者的供给量进行累加。通过对每个价格重复这一运算得出总供给曲线。

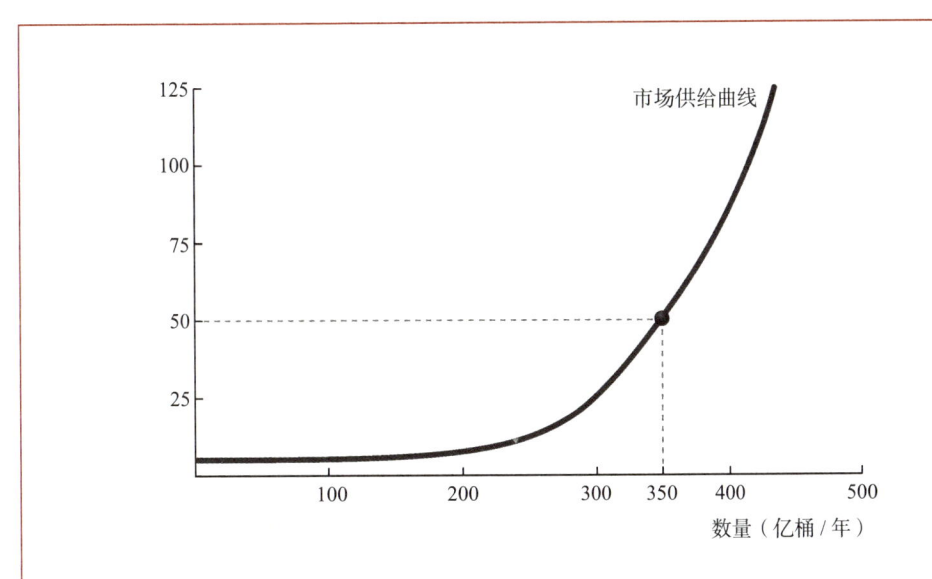

图 4.8　石油的市场供给曲线

注：与个体供给曲线相同，市场供给曲线也是向上倾斜的。

供给曲线的移动

前面提到，供给曲线描绘了在其他条件不变时供给量和价格之间的关系。当构建供给曲线时，我们会保持四类主要变量固定。当这些变量发生变化时，供给曲线就会发生移动。

- 用于生产该商品的投入品价格；
- 用于生产该商品的技术；
- 卖方的数量和规模；
- 卖方对未来的信心。

用于生产该商品的投入品价格的变化

投入品价格的变化会使供给曲线发生移动。**投入品**是用于生产该商品或服务的另一种商品或服务。例如，钢被用来建造石油钻井平台，制造石油钻探设备，修建输油管道和建造油罐。因此，钢是石油生产的一项关键投入品。钢价的上升意味着一些生产石油的机会将不再有利可图，因此寻求优化的石油生产者将选择减少石油供给（在石油价格固定的情况下）。由此可见，钢价的上升会使石油供给曲线左移。换句话说，在石油价格保持固定的前提下，石油的供给量会下降。反之，钢价下跌会使石油供给曲线右移。图 4.9（a）绘制了供给曲线的左移和右移。

这个例子说明了两个重要的概念。

- 只有当给定价格下的供给量改变时，供给曲线才会发生移动。关于供给曲线的左移和右移，参见图 4.9（a）。
- 如果一件商品自身的价格改变，且它的供给曲线没有移动，那么它自身价格的改变就会导致沿着供给曲线的变动。关于沿着供给曲线的变动，参见图 4.9（b）。

用于生产该商品的技术的变化

技术的变化也会带来供给曲线的移动。在过去的 20 年中，水压致裂法彻底改变了能源工业。这项技术利用高压流体使钻井周围的地下岩层产生裂隙，石油和天然气从岩石裂缝中渗出，然后再经钻井被提取出来。水压致裂法促使石油和天然气供给曲线右移。

卖方数量和规模的变化

卖方数量的改变同样会使供给曲线移动。例如，2011 年利比亚反政府武装推翻了控制该国长达 42 年的前领导人卡扎菲。卡扎菲的效忠者为维护其政权抗争了 6 个月。在此期间，利比亚实质上停止了石油生产。在战争之前，利比亚每年生产大约 5.5 亿桶石油。这是利比亚的生产规模。在利比亚内战期间，全球的石油供给曲线因每年 5.5 亿桶的减产而发生左移。

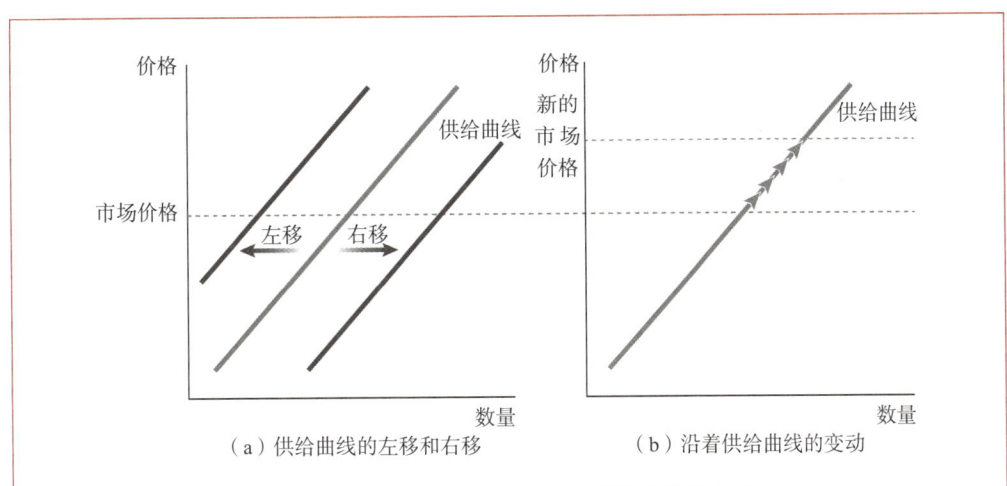

图 4.9　供给曲线的移动与沿着供给曲线的变动

注：除了价格，很多其他因素也会影响商品的供给量。如果在给定价格下，这些因素的改变使供给量下降，那么供给曲线将左移，如图 4.9（a）。如果在给定价格下，这些因素的改变导致供给量上升，那么供给曲线将右移，如图 4.9（a）。相比之下，如果只有商品自身价格发生变化，那么供给曲线不会移动，而是供给量沿着供给曲线变动，如图 4.9（b）。

卖方对未来信心的变化

最后，卖方对未来信心的变化也会使供给曲线移动。以天然气市场为例，每到冬天，家庭取暖会导致天然气的使用量飙升，天然气价格也因此陡然上升。由于这种对价格飙升的预期，天然气生产者会在夏季囤积大量的天然气（此时价格相对较低）。换句话说，天然气生产者会把它们夏季生产的大部分天然气用来建立库存，而不是将其全部出售给大众消费者。这意味着天然气供应商的供给曲线在夏季会左移。这是一个优化策略。通过降低夏季市场中的（低价）供给量且增加冬季市场中的（高价）供给量，天然气供应商获得了更高的全年平均价格。这一策略概括而言就是：天然气生产者会根据对未来天然气价格变化的预期来调整全年供给。

一座燃烧的炼油厂，图片拍摄于 2011 年利比亚反政府武装推翻卡扎菲的内战期间。在战争期间，利比亚几乎停止了全部的石油生产活动，这引发了全球石油供给曲线的左移。

> **小结：供给曲线的移动与沿着供给曲线的变动**
>
> 当下列因素发生变化时，供给曲线会发生移动：
> （1）用于生产该商品的投入品价格；
> （2）用于生产该商品的技术；
> （3）卖方的数量和规模；
> （4）卖方对未来的信心。
> 沿着供给曲线变动的唯一原因：
> 商品自身价格的变动。

4.4 供需均衡

到目前为止，我们已经分别解释了买方和卖方的行为。但我们还没有解释如何将市场中的这两方结合在一起。买方和卖方如何相互作用？什么决定了他们交易的市场价格？什么决定了买方购买和卖方销售的商品数量？我们将使用市场需求曲线和市场供给曲线来回答这些问题。我们将继续研究一个完全竞争的市场，并将其称作"竞争市场"。<mark>竞争市场趋向于供给量和需求量相等时的价格。</mark>为了将供给量等于需求量的意义可视化，我们需要将需求曲线和供给曲线绘制于同一幅图中，如图4.10所示。

图4.10 石油的需求曲线和供给曲线

注：在竞争市场中，市场价格是需求曲线和供给曲线的交点。

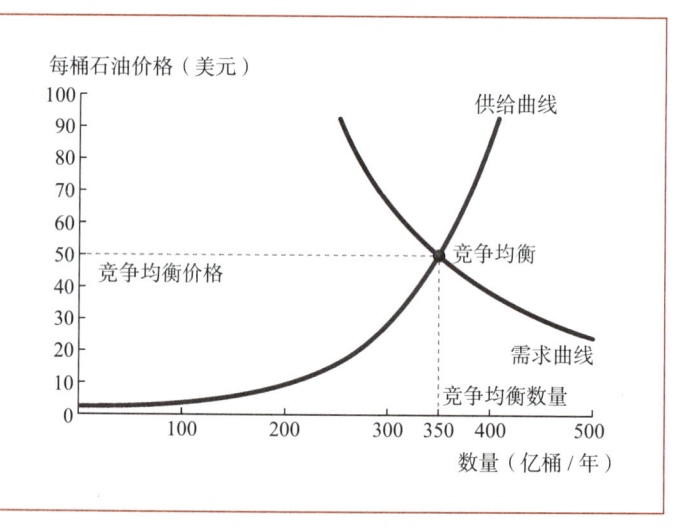

在图4.10中，石油市场的需求曲线和供给曲线相交于一点，该点的价格为50美元/桶，数量为350亿桶。因为需求曲线向下倾斜，供给曲线向上倾斜，所以这两个曲线只会有一个交点。经济学家称这个交点为**竞争均衡**。交点处的价格被称为**竞争均衡价格**，即供给量和需求量相等时的价格。它有时也被称为市场出清价格，因为在这个价格下，

市场上供给的每一个单位都有一个相应的买方。交点处的数量被称为**竞争均衡数量**，是与竞争均衡价格相对应的数量。

在竞争均衡价格下，需求量等于供给量。在其他任何价格下，需求量不等于供给量。为了理解这一点，我们可以在任意其他价格上画出一条水平直线。只有在竞争均衡价格的水平直线上，供给量和需求量才会相等。

图 4.11 说明了市场价格高于竞争均衡价格，从而使市场不处于竞争均衡的情况。更高的价格使销售意愿上升而购买意愿下降，供给量因此升至竞争均衡水平之上，需求量则降至竞争均衡水平以下。当市场价格高于竞争均衡价格时，供给量会超过需求量，从而造成**超额供给**。例如，图 4.11 显示当石油的市场价格为 70 美元/桶时，石油的供给量为 380 亿桶/年，超过了 290 亿桶/年的石油需求量。

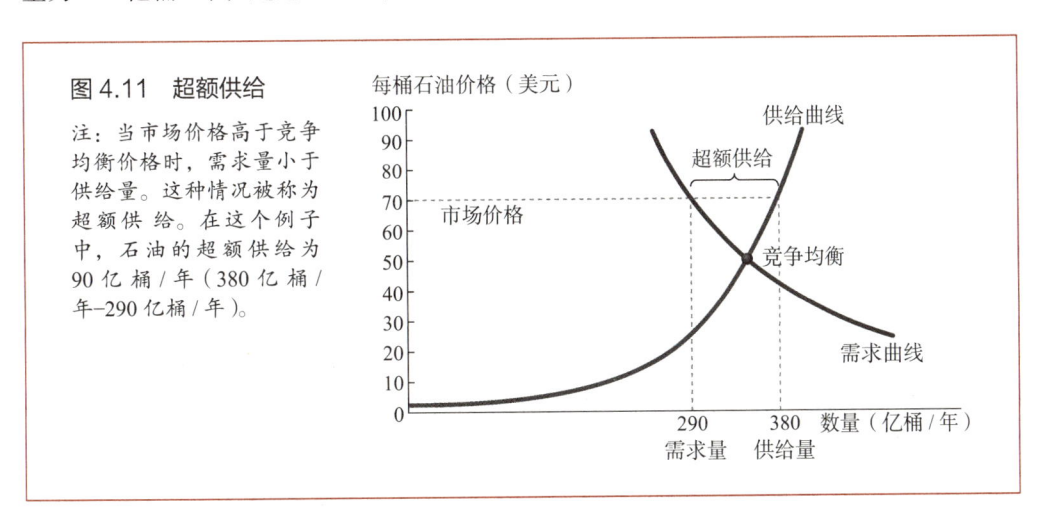

图 4.11 超额供给

注：当市场价格高于竞争均衡价格时，需求量小于供给量。这种情况被称为超额供给。在这个例子中，石油的超额供给为 90 亿桶/年（380 亿桶/年-290 亿桶/年）。

如果市场维持在卖方每年生产 380 亿桶石油，而买方只购买其中 290 亿桶的局面，那么每年就会有 90 亿桶石油卖不出去。全球范围内不断增加的石油库存会压低石油价格。因为现有的储油罐规模有限并且造价昂贵，卖方会为了尽快卖出不断增加的库存而开始相互压价。于是，石油价格会下跌。因此，图 4.11 中的情况通常不会持续很久。销售几近同质石油的卖家会通过降价来争夺客户。这种情况会一直持续到价格回落至竞争均衡价格。这一竞争过程在推动市场走向真正的竞争均衡中发挥着重要作用。

图 4.12 则是一种完全相反的情况。当市场价格低于竞争均衡价格时，需求量会超过供给量，从而造成**超额需求**。图 4.12 中，每年 440 亿桶的石油需求量，超过了每年 300 亿桶的石油供给量。买方想要 440 亿桶石油，但市场上只有 300 亿桶。

图 4.12 中的情况通常也不会持续很久。没有得到所需商品的买方将通过支付更高的价格来竞争数量有限的石油。这种竞争会一直持续到市场价格上升至竞争均衡价格，也就是 50 美元/桶。

图 4.12 超额需求

注：当市场价格低于竞争均衡价格时，需求量超过供给量。这种情况被称为超额需求。在这个例子中，石油的超额需求为140亿桶/年（440亿桶/年−300亿桶/年）。

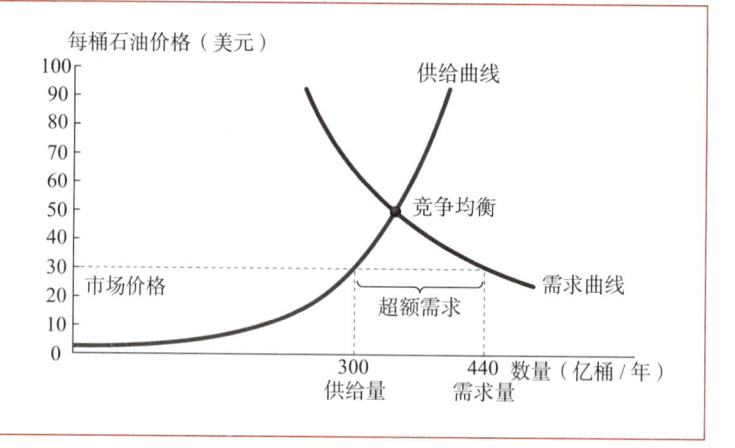

竞争均衡中的曲线移动

我们现在准备将此框架应用于实践。我们想知道，一次针对世界石油市场的冲击会如何影响石油的均衡数量和均衡价格。

假设一个主要的石油出口国像 2011 年的利比亚那样出现停产，结果会怎样？这会导致供给曲线出现如图 4.13 所示的左移。由于石油越来越稀缺，石油价格需要从原有的水平上涨，以使供给量等于需求量。均衡价格的上升与沿着需求曲线的变动有关（需求曲线没有移动）。需求曲线是向下倾斜的，因此价格上升会导致需求量下降。事实上，利比亚战争的全面爆发及其导致的利比亚油田的停产的确对应着世界石油价格的上升。

现在考虑一个相反的情况。如果科技上出现的重大突破使得供给曲线右移，结果会怎样？这会导致供给曲线出现如图 4.14 所示的右移。因为石油变得更充裕，石油的价格需要从原有的水平下降，以使供给量等于需求量。均衡价格的下降与沿着需求曲线的变动有关（需求曲线没有移动）。需求曲线向下倾斜，因此价格下降会导致需求量上升。

我们也可以预测需求曲线移动的影响。例如，如果对环境的担忧日益加剧，新的节能科技使消费者在任何给定价格下都降低对石油的消费，结果会怎样？消费者喜好和偏好的这一改变会促使石油需求曲线出现如图 4.15 所示的左移。因此，石油的价格需要从原有的水平下降，以使供给量等于需求量。均衡价格下降与沿着供给曲线的变动有关（供给曲线没有移动）。供给曲线是向上倾斜的，因此价格下降会导致供给量下降。全球新冠疫情大流行也有类似的影响，只不过在疫情之下，石油需求曲线左移的速度要快得多。2020 年 3 月初，全球油价为每桶 50 美元，到 4 月中旬，油价已跌至每桶 10 美元。这是另一个关于需求曲线左移的例子（见图 4.15）。

使用需求曲线和供给曲线来研究市场可以让经济学家解决很多谜题。例如，在图 4.15 中，石油的市场价格下降，人们购买的石油却减少了！这听上去很令人费解。难道价格的下降不应该促使石油购买量上升吗？你可以从图 4.15 中看到，石油价格的下降是

图 4.13　供给曲线的左移

注：供给曲线的左移提高了均衡价格，降低了均衡数量。原先的均衡位于图中的灰色圆点。新的均衡标记为黑色的圆点，它是原需求曲线和新供给曲线的交点。

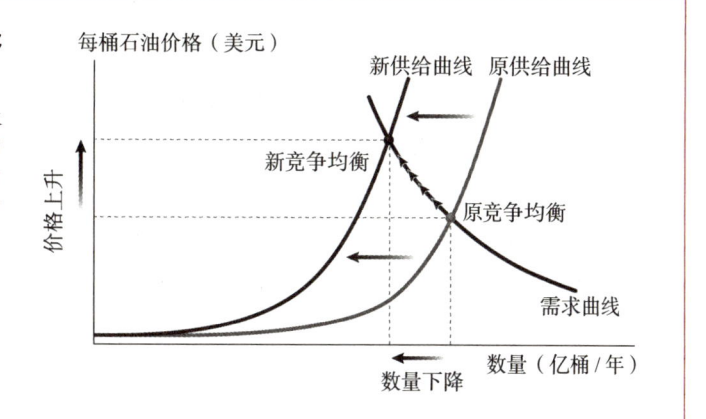

图 4.14　供给曲线的右移

注：供给曲线的右移降低了均衡价格，提高了均衡数量。原先的均衡位于图中的灰色圆点。新的均衡标记为黑色的圆点，它是原需求曲线和新供给曲线的交点。

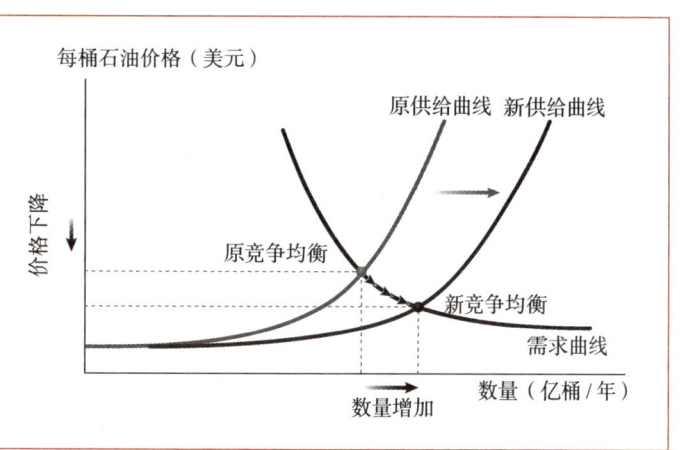

图 4.15　需求曲线的左移

注：需求曲线的左移降低了均衡价格和均衡数量。原先的均衡位于图中的灰色圆点。新的均衡标记为黑色的圆点，它是原供给曲线和新需求曲线的交点。

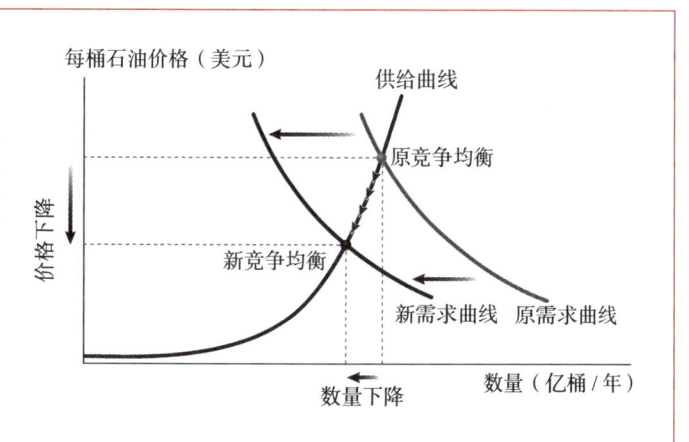

第 4 章　需求、供给与均衡

由市场需求曲线左移引起的。需求曲线左移导致价格下降，价格下降又导致供给量的下降。所以价格的下降和均衡数量的下降都是需求曲线左移的结果。

截至目前，我们研究的例子中每次都只有一条曲线（要么是需求曲线，要么是供给曲线）发生移动。但是生活并不总是这么简单。有时两条曲线会同时移动。例如，在水压致裂法的发展使石油的供给曲线右移的同时，环保意识的增强和节能技术的发展也在使石油的需求曲线左移。

我们想要知道在这种混合的情况下会发生什么。图4.16展示了供给曲线和需求曲线同时移动会引起的市场价格和交易量的变化。你可以想象得到，两条曲线的移动会有多种不同的组合。图4.16只展示了其中的一组变化。在本章最后的习题部分，我们还会对其他情况进行研究。

在图4.16的3幅图中，所有的需求曲线都出现了左移，所有供给曲线都出现了右移。这3幅图代表了3种不同的特殊情况。D_1代表原有的需求曲线，D_2代表新的需求曲线。同样地，我们用S_1表示原有的供给曲线，用S_2表示新的供给曲线。灰色圆点表示原有的竞争均衡，即原有需求曲线和原有供给曲线的交点。黑色圆点表示新的竞争均衡，即新需求曲线和新供给曲线的交点。原有的供给均衡价格为P_1，新的供给均衡价格为P_2。原有的供给均衡数量为Q_1，新的供给均衡数量为Q_2。

在这3幅图中，所有的均衡价格都出现了下降：P_2小于P_1。但是，均衡数量的变化则取决于需求曲线和供给曲线移动的相对幅度。在图4.16（a）中，需求曲线的左移占主导，均衡数量从Q_1下降至Q_2。在图4.16（b）中，均衡数量保持不变，即$Q_1=Q_2$。在图4.16（c）中，供给曲线的右移占主导，均衡数量从Q_1上升至Q_2。总而言之，当需求曲线左移而供给曲线右移时，竞争均衡价格总会下降，但是竞争均衡数量可能下降，可能上升，也可能保持不变。

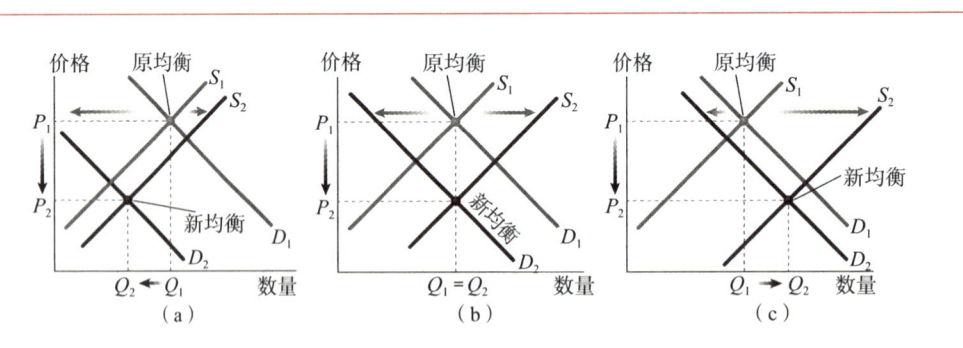

图4.16 需求曲线左移而供给曲线右移

注：需求曲线左移而供给曲线右移时，竞争均衡价格总是会下降（P_2总是小于P_1），但是竞争均衡数量可能下降［如图（a），Q_2小于Q_1］，可能保持不变［如图（b），Q_2等于Q_1］，也可能上升［如图（c），Q_2大于Q_1］。

用数据说话

技术突破压低了石油的均衡价格

- 事实上，2011—2019年间真的出现了如图4.14所示的供给曲线右移的情况，这部分是因为水压致裂法在石油开采中的广泛使用。前文提到，水压致裂法的原理是利用高压流体使地下岩层产生裂隙。为了进一步说明这项技术，我们来看一个具体的例子。2016年夏天，英国石油公司在得克萨斯州钻探了一口1.5英里深的水压致裂井。在6个不同的深度上，该公司将垂直钻头旋转90度，然后分别在每个深度上钻出3个1英里长的水平管道。这个地下水平钻孔系统总共生成了超过18英里的水平管道，它们被用来压裂富含能源的岩层和采集渗透出来的石油和天然气。
- 2011—2019年，水压致裂法使美国的石油产量翻了一番还多（从每年21亿桶增加到45亿桶）。[4] 水压致裂法的兴盛促使全球石油供给曲线右移。在推动全球油价从2011年的每桶100美元降至今天的每桶约50美元方面，这一曲线的右移起到了重要作用。

用数据说话

那一天，石油变成了废品

- 2020年4月20日，石油市场出现了一种不同寻常的景象。当天，由于全球新冠疫情大流行，石油需求曲线急剧向左偏移。[5] 俄克拉何马州库欣的原油市场价格暂时跌至每桶0美元以下（库欣是美国输油管道的重要枢纽）。在交易日结束时，该价格收于-37.63美元/桶（你没看错，这是一个负值）。简言之，这个重点石油中心的储存设施已经完全装满，所以交易员们担心那些正通过管道源源不断输送来的石油已经无处可放（这些石油本用于制造航空燃油以及汽油等产品，但封锁和居家令使相关需求大幅减少）。
- 俄克拉何马州库欣的原油一时变成了废品，一种你必须付钱别人才会帮你收走的东西。油价下跌只持续了一天时间，但这显示出了2020年经济危机的严重程度。这也让我们了解到在零价格水平下，当需求数量低于供给数量时，市场是如何运作的。如果你必须付钱请人来移走你无法随意储存的东西，那么其市场价格就可能为负——例如废品的价格。

4.5 如果政府试图控制油价，会产生什么后果？

我们的分析已经得出结论：竞争市场最终会处于竞争均衡，即供给曲线和需求曲线的交点。但这只有在价格被允许对市场作用做出反应的情况下才会发生。

然而，一些市场的价格是由法律、规章或社会规范设定的。经济学家对所有的市场运行方式都充满兴趣，即使是那些不被允许实现竞争均衡的市场。我们通过分析缺乏价格弹性的市场来说明这些问题。

回顾图4.12。当汽油的市场价格被人为设定在低于竞争均衡的价格水平时，汽油的需求量会超过供给量，因此，许多想以市场价格购买汽油的司机会无法买到汽油。

1973年末，美国政府实质上对汽油设置了价格上限，导致出现超额需求。

在这种情况下，汽油的分配不是由那些有支付意愿的人决定的，而是由其他因素决定的。在1973—1974年的美国石油危机期间，美国政府实际上对汽油设置了价格上限，而这导致其需求量超过了供应量。这种价格上限也就是所谓的价格天花板。司机们很快发现，在限定的最高价格下，汽油存在超额需求，于是为了买到汽油，他们一早就要赶往加油站，而且开始排队的时间一天比一天早。

《纽约时报》的一名记者如此写道："排队似乎成了所有地方的常态。在新泽西州的蒙特克莱尔市，凯瑟琳·李夫人凌晨4：20就开着车去了加油站，结果只排在第二位。第一个排队的人凌晨3：15就到了。李夫人拿出带来的枕头，盖上两床被子，她要在这儿睡上3个小时，一直等到加油站开门再起来。"一些司机想出了绕过排队的聪明办法。"在马萨诸塞州贝德福德市，一个商人把自己的车开到赫兹租车公司，租下一辆加满油的车，然后用虹吸管把这辆车里的汽油抽到自己车里。他只需付给赫兹公司一天的租车费（当然，无须支付里程费），就可以开着自己加满油的车返回家中。"[6]

对那些知道存在超额需求的买方而言，排队是一种最优反应。因为需求量大于供给量，加油站的汽油经常会全部卖光。在这场危机最严重的时候，20%的加油站出现了无油可加的情况。提早去排队，甚至很早就去排队，是一种确保你能够加到油的最优办法。

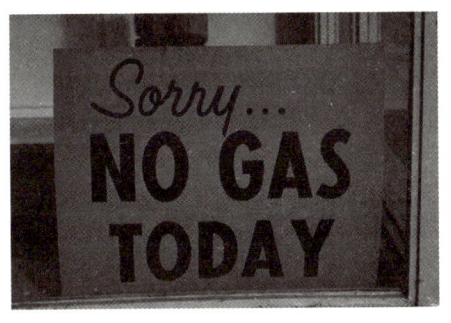

（今天没有汽油）

该照片摄于1974年。为什么设置汽油价格上限会导致这样的结果？

有些人不喜欢排长队，尤其是当他们怀疑在轮到他们加油之前加油站就会没油的时候。"他们都疯了、发病了。他们会杀了你。他们在互相打斗。他们会朝你开枪。他们都病得不轻。"这一幕是否像最新丧尸电影中的情节？这其实是某加油站工作人员在1973—1974年石油危机期间对顾客的描述。另一个加油站的老板则如此描述："太混乱了！他们在街上互相打斗，一位顾客与另一位顾客拔刀相向。当时我们还没开始营业呢。"

经济史上充满了这样的故事：政府试图固定商品价格，而不是让市场产生均衡价格。价格控制的效果往往不佳，但政府总是记不住这样的教训。

以下"选择与结果"专题详述了另一个试图固定价格却遭遇失败的例子。在阅读这个故事时，你可以问问自己，故事里面的商品该如何以不同的方式进行分配。

选择与结果

固定市场价格的意外后果

- 如果你所在的城镇宣布以每台50美元的价格出售1 000台苹果笔记本电脑，且先到先得，那么结果会怎样？居民会排好队耐心等待吗？
- 美国弗吉尼亚州亨利科县就发生了这样一次笔记本电脑销售事件。销售日当天，居民从半夜1：30开始排队。早上7：00商店开门时，有超过5 000人涌入销售现场，互相推搡着冲向电脑。老年人被拥挤的人潮踩踏，一辆婴儿车被压扁。最后大约70名警察赶来维持秩序。17人受伤，4人被送往医院。骚乱平息之后，有4 000人空手而归。许多成功买到电脑的人后来把电脑转手卖掉了。[7]
- 亨利科县的电脑销售导致了超额需求的情况。在该县设定的一台电脑50美元的固定价格下，5 000台的需求量超过了1 000台的供给量。图4.17说明了没有充足的笔记本电脑供应的事实。买到电脑的并不见得是那些愿意为这些电脑支付最多钱的人，而是能够并且愿意从人群中杀出一条路的人。即使我们假设这些笔记本电脑随后会被转售给其他出价更高的人，蜂拥抢购本身也导致了很多人受伤。

第4章 需求、供给与均衡

蜂拥抢购是一种糟糕的分配社会资源的方法。
- 经济学家常常被问及如何才能设计出运作良好的市场。显然，灵活的价格可以让这个市场运作得更好，它可以为亨利科县带来更多的收入。
- 或者，这个市场本来也可以组织成一场拍卖，由竞标者通过电话和邮件进行竞标。这样该县就可以将这1 000台笔记本电脑卖给1 000个出价最高的竞标者。
- 即便是随机抽奖也比蜂拥抢购要好（如果你成了被随机选中的"大赢家"，你仍然要支付50美元）。蜂拥抢购把笔记本电脑的资源分配给了最具身体攻击能力的人，同时导致了许多人受伤。随机抽奖可以将笔记本电脑分配给那些运气好（而且乐意支付50美元）的人。这些幸运儿随后可以将电脑卖给出价更高的人。

图4.17 亨利科县笔记本电脑的超额需求

注：当每台笔记本电脑的价格固定为50美元时，亨利科县出现了一种超额需求的局面。在这个价格下，需求量（5 000台）超过了供给量（1 000台）。要想使需求量等于供给量，就需要设定一个更高的价格，即竞争均衡价格。垂直的供给曲线则反映了这样一个事实：以50美元价格销售的笔记本电脑的供给量被固定为1 000台。

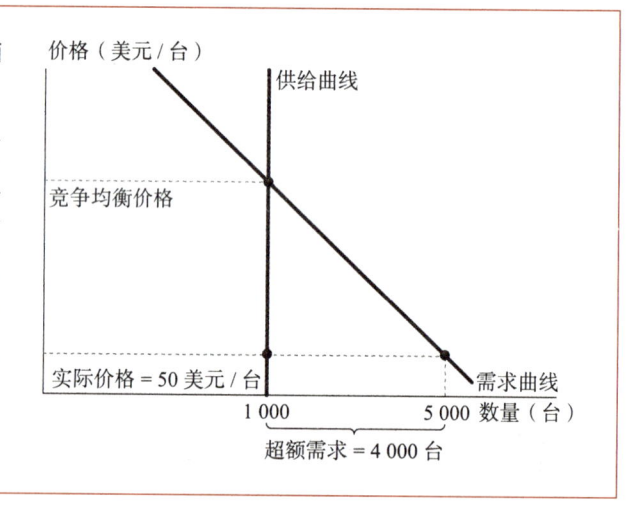

总结

- 市场是指一群从事商品和服务交易的经济主体以及进行交易的规则和协议。在一个完全竞争市场上：（1）所有的卖方都销售相同的商品或服务；（2）任何单个买方或单个卖方都不足以仅凭自身力量影响该商品或服务的市场价格。
- 需求量是指在给定价格下，买方愿意购买的商品或服务的数量。需求表以表格形式展现了不同价格下的需求量（在其他条件不变时）。需求曲线是对需求表的图形化呈现。需求定律认为，在几乎所有情况下，当价格下降时，需求量增加（在其他条件不变时）。
- 市场需求曲线是所有潜在买方的个体需求曲线的加总，即将每个价格下的需求量进行加总。它描绘了在其他条件不变时，总需求量和市场价格之间的关系。
- 只有当给定价格下的需求量改变时，需求曲线才会移动。如果一件商品自身的价

- 格改变，而它的需求曲线没有移动，那么它自身价格的变化就会导致沿着需求曲线的变动。
- 供给量是指在给定价格下，卖方愿意供给的商品或服务的数量。供给表以表格形式展现了不同价格下的供给量（在其他条件不变时）。供给曲线是对供给表的图形化呈现。供给定律认为，在几乎所有情况下，当价格上升时，供给量会增加（在其他条件不变时）。
- 市场供给曲线是所有潜在卖方的个体供给曲线的加总，即将每个价格下的供给量进行加总。它描绘出了在其他条件不变时总供给量和市场价格之间的关系。
- 只有当给定价格下的供给量改变时，供给曲线才会移动。如果一件商品自身的价格改变，而它的供给曲线没有移动，那么它自身价格的变化就会导致沿着供给曲线的变动。
- 竞争均衡是供给曲线与需求曲线的交点。在竞争均衡价格下，供给量等于需求量。竞争均衡数量是与竞争均衡价格相对应的数量。
- 当价格不能自由波动时，市场不能使需求量等于供给量。

关键术语

市场	市场需求曲线	接受意愿
市场价格	需求曲线的移动	市场供给曲线
完全竞争市场	沿着需求曲线的变动	投入品
价格接受者	正常品	供给曲线的移动
需求量	劣等品	沿着供给曲线的变动
需求表	替代品	竞争均衡
在其他条件不变时	互补品	竞争均衡价格
需求曲线	供给量	竞争均衡数量
需求定律	供给表	超额供给
支付意愿	供给曲线	超额需求
边际收益递减	正相关	
加总	供给定律	

问题

1. "在其他条件不变时"指的是什么？当讨论"沿着需求曲线的变动"时，这一概念如何运用？当讨论"沿着供给曲线的变动"时，这一概念如何运用？

2. "边际收益递减"是什么意思？对于你非常喜欢的商品，你也可能经历边际收益递减吗？

边际收益递减这一普遍规则有例外吗？（提示：手电筒需要两节电池，可考虑你使用手电筒时需要的电池数量。）请解释你的答案。

3. 如何从个体需求表推导出市场需求表？市场需求表与个体需求表有哪些区别？

4. 请解释以下因素将如何改变吉列剃须膏的需求曲线。

   a. 竞争品牌的剃须膏价格上升。

   b. 由于失业率增加，人均收入水平降低。

   c. 市场上推出据称比剃须膏更好的剃须啫喱和剃须泡沫。

5. 我们快要用尽"便宜的石油"了，这种说法是什么意思？这意味着未来石油的供给曲线会发生何种变化？这意味着未来的石油价格会发生何种变化？

6. 供给定律的含义是什么？一条典型的供给曲线具有什么关键特征？

7. 接受意愿和支付意愿的区别是什么？要使交易发生，接受意愿必须低于、高于还是等于支付意愿？

8. 解释以下因素将如何改变由啤酒花制成的啤酒的供给曲线。

   a. 新灌溉技术增加了啤酒花种植农场的啤酒花产量。

   b. 政府提高了最低工资，啤酒花农场工人的工资也因此提高。

9. 下列各项如何影响一个市场的均衡价格？

   a. 需求曲线左移。

   b. 供给曲线右移。

   c. 需求曲线大幅右移，同时供给曲线小幅右移。

   d. 供给曲线大幅左移，同时需求曲线小幅左移。

10. 为什么将价格固定为 50 美元/台不是分配二手笔记本电脑的最佳方式？请推荐几种能够有效分配这些笔记本电脑的方法。

循证经济学习题

我们在前面的循证经济学专栏中提到，政府可以分别通过对销售征税或提供补贴的方式来抬高或降低国内汽油价格。让我们运用需求定律来分析一下，不同的政府政策机制会如何影响你的汽油需求。所有价格数据均来自 2020 年彭博社的统计。[8]

a. 你从美国搬到了科威特。在美国，每加仑汽油的价格为 2.40 美元；在科威特，因为存在政府补贴，每加仑汽油的价格仅为 1.27 美元。你对汽油的需求量会上升还是下降？

b. 然后你从科威特搬到了荷兰。荷兰对汽油征收重税，所以每加仑汽油的价格为 6.46 美元。请对你在美国、科威特以及荷兰这三个国家的汽油需求量进行排序。基于已知信息，你需要做出什么假设，才能对在这三国的汽油需求量进行排序？

c. 当你从科威特搬到荷兰时，你的汽油消费量变化是会导致沿着需求曲线的变动还是需求曲线的移动？假设你生活中唯一发生变化的是汽油价格。

d. 假设你最近迷上了攀岩，这导致你需要进行长途公路旅行，你每年所消耗的汽油量也因此攀升（在汽油价格不变的情况下）。这是沿着需求曲线的变动还是需求曲线的移动？

习题

1. 假设下表显示了国家 1 在不同价格下对洗衣液的需求量和供给量。

价格（美元）	需求量（百万盎司）	供给量（百万盎司）
2	65	35
4	60	40
6	55	45
8	50	50
10	45	55
12	40	60
14	35	65

a. 使用表中的数据绘制洗衣液的市场需求曲线和供给曲线。

b. 市场的洗衣液均衡价格和均衡数量分别是多少？

c. 下面的两个表格分别给出了与国家 1 相邻的两个国家——国家 2 与国家 3 的洗衣液供给表和需求表。假设这 3 个国家决定组成一个经济联盟并且形成市场一体化。使用表中数据绘制新成立的经济联盟的洗衣液市场需求曲线和供给曲线。市场的均衡价格和均衡数量分别是多少？

国家 2：

价格（美元）	需求量（百万盎司）	供给量（百万盎司）
2	35	5
4	30	10
6	25	15
8	20	20
10	15	25
12	10	30
14	5	35

国家 3：

价格（美元）	需求量（百万盎司）	供给量（百万盎司）
2	40	10
4	35	15

（续表）

价格（美元）	需求量（百万盎司）	供给量（百万盎司）
6	30	20
8	25	25
10	20	30
12	15	35
14	10	40

2. 下表列出了对图书的需求量。

价格（美元）	书的需求量（本）
0	1 000
20	600
40	200
60	0

a. 以需求量为 x 轴，价格为 y 轴，在坐标系中准确标出表格中的每一个点。

b. 假设需求曲线在上述需求表中的每相邻两点之间都是线性的。基于这个假设，用直线连接各点。当每本书价格是 10 美元时，需求量是多少？

c. 假设需求定律在此成立，并且需求表所提供的信息是正确的。此外不再有其他的假设，特别是不再假设需求曲线在上述需求表中的每相邻两点之间都是线性的。当每本书价格是 25 美元时，你认为需求量会是多少？

3. 假设一个异常多雨的春天导致对雨伞的需求增加。与此同时，意外的洪水中断了供应链，减少了雨伞的供应。不管怎样，价格都会上涨。但是，数量是增加还是减少则取决于供给曲线和需求曲线每次移动的相对幅度。请通过三幅不同的供给曲线和需求曲线图来表现以下三种结果。

a. 数量增加。

b. 数量保持不变。

c. 数量减少。
4. 绘制住房市场的供给曲线和需求曲线图,并在图中标注出均衡价格和均衡数量。

   a. 经济繁荣导致对房屋的需求量增加。请在图中展示出需求曲线的移动。这种变动对市场的价格和数量有什么影响?

   b. 你和你的一个朋友都注意到,为了应对房屋需求量的增加,大量新房屋被建造出来。你的朋友说:"这表明供给曲线也在移动。"你回答说:"不,这实际上只是沿着供给曲线的变动。"请绘制图表,以帮助你的朋友理解你所说的意思。

   c. 事实证明,由于建筑业的一项不相关的技术突破降低了建造房屋的成本,供给曲线确实发生了移动。供给曲线会向哪个方向移动?请在图中对此进行展现。

   d. 相比于原本的均衡价格和均衡数量,以上需求曲线和供给曲线的移动对均衡价格和均衡数量有什么整体上的影响?解释是否可以利用所提供的信息预测均衡价格的变化。同样,解释是否可以预测均衡数量的变化。

5. 巴西是世界上最大的咖啡生产国。2013—2014年,巴西遭遇严重干旱,该国的咖啡作物受到破坏。在2014年的前3个月里,咖啡豆的价格上涨了1倍。

   a. 绘制供给-需求曲线图,进行讨论,并解释咖啡价格为何会上涨。

   b. 咖啡和茶叶是替代品还是互补品?请解释。

   c. 你认为这次干旱对茶叶的均衡价格和均衡数量有什么影响?请绘制茶叶市场的供给-需求曲线来解释你的观点。

6. 佛罗里达州严重的冰冻灾害损害了橙子的收成,并导致橙子价格上涨。橙汁的均衡价格会上升、下降,还是不变?橙汁的均衡数量会上升、下降,还是不变?绘制供给-需求曲线并解释你的观点。

7. 针对下面的每一种情况,绘制尽可能精确的需求曲线。

   a. 阑尾切除术是一些人必需的救命手术。无论手术的价格是多少,其每年的需求量都是30万例。

   b. 你摆了一个卖柠檬水的小摊。当每一杯的售价高于5美元时,绝对没有人会买你的柠檬水,但当售价低于5美元/杯时,你会发现你想卖多少柠檬水就能卖多少。

   c. 某一特定市场中只有一个买方。当价格超过100美元时,这个买方不会买任何商品。当价格低于100美元时,这个买方会需要20单位的商品。

8. 氦气比空气轻,因此可以用来给节庆气球充气。作为一种惰性气体,氦气也是许多超低温工业应用(例如医学成像技术)的必需材料。这种相对较新的工业应用会对氦气的需求产生何种影响?节庆气球的价格会因此发生什么变化?

9. 假设你的一个朋友提出如下看法:需求曲线的右移会导致价格上升,价格上升会导致供给曲线右移,这又将导致价格出现抵消性的下降,因此,人们不可能知道需求上升对价格会产生什么影响。你同意你朋友的观点吗?如果不同意,那你朋友的推理存在什么缺陷?

10. 为了减少对含糖汽水的消费,纽约决定将汽水的最低限价为2.5美元/瓶。目前的均衡价格为1.5美元/瓶。请绘制汽水的供给曲线和需求曲线来说明这一政策的影响,并在图中清晰地标注出超额供给。

11. 龙虾在每年8月很多并且容易捕捉,而11月就会很稀少并且很难捕捉。另外,游客的到来也会使8月龙虾的需求比其他任何月份都要大。比较8月和11月龙虾的均衡价格和均衡数量。绘制供给-需求曲线,进行讨论,并解释你的答案。

12. 依据2013年美国糖业政策,政府提出以每磅 18.75 美分的平均价格从国内甘蔗加工厂收购原糖。按照这一计划，无论甘蔗工厂生产多少原糖，美国政府都会应收尽收。政府收购的原糖不会在本地市场销售，因为这样做会引起原糖价格下降。

a. 在这一政策下，你认为政府的原糖需求曲线是什么样的？

b. 这一政策会对本地的糖价格产生什么影响？绘制供给-需求曲线来解释你的观点。

13. 假设某市场的需求曲线方程为 $Q_D = 6-P$，其中 Q_D 为需求量，P 为价格。

a. 绘制需求曲线。

b. 列出每个整数价格的需求表，最高到 6 美元（0 美元，1 美元，2 美元……6 美元）。

c. 假设另一个买方出现，他"愿意支付任何金额"购买 1 单位的该商品。如果我们相信他，那么新的需求曲线会是什么样的？

14. 假设口罩的需求曲线为 $Q_D = 6-P$，口罩的供给曲线为 $Q_s = 2P$。

a. 设 $Q_D = Q_s$，利用代数求出均衡价格 P 和均衡数量 Q。

b. 将其绘制成图表。

c. 如果"需求翻倍"，结果会怎样？换句话说，对于任何价格，需求量都是之前的两倍。图表上的新需求会有什么变化？

d. 需求翻倍是抬高还是降低了口罩的价格？

15. 绘制均衡价格为负的市场的需求曲线和供给曲线。（提示：请回顾"用数据说话"中关于 2020 年 4 月 20 日俄克拉何马州库欣原油市场的讨论。）

2

微观经济学基础

第 5 章　消费者和激励

吸烟者会因每月 100 美元的奖励而戒烟吗？

起初，你可能会觉得劝人戒烟和经济学毫无关联，你或许认为吸烟根本算不上是一项经济决策。本章将告诉你经济学会如何通过关注激励来触及我们生活的方方面面。所谓激励，是指促使人们以特定方式行事的奖励或者惩罚。例如，你可能想在本门课中得到"A"，以让你的父母感到骄傲。或者，你之所以想学好这门课，是因为你觉得它有助于你考取一流的研究生院校或能够帮你在毕业后找到一份高薪的工作。又或者，你只是想证明自己的学习能力。

激励措施与其旨在改变的行为一样众多。有些激励是金钱性质的，例如销售员从销售中赚取佣金。有些激励则基于伦理与道德，比如你渴望让你的父母为你感到自豪。还有一些激励具有强制性：你如果在冰球比赛中错误地使用了球杆（比如用它绊倒对手），就会被送到受罚席。

激励会影响我们的选择，因此它对经济学研究至关重要。识别出不同的动机，并基于其设计出能够影响人们行为的激励方案，是经济学家所承担的主要任务之一。数十年来，经济学家一直致力于设计激励措施，无论是让人们在短暂失业后重返岗位，还是促进安全性行为，抑或是刺激慈善捐款，这一切无一不在经济学家的研究范围之内。

那么，像付钱让人们戒烟这样的金钱激励会起作用吗？我们将在本章后面的循证经济学专栏中对此进行分析和评估，找出这一问题的答案。届时你将了解到，一旦理解了决策背后的经济学原理，人类的行为就会具有可预测性，各行各业几乎无不如此。

此外，本章还为你提供了设计激励措施的经济学工具。这些工具将有助于你实现个人目标，并能够让你更好地理解我们所生活的这个世界。

本章概览

5.1	5.2	5.3	5.4	EBE	5.5
买方问题	综合考虑	从买方问题到需求曲线	消费者剩余	吸烟者会因每月100美元的奖励而戒烟吗？	需求弹性

> **重要概念**
>
> - 买方问题分三部分：喜欢什么、价格和预算。
> - 寻求优化的买方基于边际分析做决策。
> - 个体需求曲线反映了为商品或服务进行支付的能力和意愿。
> - 消费者剩余是买方对商品的支付意愿与买方实际支付价格之差。
> - 弹性测度了一个变量对另一个变量变化的敏感度。

5.1 买方问题

我们探讨的第一个问题是："消费者如何做出购买决策？"我们可以把这个问题称为买方问题。无论是在走进商场时还是在浏览亚马逊网站时，你都可能遭遇这一问题——选择似乎是无限的，但你的钱却是有限的。经济学家指出了构成买方问题的三大要素：

（1）你的喜好；
（2）商品和服务的价格；
（3）你有多少钱可花。

这几个组成部分共同构成了第 4 章中所介绍的需求曲线的基础。在下一章中，我们将研究市场的另一面——构成"卖方问题"的各项要素，这些要素为第 4 章中所介绍的供给曲线提供了基础。

首先，作为买方，你想购买自己喜欢的商品和服务，因为你就是喜欢购买那些好吃、好听或好看的东西。你还必须考虑你所感兴趣的各种商品和服务的价格。价格至关重要，因为在苹果手机上多花 1 美元就意味着买星巴克拿铁咖啡的钱少了 1 美元。当然，这种权衡来源于第三项考量：你可用于消费的钱是有限的。我们都希望自己的钱包永远都掏不空，可事实是我们所有人的财力都是有限的。作为消费者，这种预算约束会迫使你做出重要的权衡。

在特定假设下，==仅需了解这三大要素——你的喜好、商品和服务的价格以及你有多少钱可花，便能得出解决买方问题的一系列重要启示和规则。==我们可以从这个简单的经济模型中推导出一些简单问题的答案，例如我们是应该在美捷步网站（Zappos.com）上买一双新鞋，还是应该把钱用来买一只滑板。接下来，我们将对这三大要素展开更为详细的讨论。

你的喜好

你从消费商品和服务中所获得的收益直接取决于你的品味和偏好。例如，如果你喜欢健怡可乐，你就能从喝一罐健怡可乐中获得收益。在涉及买方问题时，经济学家假设消费者会试图追求消费收益的最大化。这是说得通的：当你买东西时，你会选择自认为能够让自己得到最大满足的东西。

做出购买决策时，消费者必须弄清楚如何充分利用每一分钱，而在此过程中，他们需要进行多番权衡。例如，用于购买游戏机的钱本来可以买电子书阅读器或一台新的笔记本电脑。这些都是你在购买游戏机时所放弃的机会。

我们的购买决策会反映出我们作为消费者的哪些信息？我们来考虑一个常见的情形：去商场给自己购买生日礼物。如果你花 50 美元购买一条李维斯牛仔裤，我们就会知道你喜欢李维斯牛仔裤。除此之外，我们还从中得到了什么信息？事实上，我们还知道了你不会用这条牛仔裤换一双商场里价格为 50 美元的鞋。没错，在你购买牛仔裤的那一刻我们便知道，在你看来，这条牛仔裤就是商场里所有用 50 美元可买到的东西中最值得买的东西。你的选择已然揭示了你的偏好。

你可能会对自身的品味和偏好没有明确的感知。它们可能取决于你当时的心情或者受到你朋友喜好的影响，也可能随着你年龄的增长而发生变化。但是，你的购买决策会透露出大量关于你的品味和偏好的信息。它们显示出在所有你能买得起的东西中，你最喜欢的就是你选择购买的那些东西。

商品和服务的价格

价格是经济学家所研究的最重要的激励因素，它使我们得以正式定义商品的相对成本。假设 1 条牛仔裤售价为 50 美元，1 件毛衣售价为 25 美元。如果你购买了牛仔裤，我们便知道，相比那 2 件毛衣，你更喜欢那条牛仔裤。我们也可以说购买 1 条牛仔裤的机会成本是 2 件毛衣。在本章中，我们假定每件商品都为固定价格（不接受商议的标价），且消费者只要有足够的钱就可以按此价格购买任意数量的商品。如此一来，消费者便成了价格接受者。如第 4 章所述，这是我们在描述完全竞争市场时经常使用的一种假设。

这一假设的依据在于，个人消费者往往只会购买某种商品总产量的一小部分。由于每个买方只是市场中的一小部分，个人购买不会对市场整体产生影响（例如，当你去商场时，你购买的或许只是每年所销售的数百万条牛仔裤中的一条），因此你的购买决策不会对牛仔裤的价格产生显著影响。

在考虑价格时，你不仅要考虑你想要购买的商品的价格，还要考虑所有其他可用商品的价格。商品的相对价格决定了你在购买商品时会放弃什么，因此它们在购买决策中扮演着重要角色。

选择与结果

绝对值与百分比

- 你打算为宿舍添置一台平板电视。经过一番研究,你发现你喜欢的那个牌子在当地沃尔玛的售价为 500 美元,而在位于城市另一边的百思买,该品牌电视的售价为 490 美元。你会开车穿越整座城市去买电视吗?
- 你觉得相对于 500 美元而言,这 10 美元的差价并不算多,所以你选择在当地沃尔玛购买。
- 现在考虑另一项购买决策:买一个计算器。此时你喜欢的品牌在沃尔玛的售价为 20 美元,在城市另一边的百思买的售价为 10 美元。你会开车穿越整座城市去买这个计算器吗?去百思买的理由似乎很充分,对吧?你可以为此节省 50% 啊!
- 但你刚刚犯下了一个常见的决策错误。在做最优决策时,你应该关注边际收益和边际成本的绝对值,而不是它们所占的比例。如果你关注的是绝对边际收益,你就会注意到这两个决策问题是相同的:在每种情况下,你都可以通过开车穿越整座城市省下 10 美元。
- 如果开车穿越整座城市去买计算器是值得的,那么购买平板电视也同样如此。
- 10 美元就是 10 美元!!

你有多少钱可花

买方问题的最后一个要素是你能买到什么。**预算集**是指消费者可用其收入购买的所有可能商品和服务组合的集合。不过,经济学家通常在预算约束这一概念下讨论预算集。预算约束表示消费者恰好耗尽全部预算时所能够选择的商品或服务。我们会对预算约束做出如下两个假设。首先,我们假设消费者既不存钱也不借钱。当然,我们知道很多消费者会进行储蓄和借款,但为了简化模型,我们暂时只关注购买决策。这一假设让我们得以更专注于通过预算约束线来学习重要的经济概念。其次,我们假设预算约束线是一条平滑的直线,虽然我们会在示例中使用整数单位。这样做是为了方便,并不影响分析。

回到前面你给自己买生日礼物的例子。假设为了庆祝你的 21 岁生日,你的父母决定送给你一个惊喜,他们给了你一笔 300 美元的购物费。简单起见,我们假设这笔钱只花在两种商品——牛仔裤和毛衣上。在现实中,你当然可以购买很多其他商品,但关注两种商品便能够引出这个经济模型最关键的结论。而且,一旦你理解了两种商品时的情形,就可以很容易将分析扩展至更多的商品。现在你需要记住的是,你有整整 300 美元可用于随意消费,而牛仔裤的价格是每条 50 美元,毛衣则是每件 25 美元。图 5.1 展示了你此次购物的预算约束和预算集。

在图 5.1 中,第一个可能让人困惑的地方是坐标轴标签。请注意,牛仔裤和毛衣的数量分别被标在了横轴和纵轴上。我们在第4章重点讨论供给曲线和需求曲线时，横轴和纵轴分表代表了数量和价格。然而在展示预算约束时，横轴和纵轴代表的则是每种商品的数量。这意味着，预算约束线的截距所表示的是只购买某一种商品时的最大可购买数量。因此，截距等于可用预算总额除以该轴所表示商品的价格。例如，横轴上的截距等于 300 除以 50，即 6（条牛仔裤）。

图 5.1 的第二个特征是其三角形区域，这个区域代表了预算集——你可以购买的所有可能的商品组合。实线表示的则是预算约束——你花光所有生日礼金所能够购买商品的各种数量组合。预算约束线是一条直线，因为毛衣和牛仔裤的价格都是固定的，并不会随着你购买商品数量的改变而改变。此外，这幅图还告诉了我们什么？

（1）我们可以看到重要的权衡取舍。例如，如果你选择了 B 组合，你就是买了 2 条牛仔裤和 8 件毛衣，与 A 组合相比，你多买了 2 条牛仔裤，但代价是少买了 4 件毛衣。你可以从图 5.1 所附带的表格中看到牛仔裤和毛衣数量之间的权衡。

（2）由于你的预算约束线是一条直线，所以其斜率为恒定值。也就是说，你的机会成本是恒定的。

我们究竟如何定义机会成本？简单来说，机会成本就是你多买 1 条牛仔裤时，必须放弃的毛衣数量。在数学上，我们可以用一个简单的公式来展示机会成本的概念：

$$机会成本_{牛仔裤} = \frac{毛衣减少的数量}{牛仔裤增加的数量}$$

组合	毛衣数量（件）	牛仔裤数量（条）
A	12	0
B	8	2
C	4	4
D	0	6

预算约束线上的 4 个组合

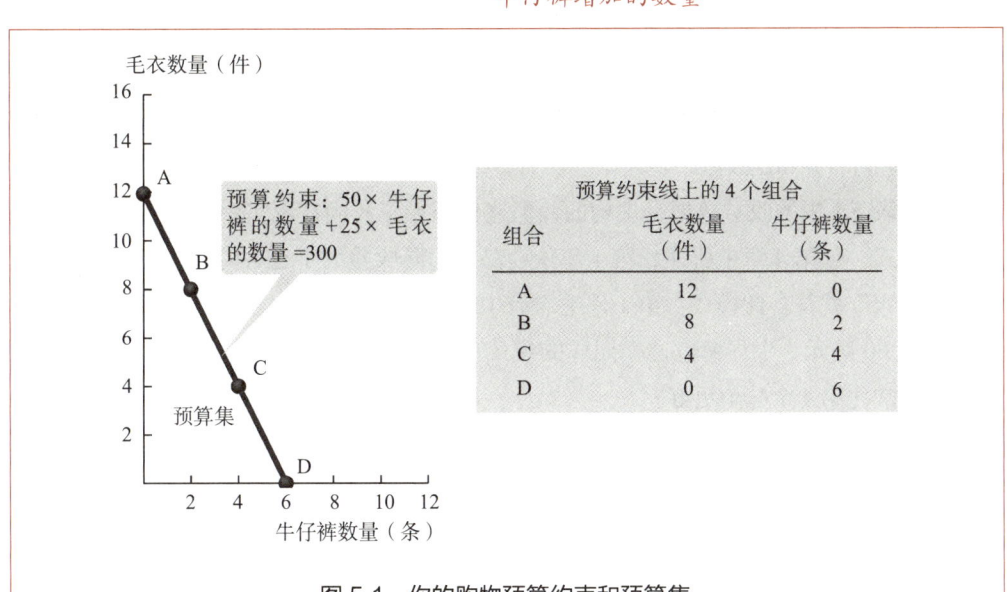

预算约束：50 × 牛仔裤的数量 + 25 × 毛衣的数量 = 300

图 5.1 你的购物预算约束和预算集

注：预算集总结了在 300 美元总预算下可购买的牛仔裤和毛衣的数量组合。预算约束显示的是恰好耗尽全部预算的数量组合。图中表格显示了预算约束线上的一些可能的数量组合，图中横轴显示的是牛仔裤数量，纵轴显示的是毛衣数量。

其中，毛衣减少的数量即你为了多买 1 条牛仔裤而必须放弃的毛衣的数量。由于牛仔裤的价格是毛衣的两倍，所以机会成本_{牛仔裤} = 2 件毛衣，这表示的就是买 1 条牛仔裤的机会成本。另一种计算机会成本的方法是考虑预算约束。由于本例中的预算约束线是一条直线，所以我们可以直接用纵轴上的截距（12）除以横轴上的截距（6），求出购买牛仔裤的机会成本。

我们可以用类似的公式求出购买毛衣的机会成本：

$$\text{机会成本}_{\text{毛衣}} = \frac{\text{牛仔裤减少的数量}}{\text{毛衣增加的数量}}$$

机会成本_{毛衣} = 1/2 条牛仔裤。也就是说，你每决定购买 2 件毛衣，就得放弃购买 1 条牛仔裤。这是因为牛仔裤的价格是毛衣价格的 2 倍（50 美元相对于 25 美元）。同样，你还可以根据预算约束线在横轴和纵轴上的截距来计算此机会成本（6÷12=1/2）。

5.2　综合考虑

我们已经了解了买方问题的三大要素，现在我们可以开始思考如何利用这些要素进行优化，即基于我们的偏好、价格以及预算寻求做到最好。以表 5.1 为例，该表列出了求解买方问题的各个要素。在该图中，我们假设你存在某种偏好，它体现为你从购买牛仔裤和毛衣中所获得的不同的边际收益。请注意，我们在各收益列并没有指定我们所使用的度量单位，如美元或其他单位。但相似的单位更有助于我们对成本和收益进行比较。因此，为了便于演示，我们以美元为收益的度量单位，因为统一的单位使我们可以通过计算来对成本和收益进行合并和比较。

虽然表 5.1 中的收益数据是虚构的，但它们遵循了我们在现实中所观察到的人类真实偏好模式。如第 4 章中所述，第 1 单位商品的边际收益大于之后的每单位商品。本例中的"毛衣"就符合此模式：第 1 件毛衣有 100 美元的边际收益，而第 5 件毛衣的边际收益只有 60 美元。牛仔裤也遵循同样的模式。你是否也有类似的偏好？第 1 个士力架是不是通常比第 4 个味道更好？

所以，你到底应该如何花掉这 300 美元？要解决这个问题，我们就需要采用一种基于边际思维的方法：**寻求优化的买家在制定决策时会考虑边际收益。**基于这种方法，你要购买的是能够为你带来最高单位美元边际收益的可用商品。接下来，你该问问自己：我的第一笔钱应该花在哪些商品上？以下是这种方法的思考路径。

（1）第 1 件毛衣的边际收益为 100 美元，而第 1 条牛仔裤的边际收益为 160 美元。虽然第 1 件毛衣的边际收益低于第 1 条牛仔裤，但它的价格是牛仔裤的一半，因此你会发现，购买这件毛衣所产生的单位美元边际收益仍然是最高的［购买第 1 件毛衣的单位

表5.1 你的买方问题（可用金额为300美元）

数量	毛衣（25美元/件）			牛仔裤（50美元/条）		
	总收益（A）	边际收益（B）	单位美元边际收益（B/25）	总收益（C）	边际收益（D）	单位美元边际收益（D/50）
0	0			0		
1	100	100	4	160	160	3.2
2	185	85	3.4	310	150	3
3	260	75	3	**410**	**100**	**2**
4	325	65	2.6	490	80	1.6
5	385	60	2.4	520	30	0.6
6	**435**	**50**	**2**	530	10	0.2
7	480	45	1.8	533	3	0.06
8	520	40	1.6	535	2	0.04

注：本表展示了消费特定数量毛衣或牛仔裤所带来的总收益，以及每消费额外1单位的边际收益。最后一列展示了每花费1美元所带来的边际收益。两行粗体数字分别显示的是当你有300美元时可使总收益实现最大化的毛衣与牛仔裤数量。

美元边际收益为4（100美元/25美元），而购买第1条牛仔裤的单位美元边际收益为3.2（160美元/50美元）］，所以你应该购买毛衣。

（2）继续基于边际收益进行思考，你会发现你的下一个选择应该是再买一件毛衣：购买第1条牛仔裤的边际收益为160美元，购买第2件毛衣的边际收益为85美元。根据每花费1美元的边际收益，购买毛衣仍然更为合算。

（3）如果继续这一推理，你最后会发现，使总收益实现最优的组合是购买6件毛衣和3条牛仔裤，此时你恰好花光300美元预算，而总收益为845美元。这个最优选择让你的总收益实现了最大化（在表5.1中以粗体显示），因为没有其他支出模式能够产生更高的总收益。

这一方法突出了买方问题的两个重要特征。第一，你应该根据每花费1美元的边际收益来做出购买决策。第二，这么做会使你得出一个重要结论：在实现最优时，你从花费在每种商品上的最后1美元中所获得的边际收益是相同的。

这一决策规则可总结为如下的简单等式：

$$\frac{MB_s}{P_s} = \frac{MB_j}{P_j}$$

其中，MB_s和MB_j分别为毛衣和牛仔裤的边际收益，P_s和P_j分别为毛衣和牛仔裤的价格。

经济学家有时称其为"收益相等"规则。在买方的例子中，你从购买的第 6 件毛衣中获得了 50 美元的边际收益，从购买的第 3 条牛仔裤中获得了 100 美元的边际收益。于是，我们有：

$$\frac{50}{25} = \frac{100}{50}$$

为什么这一规则会成立呢？这是因为如果边际收益不相等，你可以通过将消费转移到具有更高单位美元边际收益的商品来获得更多收益，同时也会因此而感到更加愉悦。

这一规则可以轻松拓展至具有多种商品的情况。它告诉我们，在均衡状态下，各商品边际收益和价格的比率必须相等。如果不是这样，那么你就可以通过购买另一个商品组合来实现更大收益。你会留意到，这一基于边际收益的决策规则其实是从第 1 章所述的成本-收益原则直接推导而来的。

此时你有必要向自己证明，6 件毛衣和 3 条牛仔裤真的是最优选择，或者说这已经是你能找到的最佳选项。我们来考虑两个例子。首先，假设你购买了 3 件毛衣和 2 条牛仔裤。这符合收益相等规则，但是，它并没有使你的满意度最大化，因为你没有花掉所有的钱，这意味着你的花费仍在你的预算约束之内。再假设你购买了 8 件毛衣和 4 条牛仔裤。这同样符合收益相等规则，但它超出了你的负担能力。这两个例子表明，只有符合收益相等的优化规则且是在预算约束下进行的购买，才能实现最优。

看着这些例子，你也许会认为，毛衣和牛仔裤的例子确实很贴合上述等式，但现实世界或许并不总是能够与代数规则完全契合。例如，有些商品是不可分割的，并且价格颇高，例如大屏幕电视、汽车、房屋和游艇等大件商品，而且这些物品的消费频次通常都很低。

这一疑虑是对的，你的思考很全面。在这类情况下，购买第 1 套住房的单位美元边际收益可能比消费其他商品高，但是，购买第 2 套住房的单位美元边际收益比消费其他商品低。但即便是在商品不易被分割且我们的决策规则无法被完全满足的情况下，一般的直觉仍然成立：你应该总是将额外的 1 美元用于购买单位美元边际收益最高的商品。

哪些因素可能会改变你在均衡状态下购买的牛仔裤和毛衣数量？我们现在考虑两个重要因素：价格变动和收入变动。

价格变动

思考一下，如果毛衣价格翻番至每件 50 美元，我们的买方问题会有什么变化。现在牛仔裤和毛衣的价格相同。预算约束会因为价格变化而发生什么变化？图 5.3 为我们提供了答案。如果你把所有钱都用来买毛衣，那你现在只能买 6 件毛衣，因此，预算约束线在纵轴上的截距必须变为 6。横轴上的截距有变化吗？没有，因为牛仔裤的价格没有变。

图 5.2 显示,当一种商品的价格相对于其他商品的价格发生变化时,预算约束线的斜率也必须跟着改变。现在如果你多买 1 件毛衣,就得少买 1 条牛仔裤,因此,机会成本$_{毛衣}$=1 条牛仔裤。这是理所当然的,因为毛衣和牛仔裤现在价格相同。

图 5.2 价格上升导致的预算约束线向内旋转

注:毛衣价格的上升导致图 5.1 发生了变化,我们发现预算约束线向内旋转。(请注意,"旋转"一词意味着其中一个截距没有改变。)这是因为如果一种商品的价格上升,消费者利用其收入所能买到的该商品便会减少。另外,一种商品的价格变化会导致其机会成本发生变化,因此预算约束线的斜率也会发生变化。

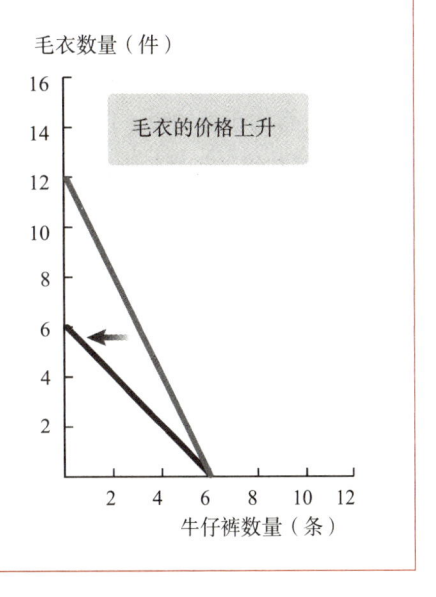

任何一种商品价格的下降都会使预算约束线向外旋转。例如,让我们回到最初设定的价格,但现在假设牛仔裤的价格减半到每条 25 美元。在这种情况下,预算约束线向外旋转,横轴上的截距移动至 12。图 5.3 显示了牛仔裤价格下降所导致的预算约束线向外旋转。此时,两种商品的价格再次一致,因此机会成本$_{牛仔裤}$=1 件毛衣。

价格变化如何影响买方问题? 当一种商品的价格变化时,其机会成本就会发生变

图 5.3 价格下降导致的预算约束线向外旋转

注:一种商品价格的下降使预算约束线向外旋转。这是因为如果一种商品的价格下降,消费者利用其收入所能买到的该商品便会增加。另外,一种商品的价格变化会导致其机会成本发生变化,因此预算约束线的斜率也会发生变化。

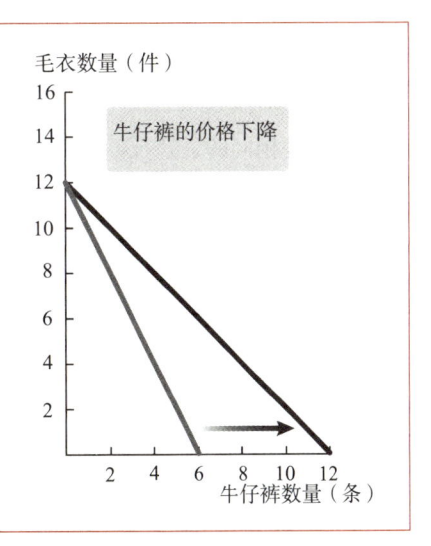

化。这将促使买方改变其最优消费量。稍后我们会讨论价格变化如何影响你对毛衣和牛仔裤的购买。

收入变动

另一个影响你购买毛衣和牛仔裤数量的重要因素是你有多少钱可花，这取决于你的收入或预算的变化。举个例子，你的生日购物金变成 600 美元而不是之前的 300 美元。图 5.4 显示了新的预算约束，以及收入变化所导致的预算约束线外移情况。当收入翻番时，预算约束线在纵轴和横轴上的截距也必然翻番。你现在可以买更多东西。

图 5.4 收入增长导致的预算约束外移

注：收入增加使预算约束向外移动。要理解这一点，可以考虑一下如果你的预算增加，你能够购买的牛仔裤和毛衣数量会发生什么变化——数量显然会增加。此外，由于购买毛衣和牛仔裤的机会成本没有随着收入增加而变化，因此预算约束的斜率不会发生变化。

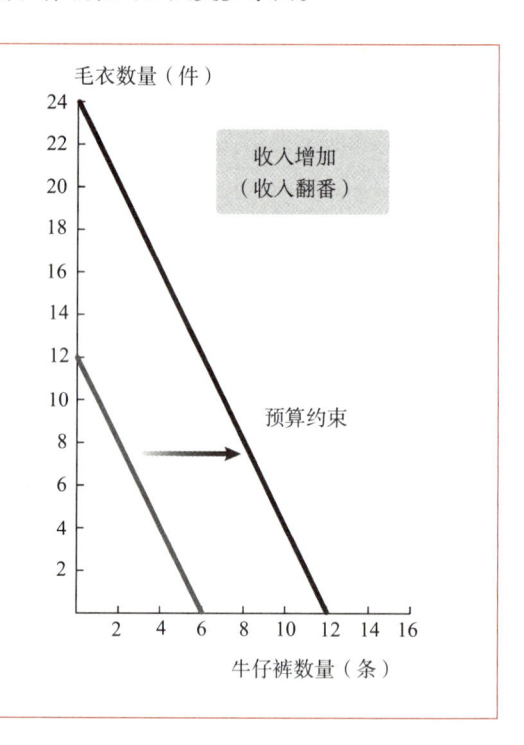

然而，即使收入有所增加，相对价格也依旧保持不变。在图 5.4 中，两条预算约束线的斜率是相同的，这反映出机会成本并未发生变化：购买 1 条牛仔裤的机会成本仍然是 2 件毛衣。

用数据说话

"6 美元 +1 美元 = 7 美元"永远成立吗？

- 一个鸡肉帕尔马干酪三明治卖 6 美元，但需要在结账时缴纳 1 美元的销售税；另一个同样的鸡肉帕尔马干酪三明治则是直接把销售税包含在售价中，卖 7 美元。

> 以上两个选项，哪一个听起来更合算？这个问题似乎有点故弄玄虚，因为答案看起来很明显：两种三明治的价格相同，所以没有理由说哪一种选择更好。
>
> - 然而，经济学家拉杰·切蒂（Raj Chetty）、亚当·卢尼（Adam Looney）和科里·克罗夫特（Kory Kroft）在加州设计的实地实验显示，人们对这两种选择的看法截然不同。[1]和在前台结账时缴纳销售税的情况相比，含税售卖时的商品销量要低8%。这些经济学家认为，这背后的原因在于"凸显性"。具体而言，如果消费者在购物时税收没有得到凸显（即不包括在价格中），则因征税而引发的价格上涨对消费者的影响，将小于税收得到凸显（即包括在价格中）时。
>
> - 企业是否懂得这个道理？想想一年之中最盛大的橄榄球比赛我们就知道了。就在比赛的前几日，StubHub（美国的一个娱乐和体育门票销售平台）上第53届超级碗新英格兰爱国者队对阵洛杉矶公羊队比赛的最低门票价格为2 437.39美元。根据上面所谈到的凸显性问题，你觉得这个票价会包括"服务费"和"配送费"吗？当然不包括！

5.3 从买方问题到需求曲线

了解了如何才能实现最优消费，我们便可以开始构建需求曲线。如第4章中所述，支付意愿是买方愿意为1单位商品支付的最高价格。因此，如果你对1加仑橙汁的支付意愿是10美元，就意味着10美元是你愿意为它支付的最高价格。

个人对同一商品不同数量的支付意愿构成了个人的需求曲线。正如我们在第4章中所了解的，需求曲线展现了在其他条件不变时，商品自身价格对给定时期内需求量的决定性作用。我们在第4章还了解到，需求量是指买方愿意以特定价格购买的商品数量。需求曲线描绘的是在其他条件不变时，需求量会如何响应价格的变化。从晚餐约会、电影、橙汁、汽车，到《暮光之城》系列小说，我们在很多商品或服务上都有需求曲线。

让我们继续以前面的例子来考察需求曲线。一旦确定了买方问题的3个要素，我们就能推导出你的需求曲线。从前面的边际分析中得知，当牛仔裤价格为50美元时，你会购买3条牛仔裤。因此，你对牛仔裤的需求曲线上会有一个点，这个点对应的价格为50美元，需求量为3。

如果牛仔裤的价格升至75美元呢？利用类似于表5.1中的边际分析，我们可以计算出，你这时会购买2条牛仔裤。当牛仔裤的价格上升到100美元时，你的需求量则变成了1条。类似地，如果牛仔裤价格下降到25美元，那么你的需求量是4条。这些价格和需求量的组合构成了你的需求曲线，如图5.5所示。

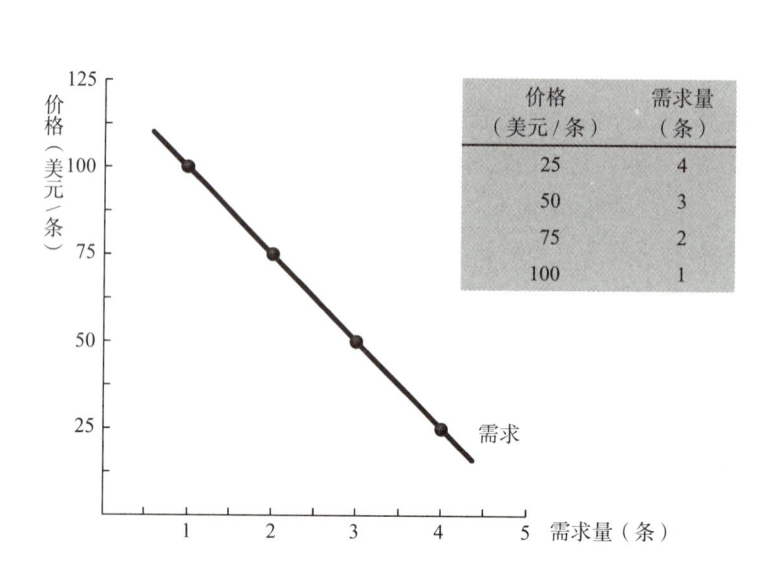

价格 （美元/条）	需求量 （条）
25	4
50	3
75	2
100	1

图 5.5　你对牛仔裤的需求曲线

注：需求曲线展现出，需求量取决于商品价格。右上角的表格总结了不同价格下的牛仔裤需求量。表格中的数字被绘成图，其中的横轴代表需求量，纵轴代表价格。

图 5.5 展示了我们基于买方问题所做出的最优决策。需求曲线上的每个点代表着一个特定的价格和数量。因此，该需求曲线显示的是你在每个价格水平上会购买多少条牛仔裤。虽然无法购买非整数条的牛仔裤（如 3.5 条），但在图 5.5 中，我们还是将需求曲线画成了一条平滑的线。这样做纯粹是为了便于分析。当我们从个体转向整个买方市场时，需求量就会变得足够大，需求曲线也会因此变得平滑。

我们可以看到，你的需求曲线是向下倾斜的：当价格为 25 美元时，你的需求量是 4 条牛仔裤；而在 50 美元时，你的需求量则下降到 3 条。只有当价格上涨时需求量才会减少，因为这时购买 1 条牛仔裤的机会成本增加了。

除了你的品味、偏好以及牛仔裤的价格，还有哪些因素会影响你的消费量？我们先前对买方问题的研究给出了一些线索。答案的关键在于相关商品的价格和预算集。相关商品的价格和可用资金的变化都会引起需求曲线的变化。此外，如第 4 章所述，你对未来预期的变化也会导致需求曲线发生移动。

5.4　消费者剩余

截至目前我们已经知道，为了竭力做到最好，我们应该认识到我们所面临的激励并基于边际分析做出决策。也就是说，我们应该在决策过程中考虑边际收益和边际成本。在市场中，消费者做出最优决策的过程所产生的总收益通常远远高于我们购买商品的价格。经济学家将这些市场创造的收益命名为消费者剩余。**消费者剩余**是买方对商品的支付意愿和支付价格之间的差值。

为了说明如何计算消费者剩余，让我们继续以前面的购物为例，更仔细地思考购买牛仔裤的问题。图 5.6 标出了图 5.5 中需求曲线上的 4 个点。图 5.6 显示出，你对第 1 条牛仔裤的支付意愿是 100 美元。由于市场价格是 50 美元，你从购买这条牛仔裤中得到了 50 美元（100 美元 − 50 美元）的消费者剩余。你对第 2 条牛仔裤的支付意愿是 75 美元，因此你从购买第 2 条牛仔裤中获得了 25 美元的消费者剩余。你从购买第 3 条牛仔裤中获得了多少消费者剩余？答案是 0，因为你的支付意愿（50 美元）正好等于你为这条牛仔裤支付的价格。

将所有消费者剩余的数据加总后，你可能想知道为什么你的消费者剩余（75 美元）远低于你购买 3 条牛仔裤所获得的总收益（根据表 5.1，购买 3 条牛仔裤的总收益是 410 美元，你支付了 150 美元，净收益是 260 美元）。这是因为这两种测算之间存在着巨大差异：==消费者剩余测算的是你的支付意愿（你的需求曲线）与你实际支付价格之间的差值。== 表 5.1 中显示的总收益是你从消费商品中获得的总体满意度。

为了从更深层次上认识这种关系，我们可以考虑另外一个日常消费案例：为汽车加油。假设你通常会在当地 7-11 便利店以每加仑 2.25 美元的价格加油，但你的支付意愿是每加仑 3 美元。这意味着，每购买 1 加仑汽油，你将获得 0.75 美元的消费者剩余。现在我

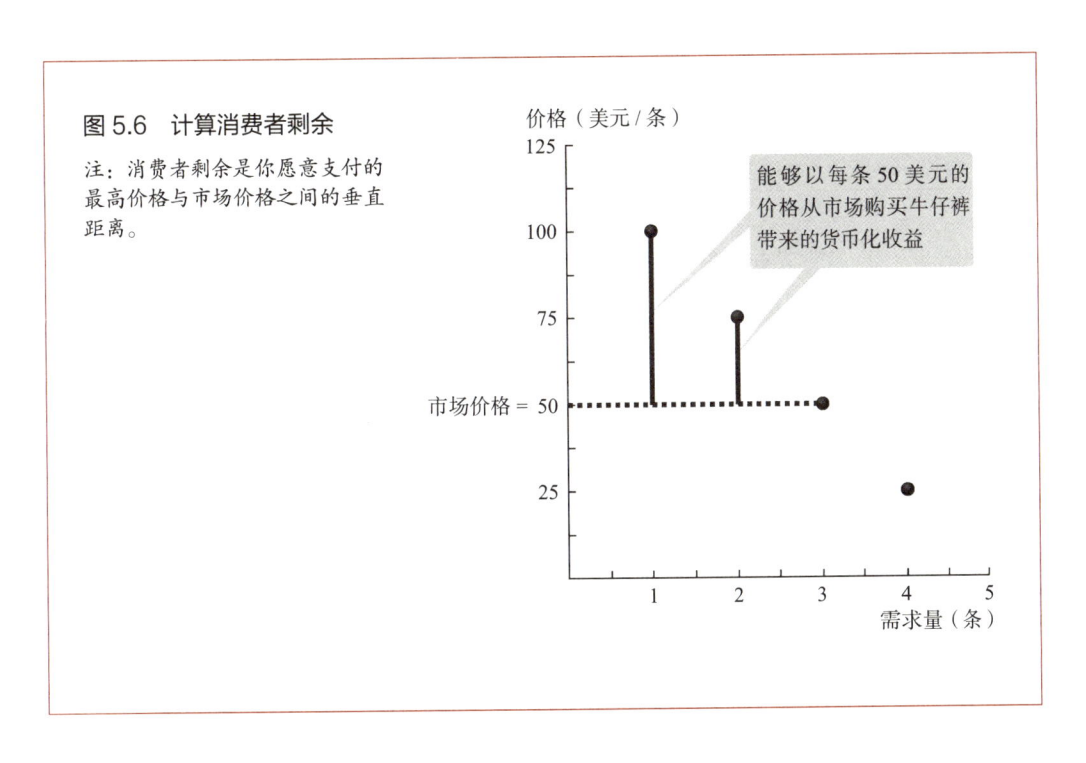

图 5.6　计算消费者剩余

注：消费者剩余是你愿意支付的最高价格与市场价格之间的垂直距离。

能够以每条 50 美元的价格从市场购买牛仔裤带来的货币化收益

第 5 章　消费者和激励

们假设 7-11 便利店对面新开了一家 RaceTrac 加油站，每加仑汽油售价 2.50 美元。现在你在 7-11 便利店的支付意愿可能就降低到了 2.50 美元。如此一来，尽管你从汽油中获得的整体满意度没有改变，但你的消费者剩余已降至每加仑 0.25 美元。市场力量会促使消费者剩余发生变化，但通常不会改变实际消费的满意度。

对市场整体消费者剩余的计算与此类似。正如在第 4 章中提到的，我们可以通过将各个消费者的需求曲线加总来获得市场需求曲线。假设通过这种方法，我们发现牛仔裤的市场需求曲线如图 5.7 所示。

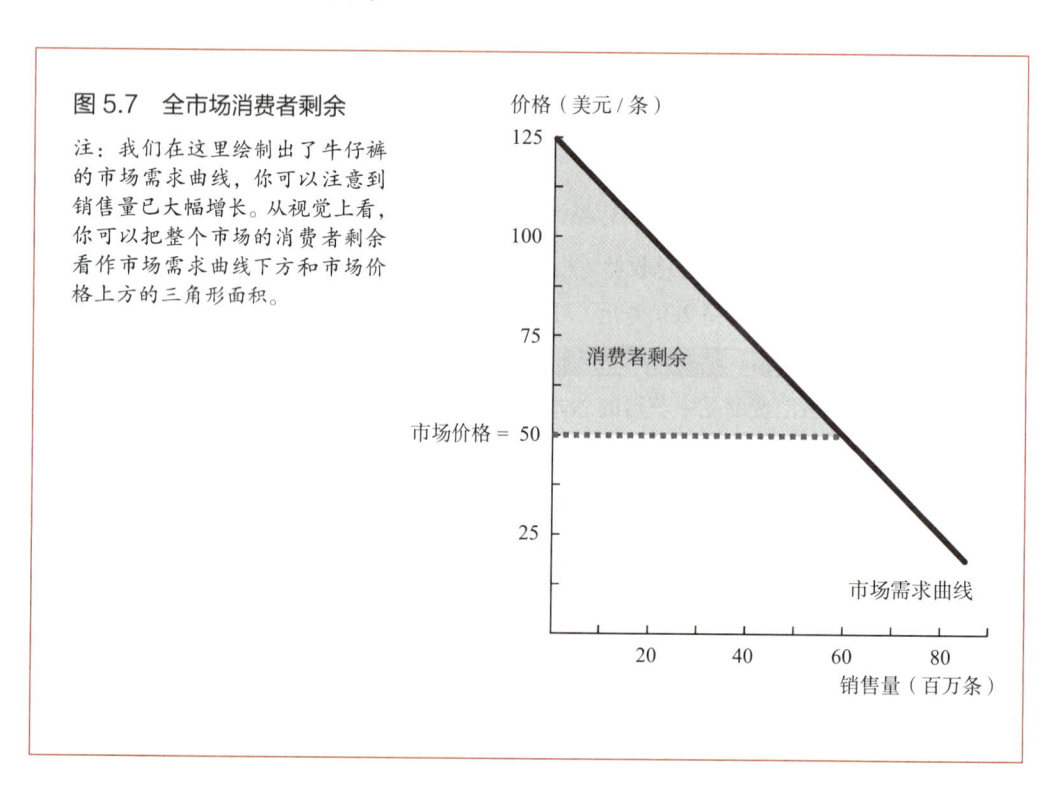

图 5.7　全市场消费者剩余

注：我们在这里绘制出了牛仔裤的市场需求曲线，你可以注意到销售量已大幅增长。从视觉上看，你可以把整个市场的消费者剩余看作市场需求曲线下方和市场价格上方的三角形面积。

在图 5.7 中，"消费者剩余"是指整个市场的消费者剩余。由于需求曲线是线性的，消费者剩余三角的面积可以用三角形的底乘三角形的高再乘 1/2 来计算：

$$消费者剩余 = \frac{三角形的底 \times 三角形的高}{2}$$

$$= \frac{6\,000\,万条 \times 75\,美元/条}{2}$$

$$= 22.5\,亿美元$$

因此，所有消费者从牛仔裤市场获得的消费者剩余是 22.5 亿美元。

失落感：价格上升导致的消费者剩余损失

政策制定者常常利用消费者剩余来测算消费者从特定市场获得的货币化收益，以及这些收益会如何随拟议政策而发生变化。这个概念在现实中会如何起作用？本书的一位作者在白宫工作时，研究过关于地下水净化的多种政策。一项潜在解决方案是牛仔裤生产厂家必须停止对布料进行某些化学处理。假设政府的结论是，如果该政策生效，那么化学处理禁令会使牛仔裤的市场价格从每条50美元涨到每条75美元。如果除了这一价格变动，其他都保持不变，那么牛仔裤市场的消费者剩余会如何变化？图5.8给出了答案。

图5.8 价格变动时的全市场消费者剩余

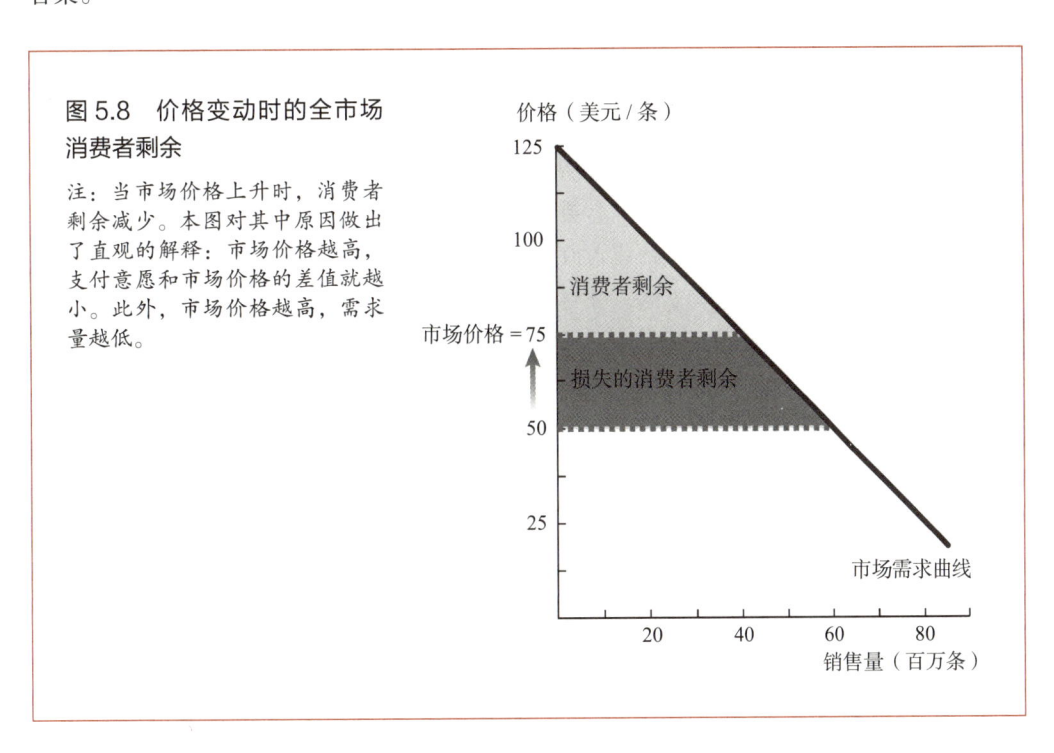

注：当市场价格上升时，消费者剩余减少。本图对其中原因做出了直观的解释：市场价格越高，支付意愿和市场价格的差值就越小。此外，市场价格越高，需求量越低。

图5.8显示了新的消费者剩余（图中的浅灰色阴影区域）。我们发现，现在的市场消费者剩余等于4 000万条×50美元/条×1/2=10亿美元。这种新情况会如同许多价格的上涨，给消费者带来一种失落感，因为消费者在消费者剩余上出现了损失。在本例中，市场共损失了12.5亿美元（22.5亿美元-10亿美元）的消费者剩余。就个人而言，消费者从牛仔裤市场损失了50美元的消费者剩余。当决定是否实施这一新禁令时，政策制定者会将消费者剩余的损失与净化地下水所获得的收益进行比较，以做出最终决策（他们还需考虑生产者剩余的变化，我们将在下一章对此进行讨论）。

循证经济学

吸烟者会因每月 100 美元的奖励而戒烟吗？

- 在本章的开头，我们提出了一个关于吸烟者是否会因每月 100 美元的奖励而戒烟的问题。本章所提供的工具可以帮助我们初步思考这种激励是否可行，以及它为何可行。

- 在思考此问题的过程中我们了解到，收入增加会导致消费者的预算约束发生变化，进而导致对商品和服务需求的变化。为了理解这些工具的实际作用方式，我们可以回到此前的示例。图 5.4 显示了我们可用支出的增加所带来的影响。

- 基于此，我们可以再回到关于戒烟的问题。鉴于我们的经济框架，在购物问题中起作用的原则同样适用于吸烟者。在可得到 100 美元戒烟奖励的情况下，你可以在吸烟的当前收益和 100 美元收入增长的收益之间进行权衡。不吸烟的话，你还可以节省下一笔钱：本用于购买香烟或雪茄的钱。简单起见，我们假设你每月可以因此省下 100 美元，这样，你需要比较的是，每月额外 200 美元收入所带来的收益，是否会大于吸烟带来的当前收益。如果答案为是，你就应该戒烟；如果答案为否，那么你可以继续吸烟，并错失 200 美元的奖励。

- 正如我们在开篇时所讨论的那样，激励措施并非只有金钱，而是存在多种方式。另一种经常用于抑制吸烟的补充方式就是采取各种非资金性的激励措施。这些方式包括各种强调吸烟会危害牙齿和牙龈的广告、香烟外包装上的醒目警告、戒烟咨询、社会压力、禁止在公共场所吸烟以及强迫吸烟者到室外吸烟等。

- 为了搞清楚资金性激励和非资金性激励是否有助于吸烟者戒烟，研究人员设计了一些随机实验。这些实验通常按如下方式进行：研究人员招募自愿参加研究实验的吸烟者以帮助他们戒烟。然后，研究人员随机将这些人分配到实验组和对照组。对照组中的人不会获得任何资金性激励，但研究人员会监控他们是否戒烟。为了衡量其依从性，研究人员还要对参与者进行生化测试，以确认其在实验期间没有吸烟。这样一来，如果生化测试显示实验组的参与者没有吸过烟，他们便能得到资金性激励；但他们如果被发现吸过烟，则得不到资金性激励。

- 费城退役军人事务部医疗中心的研究人员完成了一项此类研究，他们招募了 179 名受试者，开展了为期 10 周的戒烟计划。受试者被随机分配到实验组和对照组，其中对照组接受标准计划，而实验组除了接受标准计划，还会得到额外的激励。[2] 标准计划包括每两周召开一次信息交流会。召开交流会时，研究人员会向每个实验对象发放可供两周使用的尼古丁戒烟贴片。除此之外，实验组的受试者每参加一次会议就能得到 20 美元，而如果他们能在实验结束后的 30 天内不抽烟，他们就能得到 100 美元。

- 实验的主要结果见图 5.9，该图显示了在实验结束 30 天后实验组和对照组中戒烟者的占比。实验结果显现了激励的力量：受到激励的实验组受试者的戒烟率为

16.3%。这一比例几乎是未受到激励的对照组的4倍,后者的戒烟率仅为4.6%。这种激励措施的短期效果也得到了其他几项研究的支持。[3]

图5.9　戒烟研究的实验结果

本图展示了该项戒烟研究的结果。每根柱子展现的是受试者的戒烟率。正如你所见,受到激励的实验组中的戒烟率要比未受到激励的对照组中的戒烟率高得多。

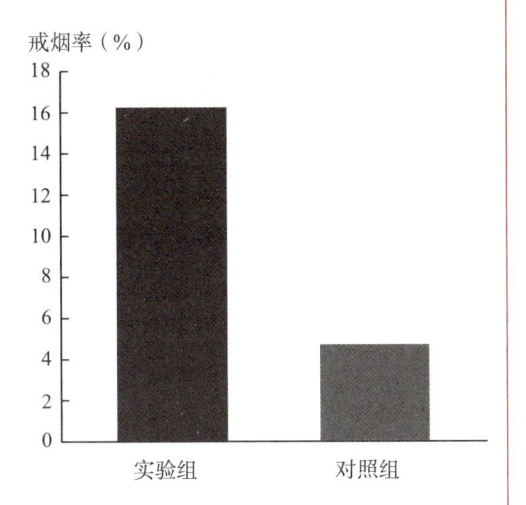

- 然而,同样重要的问题是,这些人在激励计划结束后是否仍然不会吸烟。费城退役军人事务部的这项实验在项目结束6个月后又对实验对象进行了跟踪调查,并再次对他们进行了生化测试。你猜研究人员发现了什么?

哪种方式能让你戒烟?

- 结果很有启发性。研究人员报告称,在受到激励的实验组中,原本16.3%的戒烟率下降到了6.5%。这仅略高于对照组中的戒烟者百分比,后者仍保持在4.6%。我们从这篇文献中可以得出一个明确的结论,那就是资金性激励的作用非常强大:当有激励措施时,许多人会因为戒烟的收益超过了吸烟的收益而戒烟。但是在资金性激励结束后,人们往往会重拾吸烟的旧习惯。
- 你能想到资金性激励可能改变的其他行为吗?读过本章后,你可能不会再惊讶于经济学家的相关举动。例如,我们在第2章的附录中就了解到,经济学家已经在使用资金性激励来改善学生的表现。正如数据所表明的,每月50美元的金钱激励会使高中生的学业成绩得到显著提升——他们的成绩和出勤率都有所提高。在另一项研究中,经济学家测算了付钱让学生去健身房的效果。结果再次证明了资金性激励的力量——受到金钱激励的实验组学生会比没有受到金钱激励的学生更频繁地去健身房锻炼。

问题	答案	数据	注意事项
吸烟者会因每月 100 美元的奖励而戒烟吗？	是的，有些人会！	实地实验数据。	应该注意的是，在激励措施取消后，许多为赚钱而戒烟的人再次开始吸烟。

5.5 需求弹性

到目前为止，我们已经了解了需求曲线的来源以及当价格变化时需求数量是增加还是减少等具体的要点。现在假设我们想要更精确地了解需求量对价格变动的响应程度。正如我们在第 3 章中所述，经济学家通常会关注某个变量发生变化所带来的后果。在这里，我们将讨论如何使用弹性这一概念来量化这些后果。弹性测算的是一个经济变量对另一个经济变量变化的敏感度。换言之，它告诉我们的是一个变量会随着另一个变量的变化发生多少改变。更确切地说，**弹性**是变量变化百分比的比率。

请注意，弹性与直线的斜率不同。弹性测算的是变化百分比，因此它比斜率关系要更为深入。弹性是一个重要的概念，因为它不仅考虑了变化的方向，还考虑了变化的程度。弹性存在多种形式，但在本章中，我们将只关注与需求曲线最相关的三种弹性：

（1）需求价格弹性；
（2）需求交叉弹性；
（3）需求收入弹性。

需求价格弹性

根据需求定律，一种商品的价格上升时，其需求量通常会下降。但是，我们并不能通过这一定律知道需求量会下降多少。**需求价格弹性**测算的是由商品价格变化所导致的需求量变化。需求价格弹性计算公式为：

$$需求价格弹性（\varepsilon_D）= \frac{需求量变化百分比}{价格变化百分比}$$

为了说明如何计算这一弹性，让我们考虑一下图 5.5 中你对牛仔裤的需求。当牛仔裤的价格为每条 25 美元时，你会买 4 条；但当价格涨到每条 50 美元时，你只会买 3 条。这意味着当价格上涨 100% 时（从 25 美元增至 50 美元），你的需求量会减少 25%（从 4 条减至 3 条），而这使得需求价格弹性等于：

$$\frac{-25\%}{100\%} = -0.25$$

这一计算有两个重要特征。第一，根据需求定律，需求价格弹性一般为负值。基于这种情况，经济学家在描述弹性时经常会把负号去掉（数学家将其表示为绝对值），因此我们可以说，上述例子中的需求价格弹性为0.25。我们在这里遵循这一惯例。请注意，需求价格弹性越高意味着消费者对价格的变化越敏感。

第二，区分一种商品的需求价格弹性大于1还是小于1具有重要意义。为什么？假设你在大学的书店工作，经理想增加马克杯销售的收入。目前书店每周能以每个5美元的价格卖出20个马克杯，获得100美元（20个马克杯×5美元/个）的收入。为了增加收入，经理的第一反应可能是想将马克杯的单价从5美元提高至6美元。

根据需求定律，我们知道这一幅度为20%的涨价将降低消费者对马克杯的购买量。但是在对收入变化做出预测之前，我们需要先了解需求价格弹性。假设价格提高后，书店每周能卖出12个马克杯，产生72美元（12个马克杯×6美元）的收入。虽然你提高了马克杯的售价，但你的收入却减少了。这是怎么回事？

答案在于需求价格弹性。在这个例子中，当价格上涨20%时，需求量下降了40%（8/20）。这意味着需求价格弹性为2（40%/20%）。当需求价格弹性大于1时，需求量变化百分比大于价格变化百分比，这意味着任何价格上涨都将导致收入下降。

相反，如果需求价格弹性小于1，则需求量变化百分比将小于价格变化百分比。假设在上述例子中，价格上涨20%只使得对马克杯的需求量下降了10%。那么，需求价格弹性为0.5（10%/20%）。在这种情况下，如果你把售价从5美元提高到6美元，则销售马克杯的收入将增加到108美元（18个马克杯×6美元）。

最后，如果需求价格弹性刚好等于1，那么价格上涨20%将使需求量恰好下降20%。在这种情况下，任何价格上涨都将使收入保持不变。总而言之，书店的收入在很大程度上取决于需求价格弹性。

沿着需求曲线的上下移动

此时你可能想知道，弹性是否会沿需求曲线变化。让我们通过一个例子来找出答案。

图5.10的数据出自一项关于人们愿意为一张迈克·特劳特[①]棒球卡花费多少钱的近期调查，图中描绘的是雅各布的需求曲线，显示了他愿意为不同数量的迈克·特劳特棒球卡分别花费多少钱。需求曲线上的A点告诉我们，当价格为5美元/张时，雅各布的需求量是1张；B点则告诉我们，当价格为1美元/张时，雅各布的需求量是5张。在这两个点的需求价格弹性分别是多少？

---

① 迈克·特劳特是美国的一名职业棒球运动员。——译者注

图 5.10 雅各布的迈克·特劳特棒球卡需求曲线

注：在这条迈克·特劳特棒球卡的线性需求曲线上，我们强调了需求价格弹性沿着线性需求曲线的变化方式。图中显示，当沿着需求曲线向下移动时，需求会变得愈加缺乏弹性：A点的需求具有弹性，而B点的需求缺乏弹性。

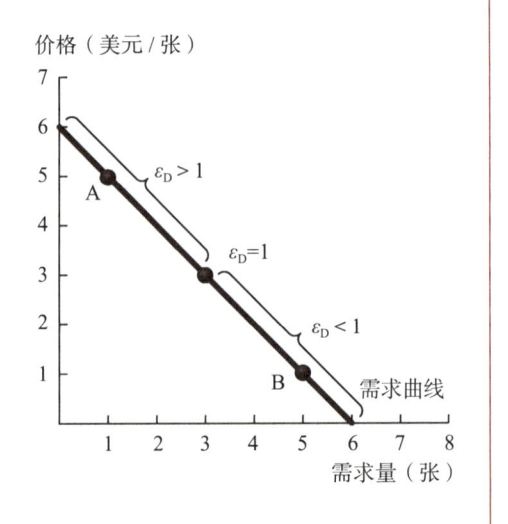

首先，让我们计算始自需求曲线上价格较高的那一点，即 A 点（价格为 5 美元 / 张，需求量为 1）的需求价格弹性。假设价格下降到 1 美元 / 张，即沿着需求曲线移动到 B 点，那么，价格下降了 80%（4 美元 / 5 美元），需求量增加了 400%（4 / 1）。因此，需求价格弹性等于 5（400% / 80%= 5）。由此可见，雅各布在 A 点的价格变化非常敏感。

然后，让我们计算始自 B 点（价格为 1 美元 / 张，需求量为 5）的需求价格弹性。假设价格上升到 5 美元 / 张，即沿着需求曲线从 B 点移动到 A 点，那么，需求价格弹性等于 0.20（需求量变化百分比为 80%，价格变化百分比为 400%）。

这一分析揭示了有关弹性的三项重要结论。第一，弹性是一个与直线斜率非常不同的概念。尽管整个需求曲线上各点的斜率相同（因为需求是线性的），但各点的弹性是不同的。这是因为价格和需求量的比值会随着我们沿需求曲线的移动而发生变化。例如在 A 点，这一比值为 5/1，而在 B 点，这一比值为 1/5。比值越大，需求就会越有弹性。

这引出了第二个结论：弹性通常会随着需求曲线的移动而变化。如图 5.10 所示，线性需求曲线上半部分的弹性大于 1，而下半部分的弹性小于 1。这意味着，从 B 点移动到 A 点的弹性不同于从 A 点移动到 B 点的弹性。最后，在一条线性需求曲线的正中间位置，弹性等于 1。

沿着需求曲线的上下移动

弧弹性

有一点可能会让你感到疑惑，那就是弹性会因为你所选起点和终点的不同而不同。这也是经济学家多使用迈克·特劳特棒球卡示例中所示方法来研究小幅价格变化的原因之一。

经济学家经常计算的另一个指标是弧弹性。弧弹性使用平均价格和平均需求量来进行计算，因此无论起点为何，它都能得出一个稳定的弹性值。我们用 arc ε_D 来表示需求曲线的弧弹性，P 表示价格，Q 表示需求量，则其计算公式为：

$$\text{arc } \varepsilon_D = \frac{(Q_2 - Q_1) / [(Q_2 + Q_1)/2]}{(P_2 - P_1) / [(P_2 + P_1)/2]}$$

运用这一公式计算弹性的优点在于，无论你从哪个点开始，只要你研究的是需求曲线上相同范围间的变动，弹性都会是相同的。这是因为弧弹性测算的是某一范围中点处的弹性。

为了便于理解，让我们回到迈克·特劳特棒球卡的例子。首先，让我们来计算始自 A 点（价格为 5 美元/张，需求量为 1）且价格降至 1 美元/张时的弧弹性。将数字代入公式，我们得到：

$$\text{arc } \varepsilon_D = \frac{(5-1) / [(5+1)/2]}{(1-5) / [(1+5)/2]}$$

结果得出弧弹性等于 1。然后，我们从 B 点（价格为 1 美元/张，需求量为 5）开始，计算当价格上升至 5 美元/张时的弧弹性：

$$\text{arc } \varepsilon_D = \frac{(1-5) / [(1+5)/2]}{(5-1) / [(5+1)/2]}$$

此时弧弹性仍然等于 1。通过这种方法，从 A 点移动到 B 点与从 B 点移动到 A 点的弧弹性相同。

我们建议你在做经济分析时使用弧弹性，因为它能为你提供关于消费者敏感度的更精确描述。

弹性程度

由于需求价格弹性的重要性，经济学家发展出了一套基于需求价格弹性大小对商品进行分类的术语。

- 需求价格弹性大于 1 的商品具有**需求弹性**。当需求价格弹性大于 1 时，需求量变化百分比大于价格变化百分比。经济研究表明，花生酱和橄榄油的需求通常具有弹性。
- 理论上，需求可能呈现为**完全弹性**，这意味着需求量对价格变动具有高度敏感性，即使是最小幅度的涨价也会使消费者完全停止消费该商品。图 5.11（a）中的水平线就是完全弹性需求曲线的一个例子。
- 需求价格弹性等于 1 的商品具有**单位弹性**。对于这样的商品，1% 的价格变动对需求量的影响正好是 1%。在这种情况下，价格上涨不会影响在该商品上的总支出。经济学家发现葡萄酒需求具有单位弹性。图 5.11（b）中的曲线是单位弹性需求曲线的一个例子，其中的弹性为弧弹性。

- 需求价格弹性小于1的商品**无弹性**。当需求价格弹性小于1时，需求量变化百分比小于价格变化百分比。经济学研究显示，香烟和薯片等商品的需求量对价格变化反应不大，因而其需求无弹性。
- 需求也可能**完全无弹性**，这意味着需求量完全不受价格影响。图5.11（c）中的垂直线是完全无弹性需求曲线的一个例子。这样的商品"必须得有"，例如，糖尿病患者所需的胰岛素。

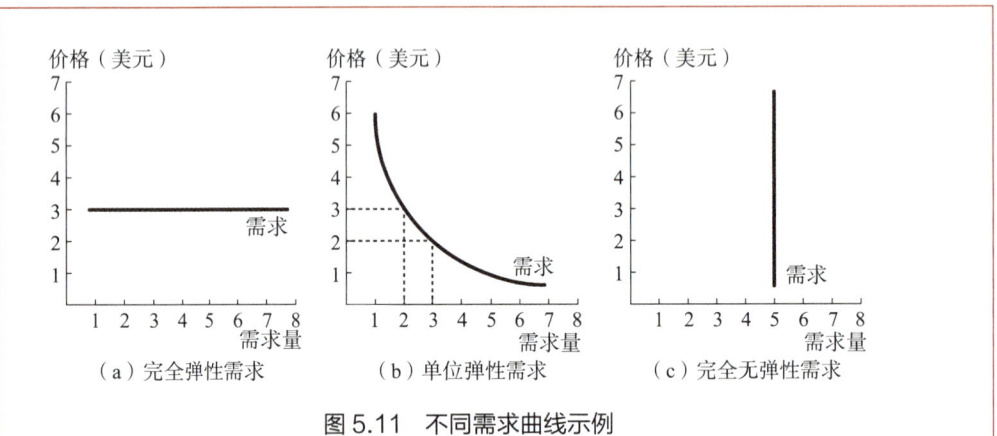

图5.11 不同需求曲线示例

（a）完全弹性需求　（b）单位弹性需求　（c）完全无弹性需求

注：图中从左到右分别为具有完全弹性、单位弹性以及完全无弹性的需求曲线。尽管我们主要接触的将是简单的线性需求曲线，但认识一下这些极端情况，将有助于增进我们对需求价格弹性的直观理解。

需求价格弹性的决定因素

表5.2列出了经济学家利用过去几十年间消费和价格数据所得出的一些弹性估算值。观察表中数据，并思考你在超市购物时可能购买的商品类型。例如，你走进超市后可能会看到货架上陈列的橄榄油。经济学家发现橄榄油具有弹性需求：橄榄油价格上涨1%会导致其需求量下降1.92%。这意味着消费者对橄榄油的价格变化很敏感。你或许会走

表5.2 不同价格弹性示例

注：本表列出了一些常用商品的价格弹性。需求价格弹性越高，对该商品的需求就越有弹性。例如，对洗发水的需求是无弹性的，对橄榄油的需求是有弹性的。

商品类型	价格弹性 [a]
橄榄油	1.92
花生酱	1.73
番茄酱	1.36
葡萄酒	1.00
洗衣液	0.81
洗发水	0.79
薯片	0.45
香烟	0.40

到另一排货架并看到了番茄酱，它也是一种具有弹性的商品，其价格弹性等于 1.36。在另一排货架的尽头，你可能会发现薯片，它是一种无弹性商品，因为其价格弹性等于 0.45。这意味着价格变化只会导致其需求量发生微小的变化：薯片价格上升 1%，其需求量仅会下降 0.45%。离开超市后，你或许会打一辆来福网约车回家。经济学家发现坐网约车的价格弹性为 0.90。

在你看来，是什么使得一些商品（如橄榄油和番茄酱）具有弹性需求，而另一些商品（如洗发水和薯片）无弹性需求？经济学家指出了弹性存在差异的 3 个主要原因：

（1）替代品的相似度；

（2）用于该商品的预算份额；

（3）可用于调整的时间。

让我们对这 3 个原因逐一进行详细分析。

（1）替代品的相似度。假设本地奶酪厂的工人举行罢工并导致比萨价格飙升。这时你就会问自己："是否存在一种和比萨近似的可用替代品？"如果答案为是，那么你就可能会放弃高价的比萨，转而去购买那种替代品，比如汉堡。如此一来，可用替代品的数量就会影响消费者对商品价格变化的敏感度：随着可用替代品数量的增加，需求价格弹性也会增加。

（2）用于该商品的预算份额。预算份额与该商品在你消费组合中的重要性有关。人们会赋予"重要"商品更高的权重，同时降低不重要商品的权重。如果一件商品在你的整体购买量中只占很少的份额，比如每 5 年才换一次的售价为 0.5 美元的钥匙链，那么，即便本地钥匙链工厂工人罢工导致钥匙链价格翻番，你可能也不会太在意。它在你的整体预算中占比极小，因此即使其价格发生很大的变动，你也不会敏感。相反，如果一种商品在你的预算中占有很大比重，比如房子或家具，那么你可能对价格的变化非常敏感。一般来说，当你把更多的预算花在一件商品上时，其需求价格弹性就会增加。

（3）可用于调整的时间。时间是一个重要因素，因为相比于短期变化，人们对价格的长期变化更为敏感。当 2008 年夏天每桶石油价格飙升至 150 美元，全美各地的汽油价格达到每加仑 4 美元时，是否所有人都不再开车出门了？并没有。但为了节省汽油，人们可能会减少去杂货店或去看望祖父母的次数。

问题的关键在于，人们在短期内可做的事情有限，因此很难在短期内做出重大改变。比如，悍马车主可能想换一辆混合动力汽车，但高昂的置换成本可能会妨碍这一理性交易。从长远来看，她的选择就灵活多了，她可以拼车上班，或者搬到距离工作地点更近的公寓。这类例子凸显了一个事实：一般来说，消费者在短期内对价格变化的敏感度远远小于长期。

悍马车
如第 4 章中所述，2008 年的汽油价格暴涨导致一些人不再购买悍马汽车。

需求交叉弹性

经济学家不仅关注商品价格的变化会如何影响消费者，也关注另一种弹性，即当替代品或互补品的价格发生变化时，一种商品的需求量会如何变化。这种弹性被称为**需求交叉弹性**，它测算的是一种商品的价格变化所导致的另一种商品的需求量变化。需求交叉弹性的公式为：

$$需求交叉弹性 = \frac{商品\ x\ 的需求量变化百分比}{商品\ y\ 的价格变化百分比}$$

这一测算给出了对商品 x 的需求相对于商品 y 的价格的弹性。

如果需求交叉弹性为负，那么这两种商品为互补品。如第 4 章所述，当一种商品的价格下降导致另一种商品的需求曲线右移时，这两种商品是互补品。例如，如果 iPod（苹果数字多媒体播放器）的价格下降，那么你会想买更多的 iPod，你对耳机的需求也可能会增加。需求交叉弹性的大小决定了对耳机需求曲线的正向移动幅度。

如果需求交叉弹性为正，那么这两种商品互为替代品。当一种商品的价格上涨导致另一种商品的需求曲线右移时，这两种商品就互为替代品。例如，来福网约车是优步网约车的替代品。因此，如果优步网约车的出行价格大幅上涨，那么你可能会选择来福车出行，而不是继续使用优步。

表 5.3 总结了经济学家利用过去几十年间消费和价格数据得出的一些需求交叉弹性值。一方面，我们可以从图中的这些例子中看出，肉和鱼、服饰和娱乐、全脂牛奶和低

脂牛奶等商品互为替代品；另一方面，肉和土豆、食品和娱乐则是互补品。表5.3所透露的第二项信息是需求交叉弹性的大小。例如全脂牛奶和低脂牛奶的需求交叉弹性为0.5。这就是告诉我们，全脂牛奶价格上涨10%会导致低脂牛奶需求量增加5%。经济学家发现，这类估算有助于预测经济活动中某一部分的变化会如何影响另一部分的需求。政策制定者则使用此类估算来了解对一种商品的税收会如何影响对另一种商品的需求。

表5.3　不同商品的需求交叉弹性示例

注：本表列举了不同商品的需求交叉弹性，它表明肉和鱼互为替代品，而食品和娱乐是互补品。

商品类型	需求交叉弹性[5]
肉和鱼	1.6
服饰和娱乐	0.6
全脂牛奶和低脂牛奶	0.5
肉和土豆	−0.2
食品和娱乐	−0.7

需求收入弹性

第三种弹性事关收入变动对消费模式的影响。**需求收入弹性**展现了消费者收入的变化所导致的商品需求量的变化。需求收入弹性的计算公式如下：

$$需求收入弹性 = \frac{需求量的变化百分比}{收入的变化百分比}$$

它揭示了收入变化会如何影响对商品的需求量。经济学家尤其关注需求收入弹性的正负和大小。商品通常被分为两类：

- **正常品**：如果一种商品的需求量与收入正相关，则该商品是正常品；当收入上升时，消费者会更多地购买正常品。
- **劣等品**：如果一种商品的需求量与收入负相关，则该商品是劣等品；当收入上升时，消费者会更少地购买劣等品。

表5.4总结了经济学家得出的一些需求收入弹性估算值。这些数据表明，出国度假、医疗保健和电力等商品属于正常品。大米和公共交通等商品是劣等品：我们的收入越高，对此类商品消费就越少。

表5.4表明，正常品的需求收入弹性可能存在显著差异。例如，当你的收入增加10%时，你的电力消耗仅增加2.3%。然而，同样的收入变化会导致出国度假的支出大幅增加——收入增长10%，出国度假的支出会增加21%。需求收入弹性高于1的商品被称为奢侈品。

经济学家发现，需求收入弹性有助于预测收入变动会如何影响整体经济。这些数据对政策制定者很重要，因为它们有助于了解关于所得税的拟议规则会如何影响各种商品和服务的消费。

表 5.4 不同商品需求收入弹性示例

注：表中排在前几行的是正常品中的奢侈品，如度假别墅；其次是其他正常品，如汽油；最后是劣等品，如大米和公共交通。

商品类型	需求收入弹性[6]
出国度假	2.10
国内度假	1.70
度假别墅	1.20
医疗保健	1.18
肉	1.15
住房	1.00
水果和蔬菜	0.61
汽油	0.48
麦片	0.32
环境	0.25
电力	0.23
大米	−0.44
公共交通	−0.75

用数据说话

麦当劳是否应该关注弹性问题？

- 企业关注的是利润，因为盈利是企业经营的核心目标。但要想实现利润目标，企业必须先有收入。收入是指企业通过销售商品和服务所获得的资金额。例如，一项粗略的计算表明，2011 年麦当劳以大约 2.50 美元的价格售出了 156 亿个汉堡。因此，麦当劳通过汉堡销售实现了 390 亿美元的收入。
- 销售汉堡的收入会如何对价格及消费者收入变化做出响应，这是麦当劳特别关注的问题。正如我们在本章中所讨论的，决定收入会如何随价格变化的是弹性。
- 我们已经知道，当需求无弹性时，麦当劳的汉堡涨价将导致收入增加。这是因为当需求无弹性时，价格上涨只会导致需求量出现相对小幅地下降，所以收入会增加。相反，当需求有弹性时，汉堡涨价将导致收入减少。这是因为当需求有弹性时，价格上涨会导致需求量相对大幅地下降。
- 正是因为这一有趣的特性，需求价格弹性对企业和政策制定者都至关重要。对快餐店需求价格弹性的研究表明，该行业的需求价格弹性为 0.8。[7]
- 既然如此，为什么麦当劳不提高汉堡的价格？（提示：请思考麦当劳是否也面临着该行业的需求价格弹性。如果不是，麦当劳面临的弹性是高于还是低于这一行业的需求价格弹性？另一个需要考虑的问题是汉堡价格会如何影响麦当劳其他产品的销售。）
- 我们已经知道，需求价格弹性之外的其他弹性也很重要。例如，食品和娱乐之间的需求交叉弹性为负（−0.7），这意味着它们是互补品。
- 如果麦当劳的汉堡和娱乐之间也有着类似的关系，那么，当娱乐的价格上涨 10% 时，

> 麦当劳可以预期其产品需求将下降7%，这一发现对定价和库存管理很重要。
> - 同样，一旦了解了消费者收入变化会如何影响对其产品的需求，麦当劳就可以通过广告宣传、调整定价或其他策略来维持健康的利润状况。

总结

- 作为消费者，你会通过解决买方问题来对消费行为进行优化，这就要求你识别资金性激励和非资金性激励，同时在做出决策时要考虑边际收益。
- 个体需求曲线推导自买方问题的三大要素：你的喜好、商品和服务的价格，以及你有多少钱可花。
- 消费者剩余测算的是个人支付意愿与消费者为其商品或服务实际支付价格的差值。政策制定者经常利用消费者剩余来测算拟议政策会如何影响买方。
- 弹性测算的是一个经济变量对另一个经济变量变化的敏感度。重要的弹性衡量指标包括需求价格弹性、需求收入弹性和需求交叉弹性。对希望了解消费者行为会如何随价格或政策变化而变化的企业和政策制定者而言，弹性的测算尤为重要。
- 结合由买方问题产生的决策规则与对弹性的理解，我们可以更切实地了解自己该如何应对激励，也能更为有效地创造适当的激励，以可预测的方式改变他人的行为。

关键术语

预算集　　　　　　需求弹性　　　　　　需求交叉弹性
消费者剩余　　　　完全弹性　　　　　　需求收入弹性
弹性　　　　　　　单位弹性　　　　　　正常品
需求价格弹性　　　无弹性　　　　　　　劣等品
弧弹性　　　　　　完全无弹性

问题

1. 为什么竞争市场中的消费者被认为是价格接受者？
2. 消费者的预算集与预算约束有何区别？对于给定收入水平的消费者，是预算集包含的商品组合更多，还是预算约束下的商品组合更多？
3. 观察下面各图，其中灰线代表消费者的原始预算约束，黑线代表新预算约束。根据各图中的具体情况，分别解释可能导致预算约束发生变动的原因。

商品 y 的数量

（a）

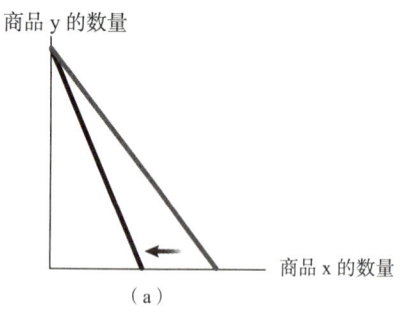

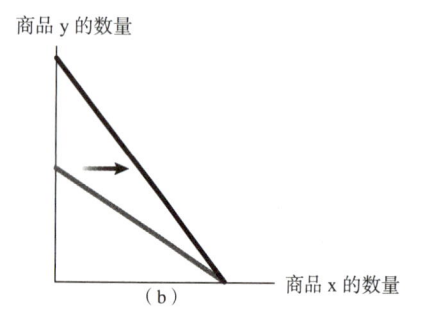

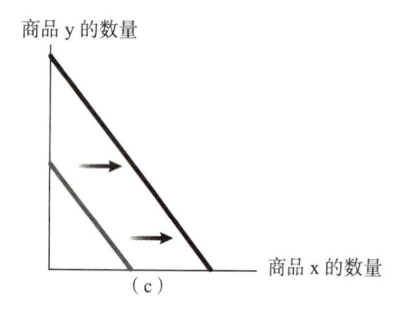

商品 y 的数量

（b）

商品 y 的数量

（c）

4. 为什么说当消费者在一种商品上所花费最后1美元的边际收益等于其在另一种商品上所花费最后1美元的边际收益时，他的满意度会实现最大化？

5. 什么是消费者剩余？如何计算消费者剩余？

6. 观察下面这幅供需图，指出 A、B、C 三个区域中，哪个区域表示该市场的消费者剩余。

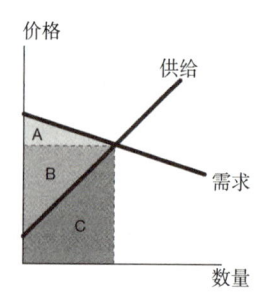

7. 是否所有消费者都会有相同水平的消费者剩余？请举例解释。

8. 考虑一种你完全不喜欢的东西，比如萝卜。在给定萝卜市场价格的情况下，你的消费者剩余是多少？

9. 为什么斜率恒定的需求曲线却没有恒定的弹性？

10. 需求价格弹性反映了什么？在毛衣市场中，假设格林的需求价格弹性为 0.2，史密斯的需求价格弹性为 1.2，其他消费者的需求价格弹性大于 0.2 但小于 1.2。市场需求价格弹性是否会小于 0.2 或大于 1.2？

11. 如何使用弧弹性法来计算需求价格弹性？

12. 如何用需求交叉弹性来判断两种商品是替代品还是互补品？

13. 需求收入弹性能告诉我们关于商品的哪些特性？

14. 判断以下表述的准确性："假设汉堡和薯条为互补品，如果薯条的价格上涨，那么这两种商品的需求量都会下降。"

15. 如果一种商品被认为是奢侈品，这是否意味着需求定律不再适用于该商品？

16. 在经济下行期间（例如 2008 年经济衰退期），麦当劳等快餐连锁店可以采用哪些定价策略来维持其销售？请使用本章中提及的概念来作答。

循证经济学习题

1. 本章的循证经济学专栏指出，一个实地实验证明了资金性激励能够有效地促进人们戒烟。政府推动吸烟者戒烟的另一种方法是对香烟征税（我们将在第 10 章对此进行详细讨论）。让我们假设格蕾塔是一个吸烟者，她要么会花钱买烟，要么会买比萨。格蕾塔有 150 美元可用于消费，一包烟的价格是 10 美元，一块比萨的价格是 2 美元。
   a. 请绘制格蕾塔的预算约束线。
   b. 格蕾塔抽一包烟的机会成本是多少？

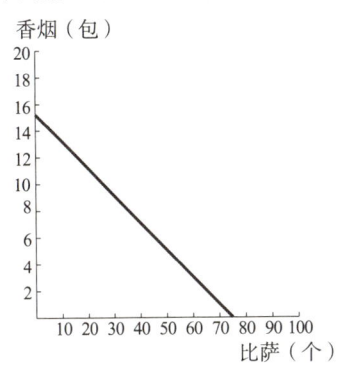

   c. 现在假设政府对一包烟征收 5 美元的税。绘制格蕾塔的新预算约束线。

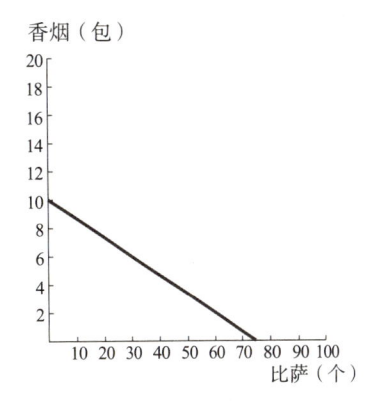

   d. 在征税之后，格蕾塔吸一包烟的机会成本是多少？
   e. 在你看来，对香烟征税后，格蕾塔的吸烟量会减少还是会增加？什么弹性能体现出吸烟的增减量？

习题

1. 每个上学日的晚上你可以打游戏、打电话或看电影。你总共有 5 个晚上可以做这 3 件事中的 1 件。
   a. 填写下表中的边际收益列。
   b. 你的朋友让你花 2 个晚上打游戏，另外 3 个晚上跟别人打电话。这个计划的总收益是多少？
   c. 使用边际收益列的数据来论证，如果你少打游戏而花更多时间看电影，你的总收益会增加。
   d. 充分利用这 5 个晚上的最佳方法是什么？其总收益是多少？使用边际收益列的数据你可以轻松找到答案。

数量（第几晚）	打游戏 总收益	打游戏 边际收益	打电话 总收益	打电话 边际收益	看电影 总收益	看电影 边际收益
0	0	—	0	—	0	—
1	20		5		3	
2	22		10		6	
3	23		12		9	
4	23		14		12	
5	23		15		15	

2. 戴尔喜欢穿运动衫和夹克。一件运动衫的价格是 20 美元，一件夹克的价格是 60 美元。

a. 如果戴尔购买另一件运动衫的边际收益是40美元，那么购买另一件夹克的边际收益一定是多少？假设戴尔使用"收益相等"规则进行优化。

b. 绘制出戴尔的预算集，假设他有120美元可用于消费。

c. 展示当夹克的价格下降到30美元时，该预算集的变化。

3. 假设X的价格是40美元，Y的价格是50美元，消费者的收入是400美元。

 a. 绘制出该消费者的预算约束线。购买1单位X商品的机会成本是多少？

 b. 以下X和Y的哪一个组合是处在消费者预算约束线上的点？在预算约束图中绘制出以下这3个组合：

 i. 10单位X和1单位Y；

 ii. 5单位X和4单位Y；

 iii. 1单位X和2单位Y。

4. 艾比可以给她的孙子买图书或玩具。以下是她能负担得起的3种消费组合。

组合	图书数量	玩具数量
A	6	0
B	3	2
C	0	4

 a. 绘制出艾比的预算集。

 b. 一个玩具的机会成本是多少本书？

 c. 如果一个玩具的价格是12美元，那么一本书的价格是多少？

5. 汉娜有100美元可用于看电影和听音乐会。假设一张电影票的价格是10美元，一张音乐会门票的价格是50美元。

 a. 为汉娜创建电影和音乐会门票的预算约束。

 b. 展示出音乐会门票价格降至每张40美元后的预算约束变化。

 c. 展示出电影票价翻倍后的预算约束变化。

 d. 展示出汉娜有200美元而不是100美元时的预算约束变化。

e. 解释为什么我们无法确定汉娜会选择预算约束下的哪种组合。

6. 你在热带地区找了一份新工作，所以你需要买短裤（s）和T恤（t）。你的预算约束是20美元$\times s$+5美元$\times t$=60美元。

 a. 根据方程，一件T恤的价格应该是多少？换句话说，买一件T恤要花多少钱？

 b. 填写下表，使表中的选项均符合预算约束。

 c. 以短裤数量（s）作为横轴，T恤数量（t）作为纵轴，绘制出预算约束图。

 d. 一条短裤的机会成本是几件T恤？

预算约束线上的组合		
组合	短裤数量（s）	T恤数量（t）
A	0	
B	1	
C	2	
D	3	

7. 汉堡和啤酒带来的总收益如下表所示。购买汉堡要花费10美元，购买啤酒需要花费20美元。

	汉堡总收益（美元）	啤酒总收益（美元）
1	15	30
2	30	50
3	45	60
4	60	65

 a. 第3杯啤酒的边际收益是多少？

 b. 和第2个汉堡同样"收益相等"的是第几杯啤酒？

 c. 运用"收益相等"规则解释为什么购买2个汉堡、2杯啤酒不是最优选择。

8. 观察下面的需求表：

价格（美元）	数量
9	52
11	48
13	40

微观经济学

a. 用讲弧弹性时提到的中点公式计算需求弹性：

i. 当价格从 9 美元上升至 11 美元时；

ii. 当价格从 11 美元上升至 13 美元时；

b. 当价格从 9 美元上升至 11 美元时，支出是增加、减少还是不变？当价格从 11 美元上升至 13 美元时呢？

c. 一旦得出了问题 a 的答案，你就能预测出问题 b 的答案。这是为什么？

9. 你在一家便利店工作，在洗手液价格意外上涨 10% 后，你开始记录销售变化。你注意到洗发水的销售额增长了 5%，而润肤霜的销售额下降了 2%。计算需求交叉弹性，并说明哪种商品是洗手液的替代品，哪种商品是洗手液的互补品。

10. 大学毕业三年后，你获得晋升和 20% 的加薪。你的消费习惯也随之改变。根据以下信息确定你的需求收入弹性，并说明商品是正常品、劣等品还是奢侈品。

a. 你对速食热狗的消费量下降了 10%。

b. 你对猪排的消费量增加了 5%。

c. 你对红鲑鱼的消费量增加了 30%。

11. 参考表 5.2～表 5.4 中所示的价格弹性、需求交叉弹性和需求收入弹性回答以下问题，以百分比形式给出答案。

a. 如果橄榄油价格上涨 10%，橄榄油的消费量会减少多少？

b. 如果低脂牛奶价格上涨 8%，全脂牛奶的消费量是会增加还是会减少，会增加或减少多少？

c. 如果经济衰退导致收入下降 5%，人们在住房上的支出会减少多少？

12. 纳迪娅消费两种商品：食品和服装。食品的价格是 2 美元，服装的价格是 5 美元，她的收入是 1 000 美元。无论食品的价格、服装的价格或收入如何变化，纳迪娅总会将其收入的 40% 用于购买食品。

a. 她对食品的需求价格弹性是多少？

b. 相对于服装的价格而言，她对食品的需求交叉弹性是多少？

c. 她对食品的需求收入弹性是多少？

13. 假设需求曲线方程为 $Q_D=6-P$（Q_D 表示需求量，P 表示价格）。

a. 绘制出需求曲线。

b. 如果价格是 2 美元，那么消费者剩余是多少？

c. 如果价格上涨到 4 美元，新的消费者剩余是多少？新的消费者剩余应该更低。请解释原因。

附录 5A 用无差异曲线表示偏好：预算约束的另一用途

本章的学习目标是理解消费者如何做选择。通过研究买方问题，我们了解了偏好、价格和预算约束的重要性。虽然我们重点关注的是价格和预算约束，但偏好也非常重要。我们在示例中提供了收益数据，但并未解释这些数据的出处。在本附录中，我们将从"幕后"视角去了解经济学家如何看待偏好。

让我们继续以牛仔裤和毛衣为例。表 5.1 显示了每条牛仔裤和每件毛衣带来的收益。如前所述，你有 300 美元可用于购买毛衣和牛仔裤。在本章中我们绘制了预算约束线，其实我们也可以用图形来展示你的偏好。经济学家通常使用一种叫作**无差异曲线**的概念来研究这一问题。无差异曲线是为消费者提供相同满意度的消费集合。经济学家常把这一满意度称为**效用**，这是对满意度的一种抽象测算。

图 5A.1 使用了表 5.1 中的数据，并在 300 美元预算约束线旁边绘制出两条无差异曲线。无差异曲线给人的直观感受是，无论处在曲线的哪个点上，你都同样满意，或者说拥有相同的效用水平。观察第一条无差异曲线（$U = U_1$），如果我们选择 A 点（6 件毛衣和 3 条牛仔裤），那么我们知道它和 B 点（4 件毛衣和 5 条牛仔裤）一样，能够带给你同样的满意度。事实上，我们从表 5.1 中知道，这两个消费组合给你带来的总收益都是 845 美元。

无差异曲线的方便之处在于，它们对所有可能为你提供相同效用水平的商品组合进行了汇总。尤其值得注意的是，无差异曲线越远离原点，其效用水平越高。因此，作为消费者，你会希望处于距离原点最远的无差异曲线上。通过无差异曲线和预算约束线，买方问题的所有要素都得以呈现：预算约束线汇总了你能买得起的商品，无差异曲线则是对你偏好的总结。

将预算约束线和无差异曲线两者相结合，你就能找到在预算约束下使你的效用或满意度最大化的那一点。我们可以通过图 5A.1 中的预算约束线和无差异曲线 $U=U_1$ 来发现这一点。在这条无差异曲线上，你的效用保持恒定，而预算约束线表示的是你所有能买得起的毛衣和牛仔裤组合。两者的切点，即 A 点，就是你既买得起又能实现满意度最大化的组合。你会注意到，图 5A.1 中的无差异曲线和预算约束线的切点是 6 件毛衣和 3 条牛仔裤，这与我们前面利用边际分析得到的结果相同。

无差异曲线还可以帮助我们思考消费者的选择会如何对价格或收入变化做出响应。在图 5A.1 中，我们只绘制出了两条无差异曲线，但实际上，任何给定的效用水平都对应着一条无差异曲线。正如本章前面所述，随着收入的增加，预算约束线会向右移动；

图 5A.1 引入无差异曲线

注：本图在图 5.1 预算约束线的基础上，新加入了两条根据表 5.1 中收益数据所推导出的无差异曲线。在给定无差异曲线上的任何点上，总收益都是恒定的，因此无论选择曲线上的哪一点都对消费者没有影响。这就是为什么该曲线被称作"无差异曲线"。以 U=U_1 这一条曲线为例，A 点和 B 点的总收益是相等的。

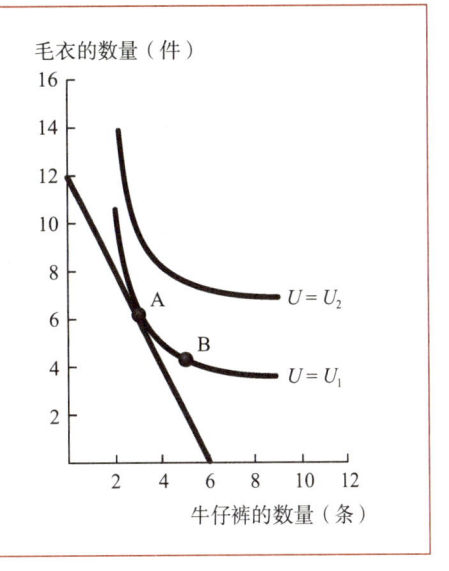

同样，预算约束线也会因价格变化而发生旋转。综合对无差异曲线与预算约束线的认识和理解，我们就能知道当收入或价格变化时消费会如何变化。在此我们暂不介绍其确切机制，但是几乎每本中级微观经济学教科书都包含了对这些组成部分的讨论。

我们只简要讨论一个与价格变化相关的最重要的概念问题。我们假设牛仔裤的价格减半，由每条 50 美元变成每条 25 美元。你对此的反应可能是以下两种之一。第一种，这是个大好消息："我现在感觉'更富有'了，所以打算买更多的牛仔裤和毛衣。"经济学家将此称为**收入效应**，因为这种消费变动将你带到了更高（或"更好"）的无差异曲线。第二种，你可能会说："牛仔裤现在相对于毛衣更便宜，所以我会买更多的牛仔裤和更少的毛衣。"经济学家称之为**替代效应**，因为这种消费变动会让你沿着给定的无差异曲线移动。

那么，你认为这两种效应的最终结果是什么？我们知道你肯定会购买更多牛仔裤——边际分析和需求曲线告诉我们，当每条牛仔裤的价格为 25 美元时，你会购买 4 条，而不是价格为 50 美元时的 3 条。通过相同的边际分析，我们知道你还将购买更多的毛衣（从 6 件变为 8 件）。然而，我们如何达到最优是一个更加微妙的问题。一方面，牛仔裤更便宜了，这意味着替代效应会增加你对牛仔裤的需求量。但另一方面，回顾表 5.1 我们可以发现，牛仔裤的边际收益在第 4 条后迅速下降，而毛衣的边际收益下降得相对较慢，这意味着根据收入效应，你更可能愿意购买毛衣。

在本例中，我们发现随着价格的变化，牛仔裤的购买量增加到 4 条，毛衣的购买量增加到 8 件。图 5A.2 直观地展现了这两种效应。A 点是购物问题的原始最优选项，即购买 6 件毛衣和 3 条牛仔裤。当牛仔裤的价格下降到每条 25 美元时，预算约束线向外旋转，C 点变成了新的最优选项。价格下降会让你购买 4 条牛仔裤和 8 件毛衣。你是如何达到这一点的呢？是收入效应和替代效应的双重作用。

图 5A.2　收入效应和替代效应

注：价格变动会给消费带来两种效应——收入效应和替代效应。如果牛仔裤的价格减半，则预算约束线会由原来的黑线外旋为新的灰线。A 点是原始最优选项，C 点则是新的最优选项。

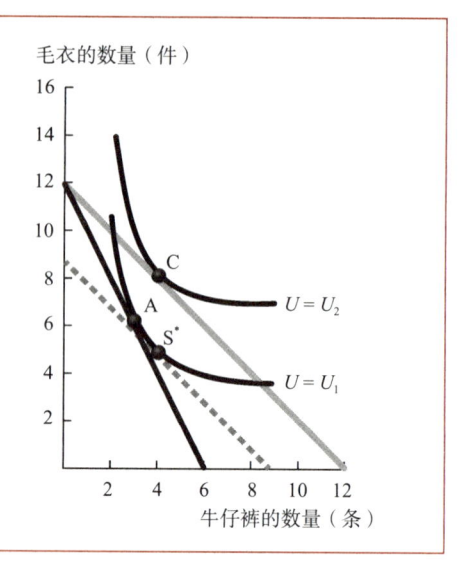

为了更直观形象地体会这两种效应，我们从 A 点开始思考。我们可以问这样一个问题：从理论上说，在牛仔裤的价格下降后，若要达到原始的无差异曲线效用水平（U_1 = 845 美元），你会购买多少毛衣和牛仔裤？答案就在原始无差异曲线和用虚线表示的预算约束线的切点处。图中虚线与新的灰色预算约束线斜率相同。虚线的斜率为 -1（牛仔裤与毛衣价格之比为 25 美元/25 美元 = 1），在横轴和纵轴上的截距都为 8.5。这就告诉我们，由于牛仔裤更便宜了，它带来的替代效应使我们有机会获得与之前相同的收益（845 美元），同时花费更少的钱（25 美元 × 8.5 = 212.5 美元 < 300 美元）。这在先前每条牛仔裤的价格为 50 美元时是无法实现的。新切点是 S* 点，它告诉我们替代效应会使你的牛仔裤消费量从 3 条变成 4 条，对毛衣的消费量则从 6 件降至 4.5 件（方便起见，我们假设你可以购买半件）。

但是，停在这个点意味着你忽略了你还可以花的"额外"87.5 美元——更低的牛仔裤价格让你变得相对更富有了。从 S* 点到 C 点的移动体现了新价格的收入效应。你可以发现收入效应的影响巨大，它在保持牛仔裤消费量仍为 4 条的情况下，将毛衣的消费量从 4.5 件提高到了 8 件。从购买牛仔裤的角度思考，这似乎是一个反直觉的结果——由于替代效应，你可用于购买牛仔裤的钱更多了，但你购买的牛仔裤数量却没有变化。但请不要忘记我们在第 5.5 节中对边际分析和需求收入弹性所做的讨论。

观察表 5A.1，它考虑了牛仔裤价格下降这一因素，对每花费 1 美元的边际收益进行了更新。请注意，购买第 5 条牛仔裤时，每花费 1 美元的边际收益为 1.2（30 美元/25 美元），而购买第 5 件毛衣时，每花费 1 美元的边际收益为 2.4（60 美元/25 美元）。事实上，在第 4 条牛仔裤之后，你对购买更多的牛仔裤已经提不起兴趣了，因为多购买 1

件毛衣的边际收益总是更高。这说明在这个范围内牛仔裤有着怎样的需求收入弹性？它表明的很重要一点就是，牛仔裤是不是一种正常品取决于你已经拥有了多少条牛仔裤。

表 5A.1　你的买方问题（300 美元可用，牛仔裤价格降至 25 美元）

数量	毛衣（25 美元/件） 总收益（A）	边际收益（B）	单位美元边际收益（B/25）	牛仔裤（25 美元/条） 总收益（C）	边际收益（D）	单位美元边际收益（D/25）
0	0			0		
1	100	100	4	160	160	6.4
2	185	85	3.4	310	150	6
3	260	75	3	410	100	4
4	325	65	2.6	490	80	3.2
5	385	60	2.4	520	30	1.2
6	435	50	2	530	10	0.4
7	480	45	1.8	533	3	0.12
8	520	40	1.6	535	2	0.08

注：和表 5.1 一样，本表的每行都总结了消费给定数量毛衣和牛仔裤的收益。这包括了消费给定数量毛衣和牛仔裤的总收益、每消费额外 1 单位的边际收益，以及每花费 1 美元的边际收益。请注意，在第 4 条牛仔裤之后，购买牛仔裤的单位美元边际收益大幅下降。

附录问题

A1. 什么是无差异曲线？两条无差异曲线能相交吗？请解释你的答案。

A2. 请解释一种商品价格上涨对个人消费选择的收入效应和替代效应。

A3. 假设有 X 和 Y 两种商品的无差异曲线。我们用纵轴表示 Y 商品的数量，用横轴表示 X 商品的数量。

a. 为什么无差异曲线向下倾斜？

b. 如何从经济学角度解释无差异曲线的斜率？

c. 根据我们在本附录中所学的内容，无差异曲线会随着人们消费更多的 X 商品和更少的 Y 商品而变得平缓。我们是基于什么假设来绘制这一更为平缓的无差异曲线的？

附录关键术语

无差异曲线　　　　　　收入效应
效用　　　　　　　　　替代效应

第 6 章 卖方和激励

乙醇补贴将如何影响乙醇生产者？

每个市场都有买方和卖方。塔可钟卖玉米饼，苹果卖手机，老海军卖休闲服装，亚马逊几乎什么都卖。服务市场也有买方和卖方：你从技工那里购买发动机检修服务，从音乐老师那里购买吉他课程，从理发师那里购买理发服务。在第 5 章中，我们学习了一系列能够为买方带来最优结果的决策规则。在本章中，我们将学习一系列能够为卖方带来最优结果的决策规则。

我们将从卖方问题开始讨论，在基本构成方面，它与第 5 章所讨论的买方问题有很多相同之处。买方通过选择最优商品和服务组合来实现净收益的最大化，同样，卖方也会通过选择生产什么、如何生产以及生产多少来实现净收益（也就是利润）的最大化。

本章的讨论将继续以完全竞争市场为重点。我们将表明，与寻求优化的消费者一样，寻求优化的卖方也依赖于边际思维。要理解影响卖方问题的规则，我们需要的只是有关市场价格和生产成本的信息。本章中的各种见解将帮助你了解和预测拟议公共政策对企业行为和产出的潜在影响。

我们在现实中会遇到很多此类的政策考量，例如评估污染税的效果以及乙醇补贴对卖方的影响等。我们将在本章后面的循证经济学专栏中了解如何使用经济学来思考这类问题。在此过程中，如果受企业家精神感召的你打算启动创业，比如开一家赛百味三明治店、成为一名网约车司机或者创办自己的乙醇工厂，那么本章的内容也能在商业经营等方面帮上你的忙。

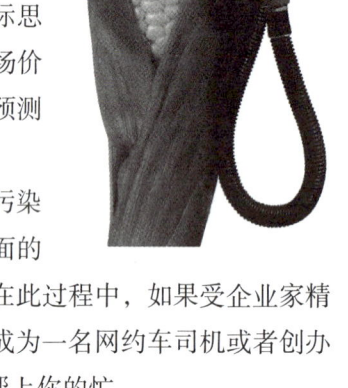

本章概览

6.1	6.2	6.3	6.4	6.5	6.6	EBE
完全竞争市场中的卖方	卖方问题	从卖方问题到供给曲线	生产者剩余	从短期到长期	从企业到市场：长期竞争均衡	乙醇补贴将如何影响乙醇生产者？

> **重要概念**
> - 卖方问题包括三部分：生产、成本和收入。
> - 寻求优化的卖方会基于边际分析制定决策。
> - 供给曲线反映的是在不同价格水平下出售商品或服务的意愿。
> - 生产者剩余是每一单位商品的市场价格和它的边际成本之间差值的加总。
> - 卖方根据盈利机会进入和退出市场。

6.1 完全竞争市场中的卖方

我们现在开始研究企业如何在完全竞争市场中做出决策。完全竞争市场具有三个特征：

- 没有任何买方或卖方的规模大到足以影响市场价格；
- 市场上的卖方生产相同的商品；
- 市场可自由进入和退出。

前两个假设非常重要，因为它们确保了这类市场中的主体是价格接受者（我们已经在第4章和第5章讨论过该术语）。卖方也是价格接受者，正如消费者可以按照市场价格购买任意数量的商品一样，卖方也可以按照市场价格出售任意数量的商品。这种假设的根据在于，单个卖方往往只销售某种商品总量的一小部分。由于卖方的产出相对于市场总量而言非常小，因此单个卖方选择生产多少对于市场结果来说无足轻重。但众多卖方决策的综合效应会影响市场价格。

我们以一位农民的决策为例来解释这一点。如果只是这位农民决定今年种植玉米而不种植大豆，那么这一选择并不会导致全世界范围内玉米和大豆价格的波动。然而，如果全世界每个农民都决定今年种植玉米而不种植大豆，那么玉米价格将会大幅下降，大豆价格则会上涨。

第三个假设是企业可以自由地进入和退出行业，这一点对整个市场具有重要的影响。卖方可以自由进出市场的一个例子是在亿贝网站上卖东西。在任何时候，你都可以通过在亿贝上拍卖你的DVD（数字多功能光盘）收藏品进入DVD市场。在许多我们所熟知的其他市场（包括草坪养护、汽车维修、零售商店和农业种植等），卖方都可以自由地进入和退出。

6.2 卖方问题

卖方的首要目标是使净收益（即利润）最大化。因此，卖方问题主要围绕着如下优化问题展开："我如何决定生产什么和生产多少？"就像我们在第5章中研究买方问题及讨论消费者如何做出购买决策一样，我们可以把这个问题称为卖方问题。

以你身边的比萨店为例，在购买原料后，店主用生面团、酱汁和馅料制成一件杰作，之后再把刚出炉的热气腾腾的比萨出售给食客。无独有偶，卖方问题也由三个主要部分组成。首先，卖方必须明确的是如何组织投入以实现产出。例如，番茄与大蒜按怎样的比例调配才能做出上好的酱汁。其次，卖方必须掌握制作比萨的成本是多少。例如，比萨烤炉多少钱；配料成本和工人的工资成本又是多少；卖方能否先将比萨烤炉备好，之后每次做比萨饼时再去购买新的配料。最后，卖方必须知道做出来的比萨能卖多少钱。由此我们可以发现，卖方问题的三大要素为：

（1）生产商品；

（2）经营成本；

（3）经营回报。

现在让我们逐一地详细分析这些要素。

生产商品：投入如何转化为产出？

企业是生产和销售商品或服务的商业实体，它可以由成千上万人、几个人甚或一个人组成。每家企业都面临着如何对投入进行组织以创造产出的决策。**生产**是指将投入（例如劳动和机器）转化为产出（例如商品和服务）的过程。投入量与产出量之间的关系被称为生产函数。

让我们以一家真实的公司为例来解释生产函数。位于美国威斯康星州森普雷里市的威斯康星奇斯曼公司是一家邮购礼品生产企业，该公司的主业是包装和邮寄食品及花卉产品，并将其运往世界各地。我们在这里只关注它提供的服务之一——奶酪包装。该公司依赖两种主要的投入：把奶酪装进包装盒的劳动（本书的一位作者在十几岁时，曾在两个暑假里从事这项劳动）和**实物资本**（设备和厂房）。任何用于生产的商品，包括机器和建筑物，都属于实物资本。

雇用和解雇工人可以在很短的时间内完成，然而改变实物资本所需要的时间则要长得多。经济学家把企业投入只能发生部分变化的一段时期称为**短期**，把企业投入可以发生任意变化的一段时期称为**长期**。这意味着实物资本是**固定生产要素**，即一种短期内不能变化的投入，劳动是**可变生产要素**，即一种短期内可以变化的投入。

表6.1提供了有关威斯康星奇斯曼公司短期生产函数的信息。它显示了产出随工人数量的变化情况（由于涉及企业的商业秘密，我们对数据进行了修订）。第1列和第2列显示了公司每天包装奶酪盒的数量（产出量）随工人数量的变化情况。第1个工人每天可以包装100个奶酪盒。2个工人每天可以包装207个奶酪盒。因此，增加第2个工人的边际产量是每天包装107（207-100）个奶酪盒，这也就是由第2个工人带来的总产出变动量。因此，我们可以将**边际产量**定义为增加一单位投入（在本例中为工人）而获

得的额外产出量。

对威斯康星奇斯曼公司而言，短期内改变产量的唯一方法就是改变工人的数量。图6.1总结了工人数量和包装奶酪盒数量之间的关系，即短期生产函数。表6.1和图6.1揭示了威斯康星奇斯曼公司生产的3个重要特征。

1. 边际产量随着最初几个工人的增加而递增。例如，2个工人一起工作的产出量要大于他们独立生产的总和。这可能是因为前2个工人专门从事了奶酪包装工作中他们最擅长的那一部分任务。在专业分工中，劳动者会为了提高总生产率而发展出特定的技能组合。下次去赛百味时，你只要稍微关注一下制作三明治的准备工作，就能体会到专业

表6.1 威斯康星奇斯曼公司的生产数据

生产细节

日产出量	工人数量	边际产量
0	0	
100	1	100
207	2	107
321	3	114
444	4	123
558	5	114
664	6	106
762	7	98
854	8	92
939	9	85
1 019	10	80
1 092	11	73
1 161	12	69
1 225	13	64
1 284	14	59
1 339	15	55
1 390	16	51
1 438	17	48
…	…	…
1 934	38	10
1 834	39	−100

注：威斯康星奇斯曼公司的任务是确定每天的产出量。本表汇总了该公司在任何给定产出量下所需工人的数量，其中第1列是每天包装的奶酪盒数量，第2列是雇用工人的数量，第3列是边际产量，也就是每单位额外投入（在本例中指的是工人）所带来的额外产出。

分工的实际作用。注意观察你的三明治在一条协作流水线上的移动：第 1 个店员会准备好面包并在上面铺好肉片；第 2 个店员会摆放蔬菜、撒油以及对三明治进行切割；第 3 个店员则负责给你包好三明治并结账。这是一条真正完美的流水线，是**专业分工**的自然创造。

2. 随着工人数量的持续增加，边际产量最终会下降。这意味着，虽然有越来越多的工人加入生产，但他们为总产量带来的增加值却越来越少，例如，第 4 个工人的边际产量是 123 个奶酪盒，而第 5 个工人的边际产量只有 114 个奶酪盒。经济学家把这种递减的生产模式称作**收益递减规律**。该规律表明，在投入持续增加至某一水平后，边际产量会开始下降。导致该规律形成的原因有很多。例如，在实物资本数量固定的条件下，劳动投入的持续增加最终会导致人均产出下降——因为劳动者并不能随心所欲地使用机器，所以会出现停工时间。

3. 增加太多工人实际上可能会减少总产量。这一点指的是增加太多工人可能会适得其反这一事实。威斯康星奇斯曼公司雇用的最后一个工人就导致了这种情况：表 6.1 显示，增加第 39 个工人的边际产量是 -100 个奶酪盒！图 6.1 生动地展现了这一情况：生产曲线在该点开始向下倾斜。管理层应该解雇这个工人，或是将他调到其他岗位，因为他降低了总产量。之所以发生这类情况，可能是因为过于拥挤导致工人之间相互妨碍。

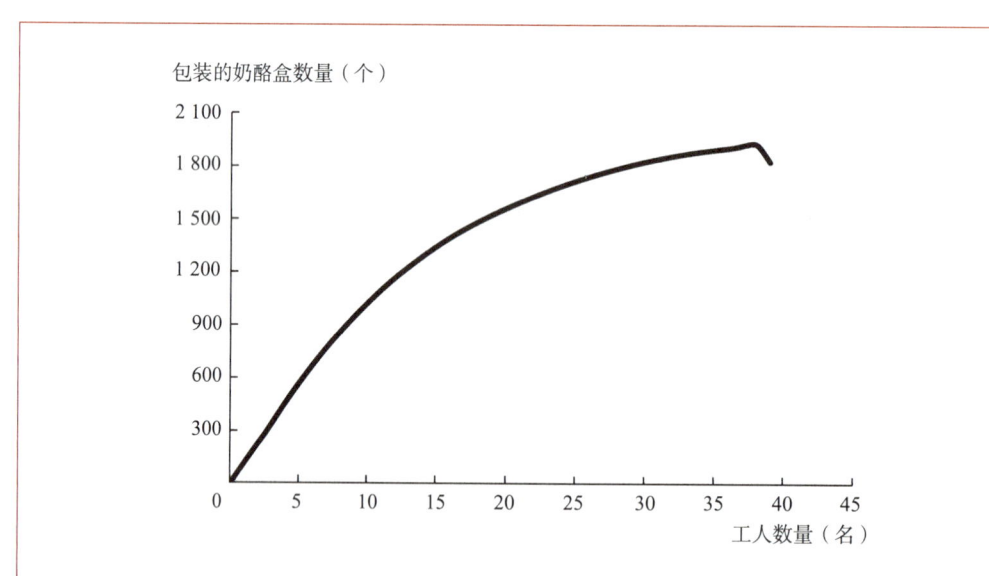

图 6.1 奇斯曼公司的短期生产函数

注：图中横轴表示工人数量，纵轴表示包装的奶酪盒数量。随着工人数量的增加，该公司包装的奶酪盒数也跟着增加。但请注意，前 10~15 名工人带来的产出量增长要比第 25～35 名工人带来的产出量增长大得多。另外还要注意，最后 1 名工人实际上降低了生产率。

经营成本：引入成本曲线

现在我们来看看卖方问题的第二个组成部分：企业为其投入所进行的必需性开支，即**生产成本**。与前面讨论的两个生产要素类似，总生产成本也可以进行如下的自然划分：

$$总成本 = 可变成本 + 固定成本$$

这个方程由三大部分组成。**总成本**是可变成本和固定成本之和。**可变成本（VC）** 是与可变生产要素相关的成本。在威斯康星奇斯曼公司的案例中，可变成本是与工人相关的成本，因此该成本在短期内会随着生产水平的变化而变化。**固定成本（FC）** 是与固定生产要素（例如厂房或设备）相关的成本，因此不会在短期内随着生产水平的变化而变化。事实上，即使威斯康星奇斯曼公司短期内什么也不生产，它也要承担固定生产要素方面的成本，因为企业无法在短期内卖掉工厂和设备。

表 6.2 对这些成本进行了总结。第 4 列显示了可变成本：由于该公司工人的日平均

表 6.2 威斯康星奇斯曼公司的生产成本及其他各种成本概念

(1) 日产出量（个）	(2) 工人数量（名）	(3) 边际产量 =(1)的变化（个）	生产成本（美元）						
			(4) 可变成本 =72×(2)	(5) 固定成本	(6) 总成本 =(4)+(5)	(7) 平均总成本 =(6)÷(1)	(8) 平均可变成本 =(4)÷(1)	(9) 平均固定成本 =(5)÷(1)	(10) 边际成本 =(6)的变化÷(1)的变化
0	0		0	200	200				
100	1	100	72	200	272	2.72	0.72	2.00	0.72
207	2	107	144	200	344	1.66	0.70	0.97	0.67
321	3	114	216	200	416	1.29	0.67	0.62	0.63
444	4	123	288	200	488	1.10	0.65	0.45	0.59
558	5	114	360	200	560	1.00	0.65	0.36	0.63
664	6	106	432	200	632	0.95	0.65	0.30	0.68
762	7	99	504	200	704	0.92	0.66	0.26	0.73
854	8	92	576	200	776	0.91	0.67	0.23	0.78
939	9	85	648	200	848	0.90	0.69	0.21	0.85
1 019	10	80	720	200	920	0.90	0.71	0.20	0.90
1 092	11	73	792	200	992	0.91	0.73	0.18	0.99
1 161	12	69	864	200	1 064	0.92	0.74	0.17	1.04
1 225	13	64	936	200	1 136	0.93	0.76	0.16	1.13
1 284	14	59	1 008	200	1 208	0.94	0.79	0.16	1.22
1 339	15	55	1 080	200	1 280	0.96	0.81	0.15	1.31
1 390	16	51	1 152	200	1 352	0.97	0.83	0.14	1.41
1 438	17	48	1 224	200	1 424	0.99	0.85	0.14	1.50

注：威斯康星奇斯曼公司包装奶酪盒，本表汇总了不同生产水平下的成本。总成本是固定成本和可变成本之和。平均总成本是平均固定成本和平均可变成本之和。边际成本是与一单位额外产出有关的总成本变化。方便起见，我们对数字进行了四舍五入。

工资是 72 美元（每小时 9 美元，每天工作 8 小时），因此每多雇用 1 个工人，该公司日可变成本就会增加 72 美元。假设威斯康星奇斯曼公司在这个工资下可以雇用任意数量的工人。厂房和机器的成本代表了实物资本的成本，在本例中是每天 200 美元。这些便是表 6.2 第 5 列给出的固定成本。无论公司雇用多少工人，这些成本都是一样的。固定成本短期内不会发生变化，但可变成本会发生变化。第 6 列显示了总成本，即特定产出量的可变成本与固定成本之和。

如果把总成本方程的两边都除以总产出 Q（威斯康星奇斯曼公司的生产数量），我们将得到三个更有趣的成本概念：

$$\frac{总成本}{Q} = \frac{可变成本}{Q} + \frac{固定成本}{Q}$$

该方程左边的这一项被称为**平均总成本（ATC）**，它等于总成本除以总产出。表 6.2 的第 7 列显示了威斯康星奇斯曼公司的平均总成本。例如，如表 6.2 所示，日产出量为 321 个时的平均总成本就是用总成本 416 美元除以总产出 321 个所得到的 1.29 美元。这意味着当威斯康星奇斯曼公司包装 321 个奶酪盒时，每个奶酪盒的平均总成本为 1.29 美元。

该方程右边的第一项被称为**平均可变成本（AVC）**，即总可变成本除以总产出。对威斯康星奇斯曼公司来说，当它包装 321 个奶酪盒时，它的平均可变成本为 0.67 美元。这意味着平均每包装一个奶酪盒，公司就需要为可变生产要素（劳动）支付 0.67 美元。

最后，**平均固定成本（AFC）**等于固定成本除以总产出。对威斯康星奇斯曼公司来说，当它包装 321 个奶酪盒时，其平均固定成本为 0.62 美元。这意味着它平均每包装一个奶酪盒，就需要为固定生产要素（实物资本）支付 0.62 美元。以上表明，当威斯康星奇斯曼公司包装 321 个奶酪盒时，它的平均总成本为 1.29 美元，其中 0.67 美元是平均可变成本（劳动），0.62 美元是平均固定成本（实物资本）。

最后一个成本概念是**边际成本（MC）**，表 6.2 的第 10 列列出了这一成本。边际成本是多生产一单位产出所引起的总成本变化，它可以表示为：

$$边际成本 = \frac{总成本变化}{产出变化}$$

当威斯康星奇斯曼公司日产出量为 321 个单位时，边际成本为 0.63 美元，也就是说该公司包装第 321 个奶酪盒花了 0.63 美元。表 6.2 还揭示了另一种有趣的关系：边际成本和边际产量呈负相关。当其中一个值增加时，另一个值会自动减少。我们可以通过威斯康星奇斯曼公司的产出和成本之间的关系来解释这一现象。当该公司雇用前几个工人（直到第 4 个人）时，其边际产量会增加，边际成本则在下降。然而，随着公司雇用的人数越来越多，边际产量开始下降，边际成本则因此上升。例如，雇用第 5 个工人使边际产量减少到 114 个单位，边际成本则被推升至 0.63 美元。

利用表 6.2 中的数据，图 6.2 展示了成本和生产数量之间的一些重要关系：威斯康星奇斯曼公司的边际成本曲线、平均总成本曲线以及平均可变成本曲线。图中横轴表示产出，纵轴表示成本（以美元为单位）。这些成本曲线的一个很重要的特征是：当边际成本曲线位于平均成本曲线（平均总成本曲线和平均可变成本曲线）下方时，平均成本曲线必然在下降或向下倾斜；当边际成本曲线位于平均成本曲线上方时，平均成本曲线必然在上升或向上倾斜。

为什么会这样？这是由边际成本的自身定义决定的。为了对此有一个直观的认识，你可以想想自己上次去校园商店购物时的场景。假设你的购物筐中有一包 3 美元的品客薯片和一块 1 美元的糖果，那么平均下来每件商品的价格为 2 美元。现在假设你又买了一袋橙子，价格为 5 美元，这时商品的平均价格会发生什么变化？它将上升。事实上，平均价格将从 2 美元上升到 3 美元。现在，如果你再买一袋价格为 1 美元的爆米花，你购物筐中商品的平均价格会发生什么变化？它会下降。这是因为这袋爆米花的价格低于购物筐中已有商品的平均价格。

这可以让你直观地认识到，为什么边际成本曲线分别交于平均总成本曲线和平均可变成本曲线的最低点：当边际成本低于平均总成本和平均可变成本时，后两者一定是在下降；当边际成本高于平均总成本和平均可变成本时，后两者一定是在上升，如图 6.2 所示。对这些曲线的理解会让我们收获许多重要启示，这也是我们接下来要讨论的内容。

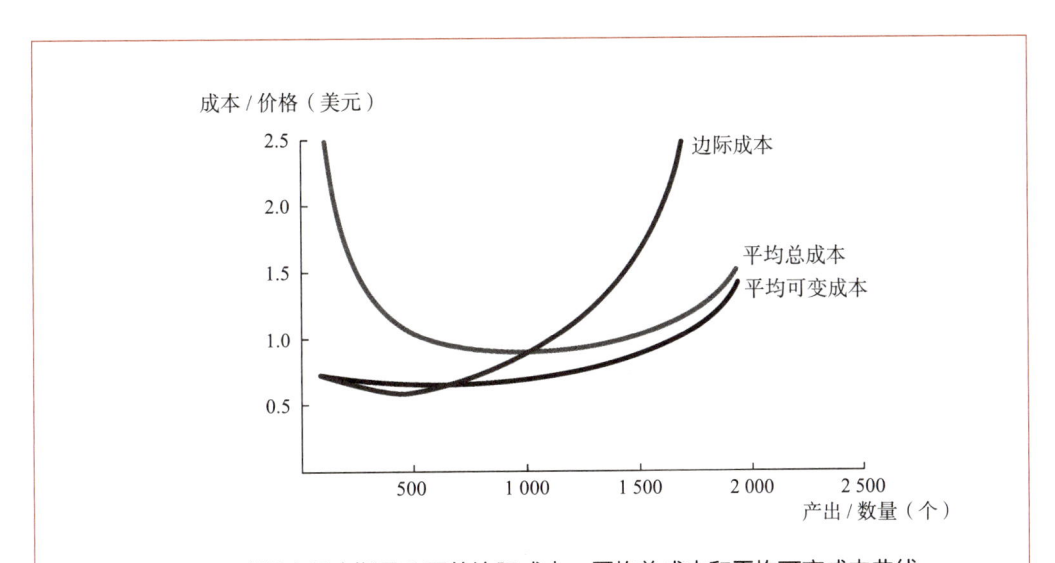

图 6.2　威斯康星奇斯曼公司的边际成本、平均总成本和平均可变成本曲线

注：本图描绘了数个成本指标，其中横轴为产出（或数量），纵轴为成本（或价格）。图中显示了每个成本指标在不同产出水平下的变化情况。请注意，边际成本曲线分别交于平均总成本曲线和平均可变成本曲线各自的最低点。

经营回报：引入收入曲线

我们现在来考察一下卖方问题的第三个组成部分：一家企业的产品销售价格。企业靠销售产品来赚钱，威斯康星奇斯曼公司也不例外。一家企业的**收入**是指它从其产品销售中所获得的金钱回报。收入等于所售产品的价格乘所售产品的数量。

$$总收入 = 价格 \times 销售量$$

前面提到过，在完全竞争市场中，卖方可以以市场价格售出任意数量的产品。因此，他们是价格接受者。

但是，是什么决定了包装奶酪盒的价格？第 4 章可以为这个问题的解答提供思路：价格来自市场需求曲线与市场供给曲线的交点。与我们在第 4 章中学到的市场均衡一样，市场供给曲线和市场需求曲线的交点给出了均衡价格。

图 6.3 对此进行了直观的展现。图 6.3（a）显示了市场供给曲线和市场需求曲线。我们可以按照第 4 章和第 5 章所述的方法来构建市场需求曲线。我们可以采用与构建市场需求曲线完全相同的方式，通过加总所有个体供给曲线来构建市场供给曲线。例如，我们假设在均衡状态下奶酪盒包装行业拥有 10 000 家相同的企业，每家企业每天包装 1 225 个奶酪盒。因此，该市场每天总共包装 1 225 万个奶酪盒。如图 6.3（b）所示，该

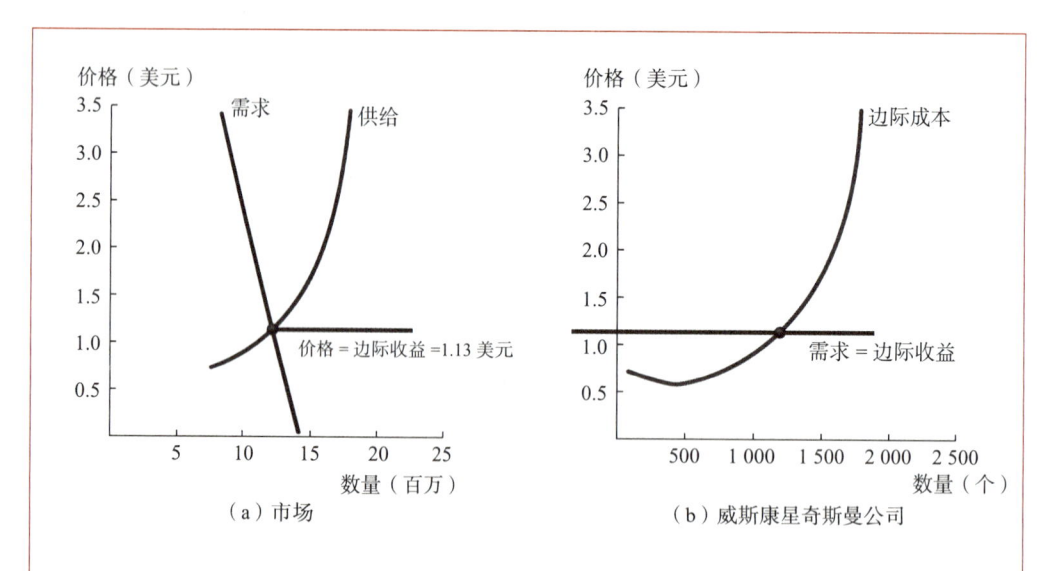

图 6.3 供给和需求：市场和威斯康星奇斯曼公司对比

注：图（a）总结了奶酪盒的市场供给曲线和市场需求曲线。市场的均衡价格等同于图（b）所示的威斯康星奇斯曼公司产品售价。我们认为该价格代表了威斯康星奇斯曼公司所面临的需求曲线，即平直的线。这一需求等同于边际收益，因为它代表了多售出一个奶酪盒所带来的收入变动。

均衡数量对应的均衡价格为包装每个奶酪盒 1.13 美元。

在这一点上，我们需要认识到威斯康星奇斯曼公司所面临的需求曲线与完全竞争市场需求曲线之间的差异。如图 6.3（b）所示，一个完全竞争企业（如威斯康星奇斯曼公司）面临的是一条水平的需求曲线，或者说是一条具有完全弹性的需求曲线。这意味着威斯康星奇斯曼公司可以根据需要包装任意数量的奶酪盒，并能够以每个奶酪盒 1.13 美元的市场均衡价格进行出售。如果该公司想以高于 1.13 美元的价格出售，它就会丧失客户，因为买方可以选择其他公司并以每个 1.13 美元的价格购买由其包装的奶酪盒。另外，该公司也没有理由将其价格降至 1.13 美元以下来吸引买方，因为它能够以每个 1.13 美元的价格出售任意数量的商品。

除了显示该公司的需求曲线，图 6.3（b）还展示了边际收益曲线。**边际收益（MR）** 是多生产一单位产出而引起的总收入变化。在完全竞争市场中，边际收益等于市场价格。因此，边际收益曲线相当于卖方面临的需求曲线。因为威斯康星奇斯曼公司的产品售价是 1.13 美元，所以每包装一个奶酪盒的边际收益是 1.13 美元。接下来我们要研究点儿美好的事情了，那就是赚钱！

综合思考：利用卖方问题的三大要素实现优化

我们已经认识了卖方问题的三大要素，而由于净收益或者利润的最大化是卖方的目标所在，我们现在可以利用这三大要素来展示企业如何实现利润最大化。一家企业的**利润**是总收入和总成本之间的差值：

$$利润 = 总收入 - 总成本$$

威斯康星奇斯曼公司只需要回答一个问题就可以确定其利润，这个问题就是生产多少。为了找出能够使利润最大化的产量，我们需要考虑生产水平，并思考产量的增减会如何影响收入和成本。换句话说，利润最大化的关键在于该企业的边际收益和边际成本。这是我们对第 3 章优化原理的一个实际应用。

我们可以通过图 6.4 来理解其作用方式，该图是对图 6.3（b）的重绘。先观察 A 点。在这一点上，威斯康星奇斯曼公司雇用了 9 个工人，包装了 939 个奶酪盒（见表 6.1）。根据表 6.2 给出的边际成本，在这一生产水平上包装最后一个奶酪盒的成本为 0.85 美元。另外我们知道，威斯康星奇斯曼公司包装每个奶酪盒的售价是 1.13 美元。

威斯康星奇斯曼公司可以获得更高的利润吗？答案是肯定的。如果再包装一个奶酪盒，收入就会增加 1.13 美元，这高于其耗费的生产成本 0.85 美元。只要多卖一个奶酪盒就可以增加 0.28 美元的利润！这揭示了一个一般性规则：如果一家企业能够以低于市场价格的边际成本（即边际成本＜价格）多生产一个单位，那么它应该进行生产，因为

图 6.4 生产趋向均衡

注：曲线是威斯康星奇斯曼公司的边际成本曲线，直线是该公司的边际收益曲线。在 A 点，该公司应该增加生产以提升利润。在 B 点，公司应减少生产。为了使利润最大化，公司应在边际成本等于边际收益的水平下生产。

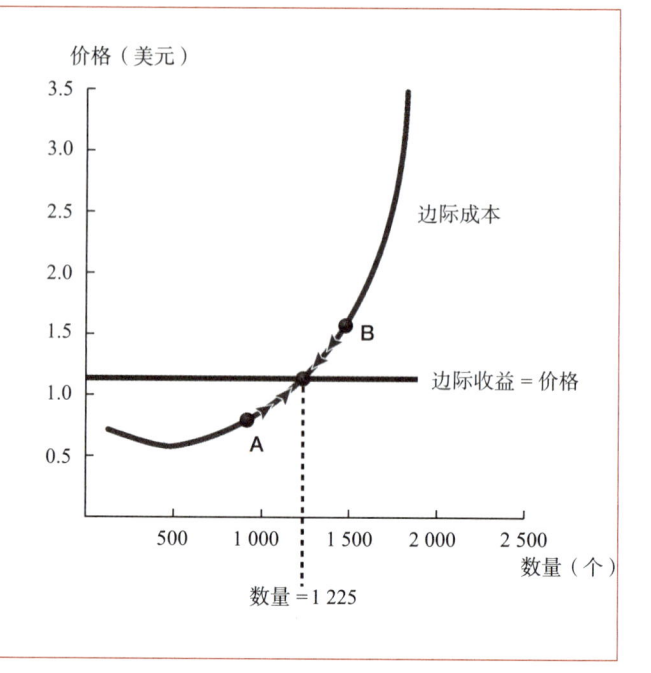

它能从这一单位的生产中赚取利润。

考虑另一种情况：如果威斯康星奇斯曼公司选择在 B 点生产，即雇用 17 个工人包装 1 438 个奶酪盒，那么其生产最后一单位的边际成本大于市场价格（1.50 美元 > 1.13 美元）。因此，最后一单位的生产给公司造成了损失。所以公司不应该生产这一单位，应该雇用更少的工人。

事实上，通过这种边际决策的思维，我们能很容易地找到使企业利润最大化的方法。企业应该扩大生产，直至：

边际收益 = 边际成本

前面提到过，公司应该在价格等于边际成本的生产水平下持续生产，此处原理相同，因为在完全竞争市场中，边际收益等于价格。

怎么计算在该点的利润水平呢？一种方法是像图 6.5 那样，在图 6.4 的基础上加入平均总成本曲线。由于总收入 = 价格 × 数量，总成本 = 平均总成本 × 数量，我们可以将总利润写成：

价格 × 数量 − 平均总成本 × 数量 =（价格 − 平均总成本）× 数量

换言之，我们可以用某生产水平下的价格和平均总成本的差值乘总生产量来计算总利润。当边际收益等于边际成本时，这一公式给出了图 6.5 中阴影区域的面积。

图 6.5 用边际成本、边际收益和平均总成本表达威斯康星奇斯曼公司的利润

注：将威斯康星奇斯曼公司的平均总成本曲线加入图 6.4 后，我们得以通过图形清晰呈现该公司的利润。阴影部分表示该公司的利润。利润是总收入和总成本的差值。由于边际收益代表价格，平均总成本代表每单位成本，因此我们用其在边际成本等于边际收益下的差值乘数量就能得到总利润：（1.13 美元-0.93 美元）× 1 225＝245 美元。

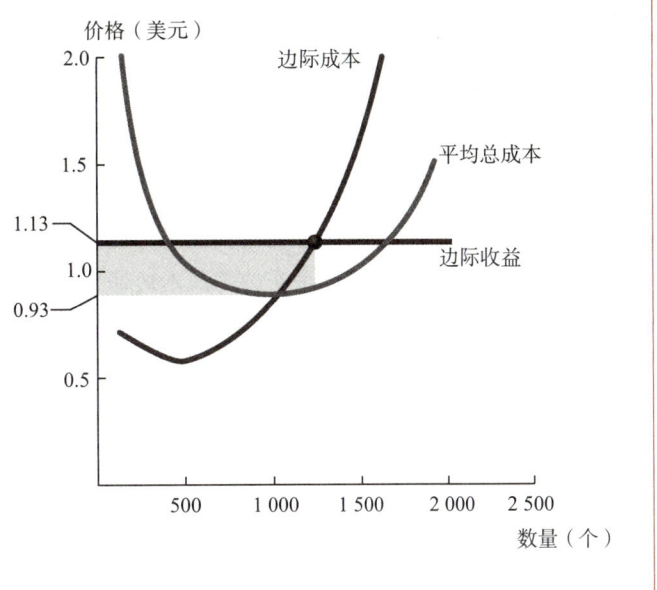

（价格－平均总成本）× 数量 ＝（1.13 美元-0.93 美元）× 1 225 ＝ 245 美元

这是因为本例中威斯康星奇斯曼公司的日生产水平为 1 225 个奶酪盒，每个价格为 1.13 美元，且在这一生产水平下的平均总成本为 0.93 美元（见表 6.2）。因此，用价格 1.13 美元减去平均总成本 0.93 美元，我们能得到单位利润为 0.2 美元。然后再用单位利润乘销量 1 225，就可以得出每天的利润为 245 美元。这一利润水平等于图 6.5 中矩形阴影区域的长乘宽，由于在这个生产水平下的边际收益等于边际成本，因此我们得知这一选择实现了利润最优和威斯康星奇斯曼公司的生产均衡：一旦达到这一生产水平，公司将不会改变其生产活动，除非市场上的其他因素发生变化。

每天只有 245 美元的利润看似微不足道，但请注意，经济学家所讨论的利润与我们经常在报纸上看到的利润可不是一回事。例如，当一家大公司报告"创纪录的利润"时，它所指的是经济学家所称的**会计利润**。会计利润等于总收入减去显性成本。显性成本是会计师仔细记录并报告的明细项目支出，如员工工资或设备支出。但企业也面临隐性成本。例如，威斯康星奇斯曼公司的所有者为经营公司付出了很高的时间成本（在表 6.2 中，公司所有者的时间成本被包含在固定成本那一列）。我们在这里说的利润叫作**经济利润**，按照这种利润概念，隐性成本和劳动力成本及机器成本一样，都需要从收入中扣除。经济利润等于总收入减去显性成本和隐性成本。因此，正如我们在本章后面要论证的，经营一家经济利润甚少（甚至为零）的公司也是可行的。

选择与结果

最大化总利润，而非单位利润

- 在观察图 6.4 时，你可能会想："一旦到了 A 点，增加的产量就会使边际成本更接近边际收益，为什么企业会这样做？"这是一种想要使单位利润最大化的常见思维方法。这种思维的缺陷在于，它只考虑了最优解的一半。也就是说，它只考虑了总利润方程中价格减去平均总成本的部分。

- 总利润不仅取决于价格和平均总成本的差值，还取决于实际销量。表 6.2 的数据就直观显示了威斯康星奇斯曼公司的这一点。由于边际收益是一条水平直线，所以当平均总成本处于最低点时，单位利润会实现最大化。这恰好处于图 6.4 中的 A 点。但是，我们不难计算出此时威斯康星奇斯曼公司的总利润比生产扩大到边际收益等于边际成本时要低。事实上，在 A 点时，威斯康星奇斯曼公司的日利润为 215.97 美元。这一数字比利润最优时的每日 245 美元要小。这一差异看似微不足道，但如果你有多家工厂并且长期经营，那么这就是很大一笔钱了。

6.3 从卖方问题到供给曲线

边际收益等于边际成本（$MR=MC$）这条规则非常有用，因为通过将市场价格与边际成本曲线相联系，我们可以确定在短期内竞争性企业会如何根据市场价格变化而改变其产

图 6.6 价格变动对威斯康星奇斯曼公司的影响

注：如果市场价格变动，那么威斯康星奇斯曼公司的边际收益曲线（MR）也会发生变化。当 MR 曲线向上移动到 MR_3 时，产量（Q）将增加。相反，当 MR 曲线向下移动到 MR_2 时，产量则减少。

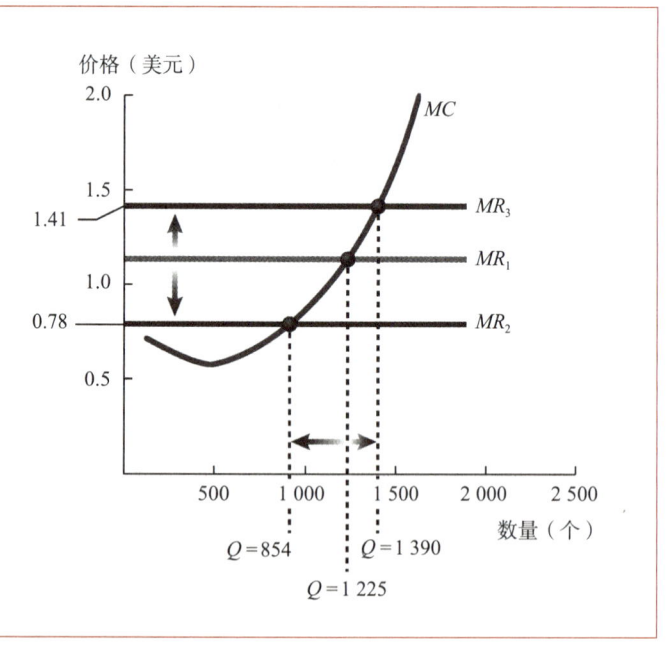

出。也就是说，它使我们能够描述出该企业的供给曲线，将产出和价格联系起来。为理解其原因，我们可以思考一下市场价格是如何决定企业的产出选择的。

例如，如果如图6.6所示，包装每个奶酪盒的价格上升至1.41美元，那么威斯康星奇斯曼公司会如何改变其生产行为？我们预期公司会增加供给量。但它会增加多少？根据前面的讨论，我们预期公司会持续扩大生产，直至$MC=MR_3$，此时该公司的产量达到1 390个。

然而，如果包装每个奶酪盒的市场价格下降到0.78美元（同样见图6.6），那么该公司会持续减产，直至$MC=MR_2$，此时的产量为854个。通过在不同价格水平下重复此步骤，我们便可以绘制出威斯康星奇斯曼公司的供给曲线。

供给价格弹性

我们在第5章中讨论了买方的需求价格弹性，同理，我们可以使用弹性来测算企业对价格变化的敏感度。关于卖方，经济学家使用的最重要的测算标准就是**供给价格弹性**。供给价格弹性测算的是供给量对价格变化的敏感度，其计算方法如下：

$$供给价格弹性（\varepsilon_S）=\frac{供给量百分比变化}{价格百分比变化}$$

供给价格弹性通常为正，因为随着价格的上涨，企业通常会增加其供给量。

对供给曲线的描述与我们在第5章中对需求曲线的描述非常相似。比如，弹性供给意味着供给量对价格变化非常敏感：任意给定的价格百分比变化都会导致供给量发生更大的百分比变化（弹性大于1）。图6.7（a）显示了一种极端情况：一条完全弹性的供给曲线。在这种情况下，即使是非常小的价格变化也会导致供给量的无限变化。

相反，无弹性供给意味着价格的任何给定百分比变化都会导致供给量的更小百分比

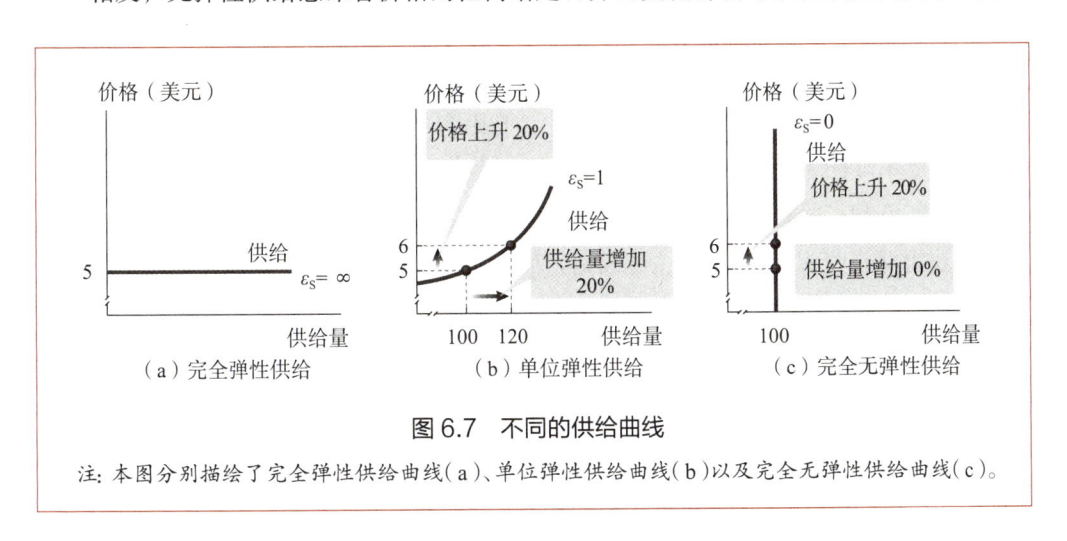

图6.7 不同的供给曲线

注：本图分别描绘了完全弹性供给曲线(a)、单位弹性供给曲线(b)以及完全无弹性供给曲线(c)。

变化（弹性小于 1）。图 6.7（c）描述了另一种极端情况。这条供给曲线是完全无弹性的：在任何价格水平下，供给量都一样。满负荷运转的炼油厂就是这样一种情况：即使汽油价格上涨，它也不能在短期内增加产量。同样，即使玉米价格在 7 月突然上涨，艾奥瓦州的农民也很难在短期内收获更多的玉米。他们明年可以种植更多玉米，但今年不行。

处于这两个极端情况之间的就是典型的具有向上倾斜特征的供给曲线，如图 6.7（b）所示。对于典型的供给曲线，它越陡峭，供给量对价格变化就越不敏感。图 6.7（b）显示的是一种特殊类型的供给曲线：具有单位弹性的供给曲线。价格从 5 美元涨到 6 美元（增加 20%）导致供给量增加 20%，同样，价格从 6 美元降至 5 美元（降低 17%）导致供给量减少 17%。单位弹性供给曲线的弹性等于 1，1% 的价格变动会导致 1% 的供给量变动。

与需求弹性相似，供给弹性的大小也取决于多种因素。关键决定因素包括企业是否有过剩库存——如果威斯康星奇斯曼公司手头有几吨奶酪，那么它可以更轻松地增加产量。企业对价格变动的响应时间也很重要——响应时间越长，供给就越有弹性。另外，如果工人可随时上岗，供给就会更具弹性，因为公司可以通过快速招聘工人来应对价格上涨。

停产

在了解了供给量会如何响应价格变化后，我们来思考几种极端的市场情况，例如企业何时应该停产或暂停运营。**停产**是一种在特定时期内不进行任何生产的短期决策。思考当包装每个奶酪盒的市场价格下降到 0.59 美元的情况。此时，$MR = MC$ 规则会促使威斯康星奇斯曼公司的生产移动到图 6.8 中的 S 点（444 个单位）。这是利润最大化的生产水平吗？

答案是否定的。这是因为在该价格水平下，该公司没有足够的资金来支付 0.65 美元的平均可变成本。为什么？请注意，此时的价格低于此点的平均可变成本（0.59 美元 < 0.65 美元）；因此，如果威斯康星奇斯曼公司继续运营，那么它为了包装奶酪盒而支付的可变成本（即工人工资）就会超出其所获得的收入。

威斯康星奇斯曼公司应该停产，因为停产后，它只会损失固定成本（200 美元），而不是固定成本（200 美元）加上未被收入覆盖的可变成本（每单位 0.06 美元，总计 444 × 0.06 美元 = 26.64 美元）。之所以如此，是因为停产之后，公司不再雇用工人，因此其可变成本降低为零。

你可能会想：“慢着！为什么要停产并承担固定成本损失呢？只要生产，公司至少还可以获得些许收入呢。”没错，继续运营的确会给该公司带来收入，但是每生产一单位，公司付给工人的钱就要比得到的边际收益多出 0.06 美元。因此，如果收入不够覆盖全部可变成本，那么在短期内停产才是最优选择。也就是说，我们应遵循如下优化规则：

如果价格低于平均可变成本，那么企业应该停产。

图6.8 威斯康星奇斯曼公司的停产决策

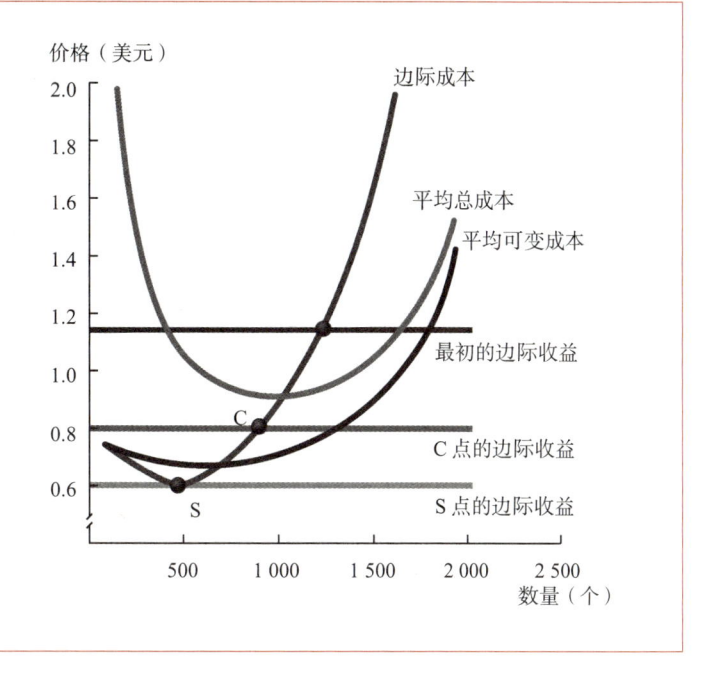

注：本图展示的不同边际收益曲线让我们看到威斯康星奇斯曼公司何时会生产以及何时会停产。最初的边际收益曲线远高于其他两条边际收益曲线，后两者分别与边际成本曲线相交于C点和S点。

那么，如果总成本超过总收入，威斯康星奇斯曼公司在短期内还应该继续生产吗？答案是肯定的。观察图6.8中的C点。在这一生产水平下，价格高于平均可变成本但低于平均总成本。在这种情况下，由于价格高于平均可变成本，因此所有的可变成本都能被收入覆盖。这时，该公司即使亏损也应该继续运营，因为此时它的收入除了能覆盖所有可变成本，还能覆盖部分固定成本。

你可能会认为，威斯康星奇斯曼公司在C点继续生产是不合理的，毕竟公司正在亏损！为什么不停产？其中的关键在于我们将固定成本视为沉没成本。**沉没成本**是一种一旦付出就永远不能收回的特殊类型成本。（以一份5年期的建筑租约为例：根据法律规定，公司要在5年间持续支付租金。）也就是说，威斯康星奇斯曼公司在短期内不能收回沉没成本。关于沉没成本，我们需要记住很重要的一点：一旦付出这些成本，它们就不应影响当前或未来的生产决策。理由很简单：这些成本已经沉没了。也就是说，无论接下来采取什么行动，它们都会损失——它们不会影响当前和未来生产决策的相对成本和收益。在C点的生产水平继续经营，威斯康星奇斯曼公司至少弥补了部分固定成本。

这些例子使我们得以构建出威斯康星奇斯曼公司的短期供给曲线：它是边际成本曲线位于平均可变成本曲线以上的部分。如果市场价格使得该公司在其边际成本曲线上的位置低于平均可变成本曲线上的最低点，那么公司应该停产，否则公司应该继续生产。图6.9显示了该公司的短期供给曲线，即位于平均可变成本曲线以上的边际成本曲线。

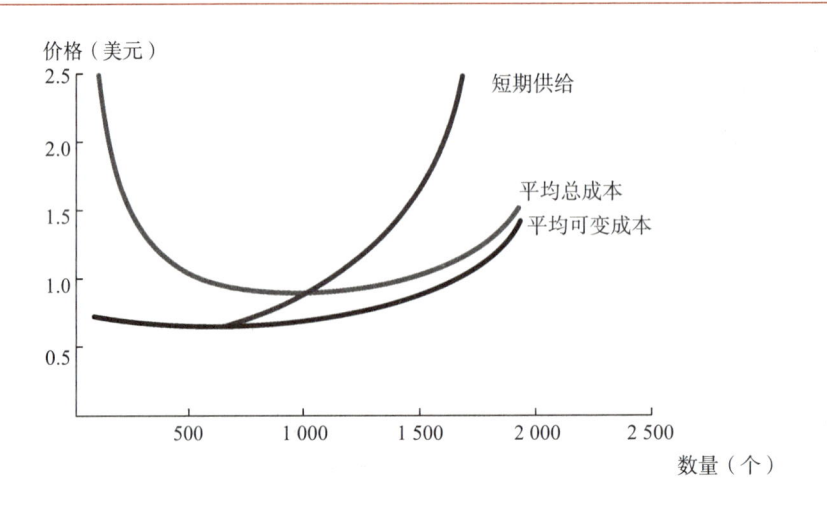

图6.9 短期供给曲线：边际成本位于平均可变成本以上的部分

注：本图以图6.2为基础，并对原始的边际成本曲线进行了两处改动。第一，我们现在将其称为短期供给曲线；第二，位于平均可变成本曲线以下的部分被切掉了，因为在价格低于平均可变成本的最小值时，企业会停产。

选择与结果

边际决策者会忽略沉没成本

- 假设你现在需要帮助，以为自己的大学筹款。你听说学校里设有一个呼叫中心，但没有人使用。你去询问原因，得到的答复是："尽管打电话能筹集到更多的资金，但打电话的费用是1美元，而邮寄信件的费用只有0.5美元。"你很震惊，打个电话怎么这么贵？

- 在你的一番催促下，学校最后告诉了你专家是如何计算出这一成本的。他们只是简单地将学校几年前购买计算机网络电话银行系统的成本和学生打电话的成本加总，然后用这笔钱除以呼叫总次数，得到打一次电话的平均总成本。当然，他们没有考虑到学校已经购买了计算机的事实，成本此时已经沉没。沉没成本不应影响我们是打电话还是邮寄的决定。

- 通过正确的计算，你发现每次通话的边际成本其实非常非常低，大约为0.40美元！鉴于你通过电话呼叫能筹集到更多资金，并且打电话的边际成本小于邮寄信件的边际成本，所以在阅读本章后，你应该立即建议你的学校开始打电话筹款！要想实现优化，你就应该使用边际思维来进行决策，而这意味着忽略沉没成本。

6.4 生产者剩余

与消费者剩余的概念相似，经济学家也有一种测算卖方剩余的方法，卖方剩余被称为**生产者剩余**。生产者剩余是市场价格和边际成本的差值。

因此，在图形上，生产者剩余显示为边际成本曲线以上和均衡价格线以下的区域。生产者剩余不同于我们在图 6.5 中所测算的经济利润，因为后者考虑的是总成本而不仅仅是边际成本。

让我们来计算一下威斯康星奇斯曼公司的生产者剩余。假设公司面临的市场价格为 2 美元，如图 6.10 所示。

结果表明，该公司能够以低于市场价格的边际成本生产许多单位。在图 6.10 中，生产者剩余是边际成本曲线以上、市场价格虚线以下的阴影区域。请注意这与消费者剩余之间的相似性：消费者剩余源自高于市场价格的支付意愿，而生产者剩余源自以高于边际成本的价格进行的产品销售。

与计算消费者剩余相似，我们通过把市场上所有卖方的生产者剩余加总得到总的生产者剩余。通过测算边际成本曲线以上和均衡价格线以下区域的面积，我们可以得到整个市场的生产者剩余。

当供给曲线为直线时，我们可以用一个数学公式来计算生产者剩余。观察图 6.11（a），该图显示了从威斯康星州麦迪逊市到密尔沃基市的每日卡车货运服务的供给曲线。如果均衡市场价格是每趟 100 美元，那么生产者剩余可以表示为三角形区域的面积：

$$生产者剩余 = \frac{三角形的底 \times 三角形的高}{2} = \frac{4 \times 80 \text{ 美元}}{2} = 160 \text{ 美元}$$

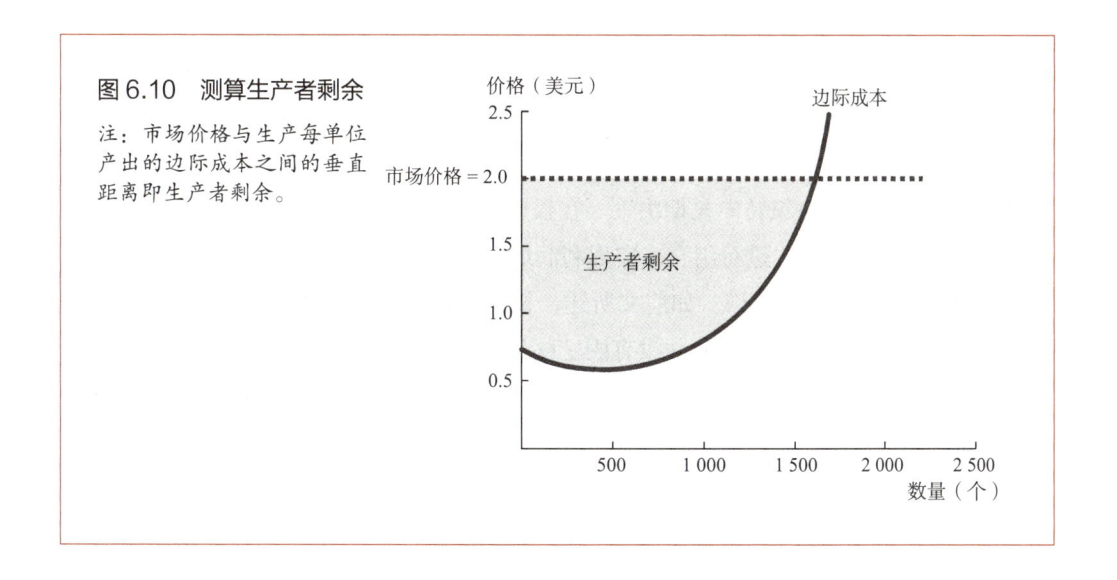

图 6.10 测算生产者剩余

注：市场价格与生产每单位产出的边际成本之间的垂直距离即生产者剩余。

这意味着该市场每日总生产者剩余为 160 美元。

有多种方式可用于增加或减少生产者剩余。例如，如果市场需求曲线的移动导致均衡市场价格更高，生产者剩余就会增加，因为供给曲线以上和均衡价格虚线以下的面积变大了，如图 6.11（b）所示。现在的生产者剩余为 1/2×（5×100 美元）=250 美元。

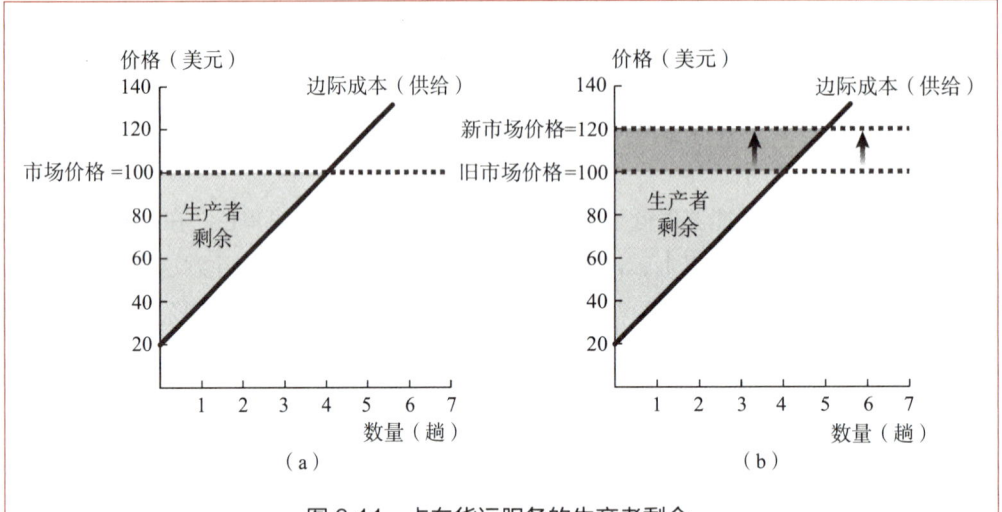

图 6.11　卡车货运服务的生产者剩余

注：图（a）(b) 显示了卡车货运服务的供给曲线，其中虚线为生产者的边际收益曲线。图（a）显示，生产者剩余是边际收益虚线以下和供给曲线以上的三角形。图（b）显示了当价格上升时生产者剩余变化情况。

6.5　从短期到长期

到目前为止，我们只考虑了威斯康星奇斯曼公司日常生产决策，而且在此过程中，我们一直将企业使用的设施和机器（即实物资本）视为固定成本。但企业通常不会只考虑日常生产。例如，许多企业会发布讨论长期前景的季报或年报。在本小节中，我们将从日常（短期）供给决策转向长期决策。在长期中，威斯康星奇斯曼公司可以通过将任意数量的劳动和实物资本进行组合来实现利润最大化。

然而，到底何为"长期"？如前文所述，长期是指所有生产要素都可变动的一段时期。也就是说，在长期中，企业并没有固定的生产要素，因为机器和建筑物也可以进行翻新、采购、扩建或出售。因为这一事实，公司的短期供给曲线和长期供给曲线之间存在诸多重大差异。

我们可以从威斯康星奇斯曼公司的生产决策入手来理解这些差别。在短期内，该公司只能通过增减工人数量的方法来改变产量。这是因为，在短期内只有劳动这一因素是

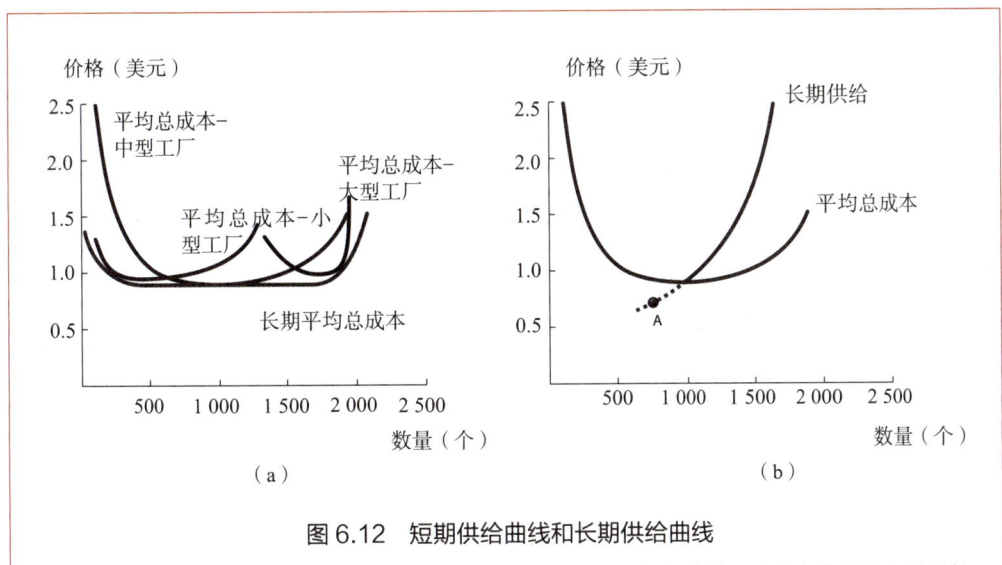

图 6.12 短期供给曲线和长期供给曲线

注：在长期中，威斯康星奇斯曼公司不会受其设施所限。图（a）中最下面的曲线是该公司的长期平均总成本曲线，另外三条曲线则代表着在给定工厂规模下的短期平均总成本。图（b）展示了长期供给曲线。

可变的。然而，在长期中，公司会寻求劳动和实物资本的最优组合。也就是说，在长期中，在任一产出水平之下，公司都能够通过对劳动和实物资本的组合来实现最低的平均总成本。这种差别导致短期成本曲线位于长期成本曲线以上。

如图 6.12（a）所示，为了理解短期供给曲线和长期供给曲线之间的关系，我们可以考虑大、中、小型三种不同规模工厂的短期平均总成本。由于在长期中，威斯康星奇斯曼公司能够选择使成本最小化的工厂规模，因此其长期平均总成本曲线位于三条短期平均总成本曲线下方。我们会发现，短期内的平均总成本会随着产量增加而出现更快速的上升，因为该公司只能雇用更多的劳动力；但在长期，公司既可以增加工人数量也可以增加实物资本。

如图 6.12（a）所示，长期平均总成本曲线呈明显的 U 形。在 U 形长期平均总成本曲线的左段向下部分，平均总成本会随产量的增加而下降。在这个范围内存在**规模经济**。我们发现，威斯康星奇斯曼公司在日产量不高于 444 个奶酪盒时存在规模经济。之所以会出现这样的效应，可能是因为随着工厂规模的扩大，工人拥有了更多进行专业分工的机会。当平均总成本不随产出水平变化时，工厂会经历**规模收益不变**。在本例中，此效应出现在从 444 个到 1 690 个这个产出范围之内。当平均总成本随产量增加而上升时，就会出现**规模不经济**。对威斯康星奇斯曼公司而言，此现象发生在产量超出 1 690 时。这可能是因为管理团队开始变得过于分散，或者出现了任务重复。

第 6 章 卖方和激励

长期供给曲线

图 6.12（b）显示了长期供给（边际成本）曲线和长期平均总成本曲线。运用类似于从边际成本曲线推导出短期供给曲线的方法，我们可以用这条边际成本曲线来构建威斯康星奇斯曼公司的长期供给曲线。

观察 A 点。在这一价格水平下，威斯康星奇斯曼公司是否应该继续生产？答案是否定的。因为该价格低于平均总成本，会使公司的生产支出超出其收入。总收入低于总成本会导致经济利润为负。

此时，威斯康星奇斯曼公司除了退出这一行业外别无选择，因为它无法在均衡价格水平下盈利。请注意，**退出**是离开市场的一种长期决策。我们因此得到一条长期决策原则：

如果价格低于平均总成本，或者说如果总收入低于总成本，企业就应该退出。

这一推理自然引出了对威斯康星奇斯曼公司长期供给曲线的构建：不同于短期供给曲线，长期供给曲线是其边际成本曲线位于平均总成本曲线以上的部分。图 6.12（b）用位于平均总成本曲线以上的实线展现了长期供给曲线。位于平均总成本曲线下方的虚线是短期供给曲线的一部分，但并不是长期供给曲线的组成部分。因为正如图 6.9 所示，这段虚线位于平均可变成本曲线和平均总成本曲线之间。

威斯康星奇斯曼公司长期利润的计算方法与短期利润完全相同，都是用总收入减去总成本。因此，利润等于价格和平均总成本的差值乘销售数量：（价格－平均总成本）× 数量。相应地，长期的生产者剩余是市场价格和卖方长期边际成本之差的加总。

知道了如何推导短期供给曲线和长期供给曲线之后，我们自然会问如下问题：企业供给曲线在图中的位置是由什么决定的？由于供给曲线是位于平均可变成本曲线（短期）或平均总成本曲线（长期）以上的边际成本曲线，因此该问题的答案涉及对成本的考虑。与个体需求曲线的情况相似，企业的供给曲线也会受到某些因素的影响而发生左移或右移。我们在第 4 章中已就这些因素进行过细致讨论，其中就包括投入价格（如劳动力成本）和技术创新。

选择与结果

参观一家汽车制造厂

- 我们参观了克莱斯勒位于密歇根州斯特灵海茨的汽车制造厂，该工厂拥有数千名工人，每年生产成千上万辆汽车。装配车间里的技术工人和大量机器人合作，将各种零部件拼装成最终产品——他们把金属板与数百个松散零件组装成一辆闪亮的新汽车。

- 在工厂的某处，我们看到一个焊接框架（底盘）沿着一条大型传送带移动。传送带会经过多个工人团队，他们负责往这个初始基件上添加各种零部件。
- 一个团队会仔细地将发动机安装在正确位置，下一个团队则负责安装前后悬架，随后一个团队会安装变速箱，另一个团队负责转向器，还有一个小组负责刹车系统。在检验员确保安装没有明显缺陷之后，汽车会被涂上三层闪亮的油漆。最后，检验员在汽车出厂之前还要对汽车展开进一步检测，以确保刹车装置、雨刷器、车窗和其他零部件达到运行标准。
- 这个流程中最值得注意的就是专业分工。每个工人都只负责一项工作：安装特定零部件、检验或涂漆。为了确保工厂利润最大化所需的生产质量和数量，每一项具体工作都是一系列复杂且必须精确完成的任务。
- 不难想象，如果工人们都被派去单独生产汽车，那么他们可能一个月都生产不出来一辆汽车。但是，凭借专业分工，这家工厂每天可以生产数百辆汽车。通过这种方式，一家大型装配厂的单人产量远远超过了小型装配厂。亨利·福特就是在1908年意识到了这一点，并借此推出了世界上第一辆平价汽车——T型车。
- 虽然当时福特拥有诸多优势（例如，T型车的成功部分源于对钒钢的使用，这使得福特在竞争中领先对手数年），但是专业分工尤为重要。福特当时的工厂和现在的每家汽车厂都实现了规模经济。与威斯康星奇斯曼公司一样，当平均总成本随着产量增加而下降时，一家企业就会实现规模经济。在繁荣的现代经济中，生产的关键特征之一就是专业分工促进了更高的劳动者人均产出。

6.6 从企业到市场：长期竞争均衡

和对单个企业所做的短期分析及长期分析一样，在行业层面，短期和长期之间也存在着明显差别。其主要差别在于，尽管一个行业中企业的数量在短期内是固定的，但在长期中，企业可以因应盈利能力的变化进入或退出该行业。因为从长期来看，它们能够同时改变劳动和实物资本。

企业进入

什么时候一家企业会决定进入某个市场？史蒂夫奶酪批发公司（威斯康星州森普雷里市的一家真实企业，和威斯康星奇斯曼公司比邻，以下简称史蒂夫公司）正在考虑进入奶酪包装行业，该行业现已有10 000家同类公司。假设史蒂夫公司与威斯康星奇斯曼公司及行业内的其他公司完全相同。此外，假设当前市场价格高于史蒂夫公司的最低长期平均总成本，如图6.13中的E点所示。

图 6.13 史蒂夫公司的进入决策

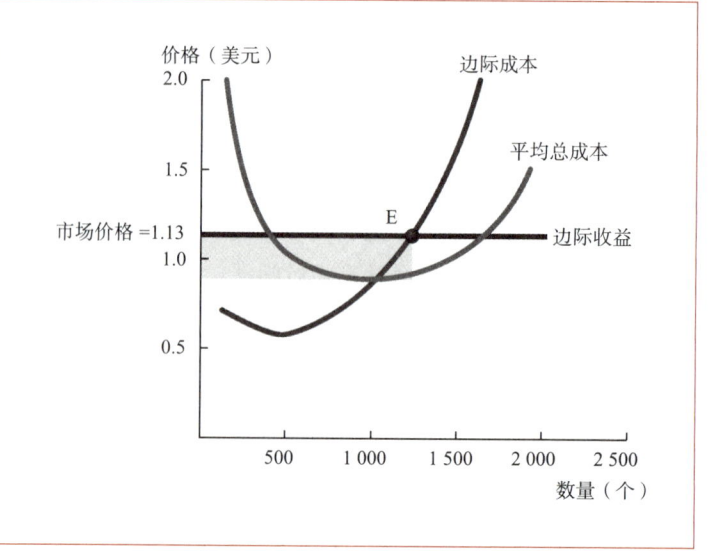

注：观察史蒂夫奶酪批发公司这家新企业（该公司与威斯康星奇斯曼公司完全相同），我们发现该公司有机会通过进入奶酪包装行业赚取利润。这是因为当市场价格为 1.13 美元时，图中代表经济利润的矩形阴影面积大于零。

史蒂夫公司应该进入该行业吗？答案是肯定的。请注意，由于市场价格为 1.13 美元，高于史蒂夫公司的平均总成本 0.93 美元，因此该公司可以进入该行业，并且能够从每一生产单位中获得数额为（价格 – 平均总成本）的利润。在这种情况下，该公司将赚取图中阴影区域所表示的利润，其值为：（价格 – 平均总成本）× 数量。因此，史蒂夫公司应该把握这个机会，进入奶酪包装行业。

不难想象，许多企业会进行这种计算，在意识到可以在行业中获利之后，它们会决定进入该行业。接下来会发生什么？如果该行业可**自由进入**，即进入行业不受任何特殊法律或技术壁垒的限制，那么进入过程将一直持续，直至最后一个进入者使市场价格降至等于最小平均总成本。让我们来分析一下其中的原因。

首先思考一下新企业进入对市场供给曲线的影响。由于市场供给曲线是单个企业供给曲线的加总，因此在任何给定的价格水平下，新企业的加入都会导致该行业的产量增加。毕竟，新进入者的产量都必须被计入现有行业的总产量之中。换句话说，新企业的进入使得市场供给曲线向右移动。

这种移动将导致市场价格下跌。为什么？图 6.14（a）对此做出了直观的解释。我们知道，完全竞争行业的市场价格是由市场需求曲线和市场供给曲线的交点给出的（图中的 A 点）。市场供给曲线从 S_1 右移到 S_2 使市场价格从 1.13 美元降至 0.90 美元（图中的 B 点）。

图 6.14 长期的企业进入

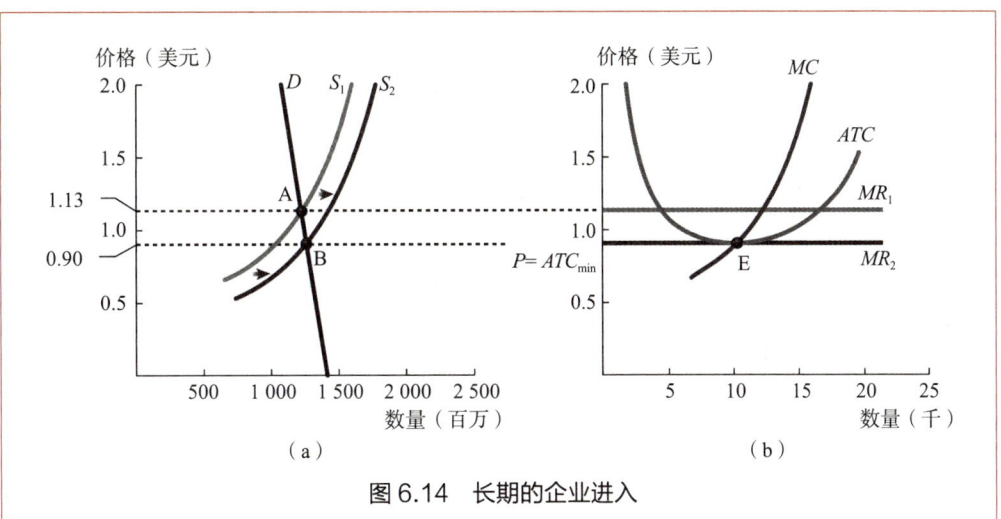

注：图（a）显示，随着企业的进入，市场供给曲线右移，市场均衡因此从 A 点移动到 B 点。这使得市场价格降低。图（b）显示了这一价格变动对威斯康星奇斯曼公司的影响，该公司将以 E 点的生产水平进行生产。

还会有企业决定进入吗？不会，因为市场价格已经下降到平均总成本曲线的最低点〔图6.14（b）中的 E 点〕。在这一点，由于不会有更多企业进入，该市场达到了均衡。在本例中，史蒂夫公司进入市场使价格降低到行业的最小平均总成本，导致经济利润变为零。现在已经不存在让其他供给者进入该行业的利润激励。

如果在史蒂夫公司进入后，新的市场价格仍然高于最小平均总成本，那么仍然会有企业进入该行业，因为此时的市场仍存在进入激励，即正利润！企业的进入将使市场供给曲线进一步向右移动，从而进一步降低市场价格。这个过程将一直持续，直至市场价格降至该行业的最小平均总成本。届时企业进入将终止。

企业退出

现在假设在市场达到均衡后，一组研究人员发布报告称，接触奶酪会导致幼儿皮肤过敏。这一说法导致奶酪包装服务的市场需求曲线向左移动。假设如图6.15（a）所示，奶酪包装市场需求曲线的移动导致均衡价格从 A 点降至 B 点，也就是从 0.90 美元降至 0.71 美元，该价格现在低于这些企业的最小平均总成本，如图6.15（b）中的 T 点所示。这导致该行业中企业的利润转为负值。因此，如果市场中存在**自由退出**，即企业的退出不受任何特殊法律或技术壁垒的限制，那么从长期来看，一些奶酪包装企业将关闭并离开该行业。因为我们假设所有企业都是相同的，所以市场上的所有企业都同样无利可图，也都愿意退出这个行业。你可能想知道哪些企业将首先退出。这个问题有几种可能性。一种是有些幸运的企业比其他企业提前意识到自己在亏损，因此它们会首先退出。

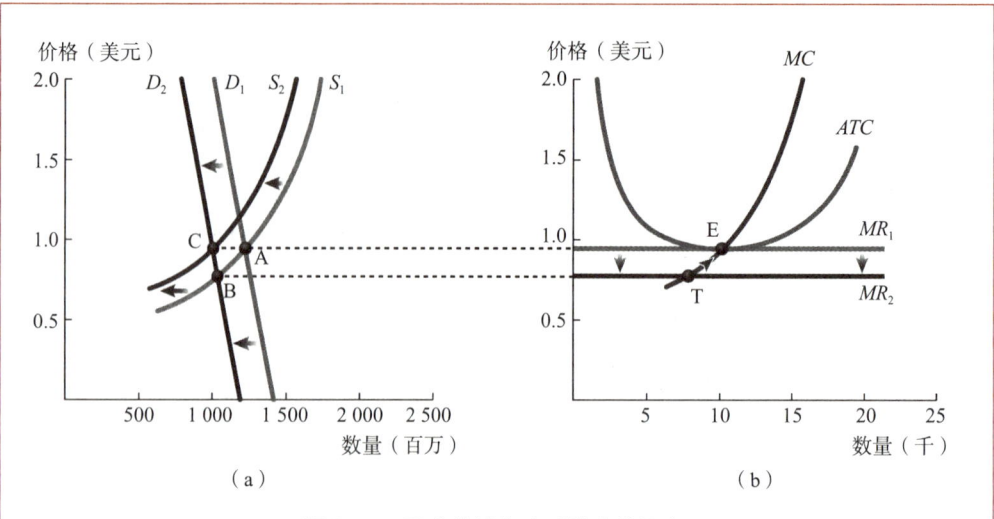

图6.15 需求曲线左移后的企业退出

注：图（a）显示，如果市场需求曲线向左移动，价格将从A点下降到B点。在这个新价格下，企业将退出，这将导致市场供给曲线向左移动，使市场均衡移动到C点，并将使奇斯曼公司处于图（b）中的E点。

另一种更现实的可能性是，企业之间存在成本差异，而成本最高的企业首先退出。我们将在本章附录中考察一个此类型的案例，但现在我们仍假设所有的企业都毫无二致。

企业退出行业会使市场供给曲线向左移动，使图6.15（a）中的市场价格从B点上升到C点。就像进入行业的过程会一直持续至市场价格降至最小平均总成本，退出也会持续至市场价格升至最小平均总成本的水平。一旦达到这一点，即图6.15（b）中的E点，市场就达到了长期均衡状态。

请注意，无论市场的初始需求或供给以及相关价格如何变化，进入或退出都会使市场达到长期平均总成本曲线的最低点。也就是说，市场中的均衡数量可能会因为市场需求和供给的变化而发生变化，但均衡价格总是会回到长期平均总成本的最小值。

长期利润为零

我们可以看到，自由进入和自由退出会将完全竞争行业的市场价格推向长期平均总成本的最小值。在完全竞争市场的假设下，这会导致两个重要的结果。

第一，虽然由于我们之前讨论过的原因，行业的短期供给曲线会向上倾斜，但是其长期供给曲线是一条价格等于长期平均总成本最小值的水平线。这是为什么？价格总是会回到平均总成本的最小值，而且因为平均总成本没有变化，所以价格在长期中也会保持不变。这是因为，从长期来看，行业产量的变化会被企业的进入和退出吸收，从而导致长期数量发生变化而均衡市场价格保持不变。

让我们通过一个例子来对此进行解释。图 6.16（a）中，D_1 和 S 分别为市场的初始需求曲线和供给曲线。初始均衡数量为 Q_1，价格为 P_1，我们知道 P_1 等于平均总成本最小值。

假设市场需求 D_1 右移至 D_2。尽管价格可能会暂时上升，但是，在长期中，新企业的进入会促使供给曲线向右移动，如图 6.16（b）所示。随着企业进入的持续，供给曲线最终会移动到 S_2，价格则会回落到长期平均总成本的最小值，也就是 P_1 的价格水平。如果把两个长期均衡联系起来，我们就得到了市场的长期供给曲线 $S_{长期}$，它是一条价格为 P_1 的水平线，如图 6.16（c）所示。

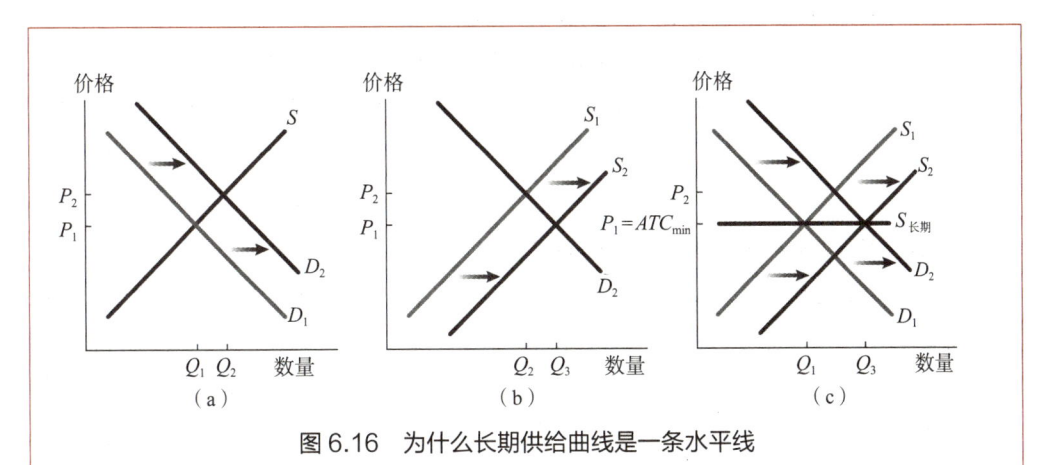

图 6.16　为什么长期供给曲线是一条水平线

注：从左至右，本图总结了导致长期供给曲线为水平直线的企业进入和退出动态。图（a）和图（b）分别显示了需求曲线和供给曲线的变动，图（c）汇总了这些变动并引入了长期供给曲线。

因此我们看到，在长期中，由于企业的进入和退出，价格会等于平均总成本的最小值。由于有许多相同的企业随时准备进入或退出该行业，因此在长期中，在等于平均总成本最小值的价格水平下，市场可以生产出任意所需数量的商品。

自由进入和自由退出所带来的第二个长期结果是，在完全竞争市场均衡时，企业的经济利润为零。经济利润是一个重要信号，它显示了企业在哪个行业中的处境会更好：如果经济利润为正，那么企业进入就会持续，直到经济利润下降至零；如果经济利润为负，那么企业就会持续退出，直至经济利润上升至零。自由进入和自由退出推动价格趋向于平均总成本最小值，因此在长期均衡中经济利润为零。

我们在这一分析中做出的一个重要假设是企业都是相同的，且能够以不变的成本（在本例中，该行业可以以每天 72 美元的成本雇用任意数量的工人）进行生产投入（包括劳动和实物资本）。当企业的成本结构不同时，我们得到的结果会与经济利润为零这一结论不同。在这种情况下，低成本企业可以在长期均衡中获得数量为正的经济利润。我们将在本章附录中对此展开进一步讨论。

经济利润与会计利润

如果你是从一个企业家的角度来进行思考的，那么"企业进入和退出使得经济利润为零"这一结论或许会让你感到绝望。毕竟，如果最终结果是无利可图，那又何必创办企业？正如前面讨论过的，有一个重要的理由或许会改变你的想法：经济利润不等同于会计利润。经济利润为零仅仅意味着，你作为一名企业所有者，即使把才能用于另一个的行业，也赚不到更多的钱——你得到的是你时间的机会成本。

让我们通过一个例子来进一步了解会计利润和经济利润之间的差异。2011年1月20日，威斯康星州森普雷里市的新闻报道称，威斯康星奇斯曼公司已濒临倒闭。公司的总裁兼首席执行官戴夫·麦克指出，公司重组将导致80名员工失业。

一些人对此感到非常意外，因为他们一直认为威斯康星奇斯曼公司在盈利。为什么一家盈利的公司会倒闭？答案在于对利润的定义——即使公司一直在赚取会计利润，其经济利润也可能为负。例如，假设该公司不从事现在的业务，那么它的管理团队和实物资本的最好归宿可能是为麦迪逊市附近的快餐仓储提供服务。

事实上，让我们更进一步假设，如果威斯康星奇斯曼公司决定从奶酪包装行业转向快餐仓储业务，那么公司的利润会大幅增加。在这种情况下，奶酪包装的会计利润可能确实是正的，但经济利润却可能是负的。这是因为必须考虑奶酪包装的隐性成本——管理时间和工厂的机会成本。与劳动成本一样，这一隐性成本要从收入中扣除才能得到经济学家所说的利润概念。[1]

用数据说话

优步司机进入市场的长期影响

- 近来，优步和来福等网约车公司数量的激增，让网约车市场出现了一种近似于完全竞争市场的情形。在这个市场中，司机可以自由进入和退出。那么，长期竞争均衡理论会如何帮助我们理解网约车市场呢？经济理论告诉我们，从长期来看，进入和退出应该使经济利润趋近于零。在这种情况下，如果政策变化导致司机工资在短期内出现增长，我们会预见有新司机进入市场（现有司机也可能会增加工作时间）。

- 经济学家乔纳森·霍尔、约翰·霍顿和丹尼尔·诺普弗尔提供的一项自然实验数据让我们得以对上述预测进行验证。研究者调查了优步在105周内于36个城市调高起步价（并导致司机工资上升）的情况，他们发现，在起初阶段，起步价的上涨提高了司机的小时收入。但由于供给的增加，司机的收入最终回到了原始的均衡。

- 我们可以从图6.17中看到这一情况，该图显示了起步价上涨前后多周内的司机每小时净收入（扣除成本后）。图中所显示的数据模式与经济理论极度吻合。起步价的上涨导致司机收入在几周内大幅增加，但到了第6周，司机收入仅略高于起步价上涨前的水平，而到了第15周，由于新司机持续进入和现有司机增加工作时间，司机的收入已经完全回到了起步价上涨之前的状态。从长期来看，进入和退出导致司机很难改变其收入水平。

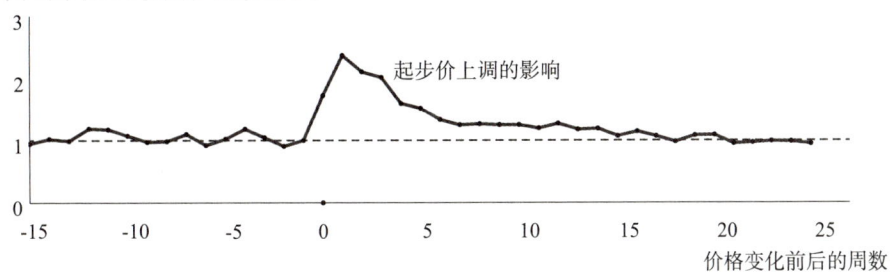

图6.17 一名优步司机的长期经济利润

注：正如完全竞争市场的进入和退出经济学理论所预测的那样，在起步价上调后，优步司机扣除成本后的每小时净收入在短期内出现了大幅上升，但从长期来看，这种收入上升的情况无法持续。

循证经济学

乙醇补贴将如何影响乙醇生产者？

- 在本章开始时，我们便提出了一个关于乙醇补贴将如何影响乙醇生产者的问题。乙醇生产行业是一个近似于完全竞争的市场，因此本章所提供的经济学工具可以帮助我们理解这个问题。在第10章中，我们将更全面地讨论税收和补贴。

- 首先我们来看一下给予补贴是否会令该行业的经济利润增加。我们在本章中了解到，企业进入是经济利润为正的信号之一。因此，我们可以思考，当美国政府补贴乙醇产业时，乙醇工厂的数量是如何变化的？图6.18上方的曲线展示了乙醇工厂的总数量，下方的曲线展示了在建或扩建工厂的数量。在2006年，每加仑乙醇燃料的实际补贴为0.51美元，补贴方式为退税。如图6.18所示，当布什总统在2006年国情咨文中宣布将继续给予乙醇工厂补贴优惠后，在建乙醇工厂的数量出现激增。2009年，补贴降至每加仑0.45美元，新建工厂数量则大幅回落至2006年之前的水平（其实新建工厂数量在2007—2009年间就一直在下降）。

- 乙醇工厂数量随着补贴变化而出现增减，这显示了经济利润对企业进入和退出的影响。但乙醇行业在此期间受到了许多因素的干扰，因此我们很难确定是不是补贴本身导致了新建工厂数量的变化。例如，玉米是乙醇生产的一项重要投入，其价格在2005年跌至了历史低点。如果投资者认为玉米价格将持续走低，那这一因素本身就可能导致乙醇工厂数量的增加。此外，2008年的各种宏观经济状况也发生了剧烈变动，这些冲击也可能会影响工厂建设和扩张。

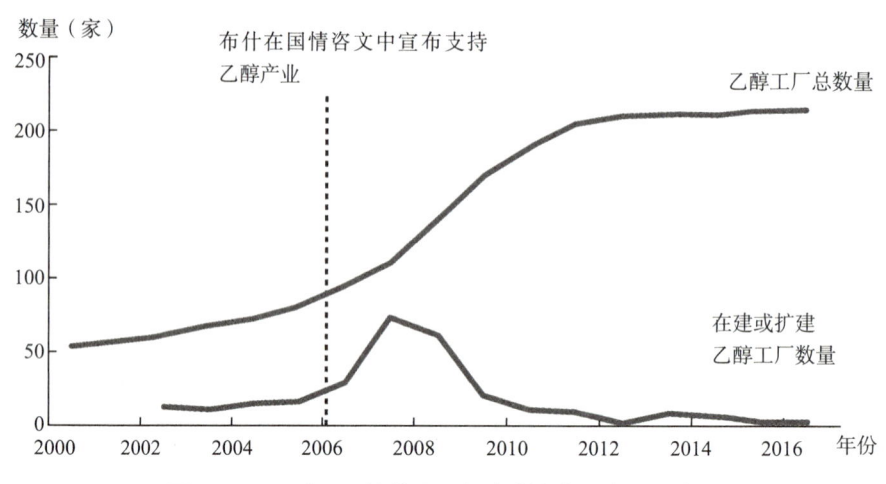

图6.18 乙醇工厂总数量和在建或扩建乙醇工厂数量

注：本图绘制了乙醇工厂的总数量和在建或扩建乙醇工厂数量。图中垂直虚线表示布什总统在国情咨文中宣布支持乙醇产业发展。
资料来源：可再生燃料协会

- 为我们所关注的问题提供进一步证据的方法之一是构建一个人造市场，在该市场中，除了补贴，其他条件应完全与现有市场相同。之后我们可以将其与接受补贴的市场进行比较。我们就是这么做的：通过请学生扮演潜在的乙醇生产者，我们开展了一次实验室实验。[2]

- 想象你现在就是这个实验室实验的一名参与者。实验的目的是对存在乙醇生产补贴的情况和不存在乙醇生产补贴的情况进行对照观察。实验中12位生产者的成本曲线相同，且每个生产者都要在6个不同的时期做出行业进入决策（也就是说，他们做了6次进入决策）。如果他们进入，那么他们的工厂能生产200万加仑乙醇，收入和成本之差则是他们的利润。图6.19（a）绘制了无补贴情况下卖方的边际成本曲线和平均总成本曲线。图6.19（b）则绘制了有补贴情况下的这两种成本曲线。和无补贴企业相比，接受补贴企业的每加仑生产成本要低0.25美元。

- 实验对象被告知，由供需状况决定的价格如表6.3所示。该表显示，如果只有一个卖方进入市场，那么将有200万加仑乙醇被生产出来，每加仑的价格为1.40美元。在这种情况下，受补贴卖方的利润为（1.40美元－1.00美元）×200万，即80万美元；无补贴卖方的利润则为（1.40美元－1.25美元）×200万，即30万美元。

- 你认为在每一轮的无补贴和有补贴对比实验中，都会出现什么情况？如果你是实验参与者之一，你又会如何选择？图6.20总结了实验结果。图6.20（a）显示，在

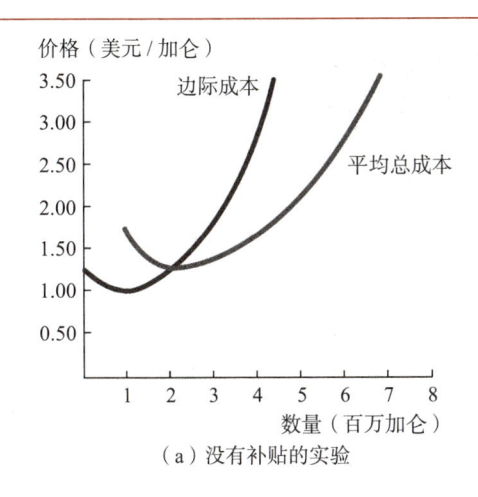

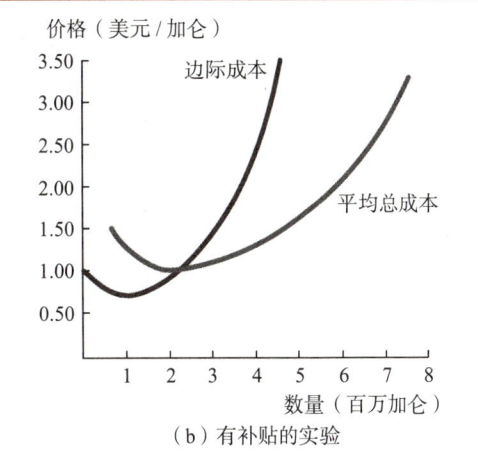

图6.19　乙醇生产者的个体成本曲线

注：本图绘制了两种不同情况下乙醇生产者的边际成本曲线和平均总成本曲线。图（a）展示了没有补贴时的情况，图（b）展示了每加仑乙醇享有0.25美元补贴时的情况。

没有补贴的情况下的第1轮中，12个卖方中有11个进入市场。此时乙醇总产量为2 200万加仑，均衡价格为每加仑0.90美元。因此，每个卖方的亏损为每加仑0.35美元（价格－平均总成本，即0.90美元－1.25美元）。这些亏损导致3个卖方在第2轮时退出市场，此时市场上只剩下8个卖方，均衡价格变为每加仑1.05美元。在这一轮，卖方仍然在亏损。这种情形不可能是均衡状态。图6.20（a）证明了这一点：到第4轮时卖方的数量才达到均衡——市场上有4个卖方，市场价格为每加仑1.25美元。这一数字一直保持到实验结束。乙醇价格收敛至等于平均总成本最小值，并使每个卖方的经济利润为零。

- 图6.20（b）显示了有补贴情况下的数据。在这种情况下，第1轮进入市场的卖方大幅减少（5个）。在只有5个卖方的状况下，乙醇市场价格为每加仑1.20美元。这意味着每个卖方的利润为每加仑0.20美元（价格－平均总成本，即1.20美元－1.00美元）。利润导致其他企业进入，如图6.20（b）所示。到第6轮时，卖方的数量达到均衡，此时有9个卖方进入市场，对应市场价格为每加仑1美元。此时价格再次等于平均总成本的最小值。正如理论所预测的那样，即使存在补贴，不断增加的企业数量也会将经济利润推至零。

- 这个实验证实了我们关于竞争性行业的一个预想：无论在何种情况下，企业的进入和退出最终都会稳定于零利润的均衡。也就是说，无论是否存在补贴，长期的经济利润都会被推至零。至于本章开头所提出的问题，我们的结论是，补贴会给完全竞争行业中的生产者带来短期影响，但是竞争行业（如乙醇行业）的企业不应寄希望于在长期中获得正经济利润，因为企业进入将使长期经济利润为零。

表6.3 实验室实验中的价格和数量

每加仑的价格（美元）	市场上乙醇的数量（百万加仑）
1.40	2
1.35	4
1.30	6
1.25	8
1.20	10
1.15	12
1.10	14
1.05	16
1.00	18
0.95	20
0.90	22
0.85	24

注：本表汇总了实验对象所面临的乙醇价格和数量，其中左列显示的是以0.05美元依次递减的乙醇价格，右列显示的则是市场中相对应的乙醇数量，单位为百万加仑。

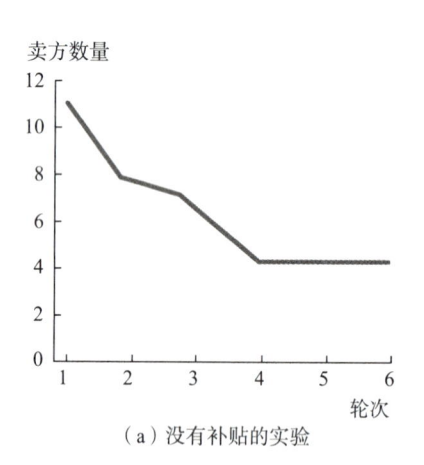

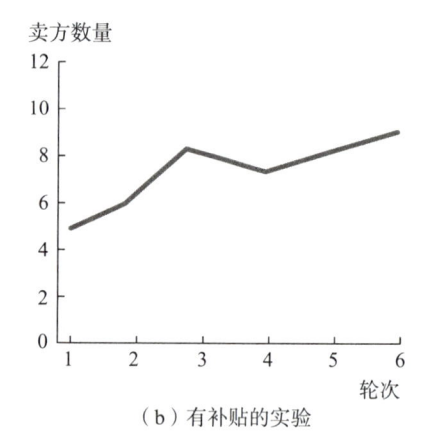

（a）没有补贴的实验

（b）有补贴的实验

图6.20 实验研究结果

注：本图总结了实验市场中各轮次交易的卖方数量。图（a）是没有补贴的情况，图（b）是每加仑乙醇补贴0.25美元的情况。

问题	答案	数据	注意事项
乙醇补贴将如何影响乙醇生产者？	这取决于我们考虑的是短期还是长期。乙醇生产者应该明白，均衡状态下的长期经济利润将为零。	市场数据加上实验室实验数据。	从实验室实验中得出的结果可能很难推而广之。此外，在研究数据的发生期内，乙醇行业中的许多因素都在同时发生变化，这使得我们很难确定因果关系。

总结

- 卖方通过解决卖方问题进行优化，这要求我们基于边际分析做决策：扩大生产，直至边际成本等于边际收益。
- 短期和长期供给曲线展现了卖方在不同价格水平下的商品出售意愿。
- 生产者剩余即每一单位商品的价格与其边际成本的差值的加总。
- 在完全竞争市场中，自由进入和自由退出导致长期经济利润等于零。
- 通过了解卖方问题的决策规则以及自由进入和自由退出的力量，我们不仅可以更好地了解如何经营自己的企业，还可以更好地预测卖方会如何对激励做出响应。

关键术语

企业	总成本	经济利润
生产	可变成本（VC）	供给价格弹性
实物资本	固定成本（FC）	停产
短期	平均总成本（ATC）	沉没成本
长期	平均可变成本（AVC）	生产者剩余
固定生产要素	平均固定成本（AFC）	规模经济
可变生产要素	边际成本（MC）	规模收益不变
边际产量	收入	规模不经济
专业分工	边际收益（MR）	退出
收益递减规律	利润	自由进入
生产成本	会计利润	自由退出

问题

1. 假设一家公司占据了某产品全球 55% 的市场份额，其余 147 家公司占据其余 45% 的市场份额。拥有如此多的买方和卖方，这个市场是不是竞争市场？请解释你的答案。
2. 在你看来，完全竞争市场中的卖方是否能对商品进行不同定价？请解释你的答案。
3. 在一个完全竞争市场中，法律或技术性进入壁垒的引入将如何影响长期均衡？
4. 绘图展示竞争企业的边际成本曲线和平均总成本曲线之间的关系。当边际成本小于平均总成本时，你能得出关于平均总成本的什么结论？
5. 为什么当完全竞争市场中的单个企业的需求曲线呈水平时，行业需求曲线会向下倾斜？
6. 在竞争市场中，一家企业会如何决定产出水平，以实现利润最大化？
7. 是否可能出现会计利润为正但经济利润为负的情况？请举例解释。

8. 下图显示了三种具有不同价格弹性的供给曲线。请辨别哪条是完全弹性供给曲线，哪条是完全无弹性供给曲线以及单位弹性供给曲线。

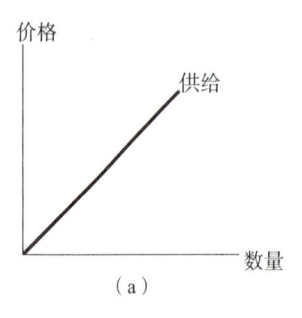

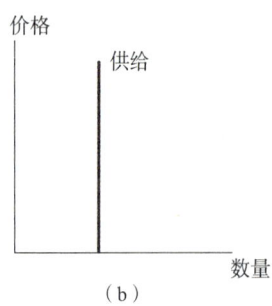

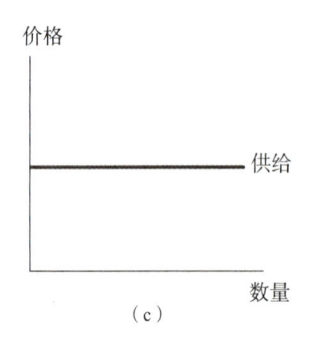

（a）

（b）

（c）

9. 如果市场价格在短期内低于平均生产成本，一家追求利润最大化的企业是否会继续运营？
10. 什么是生产者剩余？如何计算竞争市场中的生产者剩余？
11. 确定下列不同情况下竞争企业的生产者剩余是增加、减少还是保持不变：
    i. 产品的需求增加；
    ii. 企业的边际生产成本增加；
    iii. 产品的市场价格下降。
12. 下图显示了某一完全竞争企业的长期平均总成本曲线：

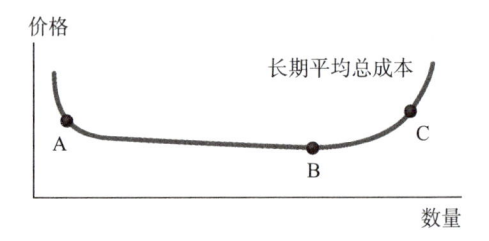

观察图中的 A、B、C 点，确定企业会在哪一点上经历规模经济、规模收益不变以及规模不经济。

13. 完全竞争企业的长期供给曲线与短期供给曲线有何不同？请解释你的答案。
14. 如果部分卖方退出某一竞争市场，这将如何影响均衡？

循证经济学习题

1. 从长期看，当布什总统宣布继续为乙醇生产提供补贴后，乙醇工厂的数量出现了怎样的变化？
   a. 保持不变
   b. 增加
   c. 减少
2. 在本章的循证经济学专栏中，我们提及了一个关于乙醇补贴的实验室实验。现在让我们回到这个实验并思考，如果政府决定减少对乙醇的补贴，结果会怎样？乙醇的价格和数量见表6.3。在没有补贴时，所有卖方所面临的每加仑乙醇的平均总成本为1.25美元，如果进入市场，则每家工厂的乙醇产量为200万加仑。起初针对每加仑乙醇的补贴为0.25美元。请思考如果补贴降至每加仑0.20美元，会出现什么情况。

a. 单个卖方的新平均总成本是多少？

b. 在最初的 1.00 美元价格水平下，单个卖方的利润是多少？

c. 当价格为 1.00 美元时，你预期是否会有更多卖方进入或退出市场？

d. 在均衡状态下，市场上会有多少卖方？

e. 在均衡状态下的经济利润是多少？

习题

1. 修缮旧房屋需要管工和木工。杰克木工活和管工活都做得不错，但哪一项都不是特别擅长。如果他一个人做所有的木工活和管工活，那么他一年可以维修 2 栋房子。他的年工资是 5 万美元。

    a. 杰克维修 2 栋旧房子的平均总成本是多少？

    b. 乔治是一位优秀的管工，哈利特是一位优秀的木工。如果乔治负责所有的管工活，哈利特负责所有的木工活，他们每年可以维修 5 栋旧房子，每人每年的工资为 5 万美元。如果乔治和哈利特合作每年维修 5 栋旧房子，那么他们的平均总成本是多少？

    c. 这道题揭示了规模经济的哪一个来源？

2. 阿拉斯加的鱼类捕捞是一项季节性生意；5—9 月是捕鲑鱼和大比目鱼的最佳时间。托兰渔业是一家小型商业捕鱼公司，去年的捕捞量创下了历史新高。今年捕鱼季开始时，该公司工人和设备数量都与去年相同。由于新捕鱼季开端良好，托兰渔业大幅增加了工人的雇用量，但并未在拖网渔船和其他捕鱼设备上追加额外的投资。

    a. 在其他条件不变的情况下，短期内每个新工人的边际产量可能会发生何种变化？

    b. 从长期看，结果是否会有所不同？请解释你的答案。

3. 下表给出了关于 ABC 配件公司短期成本的一些信息：

小配件数量（个）	总固定成本（美元）	总可变成本（美元）	总成本（美元）
0	10	—	—
1	—	1	—
2	—	3	13
3	—	6	16
4	—	10	—
5	—	—	25
6	10	21	—

a. 找出生产 5 个配件的平均固定成本。

b. 第 3 个配件的边际成本是否大于生产 2 个配件的平均总成本？第 3 个配件的生产是增加还是降低了平均总成本？

c. 找出生产 4 个配件的平均总成本。

d. 找出生产第 6 个配件的边际成本。

4. 填写下表中的平均总成本和边际成本列：

产出	总成本（美元）	平均总成本（美元）	边际成本（美元）
0	14		
1	15		
2	18		
3	24		
4	36		

a. 运用边际成本曲线确定当市场价格为 10 美元时，该公司会生产多少个单位。

b. 假设其他公司能够自由进入和自由退出行业，根据平均总成本曲线，长期市场价格是多少？

5. 你的公司负责生产一种帮助蹒跚学步小童使用常规马桶的塑料凳子。制造一个注塑的钢模具是一笔很大的固定成本（你可以利用这个模具生产成千上万的凳子）。此外还有一个基于实际注入塑料价格的边际成本。

a. 假设钢铁价格上涨，固定成本最终高于预期。

    i. 平均固定成本曲线会如何移动，是向上、向下还是没有变化？

    ii. 平均可变成本曲线呢？

    iii. 平均总成本曲线呢？

b. 假设塑料的价格上涨。

    iv. 平均固定成本曲线会如何移动？

    v. 平均可变成本曲线呢？

    vi. 平均总成本曲线呢？

6. 你是5家同类配件公司（即你们都有相同的成本）中的一家。你的固定运营成本为每天9美元。第1个到第5个配件的边际成本分别为1美元、2美元、3美元、7美元和8美元。你的产能约束为5个，且你只能生产整数个配件。

a. 生产2个配件的平均可变成本是多少？

b. 当产品价格为2.5美元时，市场的供给量为多少？

c. 假设市场水平的需求量固定为18个，换句话说，市场需求处于完全无弹性状态。此时的短期均衡价格是多少？

d. 在完全竞争条件下，长期均衡价格是多少？

7. 假设存在许多拥有简单成本结构的同类企业：当产量 $Q=0$ 时，总成本为6美元；$Q=1$ 时，总成本为8美元。每家公司都无法生产更多产品；换句话说，对于大于1的任何产量，其总成本都是无限的。

a. 固定成本是多少？生产第1个单位的边际成本是多少？

b. 在短期内，公司开始生产的最低价格是多少？

c. 如果企业可以自由进入和自由退出这个市场，长期市场价格将是多少？

8. 假设呼吸机制造商都追求利润最大化，且具有本章所概述的成本结构（大型固定成本和不断增加的边际成本）。这些公司的运营通常处于竞争市场的环境之下，不过政府正在考虑采取以下政策来提高其产量。解释以下政策是否能够促进呼吸机产量的提升。

a. 政府向每家公司提供大笔资金，且不附加任何条件。

b. 政府承诺以高于市场价的价格购买呼吸机。

c. 政府通过税收补贴降低人工和零部件的成本。

9. 你最近在报纸上读到一篇关于某家汽车公司的报道，该公司最近被政府监管机构罚款50亿美元。这张罚单是为了惩罚该公司过去的违规行为，与今后的汽车生产方式毫无关联。文章中写道："很明显，公司现在需要通过提价来弥补损失。"请根据本章所学内容来评价这一说法。

10. 数月之前，你花30美元买了一张票，打算去看你最喜欢的音乐家的表演。然而，你在演出当天却开始担心，因为你觉得自己没有为第二天的考试做好准备。（根据本章中的沉没成本概念）以下哪些信息应该会影响你的最终决定？简要解释。

a. 你发现信用卡对账单上有错误！你买这张票花了20美元，不是30美元。

b. 你得知音乐会有免费的比萨，这样，你就可以在晚餐上省下10美元。

c. 当天早些时候，你在地上捡到了一张10美元的钞票，这降低了你对浪费30美元的内疚感。

d. 你本觉得这张票转让不出去，结果你的室友刚刚表示可以出价10美元买下它。

11. 拉里·克罗维茨是一名推销员，在澳大利亚悉尼的一家二手车展销厅工作。现在是7月的最后一周，但他尚未达到本月的销售目标。一位名叫哈罗德·库马尔的顾客走进展销厅，他想买一辆福特嘉年华。在试驾了一辆车后，库马尔决定买下它。克罗维茨能接受的底价是11 000美元，但他报价15 000美元。经过一番讨价还价后，该车最终以12 000美元的价格售出。

a. 在这种情况下，生产者剩余是多少？

b. 如果克罗维茨购买这辆车时花了8 000美元，那么他最终获利多少？

c. 生产者剩余总是等于利润吗？请解释你的答案。

12. 下表显示了三家不同企业的长期总成本：

产出	企业1（美元）	企业2（美元）	企业3（美元）
1	8	5	7
2	14	12	12
3	18	21	15
4	20	32	24

a. 企业1和企业2经历了规模经济还是规模不经济？

b. 最小有效规模是长期平均总成本达到最小值时的最低产出水平。企业3的最小有效规模是多少？

13. 设总成本 $TC=16+Q^2$，其中 Q 为数量。这意味着边际成本 $MC=2Q$。

a. 给出关于平均总成本 ATC 的方程。

b. 如果市场价格为5美元，那么该企业愿意供应多少单位的产出？

c. 长期市场价格会是多少？

附录 6A　企业具有不同成本结构时的均衡

截至目前，我们所考察的都是企业具有完全相同条件时的情况。然而，你遇到的许多行业很可能不满足这一假设。有些企业拥有比其他企业更好的技术，有些企业拥有经验更丰富或更精明的企业家，还有些企业可能有渠道获得自然资源等关键投入。例如，一些农民可能拥有比其他农民更适合种植某类作物的土地。这些因素都可能导致企业拥有不同的生产成本。这些行业的供给曲线是什么样的？均衡会如何变化？

值得注意的是，我们从本章正文中所学到的主要理论在这种情形下仍然成立：除非停产或退出是最优选项，否则每家企业都会扩大生产，直至边际成本＝边际收益＝市场价格（$MC=MR=P$）。我们仍可以通过加总个体企业的供给曲线来构建市场供给曲线。企业相同和企业不同的主要区别在于，后者的均衡价格等于最后一个进入者的长期平均总成本。这具有重要意义，因为在这种情况下，即使在长期均衡中，一些企业也能获得正经济利润。

要想了解其中的原因，我们假设现在有一种能结出奇妙果实的新种子。这种水果的市场需求巨大，且可以在美国的各个牧场广泛种植。但是，最佳的种植条件是平缓的土地，因为在这样的地形中，工人可以更轻松地采摘水果。因此，生产成本将因土地类型而异。利用这些信息，我们能够通过农民生产 1 蒲式耳此种新水果的平均总成本对其进行排名。

在这种情况下，我们预期平均总成本最低的农民将首先进入市场并赚取最高的经济利润。他们进入市场后，下一批进入市场的农民所拥有的土地不太适合种植这种水果。因此和第一批进入者相比，这些农民会有更高的平均总成本。如果继续进行推理，我们会发现最后一个进入市场的农民的经济利润将为零。在这个市场价格下，该农民会失去进入市场的动力。事实上，即使市场价格只下跌一点儿，他也不会想要进入市场。

我们可以通过观察图 6A.1 来理解这一点。如图 6A.1（a）所示，市场需求曲线右移会导致价格上涨。价格上涨导致新企业进入该行业，从而使供给曲线右移，如图 6A.1（b）所示。新进入者的成本高于现有企业，而这导致均衡价格最终稳定在最后进入者经济利润为零的那个点上：价格等于其长期平均总成本的最小值。在这种情况下，我们得到一条向上倾斜的长期供给曲线，如图 6A.1（c）所示。由于长期供给曲线向上倾斜，均衡价格高于那些拥有最好土地的农民的平均总成本（他们的平均总成本最低）。与长期供给曲线为一条水平直线时的情况不同，这使得这些拥有较低成本的农民在长期中也能获利。这一结果表明，在均衡状态下，如果卖方具有不同的成本，那么长期经济利润也可以为正。

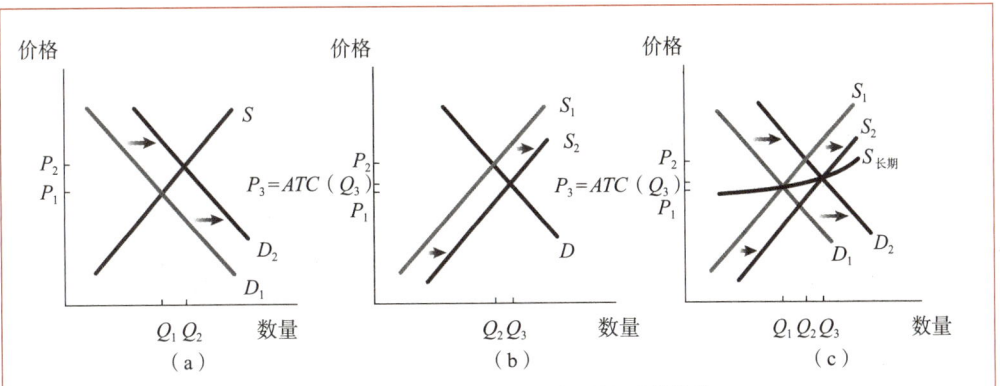

图 6A.1　企业具有不同成本结构时的均衡

注：图（a）显示了行业需求的增加，需求曲线从 D_1 右移至 D_2，导致价格从 P_1 升至 P_2。这意味着企业现在在该行业中获得了正经济利润（$P>ATC$，即价格大于平均总成本）。经济利润的增长使得企业进入增加，导致行业供给曲线右移，如图（b）所示。由于企业进入增加，行业总产出随之增加，市场价格开始从 P_2 下降。企业进入将持续至边际企业（最后一家进入该行业的企业）的经济利润为零，此时市场价格为图中的 P_3。但是，由于不同企业的成本各异，且成本最低的生产者已最先进入市场，所以，企业进入在价格回到初始水平 P_1 之前就会停止。请注意，在图（b）中，最终的均衡价格 P_3 大于市场中的初始均衡价格 P_1。图（c）将市场需求的初始增长与随后的市场进入相结合，同时显示了初始市场均衡（Q_1，P_1）和最终市场均衡（Q_3，P_3）。同样地，由于企业具有不同的成本结构，因此当边际企业面临的价格等于其平均总成本时，零利润条件成立。该市场的长期供给曲线就是长期市场均衡的轨迹，它是向上倾斜的。

表 6A.1 是考虑了竞争市场中自由进入和退出影响的基本结果汇总。

表 6A.1　相同和不同企业模型中的经济结果

企业成本结构	利润和供给曲线	
	短期	长期
所有企业的成本结构相同	经济利润可能为正	所有企业的经济利润都为零
	向上倾斜的行业供给曲线	水平的行业供给曲线
企业的成本结构不同	经济利润可能为正	除了边际企业，所有企业的经济利润都为正
	向上倾斜的行业供给曲线	向上倾斜的行业供给曲线

注：本表总结了两种不同类型市场短期和长期的利润及供给曲线。第一组针对的是拥有相同企业的市场，第二组针对的是拥有不同企业的市场。

第7章 完全竞争和"看不见的手"

仅由利己者构成的市场能否使社会整体福利最大化？

在前面的两章中，我们讨论了一般市场中的主要参与者，即买方和卖方所面临的决策问题。我们发现，当他们每个人都遵循特定的行为规则时，每个人都会使自己的利益最大化——这是一件好事，因为我们都希望竭力做到最好。但是，当这些利己者都聚集在一个竞争市场中时，除了混乱，你还能指望出现什么结果？

许多市场乍看上去确实一片混乱。亿贝上的竞价大战、股票经纪人疯狂地挥舞手臂卖力交易、买卖双方在跳蚤市场上讨价还价，这些都是显而易见的混乱。这些混乱，似乎都是由只顾自己利益的市场参与者造成的。

"经济学之父"亚当·斯密对这些混乱的看法却截然不同。在他看来，利己是经济有效运作的必要因素。他在其1776年的著作《国富论》中对此进行了再生动不过的阐述：

> 我们所期待的晚餐并不是来自屠夫、酿酒师或面包师的恩惠，而是来自他们对自身利益的重视。[1]

这一洞见后来被称为"看不见的手"。这是经济学中的一个重磅概念。它表明，当完全竞争市场的所有假设都成立时，每个人就像被一只"看不见的手"牵引着一样，而他们对自身利益的追求会促进整个社会的福利。

在本章中，我们将讨论"看不见的手"的重要作用。我们将证明，在我们所假设的完全竞争市场中，市场体系会造就个人私利和社会利益之间的和谐。我们会发现，在这

本章概览

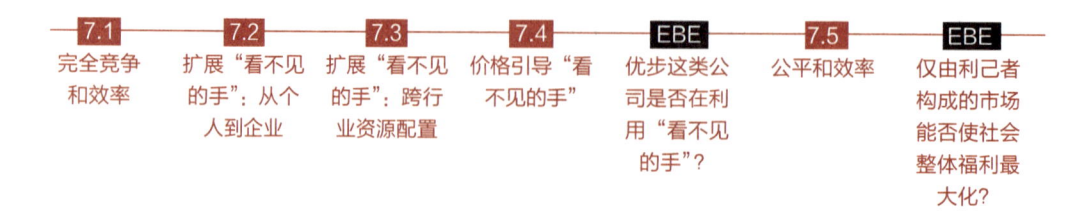

7.1	7.2	7.3	7.4	EBE	7.5	EBE
完全竞争和效率	扩展"看不见的手"：从个人到企业	扩展"看不见的手"：跨行业资源配置	价格引导"看不见的手"	优步这类公司是否在利用"看不见的手"？	公平和效率	仅由利己者构成的市场能否使社会整体福利最大化？

重要概念

- "看不见的手"能有效地将商品和服务分配给买方与卖方。
- "看不见的手"促成了行业内的有效生产。
- "看不见的手"有效实现了不同行业间的资源配置。
- 价格是"看不见的手"的指挥者。
- 在把经济蛋糕尽量做大和平均分配蛋糕之间存在权衡。

种情况下,自由市场堪称神奇,因为它能够以完全有效的方式分配商品和服务的生产与最终消费。在本章后面的循证经济学专栏中,我们将了解到,市场有效配置稀缺资源的秘诀就是让价格来影响买方和卖方。无论我们讨论的是纽约证券交易所的交易员、亚特兰大跳蚤市场的买卖双方,还是优步和来福网约车上的司机和乘客,这一洞见都同样适用。一旦我们理解了"看不见的手"的运行逻辑,我们就能更好地理解周围的世界。

7.1 完全竞争和效率

首先,让我们来进一步考察第 4~6 章所讨论过的完全竞争市场。简单起见,我们假设市场上只有 7 个买方和 7 个卖方,他们都是价格接受者。每个人都希望购买或出售一部品相良好的二手苹果手机。因为这些手机的质量类似,所以我们可以假设这些手机完全相同。马德林、凯蒂、肖恩、戴夫、伊恩、金、泰都是该市场上的买方,他们每个人的保留价值(支付意愿值)见表 7.1。**保留价值**指的是一个让个人对交易与否持无差异态度的价格。表 7.1 显示,马德林愿意为苹果手机支付 70 美元,凯蒂愿意支付 60 美元,而泰的支付意愿值最低,他只想为一部苹果手机支付 10 美元。这些数据共同构建了图 7.1 中的市场需求曲线。

表 7.1 苹果手机市场中买方和卖方的保留价值

买方	保留价值(美元)	卖方	保留价值(美元)
马德林	70	汤姆	10
凯蒂	60	玛丽	20
肖恩	50	杰夫	30
戴夫	40	菲尔	40
伊恩	30	亚当	50
金	20	马特	60
泰	10	菲奥娜	70

在苹果手机市场上,我们有 7 个买方和 7 个卖方,每个人都有自己的苹果手机保留价值。7 个买方共同构成了对苹果手机的市场需求,7 个卖方共同构成了对苹果手机的市场供给。

汤姆、玛丽、杰夫、菲尔、亚当、马特、菲奥娜是这个市场的卖方。他们每个人的保留价值（出售意愿值，或边际成本）也都体现在了表 7.1 中。从该表可知，汤姆愿意以 10 美元卖出苹果手机，玛丽愿意以 20 美元卖出，菲奥娜的出售意愿值最高，她希望以不低于 70 美元的价格出售。这些数据共同构建了图 7.1 中的市场供给曲线。

在这种情况下，均衡价格是多少？均衡价格由市场需求曲线和供给曲线的交点决定。图 7.1 显示，这一交点给出的价格为 40 美元。在此价格下，戴夫愿意买入苹果手机，菲尔则愿意卖出苹果手机。

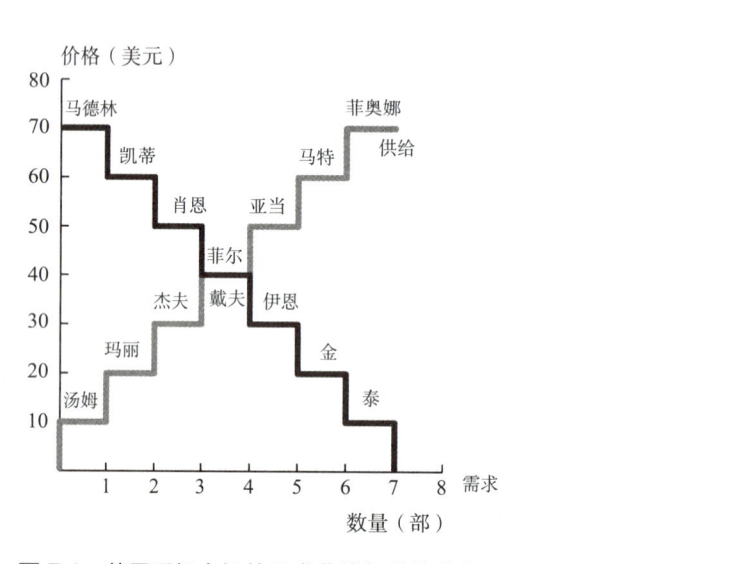

图 7.1　苹果手机市场的需求曲线与供给曲线

注：我们将表 7.1 的需求和供给表绘制成图，最终得出两条呈阶梯状的曲线，这是因为每个人的需求和供给都是一个单位。两条曲线相交的均衡价格为 40 美元，在此价格下，有 4 部苹果手机被卖出，这就是苹果手机的均衡数量。

在 40 美元均衡价格下的交易数量是多少？与确定均衡价格类似，我们需要通过再次观察市场需求曲线和市场供给曲线的交点来计算均衡数量。通过这种方式，我们发现均衡数量是 4 部苹果手机，因为 4 个买方（马德林、凯蒂、肖恩、戴夫）愿意为苹果手机支付至少 40 美元，而 4 个卖方（汤姆、玛丽、杰夫、菲尔）的保留价值不高于 40 美元。在这个例子中，我们假设当个人对交易持中立态度时（就像戴夫和菲尔在价格为 40 美元时的状态），他们会选择交易。

社会剩余

在完全竞争市场中，买方和卖方寻求优化的一个重要结果就是使社会剩余最大化。我们在第 5 章和第 6 章中研究了消费者剩余和生产者剩余，而**社会剩余**正是消费者剩余和生产者剩余的总和。正如我们在前两章中所讨论的，消费者剩余是买方的保留价值与实际支付价格之差，生产者剩余是价格与卖方保留价值（边际成本）之差。因此，社会剩余代表了市场上交易的总价值。为了使社会剩余最大化，拥有最高保留价值的买方和拥有最低成本的卖方都会进行交易。通过这种方式，作为不同群体的买方和卖方都在竭力做到最好，也就是说，他们在寻求优化。

我们可以通过观察图 7.2 来理解为什么社会剩余会在竞争市场均衡时实现最大化。图 7.2 将图 7.1 进一步分解成（a）、（b）、（c）三部分。请注意，该图三部分中的社会剩余（即上、下阴影区域面积的总和）都表示为市场需求曲线和市场供给曲线在纵轴到交易量区间的面积。图 7.2（b）显示了市场均衡时的社会剩余。我们将每个市场参与者的消费者剩余和生产者剩余加总，就能计算出这一剩余。例如，马德林愿意为一部苹果手机支付 70 美元，但实际上她支付了 40 美元，因此她的消费者剩余是 30 美元。同样，汤姆愿意以 10 美元的价格出售他的苹果手机，但却得到了 40 美元，因此他的生产者剩余是 30 美元。通过对每个交易参与者进行此类计算，我们得到社会剩余为 120 美元，其中包括了 60 美元的消费者剩余和 60 美元的生产者剩余。

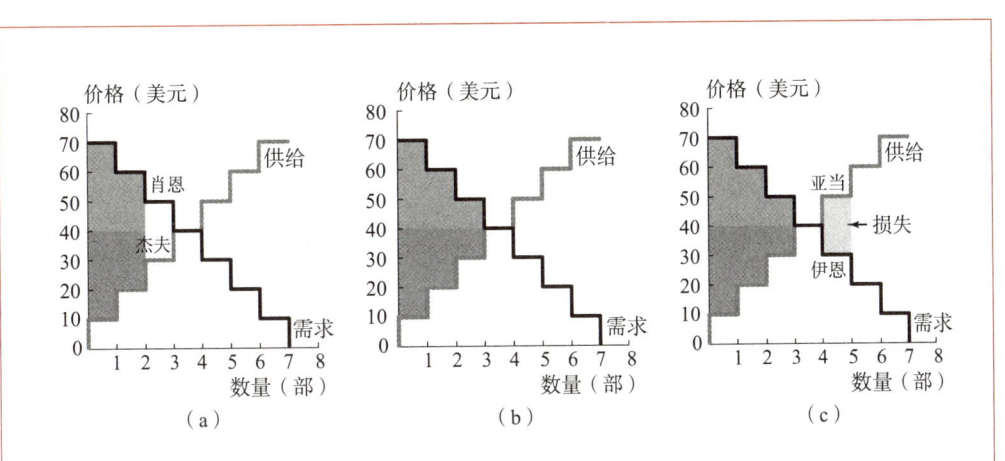

图 7.2　最大化社会剩余

注：当设置了 2 部苹果手机的限额时，情况如图（a）所示，社会剩余没有最大化，因为肖恩和杰夫没有进行有利可图的交易。另一方面，当交易数量被设置为至少 5 部苹果手机时，如图（c）所示，尽管卖方（亚当）的成本高于买方（伊恩）的收益，但两人还是进行了交易，这使得情况不及社会最优。如图（b）所示，不对该市场施加任何外部干预能够产生最大的社会剩余，这正是因为它既没有遗漏有利可图的交易市场［如图（a）所示］，也没有强迫人们进行无利可图的交易［如图（c）所示］。

为了更好地理解为什么竞争均衡会使社会剩余最大化，我们可以设想一下，如果我们限制市场的交易量并使其低于均衡数量，结果会怎样。假设我们将交易的数量限制为2部，也就是说，我们只让2个拥有最高保留价值的买方和2个成本最低的卖方进行交易。这意味着马德林和凯蒂购买了苹果手机，汤姆和玛丽出售了苹果手机。无论交易价格具体为何，结果都会如图7.2（a）所示。在这种情况下我们发现，和市场均衡时的结果相比，现在的社会总剩余更低：市场现在的总剩余为100美元［马德林、凯蒂的保留价值（130美元）和汤姆、玛丽的保留价值（30美元）的差值］，低于图7.2（b）竞争均衡时的120美元总剩余。

反之，如果我们扩大交易机会，强制将交易数量固定为最少5部，结果又会发生什么变化？如图7.2（c）所示，这时5个拥有最高保留价值的买方会和5个成本最低的卖方进行交易。我们需要沿着供给曲线往上移动到亚当处，即第5个成本最低的卖方处。同样，我们需要沿着需求曲线往下移动到伊恩处，即第5个保留价值最高的买方处。现在，我们不仅得到了在市场均衡时［当交易数量为4时，如图7.2（b）所示］的社会剩余，也得到了图7.2（c）中右侧阴影区域。

图7.2（c）中右侧的阴影区域显示了第5部苹果手机交易后产生的损失。这是因为出售第5部苹果手机时，卖方的保留价值比买方高。此时的损失为20美元（50美元-30美元），即亚当的成本减去伊恩的收益。产生这种损失是因为伊恩购买一部苹果手机的边际收益（30美元）低于亚当售出其苹果手机的边际成本（50美元）。边际收益低于边际成本，我们在前面章节中提到的决策规则表明这不是一次最优行动。在这种情况下，总剩余从竞争均衡时的120美元减少到100美元（120美元-20美元）。

帕累托效率

我们现在知道，竞争市场均衡是有效的，因为所有互利贸易都会发生：不多也不少。这种情况下不存在未被开发的交易收益。因此，==竞争市场均衡使社会剩余最大化：如果社会仅仅是想要把经济蛋糕尽可能做大，那么这是社会作为一个整体所能实现的最佳结果。==

但是在许多情况下，我们也会关注谁得到什么，即社会剩余的分配问题。我们很自然地会问：在竞争市场均衡中，我们是否能够在不伤害他人利益的前提下，使得任何个人的情况都变得更好？答案是否定的。这个与社会剩余有关的概念被称为帕累托效率。如果没有人能够在不使其他人境况变得更糟的情况下变得更好，那么结果就是帕累托有效的。事实证明，除了能够最大化社会剩余，竞争市场均衡也是**帕累托有效**的。

因此我们可以说，在一个完全竞争市场中，均衡价格的第一个独特功能是它能够有效地将商品和服务分配给买卖双方。依据该理论，纯粹的利己者无须任何指导或具体方向的指引，便会像得到命令一般，在"看不见的手"的牵引下去实现整体社会福利的最大化。这一理论是经济学中最为深刻的洞见之一。在本章后面，我们会讨论这一理论预测是否得到了实证证据的支持（实证证据是通过直接观察和测算获得的知识）。

7.2 扩展"看不见的手"：从个人到企业

"看不见的手"对个体有着显著影响，而当我们将其与第 6 章中的概念相结合时，会发现它的影响其实相当广泛。假设有一家拥有两座工厂的企业，这两座工厂都生产微芯片，并在完全竞争市场中销售，但这两座工厂大相径庭，其中一座建于 20 世纪 80 年代后期，另一座建于 2015 年。因此，如图 7.3 所示，老工厂与新工厂相比，不仅技术更为落后，生产成本也更高。该图显示，在任何生产水平下，新工厂生产微芯片的边际成本都低于老工厂。

图 7.3　两座工厂的边际成本

注：老工厂拥有更少的生产资本，因此比新工厂面临着更高的边际成本。如用图来表示，则意味着在任何给定的产量下，老工厂的边际成本曲线都高于新工厂的边际成本曲线。

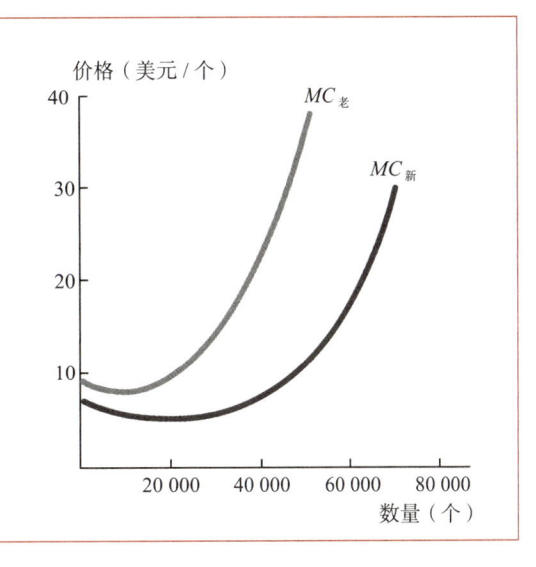

该企业历来允许两座工厂独立运营，两座工厂经理的任务都是要实现自己工厂的利润最大化。如果微芯片的价格是 10 美元，那么每家工厂的经理应该选择生产多少微芯片来实现利润最大化呢？此时我们可以用到第 6 章中学到的卖方决策规则：在短期内，如果价格高于平均可变成本（$P > AVC$），那么每座工厂都应该扩大产量，直至边际成本等于价格。

让我们假设 $P > AVC$。那么，老工厂的经理将扩大生产，直至边际成本等于价格（即 $MC = P = MR$），因为正如第 6 章所述，在完全竞争市场中，边际收益等于价格。如图 7.4 所示，此时的生产数量将为 20 000。新工厂的经理也将做出同样的最优决策，并使其工厂的产量达到 50 000 个单位，如图 7.5 所示。

总生产成本可以通过平均总成本乘产量（$ATC \times Q$）来计算，如图 7.4 和图 7.5 中平均

图 7.4　老工厂的最优生产数量

注：老工厂将通过在销售额外 1 单位的收益（10 美元）等于生产这额外 1 单位的成本时进行生产来实现利润最大化。该工厂在产量为 20 000 个单位时实现此目标。图中阴影区域表示老工厂面临的总成本。此时的经济利润为 $Q\times(P-ATC)=20\,000\times(10\text{ 美元}-10\text{ 美元})=0$ 美元。

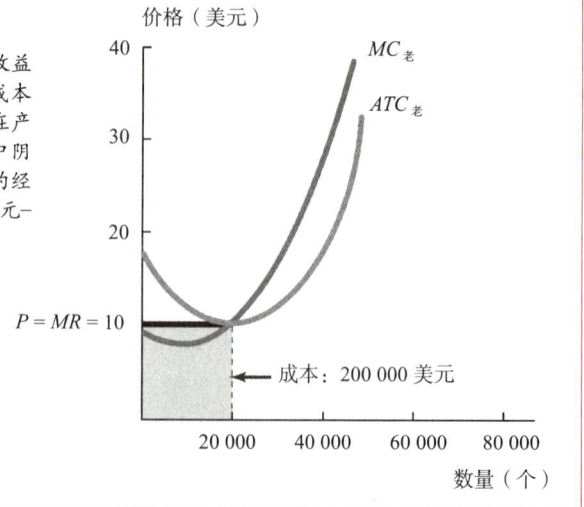

图 7.5　新工厂的最优生产数量

注：和图 7.4 中老工厂的情况一样，新工厂将接受市场价格，并在边际成本等于市场价格（10 美元）的那一点进行生产。鉴于新工厂的边际成本低于老工厂，我们预期在价格为 10 美元时，新工厂的产量水平会更高，事实也的确如此，此时其产量为 50 000 个单位。另外还要注意，因为 $P>ATC$，因此新工厂正在赚取经济利润，此时的利润为 $50\,000\times(10\text{ 美元}-7.5\text{ 美元})=12.5$ 万美元。

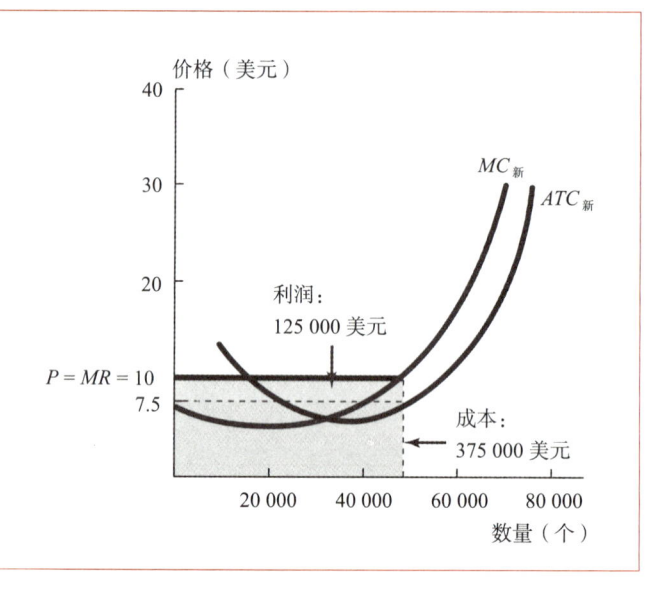

总成本曲线下方的阴影区域所示。此时老工厂的总成本为 10 美元 × 20 000 = 20 万美元，新工厂的总成本是 7.50 美元 × 50 000 = 37.5 万美元。老工厂的经济利润为零（因为 $P=ATC$），新工厂的经济利润则为 50 000 ×（10 美元 - 7.5 美元）= 12.5 万美元。

在年度股东大会上，两位工厂经理向新任 CEO 汇报了包括生产和成本在内的重要统计数据。CEO 对这些数字表示震惊，他大声说道："考虑到在技术和成本上的差异，我很惊讶老工厂竟然还在生产！"他认为这一定是"老同事"人际网络在发挥作用的缘故，进而说："不能仅仅因为我们的老友还在那里工作，就让老旧的、低效率的工厂持续生产。"

于是，这位 CEO 发出了他上任后的第一道指令："现在是时候向 21 世纪迈进了，我们必须立即将所有生产转移到新工厂。新工厂将生产全部的 70 000 单位微芯片，因为它拥有更好的技术；通过这种方式，我们将向全世界展示我们公司奋勇向前的姿态，为我们的股东带来更多回报。"

工厂经理们试图向 CEO 解释他经济推理中的错误之处——他其实应该用边际思维考虑问题。但在这一问题上，CEO 坚信自己的直觉。CEO 的指令得以推行，两座工厂的年产量也因此发生了变化，如图 7.6 所示。强制生产水平下的总成本生产由 $ATC \times Q$ 给出，也就是图中平均总成本曲线下方的阴影区域。CEO 得偿所愿：现在新工厂生产了全部的 70 000 单位微芯片。

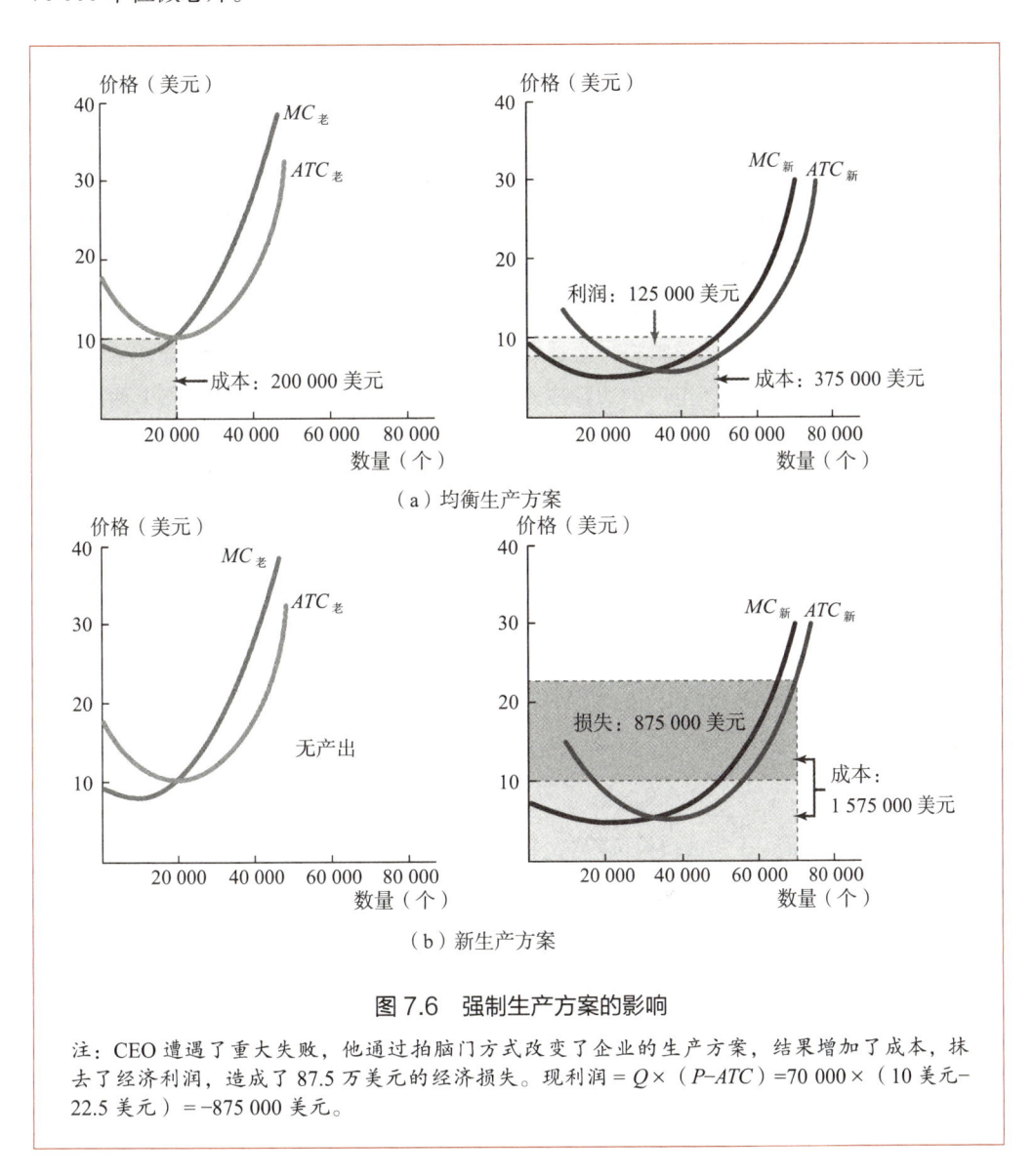

图 7.6 强制生产方案的影响

注：CEO 遭遇了重大失败，他通过拍脑门方式改变了企业的生产方案，结果增加了成本，抹去了经济利润，造成了 87.5 万美元的经济损失。现利润 = $Q \times (P-ATC)$ = 70 000 × (10 美元 − 22.5 美元) = −875 000 美元。

一年后，在股东大会上，新工厂经理再次向 CEO 报告统计数据。该经理称，市场供需环境使得微芯片今年的定价与去年一致，仍为 10 美元。CEO 认为这是一个好消息——他以为自己推行的政策肯定使得今年的利润比去年显著提升，他甚至觉得由于他敏锐的商业头脑，人们会将他与沃伦·巴菲特相提并论。

但当得知今年的整体利润较去年大幅下降时，他感到十分沮丧。先前的生产方案带来了 12.5 万美元的经济利润，可新的生产方案不仅抹去了所有利润，还造成了 87.5 万美元的经济损失（这还不包括老工厂的固定成本！）。这位向来口若悬河的 CEO 顿时变得哑口无言，他只能在那儿喃喃自语，惊讶于他的方案为何会遭遇如此惨败。了解"看不见的手"力量的工厂经理向 CEO 出示了图 7.7。该图展现了边际成本和 CEO 所实施方案的产量限制，其中图 7.7（a）显示的是老工厂的边际成本曲线，图 7.7（b）显示的则是新工厂的边际成本曲线。

工厂经理解释说，根据 CEO 的方案，新工厂生产最后一个单位微芯片的边际成本是 30 美元，如图 7.7（b）所示。这一边际成本远远高于老工厂生产其第一个单位微芯片的边际成本，如图 7.7（a）所示。在这种情况下，如果能将这一单位的生产从新工厂转移到老工厂，那么总利润将得到提升。

CEO 想知道这一边际推理能进行到什么程度，工厂经理便向他展示了图 7.7 中的箭头。这些箭头表明，同样的逻辑将一直适用，直至两座工厂的边际成本相等，也就是到达老工厂的边际成本等于新工厂的边际成本的那一点。经理强调，在这一点上两座工厂的整体生产成本将降至最低，因为在此处，它们将无法再进行有利可图的生产转移。

这时 CEO 恍然大悟，原来这个最优生产数字正是一年前他尚未进行干预时的生产水平（$MC_{老} = MC_{新} =$ 价格 $= 10$ 美元）。他想知道，在追求利己的情况下，工厂经理是如何将总生产成本降到最低，进而使企业利润实现最大化的。这位 CEO 以这种迂回的方式，不经意间发现了亚当·斯密在《国富论》中所阐明的最重要见解之一：当你发现企业家"只关注自己的利益"时，他其实正被"看不见的手"引导，并造成了并非他本意的结果。

亚当·斯密的手去哪儿了？

亚当·斯密

这个故事说明了什么？在完全竞争市场的假设之下，允许市场自由运作不仅使得每个工厂经理可以通过将生产维持在 $MR = MC$ 来实现工厂利润的最大化，也让他们收获了意外之喜：他们把总生产成本降到了最低。这是千真万确的，因为 $MC_{旧} = MC_{新}$ 正是生产者实现总成本最小化的必要条件。

重要的是，通过这一举措，工厂经

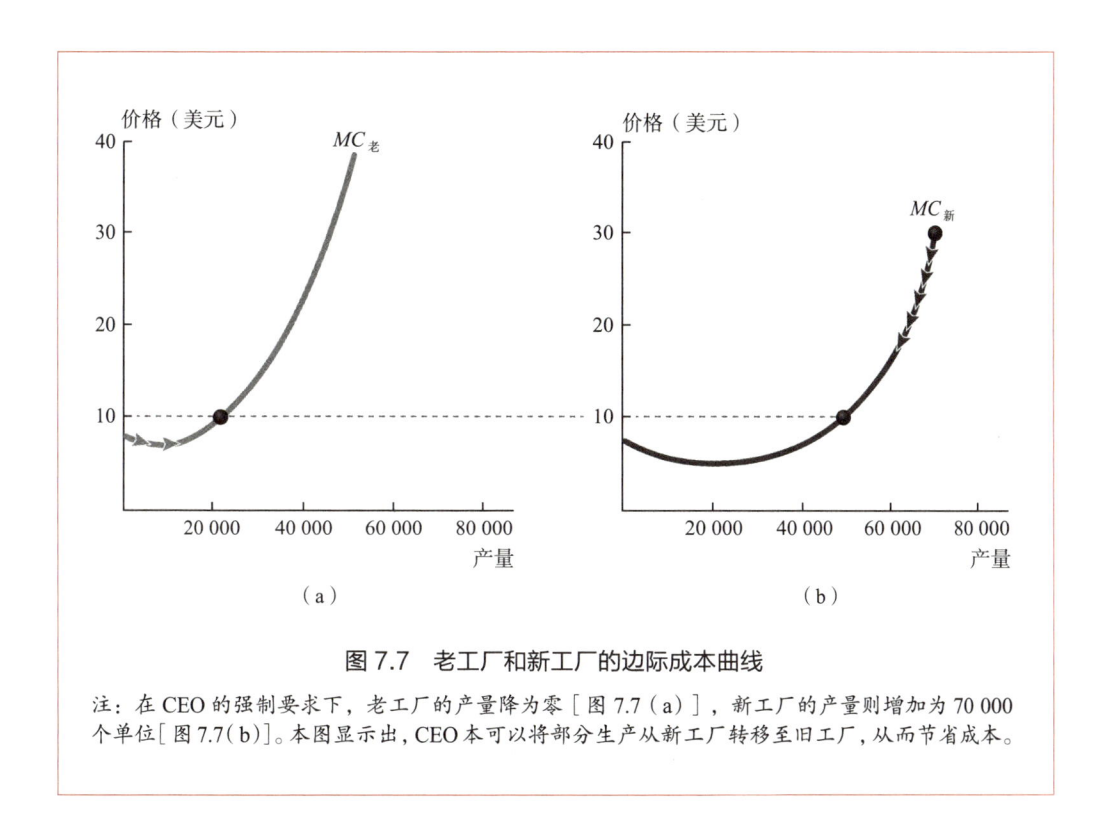

图 7.7 老工厂和新工厂的边际成本曲线

注：在 CEO 的强制要求下，老工厂的产量降为零 [图 7.7（a）]，新工厂的产量则增加为 70 000 个单位 [图 7.7（b）]。本图显示出，CEO 本可以将部分生产从新工厂转移至旧工厂，从而节省成本。

理还可以使两座工厂的总利润最大化。从这个意义上说，是市场力量让两座工厂间的生产实现了最有利于社会利益的分配，也就是用最少的稀缺资源进行生产。这正是 CEO 的目标，然而他最终以失败告终。当然，在竞争市场得以有效运行的情况下，我们并不需要一个中央计划者（或一位 CEO）来制定改善社会的目标。工厂经理在不自知的情况下自愿承担了这件差事。因此，我们可以说，在竞争市场中，均衡价格的第二个独特功能是：它能够有效地分配一个行业中的商品生产。为什么？因为每家寻求优化的企业都会扩大产出，直至 $MC = P$；企业之间的边际成本是相同的，因为所有企业都面临着相同的市场价格。

7.3 扩展"看不见的手"：跨行业资源配置

我们已经了解到，"看不见的手"可以在一个产业中以最优的方式分配稀缺资源，调节生产模式。但经济体可比小镇上的两家工厂要复杂得多。我们如何判断某一具体产业是生产过剩还是生产不足？让我们转向一个新例子，以探寻"看不见的手"是否有能力在各行业间分配稀缺资源。为此，我们需要对第 6 章中的内容做更为深入的探讨。

让我们以一个完全不同的完全竞争市场为例。在出版社纸制品的运输市场上，存在着许多在短期内赚取经济利润的相同卖方。图 7.8 展示了这一市场的情况。你从图中可以

图 7.8 纸制品运输行业的经济利润

注：纸制品运输行业面临的市场价格为每吨 25 美元，在选定产量下，其平均总成本远低于价格，因此可创造经济利润（以矩形表示）。由于存在自由进入，因此其他公司将进入这一行业。

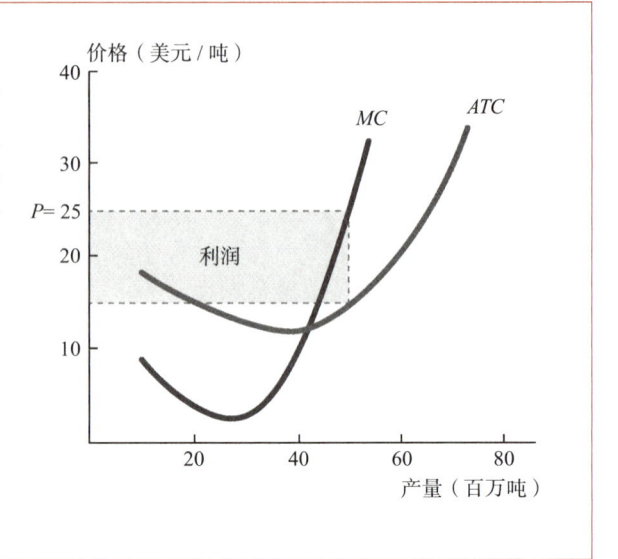

发现，市场在运输价格为每吨 25 美元的水平上存在经济利润。但有了经济利润后，会发生什么呢？

第 6 章告诉我们，正的经济利润是吸引企业进入的强大力量。其他的运输公司也想进入该市场，因为它们也想赚取经济利润。图 7.9 为我们展示了企业进入的影响。图 7.9（a）显示，企业进入会导致市场供给曲线向右移动（从 S_1 到 S_2）。这一移动会导致均衡价格下降（从每吨 25 美元降至每吨 12 美元）以及均衡数量增加（从 5 亿吨增至 6.2 亿吨）。

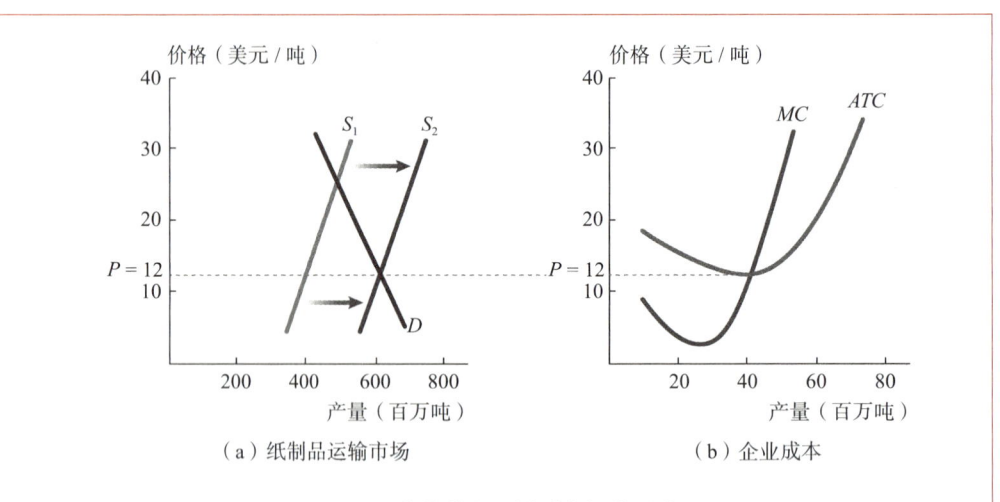

图 7.9 企业进入及其对市场的影响

（a）纸制品运输市场　　（b）企业成本

注：随着新的企业进入纸制品运输市场，供给曲线右移，导致市场价格下降。只要存在经济利润（$P > ATC$），企业就会持续进入。然而，一旦经济利润变为 0，企业将失去进入该行业的动力，企业进入也随之停止。

企业进入何时会停止？正如我们在第 6 章中所了解到的，市场价格一路下降，当降到边际成本曲线与平均总成本曲线的交点时，企业进入就会停止。如图 7.9（b）所示，本例中的均衡价格为每吨 12 美元。这是因为只要价格高于每吨 12 美元，其他的运输企业就仍然希望进入该行业，因为它们仍可以赚取正经济利润。一旦价格达到平均总成本曲线的最低点，市场就达到了均衡，因为此时价格 = 边际成本 = 平均总成本（$P = MC = ATC$），这意味着经济利润为零，因此企业不再有进入该市场的动机。

这个例子显示了当一个行业存在正经济利润时的状况：由于利润的存在，资源将持续流向该行业。这种行为导致资源从生产率较低的用途流向生产率较高的用途。也就是说，企业寻求提高其利润，因此它们会将资源投入社会最为看重的商品和服务的生产中。

均衡价格低于平均总成本时会发生什么？以一个同为运输类的行业——玉米产区的卡车货运行业为例。卡车司机将田间的玉米运到谷物加工厂，运输价格为每吨玉米 10 美元。如图 7.10 所示，目前市场的状况是价格低于平均总成本（$P < ATC$）。这意味着卡车司机应该退出市场，因为他们正在赚取负的经济利润，也就是在亏钱。

图 7.10　玉米卡车货运市场的经济损失

注：玉米卡车货运市场运送每吨玉米的市场价格为 10 美元。此时的平均总成本高于市场价格，因此导致了经济损失（以矩形表示）。因为可以自由进入和自由退出，卡车司机将退出这一行业。

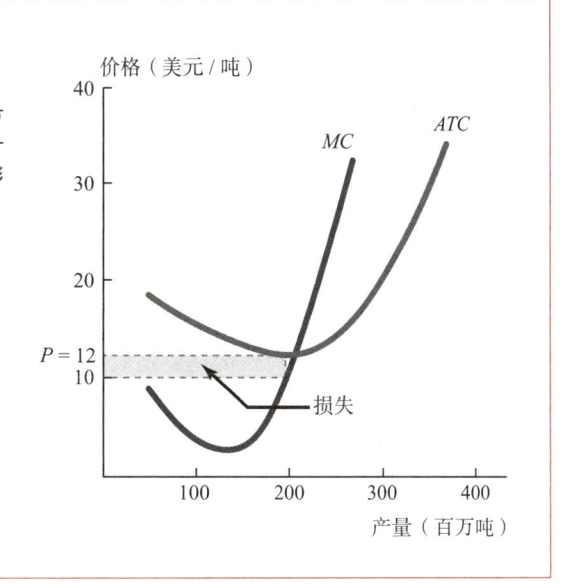

这些卡车司机会去哪儿？一种可能性是他们开始为出版社运输纸制品。当然，他们不见得一定会进入这一行业，因为市场上有很多适合卡车司机的工作，但这确实也是他们的一个重要选择。图 7.11（a）展现了卡车司机退出玉米货运市场的影响：供给曲线向左移动，抬高了均衡价格（从每吨 10 美元增至每吨 12 美元）并降低了均衡数量（玉米运输量从 32 亿吨降至 30 亿吨）。

卡车司机什么时候会停止退出玉米货运市场？与进入市场的情况类似，卡车司机会持续退出市场，直到价格上升至平均总成本曲线的最低点，如图 7.11（b）所示。同样，

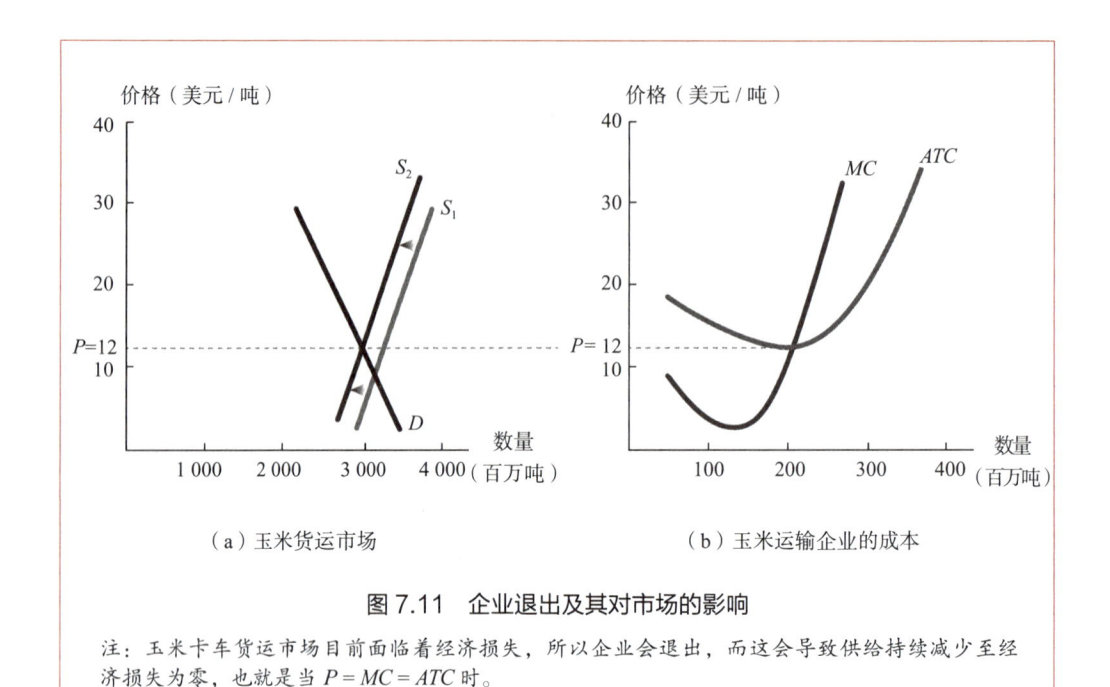

（a）玉米货运市场　　　　　　（b）玉米运输企业的成本

图 7.11　企业退出及其对市场的影响

注：玉米卡车货运市场目前面临着经济损失，所以企业会退出，而这会导致供给持续减少至经济损失为零，也就是当 $P = MC = ATC$ 时。

一旦市场价格达到了平均总成本的最小值，也就因为 $P = MC = ATC$ 而实现了均衡，因此企业也不再有退出市场的理由。

这个简单的例子说明，"看不见的手"的力量已经远远超过了市场上的个体交易者和微芯片工厂中的经理。我们刚刚了解到的是，竞争市场为寻求利润的企业家提供了强大的激励，促使他们将其资源从无利可图的行业转向盈利的行业。这种资源转移会一直持续，直至每个行业的产量都达到适宜水平为止。

资源的这种转移导致了一个非常重要的结果：在完全竞争市场均衡中，生产水平对应着平均总成本曲线的最低点，如图 7.9 和图 7.11 所示。因为资源会离开那些价格无法覆盖生产成本的行业，进入价格可以覆盖生产成本的行业，因此生产的总价值会在均衡时实现最大化。通过这种方式，市场价格变成了一种对卖方的激励，会促使他们为社会带来最大化的利益（他们会将稀缺资源的用途发挥到极致）——即使卖方这么做只是在试图使自己的利润最大化。

这一推理引出了竞争市场中均衡价格的第三个独特功能：它们会以最优的方式在行业之间分配稀缺资源。这是因为行业均衡发生在 $P = ATC = MC$ 时，并且只能对应平均总成本曲线的最低点。从这个角度来看，==企业的进入和退出是市场正常运行的信号，而并非预示着紊乱。==

事实上，如果观察不到企业的进入和退出，我们反倒应该担心自由市场是否出现了运行不佳的问题：在这种情况下，经济利润的"胡萝卜"和经济损失的"大棒"可能无法达到它们的分配目的。

图 7.12 显示出，无论是在机构内部还是在不同机构之间，收益和成本的关系都是极其不平衡的，有时候甚至会差上好几个数量级。在美国环境保护署的一个涉及铀矿尾矿的案例中，挽救一条人命的成本是 5 300 万美元，但在另外一个涉及固定污染源的案例中，挽救一条人命则需要耗费 7 万美元。假设这些都是今天关于边际成本的良好测算标准，那么如果亚当·斯密访问白宫，他会跟美国总统说，资金应该从尾矿类监管流向污染源监管。

你认为是什么让政府机构的决策如此偏离轨道？在第 10 章中，我们将探讨其背后的部分原因，但对于此问题的一个很好的备选解决方案是，我们不应该让"看不见的手"来决定资金的分配。政府支出的分配不应该遵循"看不见的手"的运作规则。一种潜在的解决方案是建立一个市场，在不同政策之间分配政府资金。

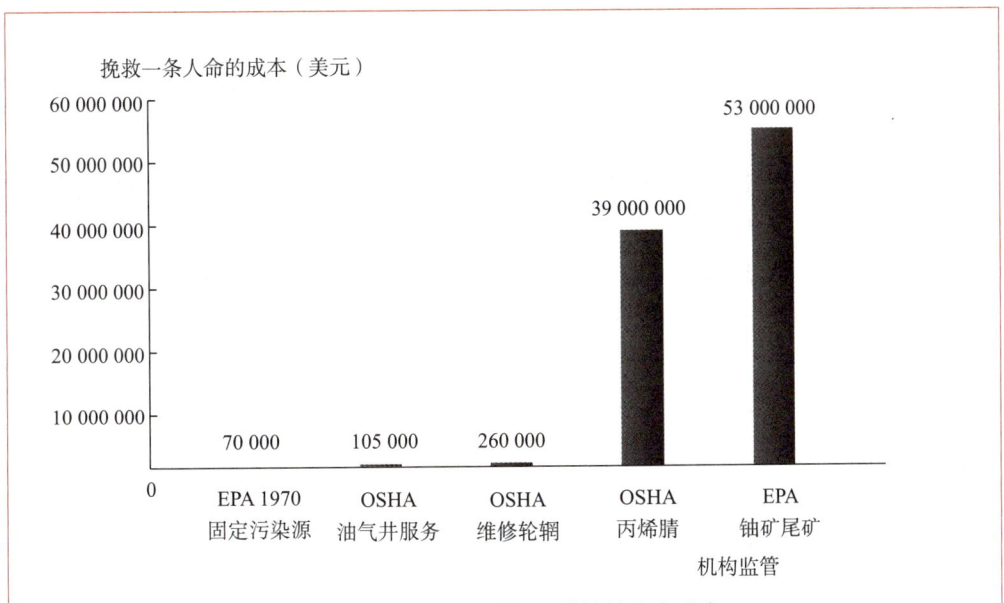

图 7.12 部分联邦法规下的挽救生命成本

注：美国环境保护署和职业安全与健康管理局（OSHA）的一些法规对挽救一条人命的隐含成本进行了测算，这些测算结果显现了不同政策之间的巨大差异。

资料来源：John D. Graham, "The Myths of Benefit-Cost Analysis," *Regulatory Review*, June 6, 2011, University of Pennsylvania Law School, Philadelphia.

用数据说话

假如亚当·斯密造访白宫

- "看不见的手"的作用在理论上非常强大，但在实践中又如何呢？让我们设想一下，如果亚当·斯密造访白宫会发生什么。25 年来，成本-收益分析一直是美国联邦政

> 府对监管方案进行评估的一个重要组成部分。管理和预算办公室会要求对收益和成本进行比较，将其作为预算分配评估过程的一部分。这一分析旨在运用"看不见的手"原则：通过投资于联邦政策和项目中能够产生最高单位美元边际收益的项目，政府可以利用有限的资源创造出最大的积极影响。
>
> - 然而，学者和政策制定者都发现，单位美元的边际收益在政府的不同政策和机构之间往往存在巨大差异。仅举其中的一个例子：有大量文献指出，在卫生、安全和环境部门的各种干预措施之间，挽救一条人命的成本存在着巨大差异（挽救的人命数是许多政策的关键变量）。图 7.12 是经济学家约翰·格雷厄姆列举的一些此类政策及其相关的每项收益的成本（以统计的被挽救人命数量来衡量收益）。[2]

7.4 价格引导"看不见的手"

市场在无任何人负责的情况下就能够完成这个世界上的诸项工作，这可能会令你感到震惊。这一科学谜团般的事实如同今天人类所面临的诸多巨大挑战一样吸引着人们的关注（比如，宇宙是由什么构成的？意识的生物学基础是什么？）。从经济学的角度，你可能还想知道我们是否能破解"看不见的手"背后的奥秘。

截至目前我们已经知道，当满足一定条件时（我们必须强调，这些条件是非常严格的），以社会剩余测算的个人利益和社会利益完全一致。这就是亚当·斯密所指出的：当市场运作良好时，人们仿佛是受到了一只"看不见的手"的引领，在追求个人利益的同时也在更广泛地增进社会利益。这一基本观点教导我们，当市场使得个人利益与社会利益取得一致时，我们就会获得非常理想的结果。

但是，究竟是什么引导着经济主体的这种行为？答案很简单：价格的激励。市场价格是最重要的信息，是它导致了高价值买方的购买和低成本卖方的出售。同样，无论是在同一行业的不同企业之间还是在全球经济中的不同行业之间，价格都能促使企业家有效地分配商品的生产。劳动和实物资本流向回报最高的行业，从而使生产恰好处于竞争市场均衡的水平。

市场以我们仍未理解的方式相互联系，而价格竟可以成为成千上万个市场的唯一组织者，这一点确实让人难以置信。没有人能搞清楚加拿大木材市场、艾奥瓦州玉米市场、马萨诸塞州科德角渔业市场、中国茶叶市场以及哥斯达黎加旅游市场的所有联系，但价格体系能够规范庞大的市场、个体和团体行为这一事实，凸显了激励在市场体系中的作用。

诺贝尔奖得主、将实验室实验应用于经济学的先驱弗农·史密斯曾经如此谈论价格：

无人负责的价格体系是如何完成世界上各项工作的呢？……价格机制在计划经济中被

压得粉碎，但又如凤凰涅槃般重生……。没有法律也没有警察可以阻止它，因为警察在解决问题的同时也成了主要问题本身……。价格体系……是一个科学之谜……了解了它，就等于了解了人类是如何从狩猎采集，通过农业和工业革命走向富裕状态的。[3]

本书的一位作者在20世纪90年代末居住在佛罗里达州中部，我们可以从他经历的一件事中窥见价格对"看不见的手"的引导。那时，该地区经常出现飓风警报和飓风活动。在这些情况下，瓶装水、冰袋、发电机和用于保护窗户的胶合板等一系列商品的需求量都会大幅上升。如你所知，需求激增会使需求曲线向右移动，导致价格上涨。

我们以瓶装水市场为例来说明这个问题。佛罗里达州中部的瓶装水需求突然增加，会发生什么情况？图7.13对此进行了描述。在任何给定的价格水平下，新需求曲线 D_2 对应的需求量都比旧需求曲线 D_1 对应的需求量大。

图7.13 瓶装水需求曲线的右移

注：随着飓风临近，瓶装水的需求曲线从 D_1 移动到 D_2。卖方也相应增加供给数量，直至市场达到新的均衡，即 D_2 与 S 的交点。

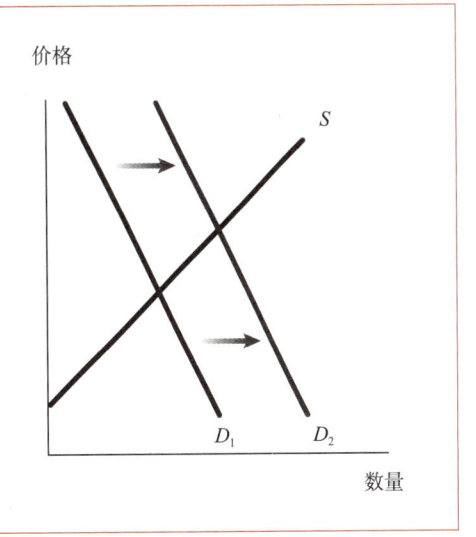

在这种情况下，"看不见的手"是如何运作的？价格的上涨将对整个经济产生影响，激励瓶装水经销商专程前往佛罗里达州中部，以满足不断增长的需求。事实上，在这段时间内，看到有人从外州牌照的卡车上卸瓶装水是一件很普遍的事情。"看不见的手"引导这些外地卡车司机，通过向佛罗里达州的消费者运送瓶装水来满足当地的需求。因为他们这么做会比做其他工作赚得更多的利润。

不难理解的是，飓风季节哄抬物价的举动引发了当地官员的不满。有些时候，官员会试图在飓风季节强制保持价格稳定。政府对企业商品和服务定价的限制被称为**价格管制**。正如我们在第4章中讨论的，使价格保持低水平的有效价格管制会导致短缺：如图7.14所示，需求量超过了供给量。

值得注意的是，在飓风季节，当哄抬物价遭到强烈抨击，卖方被强制要求降价时，

图 7.14　短缺：需求量超过供给量

注：如果我们将价格维持在原先的均衡价格水平，供应商就没有额外的激励来满足瓶装水增加的需求，这会造成短缺。

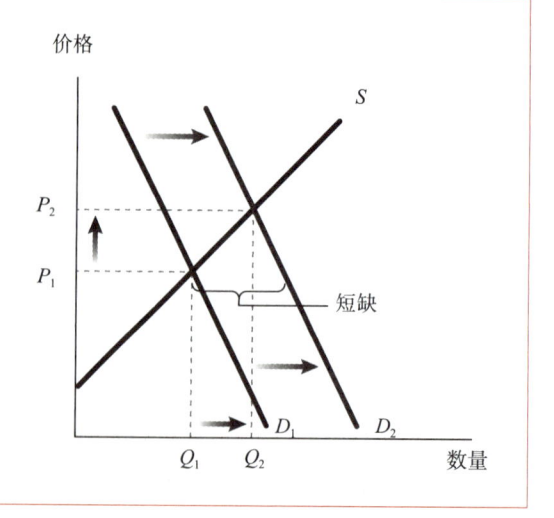

前来运送瓶装水的外地卡车就会减少。在市场机制模型中，这是一种合理的反应：如果价格不能上涨且市场参与者得不到回报，那么市场供应者将不会有迅速的反应，甚至完全不会做出反应。这是因为，将价格限制在原来的水平并不能激励企业家供给产品——在本例中，产品就是瓶装水。如果在飓风之前，这些卡车司机都不会以原有价格服务这个市场，那么只对利润最大化感兴趣的他们，又怎么可能在飓风时节提供服务呢？官员们实施的价格管制消除了价格激励。这使得和无价格管制时相比，居民可得到的饮用水变少了。

通过人为限制数量，价格管制还产生了另一个问题：我们如何分配可用的瓶装水（图 7.14 中的 Q_1）？自由市场根据价格来分配商品——任何人在市场价格下想得到一瓶水，只需按价支付即可。因为那些支付意愿最高的人能得到商品，所以市场是有效的。但是当实施价格管制时，市场便不再能自由有效地运作。在这类情况下，人们通常需要排长队去买水。这不仅令人沮丧，而且效率低下，因为我们的时间很宝贵，而水也没有总是被愿意出最高价者得到。

无谓损失

经济学家将由市场扭曲造成的社会剩余减少称为**无谓损失**。图 7.15 显示了价格管制导致的无谓损失。图 7.15（a）显示了自由运行市场中的社会剩余：在均衡价格 P_2 下，交易数量为 Q_2。消费者剩余是三角形 A，生产者剩余是三角形 B。因此，社会剩余为三角形 A＋三角形 B。

图 7.15（b）显示了将价格限制为 P_1 时的市场情况。价格管制使得消费者和生产者无法实现所有的交易收益。在价格管制下，消费者为每瓶水支付的价格为 P_1，并消费 Q_1 瓶水。消费者剩余现在为区域 C，生产者剩余为三角形 E。通过人为地压低价格，政

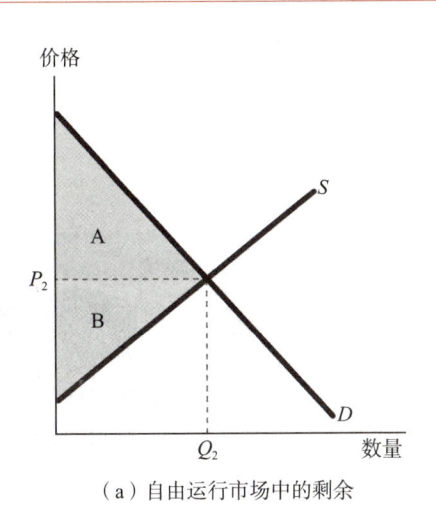

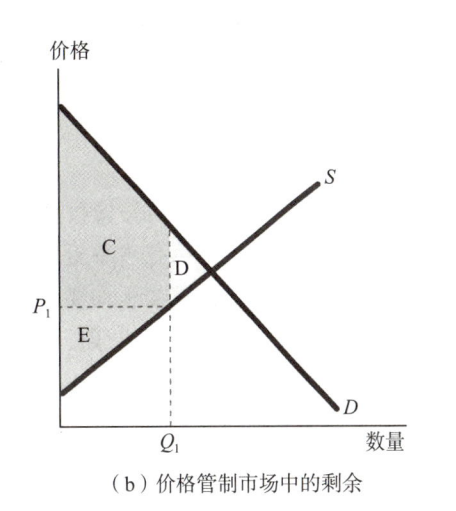

图 7.15 价格管制导致的无谓损失

注：图（a）显示了自由运行市场下的情况。均衡价格（P_2）和均衡数量（Q_2）使消费者得到三角形 A（消费者剩余），生产者得到三角形 B（生产者剩余）。社会总剩余在均衡时得到最大化。图（b）中的市场实施了价格管制：价格被限制在低于均衡价格的水平。这导致无谓损失等于三角形 D。现在消费者剩余为区域 C，生产者剩余为区域 E。社会剩余减少的部分即价格管制导致的无谓损失。

府保护了消费者［图 7.15（b）中的区域 C 大于图 7.15（a）中的三角形 A］，却伤害了生产者［图 7.15（a）中三角形 B 大于图 7.15（b）中三角形 E］。从总体看，这种强制政策导致了总剩余的损失，也就是图 7.15（b）中三角形 D。这块区域被称为源于价格管制的无谓损失。而你是否认同这种权衡则是一个规范经济学问题。

总而言之，约束性的价格管制带来了三个影响：（1）它降低了社会总剩余，因为与自由运行市场相比，交易数量减少了；（2）它将剩余从市场的一方再分配给了另一方，正如在本例中和在第 4 章中所讨论的，当存在价格上限时，剩余会从生产者转移到消费者；（3）对受益者来说，这种剩余的再分配是以非价格机制实现的。在我们的这个价格管制案例中，最终得到商品的是那些愿意花最长时间等待的消费者、那些最具人脉的消费者，甚或是那些最强壮的消费者。这导致一些消费者受益，但另一些消费者的境况却变得更糟了。

你可能会注意到，这与表 7.1 苹果手机示例中的情况非常相似。当我们将交易量限制在 2 部苹果手机时，我们发现社会总剩余比竞争市场均衡时要低。回顾图 7.2，我们可以看到苹果手机示例中限制交易的无谓损失是 20 美元，即肖恩和杰夫之间交易的剩余是 20 美元。

循证经济学

优步这类公司是否在利用"看不见的手"?

优步经济学在起作用

- 新年零点的钟声过后,纽约的街道上挤满了狂欢的人。庆典已经结束,人们准备返回家中,而对于其中许多人来说,这意味着他们要打"优步"了。通过使用像优步这样的汽车服务应用程序,返程的人们不再需要在街边拦出租车或去搭乘地铁,现在他们只要动动手指,就可以叫到一辆车。

- 自2010年诞生以来,优步已颠覆了全球各地的城市出租车行业。这家提供出行服务的公司的成功部分归功于其快速的响应:只要打开应用程序然后点击几个按钮,你就可以在几分钟内出发。这一优势在许多地方都得到了反映。例如,在俄勒冈州的波特兰市,一项政府研究发现,优步和来福车等网约车服务的平均等待时间约为6分钟,而出租车的平均等待时间为10分钟。[4]与此同时,在纽约,优步在2015年9月的平均等待时间仅为3.4分钟。[5]更令人赞叹的是,即使在需求高峰期(例如周六深夜),网约车的等待时间仍然很短。

- 优步是怎样做到响应如此之快的?"看不见的手"与此有何关联?从供应和需求的角度看,等待时间短意味着当顾客需要搭车时,优步会迅速供给相应的服务。通过这种方式,优步成为一名经济撮合者。与完全竞争市场的状况一致,此时买卖双方

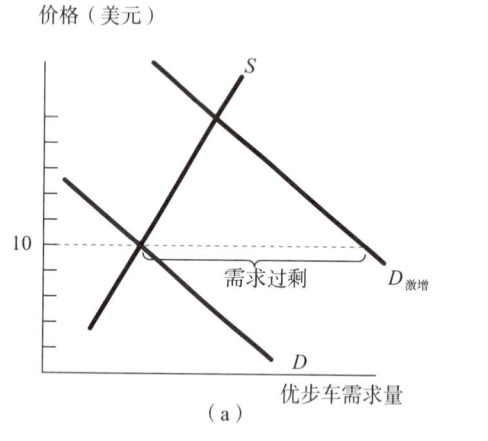

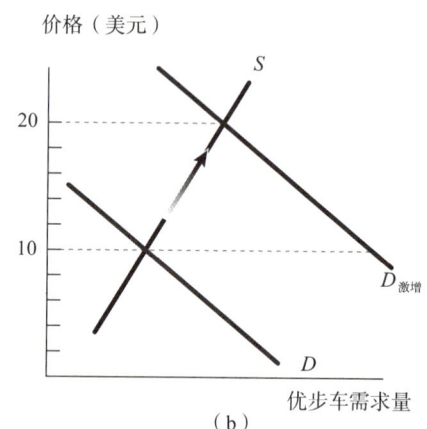

图 7.16 需求激增导致价格上涨

注:本图展示了优步车需求激增的影响,以及高峰定价如何帮助市场实现了均衡。图(a)展示了价格未上涨时的情况:即使需求量增长,价格也仍保持在10美元。司机缺少了价格激励导致大量乘客无车可坐。与此同时在图(b)中,价格涨至20美元,市场达到均衡,随着供给量的提升,均衡数量产生沿着供给曲线向上的变动。

都是价格接受者。他们查看优步上的价格，然后决定是否进入市场。

- 在这种情况下，如果需求激增，例如每个人都在跨年夜打开应用程序叫车，会出现什么结果？优步如何满足这种增长的需求？优步不能仅靠派遣更多的司机来解决问题——别忘了，司机都是自由职业者或自由经济主体。在新年前夕，他们可能会选择不接活，而是同样出门庆祝新年！
- 然而，优步可以利用"看不见的手"来控制一项至关重要的激励：价格。想象一下，如果优步在需求激增时保持价格不变，就像在飓风季节对瓶装水实施价格管制一样，会出现什么结果。在这种情况下，需求量会超过供给量，网约车会出现紧缺。
- 图 7.16（a）描述了这种情况：如果价格保持在 10 美元，那么许多人将需要等待很长时间，有些人甚至无法在合理的时间段内打到车。通过允许价格上涨（比如涨至 20 美元），优步能够吸引更多司机进入这些拥挤区域或延长工作时间，以为愿意支付这一价格的乘客提供服务。在图 7.16（b）中，这对应着沿着供给曲线的变动，并实现新的均衡。
- 这种简单的供需分析是真的和我们的现实世界相符，还是仅仅在理论上行得通？

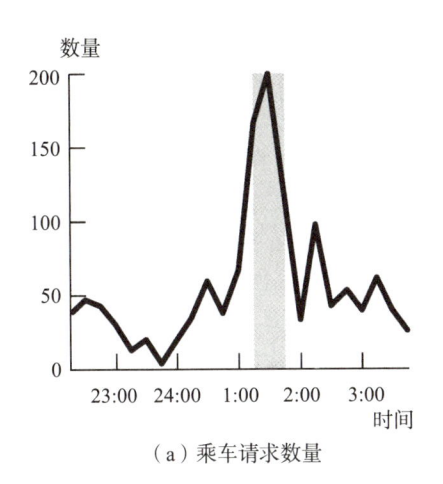

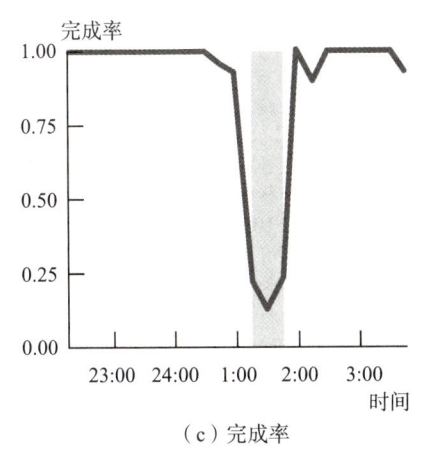

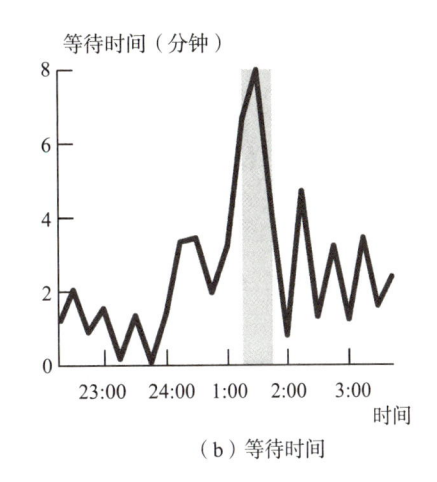

（a）乘车请求数量

（b）等待时间

（c）完成率

图 7.17　一个自然实验：固定价格下的需求激增

注：2015 年的新年，优步出现的技术故障使其未能在需求高峰期实现加价。故障期间，乘车请求的激增[图（a）中阴影区域]导致等待时间增加[图（b）]和完成率急剧下降[图（c）]。完成率反映的是请求被满足的程度，是完成出行量占总请求数量的比例。因此，本图中的峰值表明存在超额需求，这和我们在图 7.16（a）中所预测的一致。

这只"看不见的手"在出清市场和匹配乘客与司机方面是否真的如此有力?经济学家乔纳森·霍尔和克里斯·诺斯科给出了肯定的答案。他们在研究中分析了优步在需求激增时加价的行为。[6]他们提供了一项自然实验的数据,在该实验中,由于跨年夜后发生的技术故障,打车价格在需求高峰期间无法上涨。

- 你认为这20分钟的价格上涨中断会导致什么后果?如图7.17(a)所示,在午夜1点左右,市场的特征首先表现为打车需求量的飙升。另外如图7.17(b)所示,由于故障导致价格无法上涨,打车的等待时间急剧增加。值得注意的是,如图7.17(c)所示,由于不允许价格上涨以出清市场,行程的完成率(即出行需求得到满足的比例)直线下降。鉴于网约车短缺,那些能够在需求高峰期以正常价格打到车的人一定非常高兴。然而,大量潜在乘客即便愿意支付高价,也无法及时打到车。由于价格无法吸引司机,市场效率严重受挫。这种低效率类似于图7.15中价格管制所带来的影响。

- 如果没有发生技术故障,那么市场将如何运行?我们来看一个需求高峰期打车价格被允许上涨的例子。图7.18展示了一场观众爆满的演唱会结束后优步车的等

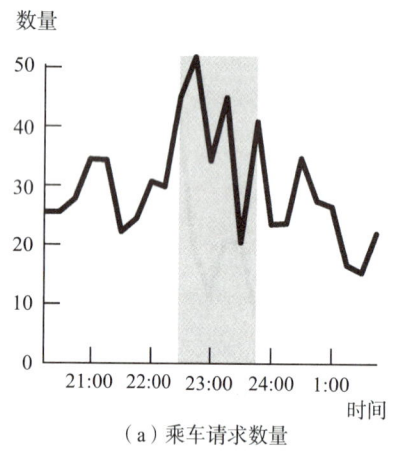

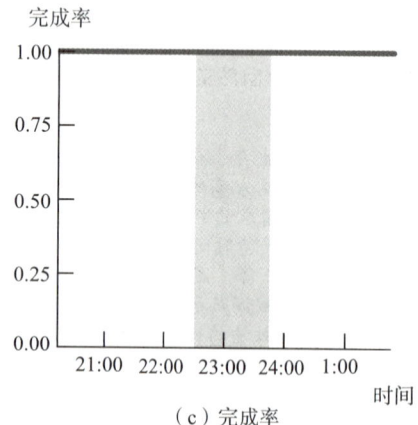

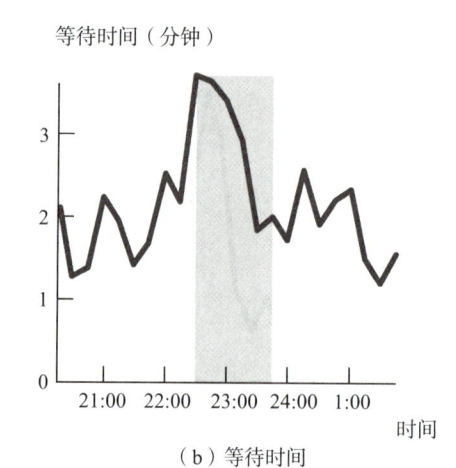

图7.18 灵活定价下的需求激增

注:本图显示了2015年3月21日知名歌手演唱会结束后优步的乘车请求数量[图(a)]、等待时间[图(b)]和完成率[图(c)]。在阴影显示的高峰期,需求量和等待时间仅略有增加,而完成率一直接近100%。如图7.16(b)所示,价格的上涨有助于平衡供需,使得几乎所有乘车请求都得到满足。

待时间和需求量。图7.18（a）显示出，在以阴影所示的乘车需求激增时段，用户对优步车的需求量仅仅出现了小幅上升。也就是说，价格上涨使那些保留价值较低的乘客转而寻找其他交通方式。图7.18（b）显示等待时间也只是小幅增加，从2分钟增至3.5分钟。另外值得注意的是，如图7.18（c）所示，在整个时间段内，无论是涨价之前、涨价期间还是涨价之后，行程完成率都接近100%。

- 尽管优步在高峰期提升价格的举动形同出清市场的"看不见的手"，但它却引发了争议。在2015年的新年，用户的打车价格飙升至平时价格的近10倍。一些用户的打车费用超出了100美元，甚至达到200美元。在洛杉矶，一趟3.86英里的行程据说耗费了117美元。这些令人错愕的涨价可能会让你想起飓风期间瓶装水例子中的"哄抬物价"。事实上，在遭到用户和纽约州总检察长提起的哄抬物价指控后，优步同意在全美范围内为高峰期的涨价设置上限。

- 尽管那些能及时获得乘车服务的消费者会喜欢限价，但这一政策可能会阻碍市场正常运行——就像瓶装水的价格管制一样，这项政策可能会导致在人们最需要出行时出现车辆短缺。从根本上说，如何选择正确的政策是一个规范经济学问题。你能想出既无须大幅提高乘客的打车价格又能保持充足供给的政策吗？

问题	答案	数据	注意事项
优步这类公司是否在利用"看不见的手"？	是的。	自然实验。	数据取自两起特定事件。一个展示了技术故障如何导致市场无法有效运作。另一个展示了允许价格改变且市场得到出清时的状况。这两起事件都发生在可预测的需求增长时期。

计划经济

为了理解"看不见的手"完成任务的难度，我们不妨看看一些国家对经济实施强有力控制以企图替代"看不见的手"的情况。朝鲜半岛就是一个因此出现巨大差异的典型。

朝鲜实行的是以计划经济为主的经济体制。在该体制下，主要由中央决定商品和服务的生产。韩国则建立了以价格信号和强大经济激励为基础的**市场经济**体系。韩国的市场经济直到今天仍然充满活力。这实际上是一场独特的自然实验，让我们得以研究在两个相似地区分别实行计划经济和市场经济的结果差异。

让我们进一步观察这两个经济体。我们首先来比较两国的**国内生产总值**。经济学家所说的国内生产总值，是一个国家在一定时期内生产的所有商品和服务的市场价值。图7.19显示了朝鲜和韩国1950—2015年的实际人均GDP。我们可以看出，两者的差异非常大。在此期间，朝鲜的人均GDP仅从850美元增长到1 700美元。相比之下，韩国的人均GDP从大约850美元增长到34 178美元。为了更好地理解这些差异，我们不妨考

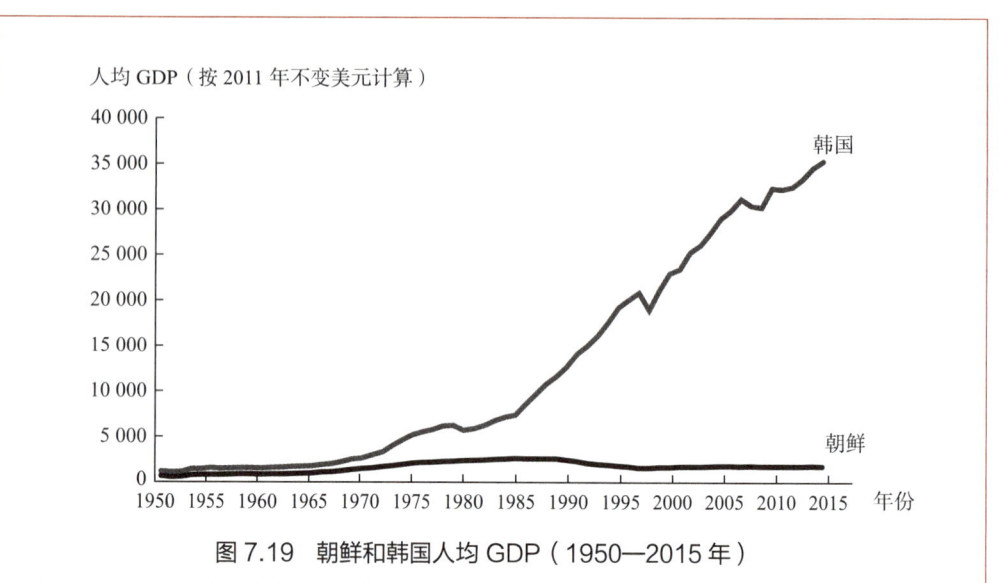

人均GDP（按2011年不变美元计算）

图7.19 朝鲜和韩国人均GDP（1950—2015年）

注：从20世纪70年代中期开始，韩国人均GDP开始明显超过朝鲜。20世纪80年代中期，韩国经济开始腾飞，朝鲜经济则陷入停滞。
资料来源：世界银行数据库和美国中央情报局世界概况。

虑苏丹、尼加拉瓜等非常贫穷的国家。这些国家当时的人均GDP约为1 015美元，非常接近朝鲜的水平。

表7.2展示了近年来朝鲜和韩国之间的其他各项差异。该表显示，两国在进口、出口、农业和制造领域的产出以及可用服务水平等指标上都存在巨大差异。值得注意的是，统计数据表明，在计划经济体制下，朝鲜在农业经济之外的发展都举步维艰。

表7.2 朝鲜和韩国不同维度对比

指标	韩国	朝鲜
2015年的GDP（亿美元）	19 180	400
2015年的GDP排名	第14位	第117位
2015年的出口价值（亿美元）	5 120	29.08
2015年的进口价值（亿美元）	3 931	38.60
工业占总GDP百分比	39.3%	47.6%
服务业占总GDP百分比	58.3%	29.9%
农业占总GDP百分比	2.2%	22.5%

注：本表显示出，韩国的对外贸易领域很有活力，而朝鲜对农业较为依赖。

选择与结果

卡特里娜飓风之后的联邦应急管理局和沃尔玛

- 2005年夏天卡特里娜飓风过后，墨西哥湾沿岸的大部分地区遭受了狂风暴雨的侵袭。到处都是积水，但这些水通常都不可饮用。我们认为理所当然的基本供给，例如饮用水，都出现了短缺，这使联邦应急管理局措手不及。

- 面对飓风或地震等灾难性事件，私营企业给人的印象是经常会借机"敲竹杠"。实际情况有时候确实如此，但是在应对卡特里娜飓风时，沃尔玛却意外变成了英雄。事实上，肯纳市（位于新奥尔良市近郊）市长对沃尔玛的反应做出了高度评价："沃尔玛是肯纳唯一的生命线。全靠沃尔玛送来的食物和水，民众才渡过了难关，我们才没有爆发大规模抢劫事件。"

- 实际上，在卡特里娜飓风过后的三周内，沃尔玛就向受灾地区运送了近2 500卡车的物资。这些卡车在联邦应急管理局到来之前到达了灾区，相比之下，联邦应急管理局在灾难期间的应对非常混乱，它将3万磅冰运送到了缅因州，而不是密西西比州。关于这些故事以及更详细的情况描述，请参见史蒂文·霍维茨所写的一篇文章，他在文章中总结了私营企业和联邦应急管理局对卡特里娜飓风做出的不同反应。[7]

- 为什么沃尔玛能做到如此有效的应对？沃尔玛拥有一个可以与联邦应急管理局媲美的飓风应急中心。在飓风登陆之前，它就预测到了当地对发电机、水和食物的需求，因此能够有效地将这些物品运往该地区。风暴来临时，沃尔玛的应急中心马力全开，有50名员工负责处理来自总部的指示。

- 这听起来好像应该是联邦应急管理局应该干的活，但为什么沃尔玛会如此积极？这是十分简单的经济学知识。沃尔玛清楚，飓风来临期间，水、发电机和冰的需求曲线会发生大幅移动，而根据教科书，对这种移动的反应就应当是增加供给量。幸运的是，沃尔玛是为数不多能在全国范围内调运物资的企业。

- 与联邦应急管理局相比，沃尔玛还享有另一个优势：了解供给品市场。沃尔玛每天必须考虑数百万消费者的需求并提供使自身利润最大化的商品。相比之下，联邦应急管理局没有这样的激励，所以当突然要应对卡特里娜飓风这样的毁灭性风暴时，应急管理局只能凭借直觉去猜测人们的需求。但就像在2005年一样，当它准备采取行动时，像沃尔玛这样的私营企业已经把短缺问题给解决了。

中央计划者

为什么计划经济难以高效运转,难以实现GDP的持续显著增长?让我们举一个极端的例子。假设你是一位中央计划者,负责美国经济,目标是最大化美国公民的福利,而且你实行的是计划经济而不是自由市场经济。你会怎么做?你将如何协调数以百万计的消费者、企业、资源供应商和销售商?你如何确保威斯康星州拉辛县的拖拉机制造厂拥有生产所必需的钢材、橡胶、玻璃和其他的关键投入?位于伊利诺伊州贝尔维迪尔的克莱斯勒工厂应该生产多少汽车?犹他州矿山的最后一批铜应该被用于生产电线还是锅碗瓢盆?产自得克萨斯州的天然气是应该给波士顿供暖还是给丹佛供暖,还是用来给密西西比州比洛克西的化工厂发电?

在考虑了这些问题后,你可能会更深刻地理解行业之间的联系。如果硅砂矿不能生产足够的硅,玻璃制造厂将无法实现其生产目标。玻璃的短缺将导致诸如灯具、镜子、厨房台面、液晶显示器和汽车风挡玻璃之类的商品产量减少。如果风挡玻璃不能及时提供给伊利诺伊州贝尔维迪尔的克莱斯勒汽车厂,工人就会停工,进而导致克莱斯勒无法达到生产目标。这种连锁反应将在整个经济体中蔓延:随着下线的汽车越来越少,铁路和公路运输的汽车数量将减少,运输公司将无法达到它们的生产目标。可供汽车经销商销售的汽车数量减少,从而降低了新车的销售量以及经销商的佣金收入。收入降低反过来将导致经销商减少去海边度假的计划,这就引起了旅游业的连锁反应。这就像一场多米诺骨牌游戏,会一直持续下去!

正如你所见,对中央计划者而言,将这些经济主体聚集在一起进行交易是一个难度非常大的**协调问题**。在解决了协调问题之后,你还需要考虑如何解决**激励问题**,也就是要协调经济主体的利益。在市场经济中,激励生产者的是价格而非中央计划者,利润才是决定企业家是否成功的关键。

但在计划经济中,只要实现数量目标就能获得回报。假设工厂经理被派去生产用于铺设庭院地面的木板。如果他被告知目标是以重量计算的,那么他只会生产长的、宽的、笨重的木板,因为他想要最大化重量,而对运输成本或消费者的需求漠不关心。如果他被告知目标是以数量计算的,那么他只会生产短的、窄的、纤细的木板。他并不在乎消费者站在上面烧烤时地板是否会坍塌,因为他的回报并不和质量挂钩。在计划经济中,这样的情况比比皆是。

这类问题表明,大多数计划经济体制失败的原因是中央计划者并不完全了解消费者的需求和每个经济部门的生产能力。此外,如果价格这一因素得不到利用,企业就很难激励员工。因为整个经济体中任何个体都只会掌握部分情况,所以他们不可能完全复制"看不见的手"的功能。诺贝尔奖获得者弗里德里希·哈耶克的如下一番话,道出了"看不见的手"的真相:

神奇之处在于，当某种原材料出现短缺时，即使没有任何指令，且只有少数人了解其缘由，成千上万的通过几个月调查也无法确认其身份的人也知道应该尽量节约使用这种材料或者相关产品，也就是说，他们会朝着正确的方向前进。[8]

选择与结果

凯马特超市的命令与控制

- "好消息，凯马特的顾客们！好消息，凯马特的顾客们！货架上的手提包降价3.5%！手提包降价3.5%！数量有限，售完为止。"
- 如果你经常光顾凯马特，那么肯定听过这样的广播，也会记得那个蓝色的闪光灯，以及随之涌向那个著名货架抢购的人群。
- 这种"蓝色闪光灯特卖"于1965年诞生于印第安纳州的一家凯马特超市。聪明的超市经理利用警车灯，将消费者的注意力吸引到无人问津的商品上。沃尔玛创始人萨姆·沃尔顿称赞这一想法是有史以来最伟大的促销创意之一。
- 不过很少有人知道，这一精明想法背后的命令机制实际上限制了超市的盈利能力。在"蓝色闪光灯特卖"刚刚出现时，各地的凯马特都可以根据当地条件以及与天气相关的情况自由选择打折商品。
- 如今，凯马特不再允许各地超市自己挑选折扣商品。所有"蓝色闪光灯特卖"出售的商品，都是几个月前由位于伊利诺伊州霍夫曼庄园的总部办公室指定的。此外，无论超市位于怀俄明州拉勒米还是华盛顿特区，"蓝色闪光灯特卖"出售的商品都是一样的。
- 当中央计划者制定生产决策时，他就失去了观察无约束市场价格的优势。与之相似，凯马特这些年再也无法充分利用各门店经理的分散知识。
- 当12月的冬季风暴袭击拉勒米时，当地的凯马特显然不应该听从在数千英里之外的总部于7月做出的决策。当地市场条件决定了他们应提供不同的产品组合。
- 同样，当华盛顿特区陷入夏季干旱而华盛顿州的西雅图却进入雨季时，为什么华盛顿特区的凯马特要提供与西雅图一样的折扣商品？
- 重要的是要记住，"看不见的手"不仅仅会影响我们经常光顾的传统市场，它实际上无处不在，在友谊、家庭、社区、企业乃至国家之中都有它的影响。在凯马特的案例中，如果做决策的是"看不见的手"而不是中央计划者，那么其促销结果肯定会更好。"看不见的手"本身是一种难以复制的分配机制。[9]

第7章　完全竞争和"看不见的手"

7.5 公平和效率

市场经济具有显著的特点，即能够通过提供价格信号来引导资源分配，使社会剩余最大化，推动经济高效运转。市场力量可以通过引导资源流向正确方向而消除浪费，并为所有市场参与者提供激励，使其在提升自身利益的同时增进更广泛的社会利益。由此，效率的最大化便会指引我们将社会蛋糕尽可能做大。

但我们需要认识到，使社会剩余最大化只是衡量经济进步的方式之一。另一个需要考虑的因素是如何分配蛋糕。例如，许多公民会认为每个人都应该获得适当的食物、住房和基本医疗保健。更进一步说，社会规划者也可能会关心**公平**。公平关注的是蛋糕如何在各个经济主体之间进行分配。对某些人来说，公平意味着商品在整个社会中的平均分配。有不少重大问题都事关公平和效率。

我们应该帮助街边的流浪汉或失业工人吗？非洲的饥饿儿童呢？这些人基本上没有收入，这意味着他们被排除在几乎所有市场之外，因为他们的支付意愿不足以购买许多商品。事实上，他们甚至买不起市场价格下的大部分生活必需品。竞争市场均衡可以保证社会剩余最大化，非常有效率，但这并不意味着由此产生的分配完全合乎道德。

这引发了一系列事关公平和效率的重大问题。这些问题属于规范经济学领域，政策制定者和经济学家经常对此展开辩论。我们知道，在完全竞争市场均衡中存在帕累托效率，这意味着，在不使其他人受损的情况下，我们不可能提升一个非洲饥饿儿童的生活水平。因此，为了改善一个非洲饥饿儿童的境况，从别人手中拿走几百美元就成为一种必要的事。

当然，这种财富的再分配对现代社会很重要，我们将在后续章节中看到，政府和私人慈善机构正是基于这种原因而干预市场。我们会发现，这种干预体现了对公平与效率的权衡。在一个社会中，我们会不断地在公平与效率之间做出选择。这也是征税的一个主要目的。在后续章节中，当考虑税收和政府在经济中的作用时，我们会遇到许多值得关注的问题。

如果你只读到这儿，那么你可能会成为一名狂热的自由市场支持者。因为这一经济体制有着无与伦比的优点。然而，我们也会遇到一些"看不见的手"难以发挥作用的重大情况。例如，当一家企业生产时，它可能会污染空气或水，对人们造成伤害。同样，如果一家企业不是价格接受者，而是有权制定价格，那么它就有能力将资源再分配给自己，而社会剩余可能就不会达到最大化。

"既然我们已经雇用了你，我们还想调整一下工作量与薪水的天平。"

在接下来的章节中，我们将探讨此类现实情况对"看不见的手"运作造成的各种干扰。这些例子会促使我们思考该如何将自由市场与政府干预进行适当的结合。我们将了解到，所有成功的现代经济体都是政府干预与自由市场经济的结合。

循证经济学

仅由利己者构成的市场能否使社会整体福利最大化？

- 本章的讨论可能已激起了你对"看不见的手"作用原理的兴趣。但它也可能使你渴望看到更加具体的示例，以证明这个理论是否真的能描述现实。说得具体点，你可能会想，尽管我们已经从概念上展现了竞争市场均衡的各种特征，但从未用任何实证证据来表明其在现实世界的正确性或者近似正确性。

- 然而，这样做是很困难的，因为就像计划经济中的中央计划者一样，我们也无法观察到市场需求曲线和市场供给曲线，所以我们无法检验价格和数量是否趋于均衡值。我们如何超越本章的概念性论证，并通过实证证据来证明"看不见的手"会像经济学家所相信的那样运行？

- 让我们通过一个小型实验来看一下经济学家会如何解决这一棘手问题，在本实验中，假设你是纽约证券交易所的交易员。现在你走进经济学课堂，你面前的桌子上放着一张便签，便签上写着两个信息：你的保留价值是多少，你是买方还是卖方。举个例子，如果我们回到本章开篇所提到的那个场景，我们会看到马德林的便签上写着"70美元，买方"，亚当的便签上写着"50美元，卖方"。

- 之后你会被告知：如果你是买方，那么每期你可以买入1单位；如果你是卖方，那么每期你可以卖出1单位。这个实验中将有5期交易。对于买方和卖方，交易价格和保留价值之间的差值将决定市场收益。例如，如果你是一个保留价值为25美元的买方，并打算以20美元买入1单位，那么你的市场收益为5美元。如前所述，我们把它称为消费者剩余。同样，如果你是一个保留价值为5美元的卖方，并且打算以20美元卖出1单位，那么你会赚取到15美元的生产者剩余。每笔交易完成后都会公布交易价格，因此所有买方和卖方都能掌握最新的交易情况。

- 每期交易持续10分钟。交易中，买方需要举手公开报价，实验监督员会将报价写在公告板上。卖方同样如此。按照华尔街的行话，买方提交的价格叫作"出价"，卖方提交的价格被称为"要价"。该交易的基本理念是，买方想从要价最低的卖方那里购买，而卖方则想向出价最高的买方出售。这一简单的安排与纽约证券交易所的实际运作方式有相似之处——双方大声喊出出价和要价，如果它们匹配，就可以执行交易。

- 现在我们可以开始进行实验了。

- 钟声响起，第1期交易开始，而且很快就有了出价和要价。坐在你右边的买方喊出："出价10美元！"实验者便会将这一信息写在白板上。坐在你后方的其他买方也紧跟着出价，把10美元的报价抬高。与此同时，卖方也提出了他们的要价，每个人的卖价都比上一个卖方稍低，这样他们才能和出价最高的买方达成交易。你大声喊道："出价20美元！"这时候一个卖方接受了你的出价。你的保留价值是25美元，因此你觉得还不错，因为在第1期交易中你净赚了5美元。现在你可以好好休息，并等待第2期交易。

双向口头拍卖

- 这种类型的实验被称为"双向口头拍卖"，最早进行此类实验的是经济学家弗农·史密斯。

- 和我们刚才的实验一样，在双向口头拍卖中，出价和要价都是口头报出的。在对这种拍卖的研究中，史密斯发现了令人欣慰的结果。他通过改变供给与需求弹性以及买方和卖方数量，对许多不同的市场变体进行了测试。尽管有如此多的变化，市场的状态仍然非常准确地接近均衡价格和均衡数量。

- 图7.20显示了一个例子。图7.20（a）展示了史密斯双向口头拍卖实验参与者的供给曲线和需求曲线，该图的横轴为数量，纵轴为价格。类似于图7.1中的例子，图7.20中的供给曲线和需求曲线是所有买方和卖方保留价值的总和，这是在实验开始之前已经给定的。图7.20（b）展示了每期交易中已完成交易的价格（按交易

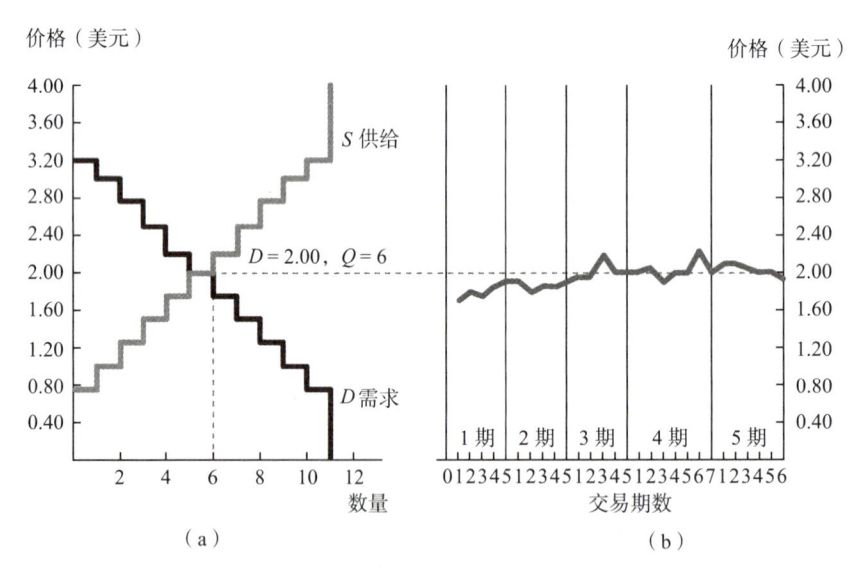

图7.20 史密斯实验（1962）中的一个例子

注：图（a）显示了描述双向口头拍卖市场的需求曲线和供给曲线。两条曲线的交点确定了均衡价格和均衡数量。虽然这些均衡值是理论预测，但它们被史密斯实验中买方和卖方的实际活动所证实，因为均衡价格接近图（b）所示的预测值。

资料来源：Based on Vernon L. Smith, "An Experimental Study of Competitive Market Behavior," *Journal of Political Economy* 70(2): 1962, 111–135.

发生顺序排列），也就是说，该图的横轴是交易期数，纵轴是支付价格，水平虚线则表示根据图7.20（a）中供需曲线预测出的均衡价格。起初，交易价格低于均衡价格，但当交易进行到第3期时，交易价格已经十分接近预测的均衡价格。

双边谈判

- 如果我们允许买方与卖方接触，并允许他们私下协商买卖交易，那结果还会像史密斯在其双向口头拍卖中所发现的那样乐观吗？本书的一位作者（李斯特）在许多不同类型的露天市场完成了几项实地实验后，对此问题做出了解答。李斯特所到之处既包括专业人士买卖体育卡片的交易大会，也包括孩子和大人交易胸针的迪士尼乐园。与史密斯实验相同的是，李斯特给定了买方与卖方的保留价值，并在每场交易后公开记录了交易价格。与史密斯实验不同的是，李斯特让实际的买方和卖方参与双边谈判，即让单个买方和单个卖方一对一协商出价和要价，而不是向一群人大声喊出报价。

- 在不同设定下，即在一系列不同的交易者类型、市场需求和市场供给曲线，以及不同数量的买方和卖方条件下，李斯特都发现，价格总有一种靠近竞争均衡的强烈趋势。就连孩子之间的交易也是如此！图7.21是李斯特研究的一个例子，图中纵轴表示每笔交易的价格，横轴表示交易数量。这些数据表明，市场趋近于需求曲线和供给曲线的交点（这里表示为两条虚线之间的价格，即介于13美元与14美元之间的价格）。

- 这项研究表明，即使在去中心化的现实世界市场中，价格和数量也会趋近需求等

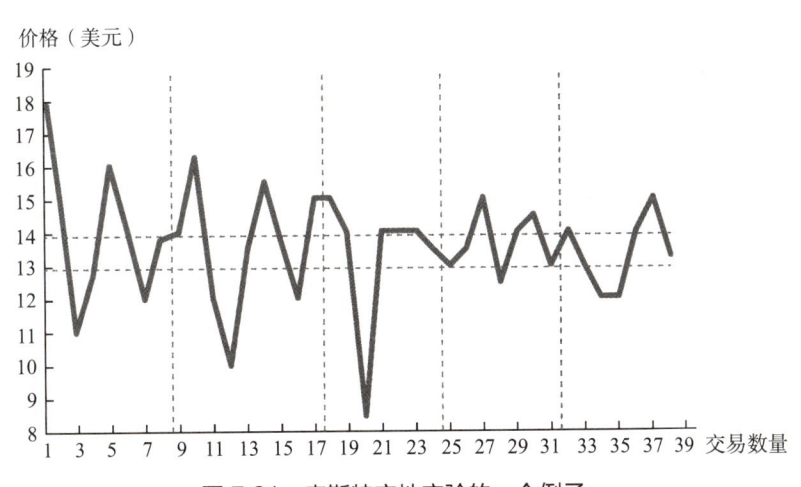

图7.21 李斯特实地实验的一个例子

注：虽然李斯特实验中的交易者没有借助某位中央拍卖师来宣布出价和要价，但是李斯特发现谈判交易的价格非常接近理论均衡价格。

资料来源: From John A. List, "Testing Neoclassical Competitive Theory in Multilateral Decentralized Markets," *Journal of Political Economy*, 112, no. 5 (2004):1131–56. University of Chicago Press.

于供给时的水平。事实上，即使在买方和卖方数量都较少的情况下——每方都只有6个人——李斯特发现价格和数量仍然会趋近需求曲线和供给曲线的交点。由此可知，"看不见的手"的力量远远超出了许多人最初的设想，因为这些市场往往接近于完全有效：许多市场的社会总剩余几乎达到了最大化。最后回到我们在本章开篇提出的问题：仅由利己者构成的市场能否使社会整体福利最大化？答案是肯定的。

问题	答案	数据	注意事项
仅由利己者构成的市场能否使社会整体福利最大化？	是的。	实验室实验和实地实验。	实验探究了保留价值高的买方是否购买，成本低的卖方是否卖出，以及是否产生了正确的交易数量。收集的数据并非来自单个行业或多个行业中的不同企业。因此，我们只展示了关于完全竞争均衡的三个基本结果中的第一个。

总结

- 在完全竞争市场的强假设条件下，市场会使利己的经济主体的利益和整个社会的利益保持一致。通过这种方式，市场协调了个体和社会，因此，利己者在追求私利的同时，也能促进整个社会的福利。
- 得益于"看不见的手"的协调组织，个人利己行为能够显著增进整个社会的福利。
- "看不见的手"将商品和服务有效地分配给买方和卖方，实现行业内的高效生产，并在各个行业之间有效地分配资源。
- "看不见的手"受价格引导。价格会激励买方和卖方，使之在追逐个人利益的同时最大化社会总剩余（消费者剩余和生产者剩余之和）。
- 我们可以通过社会总剩余来衡量经济发展，即看这个社会的蛋糕做得有多大。我们也可以通过考虑公平问题来衡量经济发展，即看蛋糕如何在经济主体之间进行分配。

关键术语

保留价值　　　　　无谓损失　　　　　公平
社会剩余　　　　　国内生产总值　　　双向口头拍卖
帕累托有效　　　　协调问题　　　　　双边谈判
价格管制　　　　　激励问题

问题

1. 在其他条件不变时,是弹性的需求曲线还是无弹性的需求曲线会导致更高的社会总剩余?供给曲线的弹性会如何影响社会总剩余?
2. 经济利润和经济损失如何在一个经济体中分配资源?
3. 在下列情况中,"看不见的手"将如何改变玉米作物的价格?
    a. 洪水冲毁了大量的玉米作物;
    b. 小麦(玉米的替代品)价格上涨;
    c. 消费者的喜好从玉米狗变成热狗;
    d. 玉米市场的需求者数量增加。
4. 一场暴风雪过后,五金店提高了雪铲的价格。价格在雪铲市场中扮演了什么角色?政府应介入市场并将价格保持在低水平吗?绘制供需曲线来展示你的推理,并讨论一下无谓损失问题。
5. 经济学教科书市场处于均衡状态。政府决定放宽对纸张出口的限制,这使得市场对纸张的需求增加。教科书市场的社会剩余会如何变化?为什么?请绘图解释。
6. 如何解释自20世纪70年代以来,韩国人均GDP增速远高于朝鲜人均GDP增速?
7. 在计划经济中,经济计划机构会为各种投入和最终商品设定价格。在市场经济中,供需关系决定了各种商品的价格。在这两种情况下,经济中都有一系列价格在运行。既然如此,我们为什么还说市场经济比计划经济更有效率?
8. 如果你的教授决定给全班同学都打最高分,这是否会影响同学们的学习激励?
9. 索菲娅是一名政治学专业学生,她认为政府应该介入并重振那些日渐衰退的行业,例如音像和报纸行业。她还认为,政府可以通过组织市场主体进行交易来解决协调问题。你赞同她的观点吗?请解释。
10. 是否所有有效的结果同时也是公平的结果?请解释。
11. 现实生活中,是否存在类似于双向口头拍卖的市场?假设你需要组织一场双向口头拍卖,该拍卖商品具有完全弹性需求。你认为拍卖价格是否会接近市场均衡?
12. 假设你是一场双向口头拍卖中的买方,你的保留价值为10美元,同时有一个卖方要价8美元。
    a. 如果接受这一要价,你的收益会是多少?
    b. 如果你是唯一的买方,并且你知道最低要价是2美元,你是否应该接受这一要价?

循证经济学习题

1. [优步问题]让我们回到我们在本章前面关于优步高峰期加价的讨论。假设以下为市场的供求信息:

原先市场

价格(美元)	需求量	供给量
5	25	5
10	20	10
15	15	15

(续表)

原先市场

价格(美元)	需求量	供给量
20	10	20
25	5	25

a. 绘制需求曲线和供给曲线。
b. 优步乘车的均衡价格和均衡数量是多少?

现在,假设一场足球比赛刚刚结束,很多球

迷都在准备回家。假设供应保持不变，但新的需求信息如下：

新市场	
价格（美元）	需求量
5	50
10	40
15	30
20	20
25	10

c. 首先，假设优步没有在高峰时段加价，乘车价格固定在15美元。多少人能通过优步打到车？在这个价格下，超额需求是多少？

d. 接下来，假设优步确实在高峰时段进行了加价。乘坐优步车的新均衡价格和均衡数量是多少？

习题

1. 下图展示了毛衣的市场供给与需求。计算该市场的消费者剩余、生产者剩余和社会剩余。

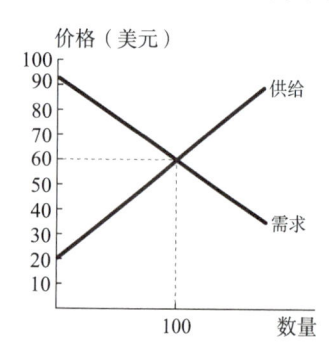

2. 思考本章 7.1 小节（图 7.1）中的需求曲线和供给曲线，假设此时的最低价格被限制为 55 美元（即"价格下限"为 55 美元）。

   a. 在价格为 55 美元时，哪些人购买了苹果手机？消费者剩余是多少？

   b. 在价格为 55 美元时，2 部苹果手机会被售出，但是愿意出售的卖方有 5 个。最高的生产者剩余可能是多少？最低的生产者剩余可能是多少？

3. 4 家医院（即消费者）对呼吸机的支付意愿如下（单位为美元）：

医院 W	医院 X	医院 Y	医院 Z
100 000	40 000	20 000	60 000

每家生产商至多只能生产 1 台呼吸机，其成本如下（单位为美元）：

生产商 A	生产商 B	生产商 C	生产商 D
20 000	30 000	50 000	10 000

a. 如果只能生产一台呼吸机，那么其所能实现的最大社会剩余是多少？哪家企业应该生产它，哪家医院应该使用它？

b. 在呼吸机市场上可能实现的最大剩余是多少？哪些医院应该使用这些呼吸机？哪些生产商应该生产呼吸机？

c. 将呼吸机数量限制为一台的无谓损失是多少？（提示：根据定义，这是你之前两题答案的差值。）

4. 我们继续使用问题 3 中的呼吸机例子。假设该市场为竞争市场。

   a. 绘出供给曲线和需求曲线，并显示均衡数量。

   b. 在图中展示 35 000 美元是一个可能的均衡价格。

   c. 按这个价格水平计算消费者剩余、生产者剩余和社会剩余。验证你能否得出与问题 3 中（b）部分相同的剩余值。

5. 莎拉和吉姆准备一起吃午餐，他们按下表中的方式对可选餐厅进行了排名。选择哪些餐厅是帕累托有效的？

	莎拉的排名	吉姆的排名
墨西哥辣椒	4	3
娜芙娜芙	1	4
帕内拉	2	5
大肚腩	3	2
烈焰	5	1

6. 某国电钻市场的特点是有大量的买方和卖方，凡是想买电钻且买得起电钻的买方都买了电钻。换句话说，电钻市场处于均衡状态。

   a. 这是否意味着该国电钻市场是帕累托有效的？请解释你的答案。

   b. 如果该市场上的一些买方现在愿意支付比以前更高的价格，你的答案会发生变化吗？

7. 与汽车市场相比，复古纽扣市场的买方和卖方都较少。汽车市场的社会剩余可能高于复古纽扣市场。我们是否可以就此认为汽车市场是帕累托有效的，而复古纽扣市场不是帕累托有效的？请解释。

8. 下面两表显示了一家小型企业在两个不同工厂生产同种商品的长期平均总成本：

工厂1

数量	总成本（美元）	平均总成本（美元）	边际成本（美元）
1	50		
2	106		
3	164		
4	224		
5	287		
6	355		
7	430		
8	520		
9	618		

工厂2

数量	总成本（美元）	平均总成本（美元）	边际成本（美元）
1	20		
2	52		
3	90		
4	130		
5	175		
6	227		
7	285		
8	345		
9	407		

a. 补充两个表中第3列和第4列的数字。

b. 假设商品的价格是60美元。为了使企业利润最大化，每家工厂应该生产多少商品？计算企业的利润。

c. 一位新经理被指派到生产部门。他认为企业可以将所有生产转移到工厂2，因为工厂2的平均生产成本低于工厂1。如果企业只使用工厂2，那么为了实现利润最大化，该工厂应该生产多少商品？计算该企业的利润。假设固定成本为零。

9. 你在课堂上开展了一个只有3个买方和3个卖方的小型市场实验。买方A的支付意愿（保留价值）为7美元，买方B的支付意愿为5美元，买方C的支付意愿为3美元。卖方X的接受意愿（保留价值）为2美元，卖方Y的接受意愿为4美元，卖方Z的接受意愿为6美元。

a. 绘制该市场的需求曲线和供给曲线。

b. 均衡数量是多少？

c. 在均衡数量下的社会剩余是多少？

d. 如果在此次实验中，卖方X和买方C同意以2.5美元的价格交易，卖方Y和买方B以4.5美元的价格交易，卖方Z和买方A以6.5美元的价格交易，所有参与者都成功找到了对他们个人有利的交易,但这并非一个有效结果。请从社会剩余的角度对此进行解释。

10. 假设廉价太阳镜市场处于长期竞争均衡状态,太阳镜价格为 10 美元,每个太阳镜生产商的销售量为 5 000 副。夏季多云天气导致太阳镜的需求量下降,市场价格因此发生变化。据此可知,在短期内,每个生产商的太阳镜销量是会更多、更少,还是保持不变?长期又会发生什么情况?

11. 某市公寓的均衡租金是 500 美元/月,均衡公寓出租数量是 100 套。该市现在通过了一项租金管控法,规定最高租金为 400 美元/月。下图总结了该城市公寓的供需情况。

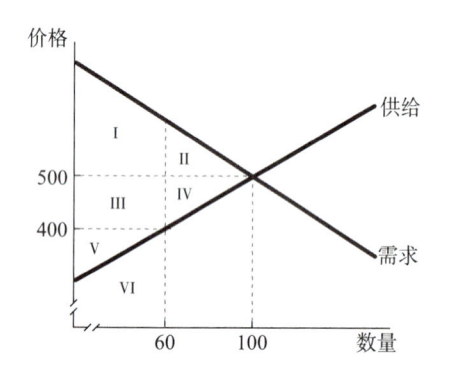

a. 依据该图填写下表:

剩余	租金管控前	租金管控后	变化量
消费者剩余			
生产者剩余			
社会总剩余			

b. 根据上表的答案回答下列问题。
  i. 消费者剩余必然会增加、不变,还是减少?还是无法确定?
  ii. 生产者剩余必然会增加、不变,还是减少?还是无法确定?
  iii. 社会总剩余必然会增加、不变,还是减少?还是无法确定?

12. 由于一场全国性危机,公众对厕纸的需求突然增加。此外,由于强力的社会规范(一些州还制定了反哄抬物价的法律),商场不愿意改变厕纸的售价。

a. 绘图显示厕纸需求陡增对需求曲线的影响。
b. 依据厕纸的原价,在图中表示出价格管制。这是一个价格下限还是一个价格上限?
c. 用阴影显示价格管制所导致的无谓损失。
d. 在你看来,当国家处于危难之际时,商场是否应该改变必需品的售价?

13. 阿什利的支付意愿为 7 美元,比尔的支付意愿为 5 美元,而凯莉的支付意愿为 1 美元。
a. 绘制需求曲线。
b. 制作每个整数价格的需求表(从 0 美元到 8 美元)。
c. 计算价格为 2 美元时的消费者剩余。
d. 此时出现了一个愿意为 1 单位商品"支付任何价格"的买方。如果此话当真,新的需求曲线会是什么样的?

第 8 章 贸 易

自由贸易会让你失去工作吗？

1999 年，在西雅图举行世界贸易组织部长级会议期间，数百名世贸代表遭到了近 4 万名示威者的封锁围堵。为了抵挡警方释放的烟幕弹和催泪弹，这些抗议者都遮住了自己的面部。这场针对自由贸易的抗议有时候被称为"西雅图之战"。这种抗议并不罕见，此前的全球"反资本主义嘉年华"也吸引了相似数量的示威者。时至今日，此类抗议仍然在全球范围内持续上演。

（抵制公司暴政 人民的意愿）

面对如此强烈的反对自由贸易的声音，你可能会对本章将要得出的结论感到震惊。因为在本章我们将了解到，自由贸易总是对贸易双方有利。这是当今世界如此高度地相互依存的一个关键原因。如果自由贸易总是有益的，那么是什么惹怒了这些抗议者？他们是否不理性？一门简单的经济学课程能阻止 4 万人封锁西雅图的街道吗？

事实上，我们会发现，这些抗议者的立场并不存在不理性之说，而且即使是最好的经济学课程也无法让他们得到慰藉。这就是我们从本章得出的第二个结论：在任何进行贸易的国家内部，一些人的利益可能会因贸易受损。我们在本章后面的循证经济学专栏中将谈到，这些损失可能来自消费者剩余或生产者剩余的减少、失业以及薪酬的降低。

重要概念

- 生产可能性曲线显示的是我们在现有资源和技术条件下的生产能力。
- 贸易的基础是比较优势。
- 专业分工基于比较优势而非绝对优势。
- 在进行自由贸易的州和国家内，都有赢家和输家。
- 赢家在自由贸易中的所得大过输家在自由贸易中的损失。
- 许多反对自由贸易的理由都非常值得重视。

本章概览

8.1	8.2	8.3	8.4	8.5	EBE
生产可能性曲线	贸易的基础：比较优势	美国各州间贸易	国家间贸易	反对自由贸易的理由	自由贸易会让你失去工作吗？

然而，重要的是，我们将了解到，赢家从贸易中获得的收益超过了输家的损失。关键是要制定政策，让每个人都能从贸易中获益。

8.1 生产可能性曲线

看一眼你的网球鞋，它们产自哪里？估计是中国，中国是全球最大的鞋类出口国。你用 PS3（索尼开发的一款家用电视游戏机）玩游戏吗？它们是在日本生产的，日本是消费电子产品的主要出口国之一。那么理发呢？我猜你应该不会给自己剪刘海吧。为什么如此多的人和国家会依赖其他人或国家提供的商品和服务？这样的相互依赖有什么好处？

无论是在理发师与售货员之间，还是在美国与中国之间，贸易的潜在动机都有赖于一个简单的原理：通过贸易我们都可以变得更好，因为贸易可以使总产量最大化。为了说明这一点，让我们先看一个生活化的例子。

因为想挣些闲钱，你找了一份周末兼职，工作内容是创建网站以及在网站上运行的电脑程序。你的第一份工作是创建 240 个网站并编写 240 个在这些网站上运行应用的程序。由于每个网站和程序都不相同，你每次都必须从头开始创建网站。你现在必须弄清楚该如何完成这些任务。从经济学角度出发，你意识到，这份工作在某种意义上像一个存在两种商品（网站和程序）的经济体，你需要计算出在一天 8 小时内你到底能完成多少工作，也就是说，你要搞清楚自己的生产可能性。

经过一番实验，你收集了足够的数据并绘制出表 8.1。该表显示了因在这两项任务上花费不同小时数而导致的产出水平差异。比如，如果你将一天 8 小时全部用在编写程序

表 8.1 你的生产计划表

创建网站的时间（小时）	创建出网站的数量（个）	编写程序的时间（小时）	编写出程序的数量（个）
8	8	0	0
7	7	1	2
6	6	2	4
5	5	3	6
4	4	4	8
3	3	5	10
2	2	6	12
1	1	7	14
0	0	8	16

注：本表显示了你的时间分配与对应的网站创建和程序编写数量。例如，你可以将 6 小时用于创建网站，另外 2 小时用于编写程序，这样你就能创建 6 个网站并编写 4 个程序。

上，你就能编写 16 个程序。同样，如果你将一天 8 小时全部用在创建网站上，你就能创建 8 个网站。如果你在两项任务上都花费一定的时间，你的生产水平就会介于两者之间。

体现这些数据的一个简单方法就是使用**生产可能性曲线**（PPC）。生产可能性曲线显示了一种商品的最大产量与另一种商品给定生产水平之间的关系。图 8.1 利用表 8.1 中的数据绘制出了 8 小时内你能生产出的网站和程序的数量组合，展示了你这个"经济体"的生产可能性曲线。该曲线和我们在第 5 章讨论的预算约束线非常相似：它展现的是我们在现有的资源和技术水平下的生产能力。

在图 8.1 中，横轴表示你能创建的网站数量，纵轴表示你能编写的程序数量。该图展现了你在决定生产什么商品时所做的权衡。如果你全身心地投入到网站制作中，那么你每天可以创建 8 个网站。如果你把所有的时间都花在编程上，那么你每天能够编写 16 个程序。这些都是能做的极端权衡。因此，它们是你这个"经济体"的生产可能性曲线（图 8.1 中的线段）的两个端点。

但你还可以在这些极端情况之间进行选择。在考察生产可能性曲线时，我们有必要记住下列规则：

"我总是会选一个懒人来做困难的工作……因为他会找到一个做这件事的简单方法。"

——比尔·盖茨

图 8.1 生产可能性曲线

注：生产可能性曲线是对生产计划表的图形式展现。生产可能性曲线类似于第 5 章中的预算约束线，其斜率表示的是额外创建一个网站所必须放弃编写程序的数量。曲线上的点（例如 B 点和 D 点）可以实现且是有效率的，曲线内的点（例如 A 点）可以实现，但无效率。曲线外的点（例如 C 点）无法实现。

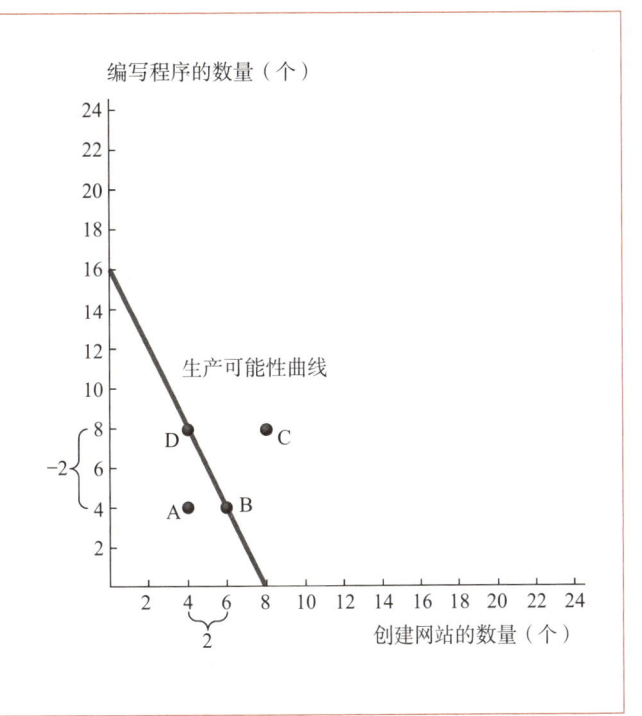

第 8 章 贸易

- 在生产可能性曲线上的点，比如图 8.1 中的 B 点（生产 6 个网站和 4 个程序），是可以实现且有效率的。
- 在生产可能性曲线内部的点，比如 A 点（生产 4 个网站和 4 个程序），是可以实现但没有效率的。
- 在生产可能性曲线外部的点，比如 C 点（生产 8 个网站和 8 个程序），是无法实现的。

因此，在生产可能性曲线上或内部的任何点都代表了 8 小时内可能的生产水平。在生产可能性曲线上的生产组合是可实现并且有效率的；也就是说，这种产出水平可以实现，而且充分利用了资源（在本例中是你的时间）。任何在生产可能性曲线外部的组合，比如 C 点，都是无法实现的。这是因为在一天 8 小时的工作时间内，你不可能生产这么多的网站（8 个）和程序（8 个），鉴于你的能力和可用资源，这在技术上是不可行的。

为什么生产可能性曲线内部的任何点都是可以实现但没有效率的呢？原因在于你本可以用你的时间生产更多商品。以 A 点为例，在这种情况下，你可以更有效地利用你的时间，多创建 2 个网站（将 A 点向右移至 B 点），或者多编写 4 个程序（将 A 点向上移至 D 点），或者既多创建网站，又多编写程序（将 A 点向右上方移至你的生产可能性曲线）。当个人和企业的生产无效率时，他们的生产水平就会位于其生产可能性曲线的内部。例如，像克莱斯勒这样的汽车制造商如果没有工人和机器的最优组合，它的生产水平就会位于生产可能性曲线内部。一般来说，最优的生产组合都是在生产可能性曲线上的一点，此时该组合既可实现又有效率，例如图中的 B 点或 D 点。

计算机会成本

图 8.1 表明，当你创建了更多的网站时，你就只能编写更少的程序。这是显而易见的——如果你把时间用来创建网站，那么你就不能编写程序。这就是机会成本，是你为了创建一个额外的网站而放弃的东西。类似于第 5 章你在购物问题中所面临的权衡，你也可以用一个简单的公式计算创建网站的机会成本：

$$机会成本_{网站} = \frac{电脑程序损失}{网站收益}$$

其中，电脑程序损失是指你为了创建网站而必须放弃的电脑程序数量。我们如何得到这些数值？

我们通过求取图 8.1 中生产可能性曲线斜率的绝对值来计算。为了求出斜率，我们用曲线上的两点在纵轴"上升"的数值，除以这两点在横轴"延伸"的数值。上升的是电脑程序的变化数量，延伸的是网站的变化数量。在图 8.1 中，我们可以看到从 D 点到

B 点，纵轴上的值从 8 减至 4，横轴上的值从 4 增至 6。因此，我们有：

$$机会成本_{网站} = -\frac{4}{2} = -2$$

−2 的绝对值是 2。额外创建 1 个网站的机会成本是 2 个程序。我们可以用类似的公式计算编写电脑程序的机会成本：

$$机会成本_{程序} = \frac{网站损失}{电脑程序收益}$$

因此，我们得出：

$$机会成本_{程序} = -\frac{2}{4} = -\frac{1}{2}$$

−1/2 的绝对值是 1/2。因此，多编写一个电脑程序的机会成本是 1/2 个网站。这意味着对于你编写的每一个程序，你都需要放弃创建 1/2 个网站。（你会注意到这两个机会成本互为倒数，在线性生产可能性曲线中始终如此。）

这种计算可能会让你相当紧张，因为你在完成这些新工作的同时还要兼顾学业和活跃的社交生活。但现在看来，仅仅完成第一项任务就需要 45 天！因为你需要花 15 天来编写程序（240 个 = 16 个 / 天 × 15 天），再花 30 天来创建网站（240 个 = 8 个 / 天 × 30 天）。

你经济学专业的朋友则很平静地建议你不要担心，她认识一个叫奥利维娅的学生，奥利维娅也做过类似的自由职业者。起初，你并不明白这会对你有何帮助，因为任何承担着类似可怕工作量的人都不可能有时间去帮助另一个完全陌生的人！

然而，陷入绝境的你最终还是去找了奥利维娅。一番交流以后，你发现奥利维娅和你一样"压力山大"——她也需要在保证学业和积极社交的同时，完成 240 个程序和 240 个网站的制作。

但还有一个值得注意的情况：奥利维娅和你有着不同的天赋。相比之下，她更擅长创建网站。图 8.2 将奥利维娅的生产可能性曲线叠加在了你的生产可能性曲线上，你会发现奥利维娅的机会成本和你的不同。你还意识到奥利维娅和你的处境完全一样：她也需要在 45 天（其中 30 天用来编写程序，15 天用来创建网站）内完成她的工作。

你和奥利维娅怎么能把你们的工作时间降低到最少？你们应该相互合作，还是各干各的？如果你认为一起工作是正确选择，那么你们两个人应该如何分配工作？

图 8.2 两条生产可能性曲线

注：图中同时显示了奥利维娅和你的生产可能性曲线。你必须牺牲编写 2 个程序的时间来创建额外的 1 个网站，而奥利维娅仅仅需要牺牲编写 1/2 个程序的时间来创建额外的 1 个网站。你们能够通过交易来减少工作天数吗？

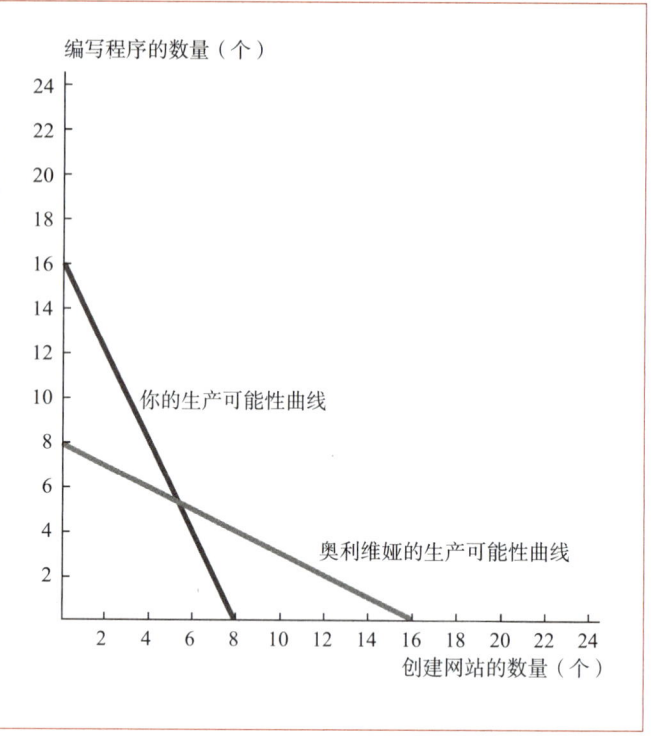

8.2 贸易的基础：比较优势

在回答这些问题之前，我们先来认识一下比较优势这一原理。比较优势的核心理念，在于搞清楚你相对擅长做什么。说得更正式一点，**比较优势**是指个人、企业或国家以比其他生产者更低的机会成本生产某种商品的能力。你在生产某一商品上有比较优势吗？奥利维娅呢，她是否有比较优势？两个问题的答案都是肯定的。

<u>确定谁具有比较优势的关键在于比较个人的机会成本。</u>你在编写程序上有比较优势，因为你编写程序的机会成本是 1/2 个网站，你只需要放弃创建 1/2 个网站就能编写 1 个程序。奥利维娅若要编写 1 个程序，则需要放弃创建 2 个网站。由于 1/2 小于 2，因此在你们这个两人经济体中，你编写程序的机会成本更低。

通过类似的计算，我们发现奥利维娅在创建网站方面具有比较优势，因为她只需要放弃编写 1/2 个程序就可以创建 1 个网站，而你却需要放弃编写 2 个程序来创建 1 个网站。下表总结了创建网站和编写程序的机会成本：

	创建网站的机会成本	编写程序的机会成本
你	2 个程序	1/2 个网站
奥利维娅	1/2 个程序	2 个网站

专业分工

那么这一切意味着什么呢？这意味着，如果你们同意交易，你专注于生产你相对擅长的部分，而奥利维娅专注于她相对擅长的部分，那么你们二人的情况都会变得更好。当每个人、每个企业或每个国家只生产具有比较优势的商品和服务，并且依赖贸易来获取所需的其他商品和服务时，就会出现完全的专业分工。

如图8.3所示，你和奥利维娅交易的收益相当大。为了理解如何得到图8.3，让我们考虑你和奥利维娅每天将所有的时间都花在编写程序上的情况，此时共有24个程序被编写出来。现在，如果我们从编写程序的时间中抽出1小时并将其用于创建网站，谁的1小时（哪个人的时间）将被用于创建网站？因为奥利维娅制作网站的机会成本比你的低（她只需要放弃编写1/2个程序，而你要放弃2个），所以我们将从奥利维娅那里抽取1小时。如果我们想要创建更多的网站，那么我们可以继续改变奥利维娅的工作时间分配，直到她完全专注于创建网站（图8.3中的T点）。如果我们想要创建16个以上的网站，那么额外创建一个网站的权衡/机会成本将增加到2个程序，因为我们会开始让你来创建这些网站。

图8.3所展示的一个关键洞见是，在T点，你和奥利维娅每天可以创建16个网站，编写16个程序。这之所以可行，是因为你专注于你所擅长的程序编写，而奥利维娅专注于她所擅长的网站创建。

为了完全实现专业分工，你会负责编写480个电脑程序，奥利维娅会负责创建480

图8.3 专业分工带来的收益

注：在完全的专业分工下，你每天可以编写16个程序，而奥利维娅可以创建16个网站（图中的T点）。T点左侧的程序和网站产出变化完全取决于奥利维娅的生产可能性曲线。类似地，你的生产可能性曲线决定了T点右侧的产出的变化。

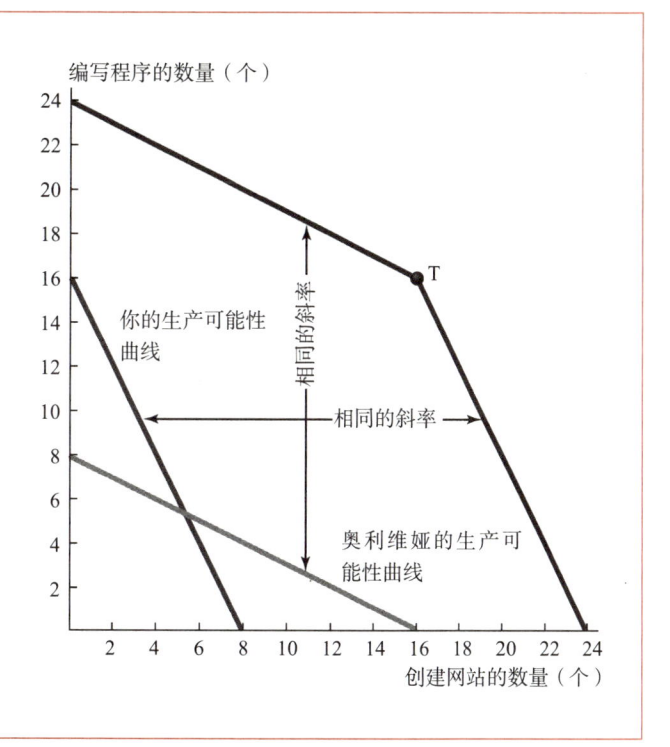

个网站。在这480个电脑程序中，你只需要其中240个就能完成任务，剩下的240个则可以给奥利维娅。作为回报，她会给你240个网站。仅仅是交易就让你们两个实现了完全的专业化，把你们的工作时间从45天减少到了30天！

选择与结果

一个关于比较优势的实验

- 假设你为了赚点小钱，参加了一场经济学的实验室实验。当你到达时，实验者将你和另外一名学生配对，并且告诉你，你需要按照右图中你的生产可能性曲线确定的比率来生产钥匙和锁，而你的搭档则可以按照他的生产可能性曲线确定的比率进行生产。你的任务是在你的生产可能性曲线上选择一个生产的点。与此同时，你的搭档也会做出他的选择。

- 在你做出选择之后，你的选择将与你搭档的选择相结合。每一把钥匙配上一把锁，你们每人就能得到10美元。多余的钥匙或锁则一文不值。

- 你应该选择什么样的钥匙/锁生产组合？

- 一个需要考虑的关键因素是你和你的搭档各自在生产方面有什么比较优势。右侧的表格总结了你们的生产可能性和机会成本。

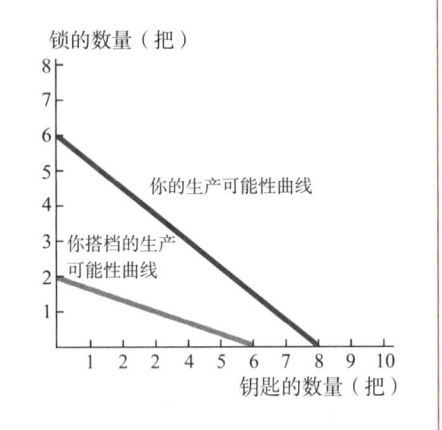

个体	生产可能性	
	钥匙（把）	锁（把）
你	8	6
实验搭档	6	2

个体	机会成本	
	钥匙的机会成本（为获得一把钥匙而放弃的锁）	锁的机会成本（为获得一把锁而放弃的钥匙）
你	3/4 把锁	4/3 把钥匙
实验搭档	1/3 把锁	3 把钥匙

- 在这类实验中，许多参与者要么会最大化他们单独能生产的配对数，要么会简单地选择他们能生产的最大数量。例如，你可能会选择生产8把钥匙，而你的搭档则选择了他能够生产的最大数量——6把钥匙。在这种情况下，你们最终一分钱都没赚到！

- 为什么呢？虽然相比锁而言你可以生产更多的钥匙，但是你应该选择只生产锁，因为你在生产锁方面具有比较优势。同样地，你的搭档应该选择只生产钥匙。这样，你们每个人生产的产品数量都是6个，两个人就都能赚到60美元。遵循你的比较优势，能够使你和你的搭档一起协调生产。

- 每个人都应该专门生产他们具有比较优势的产品，也就是有更低机会成本的产品，所以你的实验搭档应该专门生产钥匙，总共生产 6 把钥匙，而你应该专门生产锁，总共生产 6 把锁。

绝对优势

此时，你可能认为上面的示例是"人为操纵的"。你可能会说，关键在于你和奥利维娅有不同且完全对称的天赋：你的机会成本恰好是奥利维娅的机会成本的倒数。比较优势的作用远远超出这样简单的场景，为了说明这一点，让我们继续之前的例子，并假设你参加了为期一周的网站创建与设计强化培训。你学到的新知识使你创建网站的效率变为原来的 3 倍，导致你的生产可能性曲线围绕纵轴外旋。你的新生产可能性曲线如图 8.4 所示，该图同时展示了奥利维娅的生产可能性曲线。

现在你一天可以创建 24 个网站，而在培训之前你只能创建 8 个。如果你现在自己单干，那么你每天可以编写 16 个程序或创建 24 个网站。所以你只需要工作 25 天就能完成任务——15 天用来编写程序，10 天用来创建网站。这比你在培训前独自工作所需的 45 天要少得多，甚至比你和奥利维娅交易时所需的 30 天还要少。这是否意味着贸易在这种情况下就失去作用了呢？

答案是否定的，但现在贸易所带来的收益确实不如之前明显。你可能会想，你现在在这两项工作上都比奥利维娅做得好，那么你为什么还需要她的帮助呢？在这两项工作上都做得更好，意味着你在创建网站和编写程序方面都具有**绝对优势**。一般来说，绝对

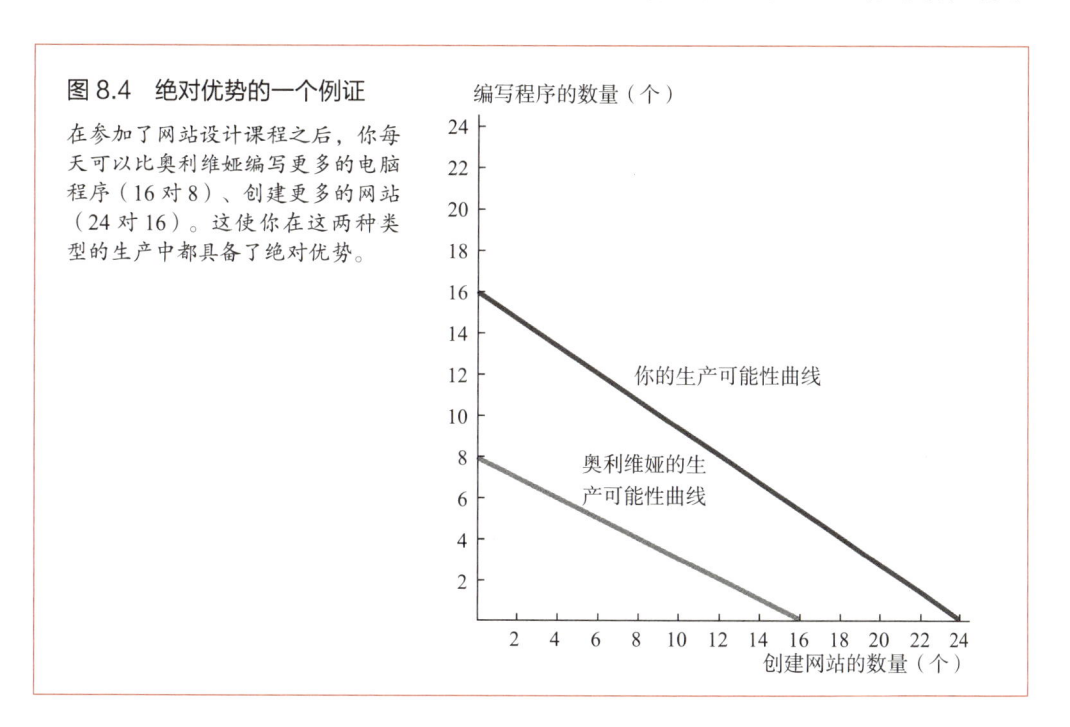

图 8.4 绝对优势的一个例证

在参加了网站设计课程之后，你每天可以比奥利维娅编写更多的电脑程序（16 对 8）、创建更多的网站（24 对 16）。这使你在这两种类型的生产中都具备了绝对优势。

优势是个人、企业或国家在相同资源条件下比其他竞争对手生产更多某种商品的能力。（在本例中，相同资源是每天都工作 8 小时）。

尽管你习得了卓越的技能，但你可能会惊讶地发现，贸易的收益仍然存在。这是因为尽管你在一天之内可以比奥利维娅创建更多的网站并编写更多的程序，但你并没有在这两种商品的生产上都具有比较优势。在线性的生产可能性曲线下，除非两个人具有完全相同的机会成本，否则一个人总会在生产一种商品时具有比较优势，而另一个人在生产另一种商品时具有比较优势。为什么？因为一个人会比另一个人更擅长一项任务，反之亦然。

在这种情况下，专业分工和贸易会带来什么收益？要回答这个问题，我们必须先计算在每种商品的生产中谁具有比较优势。下表总结了新的机会成本：

个体	网站的机会成本	电脑程序的机会成本
你	2/3 个程序	3/2 个网站
奥利维娅	1/2 个程序	2 个网站

即使你上过创建网站的课程，奥利维娅在创建网站方面仍然具有比较优势。她创建网站的机会成本（1/2 个程序）仍然比你的机会成本（2/3 个程序）低。同样，你在编写程序方面保持着比较优势，因为你的机会成本是 3/2 个网站，而奥利维娅的是 2 个网站。

因此，我们可以遵循前面的例子，让你和奥利维娅都实现完全专业分工：你编写 480 个程序，奥利维娅创建 480 个网站。你们可以用 30 天的时间来完成这些工作。

这合理吗？为什么在接受了创建网站的培训后，你的情况也没有变得更好？你真的需要奥利维娅的帮助吗？没有她，你完成工作只需要 25 天啊——15 天用来编写程序，10 天用来创建网站。你到底应该怎么做？

贸易的价格

在这个例子中，学习网站设计的技能没有为你带来更有利结果的原因是，我们从一开始就保持贸易的条件不变：1 个网站交换 1 个程序。**贸易条件**是物与物的协商兑换率。比较优势的原理固然强大，但它没有提供确切的贸易条件。不过，它确实提供了贸易发生的条件范围。通过这种方式，它规定了贸易收益如何在双方之间分配。

正如本例所显示的，如果兑换率是 1 个程序交换 1 个网站，你的情况就会在贸易后变得更糟，因为你要工作 30 天，而没有贸易时，你只需工作 25 天。因此，在 1 对 1 的兑换率下，你不会选择参与贸易。那么，到底有没有会让你选择进行贸易的兑换率？

答案是肯定的。有一系列对你和奥利维娅都有利的贸易条件，你们可以通过考虑机会成本来确定相应的条件范围。你们都会在创建网站和编写程序之间做各自的内部权衡，并将其与贸易条件进行比较。如果贸易能让你的情况变得更好，你就会进行贸易，否则就不会。

让我们先考虑每个人编写程序的机会成本。你需要放弃创建 3/2 个网站来编写 1 个程序，因此你每给奥利维娅 1 个程序，她就必须给你至少 3/2 个网站。现在让我们站在奥利维娅的角度进行思考。考虑到她的机会成本，她最多愿意为编写 1 个程序放弃创建 2 个网站。有了这些数据，规则就很简单了：对于参与贸易的双方，贸易价格必须位于他们的机会成本之间。在本例中：

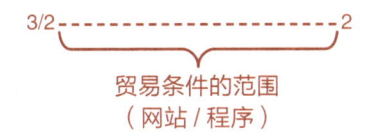

$$3/2 \text{------------------------} 2$$
贸易条件的范围
（网站/程序）

现在你应该明白为什么 1 对 1 的贸易行不通了——它超出了贸易条件的范围，你自己单干的效果会更好。同样，如果你一定要用每个电脑程序交换 2 个以上的网站，那么奥利维娅也不会同意贸易，因为她也可以靠自己做得更好。

理解了贸易条件，也就明白了哪一方可以获得贸易收益。接近 3/2 个网站交换 1 个程序的价格更有利于奥利维娅，而接近 2 个网站交换 1 个程序的价格更有利于你。为什么呢？因为奥利维娅在创建网站，她为获得 1 个程序而必须放弃创建的网站数量越少，她的境况就越好。同样，你在编写程序，你用每个程序所换得的网站数量越多，你的境况就越好。中间的价格，即 1 个程序交换 1.75 个网站，则会给你和奥利维娅提供相同的贸易收益。

这个例子还彰显出，**贸易伙伴相似程度的提升会导致贸易收益减少**。在你参加为期一周的网站创建和设计强化培训之前，你和奥利维娅的贸易显现出了非常大的好处，因为你们每个人都擅长不同的任务：你擅长编写程序，而奥利维娅擅长创建网站。这使贸易收益大幅增长。但随着你和奥利维娅越来越相似，贸易的收益也出现了缩减。

选择与结果

勒布朗·詹姆斯应该自己粉刷房子吗？

- 在过去几年中，勒布朗·詹姆斯 4 次荣膺美国职业篮球协会最有价值球员，获得了 3 次总冠军，他被誉为地球上最优秀的篮球运动员。但他的天赋不仅仅局限在灌篮方面。事实上，对臂展约 2.13 米的詹姆斯来说，他还擅长许多工作。
- 比如室内粉刷。凭借他的臂展和他约 2.03 米的身高，詹姆斯几乎不用梯子就能粉刷整个房子的内墙！从这个角度看，詹姆斯比许多职业粉刷匠的粉刷效率更高——他不仅在打篮球上有绝对优势，而且在粉刷房屋上也有绝对优势。
- 这样的天赋是否意味着，当詹姆斯想改变室内色调时，他应该自己去粉刷墙壁？
- 根据你所学到的知识，他不应该这么做。如果詹姆斯能坚持从事他具有比较优势的工作（打篮球），每个人（包括詹姆斯本人）的境况都会变得更好。

8.3 美国各州间贸易

就像你和奥利维娅有不同的天赋一样，美国的各个州也有着不同的优势。以住在明尼苏达州的一名大学生为例。每天，她醒来后都会先喝上一杯冰镇橙汁，然后再穿上皮靴，开着她的克莱斯勒吉普车去上课。就在这三项简单的活动中，她就使用到了佛罗里达州、加利福尼亚州和密歇根州生产的商品。人们可能没有意识到，他们日常消费的许多商品都是在其居住地以外的州生产的。为什么会这样呢？

不妨这样想一下。就像夏威夷的种植环境相对不适合种植玉米一样，阿拉斯加也很难出产菠萝。如果各州之间因为法律不允许或者交通成本太高（想想前几代人的生活）等而无法开展贸易，那么有些人可能连最基本的生活必需品都买不到。美国北部各州可能不知道什么是棉服；而让我们的生活变得更便利的电子产品，比如苹果手机，虽在加利福尼亚州随处可见，但可能尚未惠及美国东部地区；许多州将吃不到三文鱼，而像纽约和内布拉斯加这样的州将不会有葡萄柚汁；怀俄明州的居民可能还在骑马，生活在北部许多州的居民则可能缺乏维生素C。

当然，美国各州不是孤立存在的。就像你和奥利维娅一样，比较优势的差异允许贸易伙伴从贸易中获益。美国各州的生产者都在向其他州输送商品，而每个州都有公民消费其他州生产的商品。在加利福尼亚州生产的商品会运往威斯康星州，在威斯康星州生产的商品也会运往加利福尼亚州。在下一节中，我们将讨论国家间的贸易。在这种情况下，**出口商品**是指在国内生产但销往国外的商品。**进口商品**是指在国外生产但在国内销售的商品。进口和出口是测算贸易活动的一种有效方法。

图8.5揭示了州际贸易在今天的重要性。美国交通统计局根据原产地和目的地对所有跨州商品运输进行了跟踪，并且记录了从美国各州运往其他国家的商品。图8.5捕捉了这些信息，展示了美国各州间贸易的活跃程度。该图中的各州数据为每个州的州际贸易（即州对州）总价值相对于和其他国家的贸易总价值的比率。从该图中我们可以看出，州际贸易在美国全球贸易的大图景中扮演着极其重要的角色。

我们发现南达科他州的这一比率是最高的，这意味着在美国所有的州中，与和其他国家的贸易相比，南达科他州与其他州的贸易是最多的。这部分是因为南达科他州向其他州输送了大量谷物、肉类和运输产品。与和其他国家的贸易相比，夏威夷州、俄克拉何马州、罗得岛州和怀俄明州等州也开展了大量的州际贸易。总的来说，美国大多数州的州际贸易与和其他国家的贸易的平均比率都大于10，这意味着这些州之间的贸易都是和其他国家的贸易的10倍以上！

图8.5还显示了一个有趣的模式：州际贸易与和其他国家的贸易比率较低的州通常是沿海/边境州，而州际贸易与和其他国家的贸易比率较高的州通常位于美国内陆。这一趋势突出了运输成本在决定贸易模式方面的重要性。

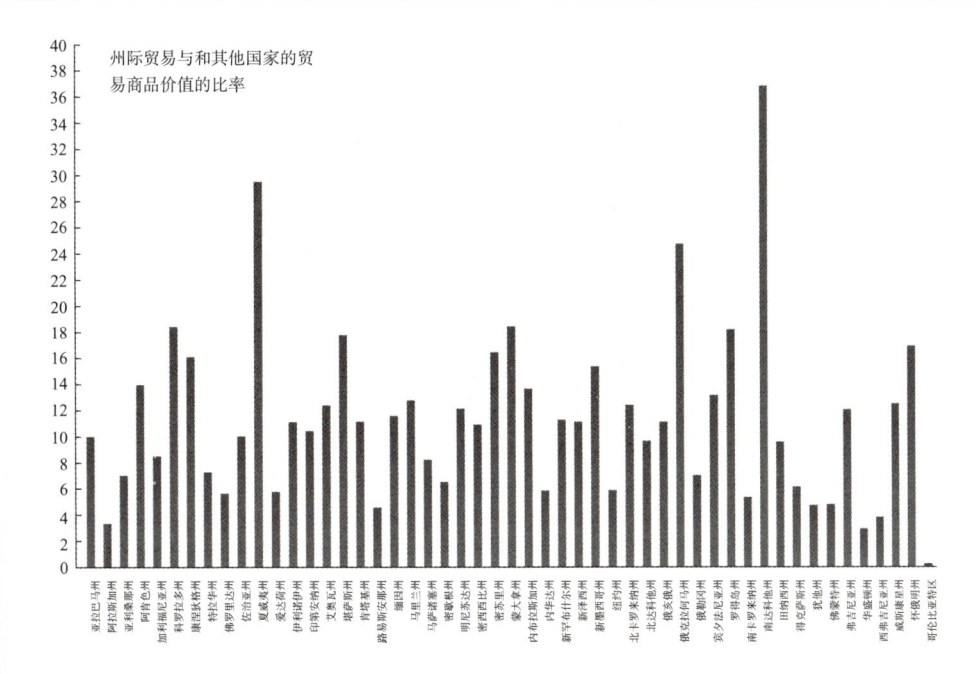

图 8.5 美国的州际贸易

注：横轴为美国各州及哥伦比亚特区，纵轴为相应的比率：流向其他州的商品价值除以流向其他国家的商品价值。比率大于 1 表示其流向其他州的商品多于出口到其他国家的商品，比率小于 1 表示其流向其他州的商品少于出口到其他国家的商品（本图中只有哥伦比亚特区属于这种情况）。

资料来源：美国人口普查局和交通统计局 2020 年更新的截至 2012 年的数据。

整体经济的生产可能性曲线

你和奥利维娅之间的贸易是围绕着比较优势展开的，并在你们共有的生产可能性曲线中得到体现。如果把数十万或数百万人的生产可能性曲线加总，你很快就会得到一条远离原点的平滑曲线，如图 8.6 所示。这张图展示了种植苹果（纵轴）和种植橙子（横轴）的农民的生产可能性曲线。A 点对应的是可以实现但无效率的生产。B 点对应的是可以实现且有效率的生产。在目前的资源和技术条件下，C 点对应的生产不可实现。

这种弯曲体现了机会成本递增这条一般性法则。我们从整体经济生产可能性曲线中可以发现，因为移动到产量的极端非常困难，所以机会成本会不断增加。由于一些投入非常适合生产苹果，而其他投入更适合生产橙子，所以，当你将更多资源投入到一种商品的生产中时，这么做的机会成本也会加速增长。

是什么决定了一个州的生产可能性曲线？在短期内，生产可能性曲线是固定的。但从长期来看，由于资源并不是固定的，所以自然资源增加或人口增长、技术变化和劳动者受教育程度提高所带来的生产率变化将会使曲线外移。在美国各州中，决定曲线位置

第 8 章 贸易

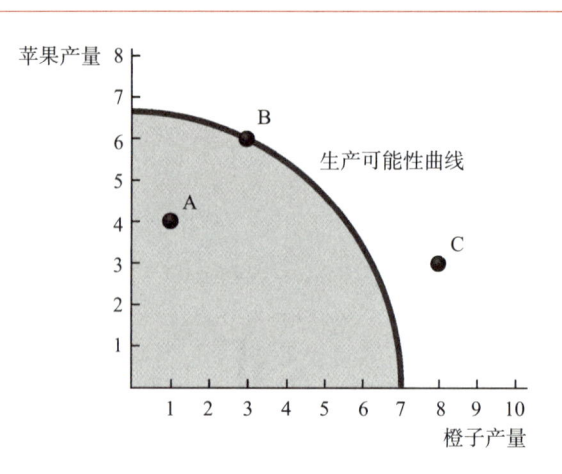

图 8.6 机会成本递增的生产可能性曲线

注：我们之前接触生产可能性曲线时，一种商品相对于另一商品的机会成本是恒定的，也就是说，生产可能性曲线的斜率是恒定的。然而，我们从弯曲的生产可能性曲线中可以发现，从生产 0 单位橙子到生产 1 单位橙子，苹果产量只下降了一小部分，而从生产 6 单位橙子到生产 7 单位橙子，苹果产量下降了 2 单位以上，这说明机会成本增加了。

的最重要因素是各州可用的自然资源，人造资源（技术）存量，劳动力的受教育程度、工作习惯、工作经验，劳动和实物资本的相对富裕程度以及气候。

图 8.7 展示了技术进步是如何改进生产者境况并使生产可能性曲线外移的。技术进步是生产率的催化剂之一。假设新发明的一种肥料能使橙子的最大产量增加 3 个单位，使苹果的最大产量增加 1 个单位。这些增长会导致图 8.7 中的生产可能性曲线由 A 移动到 B，此时我们可以利用现有的资源生产更多的苹果和橙子。

图 8.7 技术进步导致的生产可能性曲线移动

注：随着新肥料技术的出现，生产可能性曲线向外移动，这表示在每个选定的橙子产量下，我们都能生产更多的苹果，反之亦然。

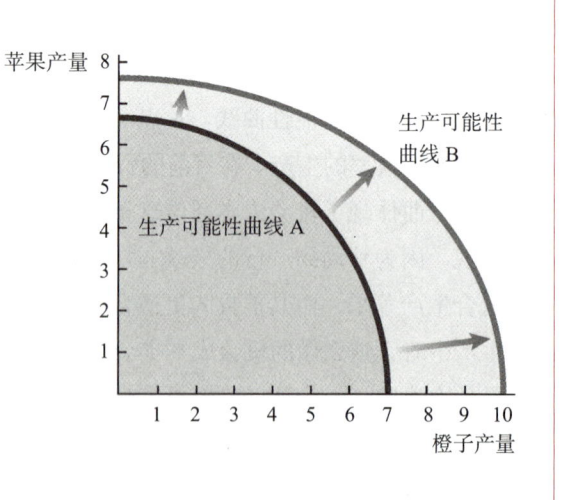

各州间的比较优势和专业分工

在前面的例子中我们了解到，贸易使你和奥利维娅都能够专注于各自最擅长的产品生产。你们两人的境况都因此得到了改善。这种在个人层面构建贸易基础的力量，同样也在州的层面发挥作用。

另举一例。假设加利福尼亚州和佛罗里达州都是杏子和香蕉的生产者和消费者，但加利福尼亚州在生产杏子方面有比较优势，佛罗里达州在生产香蕉方面有比较优势。你认为会出现什么结果？

就像你和奥利维娅之间的情况一样，加利福尼亚州应该把生产重点放在杏子上，而佛罗里达州应该专注于生产香蕉。这种比较优势是贸易的基础。此外，贸易价格将由机会成本决定。例如，假设机会成本如下：

州	杏子的机会成本	香蕉的机会成本
加利福尼亚州	1/5 个香蕉	5 个杏
佛罗里达州	8 个香蕉	1/8 个杏

那么，贸易价格应处在以下这个双方都能接受的范围：

1/8 -------------------- 5

贸易条件的范围（杏子换香蕉）

这与我们在前一节中看到的你和奥利维娅的贸易价格的逻辑相同。贸易条件，即杏子交换香蕉的兑换率，使得两个州的境况都因为专业分工和贸易而变得更好。

8.4 国家间贸易

我们猜想，如果你偷偷溜进你祖父母的衣帽间，查看你祖母那件 1975 年裙子上的标签，会发现这件衣服是在美国制造的。你祖父在 1967 年结婚时穿的那套西装也是如此，它也许生产于芝加哥或费城。如果在你父母的衣帽间里做同样的调查，那么你更有可能发现一堆外国生产的商品。现在看看你自己衣服上的标签，它们很可能显示你的衣服产自另一个国家，甚至是一个在 20 世纪 70 年代时还不生产服装的国家。

这种服装产地的差异正是源于国际贸易。如图 8.8 所示，自 1960 年以来，美国的贸易量急剧增长。仅在 2019 年，美国进口的商品和服务价值就超过了 3.1 万亿美元。一年的进口额就有 3.1 万亿美元！这个数字是 1960 年进口额的 130 多倍。此外，这些贸易增长并不纯粹源于生产水平的逐步提高：1980 年，进口额仅占美国总产值的 10.3%，而现在进口额占美国总产值的 14% 以上。尽管你会听到有政界人士在鼓吹"关闭边境"，但世界无疑正变得更加相互依赖。

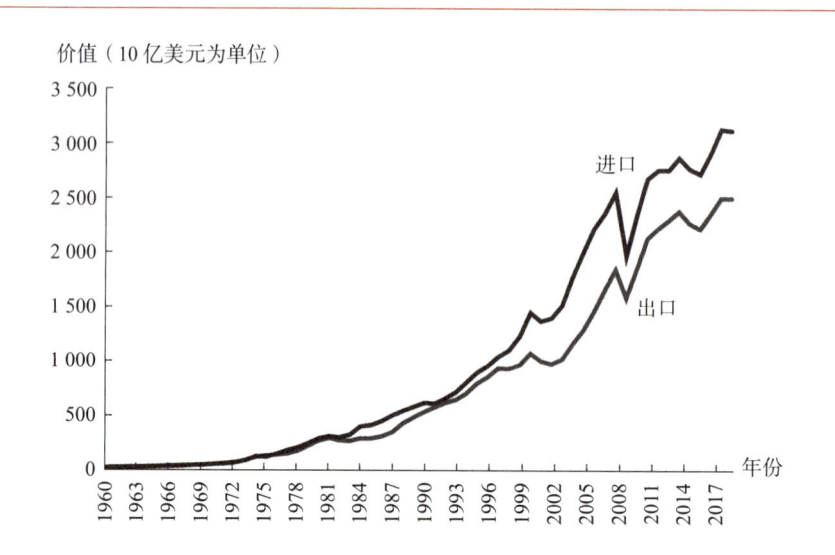

图 8.8　美国 1960—2019 年的进出口

注：本图显示了 1960—2019 年美国以实际美元计算的进出口额。最初，美国的进出口价值几乎相同，但在 20 世纪 70 年代中期时，美国的进出口差距开始显现，之后这一差距随着进口增长快于出口而持续扩大。

资料来源：美国人口普查局。

美国的出口也急剧增长：今天美国的出口水平已比 1960 年高出 90 多倍。不过，目前美国出口额低于进口额，而这使美国成了一个**净进口国**。所谓净进口国，是指在特定时期内，其进口额超过了出口额的国家。事实上，如图 8.8 所示，美国自 20 世纪 70 年代中期以来一直是净进口国。在后面的章节中，我们将专门探讨这种贸易模式，并讨论美国公民是否应该关注近年来居高不下的净进口水平。

然而，这种总体贸易模式并不适用于所有类型的商品。例如，美国历史上很少出口石油，但每月进口数百万桶石油。事实上，如图 8.9 所示，1960—2005 年美国的石油进口量出现了大幅增长，但近年来，随着美国又开始产出石油，这一数据开始下降。

那么，是哪些类型的商品导致了我们在图 8.8 中所观察到的美国进出口差额的这种重大变化？如图 8.10 所示，工业制成品扮演了关键角色。该图显示，尽管美国生产的工业制成品数量一直在增加，但它从发展中国家进口的也越来越多。

此前世界市场上的大多数工业制成品都是在发达经济体（如美国、德国和英国）生产的。然而，近年来中国在工业制成品出口方面已超过美国，如图 8.10（b）所示。中国工业制成品的出口价值现在已远超美国和其他发达国家。中国的增长展现了发展中国家的整体贸易模式。至于是什么导致了这些贸易模式，则有待于我们展开更深入的思考，事实上这也是近来经济学家研究的一个热点话题。我们将在循证经济学部分继续讨论这一话题。

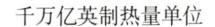

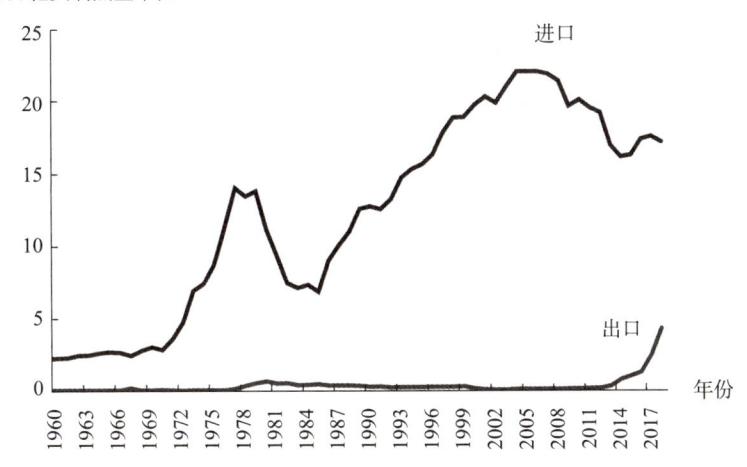

图 8.9　美国自 1960 年以来的石油进出口

注：对比美国进出口（实际）美元价值的相对差异和石油进出口的相对差异。如果我们只考虑总体数据，就会忽略此类的贸易行为多样性。
资料来源：美国能源信息管理局。

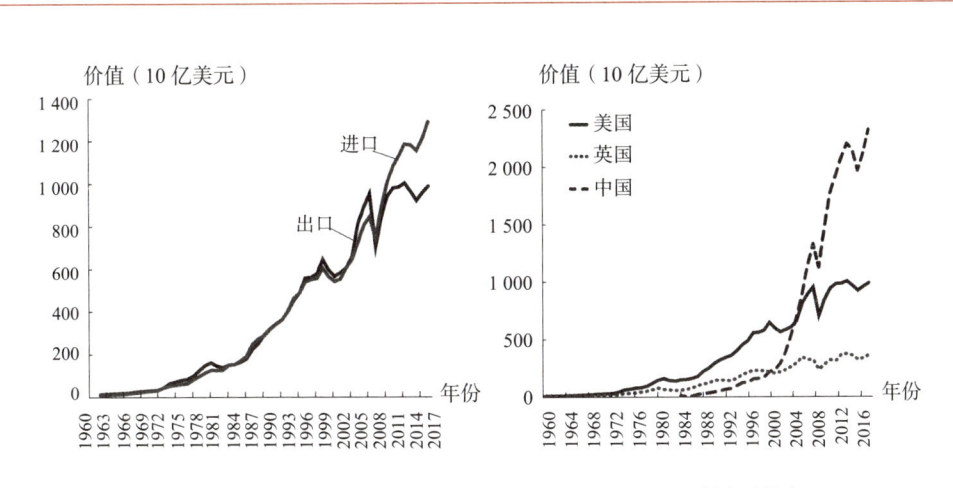

（a）美国工业制成品的进出口　　　（b）工业制成品的出口

图 8.10　工业制成品贸易模式的变迁（1960—2018 年）

注：本图排除了服务业（咨询、医疗保健等）的贡献，对图 8.8 所描述的美国进出口数据进行了更深入的探讨。对比两张图，我们可以发现，全球贸易模式的变化在很大程度上与中国等发展中国家的出口大幅增长相吻合。
资料来源：世界银行（另有说明的除外）2020 年更新的截至 2018 年的数据。
备注：作为国内经济政策和改革总体政策的一部分，中国 1984 年才开始对工业制成品出口进行分类跟踪。

第 8 章　贸易

国家间贸易的决定性因素

基于前面的学习，你应该会想到，比较优势就是图8.8至图8.10所示贸易模式的基础。让我们以丹麦的网球鞋市场为例来阐明这一关键理念并揭示其经济基础。

为了使分析更为清晰，我们假设所有的网球鞋都是相同的，且丹麦的买方和卖方都是价格接受者。此外，我们假设丹麦目前不与其他国家进行贸易。因此，从丹麦的角度来看，网球鞋市场完全由丹麦买方和卖方组成。

如图8.11所示，在这些假设下，网球鞋的国内价格由丹麦需求曲线和供给曲线的交点给出。在这种情况下，一双网球鞋的均衡价格是50美元，网球鞋的均衡数量是200万双。正如我们之前学习到的，消费者剩余是需求曲线以下和市场价格线以上的三角形。同样，生产者剩余是供给曲线以上和市市价格线以下的三角形。

如果丹麦政府决定开放边境进行**自由贸易**，即能够不受政府阻碍或鼓励而进行贸易，那么丹麦会成为网球鞋的进口国还是出口国？换句话说，它是会从其他国家购买网球鞋，还是会把网球鞋卖给其他国家？答案尚不清楚，因为我们不知道丹麦以外地区网球鞋的价格。我们需要了解网球鞋的**世界价格**，也就是网球鞋在世界市场上的普遍价格。

因此，丹麦将进口还是出口网球鞋这一问题的答案，取决于一个简单的比较：丹麦网球鞋的国内价格是高于还是低于网球鞋的世界价格。

- 如果国内价格低于世界价格，则丹麦将成为网球鞋的出口国。
- 如果国内价格高于世界价格，则丹麦将成为网球鞋的进口国。

我们现在来看看这两种情况，并探讨谁会成为丹麦开放贸易的赢家和输家。

图8.11 丹麦网球鞋市场的均衡

注：在完全竞争市场的假设下，丹麦网球鞋市场的均衡价格和均衡数量将以我们熟悉的方式出现——在国内需求曲线和供给曲线的交点处。

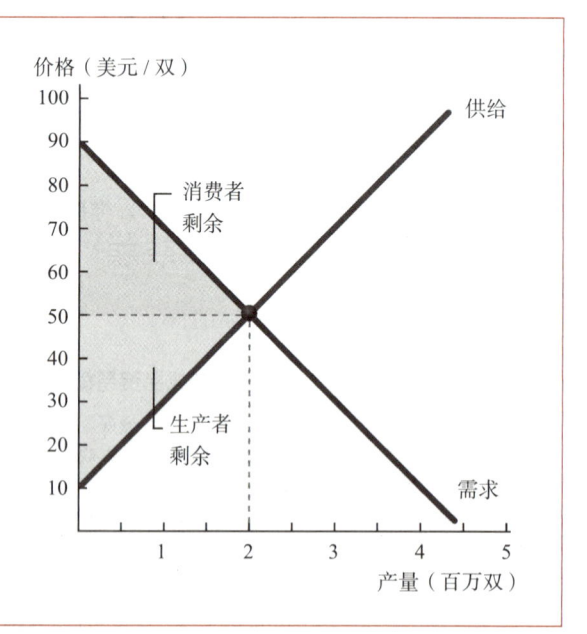

用数据说话

"公平贸易"产品为何受到追捧?

- 因为担心自由贸易的发展导致发展中国家遭到剥削,一个新型市场应运而生。这个市场迎合的是那些关注发展中国家的环境、公平劳动以及童工等各类生产相关问题的消费者。从发展中国家进口且符合某些标准的产品,会被第三方组织认证为"公平贸易"产品。
- 一种商品的生产必须达到一定标准方能获得"公平贸易"的标签。例如,如果生产商不允许成立工会,使用童工或奴隶劳工,或者不遵守《联合国人权宪章》,那么该产品就不能被归类为"公平贸易"产品。
- 消费者看起来极度渴求"公平贸易"产品,在过去的10年中,"公平贸易"产品的销售额增速达到了两位数。令人惊讶的是,即使在2008年经济衰退之后,此类产品的销售额仍在继续扩张,其中2009年的增幅为15%。[1]
- 尽管近来对"公平贸易"产品的需求激增,但并非人人都是它的拥趸。监管数十亿美元的生产并不容易,而且认证机构执行劳工标准的能力也时常跟不上对"公平贸易"产品日益增长的需求。[2]

出口国:赢家和输家

让我们更深入地研究丹麦网球鞋的国内价格低于世界价格,丹麦因此成为一个网球鞋出口国时的情况。我们假设一双网球鞋的世界价格是75美元,这远高于50美元的丹麦国内均衡价格。丹麦生产者会继续以每双50美元的价格向丹麦人供给网球鞋吗?答案是否定的,因为他们可以在世界市场上以每双75美元的价格卖出任意数量的网球鞋,获得一个比在国内销售更高的价格。

如图8.12所示,在这种情况下,丹麦生产者将把网球鞋产量从200万双提高到325万双,并以每双75美元的世界价格销售。在这个价格下,丹麦消费者不再需要那么多双网球鞋:价格上涨了,因此他们会沿着需求曲线来减少需求量,直到达到每双75美元的价格,此时需求量为75万双。

这种情况导致了丹麦的超额供给。超额供给的250

他的鞋子会销往国内还是国外?

第8章 贸易

图 8.12 出口国的赢家和输家

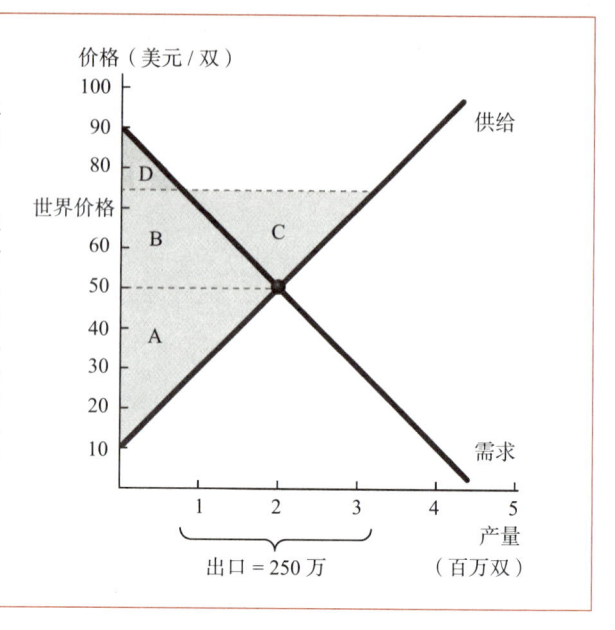

注：一旦丹麦开放自由贸易，其生产者就会根据市场价格（高于国内均衡价格 50 美元/双）做出决策，将供给量增加到 325 万双。不过，在这个较高的价格下，国内的需求量会减少，因此多余的鞋将销往世界市场。在这种情况下，生产者成为赢家，他们收取的价格高于 50 美元/双，因此除了（在自由贸易之前他们就已经拥有的）A 区域，他们还获得了 B+C 区域所示的生产者剩余。相比之下，由于支付价格升高，丹麦的消费者剩余下降，所以将 B 区域输给了生产者。

（325-75）万双网球鞋会销往世界市场。由于丹麦是网球鞋生产小国，因此这一供给量的增加并不会改变世界价格。

所以，当丹麦开放边境进行贸易并成为一个出口国时，谁会获利，谁会受损？我们通过比较生产者剩余和消费者剩余便可得出答案。首先要考虑的是，丹麦生产者的境况显然变好了。他们现在卖出了更多的网球鞋，而且每双鞋的价格都更高。卖方的收益可以根据生产者剩余的变化计算出来。在图 8.12 中，我们看到在开放贸易之前，丹麦的生产者剩余等于 A 区域，即供给曲线以上和市场价格线以下区域。在准许自由贸易后，新的生产者剩余等于 A+B+C 区域。由此可知，由于开放自由贸易，丹麦卖方的生产者剩余增加了 B+C 区域。

不过，对丹麦消费者来说，情况就完全不同了。在未开放贸易时，他们每年以每双 50 美元的价格购买 200 万双网球鞋，获得的消费者剩余为图 8.12 中 B+D 区域。开放自由贸易后，他们只购买了 75 万双鞋，每双 75 美元。现在消费者剩余仅为 D 区域。由此可知，由于开放自由贸易，丹麦买方的消费者剩余相当于减少了一个 B 区域。

因此，就一个国家开放自由贸易并成为商品和服务出口国的结果，我们可以得出两个结论：

1. 卖方获利；
2. 买方受损。

然而，我们也需要放眼全局——从整体而言，贸易对丹麦是有益的。在图 8.12 中，C 区域代表了丹麦从开放贸易中所获得的整体收益。总体而言，这一区域说明丹麦因为开放贸易而改善了自己的境况，而且赢家的收益大于输家的损失，这为赢家补偿输家提供了可能性。如果丹麦有这样的意愿，方法之一就是向球鞋生产者征税，然后把这些收入转移给球鞋的消费者（不过赢家完全补偿输家的情况很罕见，我们稍后将讨论这个问题）。

进口国：赢家和输家

现在我们来探讨相反的一种情况。如果丹麦网球鞋的国内价格高于世界价格，那么它将成为网球鞋的进口国。假设现在一双网球鞋的世界价格是 25 美元，远低于每双 50 美元的国内均衡价格。我们在图 8.13 中描绘了这种情况。该图显示出，在这种情况下，丹麦供应商会通过改变供给量或使价格沿着市场供给曲线下滑至每双 25 美元，将产量控制在 75 万双。在这个价格下，丹麦消费者需要 325 万双鞋：价格下降了，因此他们的需求会沿着需求曲线变动，直至移动到 25 美元的价格处（如下面的虚线所示）。这一变动会在需求量达到 25 美元价格的 325 万双时停止。

这些变动导致了丹麦的超额需求。超额的 250（325－75）万双网球鞋由世界市场提供，这使得丹麦成为网球鞋的进口国。由于丹麦是网球鞋的小型买方，这一需求的增加并不会改变世界价格。

所以，当丹麦开放边境进行贸易并成为一个进口国时，谁会获利，谁会受损？我们可以再次通过比较生产者剩余和消费者剩余来寻求答案。对卖方来说，生产者剩余减少了，因为他们现在卖出的网球鞋更少，每双售价也更低。我们从图 8.13 中减少的生产者剩余便可以知

图 8.13 进口国的赢家和输家

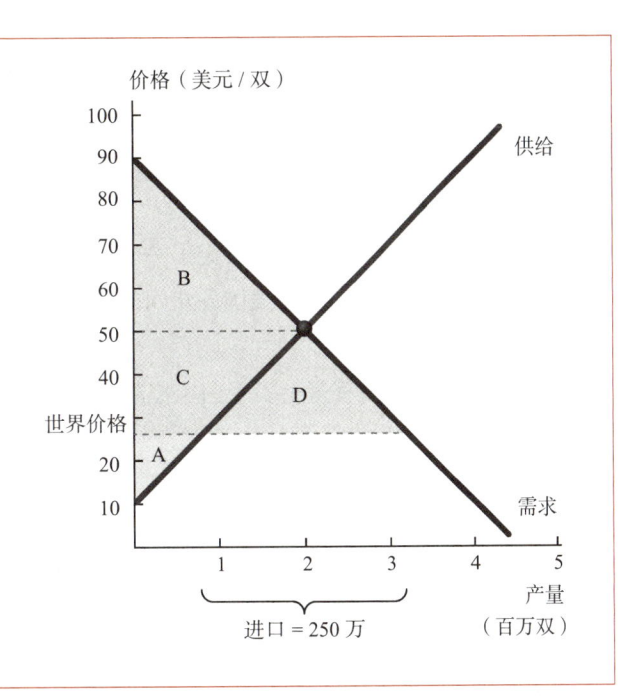

注：一旦丹麦开放贸易，其买方将只支付（低于国内均衡价格 50 美元的）世界价格。这也使供给量减少到 75 万双。然而，在这个较低的价格下，国内的需求量将增加，超额需求将由进口自世界市场的鞋来弥补。在这种情况下，消费者的境况会更好，因为他们的购买价格低于 50 美元，因此除了（在贸易前他们就已经拥有的）B 区域，他们还获得了 C＋D 区域所示的消费者剩余。相比之下，由于价格下降，丹麦的生产者剩余减少，导致将 C 区域输给了消费者。

道他们的损失：开放贸易前，生产者剩余为 A＋C 区域；开放贸易之后，生产者剩余只剩下 A 区域。因此丹麦卖方的生产者剩余相当于减少了一个 C 区域。

对消费者来说情况正好相反。他们现在可以用更低的价格购买更多的鞋，所以他们的境况肯定变得更好了。图 8.13 对此进行了量化：在开放贸易之前，消费者剩余是 B 区域；开放贸易之后，消费者剩余变成了 B＋C＋D 区域。由此可见，因为开放贸易，丹麦买方的消费者剩余相当于增加了 C＋D 区域。

因此，就一个国家开放贸易并成为商品和服务进口国的结果，我们可以得出两个结论：

1. 卖方受损；
2. 买方获利。

丹麦开放贸易的总收益仍然为正，显示为图 8.13 中的 D 区域。这个区域显示出，一个国家即使是净进口国，也会是净获利者。从总体上看，丹麦的境况变得更好了，这为赢家补偿输家提供了可能性。实现这种补偿的方法之一是向消费者征税，并将收入转移给制鞋企业。（我们将在第 10 章进一步讨论这种税收的利弊。）

世界价格从何处来？

在前面的几个例子中，在解释自由贸易对丹麦网球鞋市场的影响时，我们首先确定了网球鞋的世界价格并以此来判断自由贸易的赢家和输家。但是网球鞋的世界价格，或者其他类似商品的世界价格，又是从何而来的？事实证明我们的供需框架可以很好地回答这一问题。当国家开放其边境并根据其比较优势采取贸易行动时，这些行动的总和会让我们去思考世界对某一商品的供给和需求。这二者（世界供给曲线和世界需求曲线）的交点决定了世界价格。

一国比较优势的决定因素

你现在可能想知道，是什么决定了一个国家的比较优势，以及这个国家能否在开放贸易之前就预判贸易流向。和美国各州间的贸易类似，一国贸易比较优势的主要决定因素包括：

1. 自然资源（很大程度上不受国家控制，除非被浪费掉）；
2. 人造资源存量（更加可控，取决于生产可能性曲线）；
3. 科技；
4. 劳动力的受教育程度、工作习惯和经验；
5. 劳动和实物资本的相对富裕程度；
6. 气候。

由于这些决定因素涉及范围广泛且始终在变化，所以显而易见，比较优势也会随着时间的推移而变化，这和你参加电脑编程课程时的情况没什么不一样（参见 8.2 的内容）！日本在人力资本上的投资便是这样的一个例子。这些投资促进了技能和技术的培训，而技能和技术正是日本发展为汽车制造大国的制胜法宝。同样，技术进步会使一个国家以更具成本效益的方式开发其自然资源存量，因此也会改变比较优势的性质。

8.5　反对自由贸易的理由

我们已经知道，国家间的自由贸易能带来显著的收益，那么为什么还会有国家想要阻碍自由贸易？为什么本章开篇所提及的抗议者会如此强烈地反对自由贸易？为什么在 2020 年美国总统大选期间，特朗普总统和民主党候选人乔·拜登都提出了挑战自由贸易的纲领？以下是几个通常会提及的理由：

1. 国家安全忧虑；
2. 担心全球化对国家文化造成冲击；
3. 环境与资源关切；
4. 幼稚工业保护论；
5. 对本地工资和就业的潜在负面影响。

我们会依次简要讨论前四个观点，至于最后一个理由，即对于工资和就业的忧虑，我们则将在本章末尾的循证经济学专栏中进行探讨。

国家安全忧虑

我们开日本车，喝法国酒，吃墨西哥菜，用美国电脑，买加拿大木材，在意大利度假。你怎么能反对自由贸易呢？

如第 7 章中所述，允许资源自由流动能够有效地分配行业内部和行业之间的资源。但这也可能导致"香蕉共和国"的出现。所谓的香蕉共和国，是指专门生产一种商品的国家。虽然这在经济上可能是有效的，但在一个以国防为导向的世界中，国家安全是一项重要的考量，因此这可能不是最优选择。如果一个国家担心来自其他国家的军事攻击，它就不会只生产橙子。相反，它会投资于钢铁生产和国防技术，并维持多种农业产业，以在战争时期保持其产业完整性。同样，即使在和平时期，一个国家也可能对完全专业化犹豫不决，因为这可能会使它过于依赖其他国家。例如，由于很多现代经济体依赖进口石油，因此许多人将这种依赖视为国家安全的隐患。

对全球化的恐惧

所谓**全球化**，指的是向参与对外贸易和投资的更加开放和一体化经济体的转变。然而，有些国家希望保持其文化独特性，因此将全球化视为一个严重关切。也就是说，随着世界变得越来越相互依存，它也变得越来越同质化。麦当劳在几十年前尚未进入中国，现在它却出现在中国各大城市。除此之外，星巴克也在超过 60 个国家和地区售卖咖啡。有些人担心全球化会让他们丧失文化认同感。对世界各国领导人来说，这种偏好是一个重要的考虑因素。

环境与资源关切

国际贸易并不只包括衣服和食物这样的有形商品，环境质量等抽象商品也可以进行贸易。环境政策宽松的国家比环境政策严格的国家更容易因企业生产而受到污染。自由贸易的反对者经常称这些政策差异等同于在低收入国家创造"污染天堂"。这些国家为了促进经济增长和就业，会利用宽松的污染法规来吸引工业。在象牙等自然资源方面也存在着类似的争论。有人认为，自由贸易会危及那些长着长牙的动物种群（例如大象、海象和独角鲸），因为自由贸易使得对象牙等的需求增加，导致这些物种濒临灭绝。在第 9 章中，我们将更广泛地讨论政府该如何保护这些资源。

自由贸易是否会导致更多的电子垃圾从美国流向印度等发展中国家？

幼稚工业保护论

自由贸易的反对者还援引"幼稚工业保护论"的观点，他们认为政府应保护新兴的国内产业免受更先进竞争者的冲击。例如，为了帮助丰田汽车公司发展，日本政府在 1939 年强迫通用汽车公司和福特汽车公司退出日本。幼稚工业保护论一般会依赖这样一种观念，即在具有规模经济或需要"干中学"的行业中，政策制定者有必要在本土企业发展的早期给予保护。此外，在孤立环境中创办一家企业可能会使其丧失"技术外溢"带来的好处，而这种外溢正是那些彼此临近的竞争者可能会享有的优势，如此一来，孤立企业将是最后一个了解商业秘密的主体。

总而言之，任何幼稚工业保护论的基础都是一家企业目前实力太弱，无法承受来自其他企业的竞争。为了生存下去，企业需要得到政府的保护。**保护主义**认为自由贸易有害，政府干预是控制贸易的必要手段。

保护主义有多种形式，且已经被用来阻止世界日益加深的相互依赖。现在我们来看一个保护主义的例子——关税。

关税的影响

我们在本章开篇时提到，随着国际贸易的增长，许多人会担心失去自己的工作。从历史上看，政府最常见的一项保护措施是征收**关税**。关税是对跨越政治边界的商品和服务征收的税款。然而，通过征收关税实现的保护主义并非没有代价。事实上，就其本质而言，关税是对均衡价格和均衡数量的干预，它人为地减少了一个国家的社会剩余。

为了说明这一点，我们再回到丹麦作为网球鞋进口国的例子。假设出于保护幼稚产业的原因，丹麦政府决定对每双进口网球鞋征收 15 美元的关税，希望以此来保护丹麦的生产者。也就是说，对于跨越丹麦边境的每双网球鞋，政府都要从外国生产者那里征税 15 美元。图 8.14 显示了这一关税的影响。

请注意，在征收关税之前，消费者剩余是区域 B、F、E 和 G、H、I、J 的总和，这是在需求曲线以下且在世界价格虚线以上的区域。三角形区域 A 则是国内生产者剩余，这是在供给曲线以上且在世界价格虚线以下的区域。

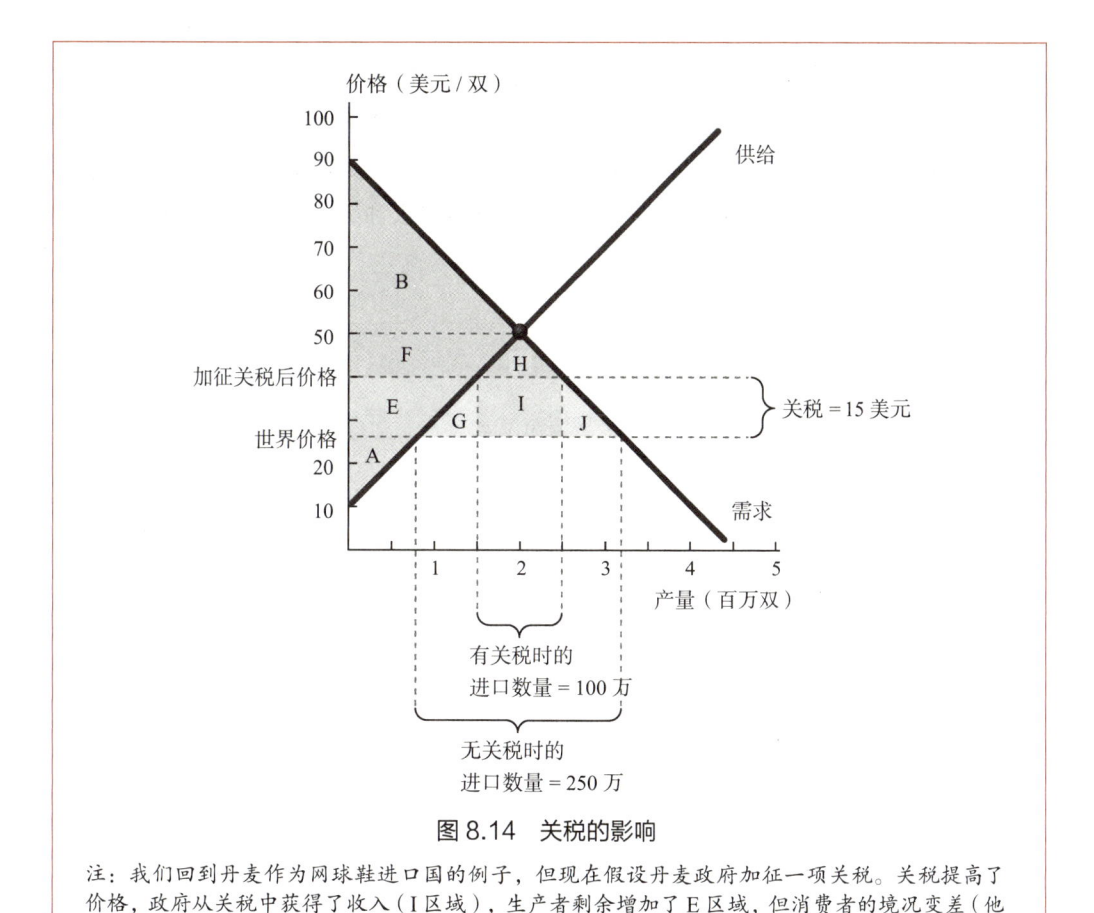

图 8.14 关税的影响

注：我们回到丹麦作为网球鞋进口国的例子，但现在假设丹麦政府加征一项关税。关税提高了价格，政府从关税中获得了收入（I 区域），生产者剩余增加了 E 区域，但消费者的境况变差（他们损失了 E、G、I 和 J 区域），此外关税还导致了无谓损失（G 和 J 区域）。

在丹麦对每双鞋征收 15 美元的关税后，当地市场价格从 25 美元升至 40 美元。征收关税使消费者剩余减少到新价格虚线以上和需求曲线以下的区域，即 B、F 和 H 区域。因此，关税导致的消费者剩余损失是 E、G、I 和 J 区域。这些损失的剩余去了哪里？

E 区域现在归属于生产者，因此新的生产者剩余是 A+E 区域。生产者的境况变得更好了，因为他们现在能够以 40 美元而非 25 美元的价格向当地市场销售鞋子。政府的境况也更好了，因为 I 区域现在归属于政府。政府的收入等于进口商品的数量乘关税价格，即 15 美元 ×100 万 =1 500 万美元，也即矩形 I 的面积。

那么 G 区域和 J 区域呢？这就是关税导致的无谓损失。如第 7 章中所述，市场扭曲常常导致无谓损失。在这种情况下，丹麦经济失去了 G 和 J 两个三角形区域的剩余。这是丹麦通过征收关税来保护网球鞋产业所付出的代价。

通过这一分析，我们可以看出经济学家普遍不支持此类保护主义的一个原因——它提高了消费者的支付价格，降低了社会剩余。这可能是一些国家一直在试图放弃征收关税的原因之一。图 8.15 显示了美国 1891—2016 年的应税进口比率。这是一个测算关税收入与应税进口价值比率的指标。竖线表示美国在大萧条时期的一系列关税上调政策（即实行《斯姆特-霍利关税法》）。在征收了这些历史最高水平的关税后，美国很快就意识到限制自由贸易的一个后果——其他国家也会以牙还牙！其他国家也开始向美国公司征收新的关税。美国最终降低了关税，增加的消费者剩余和生产者剩余为美国节省了数百万美元。

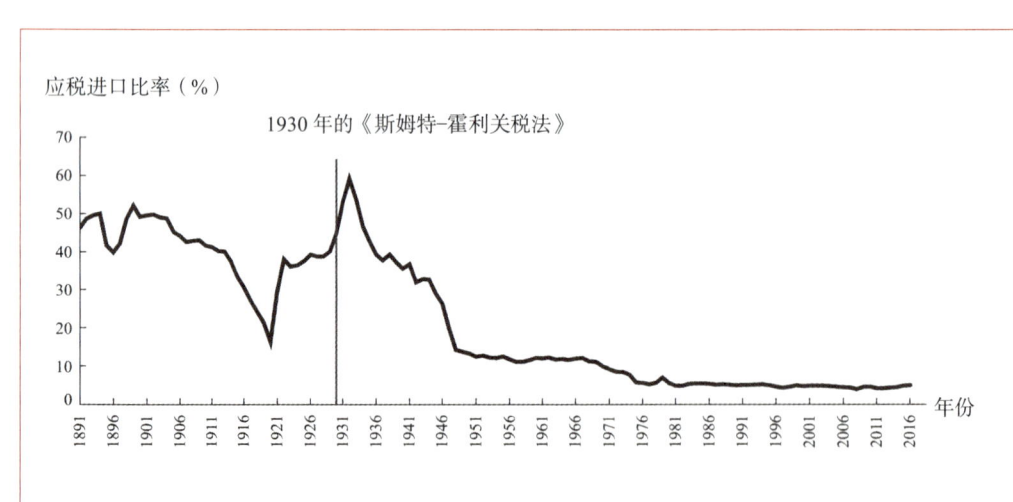

图 8.15　美国进口关税的变化（1891—2016 年）

注：横轴是年份，纵轴是应税进口比率。这是关税收入与应税进口价值的比率，通常用百分比来表示。20 世纪 20 年代和 30 年代，这一比率急剧上升。然而，随着时间的推移，这一比率持续稳步下降。

选择与结果

关税如何影响企业之间的贸易

- 截至目前,我们一直在探讨关税会如何影响某一特定商品(如网球鞋)的消费者和生产者。但制鞋企业往往本身就依赖进口原材料,比如做鞋带的细绳、做鞋面的皮革或做鞋底的橡胶。
- 在 2013 年的一期节目里,播客"金钱星球"通过追踪一件普通纯棉 T 恤的生产之旅,展现了世界贸易的相互关联性:长在密西西比河三角洲一个农场里的棉花,先是被送进了哥伦比亚的一家纺纱厂,之后在孟加拉国的一个车间里被缝制成 T 恤。
- 事实上,美国进口的大多数商品是中间产品。也就是说,美国企业会进口零部件和材料,然后再用其制造消费者购买的最终产品,比如网球鞋或苹果手机。美国进口的中间产品通常占总进口量的 2/3。美国企业大量进口用于生产的投入品这一事实表明,降低关税将增加企业间的贸易和降低生产成本。
- 经济学家洛伦佐·卡利恩多和费尔南多·帕罗分析了关税对《北美自由贸易协定》(NAFTA)[①] 成员国(美国、加拿大和墨西哥)之间中间产品贸易的影响。[3] 他们发现,《北美自由贸易协定》的关税削减使美国经济总量增加了 0.08%,这个数字看似微不足道,然而,关税削减使企业之间的贸易增加了 41%,这显示了关税对贸易型企业的重要影响。

循证经济学

自由贸易会让你失去工作吗?

- 自由贸易与进口国的就业和工资损失之间是否存在关联?我们在本章中了解到,一个国家开放自由贸易,可能会使部分个体的境况变得更糟:当丹麦成为一个网球鞋进口国时,丹麦本国生产的鞋就会减少。这也许会降低丹麦的工资水平,或者让鞋匠失业。

---

① 《北美自由贸易协定》是一项由加拿大、墨西哥和美国签署的协议,该协议旨在建立一个三边贸易集团,减少三国之间的贸易壁垒。2018 年 9 月 30 日,美国、墨西哥和加拿大就更新北美自由贸易协定达成一致,新的贸易协定被命名为"美国-墨西哥-加拿大协定"。2020 年 7 月 1 日,美墨加协定生效,《北美自由贸易协定》正式被取代。——译者注

- 你可能会想:"慢着!我们刚刚学到的是,一个国家是进口国还是出口国并不重要;至少在理论上,赢家可以完全补偿输家。既然如此,工资下降、就业岗位减少又有什么关系呢?我们不是能让所有人的境况都变得更好吗?"
- 这是一个敏锐的观察,在理论上也是正确的。但在实践中,完全补偿一个开放国际贸易经济体中的输家是很困难的。首先,正如我们将在第10章中讨论的,政府可能无法有效地执行这样的政策。其次,我们往往很难明确谁是赢家以及他们各自获利了多少,也很难明确谁是输家以及他们各自的损失是多少。通常情况下,输家会扩散在整个经济领域,而且有时只会受到轻微的影响。因此,我们可以得出这样的结论:开放自由贸易显然会做大蛋糕,但有些人最终得到的蛋糕可能会比过去的更小。
- 在试图回答自由贸易是否会对就业和工资产生不利影响时,我们可以参考当初美国与在某些行业具有比较优势的国家开展贸易时的经验。在过去的半个世纪里,全世界涌现了很多新的纺织品及其他制成品的生产商(例如,图8.10展示了中国出口的迅速增加)。
- 我们还在本章中了解到,当一个国家是净进口国时(例如,美国就是工业制成品的净进口国),国内消费者会获利,而国内生产者会受损。在20世纪上半叶,新英格兰是纺织品和其他制成品的主要生产地区,但随着它从国外进口制成品,成千上万的纺织工人丢失了工作。国际贸易的影响导致就业岗位减少。然而,随着高科技和互联网产业等其他行业的扩张,新英格兰各州的失业率一直处在美国的最低水平。这个例子显示出,那些由于自由贸易的影响而显得技能相对过时的人,可以把时间和资源更多地用于接受教育和培训。这样一来,他们就非常有机会找到新工作。与此类似,数据还表明,那些因为《北美自由贸易协定》而失业的劳动者也很快找到了收入稳定的工作。
- 尽管美国的经验表明劳动者有机会获得新生,但另一个与失业相关的关键实证问题依然存在:自由贸易对工资的影响到底有多大?经济学家花了相当多的时间和精力来研究这个问题。一个典型方法就是研究大数据集,这些数据的跨度往往长达数年,而且包含了多个不同经济部门数十万劳动者的工资信息。研究者会对这些数据集进行分析,并以此来确定劳动者工资是否会随着经济体进行自由贸易而变化。
- 20世纪90年代发表的第一波经济研究报告显示,自由贸易对生产竞争产品那部分劳动者的工资影响非常小,甚或无关紧要。[4] 这些研究显示,那些自由贸易批评者的主要主张并无强有力的数据支持。
- 然而,在得出一个国家开放自由贸易并成为净进口国不会对工资产生负面影响的结论之前,本章的图8.10指出了近年来出现的一个重要现象。自1990年以来,美国从一些发展中国家进口工业制成品的规模大幅增长。这些发展中国家的劳动力数量庞大,因此在劳动方面具有比较优势。总体来看,来自发展中国家的进口已从 1990 年占美国 GDP 的 2.5% 增长到 2006 年占美国 GDP 的 6%。这一趋势非常值得重视，因为发展中国家拥有大量劳动力，相比于美国过往贸易伙伴的制造业工人的工资，他们的工资要低得多。

- 这可能意味着，近年来自由贸易对美国工资的影响，比我们以往观察到的要重要得多。学者们已开始使用最新的数据来研究这个问题。目前收集到的证据还不足以得到任何结论。例如，经济学家罗伯特·劳伦斯指出，使用更新的数据并不会改变 20 世纪 90 年代发表的研究报告的整体结论，仍无确凿的实证证据能够证明自由贸易会对工资产生负面影响。[5] 然而，来自不同经济学家的最新证据表明，这种影响可能确实存在。[6] 例如，戴维·奥托、戴维·多恩和戈登·汉森认为，中国作为一个重要的贸易伙伴的崛起，导致美国一些容易受进口竞争影响的行业就业减少，而本可以抵消这种损失的其他行业，却尚未实现预期的就业增长。同样，彼得·肖特和贾斯汀·皮尔斯认为，低关税商品导致美国相关行业的就业减少，同时从中国的进口增加。与此同时，2008 年诺贝尔经济学奖得主、经济学家保罗·克鲁格曼则认为，这些数据太过模糊，还无法得出可靠的实证结果。[7] 最后，我们认为，目前还没有足够证据能让我们确定得出自由贸易会导致失业和工资下降的结论。当然，实证研究工作应该继续下去。你认为应当如何继续进行实证研究？

问题	答案	数据	注意事项
自由贸易会让你失去工作吗？	一些劳动者可能会失去工作，但没有系统性证据表明，自由贸易会对劳动者造成普遍性伤害。	进出口数据和本地工资及就业数据。	近年来，美国的贸易伙伴发生了变化，新增了不少在劳动力方面具有比较优势的国家，这导致了一种可能性，即与新合作伙伴的贸易实际上对美国劳动者的伤害比此前数据显示的更大。

总结

- 人与国家在商品和服务上相互依赖。虽然这种相互依赖有潜在的成本，但利用商品和服务生产的专业分工带来的收益相当可观。
- 由比较优势推动的专业分工和贸易，不仅能够使我们的消费超出我们个人的生产可能性曲线，也促进了商品和服务的多样化。
- 比较优势基于你和他人的机会成本来测算生产，绝对优势则关乎每单位投入的产出。
- 一个国家开放自由贸易会产生赢家和输家。自由贸易的收益大于损失。避免 1999 年我们在西雅图看到的那种自由贸易抗议的一个关键是制定政策，让每个人都能从自由贸易中获益。
- 在实证研究中，数据并未显示自由贸易带来了如批评者所说的劳动者大规模失业。当然自由贸易会导致部分劳动者的工作被取代，但许多人很快就会找到其他工作。同样，自由贸易对工资的负面影响也很难通过数据得到证实。除了失业，自由贸易的反对者还经常提及国家安全忧虑、文化认同感丧失、环境和资源关切，以及幼稚工业保护论等观点。

关键术语

生产可能性曲线（PPC）　　　　出口商品　　　　世界价格
比较优势　　　　　　　　　　　进口商品　　　　全球化
绝对优势　　　　　　　　　　　净进口国　　　　保护主义
贸易条件　　　　　　　　　　　自由贸易　　　　关税
　　　　　　　　　　　　　　　　　　　　　　　北美自由贸易协定（NAFTA）

问题

1. 观察下图。短线表示 M 国工人所能生产的 A 产品和 B 产品的数量，长线表示 N 国工人能生产的 A 产品和 B 产品的数量。该图能否显示出哪个国家的工人在这两种商品生产中具有比较优势或绝对优势？

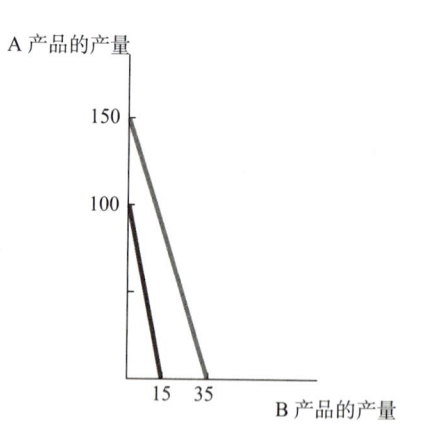

   A 产品的产量
   150
   100

   15　35　B 产品的产量

2. 一个国家只有在某种商品的生产上拥有绝对优势才能从该商品的贸易中受益，这种说法是否正确？请解释。

3. 什么是贸易条件？如何确定贸易条件？

4. 什么是生产可能性曲线（PPC）？线性生产可能性曲线和远离原点的生产可能性曲线有什么区别？

5. 请解释以下事件对生产可能性曲线的影响（如果有的话）。

   a. 欧洲的人口在 14 世纪淋巴腺鼠疫（即黑死病）暴发后下降了 30%～60%。

   b. 未来 20 年，65 岁以上人口将在美国劳动力中占据相当大的比例。

   c. 加拿大最近发现了大量页岩气（一种存在于细粒沉积岩中的天然气）。

6. 自 1960 年以来，美国的贸易模式发生了怎样的变化？是什么类型的商品导致了美国进出口平衡的变化？

7. 美国的许多服务业工作已经转移到国外，在那里，完成此类工作的成本只相当于美国国内的一小部分。美国政界人士、政策制定者和经济学家针对把工作外包到海外展开了激烈的辩论。基于你对贸易以及贸易得失的理解，你认为外包会如何影响美国国内经济的社会剩余？

8. 一个国家比较优势的来源有哪些？
9. 反对自由贸易的常见理由有哪些？
10. 需要保护幼稚产业以避免外国竞争这一观点存在什么问题？
11. 如果一个经济体开放自由贸易总是对贸易双方都有利，为什么自由贸易还会引起争议？
12. 重商主义的经济学说在16—18世纪的欧洲广受追捧。重商主义者主张使用关税来限制贸易，因为他们认为出口大于进口的国家将享有更多的财富。这样的经济政策存在什么问题？
13. 既然自由贸易的赢家能够完全补偿输家，为什么还要关注自由贸易国家的工资和就业下降问题？
14. 观察下图。本章中的讨论指出，如果这个国家征收关税，那么社会剩余减少的部分将等于A和B区域总和。根据该图，为什么A区域是关税所导致无谓损失的一部分？为什么B区域也是关税所导致无谓损失的一部分？

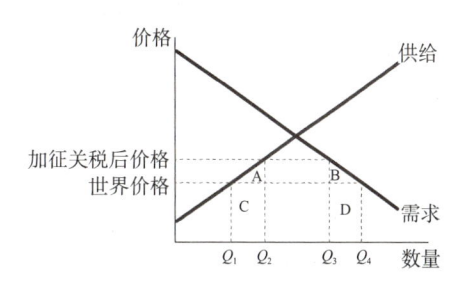

循证经济学习题

1. 我们在循证经济学部分提到了美国新英格兰地区的纺织业，现在让我们来探讨一下贸易对该地区纺织业就业和福利的影响。新英格兰地区纺织业的年度供需曲线如下图所示。起初该行业的市场均衡价格为15美元/件，均衡数量为1 500万件。
    a. 最初的消费者剩余和生产者剩余分别是多少？
    b. 如前所述，其他国家近年来也进入了纺织品市场，这使得该行业的世界价格变为5美元/件。新的消费者剩余和生产者剩余分别是什么？
    c. 假设美国政府对来自其他国家的纺织品征收关税，关税水平为每件5美元。新的消费者剩余和生产者剩余分别是什么？
    d. 假设10名工人每年生产100万件纺织品。在自由贸易下（世界价格 = 5美元/件），新英格兰纺织行业的就业人数会比没有自由贸易时（价格 = 20美元/件）少多少？
    e. 在有关税的贸易下，新英格兰纺织业的就业人数会比没有贸易时少多少？

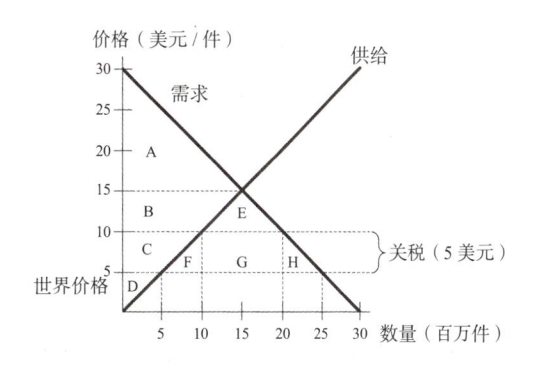

习题

1. 贾斯汀一周工作 5 天，他每天可以编写 2 个安卓应用程序或者 1 个苹果应用程序。帕拉斯一周也工作 5 天，她每天可以编写 2 个安卓应用程序或者 3 个苹果应用程序。
   a. 以安卓应用程序数量为横轴，绘制贾斯汀的生产可能性曲线。
   b. 绘制帕拉斯的生产可能性曲线。
   c. 为贾斯汀和帕拉斯绘制单一的生产可能性曲线。
   d. 贾斯汀在哪方面具有比较优势？为什么？
   e. 帕拉斯在哪方面具有比较优势？为什么？

2. 一个国家有两种类型的劳动者：蓝领和白领。劳动者要么生产手机要么生产应用程序。

每个劳动者的产出		
劳动者类型	手机	应用程序
蓝领	10	2
白领	12	6

   a. 对于一个蓝领来说，一部手机（就应用程序而言）的机会成本是多少？
   b. 对于一个白领呢？
   c. 基于以上问题的答案，哪种类型的劳动者在生产手机方面具有比较优势？

3. 假设一个国家有 A、B 两地，每个地方各有 100 个人。一个 A 地人可以生产 6 单位食物或者 2 单位国防产品；一个 B 地人可以生产 2 单位食物或 1 单位国防产品。
   a. 证明 B 地人在国防产品生产上具有比较优势。
   b. 假设该国家决定生产 60 单位国防产品。要想使该国生产出更多可消费的食物，是应该让 B 地人还是 A 地人生产这些国防产品？
   c. 为什么说你之前就应该预料到 b 题的答案？
   d. 现在假设这个国家实行征兵制并随机选人参军，再假设它征召了 20 个 A 地人和 20 个 B 地人（他们总共将产生 60 单位国防产品），在这种情况下这个国家能生产多少食物？

4. 达卡有 20 名工人，每个人可以生产 1 部智能手机或 10 件 T 恤。班加罗尔有 10 名工人，每个人可以生产 4 部智能手机或 20 件 T 恤。
   a. 以智能手机数量为横轴，绘制每个城市的生产可能性曲线。另假设这两个城市合并成一个城市，请绘制出合并后的单一生产可能性曲线。
   b. 一件 T 恤在每个城市的机会成本是多少？基于此，哪个城市在生产 T 恤方面具有比较优势？
   c. 假设在没有贸易的情况下，达卡和班加罗尔分别生产（并消费）100 件 T 恤。每个城市会消费多少部智能手机？
   d. 根据一项新的贸易协议，达卡将生产 200 件 T 恤，并将其中 100 件给班加罗尔，以换取 15 部智能手机。在进行这次交易之前，班加罗尔将先生产 40 部智能手机。计算出每一种商品的最终消费数量，并证明这两个城市的境况都比以前有所改善。

5. 阿曼达是一名在保险公司兼职的学生，她一天只工作 5 小时。经理告诉她，她需要在未来 10 天内审查 250 份文件并处理 250 例保险索赔。下表显示了阿曼达在给定小时数内可以处理的文件数和索赔数：

在文件上花费的时间（小时）	文件数（份）	在保险索赔上花费的时间（小时）	索赔数（例）
1	10	1	5
2	20	2	10
3	30	3	15
4	40	4	20
5	50	5	25

   a. 绘制阿曼达的生产可能性曲线。

b. 该曲线的斜率是多少?

c. 阿曼达审查一份文件的机会成本是多少?

6. 观察下表中的3个小镇。每个小镇都能生产小麦、绵羊、矿石、砖或木材。每个工人的产量如下表所示。每个小镇有同等数量的工人。

	雷迪斯坦	惠特尼	布卢兰
小麦	1	1	2
绵羊	1	2	2
矿石	1	2	0
砖	2	1	3
木材	2	1	1

a. 哪个小镇在生产小麦方面有绝对优势?

b. 就产出绵羊的机会成本而言,哪个小镇在造砖方面具有比较优势?

c. 第4个小镇(耶洛利亚)提出用1单位矿石换1单位木材。哪些小镇可能会想要与耶洛利亚进行贸易?

7. 两个边远小镇尼尔威和法尔威盛产鱼和椰子,最近它们决定进行贸易。使用下表回答下面的问题。

项目	椰子		鱼	
	尼尔威	法尔威	尼尔威	法尔威
没有贸易时的最优产量	200	300	100	200
专业化:有贸易时的最优产量		600	500	
进口的数量	250			250
贸易后的数量				
贸易的收益				

a. 计算尼尔威和法尔威生产鱼和椰子的机会成本,确定哪个小镇在哪种商品的生产上具有比较优势。

b. 使用问题a中的答案把表格补充完整。

c. 哪个小镇在这项贸易中获利更多?请使用贸易条件的范围来解答。

d. 两个小镇会用60单位椰子换20单位鱼吗?为什么?

8. 世界价格可能高于国内价格,这将导致出口,而不是进口。下图是威斯康星州奶酪的供给曲线和需求曲线。注意,世界价格高于美国国内均衡价格。

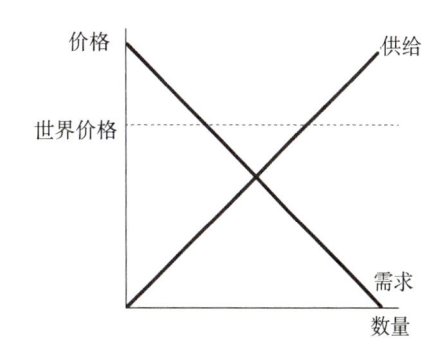

a. 请展示出威斯康星州奶酪出口的数量。

b. 用阴影标出自由贸易下的消费者剩余。仅就美国国内市场而言,消费者剩余是增加了还是减少了?

c. 用阴影标出自由贸易下的生产者剩余。仅就美国国内市场而言,生产者剩余是增加了还是减少了?

d. 在威斯康星州,谁是这次奶酪自由贸易的赢家?谁是输家?

9. 假设一个国家进口电视。电视的世界价格上涨,但涨幅尚未达到消除所有进口的程度。

a. 绘图说明这一情况。明确展示价格变化前的进口数量和价格变化后的进口数量。

b. 基于图表,消费者剩余是增加还是减少了?

c. 生产者剩余是增加还是减少了?

d. 社会剩余是增加还是减少了?

10. 多米尼克愿意花12美元买一个比萨,斯特凡尼愿意支付7美元,泰勒愿意支付5美元。此外没有其他的潜在比萨消费者。比萨供应商奇兹布兹生产第 1 个比萨的成本是 1 美元，第 2 个是 2 美元，第 3 个是 3 美元，第 4 个是 4 美元，以此类推。

a. 在一个封闭市场的均衡中，社会剩余是多少？

b. 假设比萨的世界价格是 10.5 美元。比萨供应商应该出口多少比萨？

c. 现在假设比萨的世界价格是 2.5 美元。社会剩余是多少？

11. 假设国内需求 $Q_D = 16 - P$，国内供给 $Q_S = P$。世界价格是每单位 2 美元，进口关税是每单位 3 美元。首先绘图，然后计算以下各值。每个值都将由图中的一块区域来表示。

a. 消费者剩余；

b. 生产者剩余；

c. 政府收入；

d. 关税造成的无谓损失。

第 9 章　外部性和公共物品

英国女王如何才能缩短前往温布利球场的交通时间？

假设你正坐在教室里等着上经济学课。你和周围的同学们谈论着自由贸易，说它可能也没有那么糟糕，而其他同学则在一边寻找自己喜欢的座位，一边讨论着"看不见的手"的力量。你的教授带着她常用的上课材料慢悠悠地走了进来，右手却拿着一件不寻常之物。放下包后，她从火柴盒里拿出一根火柴，然后悠闲地划起火柴，点燃了右手里的雪茄。一个同学倒吸了一口气，另一个则兴奋地尖叫起来。你们的经济学教授正在课堂上抽雪茄！"同学们，欢迎来到外部性的世界！"你们的教授大声说道。[1]

（拥堵路段 中心地区 周一至周五早 7:00 至晚 6:30）

你可能会问，我们迄今为止所研究的市场模型究竟在多大程度上考虑了外部性问题？对此的一个简单回答是，我们尚未考虑这些问题。截至目前，在关于市场的研究中，我们只关注买方和卖方，并且认为只有他们会受市场交易影响。然而我们知道，很多时候，一方的行为，比如人们抽雪茄或工厂排放废气，会影响无数其他方的利益。在这种情况下，"看不见的手"可能无法有效地分配资源。例如，许多人可能遭受工厂排污之苦却无法从导致污染的生产中获益。

经济学家将此类例子称为外部性。当一个人的行为对局外人产生溢出效应时，就会出现外部性。如果放任不管，那么人们通常不会考虑他们的行为对他人造成的影响——无论是正面的还是负面的。以汽车为例，汽车不仅加剧了全球变暖问题，还造成了交通拥堵。但是你会因为你的车会造成额外的拥堵而选择不开车或乘坐网约车吗？我们并没有这么做。这就是此类外部性被称为市场失灵的症结所在。

本章概览

9.1	9.2	9.3	EBE	9.4	9.5	EBE
外部性	外部性的私人解决方案	外部性的政府解决方案	政府如何减少了俄克拉何马州的地震次数？	公共物品	公共池塘资源	英国女王如何才能缩短前往温布利球场的交通时间？

> **重要概念**
> - 在一些重要情况下，自由市场不能使社会剩余最大化。
> - 本章讨论三种此类情况：外部性、公共物品和公共池塘资源。
> - 这三种情况的一个联系在于，私人收益和私人成本与社会收益和社会成本之间存在差异。
> - 在这些情况下，政府可以在改善市场结果方面发挥作用。

在本章中我们将了解到，在存在外部性的情况下，政府可以制定政策，推动市场结果趋向一个更高的社会福利水平。例如，对使用特定道路的汽车司机收费就是一项缓解交通堵塞的可能政策。在本章最后的循证经济学专栏中，我们将探讨此项政策，与此同时，它也将帮助我们回答本章开篇所提出的如何减少英国女王去温布利球场时间的问题。不过，解决外部性的政策多种多样，因此在本章的另一个循证经济学专栏，我们将会介绍一种常用的外部性解决方法。通过这一方法，俄克拉何马州和堪萨斯州的官员解决了与石油和天然气行业的水压致裂有关的地震问题。

如果政府完全不加以干涉，自由市场就可能无法达到社会有效性，这在公共物品（如国防）的提供或公共池塘资源（如一片开放的湖泊）的保护方面也有所体现。这三种市场失灵之间的联系在于，社会收益和私人收益以及社会成本和私人成本之间存在差异，而这会导致社会与个体面临着不同的激励。因此，和外部性的情况一样，我们会发现政府可以在提供公共物品和保护公共池塘资源方面发挥关键作用。

9.1 外部性

早晨，你被嗡嗡作响的闹钟叫醒。你下床，走进浴室，打开灯并打开了淋浴器。热水喷涌而出，排气扇则将淋浴区的水雾排出。你起床不过15分钟，可已经用了4次电——闹钟、浴室的灯、热水器和排气扇。

电显然在许多方面让我们所有人受益，但是电力公司也因为提供用电而产生了生产成本。正如我们在前面所学的，电的市场价格反映了边际收益和边际成本两个因素。在图9.1中，我们假设电力行业是一个完全竞争市场。图中的市场需求曲线反映了消费者的用电意愿和支付能力，市场供给曲线则反映了生产者发电的边际成本。通过前面的学习我们知道，正是在这两条曲线相交的均衡点上，"看不见的手"实现了对资源的最有效配置：在这一点上，社会剩余实现了最大化。

但是，图9.1没有显示出在生产电力时，发电厂通常会排放出有害污染物，包括会引起肺部刺激、支气管炎和肺炎的二氧化硫和氮氧化物。同样，这张图也不会告诉你，燃煤发电厂排放出的大量汞与新生儿缺陷之间存在关联。全球变暖也与发电厂排放的污染物有关。

图 9.1　电力市场

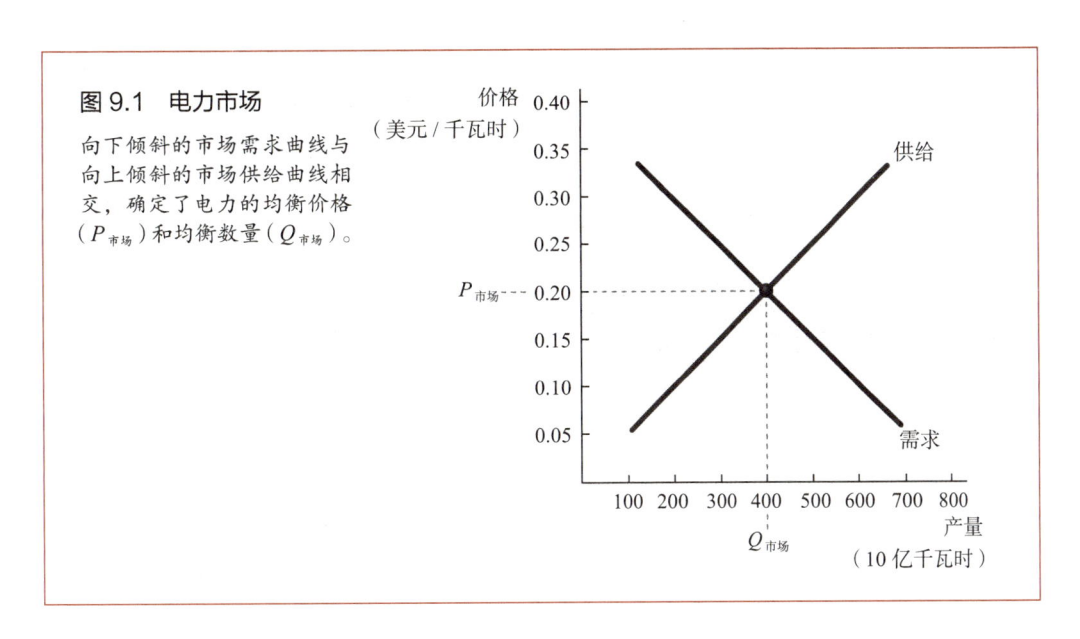

向下倾斜的市场需求曲线与向上倾斜的市场供给曲线相交，确定了电力的均衡价格（$P_{市场}$）和均衡数量（$Q_{市场}$）。

用经济学术语来讲，发电厂给公众施加了作为发电副产品的**外部性**。当一项经济活动对一个局外人产生了溢出成本或溢出收益时，就会发生外部性。在本例中，工厂正在施加负外部性，因为在发电的过程中，发电厂产生了一种在制定生产决策时并未考虑到的溢出成本。因为发电厂的所有者不必为其给社会带来的成本买单，所以他们在制定生产决策时并没有将公民的健康或不适考虑在内。也就是说，自由市场会以一种忽视这些负外部性的方式分配资源。

"失灵"的"看不见的手"：负外部性

让我们回到展示了电力市场的需求曲线和供给曲线的图 9.1。我们可以首先问自己，为什么均衡点上的这个结果是有效率的？答案是因为在这一点上社会剩余实现了最大化：每个愿意并有能力支付均衡电价的买方最终都用上了电。而且，因为发电厂会持续扩大生产至边际成本＝边际收益＝价格（$MC = MR = P$），所以社会剩余会实现最大化：在均衡状态下，消费者和生产者都竭力做到了最好。

然而，当存在负外部性时，市场结果就不再有效率了。这是因为负外部性给社会增加了一项额外的成本，而市场上的买卖双方并未明确考虑到这一成本。对发电厂来说，额外的成本来自污染，这是电力生产的副产品。在计算有效率的结果时，我们必须调整供给曲线，使其包含负外部性或外部成本。正如第 6 章中所述，供给曲线是企业的边际成本曲线，它考虑了工厂对投入（如劳动力）的支出，但由社会承担的源于工厂污染的外部成本却被忽略了。然而，要想达到社会的有效生产水平，我们就需要同时考虑企业生产的边际成本和外部边际成本。它们共同构成了生产的社会边际成本。

那么，这对有效的产出水平意味着什么？图 9.2 向我们展示了答案。图 9.2 显示，

许多企业在生产供我们消费的商品时会造成污染。

在每一生产水平下，我们必须同时考虑工厂生产的边际成本和污染的外部边际成本。这条新的曲线被称为社会边际成本曲线（MSC），因为它包括了企业的边际成本和强加于社会的外部边际成本（社会边际成本 = 边际成本 + 外部边际成本）。我们知道，原始的供给曲线是电力生产者的边际成本曲线，所以社会边际成本曲线是外部边际成本曲线与这一企业边际成本曲线的加总。

在考虑了工厂污染给社会带来的额外成本后，我们会发现最优数量（$Q_{最优}$）小于市场数量（$Q_{市场}$），这是因为当我们必须考虑负外部性时，生产每单位电力的成本会变高，所以发电量应该下降。由此可见，在存在负外部性的情况下，（如果放任不管）市场会生产过多，并导致过多的污染。

你可能想知道这种负外部性导致的社会成本有多大。我们可以通过观察图9.3来探讨这个问题。先考虑在均衡数量下，即 $Q_{市场}$ = 4 000亿千瓦时的情况。在自由市场中，此时边际支付意愿等于生产该单位电力的边际成本（均为0.2美元）。然而当存在负外部性时，我们发现最后一单位电力的社会边际成本是0.3美元，而不是0.2美元。这意味着通过生产最后一单位电力，我们实际上使社会福利下降了0.1美元（0.3美元-0.2美元，生

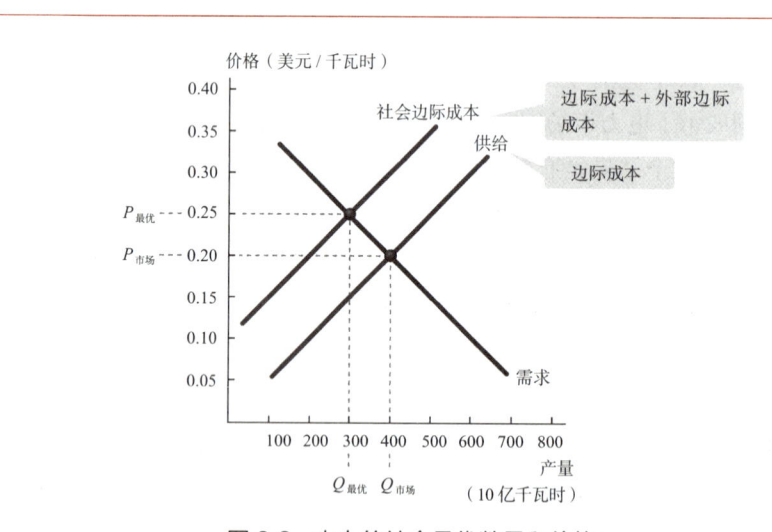

图9.2 电力的社会最优数量和价格

负外部性导致了生产的外部边际成本，而私人企业在决策时不会考虑这些成本。外部边际成本是供给曲线与社会边际成本曲线之间的垂直距离。如果我们考虑了外部边际成本，就会产生一个更高的均衡价格和更低的均衡数量。

产最后一单位的社会边际成本减去生产最后一单位的边际收益)。所以,如果我们不生产最后一单位电力,我们将节省 0.1 美元。前文提到,无谓损失是由市场扭曲导致的社会剩余减少。如果生产最后一单位导致了 0.1 美元的无谓损失,那么外部性导致的总无谓损失是多少?

把关于最后一单位生产的推理扩展到在 $Q_{最优}$ 和 $Q_{市场}$ 之间的所有生产单位,我们得到图 9.3 中的阴影区域。这是位于 $Q_{最优}$ 和 $Q_{市场}$ 之间、在社会边际成本曲线以下和市场需求曲线以上的一个区域。这个三角形代表了每单位损失的总和,也就是整个社会的总边际成本和总边际收益之差。因此,这个阴影三角形代表的就是负外部性引起的无谓损失。请记住,无谓损失通常以箭头状三角形的形式出现,并且其箭头会指向社会偏好的方向。在图 9.3 中,箭头指向左边,这意味着与自由市场的数量相比,社会更偏好较低的数量。

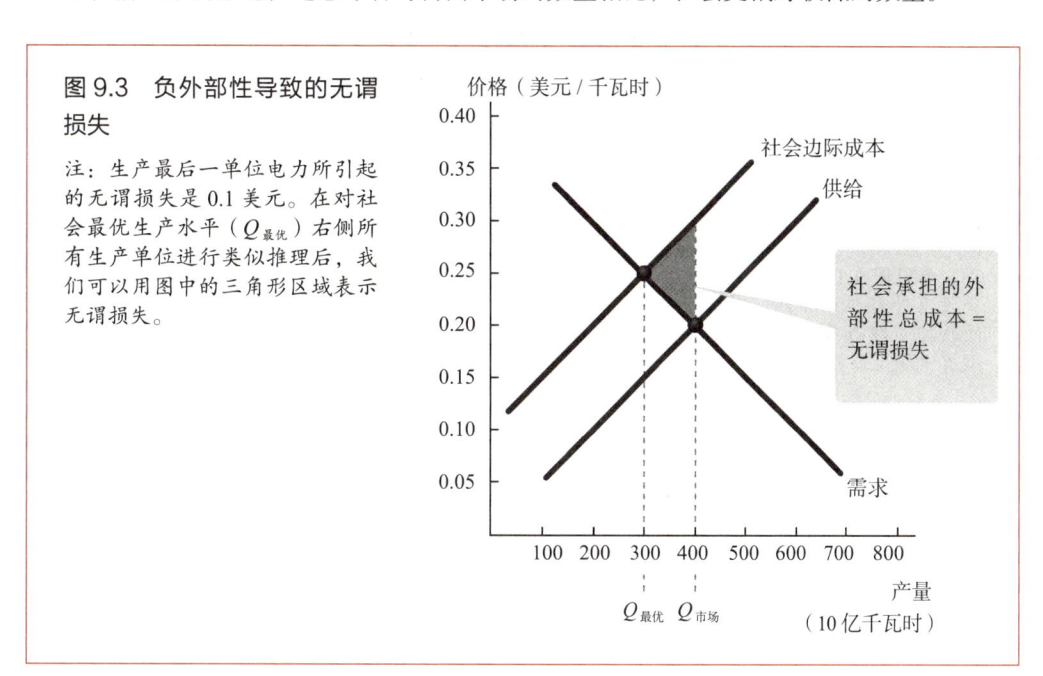

图 9.3 负外部性导致的无谓损失

注:生产最后一单位电力所引起的无谓损失是 0.1 美元。在对社会最优生产水平($Q_{最优}$)右侧所有生产单位进行类似推理后,我们可以用图中的三角形区域表示无谓损失。

这一讨论中还有一个值得注意的点,那就是污染并未被减少到零——这不是目标所在。相反,最优方案要求我们认识到污染的外部性对社会产生的边际成本。如同在本例中,当认识到外部边际成本后,我们通常还是会容许一些污染的存在。这主要有两个原因:一是少量的污染物在很多情况下并不具有很大的破坏性;二是在没有任何污染的情况下,生产某些商品的成本会非常高。

"失灵"的"看不见的手":正外部性

经济活动中还存在着一些和负外部性截然相对的重要情形,即正外部性。当一项经济活动产生了人们在制定决策时没有考虑到的溢出收益时,就会发生正外部性。与负外部性一样，正外部性无处不在。例如，一位萨拉索塔居民若能将自己的房屋整饬得井井有条，其邻居房屋的价值也可能因此而得到提升，尽管邻居们与她修整房屋的行为之间没有任何直接关系。

正外部性的另一个重要例子是教育，它不仅可能为学生提供更好的就业机会和更高的工资，还能够为他人带来明显的好处。这些好处各式各样，但最常被提及的是如下几条：

1. 教育往往能增加公民参与，从而有助于建立一个更具知情权的民主社会；
2. 劳动力受教育的水平对科技的创新和应用具有关键影响；
3. 受教育公民的犯罪可能性更低。

对经济学家和政策制定者而言，正外部性是政府干预教育的一个常用理由。为了说明原因，让我们先观察图9.4，该图显示了教育的市场需求曲线和市场供给曲线。清晰起见，假设教育市场是一个完全竞争市场。因此，市场价格 $Q_{市场}$ 是一个有效率的结果：在没有外部性的情况下，"看不见的手"会推动市场趋向于有效均衡。

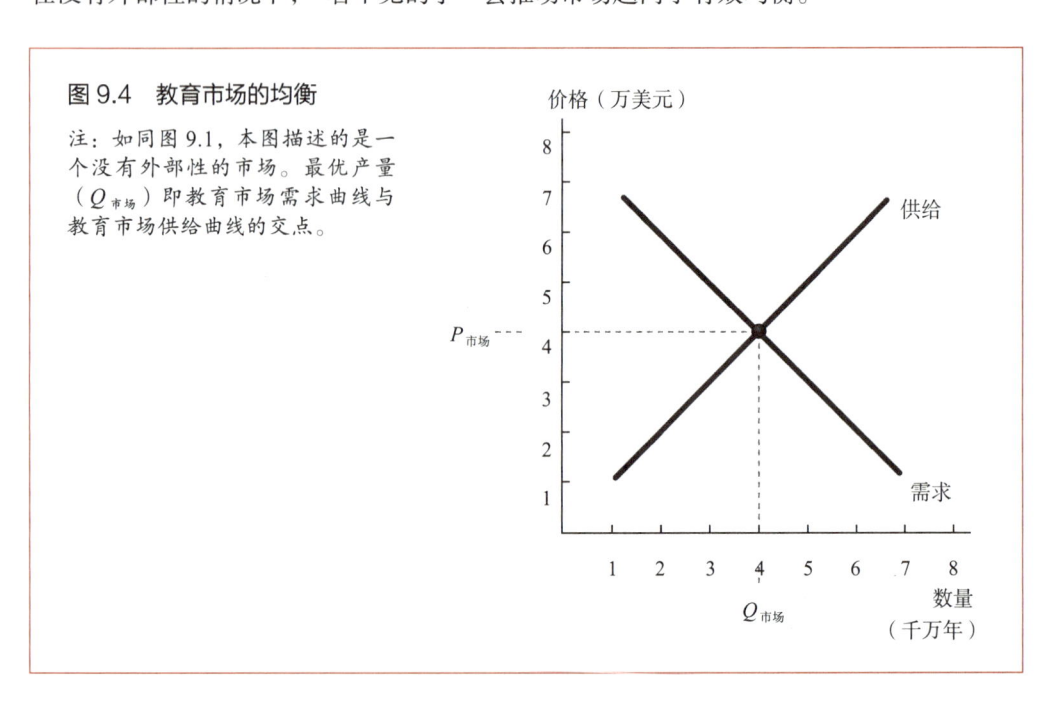

图9.4 教育市场的均衡

注：如同图9.1，本图描述的是一个没有外部性的市场。最优产量（$Q_{市场}$）即教育市场需求曲线与教育市场供给曲线的交点。

然而，在存在正外部性的情况下，"看不见的手"无法产生有效率的社会结果。这是因为 正外部性创造了被其他人获得的外部社会收益。图9.5显示了一个正外部性的例子，在图中，正外部性可以被认为是需求曲线（即边际收益）和社会边际收益（MSB）曲线之间的部分。因此，社会边际收益 = 私人边际收益 + 外部边际收益。

请仔细观察图9.5。从社会的角度出发，教育市场的有效量由最优产量 $Q_{最优}$ 给出。此时，增加额外一单位教育的社会边际收益等于生产该单位教育的边际成本。但最优产

图9.5 正外部性导致的无谓损失

注:受过教育的民众有许多特征,例如能更好地了解政策制定等,这意味着教育的私人收益将低于总体收益。在图中,这意味着在任何生产水平下,社会边际收益曲线将高于需求曲线。这导致了教育生产不足,从而造成了如图中三角形阴影所示的社会无谓损失。

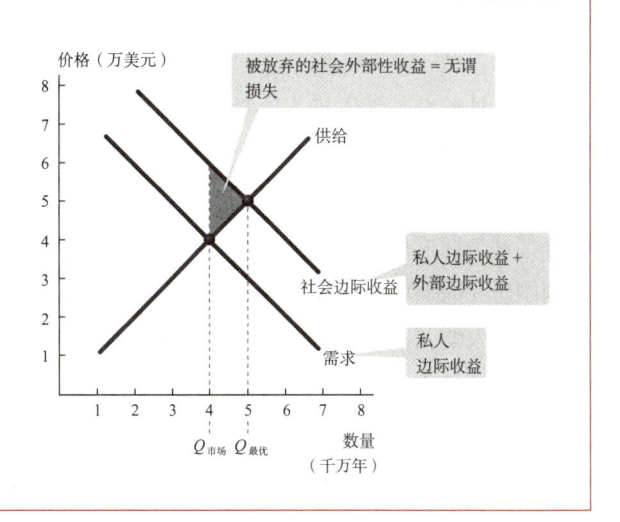

量并不是自由市场的均衡产量。教育产业只会持续生产至边际成本等于对教育的私人需求,而非社会需求。这是因为该行业只能将其产出卖给需要教育的买方。在现实中,它不能向那些享受了教育产生的外部收益的人收费——例如,那些从公民更具知情权或社会更少犯罪率中受益的人。

我们现在可以了解到未考虑到正外部性所造成的低效率。尽管在多年的教育期内($Q_{市场}$与$Q_{最优}$之间),教育的社会边际收益大于生产的边际成本,这些教育也从未被生产和消费。因此,如图9.5所示的情况,相较于社会有效生产水平,市场数量过低,从而导致无谓损失。

前面我们已经计算过负外部性情况下的无谓损失,同样的方法也可以用于计算本例中的无谓损失。再次观察图9.5的均衡数量水平,即$Q_{市场}$。在自由市场中,此处一单位教育的支付意愿等于生产这一单位教育的边际成本(均为40 000美元)。但当存在正外部性时,我们发现购买最后一单位教育的社会边际收益是60 000美元(私人边际收益40 000美元+外部边际收益20 000美元)。这意味着,如果我们生产最后一单位教育,则社会福利将因此增加20 000美元(最后一单位的社会边际收益60 000美元减去最后一单位的社会边际成本40 000美元)。

事实上,我们发现,鉴于正外部性带来了更高的边际收益,因此只要社会的边际收益大于生产的边际成本,我们就应该持续生产,直至使其达到最优数量$Q_{最优}$。如果以最优数量生产,那么我们将得到图中阴影区域所示的经济收益。这是位于$Q_{最优}$和$Q_{市场}$之间,且在社会边际收益曲线以下和边际成本曲线以上的一个区域。这一区域体现了社会在有效生产水平下可增加的社会剩余值。另外你也会注意到,这里的无谓损失同样是一个箭头状三角形,且箭头指向社会偏好的方向。

金钱外部性

在学习这一章的时候，你可能会想到，每一个市场行为都有其外部性。例如，如果数以百万计的新消费者进入市场并决定购买苹果手机，市场需求曲线将向右移动，从而导致价格上涨。如果你打算买一部苹果手机，那么这些消费者就会给你带来负外部性！

你的理解没错。每个市场都有这种外部性，至少在短期内如此。但经济学家认为这种外部性与前面所讨论的外部性并不属于同一种外部性，因为它们的影响截然不同。我们刚刚研究的那两种外部性（污染和教育）会导致市场无效率。

更多人购买某种商品而对他人造成负面市场影响的情况被称为金钱外部性。当市场交易仅仅通过市场价格来影响他人时，就会发生**金钱外部性**。金钱外部性只通过价格起作用的这种定义至关重要。这意味着金钱外部性不会造成市场无效率。原因如下。

我们知道，正、负外部性会导致"错误的"均衡数量。因为它们产生的外部成本或外部收益没有被反映在市场价格中。金钱外部性则不会产生这些结果。这是因为它的影响完全体现在价格中，市场价格会正确地反映市场交易对整个社会的影响。可以说，金钱外部性是有效市场的一种必需，因为当商品的稀缺程度发生改变时，其价格也应当发生变化。而当存在污染和教育负、正外部性时，商品的生产和消费要么会过剩要么会不足，因此会导致市场无效率。

选择与结果

疫苗接种：你从未注意到的正外部性

- 当经济主体力求做到最好并忽略了其行为对他人的影响时，便会产生外部性。从这个意义上说，把外部性视为"错误"其实是错的。外部性的产生，可能只是因为我们不知道自己会给他人带来何种伤害。在这种情况下，我们可能会做出一些让我们后悔的选择。

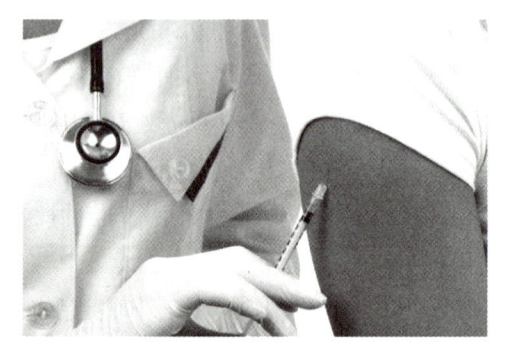

- 以疫苗接种为例。当你在决定是否接种某种疫苗时，你考虑的可能只是接种疫苗的私人收益及成本，也就是接种疫苗给你自己带来的收益及成本。但你并不是唯一从中获得收益或为此付出成本的人。

- 如果你决定接种某种疫苗，其他人也会受益：一旦你接种疫苗，他们就不会因你而感染这种病毒。但如果你选择不接种疫苗，因为你有可能感染并传播病毒，所以别人也可能会因你而感染。我们很多人在决定是否接种疫苗时，自然不会考虑

微观经济学

到这种外部性（无论其为正还是为负），但全球各国政府已经开始将这些因素引入公众视野。事实上，在面临因疫情关停学校、企业、机场和任何 50 人以上参与的活动时，政策制定者已经将关于外部性的讨论带入了世界上的每个家庭。

- 以普通流感疫苗接种为例，研究疫苗接种外部性的研究人员报告说其影响相当大。[2] 例如，在某些情况下，你注射一次流感疫苗的外部影响是可防止多达 1.5 次感染的发生。鉴于每年有 10%～20% 的美国人口感染流感，这一估算揭示了流感疫苗接种计划的潜在价值。
- 如果你认识到了考虑自己外部性的重要意义，那么下次当你在权衡接种流感或其他疫苗的个人收益和成本时，请记住，不接种疫苗可能会导致多达 1.5 例的他人感染。从这个意义上说，如果你拒绝接种，就是在给其他人施加巨大的外部性。

9.2 外部性的私人解决方案

当存在外部性时，自由市场的结果是无效率的。前一小节中的图 9.3 和图 9.5 显示了未考虑外部性造成的无效率。从概念上讲，这两个图展示了以下两点：

1. 当存在负外部性时，自由市场生产和消费过多；
2. 当存在正外部性时，自由市场生产和消费过少。

如果在存在负外部性时生产的商品太多，而在存在正外部性时生产的商品太少，社会如何实现更有效率的结果？有数种可以考虑的解决方案，其中一些方案是通过私人自行解决，而另一些则需要政府干预。在本节中，我们先讨论一系列的私人解决方案。

外部性解决方案多种多样，但它们有一个共同的基本主题，那就是我们必须将**外部性内化**。当个体或企业出于某种公共或私人激励而通盘考虑其行为的全部成本和收益时，经济学家就说他们这是在将外部性内化。当他们行为的外部性影响被内化时，市场均衡通常会因此趋向更高的社会福利水平。

为了理解外部性内化如何在私人解决方案领域发挥作用，我们来看一个发电厂的例子。这个发电厂向河道中排放了大量有害物质，这对当地渔民产生了不利影响。假如你是市长，当渔民要求你帮助他们控制发电厂的排放时，你会怎么做？

你首先想到的可能是去查阅城市污染条例，以确定是否能够依法禁止这种河道污染。假设没有相应的法律规定，那么，发电厂实际上拥有免费污染环境的权利。真是匪夷所思！

接下来你可能想通过立法来对发电厂实施新的管制。这是大多数人的第一反应，因为一个普遍的误解是，政府是变革的唯一途径。但实际上，多年来私人组织一直在影响变革。这种针对外部性问题的私人解决方案通常需要各方进行谈判或建立一种社会执行机制。让我们看一下谈判或协商是如何发挥作用的。

私人解决方案：谈判

为了理解谈判的作用机制，让我们继续以发电厂和渔民为例。假如你发现发电厂可以通过购买和安装洗涤器（一种在将水和空气排放至生态系统前对它们进行净化的设备）来减少其有毒物质的排放。但是购买和维护洗涤器的成本都很高。最保守的估计是，未来10年内，洗涤器的必要成本为500万美元。然而，发电厂在法律上拥有污染权，因此它不必安装如此昂贵的设备。

事情的另一方是渔民。科学家告诉他们，污染已经达到了相当严重的地步，甚至可能会导致整个渔业在几年内崩溃。他们的分析进一步指出，发电厂实际上就是罪魁祸首，因为它们每周都向河道排放数吨有毒物质。渔民们的结论是，如果能说服发电厂安装洗涤器，那么他们将在未来10年获得大约700万美元的收益。

在这种情况下，如果渔民和发电厂不进行沟通，结果会怎样？如果放任不管，那么发电厂显然不会花费500万美元购买洗涤器，因为它不会从中获利。正如你所看到的，这种市场结果是没有社会效率的，因为社会整体福利水平还可以提高。事实上，还有200万美元（700万美元-500万美元）的收益未实现。如第8章所述，这部分收益可视为交易的收益。

发电厂有权随意排放有毒物质，这是否意味着污染会以现在的速度蔓延？经济学能打破这一僵局吗？事实证明，经济学的确发挥了关键作用。法律权利不一定是决定性因素，通过达成私人交易也可以解决问题。

我们为何如此肯定？因为渔民愿意支付高达700万美元的费用来清除发电厂导致的河道污染，而发电厂只需要500万美元就可以减轻污染。因此，双方可以达成一项协议：由渔民向发电厂提供500万~700万美元的资金，发电厂则承诺安装并维护洗涤器。我们只是不清楚这笔交易的具体价格会是500万~700万美元之间的哪个数字（参见我们在第8章中关于贸易条件范围的论述）。

现在让我们考虑一种相反的情况：假设你在查看了当地的法规后，发现有一条法规可以禁止发电厂污染河道。于是你通知发电厂排污是违法行为。如果发电厂不想被关闭，它就会去安装洗涤器并减少水污染。

值得注意的是，无论法律是否允许发电厂污染环境，我们在两种情形下都取得了经济上的有效结果——发电厂会安装并维护洗涤器，因为减少污染可以提供最高的社会价值。

科斯定理

无论谁拥有合法**产权**（财产或资源的所有权），谈判都能带来对社会有效的结果。这一洞见被称为**科斯定理**，以提出该定理的诺贝尔经济学奖得主罗纳德·科斯命名。科斯定理的含义非常深刻：私人谈判会导致资源的有效配置。这意味着结果将与最看重产权一方的偏好相匹配。在上述例子中，由于清洁水的价值高于洗涤器的成本，因此私人谈判将促成水被净化的结果。

因此，科斯定理的最终结论是，政府干预并非解决外部性问题的必要手段，私人谈判也可以解决外部性问题。虽然无论初始产权如何，我们都能达到有效的结果，但谁拥有初始产权并不是无关紧要的。这是因为初始产权的分配才是社会剩余最终分配的一个重要决定因素。

不过，我们也不应过度依赖私人的外部性解决方案，原因如下：

1. 相关当事人（制造外部性的一方和遭受外部性影响的一方）能够在经济上进行谈判这一假设至关重要。这意味着，只要与谈判相关的交易成本不是太高，双方就可以实现有效的经济结果。

2. 产权界定是否明确十分重要。在许多情况下，法律并不能明确谁拥有产权。

3. 谈判各方的经济主体数量也很重要。不难想象，如果受影响的人较少，那么双方就比较容易通过谈判达成有效的解决方案。但谈判能否对一个发电厂与10万受影响的渔民起作用，则是一件更难预料的事情。

根据应用于本例的科斯定理，无论是发电厂拥有污染权，还是这10万名渔民拥有清洁水权，最终的结果都将是水质得到有效改善。如果这个发电厂确实有污染权，那么这10万名渔民必须协调如何向这个发电厂支付费用，以使其减少排放。如果渔民享有清洁水权，那么发电厂就必须为它排放的污染付费。但在现实中，这10万名渔民其实很难与发电厂就排放额度以及谁会得到补偿达成协议。在这种情况下，政府管制可能是解决外部性问题的最有效方法。这是因为和谈判相关的交易成本可能过高。

因此，即使产权已完全明确，谈判本身的成本（与进行经济交换相关的交易成本）也可能会过高，使得这种谈判难以实施。**交易成本**不仅包括法律费用、个人时间等直接支出，还包括许多令人尴尬的间接成本，比如你不太可能会走到隔壁邻居那里，就他的宠物狗可以在你家前院拉几泡屎这件事展开谈判。鉴于此，我们可以考虑采取第二种常用的私人手段去解决外部性引起的市场失灵：社会执行机制。

私人解决方案：做正确的事

下图这个标志看起来是不是很熟悉？如果你在自家厨房电器、计算机或窗户上看到过这一标志，那就说明你买的是获得了节能认可的产品。"能源之星"计划是美国环境保护署和美国能源部于1992年联合推出的一项旨在推广节能产品的方案。"能源之星"是一个自愿标识类项目，旨在标识和推广节能产品，以减少温室气体排放。第一批被贴上"能源之星"标识的产品是计算机和显示器。该项目现已涉及60多个产品类别，主要包括家电、办公设备、照明产品和家用电子产品等。如今，当进入工作场所时，你几乎总能看到这种标识。

"能源之星"项目的成功推行主要基于两个原因，一是与此类产品相关的经济激励（降低用电成本以及潜在的税收节约），二是它涉及一种社会执行机制：它向我们提供了关于"绿色产品"的信息，并唤起了一种道德准则，那就是我们应该"做正确的事"并购买这些产品。没有政府法规要求人们必须购买"能源之星"产品，但自1992年以来，该项目的快速发展证明它产生了有效的激励，并促使人们愿意为环境尽自己的绵薄之力。用经济学术语来说，尽自己的绵薄之力就是在将外部性内化。

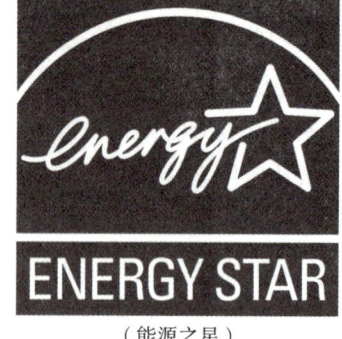

（能源之星）
你购买过"能源之星"产品吗？

只要稍微思考一下，你就会意识到社会执行机制其实无处不在，并在帮助我们思考外部性问题。例如，在本章后面的内容中，我们将了解像塞拉俱乐部[①]这样的私人组织在保护环境方面做得非常成功。慈善机构"微笑列车"也为海外唇腭裂儿童做了很多令人印象深刻的工作。在日常生活中，我们在迪士尼乐园排队等车或在超市排队结账时，很少看到有人会"插队"。人们之所以很少插队，并不是因为插队会受到严厉的经济惩罚，而是因为他们的粗鲁举动会影响他人，并可能因此招致他人的反感。这种社会强加成本减少了插队现象，增加了社会净收益。羞耻感、罪恶感和被公开谴责的风险，都是有效的社会执行机制。具体而言，这些社会层面的控制都有助于人们内化其强加于他人的负外部性，从而减少此类行为。

尽管私人解决方案被证明相当有效，但当私人介入失败时，政府的直接干预也是必要的。这种解决方案一般以某种限制产量的规定、税收或者要求生产许可的形式出现。接下来我们将通过几个例子来探讨外部性的政府解决方案。

9.3 外部性的政府解决方案

市场会以多种方式失灵，或至少无法实现图9.1和图9.4所描述的理想竞争市场状态。当市场失灵时，政策制定者需要考虑以下问题：政府能否带来比市场更有效率的结果？前面我们了解到了一些极具潜在价值的私人外部性解决方案，包括谈判和依赖社会执行机制。然而，在某些情况下，这些方案可能都无法解决问题。

政府主要通过以下两种方式来应对外部性问题：

1. 命令控制型监管，即政府直接监管资源的分配；
2. 基于市场的方法，即政府为私人组织提供激励，以促进其内化外部性。

让我们回到发电厂排污的例子。假设这个发电厂还排放空气污染物，并影响到了周

[①] 塞拉俱乐部是美国的一个著名的环保组织，成立于1892年。——译者注

边各州的数百万家庭。在这个例子中，分散的成本使得私人谈判变得不再可行。假设你是联邦政府的监管者，并且确信控制工厂的污染物排放将对社会有益。现在你应该怎么办？你会发现自己将不得不采用刚才列举的两种主要方法。现在我们来详细介绍这两种方法。

政府监管：命令控制型监管

如果你知道控制排放有利于社会，那么你将意识到 $Q_{市场} > Q_{最优}$，所以通过降低产量来减少污染是一种正确的行事方法。解决这一问题的一个常见方法是诉诸**命令控制型监管**。在命令控制型监管下，政策制定者要么会直接限制生产水平，要么会强制要求使用某些技术。

许多早期的环境法规，包括 20 世纪 70 年代具有里程碑意义的《清洁水法》《清洁空气法》，都属于命令控制型监管。在这种情况下，政府会要求污染者采用现有的最佳减排技术。例如，《清洁水法》明确规定了每个工厂若要继续运营就必须采用的技术。类似规定也出现在各种《清洁空气法》修正案中。例如，根据 1977 年的《清洁空气法》修正案，新工厂若想排污，就必须采用某些特定的减排技术。

你可能已经猜到，政府有许多方法来监管污染者，而命令控制型监管可能不是遏制污染的最有效方式。原因之一就在于，此类监管行为通常难以激励生产者寻求更具成本效益的方式来减少污染。这是因为监管者把注意力放在了错误的目标上，他们不该强制规定生产者必须使用的技术。这只会促使生产者去研究如何更有效地使用这些强制技术。其实，监管者更应该激励生产者去寻找或开发最具成本效益的技术，而不是让这些生产者都把精力放在寻找使用强制技术的更廉价方法上。

循证经济学

政府如何减少了俄克拉何马州的地震次数？

- 看到这个问题，你可能会产生两个想法。第一，这很可笑——政府或许很强大，但它怎么能控制地震的次数？第二，也许阿拉斯加人或加利福尼亚人会关心地震问题，为什么俄克拉何马州的人也会关心这个问题？事实上，在过去的 10 年里，阿拉斯加州和加利福尼亚州才是主要的地震活动带：这两个地区分别发生了数百次有感地震（里氏 3 级或以上），超过了其他 48 个州地震次数的总和。
- 然而，最近发生了一些不同寻常的事情。俄克拉何马州传统上并非地震频发区，但在 2013—2015 年间，该州的地震次数激增。2015 年，俄克拉何马州的地震次数是 1973—2008 年年均地震次数的 400 多倍。图 9.6 显示了 2000—2019 年该地区的地震情况。2009 年以前，该州平均每年约有 2 次 3 级或 3 级以上的地震，但到了2015年，这一数字已达到887次。这意味着在2015年，俄克拉何马州发生的地震比其他州加起来还要多！事实上，加利福尼亚州2015年发生的3级或3级以上地震还不到俄克拉何马州的三分之一。

- 为何会出现这种情况？根据科学家F.拉尔·沃尔什和马克·佐巴克的研究，原因在于石油和天然气公司，具体而言，在于它们对废水的处理。[3]当石油钻井平台利用液压来破坏岩层以获取石油（这通常被称为"水压致裂法"）时，会产生一种副产品，即盐水。这种受到化学物质严重污染的盐水根本无法被净化，所以石油公司必须在一个被称为"阿巴克尔地层"的深层区对其进行处理。这个过程增加了这一深层岩石层的孔隙压力，导致现有断层引发地震，即使在离处理井几英里远的地方也会如此。

- 如此一来，油气行业就给第三方施加了负外部性。这种负外部性影响深远，不仅影响财产安全和金融稳定，甚至会带来生命损失。综合看来，地震的外部性成本可能高达数十亿美元——这实质上使社会边际成本远远高出了企业的边际成本。正如本章所述，解决这类外部性问题的方法之一就是推行命令控制型监管。

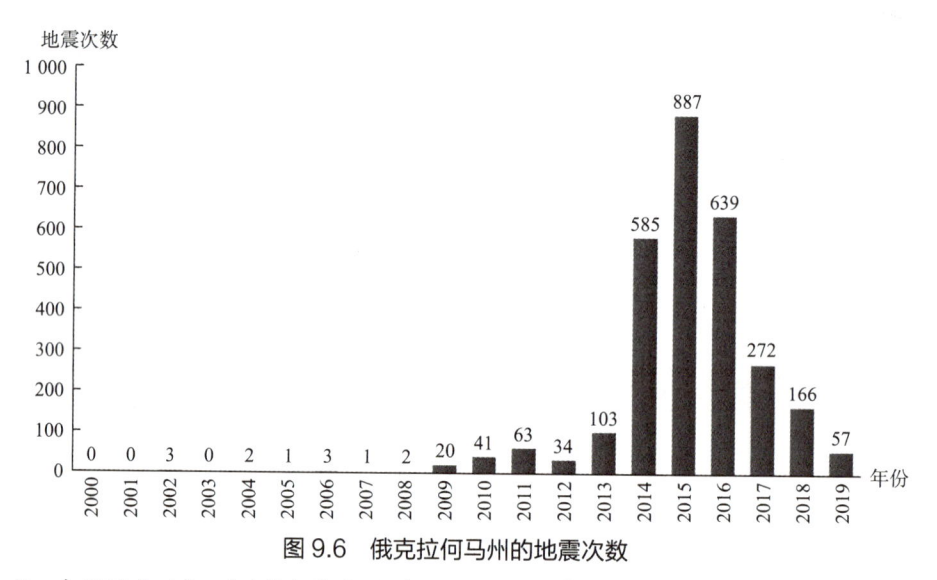

图9.6　俄克拉何马州的地震次数

年份	次数
2000	0
2001	0
2002	3
2003	0
2004	2
2005	1
2006	3
2007	1
2008	2
2009	20
2010	41
2011	63
2012	34
2013	103
2014	585
2015	887
2016	639
2017	272
2018	166
2019	57

注：自2008年以来，俄克拉何马州3级或3级以上的地震次数从年平均2次增加到2015年的887次，但由于政府监管，地震数量自2015年以来有所下降。
资料来源：美国地质调查局，2020年。

- 这正是俄克拉何马州的州监管机构在2015年年中所采取的措施。为了减少盐水的注入，他们开始指示石油和天然气生产商关闭部分油井，同时还要求减少在其他油井中的盐水注入量。如图9.6所示，这一监管起到了作用：自2015年以来，俄克拉何马州3级或3级以上地震的次数已经连续4年下降：从2015年的887

次减少到 2019 年的 57 次。
- 这类监管方法是否也适用于其他的州呢？俄克拉何马州的方案其实是参考了堪萨斯州解决地震问题的方法。2015 年 3 月，堪萨斯州发布了一项降低盐水注入量的官方指令。该指令要求实施分级限值制度，即在发出命令后的 100 天内，盐水注入的上限必须从每天 16 000 桶减少到每天 8 000 桶。如果没有达标，那么开采企业将面临每天 1 万美元的罚款。
- 这项政策效果如何？图 9.7 提供了一些简要细节。该图显示，到 2015 年 12 月时，该州地震次数已较 2014 年底和 2015 年前 11 个月大幅下降。事实上，在对图中所示的所有级别地震（2 级、3 级和 4 级）的减少和预防上，该项政策似乎都起到了不错的作用。

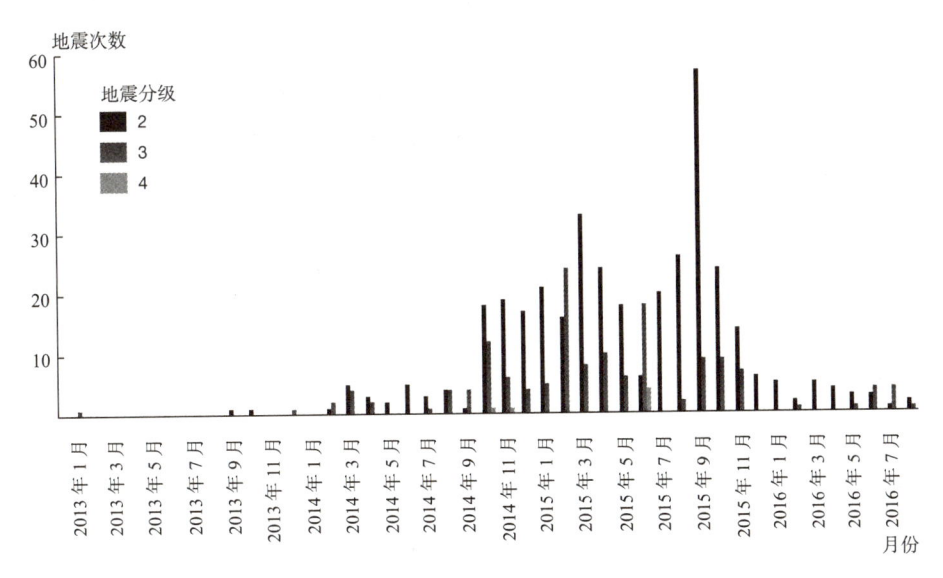

图 9.7　堪萨斯州 2015 年 3 月命令控制型监管政策的影响

注：将 2015 年 3 月政策实施前后的地震次数进行比较，我们发现 2~4 级地震显著减少。这些趋势表明，如同俄克拉何马州，堪萨斯州的命令控制型监管也实现了预期目标。

问题	答案	数据	注意事项
政府如何减少了俄克拉何马州的地震次数？	政府实施了命令控制型监管。	俄克拉何马州为降低地震频率而在 2015 年年中实施的实际政策。	这只是数种解决方法中的一种。其他方法包括私人谈判和基于市场的解决方案。

政府监管：基于市场的方法

你由于更注重有效监管，因此决定不使用命令控制型方法，而是转向采用**基于市场的监管方法**。基于市场的监管方法会利用市场力量来内化外部性。在发电厂的案例中，这意味着什么？在基于市场的监管下，寻找降低污染办法的责任基本上都留给了排放者，即发电厂本身。因此，和命令控制型监管相比，这种监管更能激励企业去开发降低污染的新方法。最常用的基于市场来应对外部性的方法是纠正性税收与纠正性补贴。

纠正性税收

让我们回到发电厂的例子。由于发电厂的生产带来了负外部性，因此其产量是过剩的。于是你希望发电厂减少生产，因为这样做会推动产量趋向有效水平。你可以通过对发电厂的生产征税来达到这一目的。这类政府税收被称为**纠正性税收或庇古税**（以经济学家阿瑟·庇古的名字命名）。纠正性税收旨在引导产生负外部性的经济主体将产量降低至社会最优水平。

既然你知道存在外部性，那你应该怎么做？第一步是估算外部边际成本。经济学家已经开发了一些工具来帮助政策制定者计算此类成本，在稍后"用数据说话"专栏的《如何估算外部性的价值》一文中，我们将讨论一个实际的计算案例。在发电厂这个例子中，我们假设决策者估计的外部边际成本如图9.8所示。下一步就是征收等于该外部边际成本的纠正性税收，以使均衡数量降低至社会最优水平。

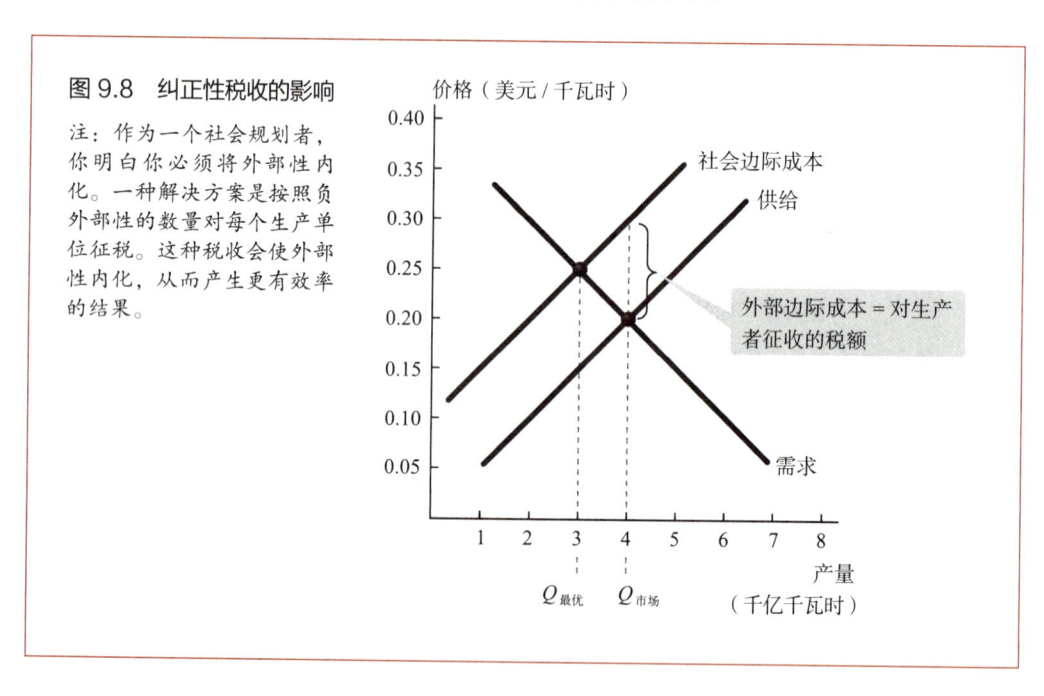

图9.8 纠正性税收的影响

注：作为一个社会规划者，你明白你必须将外部性内化。一种解决方案是按照负外部性的数量对每个生产单位征税。这种税收会使外部性内化，从而产生更有效率的结果。

也就是说，你对每单位产出的征税额应该等于外部性的外部边际成本，即每单位0.1美元，如图9.8所示。因为税收水平等于供给曲线和社会边际成本曲线之间的差值，所以发电厂现在会选择一个利润最大化产出，这个产出等于$Q_{最优}$。换个角度看，通过使每个发电厂在做生产决策时都考虑到外部性，纠正性税收创建了一条与社会边际成本曲线相同的虚拟市场供给曲线。它们之所以会考虑外部性，是因为它们在做出生产决策时考虑到了纠正性税收。因此税收恰到好处地协调了个体和社会的激励。实际上，纠正性税收内化了污染的外部性。这促成了有效的市场结果。

纠正性补贴

对于负外部性的推理同样适用于正外部性：政府可以使用**纠正性补贴**（又称庇古补贴）来内化外部性。纠正性补贴旨在引导产生正外部性的经济主体将产量增加至社会最优水平。在存在正外部性的情况下，补贴可被用于纠正这种外部性。

让我们回到教育的例子，如图9.9所示。在这种情况下，你应该怎么做？就像存在负外部性的情况一样，首先你需要估算教育的社会边际收益。之后是按照这一数据进行纠正性补贴，以使均衡数量增加至社会最优水平。也就是说，你对每单位产出提供的补贴等于其外部性的社会边际收益，即每年20 000美元，如图9.9所示。该数额是需求曲线和社会边际收益曲线之间的差值。同样地，因为补贴水平等于这个差值，所以个体现在会受到激励去选择有社会效率的教育水平，即$Q_{最优}$。庇古补贴通过让个体在做教育决策时考虑到外部性，创造了一条与社会边际收益曲线相同的虚拟市场需求曲线。你之所以会将教育的外部性考虑在内，是因为当你决定是否再多接受几年教育时考虑了纠正性补贴。因此，补贴恰到好处地协调了个体和社会的激励。实际上，纠正性补贴内化了正外部性。这也产生了有效率的市场结果。

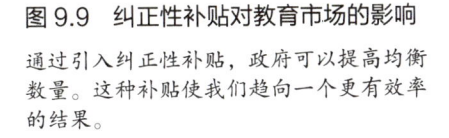

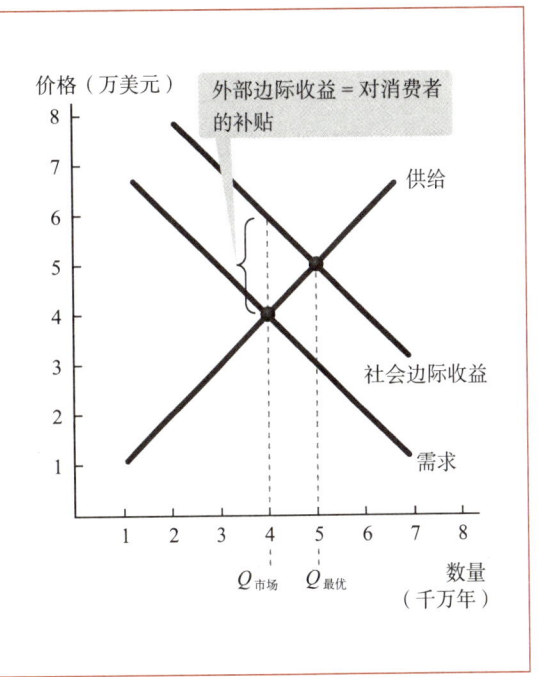

图9.9 纠正性补贴对教育市场的影响

通过引入纠正性补贴，政府可以提高均衡数量。这种补贴使我们趋向一个更有效率的结果。

第9章 外部性和公共物品

用数据说话

如何估算外部性的价值

- 政策制定者所面临的一项关键挑战在于,该如何估算一种行为的外部成本或外部收益。例如,在发电厂污染空气的案例中,政策制定者该如何确定空气质量下降给居民带来的成本?一种方法是研究市场上交易商品的价格会如何受到空气质量的影响。这正是1970年《清洁空气法》实施后,经济学家肯尼思·查伊和迈克尔·格林斯通用来评估清除各类空气污染的价值的方法。[4] 在1970年之前,美国几乎没有关于空气污染的联邦法案,这个问题并不是各州立法者所关注的优先事项。因此,许多县允许工厂在没有任何监管的情况下运作,而一些高度工业化的县的空气污染已经非常严重。在许多经济发达和人口密集的县区,以总悬浮颗粒物测算的空气污染甚至已达到危险水平。

- 《清洁空气法》规定了5种特别危险污染物的超标标准。根据这些标准,美国环境保护署和各州要强制减少不达标县的悬浮颗粒物总量。按照1970年法案与后续用来加强法案执行力的1977年修正案,投资带来的任何新增排放,都必须被该县的其他污染源的减排抵消,之后美国的空气质量得到了改善(同样以悬浮颗粒物的总量作为衡量标准)。

- 查伊和格林斯通研究了《清洁空气法》带来的空气质量的显著改善与各县房价变化的关联。他们发现房价出现了显著提升(同期的县人均收入并没有发生明显变化)。因此他们估算,由于《清洁空气法》,住房价值增加了大约450亿美元。政策制定者会参考这些估算值来决定是否实行纠正性税收和纠正性补贴。

你可能会通过亲身经历知道,这种激励经常被用作政策工具。从学前教育开始,一直到博士培养,联邦政府对教育给予了大量补贴。政府补贴的创新方式包括资助公共教育、特殊的政府高校奖学金、为学校贷款提供高额补贴等。之所以会有这些,是因为政府试图通过促进教育来纠正在做教育决策时出现的市场失灵。

总而言之,外部性可能会引发社会收益和私人收益、社会成本和私人成本之间的不同。如果自由市场均衡的数量水平偏离了社会最优数量水平,这种不同就会造成扭曲(即无谓损失)。纠正性税收和纠正性补贴会促使经济主体内化其外部性。通过征收纠正性税收,政府可以提高收入,

一个有学识的公民群体可以导向一个更好的政治结果。

但这不是它的主要目标。政府旨在协调私人激励与社会激励。为了准确地协调激励措施，政府必须估算外部性的价值。对外部性成本与外部性收益的估算仍旧是经济学的一个活跃研究领域。你会如何估算外部性的货币价值？

用数据说话

垃圾按量计费：消费者也会创造负外部性！

- 如果你有室友，那么你可能会身处一个极其适合实施庇古税的情境：倒宿舍垃圾。当宿舍里垃圾桶被塞满时，把大袋的垃圾扔到外面的垃圾箱里就会变成一件很麻烦的事情。有时候室友们会考虑到这一成本，于是任由垃圾桶里的垃圾堆得越来越高。
- 然而，最终还是要有人把垃圾倒掉，而且通常没有什么好的机制来激励这种行为。城市也存在类似问题，只是规模要大得多。也就是说，人们购买和扔掉大量的东西，而处理这些垃圾并不都是免费的。为了减少这种浪费和它所带来的成本，城市采用了被称为"垃圾按量计费"的庇古税。这一项目会对人们扔掉的每袋垃圾收取一小笔费用。当然，这笔费用是城市处理每袋垃圾的成本，理论上，这种税可以促使人们内化其负外部性成本。
- "垃圾按量计费"项目已经在43个州的4 032个社区推行，覆盖了美国10%左右的人口。结论非常明确，这些项目降低了人们丢弃的垃圾数量。一项社区调查显示，"垃圾按量计费"项目每年可以减少超过一吨的家庭垃圾！[5]
- 这部分源自垃圾数量的减少，另一部分则源自循环利用的增加。综上所述，对垃圾征收庇古税似乎实现了很久以前庇古提出的理论——存在纠正性税收时，消费者的决策将开始趋向社会最优。

9.4 公共物品

许多来自美国中西部的人都知道，龙卷风警报的声音响起意味着漏斗云正在飞旋着逼近他们的城市。警报声一旦响起，没有人能阻止其他人听到警报声，而且一个人听到警报声也不会影响其他人听到。没有人能阻止别人消费，而且一个人的消费也不能影响另一个人的消费，这正是公共物品的两大鲜明属性。公共物品不同于我们之前所研究的私人物品。私人物品是买卖双方在市场上进行交易的物品，如果双方就价格达成一致，此类物品的所有权就会发生转移。

为了理解公共物品的性质，我们有必要仔细比较公共物品和私人物品。有两个特征可以将它们区别开来：

1. 是否具有排他性。私人物品具有排他性，这意味着如果人们没有购买这些物品，就无法对其进行消费。公共物品则具有**非排他性**，这意味着此类物品一旦被生产出来，我们就无法阻止人们使用它们。

2. 是否具有竞争性。私人物品在消费上具有竞争性，这意味着它们不能同时被多个人消费。而公共物品具有**非竞争性**，这意味着一个人的消费并不妨碍其他人的消费。

综上所述，我们可以说私人物品在消费上具有排他性和竞争性，**公共物品**在消费上具有非排他性和非竞争性。

表 9.1 基于排他性和竞争性程度的不同，对经济中的不同类型物品进行了梳理。现在让我们来更详细地讨论一下图中的四种物品。

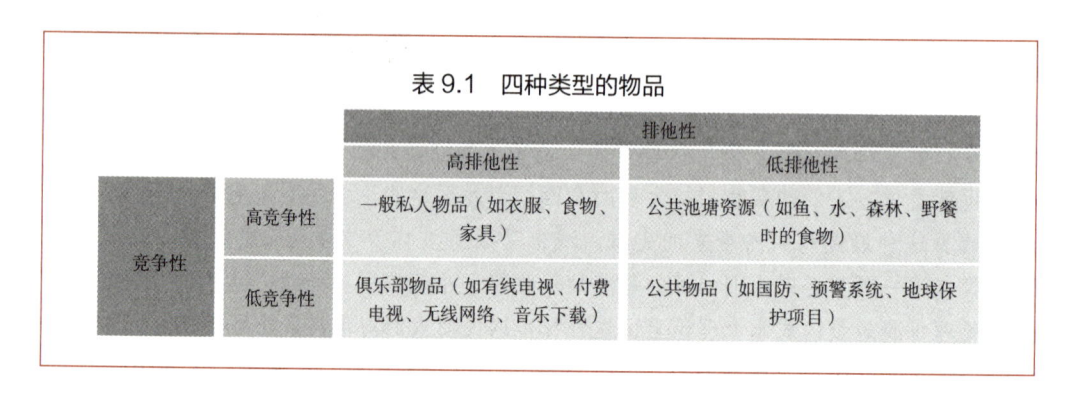

表 9.1 四种类型的物品

		排他性	
		高排他性	低排他性
竞争性	高竞争性	一般私人物品（如衣服、食物、家具）	公共池塘资源（如鱼、水、森林、野餐时的食物）
	低竞争性	俱乐部物品（如有线电视、付费电视、无线网络、音乐下载）	公共物品（如国防、预警系统、地球保护项目）

1. 表 9.1 左上角为一般私人物品。**私人物品**在消费上既具有高度排他性又具有高度竞争性。假设你刚在书店买了一根能量棒：一旦你购买并食用了这根能量棒，其他人就不能再购买并食用它；你完全排除了其他人购买这根能量棒的可能。因此，你的消费降低了别人消费这根能量棒的能力。事实上，你的消费造成了其他人可用能量棒的一对一减少。我们在市场经济中买卖的大部分商品和服务都具有这些属性，也正是因此，我们在前几章建立供需模型时也隐含地假设了这一点。

2. 该表的左下角是另一类物品，即那些在消费上高度排他但却无竞争性的物品。我们称这种具有排他性和非竞争性的物品为**俱乐部物品**——经济学家通常也称之为"人为稀缺物品"。例如，在读完这一章后，你或许会打开电视机，去看你最喜欢的有线电视节目。你这样做并不会影响其他人观看同一节目的能力。因此，有线电视是一个非竞争性物品，因为许多人可以在同一时间观看，而且不会影响其他人观看。然而，如果人们不为有线电视服务付费，就无法收看有线电视。因此，有线电视是一种排他性物品。俱乐部物品作为私人物品出售时，会遇到一些问题。它们不具有竞争性，因此提供额外一单位该类物品的边际成本很小（甚至可能为零），但它们往往需要较大的固定成本，例如有线电视遍布全球的线缆。如果以边际成本出售，那么企业将永远无法覆盖其所承担的巨额固定成本。不过，消费者往往对此类物品有积极的支付意愿。因此，俱乐部物品通常不会在完全竞争市场上销售。

3. 该表右上角显示的是一类被称为**公共池塘资源**的物品。此类物品的消费不具有排他性，但具有竞争性。例如，所有的渔民都可以到一个开放的湖泊捕鱼，但是一些渔民捕到的鱼将无法再被另一些渔民捕获，因此渔民们是竞争对手。同样，当羊群占据了一片公共草地时，这片草地就不能再供其他牛羊使用。我们将在本章后面进一步详细讨论这种类型的商品。

4. 该表右下角是一个与众不同的类别——公共物品。如前所述，这是一种在消费上没有竞争性，也没有排他性的物品。以防止地球气候变化为例，为了遏制有害的温室气体排放，世界各国政府每年都要花费数十亿美元。即使人们没有为这些环保项目交税，政府也不能阻止他们享受环保的福利。也就是说，有线电视具有排他性，但享受地球的舒适气候并不具有排他性。我们日常享受的其他公共物品还包括国防和地方预警系统等。

公共物品给市场带来了特殊的问题，因为消费者看不出购买这类商品的收益。当你花钱去美发时，你很清楚自己用这100美元得到了什么。如果你给美国政府寄去100美元用于国防，那么你会得到什么？不管你是否捐助这笔钱，你都会受到国防部的保护。也正是因为你的100美元不会对国防系统的成功与否带来明显的影响，所以你可能不会在一开始就捐出100美元。当你花100美元就能得到一次美发服务时，你怎么会在得不到什么回报的情况下把100美元给美国政府？

这个例子揭示了有效提供公共物品的一个关键问题：我们想要得到公共物品，但我们不愿意为它们付费，因为公共物品一旦被提供，就没有人能阻止我们消费它们。对每个人来说都是如此。因此，公共物品存在经济学家所称的**搭便车困境**，即人们没有动力去购买商品，因为不付款也并不会妨碍他们消费。搭便车者要么会消费大于其所应得的份额，要么会支付低于其应承担份额的物品成本。

在这种情况下，政府干预可能会增加社会剩余。但是，如果政府想要最大化社会剩余，它应该提供多少公共物品？还有其他提供公共物品的方法吗？我们接下来将讨论这些问题。

选择与结果

搭便车者的窘境

- 假设为了赚点外快，你和其他9名学生参加了一个经济学实验室实验。实验主持人给你们每人10美元并解释说，你们可以以匿名方式同时从这10美元中拿出任

- 意金额，并将其投入一个公共物品（或团队）账户。主持人会把募集到的金额增加一倍，然后平均分配给你和其他9名学生。[6]
- 例如，如果你们每个人投入自己一半的钱，即5美元到团队账户，那么账户里总共会有50美元（10×5美元）。增加一倍后，账户里将有100美元，而这100美元会被平均分配给所有参与者。最终你会得到15美元：从团体账户中分得的10美元和你没有投入的5美元。
- 你会往团队账户里放多少钱？
- 很明显，为了使团体的实得收益最大化，每个人都应该把全部的10美元投入团队账户。这将使从实验中赚到的钱从100美元增加到200美元，即每人20美元。但实验持续表明每个人的平均出资额还不到2美元，而且有大约一半的参与者一分钱都没有出，这是为什么？
- 对整个团队来说，出资的边际收益大于出资的边际成本。但对个人而言，情况并非如此。如果你往团队账户中投入1美元，那么团队作为一个整体将获得2美元（1美元的边际收益），但你自己只能拿回其中的20美分。换句话说，把那1美元捐入团队账户，会让你损失80美分！
- 懂得了这个，你就知道为了最大化最终收益，不应该往团队账户里投入一分钱。
- 让我们通过一个简单例子来解释这个道理。假设其他所有人都为团队账户投入自己所有的钱。对比你在一分钱都不出和拿出全部金额两种不同情况下的最终收益：

一分钱不出时的收益：10美元 + （90美元 × 2）/ 10 = 28美元

出资10美元时的收益：0美元 + （100美元 × 2）/ 10 = 20美元

- 正如你所看到的，通过搭便车和不为公众利益做任何贡献，你比自己贡献一切的时候还多赚了8美元。
- 当涉及公共物品的提供时，现实世界中也存在很多这种情况，所以我们很多人都是搭便车者也就不足为奇了！

公共物品的政府供给

使公共物品区别于私人物品的正是它们的非竞争性和非排他性。这种非排他性为政府提供了一个介入并提供公共物品的独特机会，因为政府可以为了实现这种供应而征税。标准的成本-收益逻辑同样适用于提供公共物品的情况：政府应该扩大生产，直到边际收益等于边际成本。也就是说，如果提供额外一单位产品的边际收益超过其边际成本，政府就应该提供该单位产品。

从概念上讲，一旦我们知道了市场需求曲线和提供不同数量公共物品的边际成本，我们就可以计算出公共物品的最优供给水平。要构建市场需求曲线，我们必须首先了解个体需求曲线。在此之前，让我们先回顾一下私人物品市场需求曲线的构建方式。

在私人物品市场中，我们会把所有人的需求水平加总。也就是说，我们会将给定价格下所有消费者的总需求量相加，以计算出该价格下的市场需求。图9.10提供了一个两人市场的简单例子。图（a）是你对牛仔裤的需求曲线，图（b）是吉姆对牛仔裤的需求曲线。简单起见，我们将这两条线都设为平滑曲线，即使你不太可能买到2.5条牛仔裤。当价格为50美元时，你需要3条牛仔裤，吉姆也需要3条牛仔裤。这使得价格为50美元时的总市场需求为6条牛仔裤，如图（c）所示。我们将所有需求量横向相加，从而构建出图（c）中的市场需求曲线。

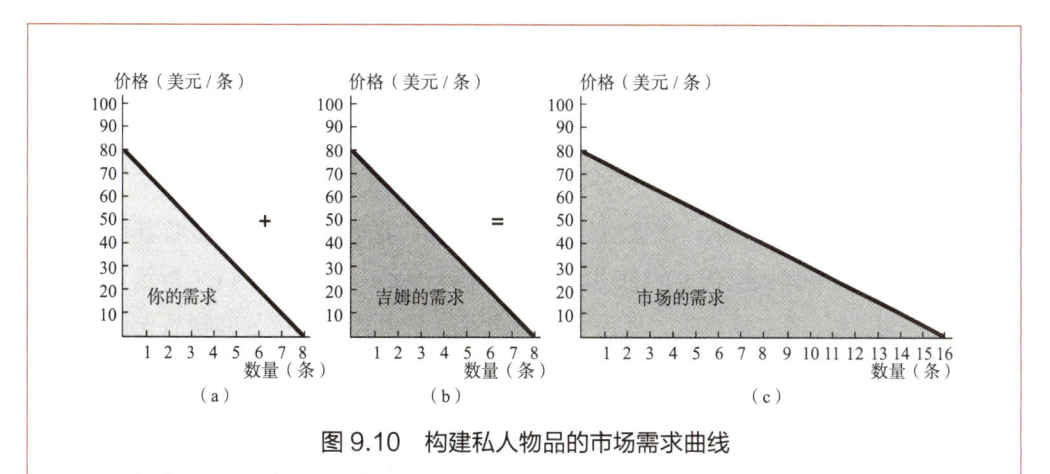

图9.10 构建私人物品的市场需求曲线

注：为推导出市场需求曲线，我们会先找出你和吉姆在给定价格下的需求量，然后通过横向加总绘制出市场需求曲线。

公共物品市场需求曲线的构建遵循类似的逻辑。然而，当从公共物品的个人需求曲线转向公共物品的市场需求曲线时，我们需要充分考虑公共物品的非竞争性和非排他性。不同于对私人物品市场需求的横向加总，对公共物品的市场需求是通过对个体需求曲线的纵向加总来确定的。这是有必要的，因为公共物品是非竞争性的，所以你和吉姆可以同时消费每一单位物品。因此，为了得到市场需求曲线，我们会把个体需求曲线垂直相加，因为这使我们能够测算出消费者对每单位公共物品的支付意愿。

让我们把概念转向应用。再以你和吉姆为例，但现在我们讨论的是对太空任务的需求。太空任务是一种可能带来新洞见的公共物品，它具有非排他性和非竞争性，能够（通过解开太空之谜）造福全人类。为了便于比较，假设你和吉姆对太空任务的需求曲线与你们对牛仔裤的需求曲线完全相同，同时为了简单，我们也将两条线设为平滑曲线。

图9.11的（a）和（b）分别显示了你和吉姆的太空任务需求曲线，图（c）则显示了这一公共物品的市场需求曲线。市场需求曲线展示了在公共物品的每一个供给水平下，市场对于额外一单位公共物品的支付意愿。

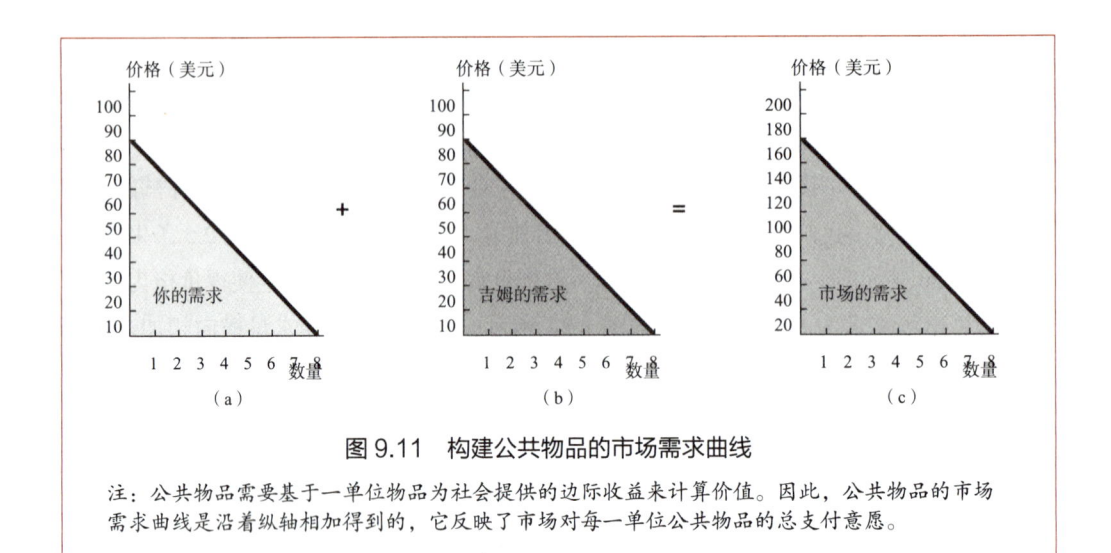

图9.11 构建公共物品的市场需求曲线

注：公共物品需要基于一单位物品为社会提供的边际收益来计算价值。因此，公共物品的市场需求曲线是沿着纵轴相加得到的，它反映了市场对每一单位公共物品的总支付意愿。

如你所见，由于你将第一次太空任务的价格定为70美元，而吉姆也将其价格定为70美元，因此第一次太空任务的总边际收益为140美元，如图9.11（c）所示。这被称为一单位公共物品的市场需求，因为它是消费者愿意为第一单位公共物品支付的总金额。同样，你将第三次太空任务的价格定为50美元，吉姆也将其定为50美元。因此，第三单位太空任务的社会边际收益为100美元，如图（c）所示。换句话说，将个体需求曲线上每个数量下的价格加总，我们就可以得出公共物品的市场需求曲线。

为了准确计算政府应该提供多少公共物品，我们必须在绘制公共物品的供给曲线（边际成本曲线）的同时绘制市场需求曲线，如图9.12所示。为了计算太空任务的均衡

图9.12 提供公共物品的均衡点

注：一旦设定了太空任务的市场需求曲线和供给（边际成本）曲线，我们就可以根据之前学到的决策规则来找到太空任务的社会最优数量（$Q_{最优}$）。这个数量会位于市场需求曲线和供给曲线的交点，此时，最后一次太空任务的边际收益等于边际成本。

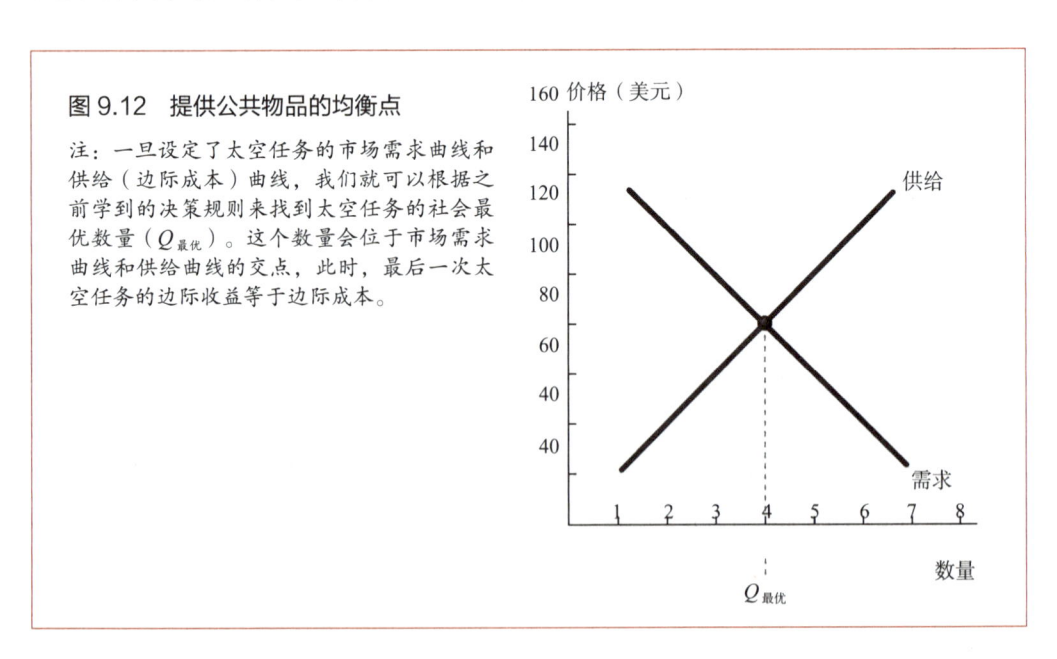

水平，我们遵循前面讨论的决策原则：应该增加太空任务的数量，直到边际收益等于边际成本，即图 9.12 中的 $Q_{最优}$。此时，因为我们收获了市场上所有的收益，所以总剩余实现了最大化。这是因为在这一点上，需求量等于供给量，或者说边际收益等于边际成本。我们会在第 10 章探讨政府为公共物品（如太空任务）融资的各种不同途径。

公共物品的私人供给

早餐时，你或许会收听国家公共广播电台的节目。如果你有这个习惯，你可能听说过，为了防止林木砍伐，私人组织正在收购婆罗洲或亚马孙的热带雨林。你也可能听说研究人员在治疗癌症或研发抗病毒疫苗等方面取得了新突破。所有这些活动，以及很多其他提供具有正外部性的私人物品或公共物品的活动，都是由私人资助的。

尽管政府是公共物品的重要提供者，但它不是唯一的提供者。许多公共物品通常由其他渠道提供，如私人慈善捐款等，这些实际上都是提供公共物品的有效方式。**私人供给公共物品**是指公民致力于公共物品的生产或维护。提供这种服务的途径多种多样，但其中最重要的是贡献私人时间和金钱。例如，正是因为私人捐助，国家公共广播电台才得以在全美范围内提供服务。在全球范围内，私人向世界野生动物基金会捐赠的资金正在用于拯救热带雨林。从腕管综合征到心脏病等各种疾病的治疗资金，也部分来自个人研究基金捐赠。同样，维基百科也是由贡献时间和知识的大众来维护的。

那么，私人捐赠的规模有多大？图 9.13 显示了过去几十年间美国慈善捐赠总额的巨幅增长情况。自 1978 年以来，个人对慈善事业的捐款从每年约 1 500 亿美元增长到了 2018 年的约 4 300 亿美元。尽管这一捐赠水平已经占据了美国经济相当大的比重，但专家预测，在未来几年，财富增加和人口老龄化将进一步推高美国的捐赠水平。

但世界上并不只有美国一个国家。美国的捐赠率与世界其他国家的捐赠率相比如何？在进行这种比较时，我们必须保持谨慎。由于一些国家更多地利用税收来提供公共物品，因此各国的捐赠率会存在差异。在这种情况下，假设其他条件相同，我们应该推测到低税收国家会更少地通过政府提供公共物品，更多地通过慈善捐赠提供公共物品。同样，许多人参与慈善事业的方式是奉献其时间，而不是捐款。鉴于这些因素，我们在此选取了一个最具跨国可比性的数据。2018 年，民意调查公司盖洛普向世界各地的人们提出了一个简单的问题："你在过去一个月里是否有向慈善机构捐款？"图 9.14 显示，在发达地区，大多数人的回答为"是"。即使在欠发达地区，人们的捐款率也至少为 10%，这表明慈善捐款已成为全世界的一个重要现象。

你可能会想，考虑到捐赠的自愿性质，以这种形式提供公共物品可能比政府提供公共物品更为可取。但我们应该谨慎对待这一推理，因为如果我们把某些重要公共物品（如国防或地方天气警报）的供给全部交给私人市场，那么可能会导致严重的供给不足。

有一个例子可以帮助我们理解把公共物品完全交给私人市场的危险。许多科学家认为，除去外星物体撞击或大规模火山喷发等灾难性事件的影响，目前物种灭绝的速度比我们星球历史上任何时候都要快。为了解决这个问题，全球已在私人捐赠的帮助下成立了数百个保护组织。你认为捐赠者最有可能为哪些类型的物种提供帮助？答案是那些有

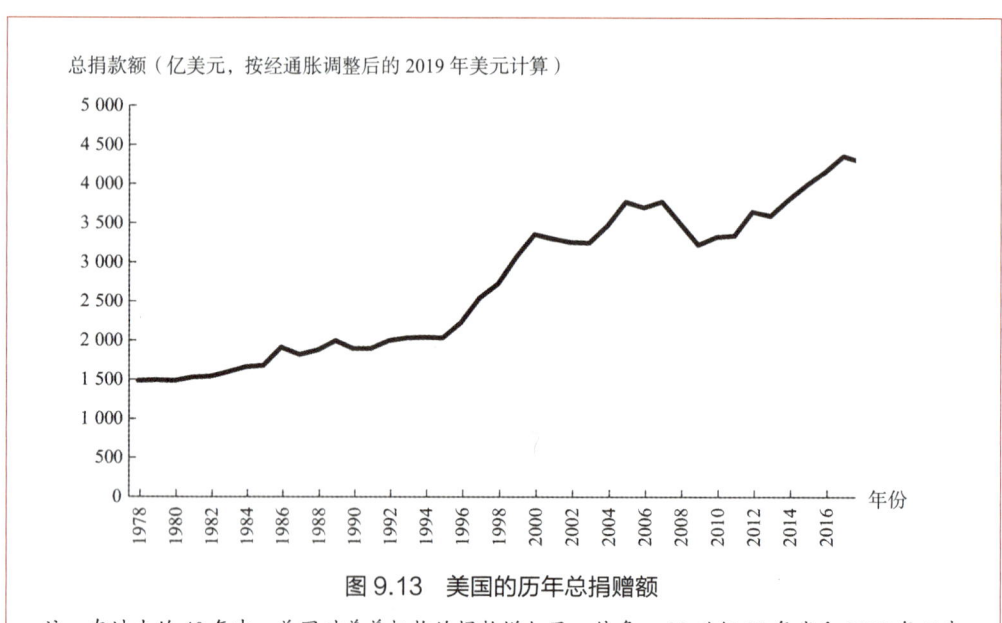

图9.13 美国的历年总捐赠额

注：在过去的40年中，美国对慈善机构的捐款增加了一倍多，20世纪90年代和2010年以来的增长尤其迅速。
资料来源：2019年美国年度慈善捐赠报告。

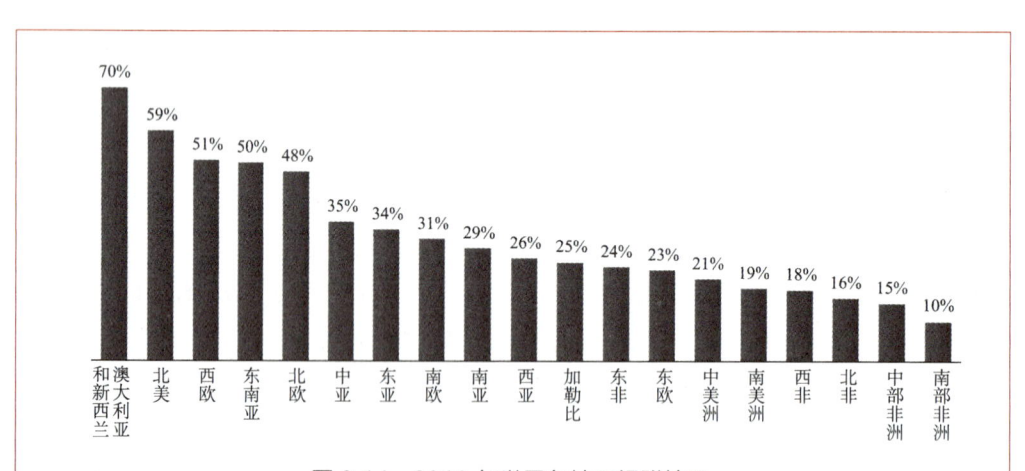

图9.14 2018年世界各地区捐赠情况

注：本图展示了世界各地区对"你在过去一个月里是否有向慈善机构捐款？"这一问题给出肯定回答的受访者百分比。例如，在澳大利亚和新西兰，有70%的人回答"是"。
资料来源：英国慈善救助基金会2018年世界捐助指数。

魅力的物种。那些也属于哺乳动物的物种，比如熊猫和猴子得到了最多的支持。如果这种资助是以牺牲对关键物种（在生态系统中扮演重要角色的物种）的资助为代价，那么这将严重威胁我们生态系统的活力。当然，政府也不是完美的，我们将在第 10 章继续讨论这个问题。

你更愿意保存哪些物种？潜在捐赠者倾向于支持有魅力的物种，比如熊猫，而不是赭色海星这类关键物种，因为后者没有前者那么具有视觉吸引力。

9.5 公共池塘资源

与公共物品相关的另一类重要物品是公共池塘资源。正如前文的总结，公共池塘资源不具有排他性，因此任何人都可以任意消耗此类资源，例如城市停车场、珊瑚礁和学生野餐时的汉堡。然而，公共池塘资源是竞争性资源，这意味着杰克在学生聚会上每喝一瓶可乐都会导致其他人少喝一瓶。这导致杰克给其他人强加了重要的负外部性。

公共池塘资源的外部性，源于资源的开放获取和使用损耗的共同作用。例如，当决定在一个湖里捕多少鱼时，捕鱼者只会考虑他们私人的使用边际成本——即使这种使用会损耗每个人的资源。这是一种经典的负外部性：因为丝毫不会顾及其他人所受到的影响，个人往往会过度消耗资源。这个结果类似于前面的负外部性例子中自由市场均衡数量高于最优均衡数量。因为每个利用这个湖的人都会产生同样的外部性，所以对这个湖的总使用量超过了社会最优水平。

我们身边还有很多这样的例子：从含水层中过量取水，在公共土地上过度砍伐树木，过多的通信设备干扰了电波，办公室里的甜甜圈被一个人过度享用，等等。这种过度使用会导致公地悲剧。当一种公共池塘资源遭到过度使用时，就会发生**公地悲剧**。在某些情况下，这种过度使用的后果可能非常严重：例如，过度捕捞不但会破坏渔业的可持续发展，而且会破坏整个种群甚至整个物种。这并不是说渔民喜欢把鱼类赶尽杀绝，事实上，他们显然更喜欢一个生机勃勃的种群。但是负外部性的存在（在本例中，即有过多的资源使用者）会导致此类损耗。

公地悲剧的解决方案与本章前面讨论的一些外部性的解决方案相似。这些干预措施可由政府或者其他有组织的公共或私人监管机构实施。例如，我们可以对在密歇根湖捕捞上来的每一条鱼征收庇古税。又或者，因为公共池塘资源的使用者有联合起来自我规范资源使用的动机，所以人们可以构建机制，以对某一年份的最大捕捞量做出规定。

选择与结果

公地悲剧

- 在中世纪，产权的定义非常模糊。在通常情况下，皇室控制着所有财产，并以秘密机制来分配土地的使用。市场难以发挥作用这一事实导致了一些奇葩惯例，其中最为社会科学家所熟知的，莫过于当时对牲畜饲养的管理。
- 牲畜是奶制品和肉食的来源，是所有社区的重要生活物资，但这是有成本的，那就是需要饲养牲畜，而且一般都需要放牧饲养。牲畜的主人经常被要求在一块公共土地上放牧。
- 这种对公共土地的依赖导致了不当激励。具体而言，牲畜的主人可以多购买一头山羊或奶牛，并独占全部收益。然而，这些额外购买的牲畜必须在某个地方吃草，而损失的牧场成本则由社区中所有人共同承担。因此，公共放牧区终究会遭到过度使用。
- 这种现象后来被称为"公地悲剧"。该术语因生态学家加勒特·哈丁的推广而为人熟知，但过度放牧的例子来自19世纪早期英国经济学家威廉·福斯特·劳埃德的一篇文章。[7]
- 导致公地悲剧的不仅仅是经济的无效率。最糟糕的情况是，由于过度放牧，牲畜的主人有一天会发现自己无处放牧。现实世界中存在着很多与此相同的不当激励。
- 你能举出一些不当激励的例子吗？我们可以运用哪些经济工具来解决公地悲剧？

在可行的情况下，资源的彻底私有化（将控制权移交给单一所有者）也可以发挥作用。所有权消除了外部性问题，因为任何使用损耗都将由控制资源使用的所有者承担。所有者有动机以一种使资源价值最大化的方式来管理资源。因为对资源的有效利用为所有者创造了最大的"蛋糕",也就是说,最大化了使用者集体对资源的支付意愿,所以所有者会有促进资源有效利用的动机。

选择与结果

捕鱼竞赛

- 假设你是拥有一个私人池塘的渔民,池塘里面养了100条蓝鳃鱼。因为你拥有池塘的产权,所以你是唯一可以在池塘里捕鱼的人。因此,你可以想捕捞多少就捕捞多少。但是你知道,在晚春21摄氏度左右的水中,雌蓝鳃鱼会在沙岸附近的浅巢中产下约4万颗鱼卵。2~6天后,鱼卵开始孵化,而雄蓝鳃鱼也会在最初的这几天里保护这些幼鱼苗。
- 在知道了这些情况后,请问你会捕多少条鱼呢?
- 你可能不会捕捞所有的蓝鳃鱼,而是把一部分鱼留在池塘里,以补充下一季的供给。
- 现在假设这个池塘属于公共池塘资源,任何人都可以从中捕鱼,而且另一个人多捕一条鱼,就意味着你少捕一条鱼。你还会想要把很多鱼留在池塘里以保证下一季的供给吗?
- 真实情况和诺贝尔奖得主埃莉诺·奥斯特罗姆的实验室实验都显示,你可能不会这么做。[8] 毕竟,即便你决定留下几条鱼(比如50条),但谁又能阻止另一个人把那些鱼捕捞走呢?
- 这种想法可能会导致每个人都继续捕鱼,直至一条鱼都不剩。正如你刚刚知道的,这种情况被称为公地悲剧。在这种困境下,每个参与者都只为了自己的利益行事,并最终将公共池塘资源消耗殆尽。当然,从长期来看这么做不符合任何人的最大利益。
- 渔民们该如何防止出现这种结果呢?

循证经济学

英国女王如何才能缩短前往温布利球场的交通时间?

- 20世纪90年代末,伦敦市中心的交通拥堵日趋严重,人们的出行时间甚至飙升至19世纪汽车问世之前的平均水平。[9] 以改革派政纲当选的伦敦市市长做出坚定承诺,称要永久性解决伦敦交通问题。
- 正如我们在本章中所学到的,外部性背后的基本理论非常简单:庇古税可以通过将外部性内化的方式来解决负外部性。在这个例子中,负外部性就是司机驶入道路时不考

第9章 外部性和公共物品

虑其对他人所造成的影响。因此，征收庇古税有助于解决交通拥堵问题。

- 这听上去似乎很简单，但将经济理论应用于现实世界有时会颇具挑战性。伦敦要解决的一个问题是如何收取道路使用费。但简单的收费站所带来的拥堵往往和预期它们可减少的交通堵塞一样多。

- 另一个需要解答的问题是该征收多少税。伦敦最后确定每天将收取 5 英镑的固定费用（后来这一费用提高到了每天 10 英镑，但对混合动力汽车免税）。[①] 这种费用被称为"拥堵费"。尽管有人认为，政府不应该按日征收使用税，而应该基于里程征收使用税，但政策制定者为了方便执行，还是决定按日征收使用税。为了避免造成不必要的交通堵塞，政府通过安装在城外道路上的摄像头来执行收费。司机必须在零售店、网上或手机上购买每日通行证，没有每日通行证的司机若被抓到，将被处以高额罚款。

- 这项政策效果如何？图 9.15 提供了一些简要细节。对比征收拥堵费的前一年和第一年的交通状况，我们发现总交通流量减少了 12%，而这一变化产生的原因主要是汽车流量的减少。总而言之，经济学家估计，拥堵费使市中心的交通流量减少了 15%，进入城区的交通流量减少了 18%。在分析该政策的收益时，我们也要关注到它对出行可靠性（或出行时间可变性）的影响。事实上，它使出行可靠性平均提高了 30%。

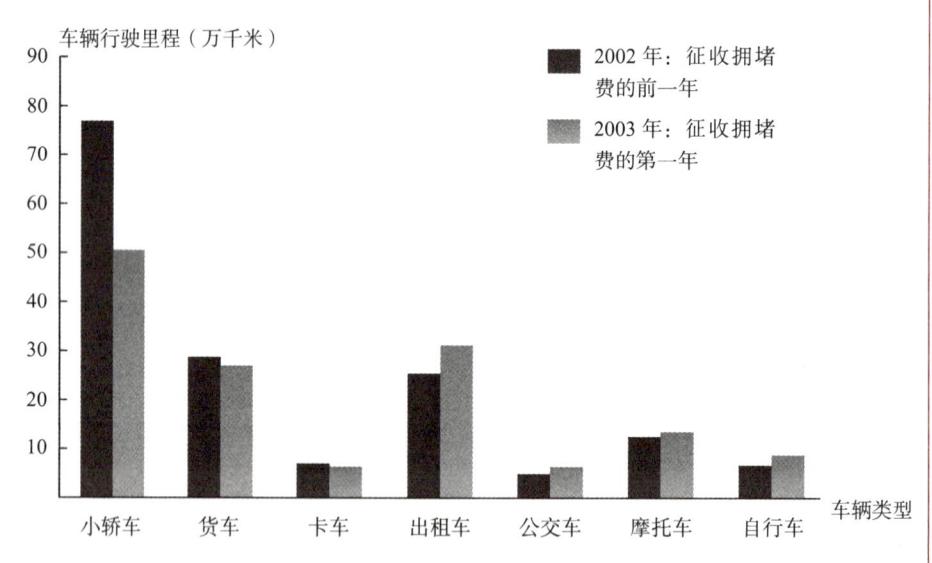

图 9.15 征收拥堵费的效果

注：比较拥堵费征收前后不同类型车辆的总行驶里程，我们可以发现私家车（小轿车、货车和卡车）的使用减少，而出租车、低排放车辆（摩托车和自行车）以及高载客量车辆（公交车）的使用在增加。综合来看，这些趋势表明伦敦征收交通拥堵费帮助市长实现了预定目标。

[①] 混合动力汽车排放的污染物更少，这也是其能减税的原因。这是使用税收政策来减少交通拥堵和污染的一个很好的例子。

- 如图9.15所示，拥堵费的引入增加了公共交通的使用。由于交通拥堵费，司机们不愿意开车进城，于是他们开始依赖公交车。此外，更多的人选择骑自行车出行。总的来说，这项政策取得了巨大的成功。英国女王可以更及时地前往温布利球场观看滚石乐队的演唱会了！
- 如果美国城市的市长们也想取得类似的成功，那么不妨以伦敦为榜样。然而他们也应该知道，在前进道路上会遭遇重重政治阻力。迈克尔·布隆伯格担任纽约市长时也提出了类似的计划，他提议在曼哈顿引入拥堵费。这项计划遭遇了强烈抵制，并最终被纽约州立法机关否决。随着布隆伯格市长的离任，拥堵税的提议也不了了之。在第10章中，我们将深入研究政府税收，并探讨为什么税收会受到批评。

问题	答案	数据	注意事项
英国女王如何才能缩短前往温布利球场的交通时间？	她可以说服伦敦市长对伦敦及其周边地区的汽车征税。	20世纪90年代末伦敦制定且实施至今的实际政策。	这只是解决问题的方法之一。也可采用私人解决方案，如社会机制和自愿遵守等。

总结

- "看不见的手"失灵的三个主要例证是外部性、公共物品和公共池塘资源。在每种情况下，自由市场通常都无法使社会剩余最大化。
- 外部性存在多种形式和规模：它们可以为正，也可以为负，可以发生在消费中，也可以发生在生产中。外部性可以通过私人或公共手段来解决，两者的关键都在于内化外部性。通过内化外部性，我们可以协调私人激励和社会激励，从而实现整体福利的最大化。
- 政府或私人提供的公共物品在消费上具有非竞争性和非排他性。这意味着一旦提供了公共物品，便没有人能被排除在外，而且所有经济主体都可以同时使用它们。
- 公共池塘资源不具有排他性，但具有竞争性。这导致一个人会对其他人产生不可忽视的负外部性：一旦蓝鳃鱼被捕捞走，其他人就不可能再从池塘里捕捞到它。因此，外部性的解决方案同样可用于解决公共池塘资源问题。
- 外部性、公共物品和公共池塘资源之间的一个关键联系在于私人收益和成本与社会收益和成本之间存在差异。

关键术语

外部性　　　　　命令控制型监管　　　公共物品
金钱外部性　　　基于市场的监管方法　私人物品
外部性内化　　　纠正性税收或庇古税　俱乐部物品
产权　　　　　　纠正性补贴或庇古补贴　公共池塘资源
科斯定理　　　　非排他性　　　　　　搭便车困境
交易成本　　　　非竞争性　　　　　　私人供给公共物品
　　　　　　　　　　　　　　　　　　公地悲剧

问题

1. 为什么外部性被称为市场失灵？金钱外部性是否也是市场失灵的一个例证？
2. 解释以下情况是不是外部性存在的例证。
   a. 因为邻居播放吵闹的音乐，阿莉莎没有睡好。
   b. 罗谢尔求职面试迟到，因为她的闹钟没有响。
   c. 何塞对花粉过敏，他花园里的花让他感到恶心。
3. 如果特定商品的生产会导致负外部性，那么竞争市场的均衡数量是会小于还是大于有效数量？
4. 个人或企业内化其外部性是什么意思？
5. 什么是科斯定理？在什么情况下科斯定理会失效？
6. 命令控制型政策与基于市场的政策有何区别？
7. 什么是庇古税和庇古补贴？政府如何决定何时征税或提供补贴？
8. 将下列物品归类为私人物品、公共池塘资源、俱乐部物品或公共物品。
   a. 健康保险
   b. 无线电频谱
   c. 优兔上的一个视频
   d. 一个城市的灭蚊计划
   e. 一个图书馆的电子书馆藏
9. 公共物品与公共池塘资源有何区别？请解释。
10. 为什么市场很难提供具有社会有效数量的商品，如清洁空气或街道照明？
11. 在什么情况下会出现搭便车困境？
12. 为什么公共物品的市场需求曲线是个体需求曲线的纵向加总？
13. 什么是公地悲剧？请举例说明。

循证经济学习题

1. [俄克拉何马州地震] 石油钻井平台的水压致裂导致俄克拉何马州地震频发。俄克拉何马州的政策制定者推行命令控制型监管政策，明确规定石油企业要减少盐水注入。

   a. 一项政府调查发现，每个俄克拉何马州居民愿意每年支付100美元，用于减少水压致裂引发地震的次数。俄克拉何马州的人口约为400万。假设为了减少地震而大幅减少盐水注入量，会使俄克拉何马州的石油行业每年损失10亿美元。继续降低盐水注入量是个好主意吗?

b. 现在假设俄克拉何马州居民的支付意愿不再是 100 美元。为了避免地震发生，现在一半的俄克拉何马州居民愿意每年支付 500 美元，另一半居民则愿意每年支付 50 美元。政府是否应该推行相应政策?

c. 截至目前，我们一直在研究使用命令控制型方法来应对解决俄克拉何马州的地震问题。俄克拉何马州政府可以采取什么样的基于市场的方法来监管水压致裂?

2. [女王的出行] 为了减少拥堵，伦敦决定对进入市中心的车辆征收每日 5 英镑的拥堵费。伦敦大约有 250 万辆有证车辆，平均而言，伦敦人对于花在路上的时间的估值为每小时 3 英镑，或每分钟 0.05 英镑（3 除以 60）。

a. (免税的) 道路是什么类型的物品?
 i. 私人物品
 ii. 公共池塘资源物品
 iii. 俱乐部物品
 iv. 公共物品

b. 伦敦的交通部长声称拥堵费是一种最优的庇古税。在该交通部长看来，伦敦一辆车所造成的每日外部边际成本是多少?

c. 假设额外增加一名司机将使平均通勤时间增加 1 秒。如果有 10 万人会受到影响，那么一名司机的外部边际成本是多少?

习题

1. 鉴于有研究发现使用杀虫剂和蜜蜂数量下降之间存在关联，欧盟要求两年内禁止使用某些杀虫剂。研究表明，在开花作物上使用吡虫啉、噻虫胺和噻虫嗪对北美和欧洲的蜜蜂种群产生了不利影响。

 a. 思考这些杀虫剂的私人市场。使用供给曲线和需求曲线来显示杀虫剂生产和消费的均衡水平。

 b. 如何将杀虫剂对蜜蜂的影响建模为一种外部边际成本？在你为问题 a 绘制的图中展示出这种外部性造成的无谓损失。

 c. 私人市场的结果是否具有社会效率?

2. 思考第 7 章开头部分所提到的苹果手机供需问题。这个例子没有考虑外部性。现在假设每部苹果手机有额外 25 美元的外部边际成本。这将导致产生一条高于供给曲线的社会边际成本曲线。考虑到这种负外部性，苹果手机的社会最优数量是多少？（提示：它小于第 7 章中所讨论的市场结果。）

3. 琼斯和史密斯住在同一栋公寓。琼斯喜欢大声播放歌剧，以至史密斯都能听见。史密斯讨厌歌剧。琼斯从他的音乐中获得了价值 100 美元的收益，而史密斯则遭受了价值 60 美元的损失。

 a. 从效率的角度来看，是否应该允许琼斯播放歌剧?

 b. 假设该公寓没有任何关于噪声的规定。琼斯和史密斯可以零成本地进行协商。他们能否达成一项协议，让琼斯放弃播放他钟爱的歌剧?

 c. 现在假设公寓通过了一项规定，只要邻居受到影响且提出反对，居民就不能播放音乐。和之前一样，琼斯和史密斯可以零成本地进行协商。琼斯能否继续播放他的歌剧?

4. 假设你愿意花 15 美元为宿舍买一幅相框画，也愿意再花 5 美元买第二幅画。你的室友愿意花 10 美元买一幅画，但不愿意买第二幅画。

 a. 绘制你对画的个人需求曲线（最大数量为

2 的阶跃函数）和你室友的需求曲线。

b. 假设你有一个单独的房间，所以这些画都是私人物品。绘制你和室友对画的总需求曲线。

c. 假设房间基本是开放的，这样每幅画都是你和室友可以享受的公共物品。绘制这些画的新社会收益（市场需求）曲线。

5. （这道关于负外部性的问题是对博弈论的一个应用。我们将在第 13 章中更详尽地讨论博弈论问题。）同一城镇的两家公司必须决定是否进行排污。就个体而言，选择排污意味着公司将获得正的收入，当然这确实会增加医疗成本，因为工人会更容易生病。排污的个体收益是 20，但每家公司的社会成本是 –15。因此，如果 A 公司选择排污而 B 公司不排污，那么 A 公司净收益为 20 – 15 = 5，而 B 公司的净收益为 –15。如果两者都不排污，则两家公司的利润都将为零。如果两者都排污，那么两家公司的净收益都会是 20 – 2 × 15 = –10（虽然收入为正，但也会有非常高的医疗成本）。

a. 如果 A 公司得知 B 公司选择了排污，它该怎么办？

b. 如果 A 公司得知 B 公司选择了不排污，它该怎么办？

c. 如果两家公司都基于自己的最佳利益行事，结果会怎样？这是否是社会最优结果？为什么？

6. 疟疾通过蚊子传播。也就是说，叮咬过疟疾感染者的蚊子会通过叮咬他人来传播疟疾。杰弗里·萨克斯等人的一项研究表明，一个国家的疟疾发病率与贫困之间存在很强的相关性。众所周知，贫穷国家存在疟疾；人们还发现，疟疾的发生加剧了贫穷。使用驱虫蚊帐是预防疟疾最简单有效的方法之一。

a. 思考驱虫蚊帐的私人市场。使用供给和需求曲线来表明生产蚊帐的均衡水平。这个结果有社会效率吗？

b. 如何使用该图说明驱虫蚊帐对贫困的影响？市场产出水平会发生什么变化？

c. 政府如何促进市场生产出有效数量的蚊帐？

7. 许多城市对塑料袋征税或禁止使用塑料袋。实行这些税收和禁令的理由是外部性：塑料袋垃圾不美观，占用垃圾填埋区空间，会伤害鱼类、鸟类和其他野生动物。

a. 绘图说明在政府不出台任何政策情况下的塑料袋有效数量和均衡数量。

b. 在图中展示塑料袋导致的效率损失。

c. 展示导致有效结果的塑料袋税收水平。

8. 一所大学必须决定是否花 4 万美元清理冬季人行道上的积雪。学校有 4 000 名学生，这些学生中有 1 000 人每人愿意支付 30 美元来清理积雪。其他 3 000 人每人愿意支付 8 美元。

a. 从效率角度来看，大学是否应该支付 4 万美元来清理人行道上的积雪？

b. 假设为了支付清理费用，该大学对每个学生征收了 10 美元。这将筹集到所需的 4 万美元，但可能会让许多学生感到不满。如果由全校学生投票来决定是否清理积雪，结果会怎样？

c. 一位大学管理人员提出如下建议：3 000 名支付意愿为 8 美元的学生必须每人支付 8 美元。这就筹集到了 2.4 万美元。支付意愿为 30 美元的学生每人只需支付 16 美元（这又可以筹集 1.6 万美元，由此筹资总额将达到 4 万美元）。为什么这项政策在现实中可能行不通？

9. 一条公路连接了郊区和市区。在交通高峰时段，这条路会很拥堵。如果有 100 个人在高峰期使用这条公路，通行需要走 30 分钟。如果第 101 个人进入公路，那么每个人都必须减速，通行时间增加为 31 分钟。人们对时间的估值是每小时 6 美元（即每分钟 0.1 美元）。简单起见，忽略时间成本以外的所有道路使用成本。

a. 100 个人在交通高峰期使用该公路的社会总成本是多少？

b. 第 101 个人的社会边际成本是多少？

c. 该州州长（他学过经济学原理）想要收取道路使用费，费用为最后一个使用这条公路的司机强加给其他司机的成本。这条公路在交通高峰期的收费金额应该是多少？

d. 假设中午有 50 个人在使用这条公路。此时公路不拥挤，通行只要 20 分钟。如果第 51 个司机进入道路，没有人需要减速，通行时间仍为 20 分钟，那么中午的道路使用费应该是多少？

10. 一个三人城镇正在考虑烟花表演问题。安妮愿意花 50 美元看烟花，鲍勃愿意花 15 美元，查理愿意花 15 美元。烟花的费用是 60 美元。

a. 从效率角度看，该城市是否应该提供烟花表演？

b. 是否有市民愿意单独出资支持烟花表演？

c. 假设该镇决定通过投票解决这个问题。如果至少两个人投票赞成烟花表演，那么每个人将被征税 20 美元，烟花表演将举行。有多少人会投票支持烟花表演？

11. 廷克、埃弗斯和钱斯合住一间公寓。外面太冷了，他们正在考虑把公寓里的恒温器调高 1 摄氏度、2 摄氏度、3 摄氏度或 4 摄氏度。他们知道，每将公寓里的温度调高 1 摄氏度，他们的取暖费就会增加 8 美元。他们取暖的个人边际收益如下：

温度增加	边际收益（美元）		
	廷克	埃弗斯	钱斯
1℃	5	4	3
2℃	4	3	2
3℃	3	2	1
4℃	2	1	0

a. 计算出使温度升高 1 摄氏度、2 摄氏度、3 摄氏度或 4 摄氏度的社会边际收益。

b. 他们应该把温度调高多少摄氏度？

12. 假设需求为 $Q_D = 12 - P$，供给为 $Q_S = P$，每单位的正外部性恒定为 4 美元（外部边际收益 = 4 美元）。请参考图 9.8 绘图，并展示出市场均衡数量和社会最优数量。

第10章 经济中的政府：税收和监管

政府的最优规模是多大？

时值11月初，美国的总统竞选已进入白热化阶段，且日趋紧张。你开始了解主要的议题，但在下周投票之前，你仍然需要更多的信息。吃早饭时，你决定看看电视，以更好地了解那几位候选人。民主党候选人在敦促企业降低碳排放，你从她那里听到了一个很有说服力的观点。她表示，为了应对气候变化的固有危险，她当选后将对污染者开征新税：污染者必须为其污染买单！你很认可这个观点：就是要对污染者征税，使他们的利益与社会利益保持一致。最后，这位候选人信誓旦旦地说："政府要服务于民，现在政府是时候出手来改善我们的生活了。"

当天晚些时候，上完经济学课的你回到家，决定在沙发上闲躺一会儿。经过上午的思考后，你现在已坚定地站在了民主党阵营。这时候你又打开了电视，结果看到共和党候选人在那里抱怨税收带来的低效率和政府机构的臃肿无能。他断言新的污染税将伤害所有的消费者。他暗示政府腐败已经变成了一种普遍现象，"就连那些表面上看起来很诚实的官员也在欺骗纳税人，"他说，"我们需要政府减少对我们生活的干预。"他以一句颇具说服力的话结束了自己的演讲："政府大规模干预的起点，就是一个伟大社会的终点。"

你现在很纠结。这位共和党候选人的观点很有说服力，但民主党那位候选人也是如此。谁说的是对的？你应该相信谁？我们需要政府更多还是更少地干预经济？

所以，政府的最优规模是多大？本章后面的循证经济学专栏汇总了一些能够回答这

本章概览

10.1	10.2	10.3	10.4	10.5	EBE
美国的税收和政府支出	监管	政府失灵	公平与效率	消费者主权和家长主义	政府的最优规模是多大？

> **重要概念**
>
> - 在美国，（联邦、州和地方）政府向公民和企业征税，以纠正市场失灵和外部性，增加收入，重新分配资金，支持政府运作。
> - 政府可以通过直接监管和价格管制干预并影响市场结果。
> - 虽然政府干预有时会导致无效率，但也经常能够改进社会福利。
> - 在公平与效率之间进行权衡是经济学家的任务之一。
> - 政府何时何地干预最为合理，这往往因人而异。

一问题的重要经济学线索，尤其是强调了税率对劳动供给的影响。届时你将直接了解到经济理论在现实世界的应用，此外，你也会学到一些可用于进行系统性质疑和评价的必要分析技能。

在本章中，我们将研究政府的职能，研究它如何对经济活动征税，如何使用这些税收收入，以及税收如何影响经济决策和效率。我们将了解到，政府干预从本质上来说是一把双刃剑。精心设计的监管可以改善社会结果，但设计不当的监管会扼杀经济效率。在此过程中你将掌握到一些工具，这些工具将有助于回答何为政府在我们的经济中的最优角色这一复杂问题——有多少政府干预是必要的？其中哪些是可取的？

10.1 美国的税收和政府支出

联邦政府是根据美国宪法建立的中央政府。它是美国最大的管理机构，拥有对全部50个州的管辖权。然而，当提到"政府"时，我们并不一定只是指联邦政府。事实上，联邦政府的征税额只占美国经济中税收总额的2/3。

州政府和地方政府也会征税，并将税收收入用于支出。顾名思义，州政府对特定的州拥有管辖权。地方政府分为县市两级，它们也从各自的居民那里征税，并根据居民的利益安排支出。一个公民可以同时受市政府、县政府、州政府和联邦政府的管辖，因此需要向每一级政府纳税。

我们可以通过图10.1来了解美国政府的影响力，该图显示了美国政府的总支出和总税收收入。该图显示出，美国政府支出在持续增长，如今已占到美国国民收入的20%以上。另外我们可以看到美国政府支出在20世纪40年代中期达到了峰值，此时正值第二次世界大战，因此政府支出大幅增加。美国的税收也在同步增长。例如，2019年，政府的税收收入总额超过了33 000亿美元。我们也许很难相信如此巨额的收入都不足以覆盖支出，但图10.1表明，美国政府入不敷出是一种常见现象。当政府税收收入低于支出时，政府就会出现**预算赤字**。相反，当税收收入超过政府支出时，政府就会出现**预算盈余**。

占国民收入的百分比（％）

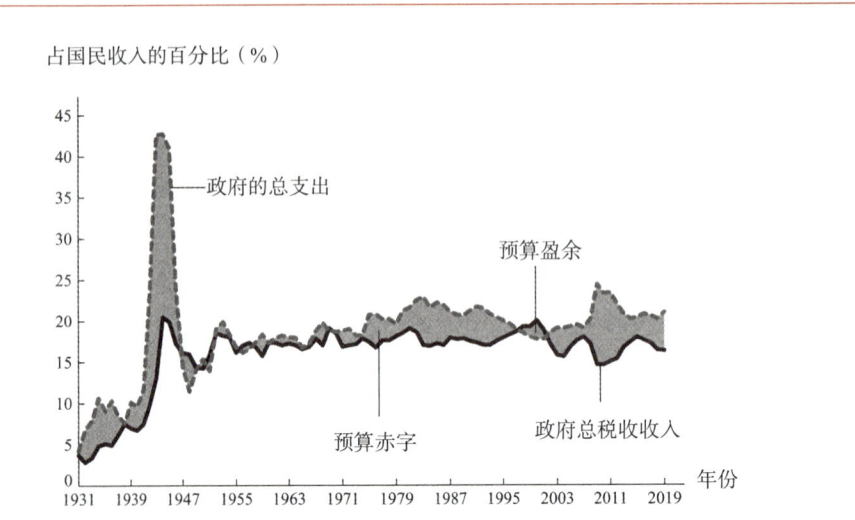

图 10.1　美国政府支出总额和税收总额占国民收入的百分比（1931—2019 年）

注：过去数十年间，美国政府总支出和总税收收入一直在增加。当政府支出超过税收时，政府就会出现预算赤字。相反，当税收超过政府支出时，政府就会出现预算盈余。
资料来源：美国白宫管理和预算办公室。

钱从何处来？

图 10.2 总结了美国联邦政府的收入来源。例如，2019 年，联邦政府的**税收收入**（或称收入）超过 33 000 亿美元，这大约相当于从每个劳动力身上征收了 20 625 美元。如图所示，这些收入是通过各种类型的税收征得的。

1. 个人所得税占据了最大比重——在 2019 年约为 51%。

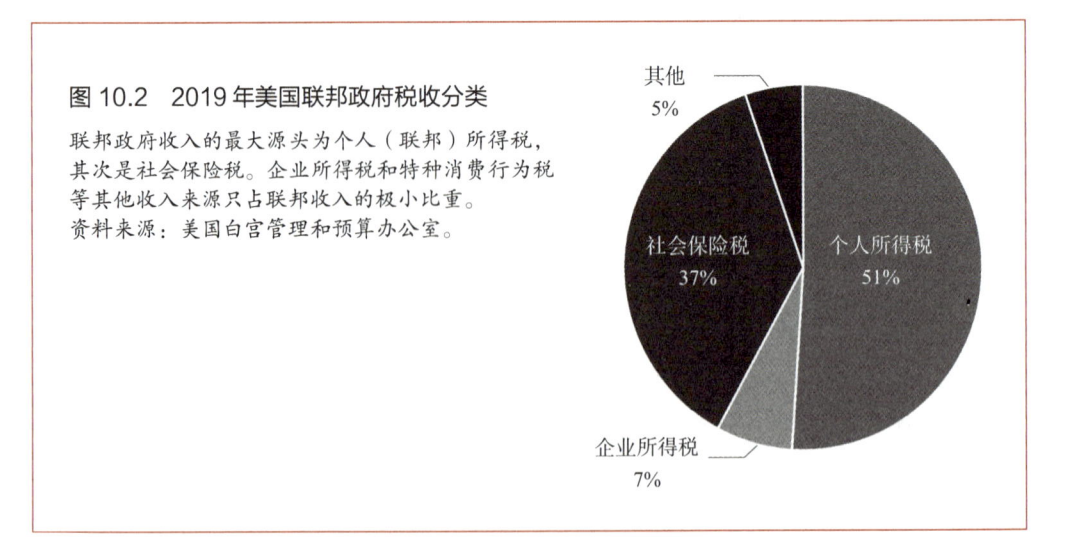

图 10.2　2019 年美国联邦政府税收分类

联邦政府收入的最大源头为个人（联邦）所得税，其次是社会保险税。企业所得税和特种消费行为税等其他收入来源只占联邦收入的极小比重。
资料来源：美国白宫管理和预算办公室。

2. **工资税**约占联邦政府收入的 1/3。工资税，也被称为社会保险税，是雇主必须从雇员工资中扣除的一种针对工资的税收。在你的工资单上，这些通常被列为联邦保险缴款法税，或 FICA 税。

3. **企业所得税**占税收总额的 7%。企业所得税是针对企业所赚取利润的征税。

4. 所有其他税收占据了剩下的 5%。其中包括**特种消费行为税**，也就是在购买酒类、烟草和汽油等特定商品时所缴纳的税。

州政府和地方政府的收入来源与联邦政府大不相同。图 10.3 展示了这些政府所征收的税种及其所带来的收入。该收入饼状图分为 5 部分。

1. 占比最大的是所有其他收入，占 28%。包括了州政府和地方政府收取的各种杂项税费，例如道路通行费和在公共交通车票销售、车辆牌照、狩猎许可证、钓鱼许可证方面获得的收入。

2. 其次是政府间收入，占 23%。这是由联邦政府征收然后再分配给各州的税款（这类资金通常会被重新分配给税收收入相对较低的州）。

3. **销售税**为第三大税收来源，占 19%。除非你住在为数不多的没有销售税的州，否则你一定对销售税很熟悉。销售税按照销售价格的百分比进行征收，且通常由卖方在销售时直接向买方收取，之后卖方再将这笔税款转移至适当的政府机构。基本生活用品等物品不需要缴纳销售税，相关的免税商品由各州政府和地方政府自行决定。增值税与销售税相似，不同之处在于前者会在从生产到最终销售的每个阶段征收，而不只是在最终产品销售时一次性征收。

4. 物业税占 17%，也在税收中占有很大的比重。这是对土地和建筑物等征收的税款。地方政府将此类税收用于资助学校、图书馆，以及治安和消防等公共服务。

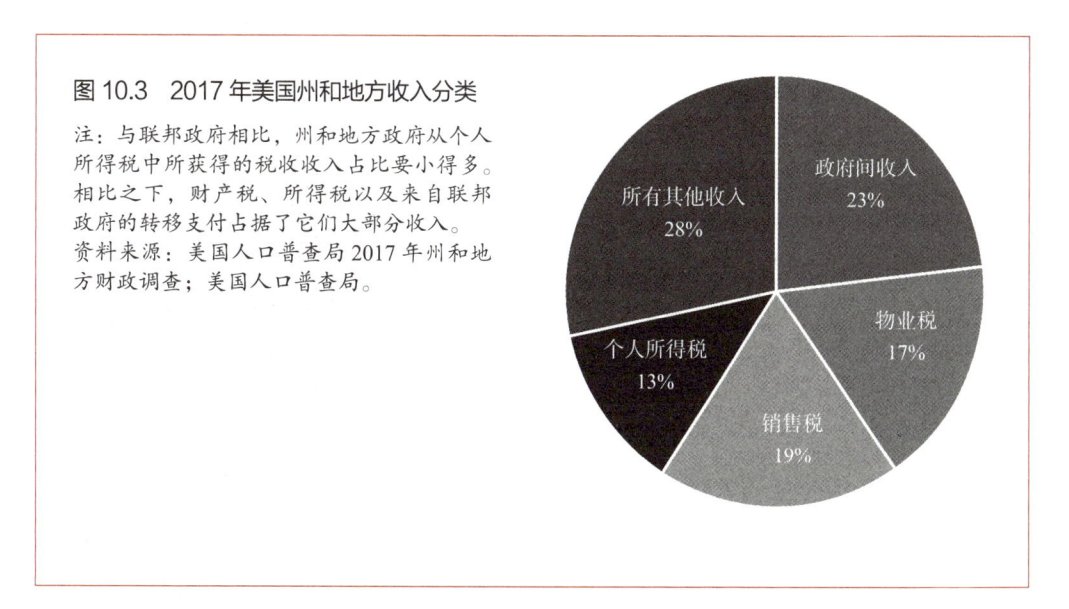

图 10.3 2017 年美国州和地方收入分类

注：与联邦政府相比，州和地方政府从个人所得税中所获得的税收收入占比要小得多。相比之下，财产税、所得税以及来自联邦政府的转移支付占据了它们大部分收入。

资料来源：美国人口普查局 2017 年州和地方财政调查；美国人口普查局。

- 所有其他收入 28%
- 政府间收入 23%
- 物业税 17%
- 销售税 19%
- 个人所得税 13%

5. 与联邦政府类似，美国 43 个州政府和许多地方政府也会征收个人所得税。这些收入占其 2017 年总收入的 13%。虽然是同一税种，但是每个州的税率各异，而且一般低于联邦政府的个人所得税税率。有 7 个州不征收任何所得税，它们分别是阿拉斯加州、佛罗里达州、内华达州、南达科他州、得克萨斯州、华盛顿州和怀俄明州（此外，新罕布什尔州和田纳西州只对股息和利息收入征税）。然而你也别急着马上搬到这些地方，因为你要知道，这些州往往会用其他类别的高税率或较低水平的公共物品供应来弥补不征收所得税导致的收入不足。

一些州政府和地方政府也征收企业所得税，不过这类税收的占比非常低，在 2017 年仅为 2%。

政府为什么要征税和支出？

推动政府税收和支出决策的 4 个主要目标：
- 增加收入；
- 通过转移支付再分配资金；
- 为政府的运作提供资金；
- 纠正市场失灵和外部性。

增加收入

经济中的大多数税收旨在为国防、公共教育、治安保障和基础设施项目等公共物品筹集资金。我们在第 9 章中了解到，市场通常无法提供最优数量的公共物品。这种失灵反过来又激励了政府征税，并将税收收入用于提供公共物品，从而使众多公民受益。

图 10.4 总结了美国联邦政府收入的支出情况。国防和社会保障在联邦支出中都占了很大的比重。联邦政府在教育、治安和基础设施上的预算支出占比并不高，这些方面的

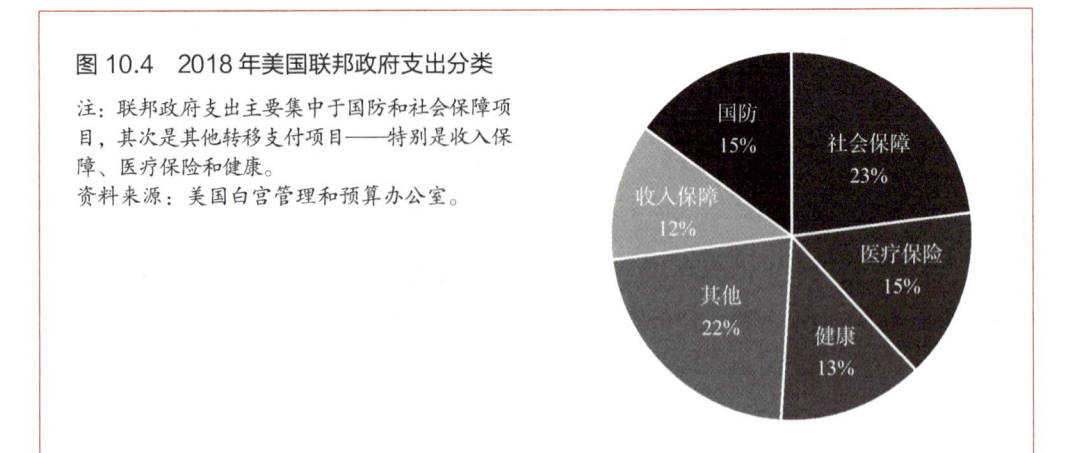

图 10.4 2018 年美国联邦政府支出分类

注：联邦政府支出主要集中于国防和社会保障项目，其次是其他转移支付项目——特别是收入保障、医疗保险和健康。

资料来源：美国白宫管理和预算办公室。

- 国防 15%
- 社会保障 23%
- 医疗保险 15%
- 健康 13%
- 其他 22%
- 收入保障 12%

开支都属于"其他"类别。但如图 10.5 所示，州政府和地方政府在这些方面的支出占比很高。

图 10.5 表明，州政府和地方政府 28% 的支出都流向了从学前教育一直到州立大学的公共教育。州政府和地方政府的部分收入也会被用于高速公路这一基础设施的建设。治安、消防、图书馆、交通、公园和下水道则都属于"其他"类别。

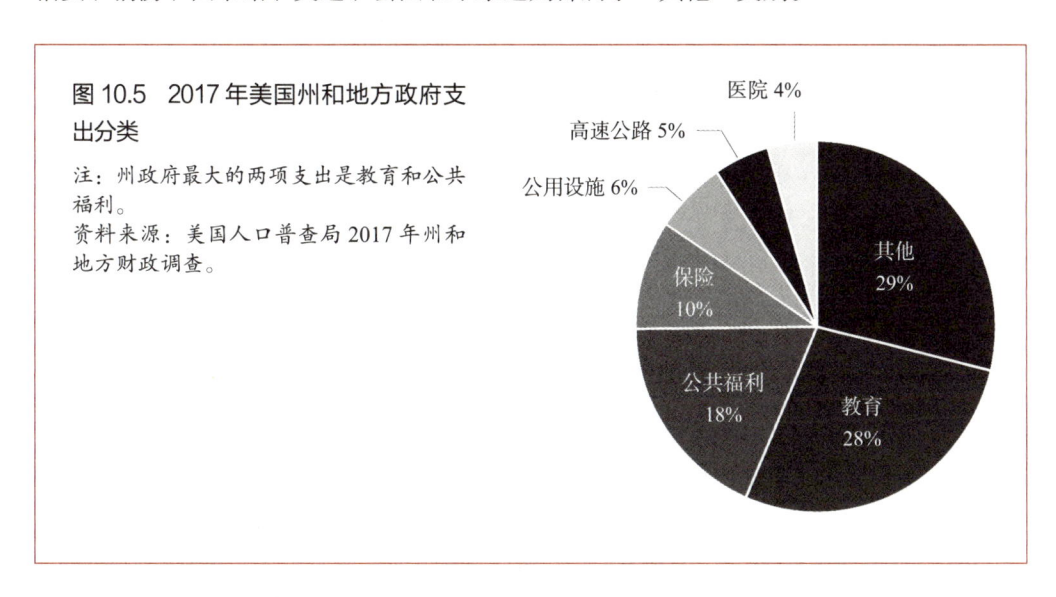

图 10.5 2017 年美国州和地方政府支出分类

注：州政府最大的两项支出是教育和公共福利。
资料来源：美国人口普查局 2017 年州和地方财政调查。

- 医院 4%
- 高速公路 5%
- 公用设施 6%
- 保险 10%
- 公共福利 18%
- 教育 28%
- 其他 29%

资金再分配

政府税收和支出的第二个主要目标是再分配。正如我们在下一章将要讨论的，市场结果可能相当不公平，在高度的收入不平等之下，一些人会陷入贫困，少数人则占据巨额财富。总体而言，所有经济体的政府，都会利用转移支付和税收制度来限制这种不平等的程度，缓解社会中较贫困家庭的经济困境。

转移支付是指政府对特定群体，如老年人或失业者的支付（这并不是针对提供商品或服务的支付）。在图 10.4 中，你可以看到，除了国防开支，联邦政府的大部分支出都用在了社会保障、医疗保险和健康领域。社会保障，也被称为老年、遗属和残疾保险计划，是美国最大的转移支付项目。该项目由富兰克林·罗斯福总统于 1935 年引入，旨在为老年人、残疾人、寡妇和孤儿提供经济保障。1965 年，林登·约翰逊总统引入为 65 岁及以上美国人提供健康保险的联邦医疗保险制度，这也构成了联邦支出的一个重要部分。

选择与结果

政府预算约束

- 政府征税，是因为它们需要收入来应对支出。这是我们对政府预算约束的一种简单表述。政府预算约束与家庭面临的预算约束没有什么不同，如果你想增加支出，你就需要产生更多的收入，要么挣更多的钱，要么借更多的钱。政府也同样如此。

- 道理虽然简单，但政府预算约束具有深远影响。首先，天下没有"免费的午餐"——每一个有用的项目都需要花钱，因此都需要以这样或那样的方式获得融资。这一点往往被政策制定者和政客们忽视或有意隐瞒，因为他们喜欢强调他们将提供的服务，而不是他们将如何为这些服务融资。因此，总统竞选活动总是充满了各种关于新项目甚至减税的郑重许诺，而经济学家在看到这些数字时，会发现它们在经济上根本行不通。

- 政客的这种倾向（或者有人会说，这是美国政治体制的一种固有倾向）的后果之一是对政府债务的偏爱：他们觉得可以通过政府借款来弥补那些承诺导致的入不敷出。

- 政客们有时会玩另一个伎俩，那就是增加一些所谓的"无资金准备负债"。这指的是为政府带来未来债务或负债的支出，但按照我们的会计标准，这些支出并不会被视为当前借款。这方面的最典型例子是社会保障体系。社保支出主要面向当前退休人员，但其资金主要来自对当下劳动者征收的社会保障税（这些劳动者在退休后也将获得其社保福利，而他们的福利金将来自对未来劳动者的征税）。虽然这种类型的社会保障制度在全世界普遍存在，具有一定的效率和分配优势，但它意味着当前的福利并不表现为债务融资型政府支出，尽管它本质上与政府债务无异。如果政府今天打算靠借款来增加支出（比如发放更多食品券），那么未来它将不得不靠征税来偿还这笔钱。这通常会表现为政府债务。但在社会保障体系下，它并不表现为债务。因此，一些经济学家认为，政府应建立更为全面的财政收支账户，将社会保障所创造的债务包括其中。这促使劳伦斯·科特利科夫等经济学家提出，应更为全面地衡量政府债务。科特利科夫尤其支持一项他称之为"无限期财政缺口"的测算方式。该测算主要关注的是政府收入和支出之间的差额，而且它将测算范围扩大到了未来，把社会保障等负债也包括了进来。2015年，科特利科夫估算出这一财政缺口约为210万亿美元，是当时美国官方债务的17倍。[1]

收入保障支出包括失业补偿、补充保障收入、劳动收入和儿童税收抵免、食品券（也被称为补充营养援助计划或SNAP）、家庭支持、儿童营养和儿童看护。健康支出则包括了主要的强制性项目，如联邦医疗补助、州儿童健康保险计划、联邦雇员和退休人员的健康福利，以及符合联邦医疗保险条件的退伍军人的医疗保健等。

图10.5显示，公共福利也是州政府和地方政府预算的重要组成部分。该项目在于向

需要的人提供转移支付，包括直接现金援助（基于老年援助和贫困家庭临时援助计划），向私人供应商支付医疗费用、丧葬费用以及福利计划下的其他服务费用。

但政府并不仅仅依靠支出来限制不平等。税收制度本身为累进式，这意味着包括美国在内的许多经济体都具有高度的再分配性。

累进税制是一种税率随着应税基础收入的增加而增加的税制，因此富人要比不富裕的人承担更高的税率。为了更准确地理解这个制度，我们需要区分平均税率和边际税率。一个家庭所面临的**平均税率**是其所缴纳的总税额除以其所获得的总收入。而**边际税率**是指一个家庭所赚到的最后一美元中有多少需要用于纳税。"用数据说话"专栏使用2020年的联邦税收信息，阐释了累进税制中边际税率与平均税率之间的关系。

用数据说话

联邦所得税等级

- 你的纳税等级会与你的边际税率对应（由于联邦税收实行累进制，所以边际税率高于平均税率）。表10.1给出了2020年美国单身个人的应承担的边际税率。

表10.1　2020年美国单身个人联邦税征收对照表

应税收入范围（美元）	税率等级
0～9 875	10%
9 875～40 125	12%
40 125～85 525	22%
85 525～163 300	24%
163 300～207 350	32%
207 350～518 400	35%
518 400及以上	37%

资料来源：税率表X，《美国税法典》1c，美国国税局。

- 使用表中提供的信息，你可以计算出你的应纳税额。假设你的税前收入是112 400美元，那么你在标准扣除后的"应税收入"是10万美元，你的税额计算方法如下：

$$(9\,875 - 0) \times 10\% = 987.50 \text{ 美元}$$
$$(40\,125 - 9\,875) \times 12\% = 3\,630 \text{ 美元}$$
$$(85\,525 - 40\,125) \times 22\% = 9\,988 \text{ 美元}$$
$$(100\,000 - 85\,525) \times 24\% = 3\,474 \text{ 美元}$$
$$\text{总额} = 18\,079.50 \text{ 美元}$$

- 这使你处于24%的纳税等级，因为你的边际税率——适用于你应税收入的最后一美元的税率，是24%。但是你的平均税率较低。具体而言，它可以由你支付的税收总额（18 079.50美元）除以你的总收入（112 400美元）得到，结果为约16.1%。

图10.6显示了累进税制的一个重要结果：富人的收入在国民收入中的占比很高，但其缴税额在总税收中的占比更高。例如，美国最富有1%的人的收入占到了国民收入的18.55%，但缴纳了29.88%的联邦税。相比之下，收入分布在第60~80百分位的人，其纳税额占比与其收入占比大致相同。收入占比分布在最底层60%的人所缴纳的税额占比则低于其收入占比。

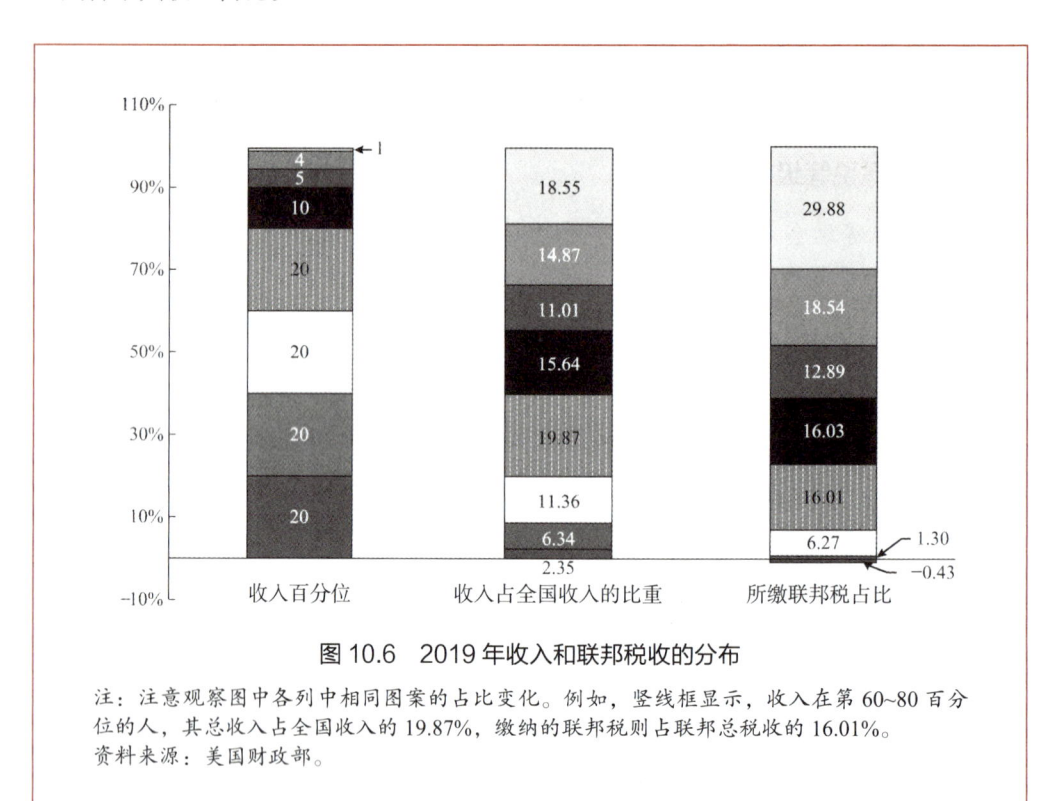

图10.6　2019年收入和联邦税收的分布

注：注意观察图中各列中相同图案的占比变化。例如，竖线框显示，收入在第60~80百分位的人，其总收入占全国收入的19.87%，缴纳的联邦税则占联邦总税收的16.01%。
资料来源：美国财政部。

除了累进税制以外，还有比例税制和累退税制。在**比例税制**中，无论收入水平如何，家庭都要按收入的相同比例纳税，换句话说，边际税率和平均税率不随收入的变化而变化。在**累退税制**中，边际税率和平均税率随着收入的增加而下降，因此低收入家庭比高收入家庭缴纳的税额占收入的比例更高。表10.2提供了关于累进税、比例税和累退税的例子。在美国，所得税是累进的，而社会保障税和物业税通常是累退的。

由于实行了转移支付项目和累进税制，美国的税后收入分配比税前收入分配更加公平。我们在图10.7中描述了这一点。该图展示了美国最富有的1%和最贫困的20%家

表 10.2 三种不同税制

累进税

	收入（美元）	税率	税额（美元）
家庭 A	10 000	10%	1 000
家庭 B	50 000	20%	10 000
家庭 C	100 000	30%	30 000

比例税

	收入（美元）	税率	税额（美元）
家庭 A	10 000	20%	2 000
家庭 B	50 000	20%	10 000
家庭 C	100 000	20%	20 000

累退税

	收入（美元）	税率	税额（美元）
家庭 A	10 000	20%	2 000
家庭 B	50 000	4%	2 000
家庭 C	100 000	2%	2 000

注：在累进税制下，收入更高的家庭，如图中的家庭 C，需要比其他家庭（家庭 A 和家庭 B）承担更高的税率，因此他们的纳税额占收入的比例更高。在比例税制中，每个家庭承担着的相同的税率。在累退税制中，家庭 C 所面临的税率低于家庭 A 和家庭 B 等收入较低的家庭（但我们也发现，家庭 C 缴纳的税款总额仍然不低于家庭 A 和家庭 B）。

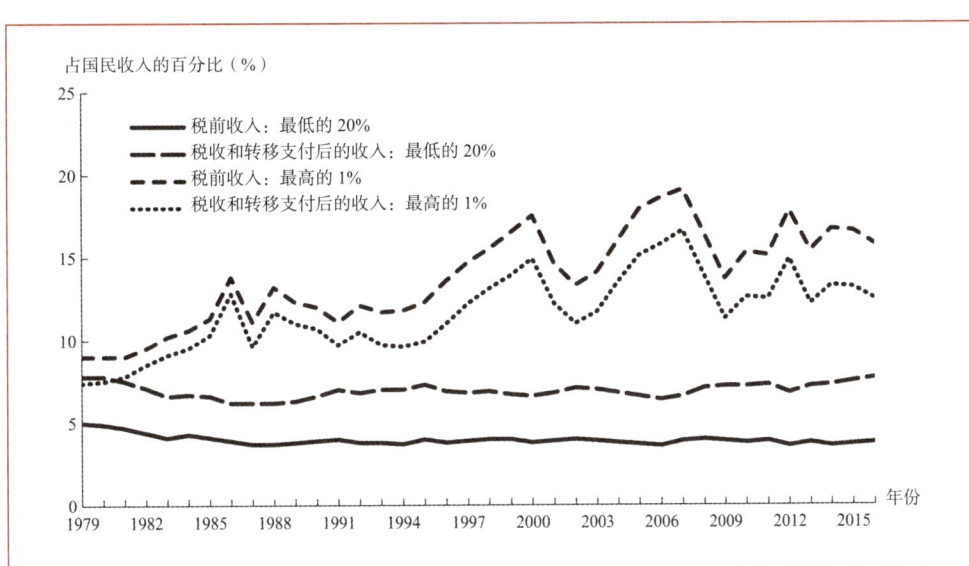

图 10.7 1979—2016 年收入最高的 1% 和收入最低的 20% 家庭的税前和税后收入份额（占国民收入的百分比）

注：由于联邦税收实行累进制，收入最高 1% 家庭的税后收入份额低于他们的税前收入份额，而收入最低的 20% 家庭的税后收入份额高于他们的税前收入份额。
资料来源：美国国会预算办公室，家庭收入分配，2016 年。

庭的税前和税后收入占比。尽管这些数据不包括与医疗保健相关的转移支付，但它们足以显示出政府的再分配大幅减少了不平等。例如，2016年，美国收入最低的20%家庭的税前收入占比为3.8%，税后收入占比为7.7%。相反，税收和转移支付使得最富有1%家庭的收入占比从税前的15.8%降低到税后和转移支付后的12.5%。

为政府的运作提供资金

政府还需要通过征税来支付本身运作所需的资金，这包括总统、国会议员和其他民选官员的工资，以及负责政府日常运作和服务的庞大官僚机构人员的工资。威廉·尼斯卡宁等经济学家认为，政治家和官僚倾向于增加政府预算和扩大政府的影响力，即便这种增加并非必需。[2] 尽管大多数经济学家和社会科学家并不认同这是政府规模扩张的主要驱动力，但许多人都同意，政府官僚体系的某些部分确实规模过大且效率低下。我们将在本章后面的部分继续讨论这个问题。

纠正市场失灵和外部性

我们在第9章中了解到，政府有时会通过征税来纠正市场失灵或外部性。虽然这在原则上很重要，但在实践中，这种税收的使用远不如前面讨论的三种税收普遍。

用数据说话

降低不平等的斯堪的纳维亚模式

- 所以，一个更加平等的社会是什么样的？怎样才能实现更加平等这一目标？斯堪的纳维亚国家，即丹麦、挪威、瑞典、芬兰和冰岛，为我们提供了一个可能性样板。你可能听到过，政治家经常把斯堪的纳维亚半岛作为打造一个更公平社会的指南。例如，在2016年美国民主党初选期间，候选人伯尼·桑德斯便以斯堪的纳维亚国家的社会政策为范例，提出了增加美国税收体系累进性的建议。

- 芬兰经济学家塔尔莫·瓦尔科宁和韦萨·维里阿拉在其编著的一本新书中证实，斯堪的纳维亚国家的不平等程度较低，社会福利制度也更为慷慨。作者还为我们提供了这些国家如何实现上述成果的线索。令人惊讶的是，税收累进性并不是一个特别重要的因素。斯堪的纳维亚国家对劳动收入征收累进税，同时对资本收入征收比例税。但比劳动所得税的累进性更重要的是更高的税率。在斯堪的纳维亚国家，税收收入相当于GDP的38%~50%（2015年），而在美国，这一比例仅为26%。此外，通过将税收用于资助各类社会福利项目，这些国家进一步减轻了不平等。图10.8显示了税收和转移支付对基尼系数和贫困率这两大不平等指标的影响。基尼系数是一个衡量总体收入不平等程度的指标。如果社会完全平等（每个人都有相同的收入），基尼系数将为 0；而在一个存在最高程度不平等的社会（所有收入都掌握在一个人或一个家庭手中），基尼系数的取值将为 1。相比之下，贫困率是指收入低于全国收入中位数 50% 的人口百分比。

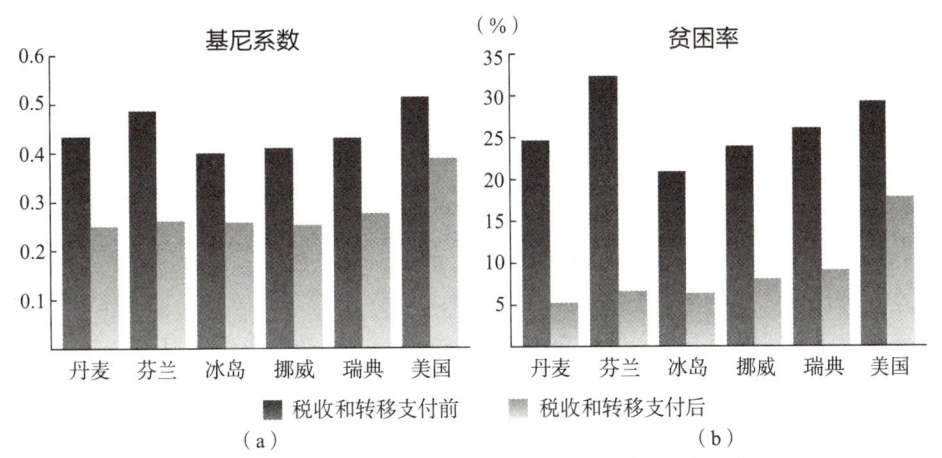

图 10.8 斯堪的纳维亚国家和美国的税前税后基尼系数和贫困率

注：本图展示了丹麦、芬兰、冰岛、挪威、瑞典和美国的税前和税后基尼系数（衡量总体收入不平等程度的一个指标）和贫困率。贫困率是指收入低于全国收入中位数的 50% 的人口百分比。本图表明，斯堪的纳维亚国家和美国之间的巨大差异并不在于税前的不平等和贫困率，而在于税后的数字。
资料来源：经济合作与发展组织。

- 该图显示，依据基尼系数，美国比斯堪的纳维亚国家更不平等，贫困率更高。美国的税前基尼系数和贫困率就已经高于瑞典（和其他斯堪的纳维亚国家）。如果再加上税收和转移支付的影响，两者的差异就变得更为明显。总体而言，在降低斯堪的纳维亚半岛的不平等和贫困率方面，税前收入的更平等分配和慷慨的转移支付（社会福利）项目似乎都功不可没。
- 当然，斯堪的纳维亚国家并不是乌托邦。自大衰退以来，该地区的失业率和不平等程度都开始攀升。斯堪的纳维亚国家之间的差异也对统一的"斯堪的纳维亚模式"提出了挑战，例如，和瑞典相比，丹麦、芬兰和冰岛有着更低的贫困率。

税收：税负归宿和无谓损失

谁承担了税收负担？也就是说，谁在实际上支付税款？是需要面对更高价格的消费者，还是必须降低价格的生产者？

乍看起来，谁来承担税负这个问题的答案似乎显而易见：谁被征税，谁承担税负。如果是对消费者征税，那么消费者就必须支付更高的价格，因此成为税负的承担者。如果是对卖方（生产者）征税，那就是卖方承担税负。但我们将在本节中了解到，有趣之处在于它并没有这么简单：虽然看起来税收只由一方支付，但税负实际上是由买方和卖方共同承担的。**税负归宿**这一术语，指的是税收负担如何在各个经济主体之间进行分配。

为了说明这一点，我们假设新奥尔良市政府官员想要筹集资金在波旁街附近修建一座公园。他们了解到当地的餐馆生意兴隆，于是决定对餐馆每日出售的每盘什锦饭课税2美元。每家餐馆每出售一盘什锦饭，就必须向市政府支付2美元。让我们看看对卖方的这一征税会如何影响市场结果。

图10.9（a）显示了什锦饭的市场供需曲线以及税前均衡，即每天有4 000盘什锦饭以每盘6.50美元的均衡价格售出。图10.9（b）显示了对卖方每盘饭征税2美元时的情况。我们还在图中绘制了税后供给曲线$S_{税收}$。我们发现，在每个数量水平下，税后供给曲线$S_{税收}$都比原（税前）供给曲线S高出2美元。这是因为每卖出一盘什锦饭就会有2美元流向政府，所以卖方实际所得会比售价低2美元。例如，当售价为6.50美元/盘时，卖方每盘只能得到4.50美元。因此在征税后，当价格为6.50美元/盘时，卖方愿意供给的数量将会等于原供给曲线在价格为4.50美元/盘时所对应的供给数量。图10.9（b）显

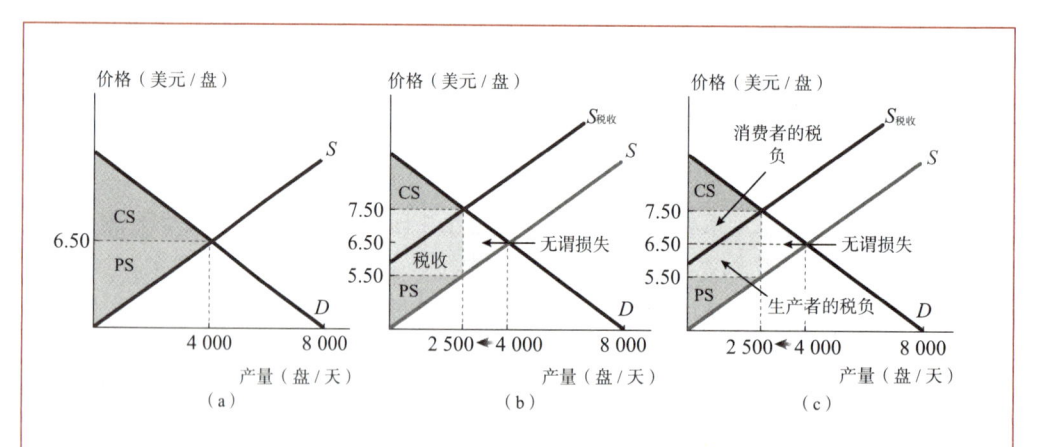

图10.9 对卖方每盘征税2美元

注：在图（a）中，税前均衡数量为每天4 000盘，均衡价格为每盘6.5美元。我们还可以从图中发现消费者剩余（CS），即在需求曲线D下方和6.5美元价格线以上的阴影区域，以及生产者剩余（PS），即在供给曲线S上方和6.5美元价格线以下的阴影区域。
在图（b）中，我们可以看到对每盘什锦饭征税2美元的影响。因为每售出一盘什锦饭，餐馆都必须向政府支付2美元，所以税后供给曲线向上平移了2美元。我们很容易看出，如果生产者每盘收取7.50美元，那么他们将只能得到5.50美元（剩下的2美元用来向政府缴税）。因此他们只愿意以每盘7.50美元的税后价格供应税前价格为5.50美元的东西。因为在这种情况下，他们的收入是每盘5.50美元。
一旦我们有了税后供给曲线$S_{税收}$，就很容易找到均衡点；它是税后供给曲线$S_{税收}$和需求曲线D的交点。我们还可以得知一盘什锦饭的税后均衡价格是7.50美元，每天能卖出2 500盘。本图还显示了消费者剩余和生产者剩余的减少情况。这两种剩余之间的矩形阴影区域表示税收，为2美元×2 500＝5 000美元。右侧三角形表示税收造成的无谓损失，即由税收导致的总剩余损失。
图（c）显示了税负归宿。现在消费者需要为每盘什锦饭支付7.50美元，比税前均衡时高出1美元；卖方从每盘什锦饭中实得5.50美元，比税前均衡时少了1美元。所以在本例中，消费者和生产者的税负都是50%。

示，该税收使得每天售出的什锦饭数量从 4 000 盘减少到了 2 500 盘，均衡价格则被提高到了每盘 7.50 美元。[所以，在考虑到每盘 2 美元的税收之后，卖方现在的所得是 5.50 美元（7.50 美元-2 美元），市场供给量为 2 500 盘。]

你明白其中发生了什么吗？首先，由于对每盘什锦饭征税 2 美元，消费者支付的价格和生产者所得之间便产生了 2 美元的差距。其次，并不是所有税负都落在了餐馆身上：消费者为每盘什锦饭多支付了 1 美元（相当于税负的一半），生产者从每盘饭中的所得也少了 1 美元（因此也承担了一半的税负）。

如图 10.9（b）所示，市场均衡的这一变化影响了消费者剩余和生产者剩余。消费者剩余现在由标记为 CS 的阴影区域给出，标记为 PS 的阴影区域则表示生产者剩余。CS 和 PS 之间的区域表示生产者让渡给政府的收入。这也就是税收收入，它等于税额乘售出的什锦饭盘数。此时，税额为每盘 2 美元，市场则会以每盘 7.50 美元的价格每天供给 2 500 盘什锦饭（即需求曲线 D 和税后供给曲线 $S_{税收}$ 的交点）。因此，每天的税收收入是 2 500 × 2 美元 = 5 000 美元。

图 10.9（b）中的解析也表明，在税前属于消费者剩余和生产者剩余的右侧三角形区域，现在既不是这两者中的任何一部分，也不是政府的收入。因此，它代表了税收的无谓损失。税收的无谓损失是总剩余的损失，换句话说，它是消费者剩余和生产者剩余减少且没有被税收增加所弥补的那一部分。税收的无谓损失源于税收在卖方所得价格和消费者支付价格之间所造成的差距。在本例中，这个差距正好等于 2 美元的税款。无谓损失可以使用三角形的面积公式计算：1/2 × 底（税收）× 高（数量的变化）。本例中，无谓损失等于 1/2 × 2 美元 × 1 500 = 1 500 美元。

为了更深入地了解税负归宿，我们来看图 10.9（c）。我们在这里看到，政府拿走了税前消费者剩余中标记为"消费者税负"的部分，即税收中高于税前均衡价格 6.50 美元的部分。这部分税收收入曾经是消费者剩余的一部分，但现在已经不属于消费者剩余。因此，它现在表示的是消费者承担的税负。同样，税收中低于税前均衡价格的部分是生产者所承担的税负——这部分税收是生产者剩余损失的一部分。这一结果表明，虽然是对什锦饭的卖方征税，但买方和卖方共同承担了税负。事实上，在图 10.9 所示的例子中，虽然是对卖方征税，但消费者的税负相当于税收的 50%！

让我们回到新奥尔良市政府官员的例子，他们现在面临着另一项挑战。征税仅实施了数月，当地的商家就开始抱怨。他们对 2 美元的课税相当不满。在一次意见征集会议上，商家想出了一个看似非常精明的方案："因为我们的大多数顾客都来自外地，所以我们可以改为对买方征税。他们每购买一盘什锦饭，就得交 2 美元的税。这样就是他们，而不是我们为新公园出钱了。"急于安抚餐馆老板的当地官员认为这是个极好的主意。他们立即废除了对餐馆的征税并将其转嫁给消费者。他们认为，既然现在改为买方缴税了，那卖方的境况应该会大有改善。但真的是这样吗？

图 10.10 帮助我们回答了这个问题。在图 10.10（a）中我们看到，施加在每盘什锦饭上的 2 美元税收创建了一条新的什锦饭（税后）需求曲线 $D_{税收}$。我们构建这条税后需求曲线的方法是，从税前需求曲线 D 上每个数量所对应的价格中减去 2 美元，或者通过将需求曲线向左移动使税后需求曲线和税前需求曲线之间的差距恒定为 2 美元。这个过程其实很好理解。我们拿一位考虑在税前购买一盘什锦饭的消费者举个例子。假设市场价格恰好等于消费者愿意支付的价格，也就是 5.5 美元。接下来，我们对这位消费者征税 2 美元。现在，由于市场价格是 5.50 美元，再加上 2 美元的税，所以他必须支付 7.50 美元（5.50 美元 + 2 美元）。这意味着，当有了 2 美元的税之后，消费者在价格为 5.50 美元时愿意消费的数量正好等于他们在不征税情况下价格为 7.50 美元时的需求。在任何价格下重复这个论证，我们便可以看到，整个税后需求曲线就相当于将税前需求曲线向下平移了 2 美元的距离。

你还可以从图 10.10 中看到，随着需求曲线向下移动了 2 美元，均衡数量会变得和图 10.9（b）中一样：每天售出 2 500 盘（消费者为每盘什锦饭支付 7.50 美元，生产者则从中得到 5.50 美元）。这里还有一个值得注意的点：同样用右侧三角形表示的无谓损失，与此前一样，它仍等于 1 500 美元。让我们再次计算税负归宿：消费者的税负，即税收中高于税前均衡价格（本例中为 6.50 美元 / 盘）的部分，由相同的矩形给出；生产者的税负，即税收中低于税前均衡价格的部分，则是同样的一个矩形。值得注意的是，这与

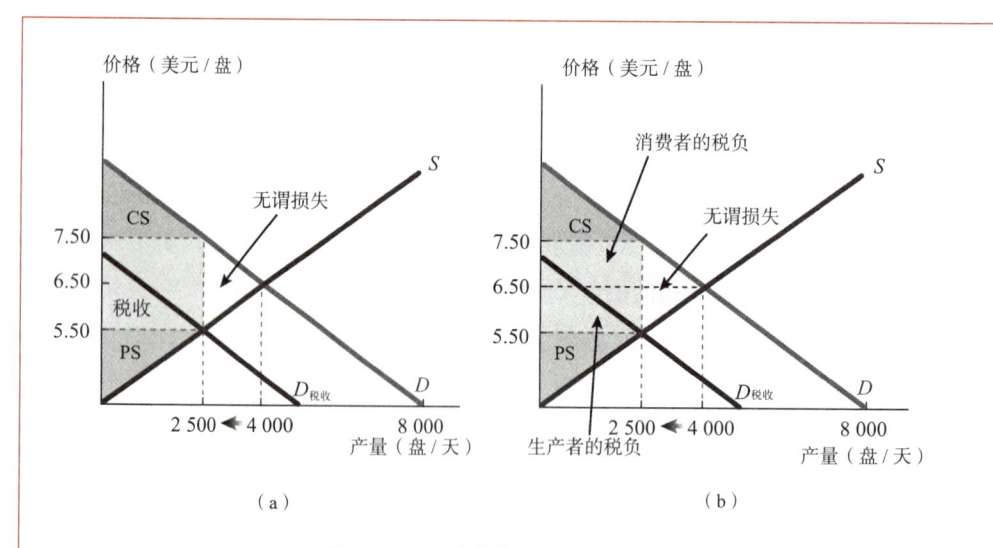

图 10.10 对消费者每盘征税 2 美元

注：当每盘饭对消费者征税 2 美元时，我们可以看到税后均衡数量与对卖家征税 2 美元的情况相同。消费者剩余（CS）和生产者剩余（PS）、税收收入和无谓损失也与图 10.9 相同。更引人注目的是，图（b）显示出消费者和生产者各自承担了 50% 的税负，这和图 10.9 所示完全相同。这体现了一个更为普遍的现象：在竞争市场中，税负归宿以及均衡，都与税收是对消费者还是生产者征收无关。

当初对生产者征税的情况完全相同!

我们似乎在无意中发现了一个问题。在原有税收制度下,是生产者向政府缴税,而在新税收制度下,是消费者向政府缴税,在这两种情况下,生产者的税负没有发生任何变化。为什么它没有发生变化?这是因为在第一种情况下,当对生产者征税时,什锦饭的菜单价格上涨了 1 美元,从 6.50 美元涨到了 7.50 美元。因此,每消费一盘什锦饭,消费者需支付 7.50 美元,但生产者的净收入却下降了 1 美元,变成了 5.50 美元。在第二种情况下,当对消费者征税时,什锦饭的均衡菜单价格下降到 5.50 美元。因此,生产者每售出一盘什锦饭的净收入同样为 5.50 美元,但因为要缴税,所以消费者需要为他们消费的每盘什锦饭总共支付 7.50 美元。这与在向生产者征税时他们所支付的价格完全相同。

于是我们在这里发现了一个普遍的现象:在竞争市场中,税负归宿、均衡价格和均衡数量与对消费者征税还是对生产者征税无关。

选择与结果

税收决定无谓损失

- 税收的无谓损失显示出增税 1 美元的成本大于 1 美元。这就是经济学家阿瑟·奥肯所称的"漏桶":政府发现,为了资助 1 单位的服务,它必须投入大于 1 单位的收入。[3]
- 不过,某些类型的税收可能会比其他类型的税收造成更少的"泄漏"。定额税是指每个公民无论情况如何,都要支付相同数额的税款。相比于所得税或交易税,这一税种所造成的损失通常会少一些。这是因为它们没有导致像图 10.9 和图 10.10 所示的那种引发税收无谓损失的差距。如果政府对新奥尔良市的所有居民征收定额税而不

英国首相玛格丽特·撒切尔和美国总统罗纳德·里根在许多税收政策上持有相同观点。

是对每盘什锦饭征税,那么什锦饭市场的均衡就不会受到我们所见的那种税收扭曲的影响。税收扭曲正是源自消费者支付金额和生产者实得金额之间的差距。在定额税的制度下,无论其收入或市场需求如何,一个经济体中的所有公民都将向政府支付相同的费用(比如 5 000 美元)。这样的税收不会扭曲行为,因此不会导致与此相关的无谓损失。虽然这种税很少见,但也有一些实例。例如,1989 年,在玛格丽特·撒切尔首相第三次执政期间,英国政府颁布了一项法律,要求地方当局用定额人头税取代地方物业税。每个成年人都要向当地政府缴纳相同数额的税款,即所谓的"社区税",具体数额则由每个地区自行决定。实际上这类税收制度很少被使

用，因为它违背了政府的主要目标之一：再分配。（撒切尔的人头税政策并未取得巨大成功。这项不受欢迎的政策危及了她在保守党的领导地位，并导致了她政治生涯的终结。）
- 正如我们所看到的，政府经常通过征税来实现财富从富人到穷人、残疾人或老年人的再分配。但是，定额税迫使富人和穷人支付相同的税额，因此使穷人承担了更高的税率。所以定额税是一种累退税。

需求弹性和供给弹性对税负的影响

在上述例子中，买方和卖方的税负是相同的，事实上这取决于我们如何绘制市场需求曲线和市场供给曲线。也就是说，在初始均衡下，买方和卖方对价格变化具有相同的敏感度。然而在一般情况下，市场需求的弹性与市场供给的弹性是不同的。

图10.11提供了一个示例。图10.11（a）所展示的什锦饭市场与图10.9（c）相同。在图10.11（b）中，我们使市场供给曲线比市场需求曲线更具弹性。这意味着卖方比买方对价格变化更敏感。因此，当我们向上移动供给曲线以反映2美元税收的影响时，数量会比之前减少得更多——径直下降到了2 000盘/天。需求曲线不变，因此，考虑到供给量下降，我们最后也得到了一个更高的均衡价格：8美元。

更值得注意的是，这种弹性的变化会影响税负归宿。图10.11（b）显示，当供给曲线变得更具弹性时，税收中只有一小部分位于税前均衡价格之下。由此可见，由于市场供给曲线比市场需求曲线更具弹性，所以买方承担了更多的税负。

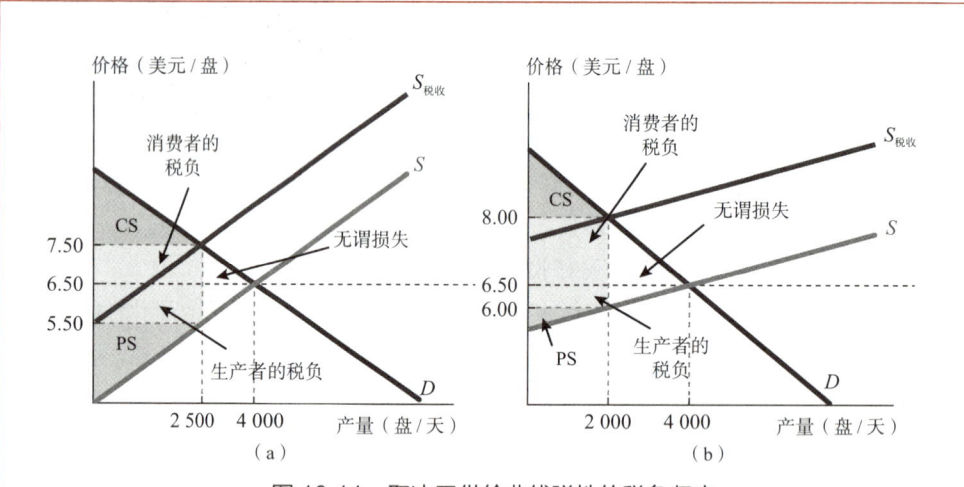

图10.11 取决于供给曲线弹性的税负归宿

注：税负会更多地落在缺乏弹性的市场一方。在图（a）中，消费者和生产者承担了相同的税负。在图（b）中，我们保持需求曲线不变，但假设供给曲线更有弹性（更平坦）。随着弹性增加，税后供给曲线$S_{税收}$和需求曲线D的交点产生了一个更低的均衡数量和更高的均衡价格。现在税负更多地落在了消费者身上。

图10.12则展示了需求曲线弹性变化对税负归宿的影响。它呈现了一个和图10.11类似的见解：当消费者的需求曲线弹性较小时，税负会更多地落到消费者身上。

这让我们得出了一条一般性规则：

税负会更少地落在更具弹性（即对价格变化反应更灵敏）的市场那一方。当供给比需求更具弹性时，税负就会更多地落在买方身上；当需求比供给更具弹性时，税负就会更多地由卖方承担。

这一规则为什么会成立？这和弹性所衡量的对象有关。我们知道，当买方更具价格弹性时，他们有更多的其他选择。所以当价格上涨时，他们可以很容易地转向购买其他商品，比如他们会转向吃鱼而不是吃什锦饭。如果买方没有价格弹性（即对价格变化不敏感），他们就几乎没有其他好的选择。即便价格上涨，他们也必须"吞下"高价的苦果，继续购买被征税的高价商品。这意味着相对于弹性较小的买方，更具弹性的买方将更少承担价格上涨所带来的后果。同样的逻辑也适用于生产侧。

我们可以从图10.11和图10.12中观察到，弹性对税负还有另一个影响：随着供给或需求变得更具价格弹性，税收导致的无谓损失会增加。这意味着，在其他条件相同的情况下，供给或需求价格弹性越大，无谓损失就越大。

回顾从图10.11和图10.12中学到的内容，我们可以发现，每当市场中的一方变得更具弹性时，它所承担的税负份额就会下降，整体税负也会下降。

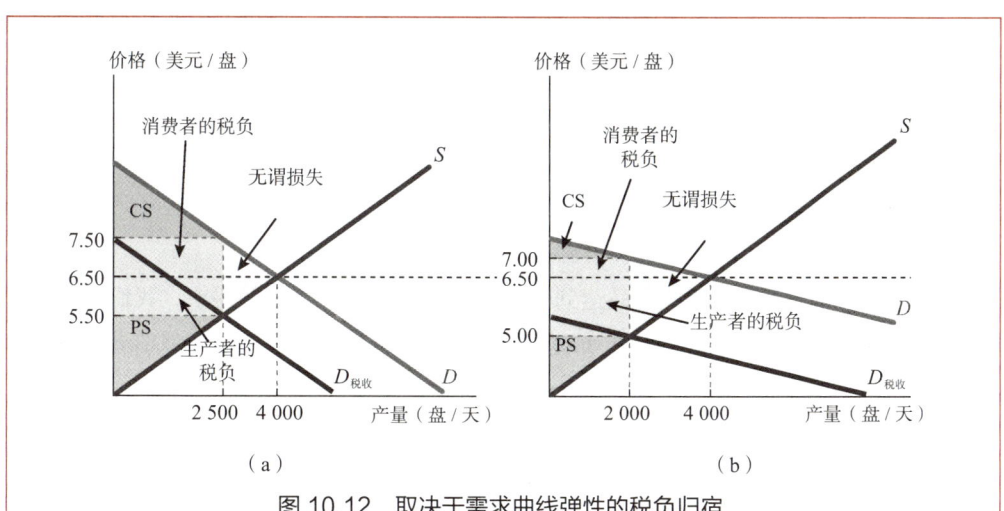

图10.12 取决于需求曲线弹性的税负归宿

注：税负（再次）更多地落在了缺乏弹性的市场一方。在图（a）中，消费者和生产者承担了相同的税负。在图（b）中，我们保持供给曲线不变，但假设需求曲线更有弹性（更平坦）。税后需求曲线 $D_{税收}$ 显示出，需求弹性的增加导致了更低的均衡数量（2 000盘）和更低的均衡价格（7美元/盘）。最值得我们关注的是，由于现在需求更具弹性，因此税负更多地落在了生产者身上。

10.2 监管

我们在第 9 章中了解到，外部性和其他各种市场失灵可能会带来巨大的社会成本。政府用来处理外部性和其他市场失灵的主要工具是监管（包括直接监管和价格管制）。**监管**是指联邦政府或地方政府为影响市场结果，如商品或服务交易量、价格、质量或安全性等而采取的行动。监管还可能包括为防止某些企业过度行使垄断权力而采取的反垄断政策，以及各种有助于市场有效运作的活动，包括执行法律、落实产权、确保当事人之间的合同执行，以及解决各种纠纷。我们在第 9 章了解到，政府可以使用庇古税和庇古补贴来纠正外部性。然而，在许多情况下，政府也常常直接监管产生负外部性的活动。例如，政府通常会阻止企业向河流倾倒危险废弃物，而不是简单地向它们征税。政府也经常利用监管来限制某些企业的市场势力。我们将在第 12 章中谈到，这类脱离了竞争性市场的企业通常是市场失灵的另一个主要来源。在本节中，我们关注的是用于影响市场结果的直接监管和价格管制。

直接监管

政府干预市场的一种常见形式是**直接监管（也叫命令控制型监管**，我们已经在第 9 章中以污染为例对此进行了讨论）。直接监管是指政府为控制某一活动的数量而采取的直接行动。直接监管几乎影响着生活的方方面面，从食品和药品的安全，到每加仑汽油可行驶的里程，再到我们什么时候可以完成学业等，都少不了受其影响。在许多情况下，这样的监管都肩负着重大的使命。以美国一个重要的商品质量监管机构食品药品监督管理局为例。食品药品监督管理局是美国最复杂的官僚机构之一，拥有 9 000 名员工，每年的预算约为 20 亿美元。这不是一个完美的组织。人们经常指责该机构在允许新药上市方面行动迟缓。尽管如此，食品药品监督管理局还是扮演了至关重要的角色，正是它保证了市场上所销售的药物具备应有的疗效。此外，食品药品监督管理局还负责防止各类黑心企业向毫无戒心的消费者销售各种所谓的灵丹妙药。

这种监管旨在确保复杂的产品达到一定的质量标准并披露相关要求，我们很难把这项工作留给市场本身，每个消费者获取此类信息的成本很高。如果每个消费者都必须单独验证一种药物是否可以安全服用，这将导致大量的重复性工作。

尽管监管在现代社会中发挥着不可或缺的作用，但它也有成本和局限性。让我们来做一个关于数量监管的快速思维实验。数量监管，包括捕鱼配额、分区限制、禁烟法和"蓝色法案"（限制周日酒类销售的法律）等，在市场经济中无处不在。现在让我们假设政府判定国家缺少物理学家。事实上，政府宣称，因为物理学家赋予社会的正外部性，我们应该增加 5 000 名物理学家。在这里，政府利用数量监管来选择 5 000 人成为物理学家，而且没有任何市场机制来指导这些选择。这种方法会产生有效的结果吗？

可能并不会。与引导资源得到最佳利用的市场力量不同，这种命令系统可能会遭遇惨败：一位有天赋的艺术家或一位敬业的社会工作者可能会被迫从事这个需要解复杂数学方程的职业，但其实他们在这方面并无特殊才能。如第9章中所述，庇古补贴是一个可行的替代方案，因为它利用市场力量促使边际决策者将外部性内化。如果成为物理学家可以获得适当的补贴，那么选择进入物理行业的就不会是一群被随机指定的人，相反，只有那些在物理学上有天赋，但原本不在乎成为物理学家还是社会工作者的人，此时才会选择成为物理学家。因此这种机制能够吸引合适的人才进入这个行业。

价格管制：价格上限和价格下限

如第7章中所述，有时政府通过设定商品和服务的最高或最低价格直接干预市场。这种监管价格型的干预被称为价格管制。这里我们研究两种类型的价格管制——价格上限和价格下限。

价格上限

价格上限是市场上商品或服务价格的最高限值。价格上限的一个重要例子是租金管制，它指的是房东可以向租客收取的最高金额或他们可以加租的最高金额。租金管制通常被作为一种再分配工具使用，因为租客通常比房东更贫困，而且会将收入的很大一部分用于支付房租。

在美国，租金管制始于第一次世界大战期间，且至今仍在纽约、旧金山、洛杉矶和华盛顿特区等许多城市实行。控制租金的想法是高尚的。然而，经济分析显示，租金管制确实造成了严重的低效率；在某些情况下，租金管制可能会帮助潜在的租客，而在其他情况下则可能不会。因此，我们有必要对租金管制的收益和成本进行细致的经济分析。

假设为了帮助旧金山的租客，当地政府以设置价格上限的形式对公寓实施了租金管制。从图10.13可以看出，如果没有租金管制，均衡价格是每月1 200美元，均衡数量是4 000套公寓。现在假设实行租金管制，政府将每月的租金上限设定为750美元。这一规定会产生什么影响？

图10.13帮助我们回答了这个问题。在租金为每月750美元时，如黑色水平线所示，供给量降低至2 500套。而在这一更低的租金下，需求量增至5 500套。因此，在价格为750美元时，市场出现了3 000（5500－2500）套公寓的短缺。房东在750美元的较低价格下所提供的公寓数量，不会像价格在1 200美元时那么多。例如，在价格为750美元时，他们宁可把一些公寓用作自己的第二居所也不会将其出租。与此同时，在较低价格下想要租房的人增多，但可供出租的公寓却没有那么多。此时就出现了超额需求：价格上限导致可租公寓的数量过少，造成了低效率。

如第7章中所述，政府强制实行租金管制会造成短缺，而这种短缺也会产生成本，

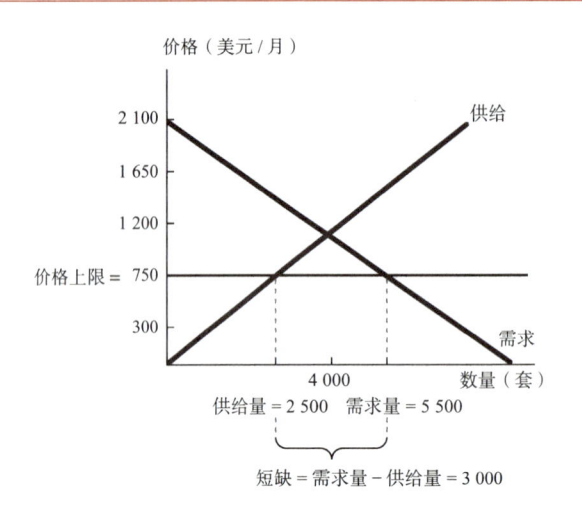

图 10.13 价格上限的影响

注：在没有租金管制的情况下，公寓的市场供给曲线和市场需求曲线的交点给出了每月 1 200 美元的均衡价格和出租 4 000 套的均衡数量。租金管制设定了 750 美元的价格上限，这使得租金下降到 750 美元，但也造成了 3 000 套公寓短缺：在这个较低的价格下，需求数量增加到 5 500 套，而房东愿意供给的数量却沿着供给曲线向下移动，减少到 2500 套。

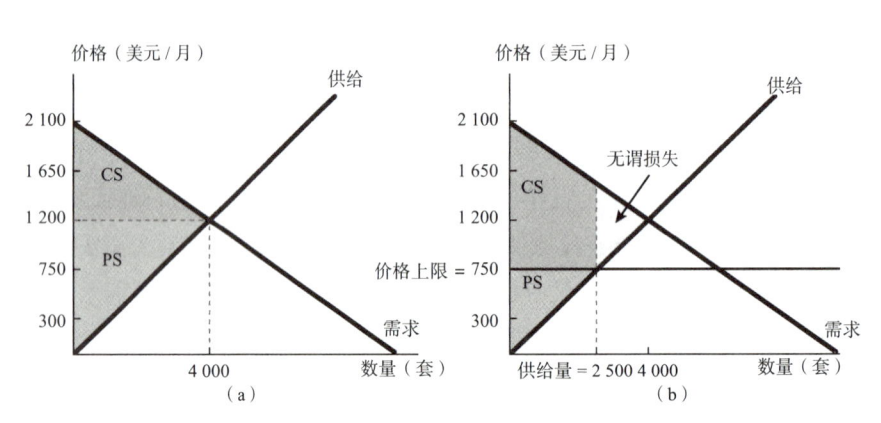

图 10.14 租金管制下的消费者剩余和生产者剩余

注：在没有租金管制的情况下，均衡位于每月 1 200 美元的价格处。图(a)显示出，消费者剩余(CS)由需求曲线下方的三角形区域给出，生产者剩余(PS)则为供给曲线上方的三角形阴影区域。图(b)描述了租金价格上限设为每月 750 美元时的情况。由于房东只能以 750 美元的价格供给 2 500 套公寓，因此生产者剩余下降（在图中表现为一个较小的上方阴影三角形）。消费者剩余取决于 5 500 名潜在租客中，哪些能以每月 750 美元的价格在市场上租到这 2 500 套公寓。图(b)展示了在最好情况下的消费者剩余，此时那些具有最高支付意愿的人首先租到了这些公寓。但即使是在这种最好的情况下，消费者剩余和生产者剩余之和也仍然比图(a)中的小，而它们的差值就是租金管制造成的无谓损失，即图(b)中右侧的三角形。如果租到这些稀缺公寓的并不是具有最高支付意愿的租客，则消费者剩余甚至要比图(b)中所显示的 CS 区域还要小。

微观经济学

即造成无谓损失。图10.14（a）显示了政府设置价格上限前的消费者剩余（CS）和生产者剩余（PS）。图10.14（b）显示的是政府实施监管后的情况，该图假设在租房者中，那些具有更高支付意愿的人会首先租到公寓。在这个假设下，2 500个具有最高支付意愿的消费者将租到2 500套公寓。由此产生的无谓损失以图10.14（b）中右侧的三角形予以展示。

你可能会问：如果租金管制如此明显地降低了福利，那为什么现实中还会存在这一政策呢？原因之一在于它并不会减少每个人的福利。对比图10.14（a）和（b）你可以发现，租金管制下的消费者剩余［图（b）］大于没有租金监管时的消费者剩余［图（a）］。此外，租金管制还可以起到一个重要的分配目的：如果贫困的租房者成功租到了一套公寓，那么这项政策实际上是把钱从较富裕的房东那里再分配给了较贫困的租客。不过，一些租客的利益显然受到了租金管制的伤害：现在能够租到公寓的人比以前更少了。此外，租金管制可能会打击房东维护公寓的积极性，因为市场上公寓短缺，即使是维护不善的公寓也能在市场上找到租客。

价格上限何时不起作用

试想一下，如果奥克兰的一家大型制造工厂扩张并从旧金山雇用了数千名员工，那么接下来会发生什么？现在很多人会想住在奥克兰而不是旧金山。如图10.15所示，旧金山出租屋的需求曲线 D_1 会向左移动。需求曲线向 D_2 移动导致市场均衡价格变为每月600美元，这一价格对应了新需求曲线 D_2 和原始供给曲线 S 的交点。现在政府监管没有起到任何作用，因为这个价格低于750美元的价格上限。只有低于市场出清价格的价格上限才会对市场产生影响。

图 10.15　需求曲线左移

注：如果公寓的需求曲线 D_1 向左移动，那么在没有租金管制时，市场供给曲线 S 与市场需求曲线 D_2 的交点将处于租金为每月600美元的水平上，此时750美元的月租金管制将不起作用，因为此时价格上限高于没有租金管制时的市场价格。

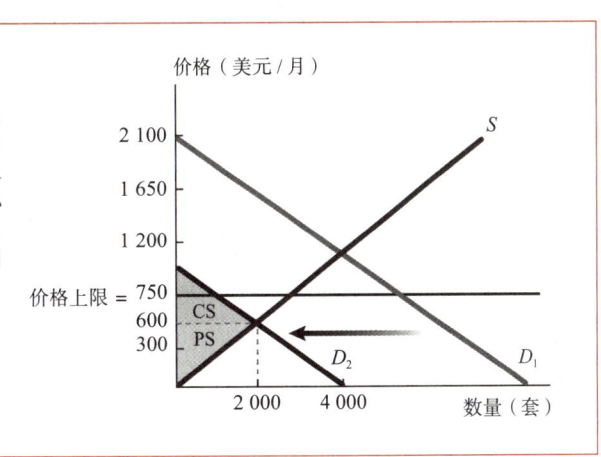

价格下限

有时政府会介入，并对某一商品或服务设定一个最低价格。这么做意味着设置了**价格下限**，即商品或服务价格的最低限值。关于价格下限的一个突出例子是最低工资。

1894年，新西兰成为世界上第一个颁布最低工资法的国家，现在90%以上的国家都拥有了这一法律。在美国，联邦政府规定每小时最低工资为7.25美元，这是雇主付给劳动者的最低工资数（有小费收入者的最低工资可以为每小时2.13美元）。一些州的最低工资法规定，在这些州内的雇主必须支付更高的最低工资。例如，在华盛顿州，雇主必须付给劳动者的最低时薪为12美元。

价格下限与价格上限有相似的影响，只不过价格下限造成的不是短缺，而是过剩。有价格下限时的供给量通常大于需求量。因为价格下限相当于人为地保持高价格，因此剩余会从消费者转移到生产者，而在劳动力市场中，剩余则会因最低工资而从雇主转移到劳动者。因此，最低工资不仅会造成无谓损失，而且可能通过增加低工资劳动者的收入来促进社会利益再分配。

10.3 政府失灵

我们现在已经了解到，政府可以运用多种方式干预经济。尽管很多干预措施具有明确且有价值的目标，甚至是市场正常运作之必需，但我们发现，它们也造成了一系列无效率的现象，包括税收导致的无谓损失以及价格管制或直接管制导致的无效率。认为政府在经济中的作用应该最小化的人不仅强调这些成本，还强调了与政府干预相关的一系列更广泛的无效率（有时也被称为**政府失灵**）。在本节中，我们将简要介绍其中的一些成本。

官僚机构的直接成本

每个政府项目都需要官僚和官僚机构来监督实施。官僚必须得到报酬。这些人也被排除在经济的生产部门之外。也就是说，这些官僚既不在制造工厂工作，也不在亚马逊负责管理，而是负责监管或征税。这一观察结果并不意味着官员所从事的工作没有价值，事实上他们从事的监管工作很重要。然而，如果没有监管的话，这些人本可以从事其他生产性工作，而这种生产损失正是政府工作的机会成本。

由此可见，个人对在官僚机构工作的时间和才能分配其实是政府的一项重要成本。如果官僚机构不能有效运作，这一成本还会进一步增加。尽管各类政府机构雇用了许多充满善意且高效的个人，但是政府中流程烦琐、决策武断的情况仍然存在，而且总会有一些没什么用处的人混迹其中。这些都是庞大官僚机构中必然出现的低效率。政府以直接管制的形式进行干预也可能带来类似的成本，因为它会使企业及其员工致力于满足政府设定的某些目标（比如雇用更多的人做文书工作），而不是致力于创造商品和服务。

腐败

与政府干预所造成的无谓损失和官僚机构效率低下有同样大的影响的是大政府导致

的**腐败**。腐败是指为谋取私利而滥用公共资金或扭曲资源分配的行为。举个例子，每年都有数十亿美元的外国援助流向非洲政府。过去60年间，发达国家对非洲的援助超过1万亿美元，而仅在2017年，针对所有国家的对外援助就超过了1 620亿美元。其中的大部分资金都来自发达国家政府，另有很大一部分来自慈善机构。

但这些资金中只有一小部分能够到达目标群体手中。经济学家估计，实际到达目标群体手中的资金可能只有5%～15%。这意味着你捐出的每1美元中只有5美分到了受援者手中！这些损失的援助，有一部分是被外援管理机构的低效率侵吞，但更多的援助是被腐败的政客和受援助国挪用。例如，最近的一项研究发现，在乌干达，只有13%的教育拨款到达了学校（大多数学校没有得到任何资助）。[4]这种腐败很极端，但并不罕见。

你可能会认为，腐败在发达国家不是一个问题，那里有良好的制衡体系，而且监察机构会时刻监督公职人员。但证据表明情况并非如此。例如，腐败在美国并不罕见。2020年，美国有11名在任国会议员受到了刑事调查，大部分是因为涉嫌不当使用公共资金或收受有利益关系的企业赠送的财物。在写作本书时，纽约州总检察长正在调查特朗普及其公司是否为了经济利益而不当夸大了其资产价值。

我们如果考虑各州公职人员的定罪数量，那么也会得到类似的认知。例如，1977—1987年间，美国每年大约有800起腐败定罪案件。[5]最腐败的纽约州的同期腐败定罪案件数量大约是平均水平的50倍。时至今日，各州的腐败程度依然有增无减。2018年，美国司法部报告称，有695名联邦、州和地方雇员因被控腐败而获罪。尽管最近发生了一些戏剧性事件，但纽约州已不再是腐败案件最多的州。实际上，在2009—2018年，得克萨斯州的腐败定罪数量一直领先于其他州。

那条界线不清晰。让我们忽略它。

地下经济

你可能见过草坪养护人员、铲雪工和保姆以现金的方式收取报酬。或者你可能有一个做服务员的朋友，他拿了很多小费，却从不报税。地下经济有时也被称为黑市，包括上述不缴纳所得税的活动，以及诸如毒品交易和卖淫等非法活动。

黑市涵盖了现代经济中的一系列活动，而且通常出现在此类活动收益最高的领域。这些活动要么是因为高税率，要么是因为具有非法性，所以无法在正规市场上提供商品。

因非法商品而产生地下经济的一个典型例子，是20世纪20年代的《禁酒法案》所引发的。1919年美国宣布禁止饮酒后，走私者会给地下酒吧和私人酒吧安排送货。这开启了大规模有组织犯罪的时代——著名的黑帮头目阿尔·卡彭就出现在这一时期。此外，政府每年损失的税收估计也高达5亿美元。这个例子展现了地下经济所导致的一些问题：

1. 当涉及遭法律禁止的商品和服务时，地下经济会破坏相关法令；

2. 当合法商品和服务的市场为了避税或规避监管而进行地下交易时，它们会使合法企业处于不利地位；

3. 为了弥补损失的收入，政府必须提高税收；

4. 犯罪分子会动用大量的资源来逃避法律监管（当权者也需要动用资源抓捕罪犯），这并不是对社会资源的有效利用。

总而言之，我们不能期望政府像本章图表所展示的那样无缝运行。政府经常会犯错误，官僚机构有时也会效率低下、行动迟缓，从政者可能会腐败，试图掌控决策过程，利用其谋取私利或实现个人意识形态目的。在评估政府政策时，我们必须同时考虑政府干预的收益和成本。在一种极端情况下，如果收益很高而成本微乎其微，那么一系列直接管制和政府干预就是合理的。在另一种极端情况下，如果收益有限但成本高昂，那么"守夜人"式的政府可能才是最优选项。这种类型的政府会承担一些基本职能，如维持治安和执法等，但不干预大多数经济活动。

选择与结果

市场监管能否使犀牛免于灭绝？

- 在20世纪初，南方白犀牛是世界上最濒危的物种之一，在单个自然保护区内的已知数量只剩不到20只。这都是定居南非的荷兰和英国殖民者为获取肉食和娱乐而屠杀犀牛所致。亚洲消费者则将磨碎的犀牛角作为草药成分，因此对犀牛的捕杀需求持续增加。[6]

- 我们在第9章中讨论过公地悲剧，濒临灭绝的犀牛就是一个活生生的例子。犀牛是一种常见的公共池塘资源。猎人捕杀犀牛，全然不考虑自己的行为会对他人造成何种影响。这使得对犀牛的消耗量远高于社会最优水平。这可能会最终导致该物种的灭绝。

- 在这种情况下，政府干预将有助于对犀牛的保护。正如本章所示，针对这类问题的解决方案多种多样。命令控制型方法，即以法律形式严格禁止偷猎犀牛和售卖犀牛角，似乎是最为简单的解决办法。事实上，《濒危野生动植物种国际贸易公约》在1975年就禁止了其成员国之间的犀牛角国际贸易。[7] 图10.16中的条柱显示了禁止偷猎黑犀牛的结果。如右侧分界线所示，偷猎禁令于1975年生效。但该物种的数量仍在持续下降：1993年，黑犀牛的数量达到了最低点，此时原本数量众多的黑犀牛只剩下了最后2 500只。此后该物种的数量保持了稳定。

- 皇家纳塔尔国家公园位于南非的一个沿海省份，此处是黑犀牛和大部分白犀牛的生存家园。该公园的管理委员会决定从不同的角度来解决这个问题。他们不仅禁止了狩猎和犀牛角的商业化，还将犀牛的控制权交给了私人牧场和动物园。现在，每个犀牛牧场主都与自己犀牛群的数量有了个人利害关系。[8] 自从 1968 年实施私有化和开放合法的白犀牛市场以来（如图 10.16 中左侧的分界线所示），白犀牛的数量持续增加，这使该物种的地位从"濒危"变为了"近危"这一更加稳定的等级。[9] 图 10.16 为这一市场计划的成功提供了显著的证据：自 1968 年至 2007 年，白犀牛的数量增长了大约 10 倍。

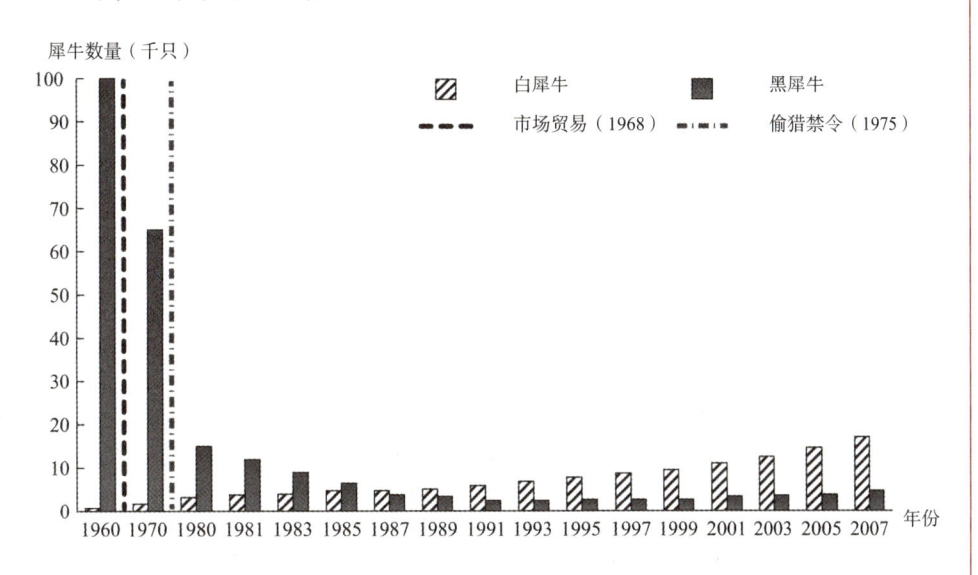

图 10.16 白犀牛和黑犀牛的数量

资料来源：世界自然保护联盟物种存续委员会非洲犀牛专家组。

10.4 公平与效率

在本章和上一章中，我们探讨了政府的两张不同面孔。一方面，政府提供了公共物品、提升效率的规章制度和再分配等有价值的服务。另一方面，政府征税和不必要的管制造成无谓损失，甚至还有腐败。我们如何平衡政府干预经济的这两个不同方面？在决定政府再分配的程度时，这或许是最为重要的考量。政府再分配是一个**公平与效率的权衡**问题。公平与效率的权衡是指在确保资源公平配置（公平）与增加社会剩余或总产出（效率）之间的平衡。大多数人都认为，公平与效率是政府政策的两个最重要目标。

图 10.17 描述了社会所面对的典型权衡。它表明公平与效率这两个目标通常会发生冲突，但也不总是如此。当社会不平等程度处于高位时，即高于图中 A 点时，不平等程度的进一步增加会减少社会剩余：当沿着纵轴向上移动时，社会不平等程度进一步增加，此时也会沿着横轴向左移动，导致社会剩余减少。导致这种状况发生的原因可能有

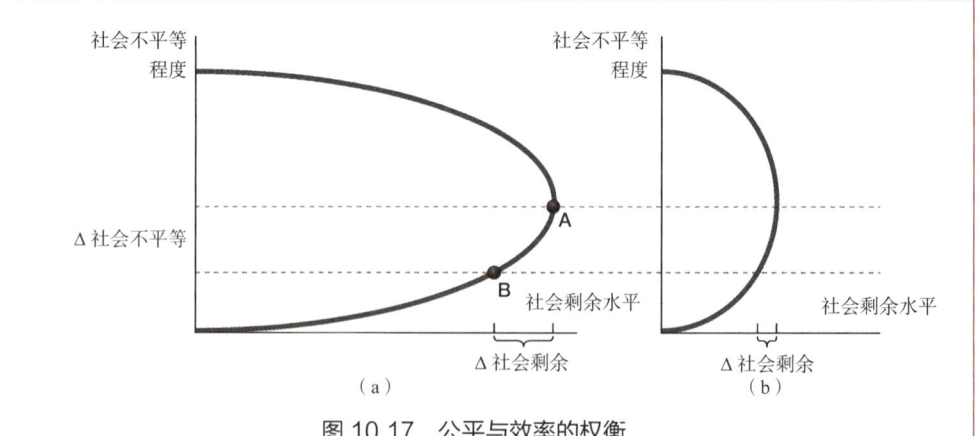

图 10.17 公平与效率的权衡

注：政府通常只有以更低的效率为代价，方能实现更高程度的社会平等，这导致了在一定范围内公平与效率的权衡。当社会不平等程度非常高时，公平和效率之间可能不存在冲突。我们在（a）和（b）中都看到了这种权衡，但图（a）中向上倾斜的部分更为平坦，这意味着为了减少不平等，它需要比图（b）损失更多的社会剩余。

很多，例如，更高程度的社会不平等阻碍了人们在公平环境中与他人竞争，或者加剧了社会矛盾，因此造成扭曲。然而，当社会不平等程度低于 A 点时，不平等程度的进一步下降则需要以社会剩余减少为代价——这或许源自税收再分配所造成的无谓损失。当我们为了限制社会不平等而沿着纵轴向下移动时，也在沿着横轴左移，而这会导致社会剩余减少。这种公平与效率的权衡，正是大政府支持者与小政府支持者之间冲突的核心。

你会希望位于这条曲线上的哪一点呢？这个问题的答案取决于你的（规范）价值判断。例如，对你来说，公平是否比效率更重要？你可能更想生活在一个非常高效率的社会中，即使这需要以较严重的社会不平等为代价［类似于图 10.17（a）中的 B 点］。相反，你的一些同学可能更倾向于以更低的效率和更少的社会剩余来实现更高程度的平等（趋向原点）。从广义上讲，图 10.17（a）中 A 点与原点之间的曲线部分正是民主党和共和党之间的分歧所在：克林顿总统和奥巴马总统都强调降低社会不平等的重要性，认为富有的人需要缴纳更多的税款；里根总统、乔治·W. 布什总统以及唐纳德·J. 特朗普总统则认为高税率扭曲了决策，更倾向于基于效率的税收改革。

尽管经济分析没有告诉我们这些价值判断孰优孰劣，但这种分析至关重要。这首先是因为它决定了曲线的形状，让我们可以从众多选项中做出关于公平与效率的选择；其次，它凸显出一些"压倒性"的选项（这意味着它们总是比其他的一些可用选项更差）。我们可以通过比较图 10.17（a）和（b）来理解经济分析的第一个正面作用。前者比后者要平坦得多（在向上倾斜的区域）。这意味着为了减少社会不平等，图（a）中所描述的经济状况需要比图（b）中的经济状况损失更多的社会剩余。你可以发现，面对同样水平的社会不平等降低（Δ 社会不平等，即图中两条虚线之间的垂直距离），图（a）中社会剩余的变化量（Δ 社会剩余）要比图（b）中的大得多。

从上图中我们也能发现经济分析的第二个正面作用。社会不平等程度和社会剩余关系曲线向下倾斜部分（即纵轴和 A 点之间曲线的上半部分）所对应的区域不存在减少社会不平等和增加社会剩余的权衡。这是因为在这个范围内，不平等程度已经严重到了干扰经济正常运行的程度（例如，极度的不平等会导致犯罪，而贫困者会因为不能进入最好的学校而使其个人才能无法得到有效配置）；或者，这是因为极度富有的人会利用其资源获取过度的政治影响力。经济分析强调了经济处于这一向下倾斜范围的可能性，因而有益于社会决策的制定。因为同时重视公平与效率的个人或政策制定者总是会努力做出决策，以使经济从曲线上处于该区域的某个点移动到 A 点和 B 点之间的某处。事实上，人们总是可以从这个向下倾斜区域的任何一点移动到图 10.17（a）中的 A 点，同时提高公平程度和效率。

很多国家都寻求在其社会中实现某种程度的平等。**福利制度**是指一系列用于建立安全网络、减少贫困和将收入从富人再分配给穷人的保险、监管和转移支付项目。例如，在美国，福利制度包括针对穷人的联邦医疗补助和食品券等项目。福利制度在欧洲更为普及。尽管这种制度造成了无谓损失，但许多欧洲国家仍选择促进某种程度的收入平等。

10.5 消费者主权和家长主义

除了促进平等，一些经济学家还认为，个人或会出现决策失误或者很难评估某些选择等因素，也让政府干预变得具有必要性。例如，许多人并不具备管理退休储蓄账户所需的金融知识。在此类情况下，他们可能会犯错，并让自己付出高昂代价。政府是否应该尽力阻止他们犯这样的错误？

关于政府是否应干预此类行动的一个答案与消费者主权的概念有关。**消费者主权**是指消费者做出的选择是其真实偏好的反映，而包括政府在内的局外人不应该干涉这些选择。一些经济学家认为，我们应该根据消费者在做决定时的偏好来评估所有的资源配置。即使这些偏好是错误的，或者事后证明是错误的，我们也应顺其自然。

与之对立的另一种主张是家长主义。**家长主义**认为，消费者并不总是知道什么对他们来说是最好的，政府应该鼓励或引导他们改变自己的行为。从英国的威廉·贝弗里奇到美国的富兰克林·德拉诺·罗斯福和林登·约翰逊，许多在福利制度建立过程中扮演了重要角色的改革者都持有这种观点。这种观念支持政府积极参与设计选择，以帮助个人做出正确决策（那些他们自己可能不会做出的决策）。

美国的社会保障系统强制个人为养老存款，这种行为就源于家长主义。禁止滥用药物的法律在一定程度上也受到了家长主义的推动。相比之下，在一个没有外部性的世界，消费者主权将允许个人消费任意数量的毒品，即使这些毒品会使人上瘾且会造成伤害。

事实上，家长主义和消费者主权之间的巨大差异是一个规范性问题。我们应在多大程度上重视消费者主权本身？我们希望政府可以在多大程度上干涉个人决策？消费者主权在一定程度上具有积极意义，但这取决于个人在行使消费者主权时所犯系统性错误的程度。在关于此议题的辩论中，不同经济学家有着截然相反的意见。现在我们简要回顾一下双方观点。

两种观点的辩论

那些倾向于家长主义的经济学家可能会说，一些错误的产生仅仅是因为个人不习惯做出某类决策。例如，大多数人在第一次面对股票市场投资时，可能并不理解他们所做决策的意义。支持政府干预的人士则认为，政府可以通过提供信息来帮助这些人。他们认为，这并不侵犯消费者的主权；事实上，它还加强了消费者主权，因为更好的信息能促进更好的决策。

一些经济学家更进一步，他们建议政府还应该发挥"助推"个人走向正确方向的作用。例如，政府如果确信个人没有为退休攒够钱，或者做出了风险太大的投资选择，那么它可以通过设计储蓄方案来鼓励人们增加储蓄或做风险较低的投资。

而根据纯粹的消费者主权观，政府的职责中并不包括"助推"人们去做他们可自主做出的选择。支持这一观点的经济学家认为，任何形式的家长主义都需要某些群体（政府、精英、知识分子）知道什么对消费者有益。虽然这有时可能是正确的，但它往往会在哲学和实践层面引发问题。政府凭什么能够为我们做出如此复杂的决策？我们怎么能相信政府真的关心我们的利益？我们如何分辨得清到底只是观点和偏好上的差异，还是人们确实在犯错误？

除了这些问题，我们还必须注意到，每一次政府干预都需要高昂的代价，并且需要以税收来支付。因此，政府的每一项活动都会增加社会所面临的无谓损失。最后，我们建议由你自己来判断政府干预个人选择的可接受程度。这是一个规范性问题。

循证经济学

政府的最优规模是多大？

- 你现在可能已经知道了，这个问题其实很难回答，因为它取决于你的价值判断。但我们或许可以肯定的是，政府对经济进行最低程度的干预是必要的。一个经济体总需要一定水平的法律和秩序、国防、监管以及再分配等。所以，大多数人会同意政府需要以某种方式介入经济中的观点。
- 但这个范围仍然太过宽泛，你必须基于自己的价值判断来决定你想要在这个范围内的位置。当然，你并非孤军奋战，经济学可以作为一个有用的指南。经济学并不能回答"更多政府干预是好还是坏"这一问题，而是可以帮助你权衡特定政府干预措施的成本和收益。而且，在需要政府干预的情况下，经济学还有助于改进政策设计。

- 经济学工具究竟能如何帮助你思考政府的最优规模？让我们从以下两个具体方面来阐明我们的总体观点。

1. 如前所述，税收的主要效率损失是无谓损失。因此，关于政府干预范围的辩论应该取决于其行动的效果：在其他条件相同的情况下，无谓损失越大，政策就越糟糕；在无谓损失较大的情况下，我们可以说政府不宜进行干预。
2. 政府运作通常十分缓慢，如果监管者不能针对不断变化的市场状况及时做出反应，则经济可能受到严重拖累。

- 现在我们将重点讨论第一点，然后在本节末尾的专栏中对第二点进行讨论。
- 采用这种方法的第一个考虑因素是，与更广泛的税收（联邦销售税、遗产税等）相比，对所得税的严重依赖可能会导致更多的无谓损失。这是因为当税率增加时，税收所导致的无谓损失会增加得更多（回顾图10.9，并将税收从2美元增加到4美元，你会发现无谓损失三角形要大得多）。这意味着，在其他条件都相同的情况下，拥有多个小税源比拥有一个大税源更好。从这个意义上说，在制定政策时，我们应该将来自不同税源的最后一美元边际无谓损失与额外增加一美元税收的边际收益进行比较。如果一种税收会扭曲行为，则其边际收益可能不足以弥补无谓损失，而这表明政府有必要减少这种税收。
- 美国的大部分税收收入都来自所得税。经济学家十分清楚所得税会对劳动者的劳动供给决策产生什么影响，尤其是在极端的情况下。如果政府对收入征税100%，那么人们就真的没有理由工作了，因为你的实得收入永远都是0！如此高的税收很可能被经济学家贴上绝对低效的标签，因为没有人工作的社会成本将远远大于其所能产生的税收。
- 但如果税率更接近目前的联邦边际税率（年收入5万美元的单身个人面临的税率为22%，见表10.1）呢？如果美国人可以保留他们所赚每一美元中的78美分，那么大家是会停止工作，还是会继续工作（就好像他们的收入根本不用纳税一样）？劳动供给的弹性可以为我们对这个问题的评估提供一个简单的参考。如前所述，弹性是用数量变化百分比除以价格变化百分比。具体到劳动供给中，税率改变的是劳动的价格（劳动者得到的报酬），而数量就是工作的小时数。
- 如果劳动供给具有弹性，那么劳动者的工作小时数会对工资水平非常敏感。因此，所得税的增加将对劳动供给产生很大的影响。减少的工作会造成大量的无谓损失。但如果劳动供给无弹性，那么增加所得税就不会对劳动者的工作小时数产生太大影响，这意味着无谓损失不会很大。
- 经济学家利用劳动者对所得税税率大幅变动的反应，估算出了劳动供给的弹性。早期的实证研究发现，20世纪80年代里根推行的减税政策使工作时长增加了6%

左右，这体现了一个相对较大的弹性。[10] 然而，当经济学家使用更丰富的数据集来评估同一弹性时，他们得到了一个非常小的弹性值，仅为 0～0.1。[11] 这些数值表明所得税增加所带来的效率损失相对较小。

- 随着研究的深入，经济学家开始关注税率对劳动者报税收入的影响。初期分析得到的弹性很高，为 1.3～1.5，但最近的研究对此结论提出了挑战。早期研究侧重于对较高边际税率的短期反应。[12] 然而，这可能与长期弹性不同，因为个人可能会对税率的暂时改变做出更强烈的反应（也就是说，如果税收在某一年很低，那么你可能想要在那一年多干点活，但如果税收一直都保持低水平，你可能不会那么努力地工作）。事实上，后来关注长期弹性的研究所得出的弹性估算值要比先前小得多。

- 总的来说，这些估算表明劳动供给的结果很不稳定。这可能就是为什么有关劳动税的两种对立观点至今仍然存在，以及为什么这个话题是未来研究的一个重要领域。只有当对劳动供给弹性的估算更为精确时，我们才能更好地理解所得税的无谓损失，并更好地回答为何为政府最优规模这一问题。

- 尽管如此，政府规模的影响结果远不止与税收相关的低效率。即使与增税相关的无谓损失非常小，上面讨论的各种政府失灵也可能会导致对高税收和广泛政府干预的反对。对这类政府失灵进行定量分析也是当前研究的另外一个活跃领域。

问题	答案	数据	注意事项
政府的最优规模是多大？	这要视情况而定，但税收带来的无谓损失和政府干预的其他成本都是关键的考量因素。	各种数据来源，包括对劳动供给弹性的估算。	目前已有不少关于劳动供给弹性的实证估算。

用数据说话

政府探险与私人探险的效率对比

- 一项研究对比了政府资助北极和西北航道探险与私人资助探险的成功率，结果显示，政府可能比追求利润的私人企业反应更慢。[13] 这项由经济学家乔纳森·卡尔波夫进行的研究发现，私人资助的探险规模更小，成本更低，人员损失和船只损失的可能性更低，实现目标的可能性则更高。此外，私人资助的探险和政府资助的探险的结果差异也很大。例如，政府资助的探险活动平均每次会造成 5.9 人死亡，而私人资助的探险活动平均每次只造成 0.9 人死亡。

- 卡尔波夫的进一步研究揭示了私人资助探险活动比政府资助探险活动更为成功的原因。他发现前者的主要优势在于能够快速采用新技术。许多由政府资助的探险队对新技术的适应非常缓慢，他们甚至没有在船员的饮食中添加维生素 C，但关于坏血病和维生素 C 缺乏之间的关系在几个世纪前就已经广为人知。私人探险队还会有自己的创新，其中最主要的是他们会向当地人学习居住、着装体系及陆路探险能力等。
- 该研究以实例证明了私人资助探险比政府资助探险更具灵活性。这虽非定论，但展示了经济学工具可以如何帮助你思考政府干预的最优水平。尽管我们对这个结果的普遍性仍存有疑虑，但它确实反映出对大政府的一种常见批评：其迟缓的反应可能会拖累经济效率。

选择与结果

税收和创新

- 我们已经看到，除了政府试图实现的再分配目标，实行高税收还会带来一系列后果（包括无谓损失和无效率）。对政府而言，实行高税收的另一个不利后果，是可能会促使高收入者移民到其他国家。经济学家乌福克·阿克吉特、萨尔莫内·巴斯兰泽和斯蒂芬妮·斯坦切瓦的研究表明，高收入创新者更有可能因高税收而移居其他国家，这种趋势对一项非常有用的社会活动——创新产生了非常重大的影响。[14] 根据他们的估算，更高的最高税率会使更多的美国高收入（"超级明星"）国内创新者移民至美国以外，并且会减少移民到美国的外国创新者的数量。总体而言，最高税率提高 10 个百分点，将使美国国内"超级明星"创新者的总数减少 0.1%，使居住在美国的外国"超级明星"创新者总数减少 18.4%。这会造成相当重大的影响。例如，即使不考虑创新给其他人带来的更广泛好处，最高税率提高 10 个百分点带来的额外损失也可能高达 2.5 万亿美元。（因为创新产生的收益有相当大的不确定性，实际损失可能比这要大得多，而如果考虑到创新带来的更普遍的好处，那么损失也可能更大。）

- 这些数据表明，除了劳动供给弹性和无谓损失所体现的成本，对高收入者增加税收还可能带来巨大的额外成本。国家单方面提高最高税率不仅会导致高收入创新者外逃从而失去一些税收，还会错失这些人本来可以在国内创造的新技术。设想一下，如果拉里·佩奇和谢尔盖·布林（谷歌公司的两位创始人）或史蒂夫·乔布斯（苹果公司创始人）等创新者和企业家将公司设在另一个国家，那么美国经济将会发生什么。

- 但那些希望提高最高税率的人也不用过于悲观。想象一下，如果所有发达经济体同时提高最高税率，将会发生什么？没有哪个国家会对这些高收入创新者和企业家更具吸引力，税务机关也不必担心他们外逃。这一推理指向一个更普遍的结论：在推动税收结构发生重大变化时，国际间的税收政策协调才是关键。

总结

- 政府可以在确保市场的竞争、效率和公平方面发挥重要作用。
- 政府的主要作用包括：通过税收筹集资金，以供给市场无法充分提供的公共物品，如国防、治安和基础设施等；利用税收和转移支付项目实现社会资源的更公平分配；利用税收、补贴以及监管来纠正市场失灵。
- 必须仔细比较政府干预的成本与收益。
- 经济学的最大用处不是对政府的好坏进行价值判断，而是帮助人们理解什么样的活动需要政府干预。

关键术语

预算赤字	累进税制	价格上限
预算盈余	平均税率	价格下限
税收收入（收入）	边际税率	政府失灵
工资税（或社会保险税）	比例税制	腐败
企业所得税	累退税制	公平与效率的权衡
特种消费行为税	税负归宿	福利制度
销售税	监管	消费者主权
转移支付	直接监管（或命令控制型监管）	家长主义

问题

1. 政府何时会出现预算盈余？
2. 美国政府支出在持续增长，目前已占美国国民收入的40%以上。这是否意味着美国政府一直存在预算赤字？
3. 联邦政府如何增加收入？联邦政府最大的收入来源是什么？各州政府的财政收入来源是否与联邦政府相同？
4. 决定政府税收和支出决策的因素有哪些？
5. 政府如何利用支出和税收来减少经济中的不平等和贫困？
6. 有哪些不同类型的税收制度？对每一种税收制度进行举例。
7. 什么是税负归宿？全部税负是否总是由被征收方承担？
8. 定额税是累退的还是累进的？不同税种的无谓损失是否相同？
9. 什么是直接监管？请举几个直接监管的例子。
10. 政府干预经济体系的成本是什么？既然干预经济要付出成本，那政府为什么还要干预市场？
11. 什么是黑市？什么类型的商品可能在黑市交易？黑市会给经济带来什么问题？
12. 你如何用图来描述公平与效率的权衡？政

府将如何决定自己在这条曲线上的位置？
13. 解释"家长主义"和"消费者主权"这两个术语。
14. 为什么在美国关于税收对劳动供给的影响有两种不同的观点？
15. 如果你的目标是最小化税收导致的无谓损失，那么在其他条件相同的情况下，你是对需求有弹性的商品征税，还是对需求无弹性的商品征税？请画图来解释。

循证经济学习题

1. 佛蒙特州新任州长非常担心该州内部不同地区的日益不平等问题。在佛蒙特州最富有的奇滕登县，人均收入中位数约为3.2万美元，而在最贫穷的喀里多尼亚县、富兰克林县、奥尔良县和埃塞克斯县，人均收入中位数约为2万美元。佛蒙特州的预算约为50亿美元。该州州长正在考虑通过改变预算和税收的分配来解决不平等问题。

   a. 州长的第一个建议是增加对喀里多尼亚、富兰克林、奥尔良和埃塞克斯居民的转移支付。这四个县共有约5万个家庭，州长希望向每个家庭转移支付5 000美元。这将使佛蒙特州的预算增加多少？

   b. 顾问们告知州长，预算缺口的增加将导致巨额融资。州长于是提议对奇滕登的居民征税。奇滕登大约有6.25万户家庭。州长提议对每个家庭征收12%的税，以用于资助他的转移支付计划。他的顾问跟他解释说，这项提议所产生的税收收入将低于必要的数额。为什么？

   c. 顾问们认为，由于劳动供给和收入的弹性反应，再加上12%的附加税，奇滕登的家庭收入将降至3万美元。州长随后反驳说，这将筹集2.25亿美元，因此仍将有助于为他的转移支付计划提供资金，其余的他可以借。州长的计算正确吗？

   d. 但州长的一位顾问指出，仅仅担心劳动供给弹性和家庭收入下降是不够的，根据州长的计划，其所能获得的税收将远远少于2.25亿美元。这位顾问说，它筹集的资金可能不超过1.8亿美元。该顾问的推理和计算逻辑是什么？

   e. 州长不为所动，提出了最后的建议。佛蒙特州的消费支出总额为100亿美元。州长提议对所有支出征收2.5%的销售税，以用来资助他的转移支付计划。这样钱就够了吗？如有必要，请画图来解释你的答案。

2. 何为政府的最优规模？这是每个社会都需要面对的一个问题。这里面涉及多个规范性问题。你认为政府应该扮演什么角色？请解释，注意要同时考虑收益和成本。

3. 与高所得税相关的一个成本是人们可能会选择减少工作时间。实证研究揭示了对劳动供给弹性的各种估算。你能想到另一种评估劳动供给弹性的实证方法吗？（提示：一定要有外生变量，这样你才能得出因果关系。）

4. 还有哪些政府干预可以用经济学方法来估算收益和成本？

习题

1. 下表给出了 2019 年联邦个人所得税税率。

应税收入（美元）	边际税率
0～9 700	10%
9 701～39 475	12%
39 476～84 200	22%
84 201～160 725	24%
160 726～204 100	32%
204 101～510 300	35%
510 301 及以上	37%

   a. 计算一个应税收入为 5 万美元的个人的总纳税额。
   b. 其边际税率是多少？
   c. 其平均税率是多少？

2. 英国在 1696—1851 年一直对窗户征税。基于 1747—1757 年的税率，如果你家有 0～9 扇窗户，你就不用缴税，但如果你家有 10～14 扇窗户，你就要为每扇窗户缴税 6 便士。
   a. 窗户税与美国的所得税有哪些相似之处？
   b. 窗户税和美国的所得税有哪些不同？
   c. 你认为在 1747—1757 年，有 9 扇或 9 扇以下窗户的新房数量是否会比 1747 年前有所增加？请解释。

3. 许多人认为所得税应该是"婚姻中性"的，也就是说，无论两个人是已婚还是单身，这两个人都应该缴纳相同的税。假设阿曼达收入为零，本收入为 6 万美元，凯茜和迪伦的收入都是 3 万美元。他们都未婚。
   a. 阿曼达不纳税，因为她没有收入。假设他们都生活在一个实行累进税制的国家，那么是本的纳税额高，还是凯茜和迪伦两人加起来的纳税额高？
   b. 阿曼达嫁给了本，凯茜嫁给了迪伦。这个国家会基于一个家庭的总收入对已婚夫妇征税。请证明已婚夫妇阿曼达和本将支付与凯茜和迪伦一家相同的税额。
   c. 这个国家的所得税是婚姻中性的吗？

4. 假设有如下一个简单交易机会：你租了一套新公寓，前租客则打算卖掉她的旧沙发。你是唯一的买方，你的支付意愿是 200 美元。前租客是唯一的卖方，接受意愿是 120 美元。
   a. 假设你们能够达成某种互利的协议，则无论你和前租客达成了什么价格，社会剩余会是多少？
   b. 假设公寓协会在搬入/迁出期间，对留在公寓里的每一件物品都征收 50 美元的费用（也就是一笔税）。你们还能达成协议吗？这对社会剩余有何影响？
   c. 假设上述费用提高到了 100 美元。社会剩余会受到什么影响？换句话说，这项新政策的无谓损失是多少？

5. 考虑下表中帽子的供需情况。假设每顶帽子需缴税 3 美元。这道习题将说明，征税的影响并不取决于由谁来实际缴纳税款。

价格（美元/顶）	供给（顶）	需求（顶）	向卖方征税 3 美元后的供给（顶）	向买方征税 3 美元后的需求（顶）
0	0	120		
1	10	100		
2	20	80		
3	30	60		
4	40	40		
5	50	20		
6	60	0		

   a. 绘制供给曲线和需求曲线。如果没有税，均衡数量和均衡价格会是多少？
   b. 现在假设每卖出一顶帽子，对卖方征税 3 美元。例如，当支付的价格为 4 美元时，卖方每卖出一顶帽子将得到 1 美元，并供应 10 顶帽子。完成上表，并在你的图中添加新的供给曲线。
   c. 将问题 b 改为对买方征税。此时的均衡支付价格和所得价格是多少？

d. 无论对谁征税，这 3 美元（税负）中会有多少比例落在买方身上？

6. 下图显示了征税 4 美元的影响。

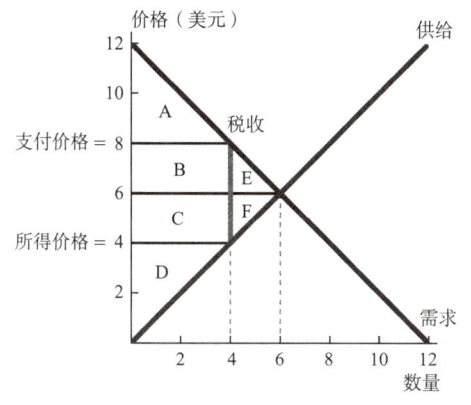

a. 用上图的字母完成下面的表格。

b. 根据下表，税收的无谓损失是多少？（提示：这是下表两列之间社会剩余项的差值。）

c. 重新绘制一张类似的图，但要将供给曲线画成完全无弹性（垂直）的情况。解释为什么在这种情况下，无谓损失为零。

	无税收	有税收
消费者剩余		
生产者剩余		
政府税收	0	B+C
社会（总）剩余		

7. 本章主要讨论了税收的影响。现在让我们考虑一下补贴的影响，它也会产生无谓损失。补贴会导致在卖方所得价格和买方支付价格之间出现差距。

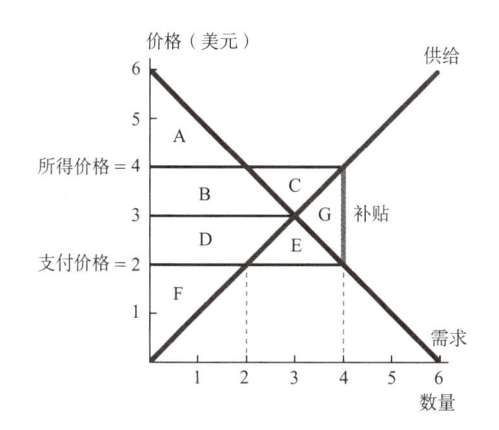

a. 用上图的字母完成下面的表格。此时政府"收入"为负，因为补贴需要政府出钱支付。

b. 根据下表，补贴的无谓损失是多少？（提示：这是下表两列之间社会剩余项的差值。）

c. 参考对前面部分的回答，解释为什么补贴会产生无谓损失。

	无补贴	有补贴
消费者剩余		
生产者剩余		
政府"收入"	0	−(B+C+D+E+G)
社会（总）剩余		

8. 假设手机供需情况如下表所示：

价格（美元/部）	需求（部）	供给（部）
2	10	0
3	9	0
4	8	0
5	7	1
6	6	2
7	5	3
8	4	4
9	3	5
10	2	6
11	1	7
12	0	8

a. 绘制供给曲线和需求曲线。

b. 找出手机市场的均衡价格和均衡数量。

c. 假设政府设置的最高价格（价格上限）为每部 6 美元。此时能交易多少部手机？在你绘制的图中标记价格上限。

d. 假设政府设置的最低价格（价格下限）为每部 10 美元。此时能交易多少部手机？在你绘制的图中标记价格下限。

9. 政府的一些农业政策涉及价格管制，另一些政策涉及数量管制。

a. 小麦的均衡价格为每蒲式耳 5 美元，均衡数量为 100 蒲式耳。绘制供给曲线和需求曲线以展示小麦市场的均衡。

b. 假设政府制定了一项政策，禁止农民种植超过 80 蒲式耳的小麦。这一政策将如何改变小麦的供给曲线？

c. 使用供给曲线和需求曲线来证明，问题 b 中的政策会提高小麦的均衡价格，降低均衡数量。

d. 说明问题 b 中的政策将导致小麦市场的无谓损失。

10. 观察下表中口罩买卖双方的保留价值。

买方（个人）	支付意愿（美元）	卖方（企业）	接受意愿（美元）
亚伯	8	W	0
鲍勃	5	X	3
卡姆	2	Y	5
德布	1	Z	6

a. 绘制供给曲线和需求曲线。（这会是一个阶跃函数，请参考图 7.1。）

b. 在 4 美元价格下，生产者剩余、消费者剩余和社会剩余分别是多少？

c. 政府采取了一项可能具有误导性的举措：为了确保口罩销售者获得高额利润，政府规定每个口罩的价格下限为 7 美元。把这一价格下限添加到你的图中。超额供给是多少？

11. 假设对公寓租赁的需求为 $Q_D = 1\,000 - P$，供给为 $Q_S = P$，P 为价格。

a. 绘图并展示出均衡价格和数量。

b. 增加一个 300 美元的价格上限。考虑到这个价格上限，超额需求是多少？

12. 下图显示了香烟的供给（$Q_S = 2P$）和需求（$Q_D = 12 - P$），P 为价格。政府决定对每单位香烟征税 6 美元。

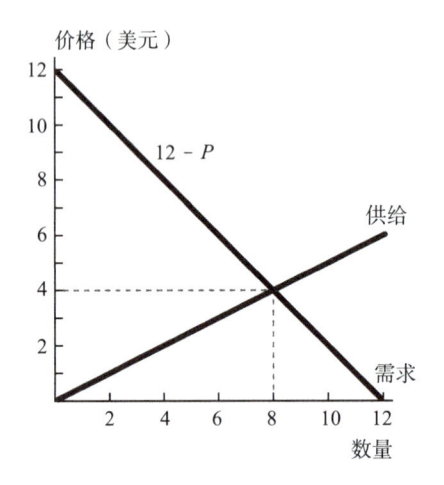

a. 在未对香烟征税时，生产者剩余、消费者剩余和社会剩余分别是多少？

b. 在征税后，证明支付价格增加到了 8 美元。

c. 现在的税收收入、生产者剩余和消费者剩余分别是多少？社会剩余是多少？无谓损失是多少？

d. 对香烟征税似乎会减少剩余。我们可以提出什么理由来支持这项税收？换句话说，我们在分析中遗漏了哪些因素？

第 11 章 生产要素市场

劳动力市场是否存在歧视？

美国前国务卿希拉里在 2016 年民主党总统候选人提名演讲中指出："我们只是在玻璃天花板上开了一道最大的裂缝。"她所说的"玻璃天花板"，是指某些人（在这里指的是女性）在工作岗位上的晋升是有上限的。无独有偶，在竞选 2020 年民主党总统候选人提名期间，参议员卡玛拉·哈里斯公开质疑道："美国准备好让一位女性，尤其是一位有色人种女性担任美国总统了吗？"这可能会让你想要知道，对某些人来说，美国劳动力市场是否真的存在玻璃天花板。

数据一如既往地能帮助我们回答这个问题。一个值得关注的事实是，在过去的几十年里，美国 CEO 中女性的占比至多为 3%。为什么女性在企业高层中的占比如此之低？这种差异是否源于对女性的歧视？还是因为女性经常得为了照顾孩子而牺牲事业？

就劳动力市场中的群体差异而言，企业高层缺乏女性只是冰山一角。例如，在过去几十年里，男性每挣得 1 美元，女性只能挣得大约 80 美分。不同种族、年龄甚至外表吸引力的人之间也存在类似的差异！

经济学能否解释这些差异？

到目前为止，我们把注意力集中在我们作为消费者所购买的商品上：手机、奶酪盒、蛋糕和电力。在本章中，我们将研究生产者购买什么，即生产商品的投入。我们将着重考察劳动、机器（实物资本）和土地等投入。在此过程中，我们将探究人们在劳动力市场中获得不同报酬的原因，以及为什么有些人升到了顶层，而另一些人仍处于中层。通过对劳动力市场的讨论，我们将对工资的决定因素有一个总体的了解。在本章末尾的循证经济学专栏中，我们将回到本章开头时所提到的劳动力市场歧视问题，并思考我们的模型究竟在多大程度上符合现实。

本章概览

11.1	11.2	11.3	11.4	EBE
竞争性劳动力市场	劳动供给：劳动与休闲之间的权衡	工资不平等	其他生产要素市场：实物资本和土地	劳动力市场是否存在歧视？

重要概念

- 生产的三大要素：劳动、实物资本和土地。
- 企业通过对劳动边际产值的评估来确认劳动需求。
- 劳动供给取决于劳动边际收益（劳动收入）与边际成本（放弃的休闲价值）的权衡。
- 工资不平等可以归因于人力资本差异、补偿性工资差异和就业市场中的歧视。
- 为了实现生产目标，生产者除了需要劳动，还必须获得实物资本和土地。

11.1 竞争性劳动力市场

劳动力市场在经济中尤其重要，因为它影响我们所有人。你在找工作或从事带薪工作时，会直接受到劳动力市场的影响。之前我们一直将企业视为供给方，但在本章中，我们会将企业作为劳动的买方（需求者）。而像你这样的个人，则是劳动的供给方。

因此，劳动力市场由供给者（劳动者）和需求者（企业）组成。劳动者生产商品和服务，因此被称为生产要素——我们在第6章中已接触过这一术语。如前所述，生产要素用于其他商品的生产。

生产要素市场与我们消费商品和服务的市场有所不同，因为对生产要素的需求源于对最终商品和服务的需求。一家企业首先要决定生产何种商品或服务，之后才会决定生产这种商品或服务所必需的要素。

在劳动力市场中，需求者和供应商的角色发生了互换：企业是劳动的买方（需求者），而个体劳动者是供应方。

尽管企业会使用很多生产要素，但我们主要关注的是劳动、机器（实物资本）和土地这三大生产要素。以 iPad（苹果平板电脑）为例。为了生产 iPad，苹果公司需要使用劳动（以计算机硬件工程师和软件工程师的形式）、实物资本（以制造产品所需机器的形式）以及土地（从加利福尼亚的库比蒂诺到中国成都的各个生产基地的所在地）。

劳动需求

在现代经济中，一家企业通常会使用数十台甚至上百台不同的机器，例如苹果手机、电脑、激光以及老式装配线等。尽管如此，所有企业仍需以劳动作为其主要生产要素。劳动者可以操作机器，而且由于人类拥有机器仍然欠缺的判断技能，所以人类往往能够比机器更高效地完成任务。从这个意义上说，企业对实现生产目标的欲求使其产生了对劳动的需求。

让我们回到威斯康星奇斯曼公司的例子，我们在第6章中讨论过这家公司的奶酪包装服务。现在我们先假设这家公司使用的其他所有生产要素（实物资本和土地）都保持不变，只关注劳动这一要素。也就是说，我们将专注于该公司所面临的短期决策。我们同时假设这家公司是产品市场上的价格接受者。

我们在第6章了解到，威斯康星奇斯曼公司可以通过雇用更多工人来增加包装奶酪盒的产量。图11.1显示了包装奶酪盒产量和雇用工人数量之间的关系。该图所使用数据来自表11.1。图11.1和表11.1都体现了我们在第6章中探讨过的收益递减规律。根据该规律，额外一单位劳动的边际生产率最终会随着劳动者数量的增加而降低。

图 11.1 威斯康星奇斯曼公司的生产函数

注：本生产函数描述了威斯康星奇斯曼公司通过雇用更多工人所得到的奶酪盒产量。最值得注意的是，到最后，该公司每名新增工人对包装奶酪盒产量的增量影响越来越小，这正是收益递减规律的体现。

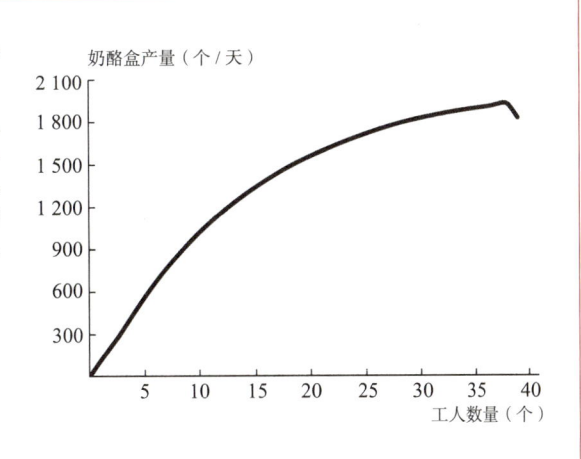

通过对第6章的学习，我们已对表11.1的前三列十分熟悉。例如，第3列为劳动边际产量。它表示的是威斯康星奇斯曼公司多雇用一个工人可以多包装多少奶酪盒。我们用这个数量乘包装每个奶酪盒的价格，便得到**劳动边际产值（VMPL）**。劳动边际产值指的是一名新增劳动者对企业收入的贡献，在本例中，它等于劳动边际产量乘包装每个奶酪盒的价格。为了方便计算，我们假设包装奶酪盒的价格是2美元/个，因此，用表11.1第3列中的数字乘2就能得到第4列中的劳动边际产值。

现在假设威斯康星奇斯曼公司目前拥有14名工人，并且正在考虑扩大劳动力规模。表11.1显示，第15名工人的劳动边际产值为110美元/天（新增收入 = 劳动边际产值 = 55个新增奶酪盒/天 × 2美元/个 = 110美元/天）。如果威斯康星奇斯曼公司要寻求利润最大化，它是否应该雇用第15名工人？

我们先假设日工资为118美元。此时威斯康星奇斯曼公司应该雇用第15名工人吗？不应该。这是因为增加最后一名工人的价值就是他的劳动边际产值，也就是说，第15名工人带来的价值为110美元。为一名只能带来110美元额外收入的工人支付118美元的工资，这显然不划算。

表 11.1 威斯康星奇斯曼公司生产数据

日产出量（个）	工人数量（个）	劳动边际产量（个/天）	劳动边际产值（美元/天）= 价格 × 边际产量 = 2 美元/个 × 第 3 列的数据
0	0		
100	1	100	200
207	2	107	214
321	3	114	228
…	…	…	…
1 019	10	80	160
1 092	11	73	146
1 161	12	69	138
1 225	13	64	128
1 284	14	59	118
1 339	15	55	110
1 390	16	51	102
1 438	17	48	96
…	…	…	…
1 934	38	10	20
1 834	39	-100	-200

注：威斯康星奇斯曼公司需要决定包装奶酪盒的日产量，以及雇用多少工人来实现这一产量。本表汇总了公司在任何给定产出水平下所需的工人数量，以及每名新增工人所能带来的价值。第 1 列为奶酪盒的日产量，第 2 列为工人数量，第 3 列为每名新增工人的边际产出，第 4 列为劳动边际产值，它等于包装每个奶酪盒的价格乘劳动边际产量。劳动边际产值即这些额外产出的货币价值。

如果日工资为 105 美元呢？情况发生了变化。雇用第 15 名工人可以增加利润，因为其日工资低于 110 美元的新增收入。这就意味着，威斯康星奇斯曼公司如果想要实现劳动购买的最优化（不支付超过劳动价值的工资），就要扩大劳动力规模，直至劳动边际产值等于工人的日工资。

这种优化行为使我们能够将企业的边际产值转化为其对劳动的需求。图 11.2 展示了威斯康星奇斯曼公司的劳动需求，它使用了表 11.1 所示的边际产值数据。企业的劳动需求曲线是向下倾斜的，因为其劳动边际产值会一直下降，这是收益递减规律的结果。在图 11.2 中，我们假设市场工资为 110 美元/天。在这个工资水平下，威斯康星奇斯曼公司的最优工人数是 15 名，此时劳动需求曲线与市场工资线相交。

这一推导隐含了两个假设，我们有必要把它们讲清楚。首先，威斯康星奇斯曼公司是在一个竞争市场上销售奶酪包装，因此我们从第 6 章中知道，它可以以市场价格销售任意数量的奶酪包装。其次，我们假设劳动力市场也是一个完全竞争市场，因此威斯康星奇斯曼公司可以按照市场工资雇用任意数量的工人。

我们现在可以发现，威斯康星奇斯曼这样的企业可以通过如下两种方式来使利润最

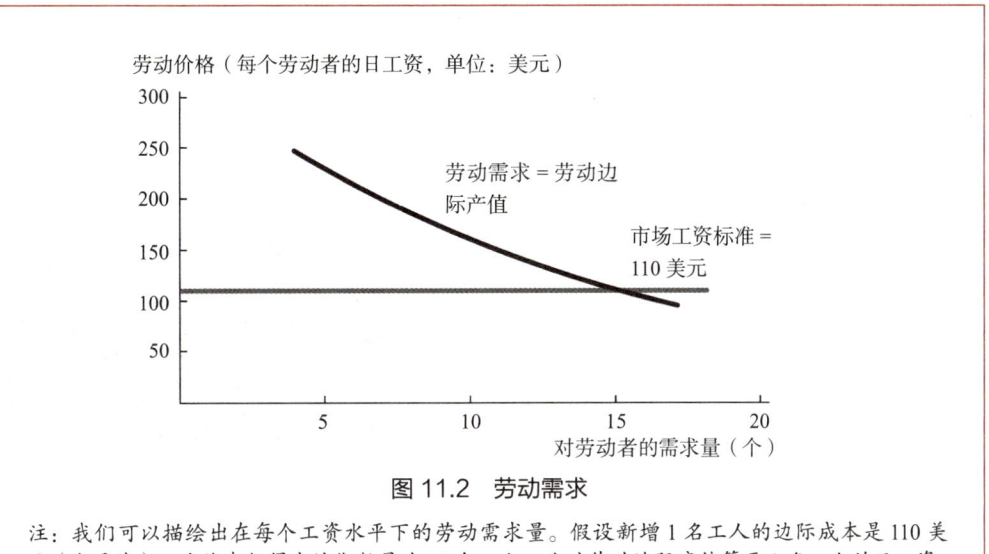

劳动价格（每个劳动者的日工资，单位：美元）

图中显示劳动需求曲线（劳动需求 = 劳动边际产值）与市场工资标准 = 110 美元水平线相交。

图 11.2　劳动需求

注：我们可以描绘出在每个工资水平下的劳动需求量。假设新增 1 名工人的边际成本是 110 美元（水平线）。这使我们得出均衡数量为 15 个工人，此时劳动边际产值等于 1 名工人的日工资。

大化：

1. 在第 6 章中，企业通过寻求最优总产量来实现利润最大化，而我们也知道，这需要企业持续扩大生产，直至边际成本 = 价格；
2. 在本章中我们发现，企业可以通过寻求最优劳动投入水平来实现利润最大化，这需要企业持续扩大劳动规模，直至劳动边际产量 × 价格 = 劳动边际产值 = 工资。

这两者有何联系？它们是否互相冲突？换句话说，一家竞争性企业是否需要在尽力优化其雇工数量的同时优化其产出？

不用担心，这两个条件其实是相同的：一旦其中一个条件成立，另一个条件也会随之得到满足。要证明这一点，我们可以在等式"劳动边际产量 × 价格 = 工资"的两边同时除以劳动边际产量，从而得到：

$$价格 = \frac{工资}{劳动边际产量}$$

价格即工资除以劳动边际产量。假设新增一名工人的工资为 110 美元 / 天，边际产量是 55 个奶酪包装。在这种情况下，多生产 55 个奶酪包装的成本是 110 美元。因此，边际成本是 110 美元 /55，即 2 美元。这表明工资 / 劳动边际产量等于边际成本。所以，

$$边际成本 = \frac{工资}{劳动边际产量} = 价格$$

这个推导表明，当威斯康星奇斯曼公司扩大其劳动力规模，并最终使"劳动边际产

值＝工资"时，它也是在"价格＝边际成本"的这一点上进行生产。

11.2 劳动供给：劳动与休闲之间的权衡

在考虑是否应该在威斯康星奇斯曼这类公司做一份暑期兼职时，面临着怎样的权衡？一方面，你如果决定工作，就可以更轻松地买到一台新笔记本电脑，但这是有代价的。你会因此错过和朋友们一起消夏的乐趣。经济学家们将无金钱报酬的活动称为"休闲"，比如和朋友们一起玩乐就是一种休闲。

你在暑假里是更愿意打工，还是更愿意玩《英雄联盟》？

我们在第 5 章关于买方问题的讨论中指出，你的满意度取决于你在各种商品和服务之间所做出的选择。当考虑在工作和休闲之间做出选择时，你必须决定你的工作量和你的"玩乐"量，或者干脆选择"不工作"。

然而，上述两种情况之间似乎存在一项重要区别。你会根据价格来决定是否购买商品和服务，例如，买一台 iPad 可能要花掉你 600 美元，而买一台 MacBook Pro（苹果的一款笔记本电脑）可能要花掉你 1 200 美元。但和朋友出去玩的代价是什么呢？这不是免费的吗？正如我们在第 1 章中学到的，脸书不是免费的，休闲也不是。休闲的"价格"是休闲的机会成本，而这个机会成本就是不工作导致的工资损失。

所以，你在选择工作还是和朋友出去玩时，如何才能做出最优决策？你很可能已经想到了答案：你应该使边际收益等于边际成本。在这种情况下，这意味着你应该持续选择休闲，并直至边际收益等于边际成本，而这里所说的边际成本就是工资。我们可以把这个条件简单地写成：

$$休闲的边际收益 = 工资$$

我们来看一则应用实例。表 11.2 显示了在不同的工资水平下艾丽斯和汤姆的年总劳动天数。例如，在工资为 100 美元/天时，艾丽斯每年工作 205 天，汤姆每年工作 125 天。我们首先要观察工作天数会如何随着工资水平的提升而变化。在更高的工资水平下，艾丽斯和汤姆都会选择增加工作量。这很好理解：如果校园书店开给你的工资是每天 64 美元（工作 8 小时），你可能不会接这个活；但如果它把每天的工资提高到 200 美元，那么你可能会积极地想得到这个工作机会。图 11.3 将表 11.2 中艾丽斯和汤姆的劳动供给选择绘制成了个人劳动供给曲线。这两条劳动供给曲线都显现出一个重要的特征：年工作天数越接近 365 个工作日时，我们就越需要更多的工资增长来激励我们增加

表 11.2　艾丽斯和汤姆的年劳动供给天数

注：在这里，我们可以看到艾丽斯和汤姆在工作和休闲之间的权衡情况。例如，如果一天工作 8 小时的现行工资水平是 25 美元，那么艾丽斯会在一年内工作 25 天，而汤姆根本不工作。当日工资为 125 美元时，艾丽斯一年会工作 260 天，汤姆则工作 155 天。

工资（美元/天）	艾丽斯工作天数（天/年）	汤姆工作天数（天/年）
25	25	0
50	95	50
75	150	90
100	205	125
125	260	155
175	310	190
225	350	230
275	365	280
375	365	340
500	365	365
600	365	365

工作天数。事实上，一旦达到一年 365 天的最大供给，艾丽斯和汤姆的劳动供给曲线都会变成垂直线，这意味着无论工资是多少，他们都不能再增加劳动供给了。

为了构建市场劳动供给曲线，我们需要将个体劳动供给曲线加总。为此，我们需要将个体劳动供给曲线水平相加（也就是对每个工资水平下的个人市场供给量求和）。假设市场上只有艾丽斯和汤姆两个人。在这种情况下，当日工资为 50 美元时，他们加起来提供了 145 天的劳动（艾丽斯工作 95 天，汤姆工作 50 天）。当日工资为 100 美元时，他们合计提供了 330 天的劳动（艾丽斯工作 205 天，汤姆工作 125 天）。通过在每一工

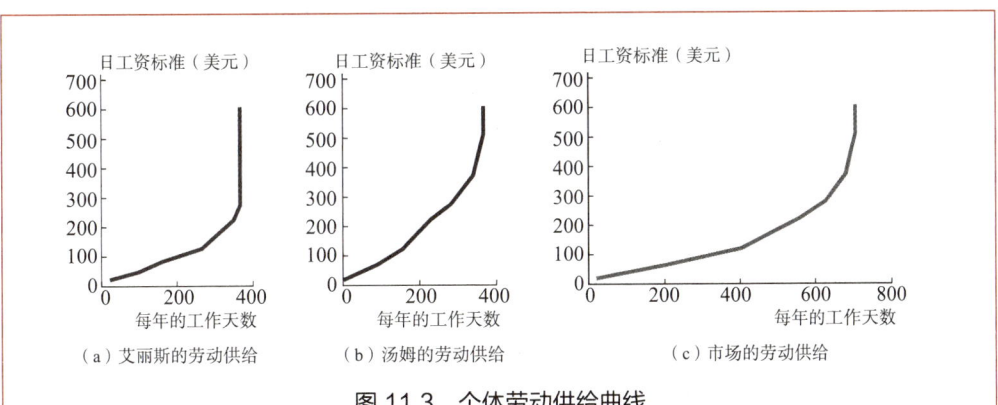

图 11.3　个体劳动供给曲线

（a）艾丽斯的劳动供给　　（b）汤姆的劳动供给　　（c）市场的劳动供给

注：图（a）描述了艾丽斯在每个日工资水平下的年工作天数，图（b）则描述了汤姆的情况。通过将艾丽斯和汤姆在给定日工资下愿意工作的天数加总，我们构建出了市场劳动供给曲线。例如，在日工资为 175 美元时，艾丽斯会工作 310 天，汤姆会工作 190 天。他们在日工资为 175 美元时总共会工作 500 天。我们通过将两人在每个工资水平下的劳动供给相加，构建出市场供给曲线。从图上看，这相当于将他们的劳动供给曲线水平加总。

资水平下进行加总，我们就可以得出市场劳动供给曲线，如图 11.3（c）所示。

劳动力市场均衡：供给满足需求

现在让我们把劳动需求和劳动供给放在一起来探讨奶酪包装市场的均衡影响。观察图 11.4，该图将数百名劳动者和几十家在奶酪包装工劳动力市场上竞争的企业分别进行了加总。和之前一样，供给曲线和需求曲线的交点为市场均衡，它决定了均衡工资水平和市场上的劳动供给及需求量。此时你可能想知道，如果我们不再严格假定市场为完全竞争市场，其结果会出现什么变化。本章附录给出了一个相关的例子，展示了当市场上只有一个劳动需求者时的情况。这会导致一些有趣的结果，不过现在我们仍将以完全竞争市场为例，以求更深入地了解不同要素对劳动力市场需求和供给的影响。

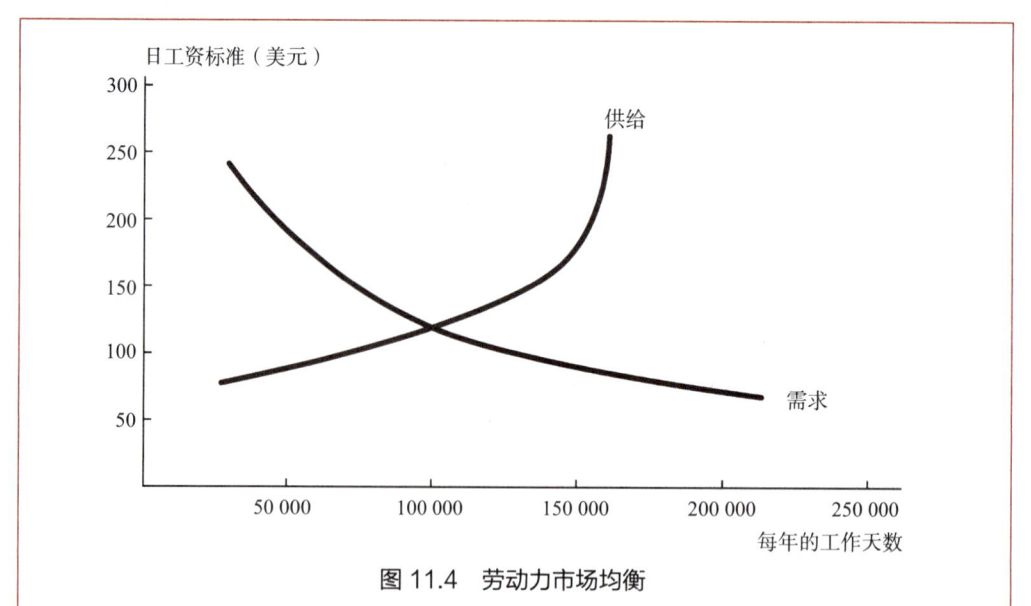

图 11.4　劳动力市场均衡

注：结合我们所知的劳动边际收益递减以及工资与劳动供给的正相关关系，我们现在可以完整描绘出劳动力市场向下倾斜的需求曲线和向上倾斜的供给曲线，这两条曲线的交点决定了均衡工资水平和均衡劳动供给量。

使劳动需求曲线移动的因素

劳动需求曲线的所在位置取决于多个关键因素，其中两个非常重要的因素分别是：

1. 企业所生产商品的价格；
2. 企业的科技水平。

选择与结果

创建网站和编写电脑程序

- 你或许还记得，在第 8 章中，你接了一份创建网站与编写电脑程序的兼职。假设你的工资是每小时 10 美元。如果你的雇主把你的工资提高到每小时 1 万美元，会不会吸引你工作更长时间？对许多人来说，答案未必完全显而易见。一方面，如果你的工资为每小时 1 万美元，那么你只需要工作很少的时间就生活得很好。另一方面，休闲的成本，也就是你放弃的工资，也增加了很多。

- 对这一问题的经济分析告诉我们，在整个工资范围内，劳动供给未必会随着工资的上涨而提升。在大多数人认为合理的工资范围内，人们一般都会为了赚更多的钱而增加工作时间，艾丽斯和汤姆就是这样。这叫作替代效应，我们在第 5 章附录中介绍过这一术语。替代效应意味着当休闲价格上涨时，人们会用工作来替代休闲。

- 然而，我们在第 5 章附录中讨论的另一个术语是收入效应，它意味着当工资增加时，你的总收入会增加，你可以负担更昂贵的东西，比如更多的休闲时间。在每个人的决策中，正是这些对立力量的相对强度决定了其劳动供给曲线的斜率。

- 为了确定劳动供给曲线的斜率是正还是负，经济学家研究了许多不同的情况。你认为他们发现了什么？让我们看看"用数据说话"专栏中的例子。

用数据说话

"快来买了，好吃的热狗！"

- 在实践中测算劳动供给曲线的一个难点在于，许多员工在选择工作时间方面并不具有完全的灵活性。例如，许多办公室白领必须朝九晚五地工作，而且他们在决定加班时间方面可能也没有太大的自由度。这并不意味着我们所强调的收入与休闲的权衡无足轻重，但这确实意味着估算劳动供给是一件难事。

- 经济学家杰拉尔德·奥廷格进行的一项有趣研究突破了这一困境：他对美国职业棒球大联盟赛场商贩在赛季期间的劳动供给进行了考察。[1] 这些在大联盟比赛期间卖热狗、啤酒、棉花糖、柠檬冰、花生、爆米花和汽水的商贩，是能够决定自己工作时间的分包商。他们没有固定工资，他们的实际工资取决于他们所销售商品的需求情况。观赛观众越多，这些商贩的生意就越好，而且人们观赛的时间也是可以预测的——主要是在周末和天气好的时候。用这一设定来验证经济学理论的优点是，个体商贩可以自由安排其工作时间，这更近似于我们理论中的情况。

- 奥廷格发现，这些商贩会仅仅通过看日历和天气预报来决定是否在某一天工作，

> 而当预期收入会翻番时，他们会增加55%~65%的工作时间。从本质上讲，这些商贩表现出了经济学理论所预测的那种行为。也就是说，当潜在收入更高时，他们会工作得更多。你还能想到哪些可以检验劳动供给理论的情况？

让我们再次以威斯康星奇斯曼公司为例，讨论一下企业所生产商品的价格问题。假设奶酪的受欢迎程度增加，使得奶酪包装的市场需求曲线右移。这一移动提高了奶酪包装的均衡价格。更高的价格增加了奶酪包装工人的劳动边际产值。这反过来会导致威斯康星奇斯曼公司及行业内的其他公司需要招聘更多的工人，从而使劳动需求曲线右移（从 D_1 移向 D_2），如图11.5所示。同样如图所示，这一移动将推高均衡工资水平和劳动供给水平。

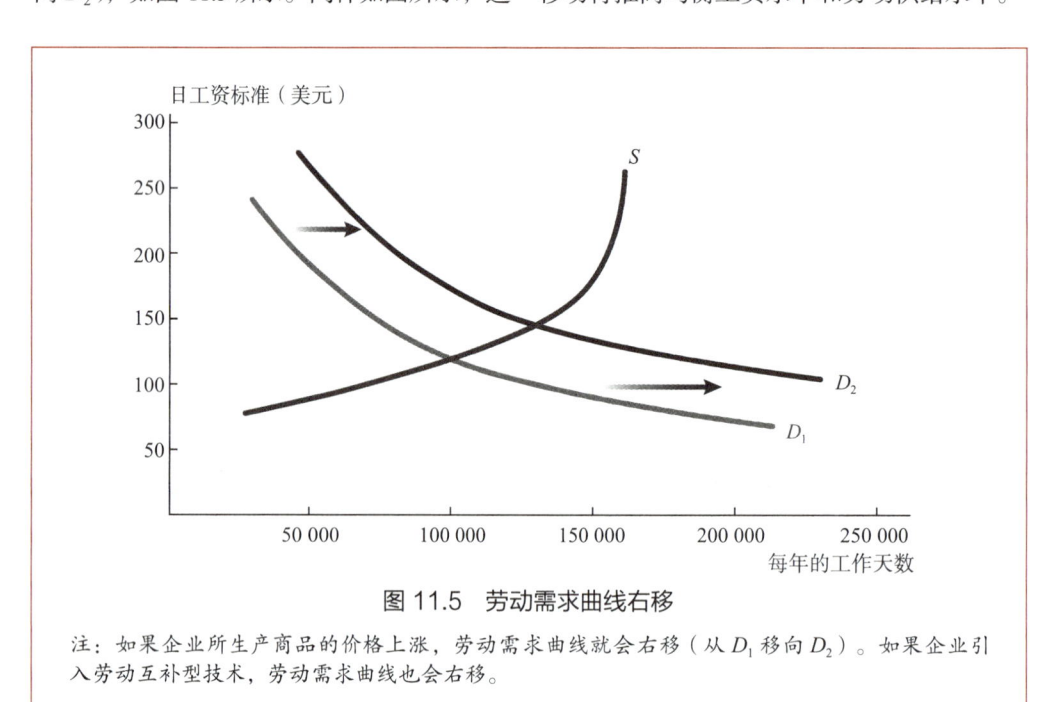

图 11.5 劳动需求曲线右移

注：如果企业所生产商品的价格上涨，劳动需求曲线就会右移（从 D_1 移向 D_2）。如果企业引入劳动互补型技术，劳动需求曲线也会右移。

导致劳动需求曲线移动的第二个因素是企业的科技水平。例如，假设机器人接管了奶酪包装的部分工作流程，从而降低了劳动边际产量。如果机器人成为一种劳动替代，并导致工人只能从事一些生产率不如奶酪包装的琐碎工作，就会发生劳动边际产量下降的情况。这会如何影响劳动需求曲线？这会导致劳动需求曲线左移，降低均衡工资水平和就业人数。这种技术被称为**劳动节约型技术**，它是一种替代现有劳动投入并降低劳动边际产量的技术。

此外还有劳动互补型技术，比如自动化生产过程提高了奶酪包装工人的生产率。**劳动互补型技术**是指能够补充现有劳动投入并因此增加劳动边际产量的技术。由于这项技术，工人们现在可以包装更多的奶酪。这种技术变化提高了劳动边际产量，使劳动需求曲线右移，如图 11.5 所示。

使劳动供给曲线移动的因素

劳动供给曲线的移动同样会影响均衡工资水平和就业人数。我们现在来讨论导致劳动供给曲线移动的三个主要因素：

1. 人口变化；
2. 劳动者偏好和喜好的变化；
3. 机会成本。

让我们逐一讨论上述因素。

在人口变化方面，美国人口普查局预计，到 2050 年，美国人口将从目前的 3.28 亿增加到 3.98 亿，大约增加 7 000 万人。这是因为会有大量的新出生人口和移民。移民预测告诉我们一件有趣的事——人口普查局估计，未来 64% 的人口增长将归因于移民。根据最基本的假设，当移民进入某一地区时，当地的劳动供给会出现增长。这种增长使劳动供给曲线向右移动，如图 11.6 所示。这种移动会导致工资水平下降和劳动供给水平提升。

劳动者偏好和喜好的变化也会影响劳动供给。1975 年时，外出工作的女性占比为 46.3%。到 2019 年，这一比例已升至 58% 左右（而 2019 年男性的外出工作占比为 69%）。对这一现象的一种解释是，与几十年前相比，女性可能对工作有了更多的"喜好"。之所以会发生这种情况，是因为许多女性在二战动员期间开始进入劳动力市场。

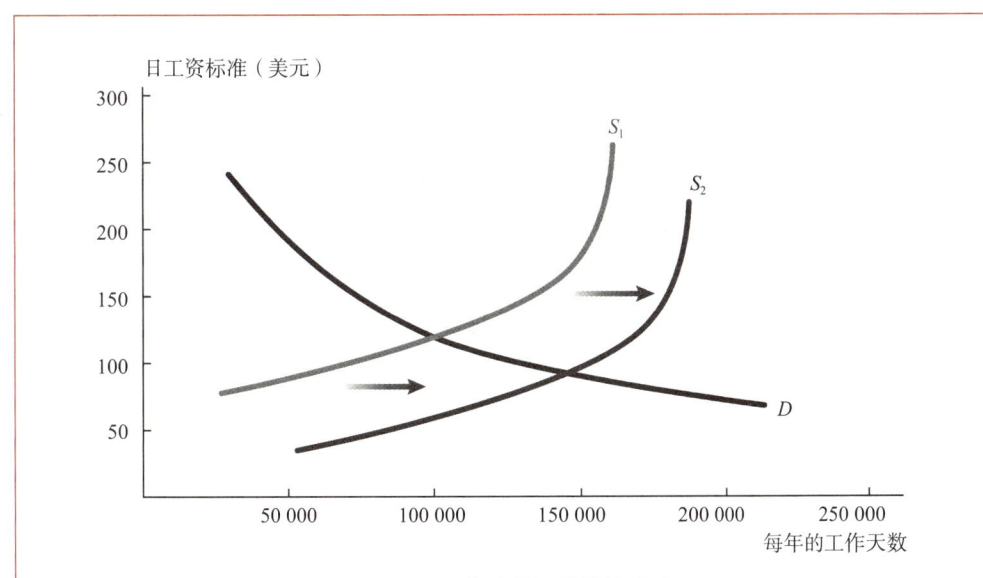

图 11.6 劳动供给曲线的移动

注：在任何给定工资水平下，劳动人口的增加、劳动者偏好和喜好的转变或外部机会的减少等因素会导致更多人愿意参与工作，从而使劳动供给曲线从 S_1 向右移至 S_2。

这一趋势一直持续至今，在过去30年中尤为明显。随着时间的推移，人们的偏好和喜好可能已经发生了变化，现在的女性比二战前更愿意进入劳动力市场，而社会也比先前更期待女性进入劳动力市场。随着越来越多的女性进入劳动力市场，劳动供给曲线发生右移，如图11.6所示。由于女性大学入学率高于男性（根据美国劳工统计局的数据，2015年女性和男性高中毕业生的大学升学率分别约为72%和65%），且更多的女性希望通过进入劳动力市场来获得教育回报，因此这种偏好和喜好的变化可能还会持续。

最后，机会成本也是劳动供给曲线移动的一个重要因素。例如，如果其他的工作机会减少，奶酪包装市场的潜在劳动力就会增加。说得更具体一点，如果当地的钢铁厂倒闭，很多工人就会失业并寻找工作。其中的一些人会转向奶酪包装行业，而愿意从事奶酪包装的工人数量的增长会使劳动供给曲线向右平移，如图11.6所示。这种移动反过来会降低奶酪包装工人的工资。

机会成本在什么情况下会导致奶酪包装工人减少呢？不妨想想丰田在该城市开设一家新工厂时的情况。这时奶酪包装工人有了更好的工作机会，因此他们中的某些人会选择到新的丰田工厂工作。这将导致奶酪包装工人的劳动供给曲线向左平移，从而提升均衡工资。

11.3 工资不平等

根据我们在前一节构建的劳动力市场模型，单一行业中存在单一均衡工资。但在实践中，各行业内或者不同行业间的劳动者工资及收入存在着相当明显的不平等。图11.7显示了2019年美国时薪劳动者的平均工资分布。

该图把劳动者划分为10组，其中第1组为收入最低的10%人群，第10组则为收入最高的10%人群。在这两个极值之间的各组分别为收入在10%~20%（第2组）、20%~30%（第3组）人群，依次类推。我们可以很容易地从图11.7中观察到，工资最高的群体比其他群体挣的多得多。事实上，这组劳动者的收入是最低收入组的6倍多。

为什么会出现这些工资差异？我们该如何通过扩展劳动力市场均衡模型来涵盖这个问题？现在我们转向讨论劳动力市场中可能会导致劳动者工资差异的三个重要特征：

1. 人力资本差异；
2. 补偿性工资差异；
3. 就业市场歧视。

人力资本差异

对图11.7所示工资差异的一种解释是，人们拥有不同水平的技能，因此生产率水平也不尽相同。经济学家将每个人用于创造产出或经济价值的技能储备称为**人力资本**。人力资本差异会导致工资差异。

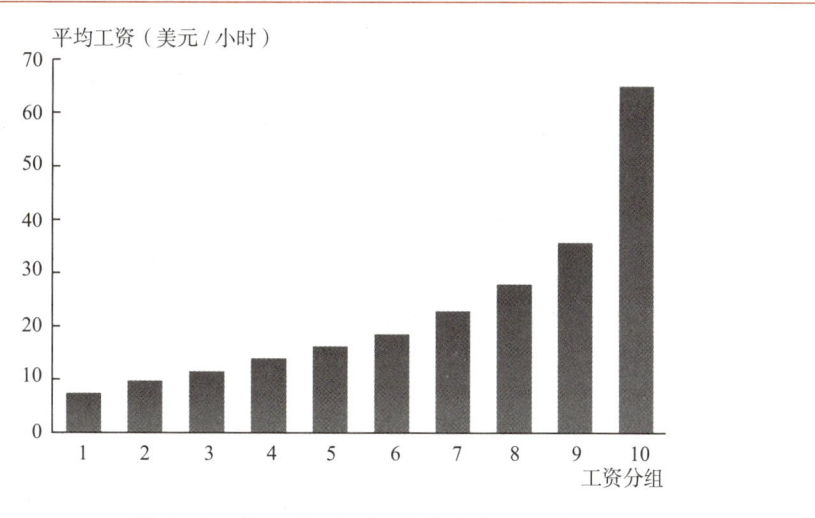

图 11.7 美国的每小时工资分布（2019）

注：如果没有工资不平等，所有条柱会一样高。然而，我们从图中可以明显看出情况并非如此，这说明在工资方面存在相当大的不平等。
资料来源：美国劳工部劳工统计局，当前人口调查。

人力资本差异的一个主要来源是受教育程度。你和班上所有其他同学都在努力学习，汲取可用于未来工作的知识。数学有助于你解决问题，训练你的推理能力；经济学有助于你发展出一种评估个人行为后果的能力；英语则有助于你更好地表达个人理念。这些技能，以及更多其他的技能，都是生产许多商品和服务所必需的。

另一种提高人力资本的途径是积累经验。实证证据表明，你在某项工作上花费的时间越多，你的生产率就越高。这种类型的生产率增长往往具有非常强的工作或行业针对性。一旦劳动者掌握了完成某一特定工作任务的最佳方法，他就会积累起关于特定工作（或特定企业）的人力资本，但这种经验并不能使他在为其他企业工作时更高效。例如，学会如何操作一套独特的库存系统可以让劳动者获得某种技能，这一技能能够提高他在当前企业的生产率，但不见得能让他在其他企业中也具有高生产率。

为什么帕特里克·马霍姆斯比体育老师挣得多？[①]

[①] 帕特里克·马霍姆斯是美国著名橄榄球运动员，荣获过多届超级碗冠军。——译者注

第 11 章 生产要素市场

相比之下，当一名机械师学会了如何更换轮胎，他就会积累下特定行业的技能，因此他不仅能在当前企业拥有更高的生产率，也能在竞争对手企业拥有更高的生产率。一个经常被用来解释男性工资为什么比女性高的因素是，女性会花更多时间从事兼职或脱离劳动力市场。根据美国劳工统计局的数据，2019 年，22.9% 的女性从事兼职工作，而男性的这一比例只有 11.7%。在本章的循证经济学专栏中我们还会了解到，根据对一组 MBA（工商管理硕士）的研究，女性更有可能休假（27% 对 10%）或者比男性更早离开劳动力市场。因为这些时间投入的缺失，所以女性所获得的特定工作和特定行业的人力资本通常少于男性。

补偿性工资差异

正如人们根据自己不同的受教育程度选择获得了不同的学历，人们也会选择不同类型的工作。例如，有些工作的风险非常高——建筑工作、卡车运输、采矿和服兵役等都是死亡率很高的职业。为了使劳动力市场处于均衡状态，这些边缘劳动者必须得到足够高的工资，唯有如此，他们才不会在其当前工作和其最佳低风险（但工资也更低）替代之间表现出偏好。

用来吸引劳动者从事不受欢迎职业的工资差异称为**补偿性工资差异**。在探讨不同工作间的工资差异时，基于风险和低愉悦度的工资差异是不能忽视的重要因素，但我们可能会发现，从事同一工作劳动者的待遇也不尽相同，这也是有原因的。例如，办公条件可能不太好，当地的房价和租金可能很高，或者当地的空气质量可能很差。

选择与结果

为员工培训买单

- 许多工会支持者认为，企业应该为所有培训课程付费。毕竟，一个好的培训计划能让员工更加胜任工作，或者说，培训能提升他们的生产率。
- 我们必须记住，在竞争市场中，劳动者任何基本（"一般"）技能的提升，通常都会使其拥有更高的生产率，而且是在任何企业中都拥有更高的生产率。因此，企业会为了得到这些员工而展开竞争，为此它们需要不断提高工资，直至使其等于劳动边际产值。这意味着员工得到了培训的所有好处（通过获得更高的工资）。这也意味着提供培训的企业没有从培训支出中获得任何收益，而劳动者确实从一般培训中获得了收益（他有了更高的工资）。因此，企业并没有投资于基本技能培训的动机，但员工自己在这方面会有很强的动机。员工通常以削减工资的方式投资于个人基本工作技能，而这相当于间接地"支付"了他们的培训成本。（也就是说，他们会以削减工资的方式来补偿那些承担了培训成本却没有从中获得任何好处的企业。）

- 然而，针对特定工作的培训却并非如此。针对特定工作的员工培训为雇主带来收益（就员工的生产率而言），但不会让员工在劳动力市场上获得收益。因为员工不会从职业培训中获得市场收益，所以他们不会为这种培训付费，但是企业会很乐意付费。
- 这一推理表明，在我们的经济理论框架下，企业应该只愿意为特定职位的员工培训付费，员工则应当自行承担提升其一般技能的费用。

表11.3 列出了美国劳工统计局统计的平均年薪，我们从中可以看到一些补偿性工资差异的证据。考虑快餐厨师与垃圾清运工这两种不同的职业。这两种职业都没有学历要求，而且涉及的培训相对较少，但垃圾清运工的年薪几乎是快餐厨师的两倍。这是为什么？原因同上，那就是，我们要记住，均衡工资会使具有特定技能的边缘劳动者对任何工作都不表现出偏好。在这种情况下，为了激励劳动者早起并愿意从事垃圾处理工作，可能需要使他们比快餐厨师拿到更高的薪水。

表11.3 2018年不同职业的平均年薪

注：本表列举了一些职业的年薪，这些职业所需的培训程度各异，受欢迎程度也存在差别。
资料来源：美国劳工部劳工统计局职业就业统计。
检索自 http://www.bls.gov/oes/current/oes_nat.htm，2018年5月。

职业	平均年薪（美元）
快餐厨师	22 650
零售人员	28 310
垃圾清运工	40 560
入殓师	46 640
爆破工人	52 780
消防员	53 240
金融分析师	100 990
核工程师	110 790
经济学家	116 020
外科医生	255 110

就业市场歧视

生产率相同且工作完全相同的劳动者是否总能得到相同的工资？他们肯定能从事同样的工作吗？不一定。决定劳动力市场中工资的第三个主要因素是现存歧视的性质和程度。经济学家提出了两种解释雇主为什么会存在歧视的重要理论：基于偏好的歧视和统计性歧视。

诺贝尔经济学奖得主加里·贝克尔发现了基于偏好的歧视对市场的影响，这也是使他闻名于世的研究成果之一。[2] 当人的偏好导致其歧视某一特定群体时，就会发生**基于偏好的歧视**。例如，如果一个雇主怀有偏见，他就可能不愿意和某些类型的人共事。一些工资统计数据证实了美国雇主的歧视倾向。例如，在美国的小时工中，非西班牙裔劳动者的平均工资远高于西班牙裔劳动者，如图11.8所示。

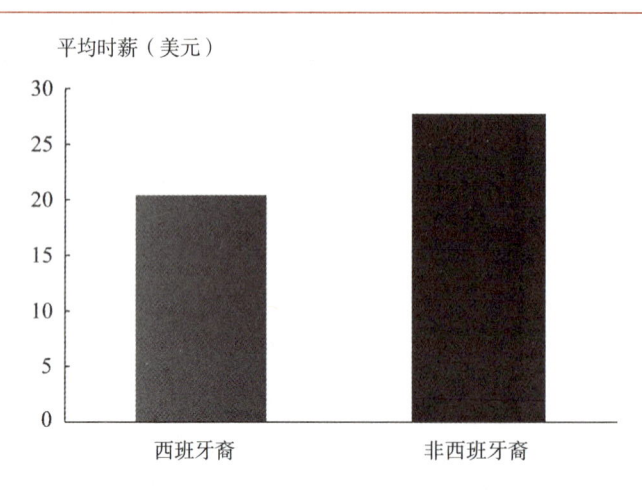

图 11.8 西班牙裔和非西班牙裔劳动者的平均每小时工资（2018 年）

注：就时薪劳动者而言，非西班牙裔的工资高于西班牙裔。然而，值得注意的是，对于这种差距有许多可能的解释，基于偏好的歧视只是其中之一。你认为还可能有哪些导致西班牙裔和非西班牙裔劳动者之间巨大工资差距的因素？

资料来源：美国劳工部劳工统计局，当前人口调查，2018 年。

值得注意的是，不同群体之间的工资差异不仅是因为雇主存在基于偏好的歧视，还可能源自其他因素，比如人力资本，尤其是在受教育程度和经验方面。事实上，西班牙裔劳动者的平均受教育程度低于非西班牙裔劳动者。因此，这种人力资本方面的差异可能是图 11.8 所示工资差异的一个驱动因素。

另外需要注意的是，劳动者的工资差异可能是由某些难以察觉的因素所致。例如，非西班牙裔劳动者之所以表现更好，是因为他们的英语水平能让他们和顾客及雇主进行更有效的沟通。也许仅仅是沟通能力的差异就造成了我们在图 11.8 中所观察到的部分工资差异。如果雇主真的是以此为依据进行招聘（无论真假），这到底算不算歧视？

经济学家称这种歧视为**统计性歧视**。当雇主使用一个可观察的变量（如种族或性别）来判断一个人是否会成为一名好员工时，就会产生统计性歧视。因此，由预期导致的对某一特定人群的歧视就是统计性歧视。

统计性歧视无处不在。你因为某家餐馆外观看起来破旧或名字听上去俗气而决定不在那里吃饭，这就是一种统计性歧视：你正在运用一家餐馆的破旧外观或俗气名字来判断这家餐馆的食物如何。统计性歧视也是一种商业惯例。例如，如果你只有十几或二十几岁，那么你要比你父母支付更多的汽车保险费。你知道这是为什么吗？这是因为保险公司通过人群平均统计数据发现，你这个年龄的人比你父母那个年龄的人更容易出交通事故。因此，即使不同年龄本身并不是一个完美的指标，但还是能够透露出一些有关司机驾驶风险的信息。雇主在决定雇用哪种类型的人时，也会使用性别、种族、年龄或任何他们认为能表明谁将成为一名好员工的指标进行类似的推断。

基于偏好的歧视和统计性歧视的一个重要区别是，雇主在进行基于偏好的歧视时愿意放弃利润。也就是说，为了迎合他们的偏见性喜好，他们不会雇用或提拔特定类型的劳动者。相比之下，进行统计性歧视的雇主会试图提高他们的利润。我们将会在循证经济学专栏中讨论如何测算歧视对劳动力市场的影响。

工资不平等现象随时间的变化

我们刚刚讨论了经济学中造成工资差异的三个主要原因：人力资本差异、补偿性工资差异和歧视。一个悬而未决的问题是工资差异随时间推移发生了怎样的变化。一开始你可能会认为，随着时间的推移，尤其是自20世纪50年代和60年代以来，社会对歧视的容忍度越来越低，因此工资不平等现象肯定会有所缓解。然而，图11.9所示的1967—2018年美国工资分布可能会让你感到惊讶。该图展现了工资分布中处于最低10%、中位数和最高10%人群的工资变化趋势。

该图显示，1967年以来，工资不平等现象显著加剧。收入最高10%人群的年收入已增至18万美元以上，但最低10%人群的收入在实质上没有变化。中位数收入群体的实际所得也是如此。工资不平等的这种显著变化可能是由多个因素导致的，但经济学家特别指出了一个导致高收入和低收入劳动者之间产生重大分化的因素：技术变革。

如前所述，技术既可以是劳动节约型，也可以是劳动互补型。技术可以是技能节约型或技能互补型，这一点经常被称为技术的技能偏向。**技能偏向型技术变革**能够提高技

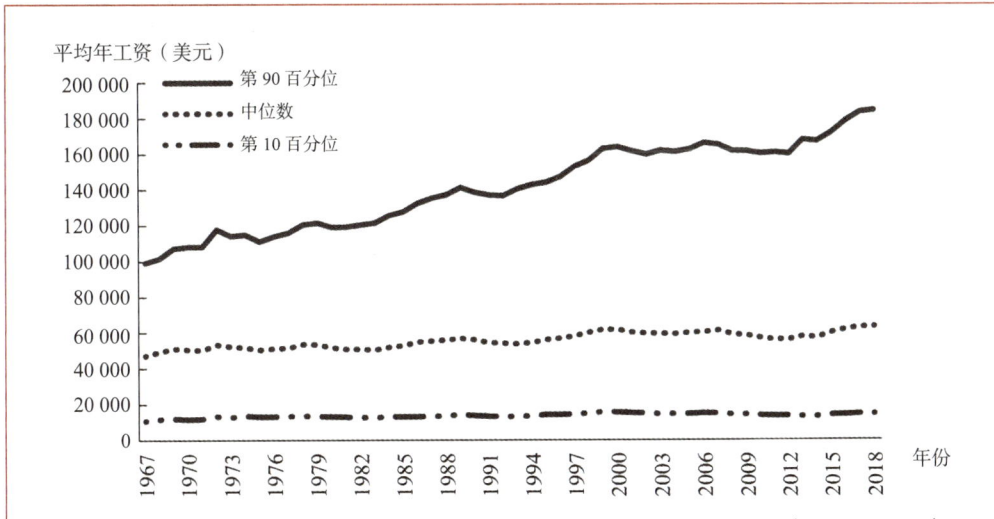

图11.9　美国年收入——最高10%、中位数与最低10%人群的工资分布（1967—2018）

注：从图中我们可以发现，从1967年开始，工资分布中处于底层10%和第50百分位（或"中位数"）人群的（实际）年收入几乎没有增长，而处于顶层10%人群的年收入大幅增长。一种解释是技能偏向型技术变革提高了高收入者的边际产量。

资料来源：美国劳工部劳工统计局，当前人口调查。

能型工人而不是非技能型工人的生产率。在上述历史时期，世界主要的技术变革是计算能力的提升。这一变革具有广泛的技能偏向性，它提高了技能型劳动者的边际生产率，导致了对此类劳动者需求的增长，并提升了他们的工资水平。

选择与结果

补偿性工资差异

- 你长大后想从事什么职业？小时候，你可能会时不时地思考这个问题，而现在，作为一名大学生，你可以在一番深思熟虑后排除从事某些职业的可能性。被排除在外的职业可能包括垃圾清运工、污水处理厂工人或卡车司机。如果让大学生在成为卡车司机和成为教师之间做出选择，大多数人可能会选择一条致力于丰富年轻人思想的职业道路。教师是一个备受尊重的职业，工作时间合理，还能有暑假。开卡车则单调、危险，还得长期久坐不动（本书的一位作者对此有过亲身经历！）。
- 但是，如果你得知刚走出校园的教师的平均起薪约为每年3.3万美元，而卡车司机的平均工资是每年5.1万美元，你又会怎么想？你会被这样的薪资诱惑吗？如果你知道在伊拉克当卡车司机能让你赚到6位数的年薪呢？现在你会重新考虑自己的选择吗？
- 在这里起作用的经济原理就是补偿性工资差异。如果一份工作相对来说更危险、更脏兮兮，或者在某些方面不受欢迎，雇主就必须利用激励措施从其他工作内容更容易、环境更干净的岗位上吸引潜在员工。在考虑从事哪一种职业时，人们既要考虑工资，又要考虑工作的舒适度，比如时间便利性、声望、工作中的风险和困难。当舒适度令一份工作更具吸引力时，由于已经存在很多其他激励，因此雇主可能会开出较低的工资。然而，如果工作舒适度基本为负，雇主就必须提供更高的工资来吸引符合条件的员工，这就是为什么教师和银行出纳员的收入明显少于卡车司机。
- 少了多少呢？如果让你成为一名卡车司机而不是教师或者银行出纳员，你会要求多少额外的补偿？

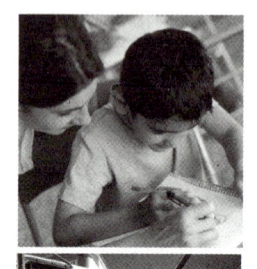

另一方面，许多非技能型工人劳动者的工作被增强的计算能力所取代，市场对此类劳动者的劳动需求下降，他们的工资也因此出现下降。我们可以在经济的方方面面观察到这种影响：许多客户服务中心现在已通过语音识别软件实现了自动化。在过去，电话费问题是无法通过与机器人沟通来解决的。同样，现如今汽车、比萨，甚至是我们睡觉的床也是通过各种先进技术生产出来的。在过去的几十年里，科学技术日新月异，兴许在你找到第一份工作之前，快餐店的服务员就会变成机器人，它们会微笑着问你："需要汉堡配可乐和薯条吗？另外，根据我们的数据，你可能还想要一份沙拉。"自动驾驶汽车和机器人外科医生也可能很快变成现实。

> **用数据说话**
>
> **宽带和不平等**
>
> - 某些新技术，尤其是那些与信息通信相关的新技术，一直存在技能偏向性。挪威宽带技术的推出就充分说明了这一点。从2000年开始，为确保挪威所有地区都能以低成本接入高速互联网，挪威开始对宽带基础设施进行大规模投资。但由于项目资金有限，各地的网络建成时间并不一致。
> - 经济学家安德斯·阿克曼、英维尔·戈德尔和马格纳·莫斯塔德利用挪威不同地区宽带接入的时间差异，探究了家庭和企业宽带接入状况对不同学历劳动者的工资及就业的影响。[3]他们发现，拥有大学学历的劳动者工资增长更快，而只有高中学历的劳动者，以及那些没有高中文凭的劳动者，工资增长得没有那么快。宽带接入后，大学生的就业增长也更为迅速。他们的分析还表明，这些影响的出现是因为企业采用了宽带技术并改变了对技能的需求。

11.4 其他生产要素市场：实物资本和土地

截至目前我们一直在关注劳动这一生产投入，但生产过程中还有很多其他同样重要的要素。在本节中，我们将讨论实物资本（如机器）市场和土地市场。

如前所述，企业每个连续单位劳动的增加值是由产出价格和劳动边际产量相乘得出的。我们将这个边际值称为劳动边际产值，并推导出在工资等于劳动边际产值时，企业雇用的劳动力数量会达到最优。

这一概念同样适用于企业的实物资本。正如第6章中所述，实物资本是任何用于生产的物品，包括机器和建筑物等。实物资本可能是装配线上的皮带、餐馆里的刷卡机，或建筑工地上的叉车。除了雇用员工，一家企业也会持续扩张其实物资本，直至得不偿失为止。这意味着像威斯康星奇斯曼这样的公司，除了会持续雇用劳动力直至劳动边际产值等于工资，也会持续增加实物资本，直到**实物资本的边际产值**（简称VMPK，经济学家通常用K表示实物资本）等于实物资本的价格。实物资本的边际产值是额外一单位实物资本为企业收入所带来的贡献。

土地使用同样如此。土地包括建设各种建筑的固体地表和自然资源。一家企业会持续购买和使用土地（比如作为建筑空间），直至土地的边际产值等于土地的价格。

虽然决定这三种投入使用量的经济框架是相同的，但劳动与实物资本和土地有一个重要区别：企业可以租用或直接拥有实物资本和土地，但不能拥有（他人的）劳动。在租用实物资本时，企业必须支付实物资本的租金，而要使用土地，企业必须支付土地的租金。所谓**租金**，是指在特定时期内使用某种商品的价格。简单起见，我们假设企业租用而非拥有实物资本和土地，我们会在第 15 章中进一步讨论投资。

为了使讨论更具体化，我们考虑一个如何在实物资本市场中实现均衡的例子。假设一项劳动节约型技术创新使得威斯康星奇斯曼公司只需雇用一单位劳动力（比如一个电脑程序员）来生产奶酪包装。我们之前说过，装配线上的机器数量决定了该公司生产奶酪包装的数量。表 11.4 显示了不同实物资本下的生产计划，其中每一单位实物资本是一台机器。假设奶酪包装的均衡价格仍然是每个 2 美元。这意味着实物资本的边际产值 =2 美元/个 ×

表 11.4　威斯康星奇斯曼公司的生产计划

日产量（个）	机器数量（台）	实物资本的边际产量（个/天）	实物资本的边际产值（美元/天）=价格×边际产量=2美元/个×第3列的数据
0	0		
50	1	50	100
104	2	54	108
161	3	57	114
227	4	66	132
294	5	67	134
346	6	52	104
396	7	50	100
442	8	46	92
484	9	42	84
524	10	40	80
561	11	37	74
596	12	35	70
628	13	32	64
658	14	30	60
685	15	27	54
710	16	25	50
734	17	24	48

注：和先前一样，威斯康星奇斯曼公司所面临的任务是决定每天的产量。不同之处在于，现在公司的产量取决于其购买的机器数量。本表总结了在任何给定产量下公司所需的机器数量，以及每新增一台机器所带来的增加值。第 1 列为每天生产奶酪包装的数量，第 2 列为生产中使用的机器数量，第 3 列为额外每台机器的边际产量，第 4 列显示了实物资本的边际产值。

每单位资本的边际产量。该关系如表11.4中的第4列所示。

在图11.10中我们将该生产计划绘制成了曲线图。如果机器的市场租金为80美元/台，那么我们可以看到，威斯康星奇斯曼公司将在其装配线上使用10台机器，每天生产524个奶酪包装。这是最优选项，因为该公司已经使实物资本的边际产值＝市场租金水平，因此实现了利润最大化。

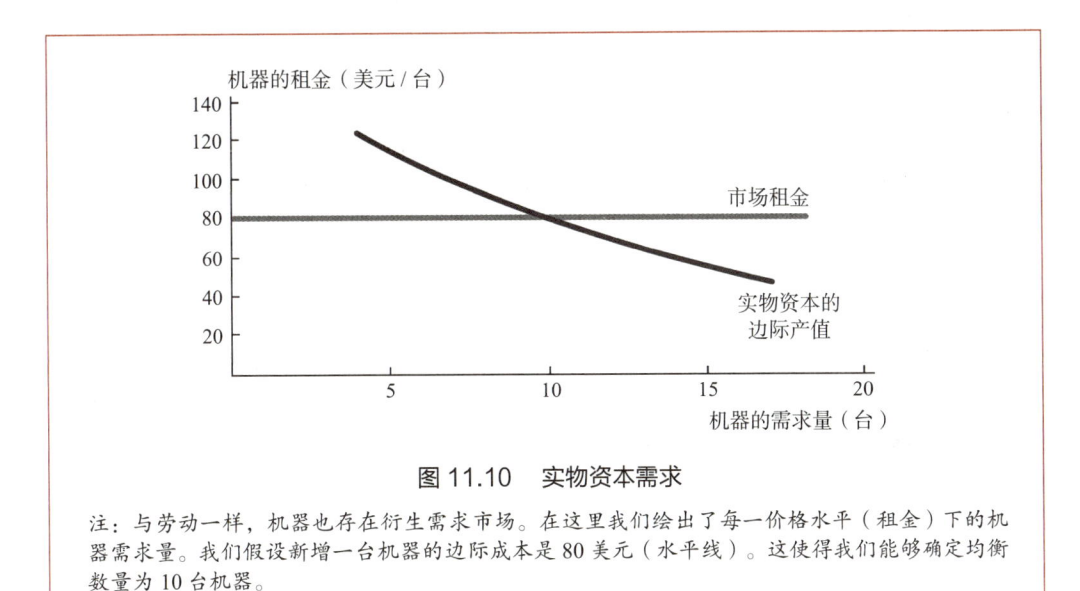

图11.10　实物资本需求

注：与劳动一样，机器也存在衍生需求市场。在这里我们绘出了每一价格水平（租金）下的机器需求量。我们假设新增一台机器的边际成本是80美元（水平线）。这使得我们能够确定均衡数量为10台机器。

我们可以用同样的方法实现土地市场均衡。这将决定威斯康星奇斯曼公司需要多少土地。

那么，威斯康星奇斯曼公司是如何将所有这些因素结合起来，并选出劳动、实物资本和土地的最优组合的呢？我们应该能想到，该公司在做选择时会考虑边际收益和边际成本。在这种情况下，该公司会通过增加投入来寻求优化，直至其边际成本等于边际收益。在均衡状态下，这将导致在每一项投入上花费最后一美元的边际产量相等。（这与我们在第5章学到的"收益相等"，以及在第7章中学到的有效分配资源类似。）

用数据说话

最富有1%人群的收入份额和资本收入

- 如图11.9所示，在20世纪70年代至21世纪10年代这40年里，美国劳动力市场的工资不平等现象日益加剧。然而从很多方面来看，这张图都低估了富人日益富有的程度。经济学家托马斯·皮凯蒂和伊曼纽尔·赛斯通过关注最富有1%人群的收入在国民收入中所占的份额（即美国总收入中流向最富有的1%家庭的份额）强调了这一现象。[4] 图 11.11 显示出，最富有 1% 家庭的收入份额出现了惊人的增长。

- 这种不平等程度的惊人增长引起了许多评论人士和民众的高度警惕。这既是因为它显示了这 40 年间经济增长收益分配的严重不平等，也是因为它可能预示着我们正在迈向一个有产者（富人）和无产者（我们其余的人）更加分裂的社会。事实上，最富有 1% 人群收入的急剧增长正是"占领华尔街"运动的导火索之一，该运动宣称为"99% 的人"，也就是为最富有 1% 人群之外的那些人发声。

- 许多人为此感到担忧。托马斯·皮凯蒂在他的畅销书《21 世纪资本论》中也担心，就像 19 世纪与 20 世纪之交所谓的镀金时代一样，造成最富有的 1% 人群和剩下的 99% 人群之间巨大鸿沟的不仅仅是劳动收入，还包括分配不平等的资本收入。[5] 正如我们刚才所了解到的，实物资本和土地的所有者会因为这些生产要素而获得收入，而这些生产要素的所有权可能高度集中。如果是这样的话，实物资本或土地带来的高收入可能是最富有 1% 人群收入占比增长的一个关键驱动力。

- 图 11.11 表明，在 20 世纪的前几十年中，最富有 1% 人群的收入份额确实非常高，当时这群人的大部分收入来自资本收入和商业收入（即来自企业所有权和其他创业活动的收入）。具体而言，他们的收入中大约有 50% 来自资本，30% 来自商业。因此，镀金时代的富人大多是"食利者"，他们通过持有的资本，有时甚至是利润丰厚的大型企业的所有权来赚取巨额财富。

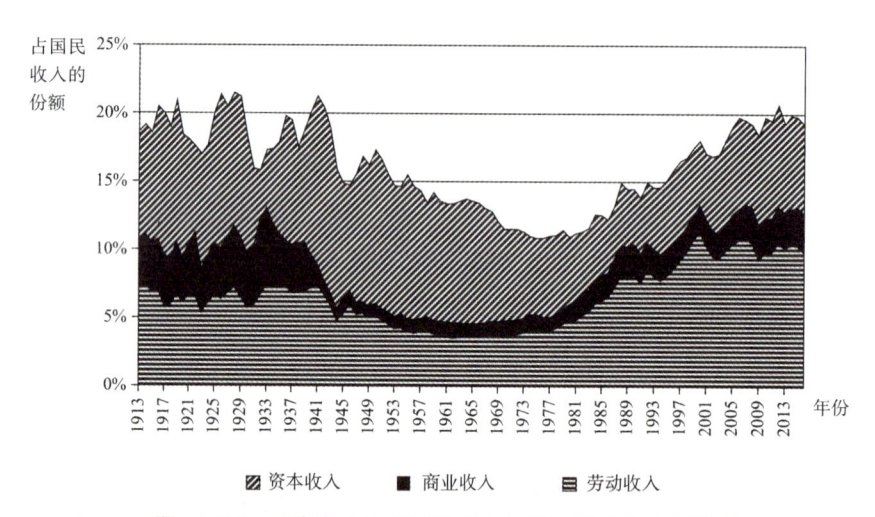

图 11.11 最富有 1% 人群的收入份额，按收入来源分类

注：最富有 1% 人群的收入份额，即国民收入中流向最富有的 1% 家庭的份额，在 20 世纪 10 年代和 20 年代处于非常高的水平，但到了 70 年代，这一数字下降至略高于 10%。之后该指标迅速增长，在 21 世纪 10 年代达到了 20% 左右。然而，我们也看到，20 世纪 10 年代和 20 年代的巨富们，其大部分收入都来自资本和企业所有权，而今日巨富们的大部分收入来自劳动。
资料来源：Thomas Piketty, Emmanuel Saez, and Gabriel Zucman. "Distributional National Accounts: Methods and Estimates for the United States," *Quarterly Journal of Economics* 113(2): 2018, 553–609.

- 然而，我们也可以从同一数据中看出，今天的超级富豪与镀金时代的前1%不尽相同。当今最富有1%人群的收入中，有约50%来自劳动，15%来自商业。资本收入对他们的财富影响相对较小。现实中的富人确实符合这个数据的描述。他们是非常成功的企业家，如比尔·盖茨、谢里尔·桑德伯格、杰夫·贝佐斯、埃隆·马斯克、肯尼思·格里芬或马克·扎克伯格，他们的收入来自他们对成功企业的所有权，以及他们的高额劳动报酬（以他们自己公司股票的形式获得的收益）。如今的高收入者还包括薪酬丰厚的金融、科技、管理咨询及工业领域的管理者，以及高薪的外科医生、律师、运动员和演艺人士。我们生活在一个不平等迅速加剧的时代，但这种不平等的内在结构与我们在历史上所看到的有很大不同。

循证经济学

劳动力市场是否存在歧视？

- 经济学家是否已找到了劳动力市场可能存在歧视的证据？答案无疑是肯定的。针对数个不同劳动力市场的分析研究表明，对少数族裔和女性的歧视是真实存在的。当然，对内隐偏见、结构性种族主义和性别歧视的研究仍处于早期阶段，要想全面揭示这些现象在全球范围内的影响，经济学家还有很长的路要走。

- 这些研究通常被分为实地实验和运用统计技术分析现有（自然发生的）数据的研究。经济学家克劳迪娅·戈尔丁和塞西莉亚·劳斯进行了一项有趣的实地实验。[6]她们利用国家交响乐团的一系列试音记录来探究盲试（音乐家在屏幕后试音）是否更有利于女性。

- 她们考察了三轮试音：预赛、半决赛和决赛。她们发现，对于那些进入决赛的女性，盲试将她们获胜的可能性提高了33个百分点。这意味着，在评委不知道选手性别的情况下，女性更有可能被选入国家交响乐团。正如研究者所指出的，在非盲选中，歧视限制了对女音乐家的录用。

- 经济学家玛丽安娜·贝特朗和塞德希尔·穆来纳森也开展了一次类似的实地实验，他们关注的是销售、行政支持、文书和客户服务等工作的实际招聘情况。[7]研究者运用一种在20世纪60年代后得到广泛使用的技术方法，对非裔美国人在劳动力市场中所遭受的歧视进行了重点研究。他们根据芝加哥和波士顿的招聘广告投递了近5 000份简历，在相同的简历中随机分配看起来像白人的名字，如埃米丽或格雷格，以及看起来像非裔美国人的名字，如拉基沙或贾马尔。他们关注的是发出的这些简历能否得到邀请面试的电话或电邮。

- 我们预期，在没有歧视的情况下，回复的结果将均匀分布在名字看起来像非裔美国人和白人的简历之间。毕竟每个人的简历都是相同的。然而，贝特朗和穆来纳森发现，名字看起来像白人的简历得到回复的概率为9.65%，而名字看起来像非裔美国人的简历得到回复的概率仅为6.45%。这意味着那些名字看起来像白人的人比那些名字看起来像非裔美国人的人收到回复的可能性高出约50%。
- 以上两项研究证实了针对两类不同人群的歧视——在交响乐团的招聘中歧视女性，在销售和文员招聘中歧视名字看起来像非裔美国人的应聘者。
- 这两项研究都忽略了一个问题，那就是人们受雇后的相对工资。经济学家克尔温·查尔斯和乔纳森·古里安通过研究有关工资的大型数据集解决了这个问题。[8] 他们使用细致的统计方法对生产率、人力资本的差异以及补偿性工资差异做出了解释。他们的主要结论是，非裔美国人和白人之间多达1/4的工资差距可以归因于基于偏好的歧视。这一水平的歧视导致非裔美国人年收入平均损失数千美元。正如你所看到的，这正是歧视所导致的被重新分配的真金白银。但好消息是，研究人员发现，这种歧视已在逐步减少。
- 这三项研究仅对歧视问题进行了初步的探索，还有更多的实证工作有待开展。总体来说，有大量证据表明劳动力市场中存在歧视，而且在某些情况下，这导致了不同群体之间工资的巨大差距。但这些歧视到底是基于偏好的歧视还是统计性歧视，则仍是一件有待确认的事情。你能否想出一些能够确定歧视性质的研究思路？[9]
- 另外需要注意的是，并非所有不同性别间或不同种族间的劳动力市场差异都源于歧视。克劳迪娅·戈尔丁与玛丽安娜·贝特朗和劳伦斯·卡茨合作，研究了1990—2006年从顶级商学院毕业的所有MBA的职业动态。他们发现，男性和女性MBA刚完成学业后的劳动力市场结果非常相似，但随着时间的推移，男性开始超越女性。大约16年后，男性MBA的平均收入比女性MBA高出82%。他们的详细分析表明，有三个因素抑制了女性在商界的崛起速度：女性在攻读MBA之前的工作经验似乎更少，她们每周工作的时间往往更短，而且比男性更容易出现事业中断。这三个因素都与生育子女有关。因此，女性可能最终无法在工作中充分发挥出自己的收入潜力，而雇主的歧视并不是导致这一结果的唯一原因。[10]

问题	答案	数据	注意事项
劳动力市场是否存在歧视？	存在。	调查和实地实验数据都表明，许多劳动力市场中都存在明显歧视。	很难判断这种歧视是基于偏好的歧视还是统计性歧视。除了歧视，很多其他因素也会导致男性和女性的职业发展出现差异。

> ## 总结
>
> - 在进行生产决策时，生产者会寻求实现劳动、实物资本和土地的最优组合。这些生产要素市场的运作方式与最终商品和服务市场的运作方式基本相同：企业会持续扩大对生产要素的使用，直至边际收益等于边际成本。
> - 决定劳动需求的核心是劳动边际产值，这一概念表示的是新增一名劳动者为企业收入带来的贡献。
> - 当就时间利用问题进行决策时，我们会面临机会成本。劳动是赚钱的活动，休闲则是赚钱以外的活动，两者之间存在着权衡。一小时休闲的机会成本就是我们通过这一小时工作所获得的收入。
> - 不同人群和不同职业间存在着巨大的工资差异，这种差异主要来自三个方面：人力资本差异、补偿性工资差异和歧视。
> - 就像对劳动一样，企业会持续扩张实物资本，直至实物资本的边际产值等于实物资本的价格；同样，企业会持续扩大对土地的利用，直至土地的边际产值等于土地的价格。

关键术语

劳动边际产值（VMPL）	补偿性工资差异	实物资本的边际产值（VMPK）
劳动节约型技术	基于偏好的歧视	土地
劳动互补型技术	统计性歧视	租金
人力资本	技能偏向型技术变革	买方垄断

问题

1. 企业如何估计其劳动需求？
2. 劳动与休闲的权衡如何决定劳动供给？
3. 在竞争性劳动力市场中，寻求利润最大化的企业应雇用多少员工？
4. 我们在本章中指出，寻求利润最大化的企业将持续招聘员工，直至劳动边际产值等于工资。但我们在第6章中也提到，寻求利润最大化的企业会持续增加产出，直至边际成本等于价格。这两条规则是否一致？
5. 下列因素将如何影响劳动力市场的均衡？
   a. 对公司所生产商品的需求增加。
   b. 新技术的采用使工人生产某种商品所需的时间减半。
   c. 政府提高了民众领取社会保障福利的最低年龄。
6. 假设水管工市场的工资水平出现增长。一些水管工开始从事更多的管道修理工作，而另一些水管工则减少了工作小时数。如何解释这两种反应？

7. 劳动节约型技术与劳动互补型技术有何不同？请分别举例说明。
8. 和那些对社会有更大价值的人（比如老师）相比，像乔治·克鲁尼这类明星的收入高出许多，有些人认为这不公平。你认为应如何解释这种工资差异？
9. 2011年，美国伐木业每10万名工人就有104人死亡。这一死亡率仅次于渔业。在其他条件相同的情况下，你觉得伐木工人的工资是否会高于其他行业中具有类似学历的劳动者？请解释。
10. 统计性歧视和基于偏好的歧视有什么区别？假设一家汽车零部件制造公司的老板表示，公司不会雇用同性恋员工。这是统计性歧视还是基于偏好的歧视？
11. 美国的工资不平等现象在过去几十年里持续加剧，这可以用哪些因素来解释？
12. 劳动等投入的市场与商品和服务的市场有何区别？
13. 假设对实物资本、劳动和土地同等征税，税收会对这几个市场产生同样的影响吗？请解释。

循证经济学习题

1. 贝特朗和穆来纳森通过实验发现，名字看上去像白人的应聘者（比如格雷格），会比名字看起来像非裔美国人的应聘者（比如贾马尔）得到更多的面试机会。假设一家面包店正在考虑招聘更多工人，同时收到了格雷格和贾马尔的简历。根据这些简历，面包店预计每位潜在员工的边际产量（每小时生产的面包数量）都会保持恒定。让我们看看歧视和招聘决策会如何根据每个员工的边际产量发生变化。

    a. 基于对以往招聘的最佳估算，该公司预计格雷格的边际产量为15，贾马尔的边际产量为15。公司通过抛硬币决定雇用格雷格。这是基于偏好的歧视还是统计性歧视，还是两者都不是？
    b. 基于对以往招聘的最佳估算，该公司预计格雷格的边际产量为20，贾马尔的边际产量为15。公司决定雇用格雷格。这是基于偏好的歧视还是统计性歧视，还是两者都不是？
    c. 基于对以往招聘的最佳估算，该公司预计格雷格的边际产量为10，贾马尔的边际产量为20。公司决定雇用格雷格。这是基于偏好的歧视还是统计性歧视，还是两者都不是？
    d. 假设格雷格的边际产量是10，贾马尔的边际产量是20，面包店每条面包能赚2美元。此外，面包师的市场工资是每小时25美元。面包店应该雇用格雷格还是贾马尔，还是一起雇用，还是都不雇用？
    e. 奥普拉·温弗里[1]对面包的热爱改变了需求曲线，所以这家面包店现在每条面包能赚3美元。面包店应该雇用格雷格还是贾马尔，还是一起雇用，还是都不雇用？

---

① 奥普拉·温弗里是美国著名主持人、演员。——编者注

习题

1. 你的公司专门生产美味甜甜圈，且具有以下生产函数：

工人数量	总产量
0	0
1	10
2	18
3	23

   a. 每个工人的边际产量是什么？请将其添加到表中。
   b. 如果每个美味甜甜圈售价 2 美元，那么每个工人的边际产值是多少？也将其添加到表中。
   c. 基于你表中给出的答案，如果工资水平为每个工人 15 美元，你应该雇用多少工人？

2. 观察以下普莱森顿三家不同咖啡店的日生产函数。每杯咖啡售价 1 美元。

	阿拉比卡巷		咖啡吧		咖啡厅	
员工数量	总产量	边际产量	总产量	边际产量	总产量	边际产量
0	0	—	0	—	0	—
1	100		20		40	
2	130		40		70	
3	140		60		100	
4	140		80		110	

   a. 抄下表格，并在表格中填入每家咖啡店的边际产量。（鉴于咖啡价格为每杯 1 美元，所以边际产量也是边际产值。）
   b. 假设你是一位热衷于规划经济且手握大权的市长。现在有 8 名员工，你的目标是使咖啡总产量最大化。你应该给每个咖啡店分配多少名员工？提示：关注边际产量。
   c. 假设你是一位市长，并相信去中心化劳动力市场能够实现最优结果。现在同样有 8 名员工（即劳动供给固定为 8），找出均衡工资。此时咖啡的产量是多少？这和问题 b 的答案相比如何？

3. 思考前一个问题中的三家咖啡店。和先前一样，每杯咖啡的售价为 1 美元。假设总共有 5 名员工，目前都得到了有效分配：2 名员工到了阿拉比卡巷，3 名员工到了咖啡厅，这样便实现了 230 杯咖啡最大总产量。

   a. 假设公司被要求根据平均产量而不是边际产量向工人支付工资。例如，如果阿拉比卡巷雇用第三名员工，那么 3 名员工的工资都将为 140 美元 /3 ≈ 46.67 美元。基于此，咖啡吧要付给第一个员工多少工资？咖啡厅要付给第四名员工多少工资？
   b. 假设你是第六名员工，必须决定工作去向。如果工人的工资是根据平均产量确定的，你会去哪家咖啡店工作？
   c. 这是否会实现 6 名员工下的咖啡有效生产（即实现最大产量）？为什么？

4. 你决定去报社工作，年薪为 3 万美元。你加入了销售团队，该团队由 10 个人组成，负责销售在线订阅产品。每份订阅售价 200 美元。当你和你的老板交流时，她说你是第 11 名员工，如果你没有加入这个团队，她用 10 个人也可以应付——但是"很高兴你的加入，有你在，我们的生产率会更高！"。如果你的老板是个学过经济学的聪明人，那么她对你帮助团队销售在线订阅产品这件事会持有何种看法？

5. 明星四分卫帕特里克·马霍姆斯带领堪萨斯城酋长队在 2020 年赢得了超级碗的冠军。因此，他开始了新的合同谈判，这可能使他成为有史以来收入最高的橄榄球运动员。假设酋长队同意每年向马霍姆斯支付 4 000 万美元。另假设如果马霍姆斯决定为另一支球队效力，酋长队每年将向另一位四分卫支付500万美元。请简要解释，在酋长队老板看来，留住马霍姆斯会给该球队的年收入带来何种影响。

6. 很长一段时间以来，你的公司一直以每小时20美元的标准支付员工工资，你的员工对此欣然接受，并愿意在这个工资水平下每周工作40小时。生意突然兴旺起来，此时为了满足新产品的市场需求，你非常希望员工能够每周工作50小时。你在考虑两种策略。第一种策略是把所有工时的工资从每小时20美元提高到22美元；第二种策略是把每周前40小时的工资维持在20美元，但如果工作时间超过40小时，额外工时的工资将上涨为每小时30美元（也就是说，你会提供1.5倍的加班费）。如果员工选择工作50小时，那么这两种策略的成本都是1 100美元。哪种策略更有可能让你的员工同意每周工作50小时？

7. 绘图描述一个典型的劳动力市场，其中总劳动边际产值（劳动需求）曲线向下倾斜。
    a. 标记出劳动边际产值曲线中使总生产率最大化的部分。
    b. 标记出劳动边际产值曲线中使平均生产率（劳动者人均产出）最大化的部分。
    c. 在图中添加一条向上倾斜的劳动供给曲线。标记出该曲线与劳动边际产值曲线的交点，并解释为什么经济学家认为在这一交点的工资最有效率。
    d. 再在图中添加一条表示最低工资（价格下限）的水平线。最低工资是提高还是降低了工人的生产率？请简要解释。

8. 《平价医疗法案》（ACA）要求所有拥有50名以上全职员工的雇主为全职员工提供医疗保险，否则该企业需要为每位员工支付高达2 000美元的罚款。一些人认为该法案会降低就业率。本习题考查的是这一争论中的一个重要问题。

    a. 假设政府通过了一项法律，强制要求企业为员工提供医疗保险。保险成本相当于为每名员工每小时的工作支付1美元。这项法律将如何影响企业的劳动需求？
    b. 假设员工认为企业支付的1美元医疗保险相当于1美元的工资。这项法律将如何影响劳动供给曲线？
    c. 假设某行业的均衡工资是每小时15美元，均衡数量是100名员工。这项法律将如何影响该劳动力市场的劳动均衡数量？它将如何影响该行业的均衡工资？
    d. 现在假设员工认为企业支付的1美元医疗保险的价值低于1美元的工资。这项法律将如何影响该劳动力市场的劳动均衡数量？它将如何影响该行业的均衡工资？

9. 乔伊、曼迪和吉姆的劳动供给如下表所示。

工资（美元/小时）	每天工作小时数		
	乔伊	曼迪	吉姆
5	4	0	2
10	8	4	6
15	12	8	9

    a. 乔伊、曼迪和吉姆，谁会最看重休闲？（或者题中没有提供足够的信息来做出判断？）
    b. 如果工资为15美元/小时，那么总劳动供给是多少？
    c. 如果劳动需求固定在18小时（也就是说，不管工资如何，公司都希望每天的总工作时间为18小时），那么均衡工资会是多少？

10. 你开了一家用陶轮制作陶器的工厂。你可以雇用1到3名熟练工匠（工人），也可以租用1个或2个陶轮（机器）。每件陶器售价100美元。工厂每天的总产量如下表所示。

	工人（劳动力）数量（名）		
	1	2	3
机器（实物资本）数量（台） 1	6	9	11
机器（实物资本）数量（台） 2	8	12	15

a. 在给定1台机器和1名工人的情况下，你愿意付多少钱来雇用第2名工人？（请思考劳动边际产值。）

b. 同样假设现在有1台机器和1名工人，你愿意付多少租金来添置第2台机器？（请思考资本边际产值。）

c. 假设工资为每天250美元。如果你有1台陶轮，你会雇用多少工人？如果有2台陶轮呢？

d. 陶轮是劳动节约型技术还是劳动互补型技术？

11. 埃克米制造公司的劳动边际产量为 $MPL = 10 - 2L$，其中 L 表示工人数量。公司每单位产出的售价为10美元。

a. 绘制劳动边际产值曲线，如果工人工资为40美元，埃克米公司会雇用多少工人？

b. 在上述情况下，如果每单位产出的售价上涨到20美元，埃克米公司是否会雇用更多工人？

附录11A 劳动力市场的买方垄断

在本章中，我们重点关注了完全竞争的投入市场。这意味着任何个体的劳动买家（企业）或个体的劳动卖家（劳动者）都无法影响劳动力市场，因为它们的规模都太小。对于企业来说，这意味着它们是劳动力市场的价格接受者，它们会持续雇用员工，直至劳动边际产值＝工资。

让我们再回到威斯康星奇斯曼公司的例子，但这一次我们不再假设存在完全竞争，而是假设它是森普雷里唯一雇用非技术工人的企业。这意味着它是非技术劳动力市场的垄断者。**买方垄断**是指只有一个买方的市场结构。

垄断是指只有一个卖方的情况。虽然我们将在第12章中学习有关垄断的所有知识，但探讨一下垄断会对本章所做出的主要结论产生何种影响，也是非常富有价值的一件事情。这是因为买方垄断是一个个体企业能够决定劳动力市场工资水平的市场结构，能够为我们的研究提供非常有价值的见解。最明显的例子是矿业城镇，那里唯一的雇主是煤矿或钻石矿的老板。同样，如果亚马逊或优步进入小型市场，成为低技能工人的主要雇主，这些劳动力市场可能会受到影响，并导致出现我们在本附录后面所观察到的趋势。

在分析的第一步，我们在图11A.1（a）中对图11.4进行了重新绘制。该图显示的是一种标准结构，即市场供给曲线和市场需求曲线的交点决定了均衡工资水平和劳动数量。在本例中，均衡劳动数量为每年10万个工作日，均衡工资则为每天110美元。

那么，在买方垄断下，或者说，当威斯康星奇斯曼公司是唯一的劳动需求者时，会发生什么情况？图11A.1（b）显示了这种情况。我们在该图中加入了边际成本曲线，该曲线位于原始供给曲线的上方，这是因为威斯康星奇斯曼公司多雇用一名工人的边际成本高于供给曲线（你可以将供给曲线视为平均总成本）。边际成本之所以高于供给曲线，是因为威斯康星奇斯曼公司要想多雇用一名工人，就必须提高所有员工的工资。这种显而易见的情况也在本章艾丽斯和汤姆的例子中有所体现。为了让汤姆工作，你需要支付给他50美元的工资，但你也必须支付给艾丽斯同样的工资（见图11.3）。

现在，在存在买方垄断的情况下，该公司的均衡劳动数量是多少？作为完全竞争市场中的寻求优化者，威斯康星奇斯曼公司会不断扩大劳动数量，直至劳动边际产值＝劳动边际成本。通过图11A.1（b）我们可以发现，这一数量为每年6万个工作日。而为了确定这些工人的工资，垄断买方会沿着箭头向下到达供给曲线，然后到达纵轴，从而得出日工资水平为100美元。

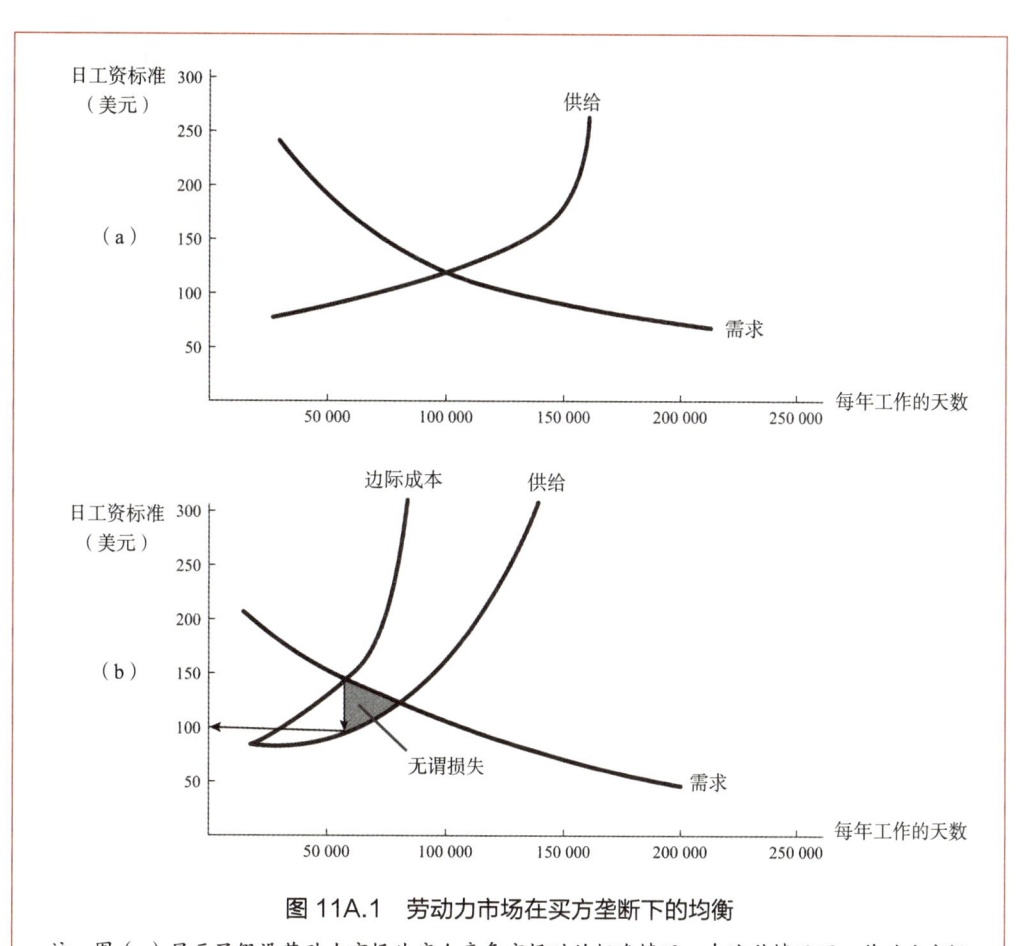

图 11A.1　劳动力市场在买方垄断下的均衡

注：图（a）显示了假设劳动力市场为完全竞争市场时的标准情况。在这种情况下，劳动力市场有一条向下倾斜的需求曲线和一条向上倾斜的供给曲线。两条曲线的交点决定了均衡工资水平和劳动数量。图（b）描述了买方垄断的情况。现在企业的劳动需求量移至边际成本曲线和需求曲线的交点。为了确定工资水平，垄断买方会沿着箭头向下到达供给曲线，然后再转向纵轴。对比图（a）和图（b）我们可以发现，和完全竞争市场下的情况相比，垄断买方雇用了更少的工人，支付了更低的工资。图（b）中阴影区域即为买方垄断所导致的无谓损失。

这一均衡结果凸显了买方垄断市场的两个被许多人诟病的负面特征：相对于完全竞争市场，此时雇用的工人更少，支付的工资也更低。

我们能否计算出因为买方垄断而损失的社会剩余？是可以的，其方法类似于我们在第 8 章中计算关税造成的社会剩余损失以及在第 9 章中计算外部性所导致的社会剩余损失。为了计算在这种情况下的无谓损失，你需要找到在需求曲线和供给曲线之间，从买方垄断雇佣劳动数量到完全竞争市场雇佣劳动数量的那块区域。在本例中，无谓损失即图 11A.1（b）中的阴影区域。这就是相对于完全竞争市场，买方垄断市场中所减少的那部分社会剩余。你能否计算出生产者剩余和消费者剩余的变化情况？

3

市场结构

第12章 垄断

垄断对社会有无好处？

神经科学家告诉我们，只要一提到"垄断"这个词，大脑深处就会产生负面的联想，只有"死亡"和"谋杀"这类词才能与之相提并论。在本章中，我们将探讨为什么会出现这种情况，垄断经济学将是我们的研究重点。我们将以先灵葆雅公司为例展开讨论。先灵葆雅公司是一家总部设在美国的全球性制药公司，在20世纪80年代早期，该公司推出了抗过敏药物开瑞坦。在研发过程中，美国政府认为这种药物极具原创性，并授予先灵葆雅公司一项专利，这使得该公司获得了在20年内独家生产和销售开瑞坦的权利。

请把你自己放在先灵葆雅CEO的位置上。如果你是先灵葆雅公司的CEO，你会如何利用该产品的排他性来优化这一特效新药的利润？

你的直觉可能会告诉你巨额利润唾手可得。需要抗过敏药物的患者不计其数，需要担心的竞争对手则寥寥无几，这让你成了一个垄断者。因此，你应该为开瑞坦设定高价，从买方那里获取尽可能多的消费者剩余。你知道有些人可能每天都必须服用开瑞坦，所以你甚至可以考虑对每片药要价100美元或更多！

在本章中，你将会了解到垄断者问题，以及它与我们在第6章中所讨论的卖方问题有何相似和不同之处。本章的结论是，拥有市场势力的企业与竞争性企业的行为方式截然不同。与竞争性企业相比，垄断企业生产得更少，要价更高。因此，它们能够改善自己的境况，并具有在短期和长期赚取经济利润的潜力。但它们的收益将以消费者境况恶化和社会剩余减少为代价。

这些因素都导致公众对垄断非常不信任。因此，正如我们将了解到的，政府会积极监督及规范垄断。当然，你也可能想知道垄断是否也有对社会有利的一面。本章末尾的循证经济学专栏将讨论这一问题。

本章概览

12.1	12.2	12.3	12.4	12.5	12.6	12.7	EBE
引入一种新市场结构	市场势力的来源	垄断者问题	选择最优数量和价格	"失灵"的"看不见的手"：垄断的成本	恢复效率	政府的反垄断政策	垄断对社会有无好处？

重要概念

- 垄断是一种只有单一卖方的极端市场结构。
- 垄断可能源于自然，也可能源于政府保护。
- 垄断者是价格制定者，并在边际收益等于边际成本时进行生产。
- 垄断者通过比完全竞争的卖方生产更低数量的商品和制定更高的商品价格来使利润最大化。这导致了无谓损失。
- 垄断市场可以通过一级价格歧视或政府干预来恢复效率。

12.1　引入一种新市场结构

截至目前，我们一直假设卖方是在完全竞争市场中经营：许多不同的卖方生产相同的商品，并以市场决定的价格销售。企业只是一个被动的价格接受者，而在"看不见的手"的引导下，买卖双方竞相追逐私利，并因此产生了有效率的社会结果。在本章中，我们将研究一种新市场结构——垄断。表 12.1 将其同我们在第 6 章和第 7 章中所研究的完全竞争进行了对比。

对完全竞争市场的研究非常有益于我们理解市场主体在市场中的相互作用以及市场如何实现均衡。但事实证明，这是一种特殊类型的市场。市场上更为常见的情况是，企业不是一个价格接受者，而是一个**价格制定者**，即一个为商品定价的卖方。这样的企业之所以有能力为商品定价，是因为它具有**市场势力**。表 12.1 中最右边的一列总结了市场势力的最极端形式：垄断。

表 12.1　两种市场结构

特征	完全竞争	垄断
企业/卖方/生产者的数量	众多	一个
所售商品或服务的类型	相同（同质）	没有作为近似替代品的商品或服务
产品举例	不同农场主种植的玉米	专利药品、自来水
进入壁垒	无，自由进入和退出	有，非常高
价格接受者还是价格制定者	价格接受者，价格由市场给定	价格制定者，没有竞争对手，没有近似替代品
价格	价格=边际收益=边际成本	设定价格>边际收益=边际成本
企业面临的需求曲线	水平，完全弹性的需求曲线	向下倾斜
社会剩余	最大化	未最大化，但有时社会受益于其研究与开发
长期均衡利润	零	可能大于零

注：完全竞争与垄断之间存在着诸多差异。表中每一行都凸显出两种市场结构的不同特征。

垄断是一种行业结构，在这种结构下，只有一个卖方提供没有近似替代品的商品或服务。因此，垄断者无须关心其他卖方的行为。垄断者选择的价格是使其能够赚取最高利润的价格。

12.2 市场势力的来源

拥有市场势力意味着什么？什么样的企业最容易获得市场势力？想想那些你和你朋友日常接触的企业，比如谷歌这样的创新型公司，或者为你的宿舍供水的公司。从根本上说，企业控制市场（即获得市场势力）的能力取决于进入壁垒。

进入壁垒是阻止潜在竞争对手进入市场的障碍。因此，它们为卖方提供了竞争保护。从完全排除市场进入者到阻止新企业进入与现有企业平等竞争，都属于进入壁垒。

进入壁垒产生了两种类型的市场势力：**法定市场势力**和自然市场势力。接下来我们将更深入地研究这两种势力。

法定市场势力

当一家企业不是通过自身而是通过政府设置的进入壁垒获得市场势力时，它就拥有了法定市场势力。这些进入壁垒可以表现为向创新公司授予**专利**和**版权**的形式。政府以专利形式授予个人或企业独家生产和销售某种商品或服务的权利。例如，先灵葆雅公司向政府申请生产和销售开瑞坦的专利时，政府授予该企业 20 年的独家生产和销售该药物的权利。政府以版权形式授予个人或企业知识产权的专有权利。例如，马尔科姆·格拉德威尔是畅销书《眨眼之间》的作者，他拥有该书的版权。[1] 这意味着他得到了政府的保证，未经其允许，其他任何人都不能印刷和销售这本书。事实上，格拉德威尔获得的是这本书的销售垄断权。各个国家的版权保护力度存在差异，在许多情况下，对版权的保护会持续至作者去世后的很长一段时间。例如，在美国，版权保护会一直持续到作者去世后的数十年。

此类排他性法律非常有利于那些从创新者转变为垄断者的个人和企业。例如，垄断者先灵葆雅公司和格拉德威尔可以制定比完全竞争情况下更高的价格。作为消费者，我们的境况都变得更差了，因为我们必须接受这些商品更高的价格。但这也有积极的一面。首先，

我敢肯定那只可爱的毛茸茸的小狗侵犯了版权。
（图中文字从上至下：一级艺术展、我毛茸茸的小狗、毛茸狗工作室）

专利和版权只是暂时的，受保护的商品最终会进入公共领域。到那时，其他生产商也能够制售这些商品。其次，畅销药品和畅销书的生产难度大，生产成本也高，如果没有这些对创造性活动的适当激励，企业可能就不会在新处方药的研发上投入巨资，也不会有人专注于畅销书的写作。在本章末尾的循证经济学专栏中，我们将进一步讨论专利是否切实有助于创新。

自然市场势力

第二类进入壁垒是市场自然产生的，而非出于刻意设计。当一家企业通过自身创造的进入壁垒获得市场势力时，它就拥有了**自然市场势力**。在这一类别中，垄断权力主要有两个来源：

1. 垄断者拥有或控制着生产所需的关键资源；
2. 在相关的产出范围内，生产中存在规模经济。

对关键资源的控制

关键资源是指生产某种商品或服务所必需的材料。企业自然发展市场势力的最基本方法是控制此类资源的全部供给（假设不存在近似替代品）。例如，如果租户愿意为一套湖景公寓支付溢价，而湖上只有一栋公寓楼，那么该公寓楼的所有者就拥有相当大的市场势力。同样，通过控制世界钻石矿 80% 的产量，南非钻石公司戴比尔斯整个 20 世纪都在钻石市场上掌握着巨大的市场势力。类似地，美国铝业凭借其对铝土矿（铝矿石）的所有权控制了一项关键的制造资源。

另一项关键资源是个人专长。例如，谢尔盖·布林和拉里·佩奇在搜索引擎设计方面表现出众。因此，谷歌公司的市场势力来自它的这两名员工，其关键经济资源就是他们的创造性才能。

同样，我们日常使用的亿贝、脸书、照片墙、拼趣和推特等网站，都控制着一项关键资源：它们吸引着最大数量的消费者。由于存在网络外部性，它们的价值也随之增长。当一种产品的价值随着越来越多的消费者开始使用它而增长时，就会出现**网络外部性**。因为亿贝拥有最大数量的买方和卖方，所以卖方会很自然地选择在亿贝上售卖商品。优步平台上的买卖双方也会建立相似的网络：随着越来越多乘客加入该网络，加入的司机也会越来越多。同样地，今天的脸书、照片墙、拼趣和推特也是社交网络的代名词。由于各个网站现在都拥有数以百万计的用户，所以它们也都掌握了一项关键资源：每天数以百万计登录的用户。因此，脸书现在比 MySpace（聚友网）要有价值得多，因为有更多的用户在使用脸书，而这一事实又吸引了更多的用户。就这样，网络外部性为脸书创造了一个有利于盈利的正向反馈循环。

选择与结果

无处不在的进入壁垒

- 2015年8月,图灵制药公司收购了一种叫作乙胺嘧啶的药物的生产销售权,该药物研发于1953年,可用于治疗致命性寄生虫感染。在一个月之内,图灵制药把该药的每片价格从13.50美元提高到了750美元,这导致一些病人每年的治疗费用增加了数十万美元。突然的价格上涨以及图灵制药公司前CEO马丁·什克雷利的自我吹嘘式辩解引起了媒体的广泛关注,他们指责图灵制药公司是在对消费者进行价格欺诈,一些消费者现在不得不在天价的药物账单和潜在死亡之间做选择。
- 美国国会的一些议员认为,通过收购药物生产销售权并马上提价的方式来牟取暴利,这已经成为制药企业的一种常见伎俩。在2016年和2020年美国总统大选的民主党初选期间,药品价格甚至成为一个重要议题。数位候选人提出了多项控制药品价格的建议,例如参议员伯尼·桑德斯就提出,如果药品价格上涨速度超过通胀率,那么制药公司必须向联邦医疗补助计划支付退款。
- 你可能会想,既然专利已经过期,他们又怎么能定价这么高呢?难道竞争对手不应该带着仿制药进入市场,将药品价格压低到等于边际成本吗?这种理解是正确的。作为一种已有60多年历史的药物,乙胺嘧啶的专利已经过期,这意味着该化学配方可以被复制、生产且以仿制药的形式销售。
- 原因在于进入壁垒有多种形式,它们的存在可以提供重要的市场势力。在这种情况下,竞争对手进入市场需要时间。新制造商必须先获得美国食品药品监督管理局的批准才能将仿制药推向市场,这可能需要两年以上的时间。事实上,近年来积压的生产许可申请已攀升至大约4 000份!
- 这些监管障碍以及其他固定成本都是重要的进入壁垒,阻碍了潜在竞争对手进入市场。由于这些进入壁垒,图灵制药公司是唯一在美国市场销售这种药物的生产商。
- 思考上述桑德斯参议员对药品价格征税的提议。另外还有人提议应允许已获批准的欧洲乙胺嘧啶仿制药制造商进入美国市场。这两个提议哪个更好?

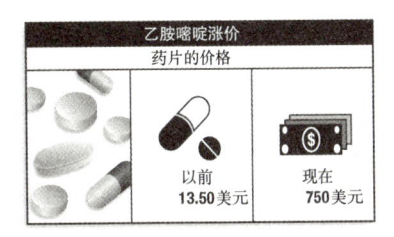

规模经济

垄断形成的另一个原因是它对生产者和消费者都具有实效性。以电力传输为例,如果你所在的城镇有多个电力供应商,那么整个城镇就必须铺设多套线路,而其高额的成本则将由多个电力供应商共同承担(并最终转嫁给你,即消费者)。

在这种情况下，让一个供应商为整个城镇提供服务是一个更好的选择，因为单个供应商享有规模经济。如第 6 章中所述，当单位产出的平均总成本随着总产出的增加而降低时，就会产生规模经济。随着电力供应商增加传输量，每单位的平均总成本会下降。显而易见，如果电力供应商想要为一个新的小区提供电，其最初的固定成本会很高，但随着越来越多的家庭加入，成本将会分摊到更多的家庭。图 12.1 显示了平均总成本、边际成本和产出之间的这一关系。你会注意到，在这个例子中我们假设边际成本为常数。这意味着在整个可获利的生产范围内，边际成本是相同的。我们在前几章中讨论了向上倾斜的边际成本曲线，但在某些情况下，水平的边际成本曲线能很好地描述一家企业的成本结构。

对于在相关产出区间内具有规模经济的商品和服务，由一家企业服务整个市场就能实现有效率，因为它提供服务的成本比其他任何企业都低。我们把这种情况称为**自然垄断**，因为它是自然产生的。自然垄断的产生，是因为单个企业的规模经济使得只有一个供应商提供商品或服务的情况有效率。这些企业往往是某一特定市场的第一批供应商，它们通过生产大量商品而获得的成本优势使潜在竞争对手无法进入市场。自然垄断的例子包括清洁饮用水、天然气和电力的供应商。

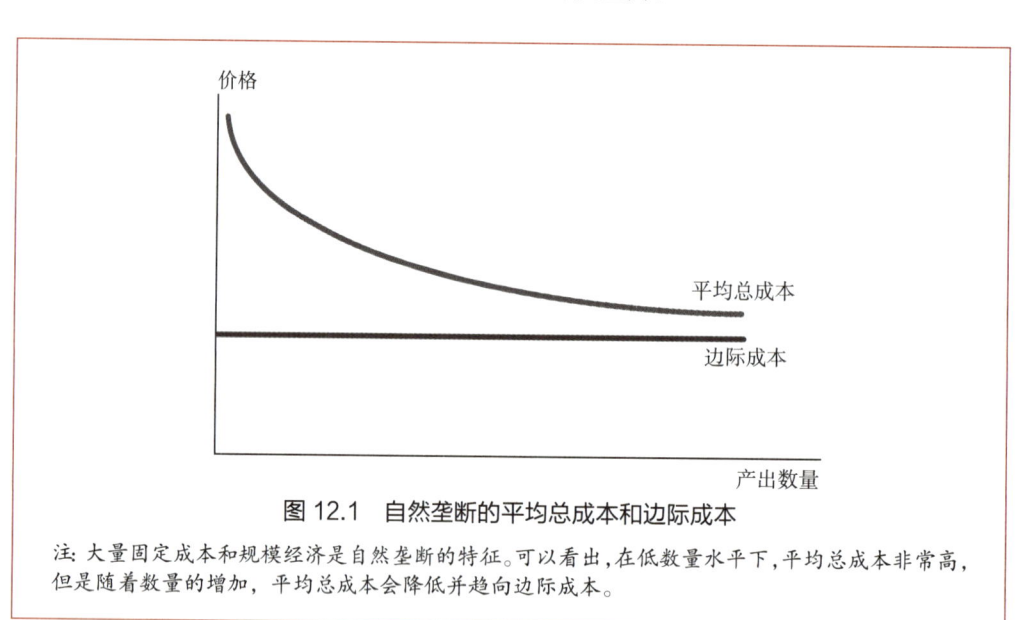

图 12.1 自然垄断的平均总成本和边际成本

注：大量固定成本和规模经济是自然垄断的特征。可以看出，在低数量水平下，平均总成本非常高，但是随着数量的增加，平均总成本会降低并趋向边际成本。

你可能想知道为什么脸书、照片墙、拼趣、推特和亿贝不被认为是自然垄断企业。这五家公司都表现出网络外部性，而这种网络效应似乎构成了进入壁垒，那么为什么这些公司不被认为是自然垄断企业呢？我们要记住，自然垄断的产生是由于规模经济，即企业的平均总成本曲线在重要的产出区间内递减，而网络外部性源于消费者利益，与成本和规模经济无关。有一些商品同时具有规模经济和网络效应，比如操作系统软件和电话网络。

与通过法律手段产生的垄断不同，自然垄断是在行业具有独特的成本条件时产生的。由于这些成本条件，自然垄断者对潜在市场进入者的担忧小于通过法律手段产生的垄断者。巨大的经济利润会吸引进入者进入合法垄断的行业（如制药、钻石和互联网行业），就像蜂蜜之于蜜蜂一样。然而，自然垄断情形下的经济利润却并不那么有吸引力。这是因为潜在的进入者意识到，他们无法实现自然垄断者的低成本。因为一旦进入，他们就会"瓜分市场"。这样的市场瓜分会推高每个卖方的成本并降低它们的利润。

这并不意味着目前被垄断的行业永远不会变成更具竞争性的市场。在许多情况下，当市场增长到足够大时，自然垄断就会演变成一个多卖方市场。从20世纪90年代到21世纪初，微软公司的IE浏览器几乎是所有网络流量的默认浏览器。据估计，IE浏览器的市场份额在其巅峰时期曾超过95%。但随着接入互联网的家庭数量激增，新企业进入了这个市场。尽管开发、编码、测试和营销一款新浏览器具有显著的规模经济效应，但需求的增长为火狐浏览器和谷歌的Chrome浏览器带来了机会，IE浏览器的市场份额随之降至70%以下。

无论一家企业是如何享有市场势力（无论法定或是自然）的，当涉及生产和定价选择时，它都面临着完全相同的决策问题。接下来我们将讨论这个问题。

12.3 垄断者问题

垄断者问题与第6章所述的完全竞争卖方问题有两个重要相似之处。首先，为了进行生产，垄断者必须了解如何组织投入。其次，垄断者必须了解生产成本。因此，我们之前学过的所有生产和成本概念都直接适用于垄断者问题。

然而，完全竞争下的卖方决策问题和垄断者的决策问题之间确实存在一个重要区别。我们在第6章中提到，为了使利润最大化，完全竞争企业会持续扩大生产，直至边际成本等于价格，这里的价格由市场需求曲线和市场供给曲线的交点给出。

第6章还表明，对一家完全竞争企业而言，边际收益等于价格，因为如图12.2（a）所示，此时企业会有一条完全弹性需求曲线（一条水平的需求曲线）。在市场价格下，完全竞争企业可以销售任意数量的商品。但是，如果它将价格稍微提高一点，它就会失去所有业务，因为消费者可以从另一个销售价格更低的卖方那里买到同样的商品。如果它将价格稍微降低一点，则销售相同数量商品的收入就会相对减少，因此这将不是一个利润最优化结果。因此，一家有着完全弹性需求曲线的企业是价格接受者。

这就是完全竞争企业决策问题和垄断者决策问题的主要区别。因为垄断者是市场上的唯一供给方，所以如图12.2（b）所示，它的市场需求曲线是向下倾斜的。==不同于完全竞争企业，垄断企业可以提高价格且不会因此失去其全部业务。==事实上，市场需求曲

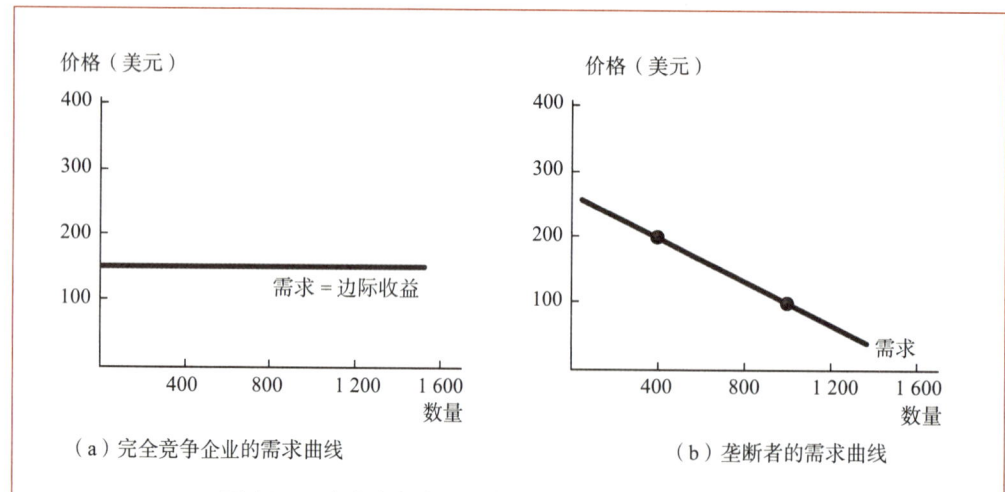

（a）完全竞争企业的需求曲线　　（b）垄断者的需求曲线

图 12.2　完全竞争企业和垄断者面临着不同的需求曲线

注：图（a）显示了第 6 章中的一个关键结论：在完全竞争市场中，企业面临的需求曲线具有完全弹性。图（b）中垄断企业所面临的需求曲线是整个市场需求曲线，因此是向下倾斜的。如果垄断者定价 100 美元，那么它可以售出 1 000 个单位（收入为 100 美元 × 1 000 = 10 万美元）；如果垄断者把价格提高到 200 美元，那么它只能售出 400 个单位（产生 8 万美元收入）。

线准确地告诉了我们垄断者在改变其价格时所面临的权衡。

请更仔细地观察图 12.2（b）。如果垄断者选择的价格为 100 美元，那么它可以卖出 1 000 个单位。如果价格提高到 200 美元，那么垄断者只能卖出 400 个单位。当然，垄断者更希望以高价卖出大量的商品，例如，以 200 美元的价格卖出 1 000 个单位。但垄断者向下倾斜的市场需求曲线导致这种结果不可能实现。垄断者固然强大，但它不能在市场需求曲线的上方进行销售。这就出现了一个重要的问题：当垄断者提高或降低价格时，其总收入会如何变化？

收益曲线

为了说明总收益会如何随价格的变化而变化，让我们先来想一想，如果你是先灵葆雅公司的 CEO，会面临什么样的任务。你的公司已经准备好在市场上推出开瑞坦，你想知道如何才能通过这种药物赚取尽可能多的利润。即使市场上可能有其他的抗过敏药物，我们也会假设垄断的概念模型在此适用，因为开瑞坦并没有近似替代品。

首先你要了解的是在不同价格水平下的具体收益。目前我们假设你必须向每个客户收取相同的费用。如前所述，一家企业的总收益即它从商品销售中所获得的收益。边际收益是指多生产和销售一单位产出所带来的总收益变化量。我们如何确定总收益和边际收益？

关键是要了解开瑞坦的市场需求曲线。经过一番全面的市场分析，你对市场需求做出了合理的估算，其结果如图 12.3 所示。根据该图，如果你将每片药的价格设定为 5 美元，你可以卖出 2 亿片开瑞坦；而在 3 美元的价格下，你可以卖出 6 亿片。该图显示出垄断者在价格和销售量之间面临着重要的权衡：价格越高，每单位销售所产生的收益就越多，但销售的单位数也会越少。

图 12.3 开瑞坦的市场需求曲线

注：在政府的专利保护下，销售开瑞坦的先灵葆雅公司所面临的需求曲线就是整个市场的需求曲线。例如，如果先灵葆雅公司定价 4 美元/片，那么它将能够卖出 4 亿片开瑞坦，但需求曲线也显示，如果定价等于或高于 6 美元，那么尽管该公司拥有垄断地位，但它卖不出去任何一片开瑞坦。

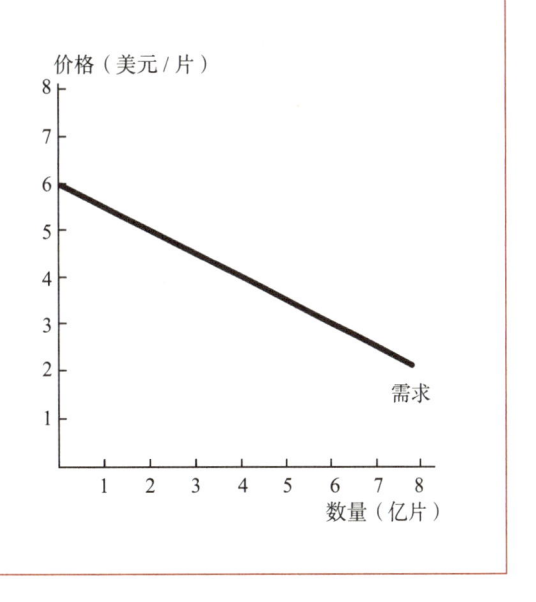

根据这一需求曲线，你可以计算出每个价格水平下的总收益和边际收益，如表 12.2 的第 3 列和第 4 列所示。该表还显示了你在第 6 章中研究过的固定成本和边际成本。你可能会注意到，固定成本相对较大，边际成本则在不同的产出水平下保持恒定。对于那些投入巨资研发新产品的企业（比如制药类企业）而言，高固定成本是一种典型特征。在这种情况下，边际成本在大规模的产出中保持恒定也是一种常见现象，因为产品的大规模生产会导致每一单位额外产出有着相同的额外成本。

表 12.2 揭示的另一个重要特性是价格与总收益之间的关系。举个例子，假设你把每片药的价格从 5 美元降低到 4 美元。在这种情况下，表 12.2 显示你的总收益会增加 6 亿美元。这额外的 6 亿美元收益来自两种效应。

首先是数量效应：更低的价格可以让你多卖出 2 亿片开瑞坦。由销量增加所导致的收益增长如图 12.4 中下方阴影区域所示。通过计算下方阴影区域的面积（底 × 高），我们发现收益增长了 8 亿美元（2 亿片 ×4 美元/片）。

其次是价格效应：降价也有不利的一面，那些原本以 5 美元购买药品的消费者现在只需支付 4 美元，这种收入损失被称为价格效应，它就是图 12.4 中上方阴影区域。通过计算上方阴影区域的面积，我们发现价格效应等于 2 亿美元（2 亿片 ×1 美元/片）。因此，总体而言，价格变化导致的总收益增长为 8 亿美元−2 亿美元 =6 亿美元。在本例中，

表 12.2 不同产出水平下的开瑞坦销售收入及成本

产出（亿片）	价格（美元/片）	总收益（亿美元）	边际收益（美元/片）	总成本（亿美元）	固定成本（亿美元）	边际成本（美元/片）	平均总成本（美元/片）
1	5.50	5.5	5	1.1	0.1	1.00	1.100
2	5.00	10.0	4	2.1	0.1	1.00	1.050
3	4.50	13.5	3	3.1	0.1	1.00	1.033
4	4.00	16.0	2	4.1	0.1	1.00	1.025
5	3.50	17.5	1	5.1	0.1	1.00	1.020
6	3.00	18.0	0	6.1	0.1	1.00	1.017
7	2.50	17.5	−1	7.1	0.1	1.00	1.014
8	2.00	16.0	−2	8.1	0.1	1.00	1.013
9	1.50	13.5	−3	9.1	0.1	1.00	1.011
10	1.00	10.0	−4	10.1	0.1	1.00	1.010
11	0.50	5.5	−5	11.1	0.1	1.00	1.009

注：本表汇总了先灵葆雅的收入和成本数据（非实际数据）。数据表明边际成本保持恒定。虽然这些数据是虚构的，但是每片 1 美元的恒定边际成本近似于先灵葆雅的实质边际成本（均为常数）。边际收益计算了在每一点的小幅变化。

图 12.4 影响开瑞坦收入的数量效应和价格效应

注：如果先灵葆雅公司把药价定为每片 5 美元，它每年能卖出 2 亿片开瑞坦。如果它将价格降低到 4 美元，那么这将会对总收益产生两种效应。首先，更低的价格会带来更多的销售量（从 2 亿片增至 4 亿片）和更高的收益。这一数量效应即图中下方阴影区域。其次，更低的价格将导致从原先消费者那里所获得的收入减少：原先以 5 美元购买药品的那 2 亿消费者，现在只需支付 4 美元。来自这些消费者的收入损失被称为价格效应，显示为图中上方阴影区域。

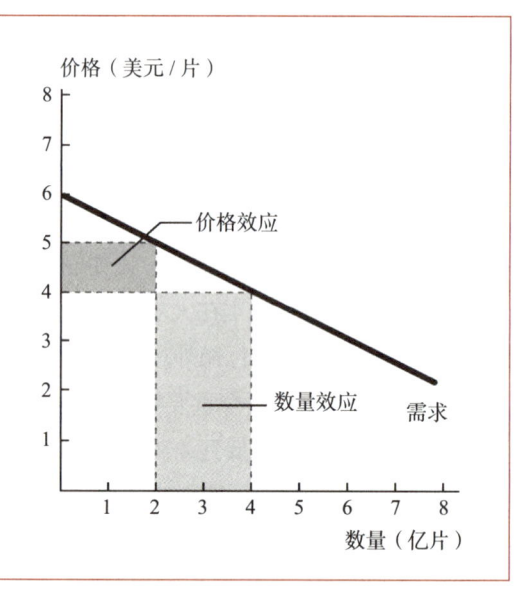

价格效应小于数量效应。正如我们在第 5 章中所了解到的，这意味着需求在这个范围内具有弹性。

这些观察结果揭示了一个更为普遍的作用模式。当价格下降，即沿着需求曲线向下移动时，如果数量效应大于价格效应，那么总收益会增加。如果价格效应大于数量效应，那么总收益会减少。相反，如果价格上升，即沿着需求曲线向上移动，这些关系的性质就会发生逆转。也就是说，随着价格的上升，如果数量效应大于价格效应，则总收益会减少；如果价格效应大于数量效应，则总收益会增加。下表对这些效应进行了总结。

变化	数量效应主导	价格效应主导
价格下降	总收入增加	总收入减少
价格上升	总收入减少	总收入增加

价格、边际收益和总收益

我们现在来把概念付诸应用。图 12.5 显示了价格、边际收益和总收益之间的关系。图（a）是利用表 12.2 中的信息，绘制出的开瑞坦的需求曲线和边际收益曲线。因为开瑞坦的价格是销售第一单位开瑞坦的边际收益，所以两条曲线始于价格轴上的同一点。之后，边际收益曲线位于需求曲线下方，且随着数量的增加，需求曲线与边际收益曲线之间的差值也逐渐增大。这是因为垄断企业要想增加销售量，就必须降低所销售商品的价格。

图 12.5 价格、边际收益和总收益之间的关系

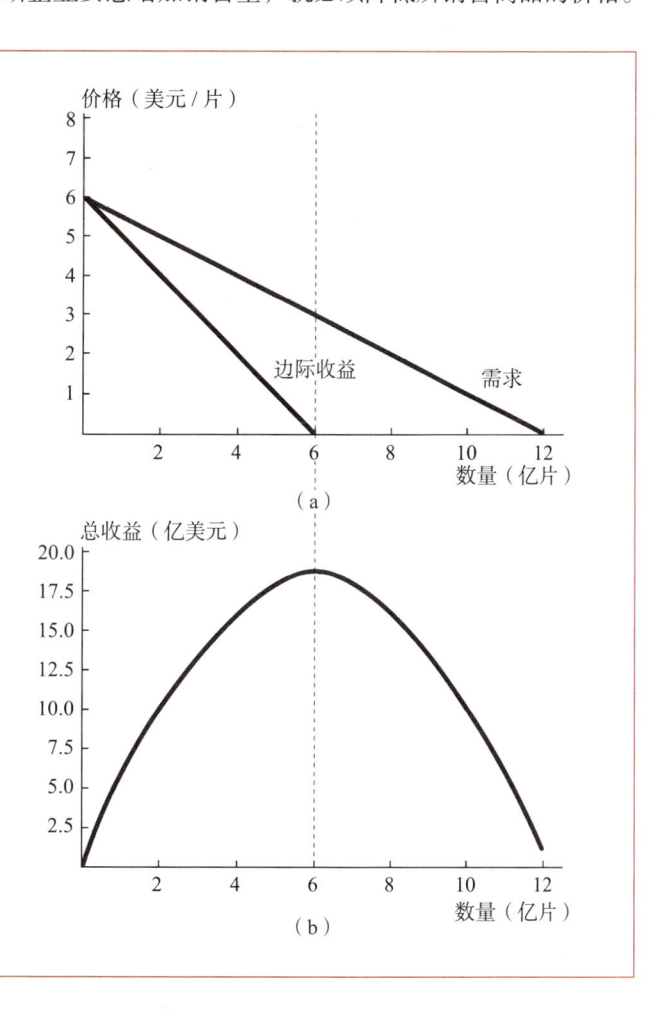

注：图（a）显示了图 12.3 中开瑞坦的需求曲线以及先灵葆雅公司所面临的边际收益曲线。边际收益曲线显示了先灵葆雅公司在每一产出水平下所获得的额外收益。当边际收益穿过数量轴时（6 亿片），销售量的增加将导致总收益减少，如图（b）所示。这意味着总收益在边际收益曲线与横轴相交时实现了最大化。

（如前所述，所有消费者都会支付同样的价格。）

在本例中，我们发现边际收益曲线的陡峭程度是需求曲线的两倍。这使得边际收益曲线在数量轴上对应的数量为 6 亿片，而需求曲线在该轴上对应的数量为 12 亿片。事实上，每一条线性需求曲线都是如此，因为边际收益曲线的斜率（绝对值）是需求曲线斜率的两倍。

图 12.5 揭示的第二个重要方面是边际收益和总收益之间的关系。图（b）为开瑞坦的总收益曲线。图 12.5 显示，当总收益增加时，边际收益为正。这是说得通的，因为如果总收益在增加，则边际收益必须为正。相反，当总收益减少时，边际收益为负。由于这个原因，总收益会在边际收益曲线穿过 x 轴（数量轴）时实现最大化，此时额外一单位产出的边际收益为零。

我们从曲线中获得的第三个重要结论是，3 美元/片的价格将使总收益实现最大化。这一价格正好位于需求曲线的中间点。正如我们在第 5 章中了解到的，这意味着当价格高于 3 美元/片时（需求曲线的弹性部分），价格上涨将使总收益减少；当价格低于 3 美元/片时（需求曲线的非弹性部分），价格上涨将使总收益增加。这里我们得到的一个普遍原则是，如果垄断者希望实现总收益的最大化，那它应该将价格设定在需求价格弹性等于 1 的那一点。对于先灵葆雅来说，这意味着它应该把价格定为 3 美元/片。

为了选出最优价格以实现利润最大化，你现在可以开始试着排除某些价格了。例如，你会将价格设定为每片 1.50 美元吗？不会，因为在这个价格下，销售最后一单位的边际收益为负，其值为 -3 美元（见表 12.2）。换句话说，销售最后一个单位反而会减少你的总收益！从这个推理中你可以看到，你永远不会把价格定在 3 美元以下，因为那样边际收益会变为负数，只会降低收益和增加成本。

12.4 选择最优数量和价格

我们在第 6 章中了解到，完全竞争企业在进行生产决策时必须同时考虑边际成本和边际收益。垄断企业也不例外。因此，为了帮助你为开瑞坦定价，除了开瑞坦的收益信息，表 12.2 还在第 5~8 列提供了生产成本信息。

生产最优数量

我们首先来观察图 12.6 所描绘的边际收益和边际成本。假设你选择的生产数量为 Q_L，即 3 亿片，那么在这一生产数量下，边际收益（MR）> 边际成本（MC），也就是 3 美元 > 1 美元。因此，如果你多生产一单位的开瑞坦，你的额外收益就会超过生产该抗过敏药物的额外成本。所以在 Q_L 的生产数量下，你无疑应该扩大生产，因为这样做会提高你的利润。同理，只要 MR > MC，你就应该继续扩大生产。当 MR = MC，即生产数量达到 5 亿片时，你会停止扩大生产。如果你一开始选择的生产数量为图 12.6 中的 Q_H，那么也可以应用类似的逻辑。在这一点上 $MC > MR$，即最后一单位的生产成本超过了它所带来的额外收益，这导致利润下降。你可以通过将产量降低到 $MR = MC$ 处来改善自己的境况。

图 12.6　开瑞坦的边际收益和边际成本

注：如果先灵葆雅的产量为 Q_L，则第 3 亿片开瑞坦的额外收益（边际收益）为 3 美元，生产成本为 1 美元。此时，先灵葆雅应该扩大生产。为什么？因为能够赚得更多利润！基于同样的逻辑，当产量为 Q_H 时，先灵葆雅的产量出现过剩，以至边际成本超过了边际收益。最后一单位的生产成本大过了其所产生的收益。

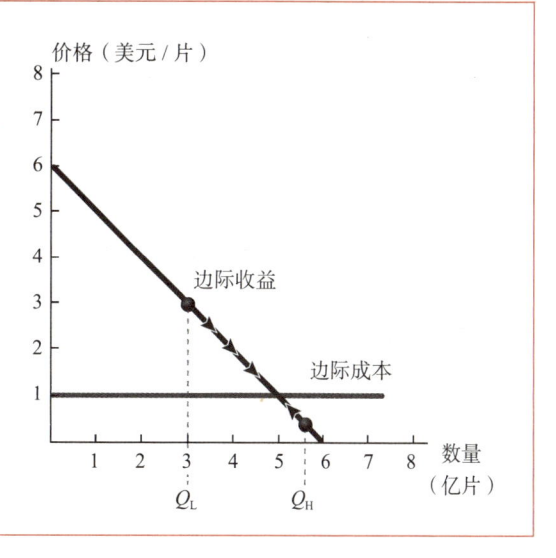

这个推理表明，你的利润最大化产出水平是由边际收益曲线和边际成本曲线的交点给出的。正如我们在第 6 章中所知道的，这一规则也适用于完全竞争行业的卖方，他们会以边际收益（MR）= 边际成本（MC）= 价格（P）时的产出水平进行生产。然而，这里也有一项重要的区别：在完全竞争行业中，企业是价格接受者，而垄断者是价格制定者——由于缺乏竞争者，垄断者会自行设定商品或服务的价格。从这个意义上说，在决定了生产数量之后，作为垄断者的你还需要为开瑞坦定价。

设定最优价格

在已经确定了最优数量的情况下，你该如何为开瑞坦定价呢？直觉告诉你，如果有数以百万计的人急需开瑞坦，你应该设定一个非常高的价格，而如果只有数量不多的人对开瑞坦表现出些许兴趣，你则应该设定一个较低的价格。这种想法是正确的，实际上，你的定价决策与市场需求曲线的性质密切相关。

图 12.7 绘制了开瑞坦的需求曲线、边际收益曲线和边际成本曲线。一旦我们确定了 $MR = MC$

缓解过敏季节痛苦症状的方法之一是服用抗过敏药物，比如开瑞坦。

第 12 章　垄断

时的产量,则作为垄断者,你的任务就是要找出能够让你售出你所生产的全部开瑞坦的最高价格。从图上看,你可以通过需求曲线来找出这一价格。

如图12.7中的垂直箭头所示,你可以通过观察需求曲线来了解消费者愿意为你投放到市场上的数量承担什么价格,然后以此来确定开瑞坦的价格。循着图12.7中的箭头,你会发现当价格设定为每片3.5美元时,企业利润会实现最大化,因为这是你在确保能够卖出5亿片开瑞坦时可以收取的最高价。(如果上网搜索一下,你会发现开瑞坦的每片实际价格在0.50美元上下。但出于演示的目的,我们使均衡价格处在了开瑞坦专利有效期的可观察价格范围内。)

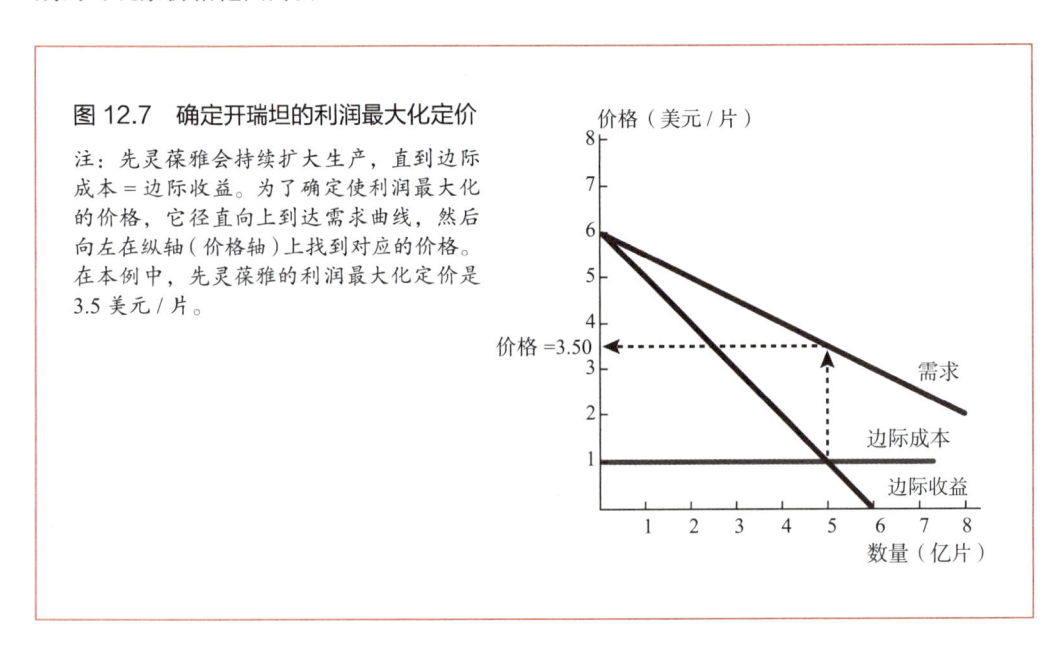

图 12.7　确定开瑞坦的利润最大化定价

注:先灵葆雅会持续扩大生产,直到边际成本=边际收益。为了确定使利润最大化的价格,它径直向上到达需求曲线,然后向左在纵轴(价格轴)上找到对应的价格。在本例中,先灵葆雅的利润最大化定价是3.5美元/片。

下面的流程图简单展示了垄断者的生产和定价决策步骤:

扩大生产直到 MC = MR → 在该点生产数量 Q → 追踪需求曲线 → 找到与 Q 相对应的价格 P

你可能会注意到,这种方法非常类似于第6章中所述的完全竞争企业的决策过程,但两者之间有一项主要的区别:<mark>垄断者设定的价格高于边际成本,而完全竞争企业的价格等于边际成本。</mark>

综上所述,最优定价决策规则为:

垄断者:设定价格＞边际收益=边际成本;
完全竞争企业:价格=边际收益=边际成本。

请注意,在这两种市场结构中,关于生产水平的边际决策是相同的:持续扩大生产，直至 MC= MR。主要区别在于，完全竞争行业中的企业不设定价格（而是由市场定价），垄断者则根据市场需求曲线定价。通过观察图 12.7 我们可以发现，垄断者的设定价格位于需求曲线的弹性部分（如第 5 章中所述，线性需求曲线的上半部分具有弹性）。

垄断者如何计算利润

如果你遵循这个最优决策规则，你的企业能从销售开瑞坦中获得多少经济利润？计算垄断企业经济利润的方法与计算完全竞争企业的经济利润完全相同：

$$利润 = 总收益 - 总成本 = 价格 \times 数量 - 平均总成本 \times 数量$$
$$= (价格 - 平均总成本) \times 数量$$

依据表 12.2 提供的数据，我们可以计算均衡状态下的垄断利润。图 12.8 中的阴影区域以图形形式描述了总利润。要想知道如何得到这个阴影区域，我们首先需要找到使 MC = MR 的那一点。这使我们确定利润最大化时的产量为 5 亿片。从这一点向上找到需求曲线，我们发现利润最大化时的价格是 3.50 美元/片。在这一产量下，用 3.50 美元/片的价格减去平均总成本 1.02 美元/片，我们得出每售出一片的利润为 2.48 美元。然后我们再将这个数字乘 5 亿片，算出利润为 12.4 亿美元：

$$利润 = 总收益 - 总成本$$
$$= (3.50 美元/片 - 1.02 美元/片) \times 5 亿片$$
$$= 12.4 亿美元$$

图 12.8　计算垄断者的利润

注：与完全竞争企业相似，先灵葆雅计算利润的方法也是用数量乘价格和平均总成本之差 [利润 =（价格 - 平均总成本）× 数量]。在本例中，矩形表示利润，它等于每片药的价格（3.50 美元）和平均总成本（1.02 美元）之差乘 5 亿片。

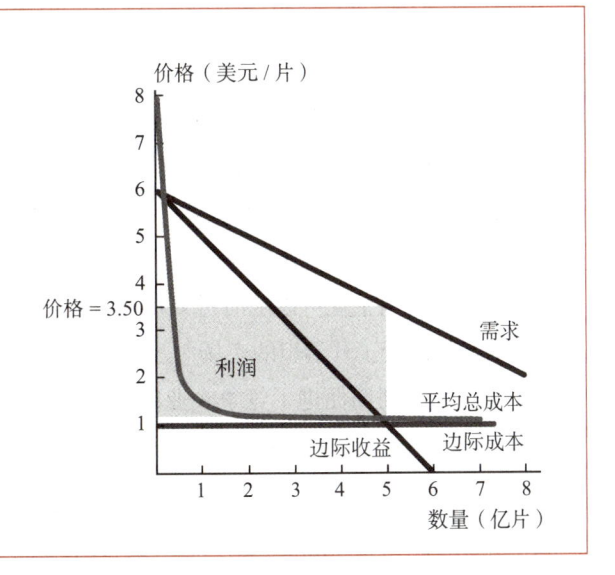

第 12 章　垄断

如前所述，在完全竞争市场中，企业进入会导致长期经济利润为零。然而对垄断企业来说，长期经济利润会持续存在。由于存在进入壁垒，垄断企业不会面临竞争对手进入市场的威胁。因此，在垄断市场中，不存在新进入者通过增加供给和压低价格使经济利润归零的危险。

垄断者有供给曲线吗？

此时你可能会产生疑问：为什么我们没有提到垄断的供给曲线？确实，图 12.7 显示，垄断者仅使用边际收益曲线、边际成本曲线和需求曲线就能确定其生产的价格和数量组合。根本没有提及供给曲线！原因很简单：不同于竞争市场中的卖方，垄断者没有供给曲线。

要理解为何如此，我们首先要考虑竞争市场的供给曲线代表着什么。要在完全竞争下创造供给曲线，企业必须是价格接受者，其生产基于给定的市场价格。在这一假设下，我们只需要确定生产最后一单位商品的边际成本等于其市场价格时的数量。因此，在竞争市场中，供给曲线显示了企业的生产数量和价格的所有组合。

垄断者作为价格制定者，无须根据市场价格改变生产，因为他们会自行定价；问一个垄断者在给定价格下能生产多少商品是毫无意义的。就像竞争市场中的卖方一样，垄断者会以边际收益等于边际成本时的数量生产。但正如你刚刚了解到的，边际收益取决于垄断者所面临的斜率为负的需求曲线。因为垄断者的生产决策是基于需求的，所以它不能用一条独立的供给曲线来描述。

12.5 "失灵"的"看不见的手"：垄断的成本

在第 7 章中，我们了解到，是"看不见的手"让个人利益和社会利益实现了和谐统一。这种统一具有一个非常吸引人的特征，即使社会剩余在竞争均衡时实现最大化。得益于"看不见的手"的强大力量，即使是在仅由利己者组成的市场中，社会的整体福利也可以实现最大化。能够打破"看不见的手"这一强大成果的一个重要因素是市场势力。行使市场势力的企业会导致资源重新流向自身，从而牺牲社会剩余。

我们以先灵葆雅公司专利到期前后的开瑞坦市场为例来思考这一问题。1981 年，先灵葆雅公司以专利的形式获得了开瑞坦的垄断权。20 年后，先灵葆雅公司的垄断权到期，非专利处方药企业可以随时进入市场，销售开瑞坦的替代品。[①] 这一进入过程在许多方面极大地改变了开瑞坦的市场。

开瑞坦专利到期促进了竞争企业的进入，图 12.9（a）则显示了由此导致的市场长期均衡。企业拥有恒定的边际成本，所以平均总成本 = 边际成本。你可能还想知道固定

---

① 开瑞坦专利于 2000 年 6 月 19 日到期。然而，先灵葆雅要求将专利有效期延长 2 年并获得批准。该专利最终于 2022 年 6 月 19 日到期。

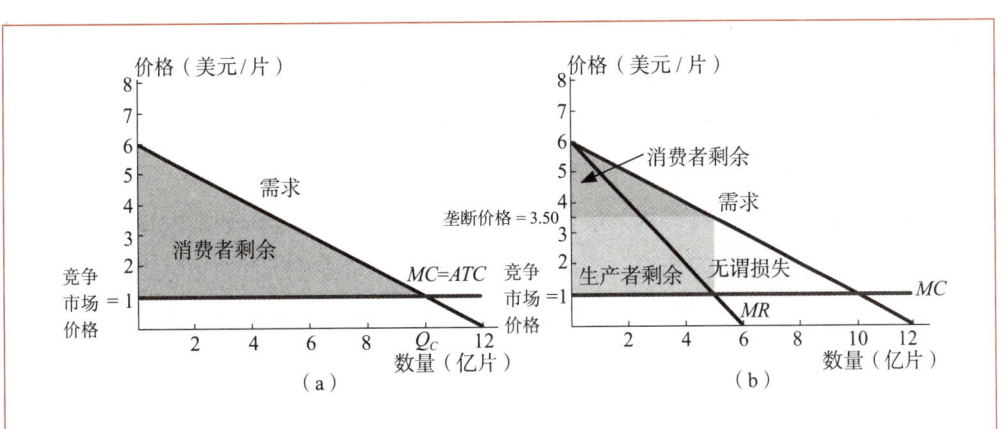

图 12.9 完全竞争与垄断下的不同剩余分配

注：图（a）显示了完全竞争市场中的消费者剩余，即需求曲线下方和水平的市场价格线上方区域的面积。图（b）显示了当垄断者将利润最大化时消费者剩余的变化：消费者剩余大幅减少，其中一部分流向了垄断者（标记为生产者剩余），另一部分则成为无谓损失。

成本是多少。如第 6 章中所述，从长期来看，企业并不存在固定成本。

现在均衡价格已经大幅下降，每片售价仅为 1 美元。低价格使得需求量激增至 10 亿片。需求曲线下方和边际成本曲线上方的阴影区域即这一完全竞争市场中的消费者剩余。在均衡状态下，消费者剩余为 25 亿美元［1/2 × 10 亿片 ×（6 美元 / 片 - 1 美元 / 片）］。

为了比较不同市场下的结果，图 12.9（b）显示了开瑞坦专利到期前的剩余。当先灵葆雅公司的专利仍然有效时，消费者剩余要少得多，仅为 6.25 亿美元［1/2 × 5 亿片 ×（6 美元 / 片 - 3.5 美元 / 片）］。先灵葆雅公司的垄断地位使其能够从消费者那里攫取剩余。图中矩形阴影区域表示了这一部分被攫取的剩余。

然而，先灵葆雅公司的垄断定价不仅仅从消费者那里获取了剩余，重要的是，当先灵葆雅公司行使垄断势力时，社会剩余也变少了。这种社会成本即无谓损失，表示为图 12.9（b）中的右侧三角形阴影区域，这是存在于竞争均衡中，在先灵葆雅公司成为垄断者时便会损失的剩余。开瑞坦的垄断定价带来的无谓损失为 6.25 亿美元［1/2 × 5 亿片 ×（3.5 美元 / 片 - 1 美元 / 片）］。

这是否意味着专利会适得其反？不一定。请记住，开发开瑞坦的固定成本非常高昂，因此政府必须制定激励措施来促使企业在研发上进行投入。制药企业获得的激励是一种具有时限的专利，而这种激励给社会带来的成本是专利垄断所造成的无谓损失。这笔交易到底值不值？接下来我们将深入探讨这个问题。

12.6 恢复效率

除了等到开瑞坦专利过期，是否还有其他方法来恢复该市场的效率？答案是肯定的。为了说明这一点，请观察图 12.10 以及列举了开瑞坦 5 个买方的附表。在这个例子中，奥吉愿意为每片开瑞坦支付 5 美元，诺亚愿意支付 4 美元，乔伊斯 3 美元，道恩 2 美元，格蕾塔 1.50 美元。在垄断者设定的 3.50 美元 / 片价格下，尽管乔伊斯、道恩和格蕾塔的支付意愿也高于边际成本，但只有奥吉和诺亚购买了开瑞坦。

恢复社会效率（即使社会剩余最大化）的方法之一是让社会规划者选择垄断者的生产数量和价格。这个"全知全能"的社会规划者既需要知道垄断者的边际成本，也需要掌握买方对开瑞坦的支付意愿。社会规划者希望像乔伊斯、道恩和格蕾塔这样的消费者能够购买开瑞坦，因为他们的支付意愿都高于生产开瑞坦的边际成本。如果他们能够购买，社会剩余就会增加，增加值为他们的支付意愿值与生产的边际成本之差的加总：2 美元 + 1 美元 + 0.50 美元 = 3.50 美元。的确，社会规划者可以选择与完全竞争均衡相同的结果，因为这种结果能够使社会剩余最大化。

在分析了先灵葆雅公司在垄断均衡下的产量后，社会规划者认为该产量太低。这是因为先灵葆雅公司会利用其市场势力，通过生产较少的商品和制定过高的价格来实现利润最大化。它"打破"了我们在第 7 章中讨论的"看不见的手"的有效结果。为了恢复效率，社会规划者将命令先灵葆雅公司生产比它愿意生产的数量更多的开瑞坦，并将价格设定为等于边际成本。

那么，为什么先灵葆雅公司不生产更多的开瑞坦，并针对乔伊斯、道恩和格蕾塔制定更低的价格呢？原因是，如果这么做，它就不得不面向包括奥吉和诺亚在内的所有买

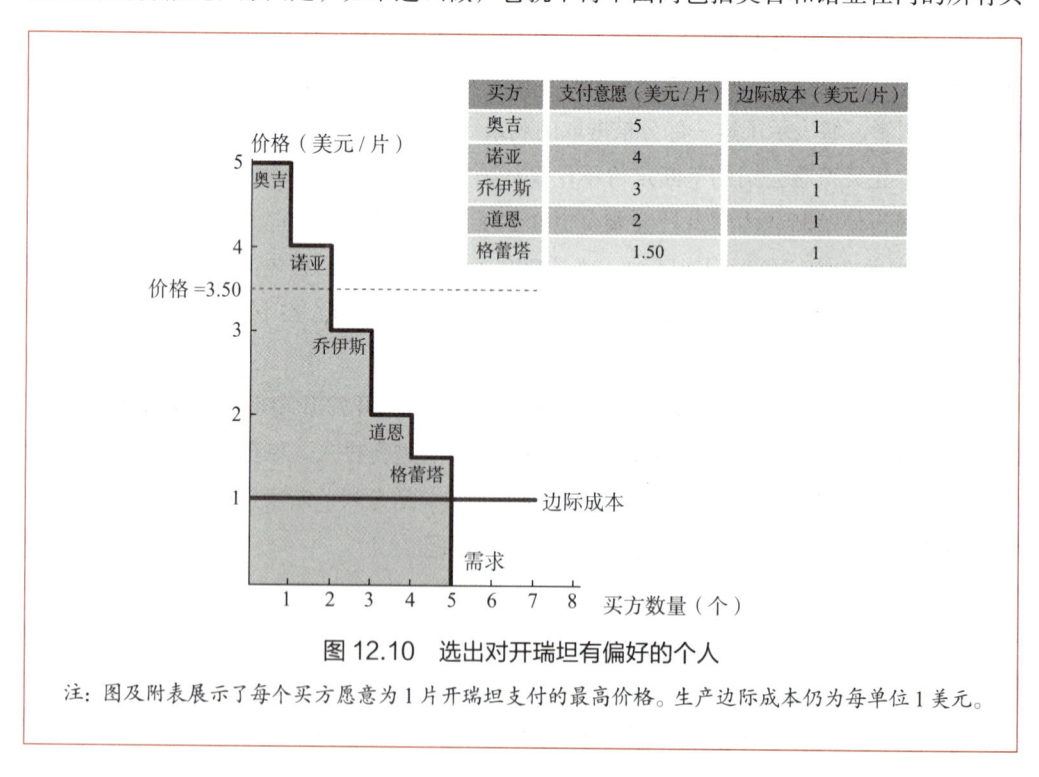

买方	支付意愿（美元/片）	边际成本（美元/片）
奥吉	5	1
诺亚	4	1
乔伊斯	3	1
道恩	2	1
格蕾塔	1.50	1

图 12.10　选出对开瑞坦有偏好的个人

注：图及附表展示了每个买方愿意为 1 片开瑞坦支付的最高价格。生产边际成本仍为每单位 1 美元。

方都制定更低的价格。在本章的前面部分，我们讨论过最优利润以及与价格变化相关的价格效应和数量效应，知道这么做会降低利润。

但"全知全能"的社会规划者仅仅是一个虚幻的建构，我们想知道的是是否有一种切实可行的方法来达到在完全竞争市场中所实现的社会剩余最大化。除了让政府介入并给先灵葆雅强制定价，我们是否还有其他办法？答案是肯定的，但我们怀疑这种方法可能会让你感到不太舒服。我们现在就来讨论一下这种方法。

三级价格歧视

你有没有想过为什么有些人似乎总能得到优惠？也许你花 500 美元买了一张回家的机票，却发现邻座的常客只花了 350 美元。同样，当你在沃尔玛打算为一件价格为 15 美元的 T 恤结账时，却发现你前面那个人竟然有免费的 T 恤优惠券，这也可能让你火冒三丈。

在这种情况下，消费者往往对交易的不公平感到震惊和不爽。然而，生产者却因为在价格歧视方面的成功而欣喜若狂。当企业对相同的商品或服务针对不同的消费者制定不同的价格时，就会发生**价格歧视**。如果支付低价格的买方不能简单地将优惠转售给支付高价格的买方（我们称之为套利），那么企业可能会通过价格歧视来提高利润。

我们通常会讨论三种类型的价格歧视：

1. **一级价格歧视**，或称**完全价格歧视**，是指以消费者愿意支付的最高价格向他们出售商品或服务。

2. **二级价格歧视**，是指根据消费者的购买特征（比如他们的购买数量），制定针对他们的不同价格。

3. **三级价格歧视**，是指根据不同消费者群体的特点，如年龄、性别、种族或地理位置等，制定针对他们的不同价格。

让我们继续以图 12.10 为例来分析一级价格歧视的作用原理。在这种情况下，如果先灵葆雅公司知道每个人的支付意愿，它就会针对 5 个消费者制定等于其支付意愿的价格——对奥吉每片药收取 5 美元，诺亚 4 美元，乔伊斯 3 美元，道恩 2 美元，格蕾塔 1.50 美元。通过这一做法，先灵葆雅可以从买方那里攫取所有的消费者剩余。

将这种逻辑扩展到整个市场，我们可以得到一些有趣的结论。如果作为垄断者的你能够实行完全价格歧视，那么最终结果不仅会使你自己的利润最大化，还会使社会剩余最大化。为了理解其原因，我们不妨再观察一下图 12.11（a）所总结的垄断结果。图 12.11（b）显示的则是在完全价格歧视下的垄断结果。如图 12.11（b）所示，在完全价格歧视下，你可以持续扩大生产，直到需求曲线与边际成本曲线相交（对应于 Q_C）。在这样做时，先灵葆雅的生产者剩余就包括了整个消费者剩余和无谓损失，这是因为它将生产扩大到了使价格 = 边际成本的水平，并以每个消费者愿意支付的价格向其出售药品。

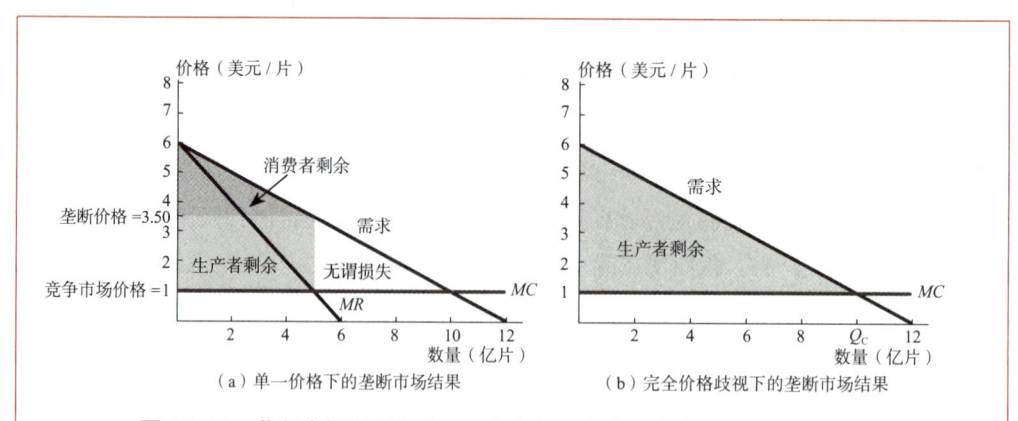

图 12.11 垄断市场的剩余分配：存在与不存在完全价格歧视的不同结果

注：图（a）总结了垄断下的市场结果。图（b）显示，垄断者利用完全价格歧视，通过根据消费者的支付意愿收费来获取消费者剩余和无谓损失。

该图显示出，你能够通过完全价格歧视大幅增加先灵葆雅公司的剩余。然而，该图也显示出消费者遭受了明显的损失。因为垄断者能够在实施一级价格歧视时榨取每位消费者愿意支付的每一分钱，所以消费者剩余等于零。

我们现在可以比较实行一级价格歧视前后开瑞坦市场的社会剩余。图 12.11 对此做了全面的展示。该图显示，通过完全价格歧视，我们完全消除了垄断的无谓损失。因此，完全价格歧视是有社会效率的，它提供了最大的社会剩余。这种均衡也是一种帕累托有效均衡（参见第 7 章中的讨论），因为没有人能够在不使他人变得更糟的情况下变得更好。让你忧虑的可能是剩余分配的极端不公平——买方没有得到任何剩余，而卖方得到所有剩余！

完全价格歧视在实践中很难实现，其原因有二。首先，企业很难针对每个消费者制定单独的价格。其次，掌握每个消费者的支付意愿也并非易事。因此，在实践中更为普遍的是其他形式的价格歧视。在许多情况下，垄断者并不知道不同消费者的确切支付意愿，但仍然可以根据感知到的支付意愿差异，通过制定不同的价格来提高利润。

我们接下来关注的是三级价格歧视，因为它每天都在影响我们所有人的生活。当价格因消费者特点或地理位置属性而异时，就会发生三级价格歧视。你可能想知道，为什么电影院、餐馆、高尔夫球场等对儿童和老年人收费较低。同样，经济学家也发现，汽车经销商有时会根据购车者的性别或种族来讨价还价。这些都是卖方试图以他认为与消费者支付意愿相关的可见特征来进行价格歧视。在这种情况下，垄断者将其消费者细分成不同的群体，并通过在每个子市场中使边际收益 = 边际成本来有效地扮演垄断者角色，从而实现利润最大化。

我们继续以开瑞坦为例。如果奥吉、诺亚、乔伊斯、道恩、格蕾塔的支付意愿具有整体代表性，那么按性别对消费者进行细分并针对男性制定比女性更高的价格将是有利可图的。例如，仅需将价格由统一的 3.50 美元/片改为向男性收取 4 美元/片，向女性收取 2 美元/片，先灵葆雅公司就能显著提高利润。把价格从 3.5 美元/片调整到 4 美元/片，奥吉和诺亚每购买 1 片药就会多贡献 1 美元的总利润。在价格为 3.5 美元/片时，3 名女性不会购买开瑞坦，因此她们对先灵葆雅的利润没有任何影响，但是当价格调整到 2 美元/片时，乔伊斯和道恩都会购买开瑞坦，因此她们每购买 1 片药会使利润增加 2 美元。

一级价格歧视和三级价格歧视都显示出，垄断者会根据感知到的支付意愿差异，面向不同的消费者制定不同的价格。然而值得注意的是，在很多情况下卖方并不能区分不同类型的消费者。这也许是因为无法很好地测算不同消费者的支付意愿。但即便是在这种情况下，价格歧视也仍可能存在。例如：如果你从 iTunes 音乐商店购买的音乐足够多，苹果公司就会提供折扣；轮胎销售人员通常会以 200 美元的价格出售 4 只轮胎，但单只轮胎的售价是 75 美元；面包店里 12 个甜甜圈卖 7 美元，而 2 个甜甜圈的售价是 1.5 美元；棒球卡爱好者在塔吉特超市里购买一包棒球卡的价格是 4 美元，但如果他们买一盒棒球卡（内含 36 包），则价格可以优惠到 100 美元。工业领域的客户和供应商之间也存在着类似的惯例：批量购买者能够享受大幅折扣。

如果消费者因为其购买特征而被以不同的价格收费，我们就说存在二级价格歧视。除了上面的例子，你还能想到哪些企业对作为消费者的你实行二级价格歧视的情况？

用数据说话

现实中的三级价格歧视

- 三级价格歧视往往会在你意想不到的情况下暴露其丑陋的一面。有一项实地实验将一组残障人士与一组非残障人士进行了比较。我们的观察对象需要修理汽车。对残障人士来说，连离开家门都是件麻烦事，更不用说到处询问修车价格了。因此，在残障人士和非残障人士之间存在着真实的询价能力差异。
- 事实证明，并非只有残障人士意识到了这个问题。修车工也对此心知肚明，并会相应地调整针对残障人士的价格。
- 我们是从已进行的一些实地实验中了解到这一点的。[2] 这些实验随机地让残障人士或非残障人士把一辆为残障人士做过适配的故障汽车送到汽车修理店。实验数据得出了哪些结论？
- 如果询价的人是一个残障人士，那么他得到的报价要比非残障人士高 20%。你可以通过比较图中对照组的两个条柱来看到这一点：残障人士收到的平均报价为 600 美元，而非残障人士收到的报价约为 500 美元。
- 你可能会认为这并不一定是基于询价能力差异的价格歧视，可能只是因为修理工不喜欢坐轮椅的人。该研究也对此想法进行了验证，让这两组中的每个人在获得报价时都说出下面这句话："我今天收到了好几份报价。"

- 结果是，仅仅说出这句简单的话就使得残障人士收到的报价大幅下降。只需将图中两组数据进行比较，我们便可以发现这一点。
- 那非残障人士呢？他们收到的报价保持不变。这表明，在修理工的认知中，非残障人士总是会为了获得最有利的报价而货比三家。
- 这就是一个三级价格歧视的典型例子：考虑到残障人士询价困难这一事实，汽车修理工往往会向所有残障人士报出高价，并希望借此来提升店铺利润。

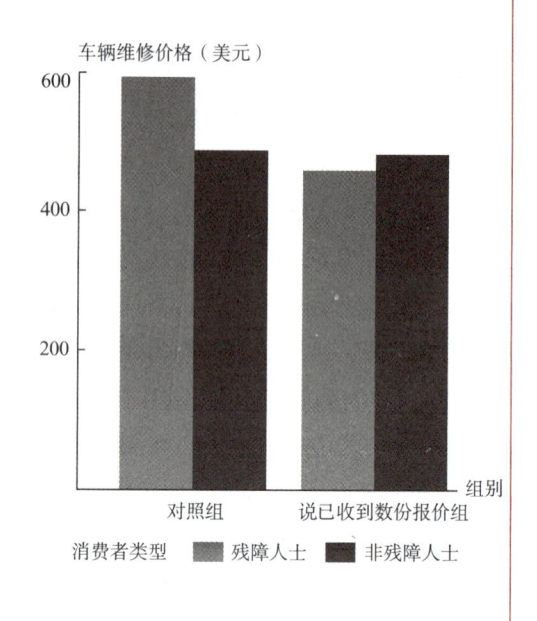

12.7 政府的反垄断政策

美国司法部和其他国家的许多类似机构都在积极尝试对各行业进行监管。它们的主要目的之一就是防止新兴市场和主导市场上出现反竞争定价、低数量和无谓损失，这有时也被称为**反垄断政策**。一些垄断，如自然垄断，是不可避免的。但是，正如我们在本章中所了解到的，垄断定价可能对社会有害，对消费者来说也成本高昂。制定反垄断政策的目的是保持市场的开放性和竞争性。

在美国，反垄断政策始于1890年的《谢尔曼反托拉斯法》，尽管在此之前已有几个州通过了类似的法规。那是一个所谓"强盗大亨"的时代，约翰·D.洛克菲勒、安德鲁·卡内基和科尼利厄斯·范德比尔特等人主导着某些行业，且经常因可疑的手段和不公平的做法备受指责。《谢尔曼反托拉斯法》以及西奥多·罗斯福总统和伍德罗·威尔逊总统的政策都反对此类垄断。

《谢尔曼反托拉斯法》禁止任何限制贸易的协议或行为，其实质是禁止企业垄断市场。除此之外，此类垄断企图还被定为重罪，犯事者不仅可能会遭受巨额罚款，还可能要承受牢狱之灾。这些反垄断政策导致了标准石油公司的解体，并引入了对其他大型垄断企业（包括当时的大型银行）更为严格的监管。时至今日，《谢尔曼反托拉斯法》仍旧是美国反垄断政策的基石。

微软案

1998 年 5 月，美国司法部依据《谢尔曼反托拉斯法》对 20 世纪 90 年代最成功的公司——微软公司提起诉讼。它声称微软公司为了垄断市场而采取了不公平的行为。该案的症结在于微软公司将 Windows 与 IE 浏览器捆绑销售。美国司法部认为，微软此举让网景等其他浏览器无法保持较大的市场份额。因此，微软公司被指控通过不公平的行为获得垄断权力。在捆绑了 IE 浏览器的 Windows 98 发布当天，美国司法部提起了这一诉讼。

经过长时间的审判，法院最终做出了对微软公司不利的裁决。除了美国司法部，欧洲欧盟委员会也对微软提起了类似的诉讼，其最终判决结果同样不利于微软。微软甚至险些被拆分为两家独立的公司，其中一家销售 Windows 系统，另一家销售应用软件。最终，微软公司支付了各种罚款，并同意改变其操作系统和营销方式，以使其他浏览器和其他应用软件能更为便利地在 Windows 上使用。

针对美国司法部在 1998 年对微软提起的反垄断诉讼，比尔·盖茨竭尽所能地为其公司进行了辩护。

微软案很值得研究，这不仅是因为它展示了美国反垄断法的力量，还因为它提出了一个问题：在当今新兴而充满活力的行业中，什么应该被视为垄断权力？微软公司真的能像当年石油业的标准石油公司那样垄断市场吗？有些人认为答案是肯定的，而且这种推理最终在法庭上占了上风。事实上，一些经济学家认为，由于许多软件产品都会受到网络外部性的影响，这种垄断在今天甚至更危险。兼容性问题是造成这种网络效应的主要原因，而且它们无疑存在于许多产品中。

你对 DVD 播放器的选择就是网络效应的一个简单例子。在某种程度上，高清 DVD 和蓝光 DVD 都有望成为下一代 DVD。网络效应对消费者的选择至关重要，当你所有的朋友都购买并使用了蓝光 DVD 时，高清 DVD 对你的吸引力会大大降低，因为你会因为选择了后者而无法与朋友交换光盘。到最后，如果所有的商店都以销售蓝光 DVD 为主，那么你将很难找到高清 DVD。有人认为，因为存在网络效应，所以在众多的软件相关行业中，一旦某一产品成功取得了足够的市场份额，其他的产品将很难与其竞争，而这种产品也会因此形成垄断权力。

另一些经济学家认识到了网络效应的重要性，但仍认为软件和其他信息技术行业天生具有竞争性，不可能像一个世纪前的石油业那样被垄断。这一群体认为美国司法部对微软公司的起诉超出了《谢尔曼反托拉斯法》最初规定的范围。他们认为软件创新永远不会停歇，因此，一旦微软公司的操作系统变得过于昂贵，一个能更好兼容其他产品的新操作系统就会以更低的价格进入市场。总有潜在的竞争者在关注着这个行业，一旦出现盈利机会，他们就会马上出击。微软案至今仍是经济学家们争论最多的案件之一。

价格监管

针对垄断，政府以往的解决方案是允许垄断企业保持其市场份额，但对其可能制定的价格进行监管。政府认为，较低的价格将扩大消费者的购买机会。这看上去是一个非常可行的解决方案，但当需要决定何为垄断者可设定的"公平"价格时，我们会发现这件事没有想象中那么容易。有两种定价方式在讨论中占据了主导地位：将价格设定为等于边际成本和将价格设定为等于平均总成本。

正确的选项似乎显而易见：设定价格等于边际成本。正如我们所知道的，这是使总剩余最大化的价格。以边际成本设定的价格被称为**有效价格或社会最优价格**。但不幸的是，决策并非如此简单。我们知道，在某些情况下，在每个数量水平下的边际成本都低于平均总成本（开瑞坦的示例中就存在这种情况）。这意味着将价格设定为等于边际成本将导致企业总收入小于总成本，因此这种监管将导致企业遭受经济损失并最终退出该行业。

解决这个问题的一个办法是让政府来补偿垄断者所遭受的所有损失。不幸的是，政府必须通过税收来筹集这笔资金，而正如第10章中所述，政府税收会导致无谓损失。另一个解决方案是允许垄断者设定更高的价格，即一个相当于其平均总成本的价格。这一价格被称为**公平回报价格**。尽管公平回报价格没有使剩余最大化，又一次导致了无谓损失，但它确实使得垄断者获得零经济利润。这样，即使政府无法补偿损失，垄断者也可以继续经营下去。

不幸的是，这两种监管方式都有各自的效率问题。最主要的原因是，企业现在没有动力将成本降到最低，因为在这两种情况下，企业的经济利润都将为零。因为无法获得经济回报，企业也就缺乏开展创新与提供新商品和新服务的足够利润动机。

我们已经探讨了政府监管垄断的方式，现在应该回过头来思考一下监管垄断本身是否正确。监管与否都会给消费者带来成本。垄断若无监管，消费者就需要支付更高的价格，生产者的生产数量也会低于社会最优水平并导致无谓损失。垄断若受到监管，消费者确实可以支付更低的价格，但对垄断者的"税收和转移支付"或价格无效率也同样会导致无谓损失。许多经济学家认为，不对垄断企业进行监管实际上比对其进行价格监管更有效率。现在我们来看一些证据。

循证经济学

垄断对社会有无好处？

- 在了解了垄断定价及其所造成的无谓损失等可怕细节后，许多人可能会希望永远都不要垄断才好。你可能会想："还有比贪婪垄断者靠剥削顾客赚大钱更糟糕的事情吗？"确实，你在为先灵葆雅公司的开瑞坦定价时，就是在干这种事。

- 也许这就是加拿大和印度等国家不允许如此丰厚的垄断利润存在的原因。在加拿大，政府控制着药品价格，印度则拒绝为创新者提供强有力的专利保护。也许这些国家是对的——为什么不以某种形式限制垄断者呢？

- 我们必须牢记，对许多发明家（但不是所有发明家）来说，能够获得超额利润是他们进行发明创造的一个重要动力。众所周知，美国最著名的发明家之一托马斯·爱迪生，就是依据经济利益大小来决定时间分配的。被允许垄断利润的企业会想方设法开发能够市场化的创新技术——无论它是艾滋病的治疗方法，还是能使我们生活更便利的搜索引擎代码。如果我们生活在一个完全竞争的世界中，企业将失去投资于新产品创造的动机，也就是说它们不会在**研究与开发**（简称研发）上进行投资，因为它们无法从创新中获得同样的利润。由于存在企业进入，因此从长期看，经济利润将降至零。

- 这就让我们陷入了一种窘境：如果我们允许一家企业拥有垄断权力，那么我们肯定会因为无谓损失而无法使社会剩余最大化。但是，如果我们不给予创新者保护，社会可能就不会从各种各样的商品和服务中受益，因为没有足够的利润来刺激创新。以开瑞坦为例，问题的症结在于，你是更愿意继续打喷嚏、眼睛痒和流鼻涕，还是更愿意为每片开瑞坦支付3.50美元。

- 这个问题自然就变成了一个实证问题。到底有多少创新源自专利和版权保护的激励？

- 当一家企业获得专利时，它就获得了生产和销售一种商品或服务的专有权。这种排他性权利允许企业成为垄断者并自行定价，正如我们在本章中所了解到的，垄断者的定价将高于完全竞争市场中的均衡价格。如果到目前为止我们对垄断的讨论是正确的，那么为什么政府会鼓励这种垄断行为甚至为其设置法律框架呢？

- 原因是创新。

- 关于专利和版权保护对创新的影响，我们目前尚未掌握完善的数据集，但我们可以通过对几个例子的讨论来增进对这方面的理解。

- 第一个案例是19世纪的世界博览会。在19世纪，发明家和企业蜂拥到世界博览会。如果你只见识过美国的州博览会，那么你可能根本无法想象世界博览会的规模。例如，1851年的世界博览会是在当时世界最大的封闭空间里举行的，这场盛会吸引了600多万游客，为来自40个国家的17 000多名发明家提供了展览场地。再举个例子，如果想尽览1876年世界博览会上的每一件展品，你得步行超过22英里！

- 世界博览会让经济学家感到兴奋的地方在于，当时各国的专利法差别很大，而且与现今不同的是，当时很难在本国以外为一项发明申请专利。因此，19世纪世界博览会的指南（指南中包含了发明家所在国家、发明所属行业以及发明家是否为其发明申请专利等数据），就成了检验专利法是否为创新所必需的一个完美工具。

- 对这些数据的分析得出了一个合乎情理的微妙答案：一些行业比其他行业更需要专利保护。[3] 具体而言，那些来自缺少严格专利法国家的发明家，会把注意力集中在科学仪器和食品加工等难以复制的发明上，因为他们可以轻易隐藏生产技术，防止发明泄露。相比之下，来自拥有强大专利保护国家的发明家在制造设备和其他机械方面做出了大量创新，这部分是因为这些创新很容易被逆向破译。

- 这些对今天的我们意味着什么？首先，我们需要为不易保密的创新提供专利保护。但并非所有行业都需要同样水平的保护。例如，制药公司很容易被从事大规模生产仿制药的竞争对手模仿，因此制药公司可能比能秘密开发出新纺织品的服装公司更需要得到保护。

- 然而，从长期来看，过多的保护并不能保证会有更多的创新。20世纪90年代，人们为了解码人类基因组进行了两项重大努力，其中一项是名为"人类基因组计划"的开源项目，另一项是一家名为赛雷拉的公司所开展的私人研究。一段时间之后，人类基因组计划破译了基因组的部分片段，并将其免费共享给了所有人。另外一些基因组片段则由赛雷拉公司首先破译，但该公司却利用知识产权法阻止人类基因组计划破译这些基因的序列。

- 人类基因组计划测序的部分基因组与赛雷拉测序的部分基因组在后续研究中出现了巨大差异。平均而言，人类基因组计划序列比赛雷拉序列多进行了70%的科学工作。[4]

- 核心结论是，创新不仅是对激励做出响应，还要求发明者能够站在前人的肩膀上。在这种情况下，专利和版权所有者享有的垄断权既会刺激创新，也会阻碍创新。授予创新者对其发明的垄断权的最优政策应该是这些边际成本和边际收益的微妙平衡。

- 对20多年的竞争和创新数据的分析似乎支持了这一论点。具体来说，企业所面临的竞争水平与企业创新数量之间的关系表明，创新并不是由完全竞争企业或完全垄断企业驱动的。相反，那些处于两种市场结构之间的企业，也就是那些享有一定垄断权，但在行业中有大量模仿和刺激创新的优秀竞争对手的企业，在推动技术进步方面往往表现最佳。[5]

微观经济学

问题	答案	数据	注意事项
垄断对社会有无好处？	有证据表明，市场势力可能是创新的一个重要因素。	专利法和世界博览会上的发明，人类基因组测序，专利数据和行业竞争性数据。	数据说明，那些享有一定垄断权，但在行业中有大量模仿和刺激创新的优秀竞争对手的企业往往更具优势。

总结

- 垄断是一种只有单个企业提供没有近似替代品的商品或服务的行业结构。垄断源于进入壁垒，后者以法定和自然两种形式存在。在法定形式下，政府通过专利或版权创造壁垒。在自然形式下，控制关键资源或实现规模经济（例如提供天然气和电力等商品时的情况）可能导致自然垄断。
- 进入壁垒使得垄断者在制定数量和价格决策时能够行使市场势力。垄断者的最优行为是设定价格＞边际收益＝边际成本。这与完全竞争行业不同，后者的价格＝边际成本＝边际收益。
- 在均衡状态下，与完全竞争市场相比，垄断导致更少的数量和更高的价格。因此，消费者必须以高于边际成本的价格向垄断者购买商品或服务，所以社会剩余没有实现最大化，产生了无谓损失。
- 垄断有时可能是合理的，了解一家企业是否合理地占据垄断地位是美国立法者的一个主要关注点。尽管允许企业拥有垄断权力是有成本的，但是额外的利润激励可能会转化为对新产品、新药物以及新技术的更好且更具成效的研究与开发。

关键术语

价格制定者
市场势力
垄断
进入壁垒
法定市场势力
专利
版权

自然市场势力
关键资源
网络外部性
自然垄断
价格歧视
一级（完全）价格歧视

二级价格歧视
三级价格歧视
反垄断政策
有效价格或社会最优价格
公平回报价格
研究与开发（研发）

问题

1. 什么是市场势力？垄断企业可以通过哪些方式获得市场势力？
2. 绘图并解释竞争企业平均总成本曲线和自然垄断企业平均总成本曲线之间的差异。
3. 说一种商品会产生网络外部性是什么意思？
4. 为什么国防作为自然垄断行业会更好？你认为还有哪些行业或服务应该是自然垄断的？
5. 自然垄断与因网络效应而形成的垄断有何区别？
6. 需要救命药的人离开救命药就不能活，因此肯定会愿意为它们支付高价。虽说如此，但为什么救命药的生产商仍不能随意定价？
7. 垄断者的需求曲线和边际收益曲线是什么形状？
8. 垄断者的价格、边际收益和总收益之间存在何种关系？
9. 竞争企业和垄断企业都以边际成本等于边际收益时的生产水平生产。在其他条件都相同的情况下，为什么竞争市场中的价格低于垄断市场？
10. 为什么垄断企业没有供给曲线？
11. 分析以下情况并确认其价格歧视类型：
    a. 某市一家人气俱乐部对晚上 11 点前到达的女性免收入场费。
    b. 在快餐店购买汉堡、软饮和薯条套餐要比单独购买这几种商品更便宜。
    c. 一个在街上卖假手表的人对每个想买的人提出了不同的报价。
12. 为什么反垄断机构不能仅通过在市场上设定价格下限或价格上限的方式来限制一家企业的垄断权力？
13. 是否存在垄断对经济有益的情况？请解释。

循证经济学习题

1. 让我们再花点时间来研究一下授予抗过敏药开瑞坦专利权所带来的市场影响。开瑞坦每日用量的边际成本保持不变，为 5 美元。开瑞坦所面临的年需求曲线和边际收益曲线如下图所示：

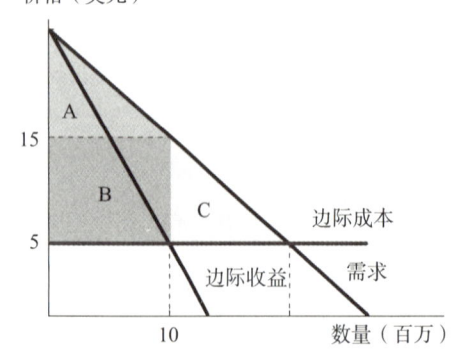

    a. 假设开瑞坦进入了一个有许多其他公司也在销售类似抗过敏药物的完全竞争市场。这个市场的均衡价格、数量、消费者剩余和生产者剩余分别是多少？
    b. 现在假设开瑞坦是第一种有效的抗过敏药物，并将获得专利。因此，开瑞坦将形成垄断。这种情况下均衡价格和数量是多少？
    c. 垄断均衡下的消费者剩余和生产者剩余分别是多少？

习题

1. 正如本章所解释的，垄断是一种行业结构，在这种结构中，只有一家企业提供没有近似替代品的某种商品或服务。本题进一步探讨这个定义的最后一部分。

   a. 天狼星卫星广播公司和XM卫星广播公司曾经是美国仅有的两家卫星广播提供商。美国司法部和联邦通信委员会在2008年批准了这两家公司的合并，尽管这将使得合并后的天狼星-XM卫星广播公司控制100%的卫星无线电市场。你认为这两家公司是如何说服司法部和联邦通信委员会允许它们进行合并的？

   b. 1947年，美国政府指控杜邦公司违反了《谢尔曼反托拉斯法》。政府认为杜邦公司垄断了玻璃纸市场。政府在法庭上表示，杜邦公司生产的玻璃纸几乎占美国每年玻璃纸总销量的75%。尽管如此，美国最高法院做出了有利于杜邦公司的裁决，驳回了此案。你认为杜邦公司是如何说服最高法院相信它没有违反《谢尔曼反托拉斯法》的？

2. 批判性地分析以下情况，并解释你为何同意或不同意其所述观点。

   a. 马麦酱是一种涂在吐司上食用的酵母提取物，珍妮特知道很多人不喜欢马麦酱。她说，既然马麦酱这么不受欢迎，生产马麦酱的联合利华公司不可能拥有任何垄断权力。

   b. 埃德加说，风力发电行业的一家公司不太可能在很长一段时间内拥有很高水平的垄断权力，因为生产额外一单位风能的成本非常低，大量企业可以进入市场并分食经济利润。

3. 教科书出版商希望实现利润最大化。然而，作者们面临着截然不同的激励。作者通常以版税为报酬。版税是一本图书销售总收入的特定百分比。例如，如果合同规定作者将从每本书的销售中获得20%的收入，那么，当出版商的总收入为10万美元时，作者的版税为2万美元。谁会更希望图书定价更高，是出版商还是作者？

4. 假设一家以营利为目的的制药公司刚刚研制出了一种畅销的新型抗病毒药物。目前该药物售价为每剂100美元，销量为1亿剂。然而，如果每剂价格降低20美元，该药物的销量将增加到1.3亿剂。绘图展示价格效应（由于价格降低而导致的收入损失）和数量效应（由于数量增加而导致的收入增加）。求出每个矩形的面积。根据这些计算，降价会对总收入有何影响，增加、减少还是没有变化？

5. 你是一名垄断者，面临着如下需求表。你以每单位4美元的恒定边际成本生产某产品。

数量	价格（美元）
1	14
2	12
3	10
4	8

   a. 计算表中每一行的边际收益（假设数量为零时的收益为零）。

   b. 使利润最大化的数量是多少？试着在无须计算利润的情况下回答该问题。

   c. 假设固定运营成本为10美元，则利润是多少？

6. 你是一名向本科生售卖教材的垄断者。目前，你以每本100美元的价格出售100本书，收入为1万美元。每本书的印刷成本极低，所以你忽略了固定成本，专注于使收入最大化。基于你的市场营销团队的研究，你发现如果教材价格上涨，一些学生将放弃购买。同样，如果降低价格，会有更多学生购买教材。

a. 假设需求弹性是-0.5,如果价格提高10%,那么你的收入会变成多少?

b. 如果需求弹性是-2,那么你应该提高价格还是降低价格?请在不进行任何计算的前提下对此做出简要解释。

7. 下图显示了垄断市场中的需求、边际收益和边际成本曲线。

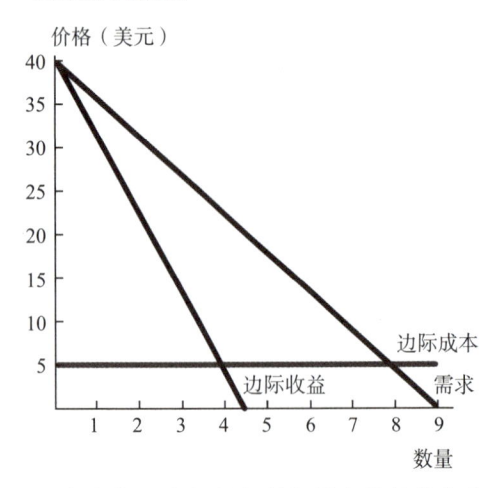

a. 确定使这个垄断者利润最大化的价格和数量。

b. 市场上的消费者剩余、生产者剩余和无谓损失分别是多少?

c. 如果该市场是完全竞争市场,消费者剩余会如何变化?

8. 一家面包店认为每位顾客都愿意花20美元买一个派,花12美元买第二个派。每个派的生产成本是5美元。

a. 面包店应该把每个派的价格定在20美元还是12美元?请简要解释。

b. 如果面包店把一个派的价格定为20美元,但提供"买第二个派只需10美元"的优惠呢?消费者会买账吗?如果答案是肯定的,面包店的利润与(a)部分相比如何?

c. 这个例子(通常被称为"捆绑销售")最接近于哪种类型的价格歧视,一级、二级还是三级?

9. 假设你是一名垄断者,你有约瑟夫和莫妮克两个客户。两人要么每人购买一件你的产品,要么都不购买。约瑟夫愿意为你的产品支付50美元,莫妮克愿意支付20美元。生产这种产品的平均总成本和边际成本恒定为5美元。

a. 如果你不能实行价格歧视,你会如何对产品定价?你能赚取多少利润?

b. 如果你能实行价格歧视,你会如何对产品定价?你能赚取多少利润?为便于分析,假设购买和不购买对消费者而言无差异时,他们会选择购买。

10. 为便于分析,我们假设存在一名没有任何成本的垄断者,他获得的利润等于收入,也就是价格乘数量。需求方分为两组。一组是14名成年人,其中10人愿意支付30美元,4人愿意支付20美元;另一组是16个孩子,其中6人愿意支付20美元,10人愿意支付10美元。

a. 最优单一(统一)价格是多少?提示:先猜测,后验证。把选项集中在10美元、20美元或30美元上。

b. 如果垄断者可以通过为每一组设定不同价格来实行价格歧视,那么它应该分别向成人和儿童收取多少费用?

c. 不进行任何计算,解释为什么单一定价下的利润不可能大于两种不同定价下的利润。

11. 你是镇上唯一的理发师,因此你是一名面临以下需求表的垄断者。你的边际成本恒定为10美元(即你时间的价值),固定成本为50美元(你理发店的租金)。

数量	价格(美元)
1	55
2	45
3	35
4	25

a. 在表中补充总收入、总成本和利润三列的数据。假设你只能按单一价格收费。

b. 什么数量能使利润最大化？你能在不对利润进行实际计算的情况下得到结论吗？如果答案是肯定的，请解释你的思考过程。

c. 假设上表来自以下事实：第一个消费者愿意支付 55 美元，第二个消费者愿意支付 45 美元，第三个消费者愿意支付 35 美元，第四个消费者愿意支付 25 美元。如果可以使用一级价格歧视，则最大可能利润是多少？

12. 一位垄断者的边际成本恒定为 4 美元，其面临的需求曲线为 $Q_D = 20 - 2P$，其中 P 代表价格。这意味着反需求曲线为 $P = 10 - (1/2)Q$，边际收益为 $MR = 10 - Q$。

a. 绘制需求曲线、边际收益曲线和边际成本曲线。

b. 垄断者会将产量和价格设定在何种水平？

c. 企业的生产者剩余（即利润，忽略固定成本）是多少？

第13章 博弈论和策略选择

换位思考有价值吗？

假设你刚刚持械抢劫了一家银行。你和你的犯罪同伙乔西在驾车逃跑时被抓获，但在被捕之前，你们都把枪扔进了排水沟。警察把你们俩带到当地的警察局，把你们安排在不同的审讯室。当警察进入你的房间时，他们为你列出了三个选项，并告诉你他们也给了乔西同样的三个选择：

1. 如果你们都不承认在犯罪过程中持有枪械，你们都将因抢劫罪而面临2年的监禁。

2. 如果其中一人承认持械，那么他将被释放，而另一人将被判10年监禁。

3. 如果你们都承认持械，那么两人的刑期都将减至5年。

你会怎么选？

到目前为止，我们所建立的简易经济框架还不足以处理如下这种情况：你的收益（满意度、利润等）取决于他人的行为，而你的行为又会影响他人的收益。这些情况包括如何在合作伙伴、企业、朋友和家庭中分配稀缺资源。你可能会疑惑，经济学与朋友和家庭能有什么关系？事实证明，它们关系密切。

博弈论研究的是一个经济主体的收益不仅取决于他自己的行为，还取决于其他人行为的情况。博弈论是数学的一个分支，最初主要用于室内游戏的分析。例如，当你玩扑克并试图弄清对手的下一步行动时，你就是在使用博弈论概念。2000年，加州大学洛杉矶分校的研究生克里斯·弗格森在世界扑克大赛上应用了博弈论概念，这使他最终获得了150万美元的奖金和冠军手镯。（他的父亲就在加州大学洛杉矶分校教授博弈论！）但博弈论的用处远不止于室内游戏。经济学家、政治学家和社会学家会使用博弈论来分析

本章概览

13.1	13.2	13.3	13.4	EBE	13.5	EBE
同时行动博弈	纳什均衡	纳什均衡的应用	人们在实践中如何进行博弈？	换位思考有价值吗？	扩展式博弈	在扩展式博弈中的换位思考有价值吗？

> **重要概念**
>
> - 在一些重要的情况下，别人的行为会影响你的收益。
> - 博弈论是描述我们在这种情况下的最优行动的经济框架。
> - 纳什均衡指的是没有一个参与者可以通过为自己选择不同行动或策略而占得优势的情况。
> - 纳什均衡适用于包括零和博弈、公地悲剧和囚徒困境在内的多种问题。

各种问题，包括企业间的竞争（第 14 章）、谈判和议价（第 17 章）、社会合作（本章和第 18 章）、投票和其他政治决策等等。

在本章中，我们将介绍博弈论的基本工具，并解释它们会如何帮助我们理解和分析诸多不同的经济决策。这种理解会为你提供宝贵的资源，帮助你研究每天面对的个体互动，分析国际贸易谈判、核军备竞赛和劳动仲裁等各种问题。在本章的两个循证经济学专栏中，我们将了解到，在很多时候，换位思考确实非常有价值。

13.1 同时行动博弈

让我们回到本章开篇假设的犯罪现场，并探讨博弈论者会如何看待这个问题。在此之前，我们必须认识所有博弈具备的三个要素：

1. 参与者；
2. **策略**；
3. 收益。

我们先来找出本章开篇博弈中的三要素。

参与者：你和乔西；

策略：招供或不招供；

收益：见表 13.1。

收益矩阵显示了参与者在博弈中所采取的每一个行动的收益。在表 13.1 所示的收益矩阵中，一名参与者的行动按行显示，另一名参与者的行动则按列显示，行动交汇的单元格给出的就是收益。在本例中，我们暂且假设这些收益对应的仅是参与者的入狱年数。说得更具体一点就是入狱时间越长，收益就越低。博弈论也可以包括忠诚和善意这类的收益，但在这里我们先不考虑这些。

通常而言，收益矩阵中列示的第一个数字总是行参与者的收益，而为了更容易分辨，我们会用●做标记。列示的第二个数字总是列参与者的收益，我们用●做标记。所以，在这个博弈中，如果你（行参与者）招供了，乔西（列参与者）也招供了，则你们每个人都将入狱 5 年。

表 13.1 描述的是一个被称为"囚徒困境"的经典场景。尽管囚徒困境比较简单，但

它显示了博弈论的几个重要共性。它包含了多个参与者（在本例中是两个）的互动。这种博弈被称为**同时行动博弈**，因为参与者要在同一时间做出行动选择。在囚徒困境中，这意味着你和乔西必须在不知道对方选择的情况下同时做出行动选择。不过，尽管你们不知道对方的选择，但我们假设你们两人都了解整个收益矩阵，也就是说，你们每个人都清楚两个参与者的收益。

在构建收益矩阵时，重要的是要认识到，我们已考虑了每项行动的所有相关收益和成本。在这个例子中，我们假设图中所显示收益代表了博弈的所有相关收益。因此，我们其实也是在假设其他重要的潜在特征（如服刑后的报复等）并不影响这次博弈的收益。

有了博弈论，我们现在可以考虑如下问题了：你应该怎么选择？

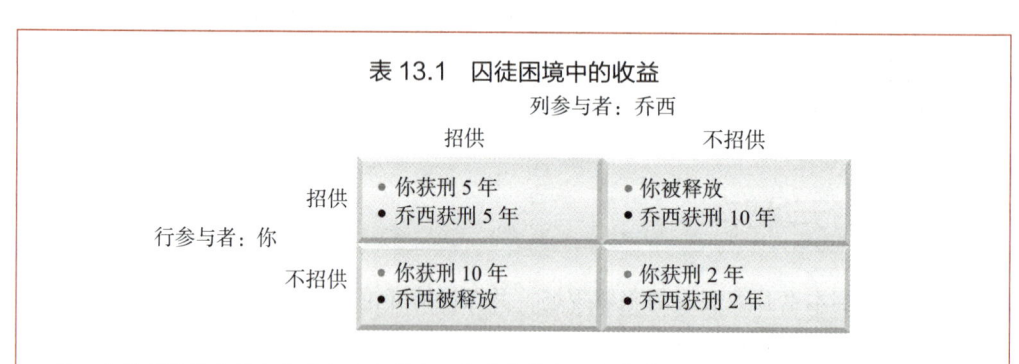

表 13.1 囚徒困境中的收益

列参与者：乔西

	招供	不招供
招供（行参与者：你）	• 你获刑 5 年 • 乔西获刑 5 年	• 你被释放 • 乔西获刑 10 年
不招供	• 你获刑 10 年 • 乔西被释放	• 你获刑 2 年 • 乔西获刑 2 年

注：收益矩阵给出了每个参与者从所有可能博弈策略组合中获得的收益。例如，在有两名参与者的囚徒困境中，收益矩阵显示出，如果你招供，乔西也招供，那么你们每人将获刑 5 年。相反，如果你们都不招供，那么你们将分别获刑 2 年。

最优反应与囚徒困境

无论执行何种博弈，第一步都是要站在另一方的角度进行思考。也就是说，推断你应该选择哪种行动（招供还是不招供）的一个好办法是考虑其他参与者可能采取的每一种行动，然后思考何为你对每种行动的最优反应。例如，假设乔西选择招供，在这种情况下，你就可以不用考虑当他选择不招供时的收益情况，你应该只关注他招供时的情

表 13.2 你搭档招供时的囚徒困境博弈

注：要确定你对乔西特定策略的最优反应，你首先要观察与该策略相对应的列。在本例中，你需要观察的是乔西招供的那一列。之后你需要对比在两种策略下（招供或不招供）的收益。你可以看到，在这种情况下，如果你招供，那么你将获刑 5 年，而如果你不招供，你将获刑 10 年。

乔西招供

你	
招供	• 你获刑 5 年 • 乔西获刑 5 年
不招供	• 你获刑 10 年 • 乔西被释放

况。因此，我们可以删除表 13.1 中的"不招供"列，得到如表 13.2 所示的单列。

表 13.2 清楚地表明，在这种情况下，当你拒不招供而乔西招供时，你将被判入狱 10 年，如果你也招供，那么你将被判入狱 5 年。因此，当你预期乔西招供时，你的最优反应就是自己招供。**最优反应**指的是博弈一方在博弈另一方策略给定情况下的最优策略。

相反，假设你预期乔西不会招供。使用与上述相同的最优反应方法，我们现在删除表 13.1 中的"招供"列，得到了表 13.3。

表 13.3 你搭档不招供时的囚徒困境博弈

注：为了确定你在乔西不招供时的最优反应，可以观察乔西的"不招供"列，然后比较你在两种可能策略下的收益。在这种情况下，如果你招供，你将获得自由，而如果你不招供，你将入狱 2 年。

	乔西不招供
你 招供	● 你被释放 ● 乔西获刑 10 年
你 不招供	● 你获刑 2 年 ● 乔西获刑 2 年

经过同样的分析步骤，你会发现招供可以让你免于牢狱之灾，而不招供则会让你坐牢 2 年。在这种情况下，你的最优反应还是招供。现在你明白了，无论你认为乔西会怎么选择，你都应该招供。这意味着，当你置身于此类博弈中时，无论你认为你的搭档会怎么抉择，你都应该选择招供。

占优策略与占优策略均衡

当博弈一方对另一方所有可能策略都有相同的最优反应时，我们便称该方拥有**占优策略**。在表 13.1 的博弈中，招供就是一种占优策略，因为它是你对你搭档的任何策略选择的最优反应。

在囚徒困境博弈中，在为乔西做了同样的分析后，你会发现乔西的占优策略也是招供。当两方都存在占优策略时，我们很容易确定该博弈的均衡。如果每个参与者的相关策略都是占优策略，那么这些参与者的策略组合就构成一个**占优策略均衡**。上述例子中的博弈就存在一种占优策略均衡：双方都应该招供，因为招供对每个参与者来说都是占优策略，也就是说，无论另一方怎么做，他们通过招供所得到的收益都高于不招供的收益。

值得注意的是，这种均衡导致的结果对双方而言都并非最佳。尽管你和乔西都不招供时你们俩的境况都会更好，但占优策略均衡是你们俩都招供！这种情况正是我们到现在为止所研究的悖论的核心，即囚徒困境。"困境"之所以出现，是因为如果你和乔西都招供，那么你们将各自获刑 5 年。然而，如果你们都不招供，你们每个人的刑期就只有 2 年。因为入狱时间越短越好，所以（招供，招供）策略组合带给双方的收益都低于（不招供，不招供）策略。然而，不招供并不符合你（或乔西）的最佳利益，这就形成了你们两人都要招供的一种独特占优策略均衡。囚徒困境也由此而生。

无占优策略博弈

在囚徒困境博弈中，每个参与者都有一个占优策略。然而，也有许多博弈没有占优策略。假设你和你的朋友吉娜都是冲浪运动的狂热爱好者，你们开了一家叫作"浪里欢腾"的冲浪商店，你们的主要竞争对手是街上的一家叫作拉荷亚的冲浪商店。是否做广告是你必须做的一个关键决策。事实上，你的商店和拉荷亚都要做出类似的决策，而且我们假设你们会同时做出决策。在进行了必要的市场调查之后，你绘制了表13.4，列出了这一简单博弈的收益。

该博弈的三要素如下所示：

参与者：浪里欢腾冲浪商店和拉荷亚冲浪商店；

策略：做广告或不做广告；

收益：见表13.4。

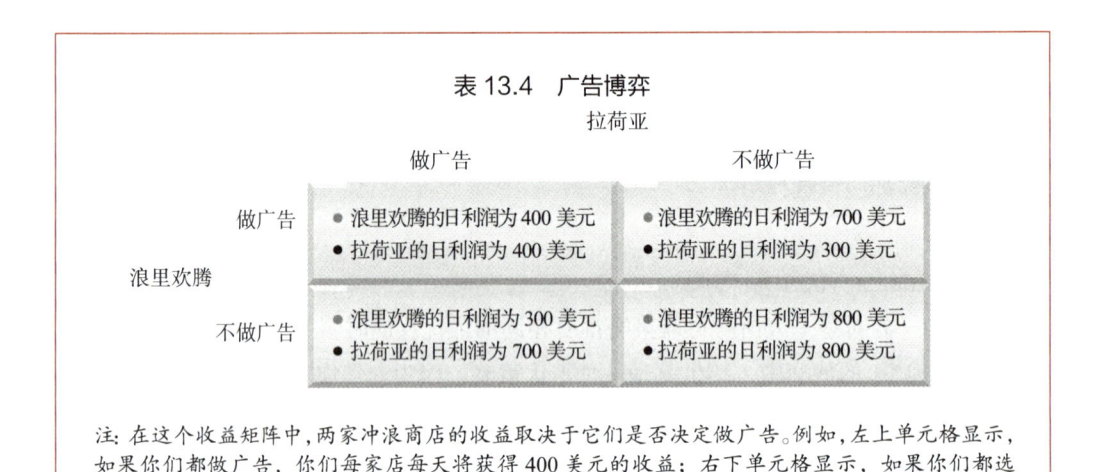

表13.4　广告博弈

	拉荷亚 做广告	拉荷亚 不做广告
浪里欢腾 做广告	● 浪里欢腾的日利润为400美元 ● 拉荷亚的日利润为400美元	● 浪里欢腾的日利润为700美元 ● 拉荷亚的日利润为300美元
浪里欢腾 不做广告	● 浪里欢腾的日利润为300美元 ● 拉荷亚的日利润为700美元	● 浪里欢腾的日利润为800美元 ● 拉荷亚的日利润为800美元

注：在这个收益矩阵中，两家冲浪商店的收益取决于它们是否决定做广告。例如，左上单元格显示，如果你们都做广告，你们每家店每天将获得400美元的收益；右下单元格显示，如果你们都选择不做广告，你们每家店每天将获得800美元的收益。

在该表中，行对应你的策略，列则对应拉荷亚冲浪商店的策略。左上的单元格显示，如果两家店都选择做广告，那么两家店的日利润都将达到400美元。相反，右下的单元格显示，如果两家店都不做广告，则每家店的日利润为800美元。不做广告所获利润更高的原因是广告成本高且缺乏效果：在这个市场上，广告的主要作用是从其他店抢生意，而不是说服新客户进入市场。

另外两个单元格（左下和右上）显示了其中一家店做广告而另一家不做广告的情形。在这些情况下，无论谁做广告，其境况都会比另一家好得多，这是因为做广告的冲浪商店会从对手那里抢走消费者。例如，如果你做广告而拉荷亚冲浪商店没做，那么你每天能赚到 700 美元，而拉荷亚冲浪商店每天只能赚 300 美元。

你应该怎么做？让我们首先思考一下你的最优反应。假设你预期拉荷亚冲浪商店做广告。你应该如何做出最优反应？请观察表 13.5，该表删去了表 13.4 中的"不做广告"一列。

表 13.5 清楚地表明，当拉荷亚冲浪商店选择做广告时，如果你也选择做广告，那么你的冲浪商店每天将赚取 400 美元，如果你不做广告，那么你的冲浪商店每天将赚取 300 美元。因此，当你预期拉荷亚冲浪商店会做广告时，你的最优反应是做广告，因为 400 美元 > 300 美元。

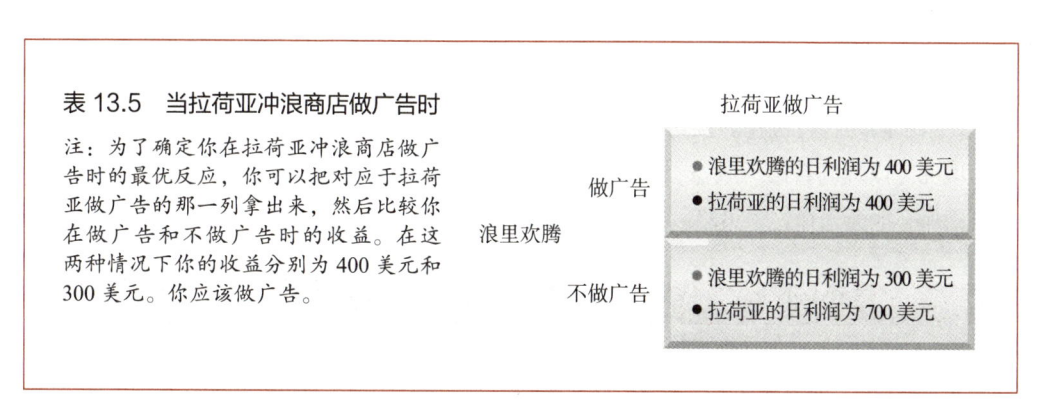

表 13.5 当拉荷亚冲浪商店做广告时

注：为了确定你在拉荷亚冲浪商店做广告时的最优反应，你可以把对应于拉荷亚做广告的那一列拿出来，然后比较你在做广告和不做广告时的收益。在这两种情况下你的收益分别为 400 美元和 300 美元。你应该做广告。

	拉荷亚做广告
浪里欢腾 做广告	● 浪里欢腾的日利润为 400 美元 ● 拉荷亚的日利润为 400 美元
浪里欢腾 不做广告	● 浪里欢腾的日利润为 300 美元 ● 拉荷亚的日利润为 700 美元

相反，假设你预期拉荷亚冲浪商店不做广告。我们现在删去表 13.4 的"做广告"列，得到表 13.6。当拉荷亚冲浪商店选择不做广告时，你的最优反应就是不做广告。这是因为当你做广告时会赚取 700 美元，而当你不做广告时能赚取 800 美元，你会更倾向于不做广告。

表 13.6 当拉荷亚不做广告时

注：为了确定你在拉荷亚冲浪商店不做广告时的最优反应，你可以把对应于拉荷亚不做广告的那一列拿出来，然后比较你在做广告和不做广告时的收益。在这两种情况下你的收益分别为 700 美元和 800 美元。你不应该做广告。

	拉荷亚不做广告
浪里欢腾 做广告	● 浪里欢腾的日利润为 700 美元 ● 拉荷亚的日利润为 300 美元
浪里欢腾 不做广告	● 浪里欢腾的日利润为 800 美元 ● 拉荷亚的日利润为 800 美元

你在这场博弈中有占优策略吗？没有。因为你的最优策略取决于拉荷亚冲浪商店的选择。拉荷亚冲浪商店是否有占优策略？同样，它也没有占优策略。因此，你们两家冲浪商店都没有占优策略。在这种情况下，你仍然不确定该怎么做，因为你的最优选择取决于拉荷亚冲浪商店的选择。这一特殊博弈阐明了博弈论中的一个关键概念：在像囚徒困境这种存在占优策略的博弈中，你确实能够找出一种可以对抗其他参与者所有策略的简单最优

反应（一项占优策略），但并非所有的博弈都如此。

生活中的博弈并不总是存在占优策略。在广告博弈的例子中，你的冲浪商店的最优策略取决于你预期拉荷亚冲浪商店会如何行动。在这种情况下，我们的预期到底应该落在收益矩阵的哪个位置？是你的冲浪商店会做广告，还是拉荷亚冲浪商店会做广告？还是你们俩都会做广告？这个博弈的均衡是什么？

13.2 纳什均衡

如前所述，我们应用于市场的博弈均衡概念要求所有个体都必须基于给定的市场价格和收入水平同时进行优化。换句话说，没有人能通过（单方面）改变自己的策略来改善自己的境况（或提高自己的收益）。这很容易理解：如果参与者有一个能够改善个人境况的策略，那么他会选择这个策略，而不是他原先的策略。

《美丽心灵》

- 如果你是个电影迷，一定看过根据约翰·纳什生平改编的好莱坞大片《美丽心灵》。这部电影在2001年获得了8项奥斯卡提名，并最终摘得最佳影片殊荣。这部电影重点讲述了纳什的数学天分以及他与偏执型精神分裂症所进行的斗争。
- 1950年，纳什凭借着一篇仅有28页的博弈论论文，顺利拿到了普林斯顿大学数学博士学位。[1]
- 今天我们知道，这28页论文在奠定博弈论基础方面发挥了关键作用。也正是因此，博弈中有关均衡的概念被称为"纳什均衡"。1994年，纳什因其对经济学的贡献被授予诺贝尔经济学奖。

这就是由约翰·纳什提出的均衡概念的实质：在均衡状态下，博弈中的任何参与者都不能改变策略并提高收益。因此，在一个策略组合中，如果每个参与者选择的策略都是对其他参与者选择策略的最优反应，即参与者所选择的策略互为最优反应，那么该策略组合就是一个**纳什均衡**。这意味着没有人能通过改变自己的选择而改善自己的境况。因此，我们在囚徒困境博弈中发现的占优策略均衡就是纳什均衡。

这种均衡的概念取决于两个关键因素：（1）所有参与者都理解该博弈以及每种策略的收益（这样他们就会选择对自己最有利的策略）；（2）所有参与者都知道其他参与者也理解该博弈。

在纳什均衡的背景下，我们预期任何个体都会对博弈中其他参与者的意图形成正确的预期。我们会在本章稍后部分讨论博弈论的实验证据，届时我们将会看到，或许只有在人们拥有博弈经验的情况下，我们才能大胆假定人们会按照我们所认为的方式行事。

寻找纳什均衡

在同时行动博弈中寻找纳什均衡的关键是遵循寻找最优反应的逻辑。让我们回到关于广告决策的例子。你首先需要思考的是，如果拉荷亚冲浪商店选择做广告，你的冲浪商店应该怎么办？正如前文所示，你的最优反应是做广告。接下来你需要思考的是，一旦进入收益矩阵的这一单元格，这两家冲浪商店是否还会改变策略？

答案是否定的。拉荷亚冲浪商店不会改变策略，因为如果这么做，它的日利润将从400美元降至300美元。同样，你也不会改变你的策略，因为如果你这么做，你的日利润也会从400美元降至300美元。因此，两家冲浪商店都选择做广告就是一个纳什均衡。也就是说，一旦你们都选择做广告，你们都没有动机去改变自己的行为。

我们再假设拉荷亚冲浪商店选择不做广告。在这种情况下，你的商店应该怎么做？如上所述，你的最优反应是不做广告。一旦进入了这一单元格，两家冲浪商店是否还有理由改变其策略？

答案同样是不会。拉荷亚冲浪商店不会改变策略，因为如果这么做，它的日利润将从800美元降至700美元。同样，你也不会改变你的策略，因为如果你这么做，你的日利润也会从800美元降至700美元。因此，对这两家冲浪商店来说，不做广告也是一个纳什均衡。一旦处在了这一单元格，你们两家商店都没有改变策略的动机。因此，在冲浪商店这个博弈中，我们有两个纳什均衡。

1. 你的商店：做广告；拉荷亚冲浪商店：做广告。
2. 你的商店：不做广告；拉荷亚冲浪商店：不做广告。

为了说明如何在收益矩阵中找到这两个纳什均衡，表13.7重新绘制了广告博弈的收益矩阵。

首先让我们想一下，当你选择做广告而拉荷亚冲浪商店不做广告时会发生什么。你会发现自己处于右上的单元格。你有更好的策略吗？有的。在这种情况下，由于800美元 > 700美元，因此你会希望改变自己的选择——于是有了从该单元格指向下方的箭头。同样，拉荷亚冲浪商店也会想改变它的选择——于是有了从该单元格指向左侧的箭头。

你也可以将同样的推理应用于左下的单元格。如果你处于这个单元格中，你和拉荷亚冲浪商店还是都会想要改变你们的行为：你会选择做广告，因为400美元 > 300美元，而拉荷亚会选择不做广告，因为800美元 > 700美元。这表明纳什均衡是被两个箭头同时指向的最优反应策略，即（做广告，做广告）和（不做广告，不做广告）。一旦有两个箭头指向一个单元格，你就可以确定你找到了纳什均衡。

广告博弈中存在两种纳什均衡，这乍看上去有些奇怪。但你稍作思考就会发现，这其实很自然。只有当拉荷亚做广告时,你才值得做广告,反之亦然。事实上,在博弈论中,有一个以上的纳什均衡是很常见的。在这种情况下,其他因素,比如我们在"选择与结果"中将讨论的因素,可能会决定应该使用这两个均衡中的哪一个。

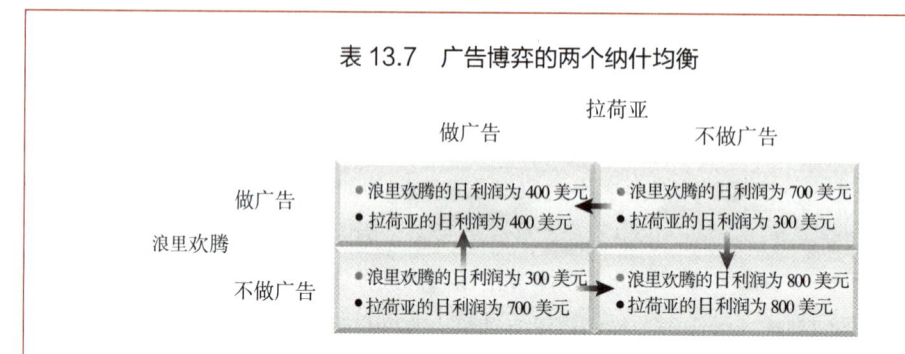

表 13.7　广告博弈的两个纳什均衡

	拉荷亚 做广告	拉荷亚 不做广告
浪里欢腾 做广告	• 浪里欢腾的日利润为 400 美元 • 拉荷亚的日利润为 400 美元	• 浪里欢腾的日利润为 700 美元 • 拉荷亚的日利润为 300 美元
浪里欢腾 不做广告	• 浪里欢腾的日利润为 300 美元 • 拉荷亚的日利润为 700 美元	• 浪里欢腾的日利润为 800 美元 • 拉荷亚的日利润为 800 美元

注:找到纳什均衡的关键是确定任一参与者是否有动机在进入单元格后改变其策略。让我们从左下的单元格开始,此时你不做广告,而拉荷亚做广告。在这种情况下,你希望改变策略(指向上方的箭头表示,如果你在这个单元格中,你会希望改变策略)。拉荷亚也会改变策略(其箭头指向右侧)。用这种方法考察每个单元格,你就可以画出代表参与者改变其策略的所有箭头,而当两个箭头都指向一个单元格时,就会出现纳什均衡。在本例中,策略组合(做广告,做广告)和(不做广告,不做广告)都有两个箭头指向它们,因此两者都是纳什均衡。

选择与结果

工作还是冲浪?

- 博弈论不仅仅适用于你的冲浪商店与拉荷亚冲浪商店的竞争。在店中,你和你的合伙人吉娜也同样会受到彼此的影响。

	吉娜 工作	吉娜 冲浪
你 工作	• 你的日收益为 400 美元 • 吉娜的日收益为 400 美元	• 你的日收益为 300 美元 • 吉娜的日收益为 500 美元
你 冲浪	• 你的日收益为 500 美元 • 吉娜的日收益为 300 美元	• 你的日收益为 200 美元 • 吉娜的日收益为 200 美元

- 让我们举一个是工作还是冲浪的简单例子。假设你们的每日收益如右侧的收益矩阵所示(在不做广告的情况下)。如果你和吉娜都在冲浪商店工作,那么你们每人每天的净收益为 400 美元。然而,如果你逃班,在吉娜工作的时候去冲浪,冲浪商店的销售量受到影响,但是你仍然可以从商店营业和冲浪中得到总计为 500 美元的收益。如果你们都去冲浪,冲浪商店就关门了,你们俩每人每天只能获得 200 美元的冲浪收益。你应该怎么做?
- 本例中存在两个纳什均衡:一个是你去冲浪,吉娜照看冲浪商店;另一个是吉娜

去冲浪，你照看冲浪商店。当存在多个纳什均衡时（如本例所示），究竟选择哪个均衡将取决于许多因素。例如，如果吉娜性格独断，在此前和你的交往中她总是能设法得到自己想要的东西，那么我们可以预期，你来工作而她去冲浪或许会是一个自然的"聚焦点"①，其出现的可能性远远大于你去冲浪她来工作的另一个纳什均衡。

- 工作或冲浪博弈的收益矩阵显示你和吉娜的收益取决于你们每个人是选择工作还是冲浪。这个博弈中有两个纳什均衡：（冲浪，工作），即你去冲浪而吉娜工作；（工作，冲浪），对应着你来工作而吉娜去冲浪。

13.3 纳什均衡的应用

有了必要的工具，我们现在可以开始研究利用博弈论来理解现实问题的一些方法。我们将探讨两种完全不同的情况：污染和足球。

对公地悲剧的再讨论

博弈论最常用于少数参与者做出影响彼此收益的选择时的情况。但即使参与者数量众多，博弈论也同样适用。我们在第9章中研究的公地悲剧（对公共池塘资源的过度使用会导致负外部性）也可以被视为博弈论的一种应用。具体而言，在囚徒困境中所使用的推理也同样适用于公地悲剧。当别人都在污染环境时，你的最优反应就是也这么做。不幸的是，当其他所有人都投身于绿色事业时，你的最优反应仍是污染。因此，和在囚徒困境中一样，公地悲剧中可能不会出现互惠互利的行为。

以纽约市布鲁克林区的戈瓦纳斯运河为例。该运河的污染非常严重，以至于美国环境保护署都把对它的治理列为国家级优先事项。大城市的情况怎么会变得如此糟糕？

博弈论能够帮助我们深入了解这个问题。表13.8显示了运河边两家企业（我们姑且称它们为企业1和企业2）的周利润。该表显示，这些利润取决于企业

位于纽约布鲁克林的戈瓦纳斯运河是美国污染最严重的水体之一，也是公地悲剧的一个范例。正如博弈论的预测，当其他企业选择排污时，你的最优反应就是同样这么做。但这导致所有人的境况都变差了。

---

① 聚焦点，又称谢林点，在博弈论中，它指的是人们在没有沟通的情况下的选择倾向。——译者注

是否污染环境。每家企业的选择都会影响彼此的利润，因为如果一家企业排污，就会影响另一家企业的生产率（既包括工人的生产率，又包括处理成本——每家企业都使用运河的水生产，而污水的净化成本很高）。不幸的是，收益还表明降低污染的成本高昂，因此无论对方如何选择，每家企业都会因排污而让自己的境况变得更好。

此博弈的三大要素如下所示：

参与者：企业1和企业2

策略：污染或不污染

收益：见表13.8

与囚徒困境博弈一样，尽管每个参与者都在单方面选择对自己最有利的策略，但表13.8中的占优策略均衡导致了一个对双方都相当不利的结果，那就是都选择排污。如果两家企业都选择不排污，那么它们本可以各自每周盈利7万美元，境况也会更好。然而，在占优策略均衡下，两家企业都会选择排污，这导致企业本身和社会（污染的更严重受害者）的境况都变得更糟，酿成了公地悲剧。

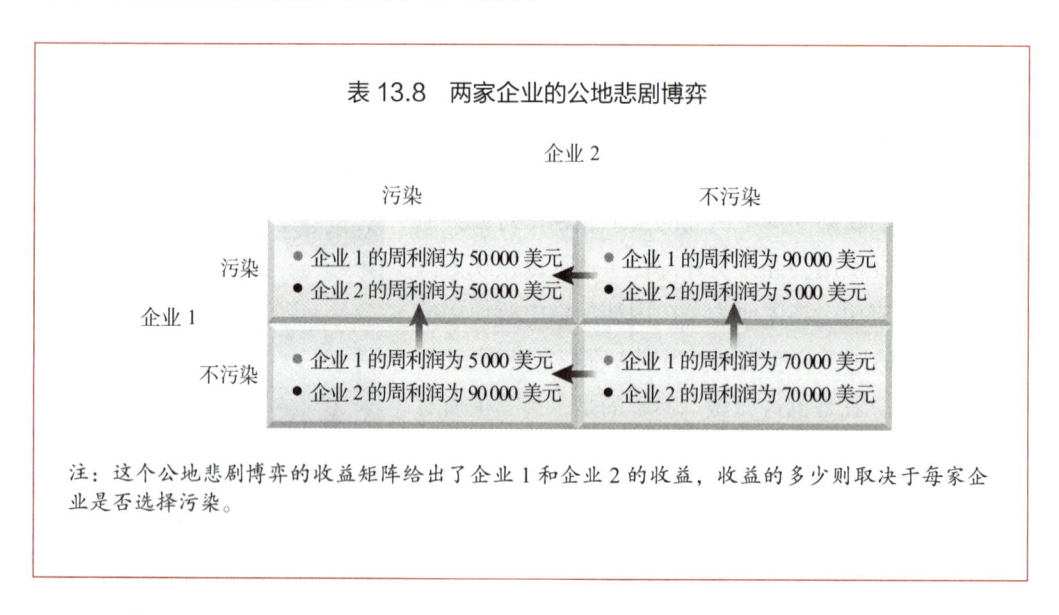

表13.8　两家企业的公地悲剧博弈

	企业2 污染	企业2 不污染
企业1 污染	• 企业1的周利润为50 000美元 • 企业2的周利润为50 000美元	• 企业1的周利润为90 000美元 • 企业2的周利润为5 000美元
企业1 不污染	• 企业1的周利润为5 000美元 • 企业2的周利润为90 000美元	• 企业1的周利润为70 000美元 • 企业2的周利润为70 000美元

注：这个公地悲剧博弈的收益矩阵给出了企业1和企业2的收益，收益的多少则取决于每家企业是否选择污染。

如何阻止对地球的污染，这是当今许多企业和个人都面临的一个紧迫问题。上述简单的博弈结构就包含了关于这一紧急情势的部分关键要素。这个博弈的纳什均衡凸显出了水和空气变脏的原因，以及政府干预为何可能是一种必需。

零和博弈

让我们转向一个更令人愉悦的讨论——足球！假设你是你们校足球队的指定点球射手。每次走到球前，你都要做一个重要的决定：把球踢向球门的左边还是右边（简单起见，我们忽略踢向中间、踢高球或踢低球的选项）。在这种情况下你应该怎么做？

和其他诸多适用于博弈论的情况一样，我们可以通过思考你的对手，即守门员的动机来解决整个问题。守门员会试图预测你的行为，然后向左或向右扑救。如果他扑向你射门的那一边，那么他很有可能将球扑出，而如果他扑到相反的一侧，则你很可能进球。

在本例中，收益矩阵显示的是一个**零和博弈**。在零和博弈下，由于一方的损失是另一方的获益，因此收益之和为零。表13.9显示，足球比赛中每种策略的结果都实际构成了零和博弈。现在让我们更详细地探讨这一问题。

该博弈的三大要素如下所示：

参与者：你和守门员

策略：左或右

收益：见表13.9

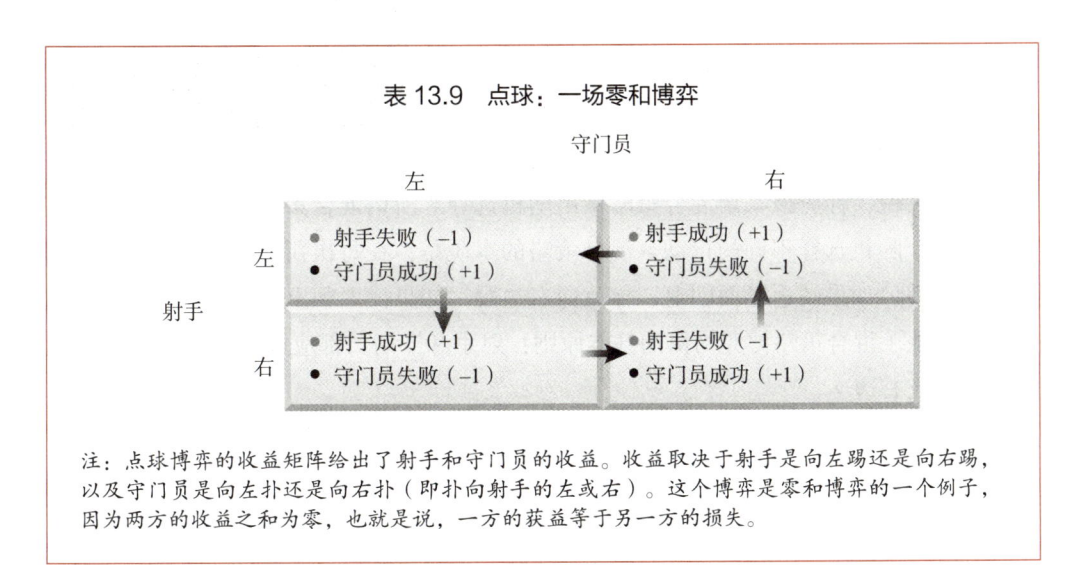

表13.9　点球：一场零和博弈

	守门员 左	守门员 右
射手 左	• 射手失败（−1） • 守门员成功（+1）	• 射手成功（+1） • 守门员失败（−1）
射手 右	• 射手成功（+1） • 守门员失败（−1）	• 射手失败（−1） • 守门员成功（+1）

注：点球博弈的收益矩阵给出了射手和守门员的收益。收益取决于射手是向左踢还是向右踢，以及守门员是向左扑还是向右扑（即扑向射手的左或右）。这个博弈是零和博弈的一个例子，因为两方的收益之和为零，也就是说，一方的获益等于另一方的损失。

如果你们都选择了左边，那么守门员会很高兴，而你不会高兴。守门员的净收益为+1，而你的净收益为−1。如果你向右踢球，他也向右扑救，那么收益结果和之前一样：因为他救了球，他的净收益为+1，你的净收益为−1。然而，如果守门员扑向你射门的另一边，那么你就会得分，因此你的净收益为+1，他的净收益为−1。这对应着收益矩阵的左下单元格和右上单元格。

零和博弈在现实世界中非常普遍。当我们玩扑克牌时，我们的获益就是另一个参与者的损失。当两家竞争企业向同一消费者销售产品，其中一家企业的获益就是另一家企业的损失。再分配通常也是零和博弈：一个人的获益往往是另一个人的损失。

利用我们前面寻找纳什均衡的方法，我们绘制了如表13.9所示的箭头。这些箭头显示，该博弈中并不存在纳什均衡，原因是该矩阵中没有两个箭头同时指向一个单元格的情况。因此，我们之前所建立的纳什均衡概念并没有对点球博弈中的行为做出任何预测。

然而，关于此问题的讨论还没有结束。在此类博弈中，最优策略或许正是不选择任何特定的行动。例如，如果你在向左向右射门之间随机选择，而守门员也随机选择，那么结果会怎样？在这种情况下，你可以预期，平均而言，你既不会是收益为-1的输家，也不会是收益为+1的赢家，所以平均而言，你的最终收益会是零。

事实上，在这个博弈中，随机选择相对于纯策略具有明显的优势。所谓**纯策略**，是指针对某一情况总是选择某一特定的行动。举一个纯策略的例子，比如你总是把球踢向右边。如果你总是向右射门，守门员迟早会注意到，并做出总是扑向右边的最优反应。这将导致你的收益为-1。事实上，我们可以通过这样的推理认识到，任何一种由罚球者做出的可预测的行为都可以被守门员利用，反之亦然。如果你是射手，那么你应该尽可能地不可预测。换句话说，你应该采用混合策略做出随机选择。所谓**混合策略**，是指（根据某些预设概率）随机选择不同的行动。混合策略的本质是：在每次罚球前，你都应该悄悄抛一枚硬币。如果硬币正面朝上，你就向右边踢；如果反面朝上，你就向左边踢。这一策略体现了混合策略博弈均衡的基本原则：射手和守门员都应该以50%的概率随机选择左边或右边。

我们已经看到了博弈论在现实世界中的一些应用，下面让我们来分析一下，现实世界中的博弈者在遇到类似情况时会如何进行策略选择，以及博弈论在预测现实行为方面的准确度如何。

13.4 人们在实践中如何进行博弈？

人们真的会在实践中使用纳什均衡吗？占优策略是否得到了普遍应用？有人可能认为这些问题的答案应该是简单的"是"或"不是"。但实际上这些问题都很难回答，在实验室和现实世界中都是如此。这主要有两个原因。

第一个原因是我们经常不知道博弈参与者的确切收益。在本章前面构建矩阵博弈时，我们设定了收益值并假设它们是正确的。在现实世界中，收益不仅取决于个体的金钱回报，还取决于个体的态度和感受。

我们眼中的现实与博弈论预测不相符的第二个原因是，博弈论本质上是一个理论，而模型并不是对世界运行方式的确切描述——它们只是有用的抽象概念。因此，博弈论是对某些细节的抽象化。在许多情况下,博弈的一方可能比另一方更狡猾、更聪明或经验更丰富。例如,在两名棋手中,经验更丰富、更聪明的棋手更有可能获胜。在很多(两个或多个参与者)的矩阵博弈中,重复博弈通常能确保结果更接近纳什均衡。在了解到这些注意事项之后,我们接下来将通过一个例子来说明博弈论预测如何能够在现实世界中发挥作用。

点球中的博弈论

重新思考点球射手和守门员所面临的情况。如前所述,对双方来说,最优反应都是采用混合策略,即随机选择向左或向右。但这是足球比赛的实际情况吗?

为了检验博弈论,三位经济学家分析了法国和意大利甲级足球联赛在三年内的所有点球。[2] 通过对 459 个点球的研究,他们得以检验出球员们的选择是否真的符合混合策略纳什均衡。

他们将射手和守门员的选择分为三种策略:左、右和中。这比本章前面只分左右的例子稍微复杂了一点,但其混合策略纳什均衡的逻辑是相同的:射手和守门员都应该随机进行选择。

令人惊讶的是,这也正是经济学家们在实际数据中的发现。射手和守门员几乎都完全是在随机选择方向。所以,博弈论证明了自己的有效性。它很好地预测了这些参与者的行为。比赛结果显然与这些球员的切身利益密切相关,因此他们有优化自己行为的强烈动机,而博弈论则对双方的行为做出了非常好的预测。

一项相关研究则发现,在职业网球比赛中,球员的发球选择也存在类似的随机模式。(在网球比赛中,若发球方向变得可预测,对手将能够更为有效地回球。)[3] 这项关于网球的研究还引用了两位网球名宿的话:"在最近的一场比赛后,维纳斯·威廉姆斯说她针对自己的对手莫妮卡·塞莱斯采用了几种不同的发球方式。'你必须仔细琢磨,因为你一不小心就会把球发往一个方向,只发到自己最熟悉的位置,可对手正在那里等你呢。'塞莱斯则回应道:'她的发球极富变化'。"这就是博弈论在起作用!

循证经济学

换位思考有价值吗?

- 著名经济学家凯恩斯提出的"选美比赛"博弈精妙阐释了换位思考的价值。这一博弈理念来源于报纸上的一项竞赛:每位参与者需要从 100 张照片中选出 6 位最漂亮的人。在统计了所有选择之后,那些选中了被选择最多的照片的参赛者将成为获胜者。在这一博弈中,如果参赛者选择的不是他们自己觉得最漂亮的人,而是他们认为别人会觉得最漂亮的人，那么他们就能赢得胜利。凯恩斯认为，这正是股市职业投资者的行为方式。

- 职业投资大概可比作报纸上的竞赛。参赛者必须从100张照片中选出6张最漂亮的面孔，谁的选择最接近于参赛者的整体平均偏好，谁就能够获得奖励。所以每个参赛者努力选择的，并不是那些他自己觉得最漂亮的面孔，而是那些他认为最有可能吸引其他参赛者的面孔。所有其他参赛者也都会按照同一方式来看待这个问题。这不是要根据个人的最佳判断来选择那些真正最漂亮的人，甚至也不是要选出那些一般意见所认为的最漂亮的人。我们已经达到了第三个阶段，即运用我们的智慧去预测一般意见会对一般意见抱有何种预期。[4]

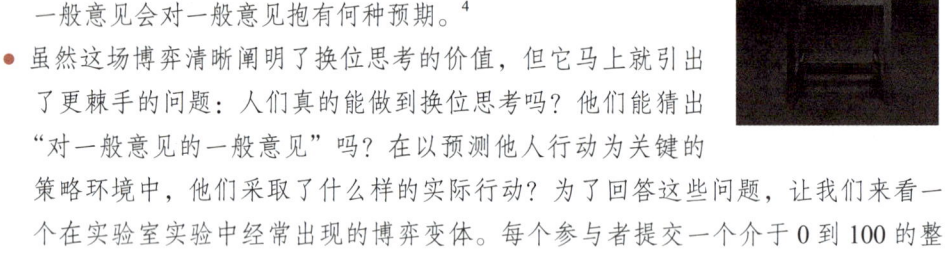

- 虽然这场博弈清晰阐明了换位思考的价值，但它马上就引出了更棘手的问题：人们真的能做到换位思考吗？他们能猜出"对一般意见的一般意见"吗？在以预测他人行动为关键的策略环境中，他们采取了什么样的实际行动？为了回答这些问题，让我们来看一个在实验室实验中经常出现的博弈变体。每个参与者提交一个介于0到100的整数猜测值，若提交的答案最接近 p 乘猜测值的平均值，则该参与者将获胜。以 $p = 2/3$ 为例，此时获胜者将是猜出平均值的2/3的参与者。如果 p 乘平均值的结果介于两个整数之间，如14.2或14.7，我们将取较小的整数，也就是14。

- 你应该如何进行这场博弈？为了回答这一问题，我们现在参考前面所介绍的占优策略概念并提出，如果一个策略的收益低于其他的一些可用策略，那么它就是一个劣势策略。博弈论的一个基本原则是，任何参与者都不应该选择劣势策略。

- 在这场博弈中，有几个劣势策略。最高的平均猜测值显然是100，这意味着可能获胜的最大数值是（2/3）×100，大约是66。因此，选择66以上的数字（67～100）是一种劣势策略，你应该排除这些数字。这个推理看起来并不难。如果你能这样推理，那么你那些聪明的对手也肯定能做到，并且不会选66以上的数字。如果是这样的话，他们就不会提交任何高于66的数字，而最高的平均猜测值可能是66。如果你真的相信你的对手足够聪明，能够避免劣势策略，那么你可以相当肯定的是，猜测的平均值不可能超过（2/3）×66，即44。因此，你可以通过对劣势策略的两轮剔除得出结论，你不应该提交任何超过44的数字。

- 现在你知道该博弈的逻辑了。为什么要在这里停下？你可以再次进行相同推理，而这一次你将剔除所有大于（2/3）×44的数字。之后再持续重复此步骤。最终我们会停在哪里？答案是0。如果每个参与者提交的数字都是0，那么（2/3）×0 = 0，因此猜测数字0的人将获胜。如果你提交的是一个更大的数字，那么你肯定会失败（而不是与其他参与者共同成为赢家）。这意味着当其他参与者都提交0时，你的最优反应也是提交0。因此，所有提交0的参与者都实现了纳什均衡。

事实上，这是唯一的纳什均衡，因为在我们刚刚看到的剔除过程中，所有其他的组合都被排除在可能的纳什均衡之外。

- 所以当你进行这场博弈时，你应该猜测数字 0 吗？这就是博弈论给出的答案吗？不一定。也许你的竞争对手不是那么老练，不会进行数轮的劣势策略剔除。也许你会怀疑他们对策略选择的理解。如果你不相信他们会提交数字 0，那么你也不应该猜 0。

- 这就是图 13.1 所证实的，它对几个相关实验的平均结果进行了总结。[5] 正如你所看到的，猜测结果的平均值是 23。如果你的答案是 0，那么你离获胜可就差了十万八千里。

- 这个结果是否意味着唯一的纳什均衡对此博弈无意义？并不是。如果参赛者进行了多次博弈，并因此对博弈中的策略环境更加熟悉，他们的猜测就会开始趋向于 0，如图 13.2 所示。[6] 起初，有几个参与者提交的数字似乎比 0 要大得多，因为他们认为其他参与者也会这么做。在接下来的一轮比赛中，他们会试图进一步站到其他人的立场上思考，并减小了他们的猜测值。这个过程持续了大约 9 轮，并最终得出了一个接近于 0 的平均猜测值。

- 因此，要想取得此博弈的成功，不仅要看参与者的换位思考能力。我们还发现，随着人们对该博弈越发熟悉，他们的博弈表现也会越来越好。

- 在下一节中，我们将学习有关参与者序贯行动的扩展式博弈。在本章的末尾，我们将在序贯行动的背景下重新讨论这个话题，以理解与那些依次展开行动的参与者进行换位思考的价值。

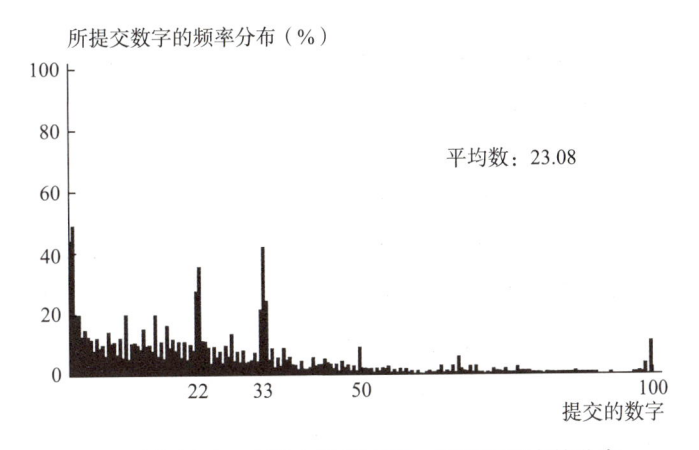

图 13.1 实验室选美比赛：所提交数字的分布

注：本图显示了在关于选美比赛的实验室实验中，实验参与者在 0 到 100 之间所猜测数值的各自占比，其中 $p = 2/3$。

资料来源：Antoni Bosch-Domènech, Rosemarie Nagel, Albert Satorra, and Jose García-Montalvo, "One, Two, (Three), Infinity: Newspaper and Lab Beauty-Contest Experiments," *American Economic Review* 92(5): 2002, 1687–1701。

图 13.2 实验室选美比赛：猜测值的多回合演变

注：本图展示了在进行几轮实验后，参赛者所提交猜测值的演变情况。

资料来源：Werner Guth, Martin Kocher, and Matthias Sutter, "Experimental 'BeautyContests' with Homogeneous and Heterogeneous Players and with Interior and Boundary Equilibria," *Economic Letters* 74(2):2002, 219–228。

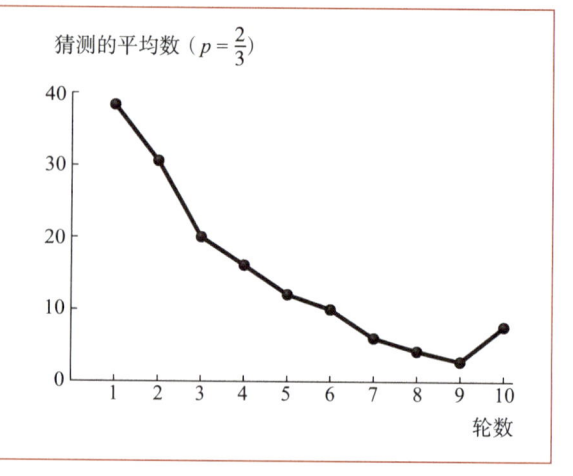

问题	答案	数据	注意事项
换位思考有价值吗？	答案是肯定的。但通常情况下，人们只有在熟悉了策略环境之后，才能够站在别人的角度进行思考。	选美比赛博弈的实验室实验。	相关实验结果是否具有普遍性仍是一个待解的问题。

13.5 扩展式博弈

截至目前，我们所讨论的都是两方同时选择行动的博弈。现在假设一方先行动，而另一方只有在看到前者所做出的选择后才会做出反应。这种规定了具体行为顺序的博弈被称为**扩展式博弈**。

相比于同时行动博弈，扩展式博弈的策略更为丰富。例如，在我们前面提到的"工作还是冲浪"博弈中，你可能会在吉娜有机会做出决定之前就选择了去冲浪。因此，是你先决定工作还是冲浪，吉娜则是在看到你的选择后再决定是工作还是冲浪。或者，吉娜会在你决定是否去冲浪之前就告知你她的策略："如果你去冲浪，我也会去。"

如前所述，策略不仅仅是可能的行动，也是对一方在面对另一方所有可能的行动时会采取何种行动的描述。我们该如何模型化序贯决策博弈？首先，我们需要对比一下扩展式博弈和同时行动博弈。扩展式博弈引入了时序这一同时行动博弈中不存在的概念。在谈判中，不同参与者会一步步（即按顺序）向对方提出自己的条件，因此时序对于谈判具有重要意义。许多更古老的博弈也涉及时序问题，例如，在象棋中，对弈双方不会同时做出选择。相反，他们会"轮流"做出选择。

因此我们可以说，扩展式博弈是指明确了博弈顺序和不同策略所产生的收益，并使用**博弈树**来展示的一种博弈。为了更好地理解扩展式博弈和同时行动博弈之间的差异，让我们来进一步讨论你和吉娜所面临的"工作还是冲浪"决策。图13.3显示了"工作还是冲浪"的博弈树，此时你是首先行动者。

这个博弈树有三组节点。第一组，即最左边的节点，代表了第一个决策者，也就是本例中的你。这一点是你决定要工作还是冲浪的位置。也就是说，你要选择的是沿着上面的分支（工作）前进还是沿着下面的分支（冲浪）前进。

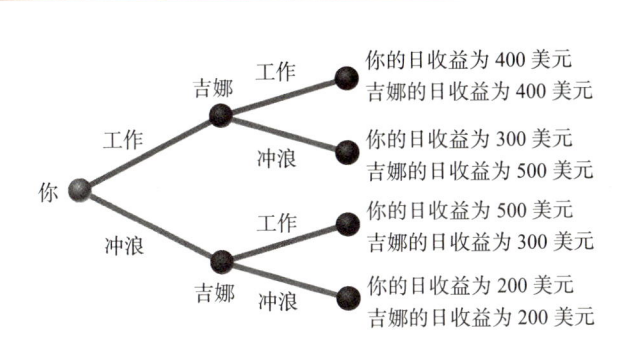

图 13.3　工作还是冲浪博弈的博弈树

注：在工作还是冲浪的扩展式博弈中，你首先决定是工作还是冲浪。吉娜在观察到你的选择后再决定是工作还是冲浪。这一扩展形式非常有助于显示行动次序。各分支末端的数字是你和吉娜的收益。例如，如果你和吉娜都选择工作，那么你们每个人每天都会得到400美元。

吉娜只有在看到你的决定之后才会做出决策，她的决策会是图中标记为"吉娜"的两个节点之一。无论你是把她放在上面那个节点（你决定工作）还是把她放在下面那个节点（你决定冲浪），她都需要面临同样的抉择：工作还是冲浪。博弈树各分支的末端则列出了每项决策的收益。这些收益都遵循我们先前的惯例。在这一给定的博弈形式下，你现在应该如何决策？

逆向归纳

分析任何扩展式博弈最简单的方法是使用逆向归纳。逆向归纳是通过首先考虑最后一个行动者的决策来求解扩展式博弈的过程。在给定最后一个行动者决策的情况下，我们会继续考虑倒数第二个行动者，并以此类推。这个过程始于博弈的末端，然后逆向求解，故名**逆向归纳**。

要使用逆向归纳，我们首先要考虑博弈末端的每个决策节点。如果你选择工作，那么吉娜就会处于上面那个决策节点。现在吉娜的选择如图13.4（a）所示。

如此一来，吉娜就需要在日收益为（你：400美元，吉娜：400美元）的工作和日收益为（你：300美元，吉娜：500美元）的冲浪之间做出选择。在这种情况下，吉娜应该选择冲浪，因为此时她的净收益是500美元，比选择工作的净收益（400美元）高出100美元。

在给定她会选择冲浪的情况下，如果你一开始选择了工作，那么你的日收益将是300美元。

相反，如果你选择冲浪，那么吉娜就会处于下面那个决策节点，如图13.4（b）所示。在此处，她又需要在工作和冲浪之间做出选择。如果她选择工作，那么日收益为（你：500美元，吉娜：300美元）；如果她选择冲浪，那么收益为（你：200美元，吉娜：200美元）。因此，如果你决定冲浪，那么吉娜会选择工作，因为她将通过工作多赚得100美元的净收益。在给定她会选择工作的情况下，你的收益将是500美元。

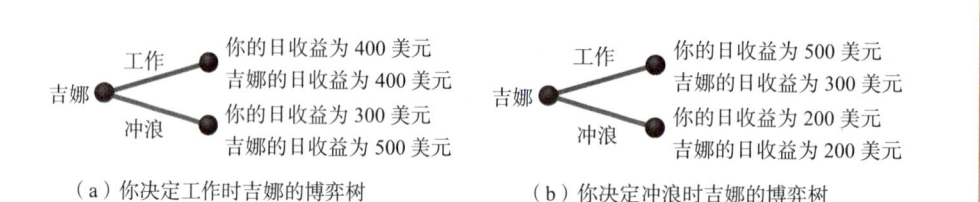

（a）你决定工作时吉娜的博弈树　　（b）你决定冲浪时吉娜的博弈树

图13.4　你决定工作和冲浪时吉娜的博弈树

注：逆向归纳从博弈树的末端开始，然后逆向求解。在本例中，你能看到，吉娜会根据你的选择做出工作还是冲浪的决策。图（a）是你选择工作时的情形，图（b）是你选择冲浪时的情形。

现在我们已经完整地描述了吉娜的最优策略，即：

"如果你冲浪，吉娜就选择工作"以及

"如果你工作，吉娜就选择冲浪"。

为什么了解吉娜的策略很重要？因为你现在可以在知道吉娜会对你的每个行为做出何种反应的情况下制定决策。有了这些信息，你就成功使用了逆向归纳。这种逆向归纳可以让你就应该工作还是冲浪做出明智决策。那么，你应该怎么做呢？

你知道，如果你选择工作，吉娜就会冲浪，并让你得到300美元的收益。或者，如果你选择冲浪，她就会去工作，这会让你得到500美元的收益。现在决策似乎变得很简单：你应该去冲浪，因为此时你的收益会比去工作高200美元。

前面我们提到，当双方同时做出决策时，这个博弈会出现两个纳什均衡。但现在，在你们先后进行决策的情况下，逆向归纳过程给出了唯一的均衡：你冲浪，吉娜工作。

先动优势、承诺和报复

上面所描述的均衡对你比对吉娜更有利：你得到了500美元，而她的收益是300美元。但即使你和吉娜在不同行动下的收益是一样的，也还是会出现这个结果。如果第一个行动者所赚得的收益多于第二个行动者，我们就说这个序贯博弈具有**先动优势**。

先动优势的一个特别重要的形式是承诺的价值。为了说明其主要内涵，让我们来看一个关于工作还是冲浪博弈的拓展案例。

使用逆向归纳，我们得到了这个博弈的唯一均衡：你冲浪，吉娜工作（即便你选择工作，吉娜的境况会变得更好）。如果她能用"如果你冲浪，那我也会去冲浪！"的报复策略来威胁你就好了，但这种威胁是不可信的，因为在关键时刻，吉娜是不会在你去冲浪的时候选择冲浪的。这是因为，如果她选择冲浪而不去工作，她就会损失100美元的净收益。因此你知道她肯定会选择工作。

吉娜有没有可能通过剥夺先动优势来扭转局面？事实上，是有的。关键是她要做出可信的承诺。**承诺**是一种即使代价高昂也不能反悔的行为。承诺的手段之一就是她把冲浪商店大门的钥匙扔进太平洋。由于没了钥匙，她进入商店的唯一方式就是让你去工作。她改变了博弈，让你的选择变得非常简单。图13.5显示了这一简单的决策树。吉娜有效地消除了你冲浪而她工作的可能性。

现在你应该怎么办？很明显，你选择工作的两个收益（400美元和300美元）都好于你选择冲浪的收益（200美元）。因此，既然吉娜已经做出了没有你她就不工作的可信承诺，那么为了使收益最大化，你就必须去工作。这时吉娜会选择冲浪，她充分利用了将商店钥匙扔进大海的可信承诺，为自己赢得了500美元的收益。如图13.5所示，这种可信承诺导致了一种对吉娜有利得多的唯一均衡。

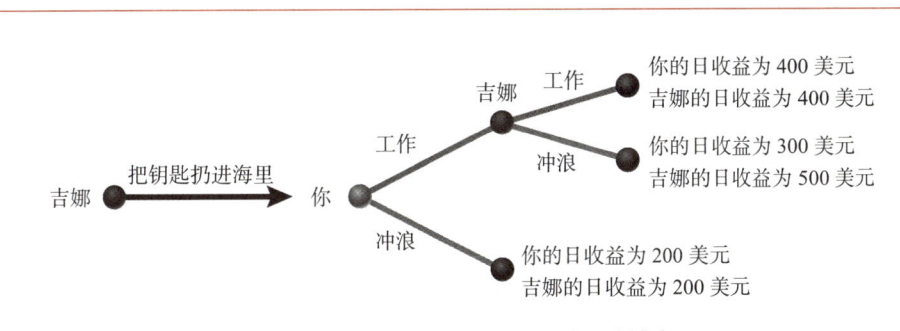

图 13.5 具有可信承诺的扩展式博弈

注：承诺是一个人无法反悔的行动。在其他行动之前所采取的承诺可以改变优势的归属。如果吉娜在你决定是工作还是冲浪之前把钥匙扔进海里，她就做出了不工作的可信承诺，而这将迫使你去工作。

看了这个例子，生活中一些行为模式也变得很好理解了。举个例子，你或许会有意无意地建立起非常记仇且即使付出高昂代价（比如报复所导致的冲突或殴斗）也要有仇必报的名声（你可能言出必行，也可能只是装装样子）。如果（在别人眼中）你是一个敢于惩治霸凌者的人，那么你可能不会受到霸凌。这个推理也表明，博弈论或许能解释为什么有些人会寻求复仇或者要维系一种有仇必报的名声。

在了解了何为序贯博弈后，让我们回到换位思考的价值这一问题上来。这一次，你要做的是站到他人的角度，思考如何在序贯博弈中对你的行动做出反应。

循证经济学

在扩展式博弈中的换位思考有价值吗？

- 亚伯拉罕·林肯曾经说过："当我准备和一个人讲道理时，我会把 1/3 的时间用于自我反思，并想清楚我要说什么，把 2/3 的时间用于观察对方，并想清楚他要说什么。"林肯总统深知，在讨论开始之前，我们首先要进行换位思考。对对手需求和策略的强大预见能力，使得林肯成为美国最著名的总统之一。为了带领美国走出内战，他深入思考了一系列他必须赢的高风险序贯博弈。

- 在本章的第一个循证经济学专栏中，我们认识了在同时行动博弈中进行换位思考的价值。在扩展式博弈中，这种推理仍然十分具有价值，但也在许多方面存在截然不同之处，因为在扩展式博弈中，人们必须预测其他参与者的未来行动方式。为了理解这一点，让我们再看几个有关信任博弈的实验室实验。

- 图 13.6 展示了信任博弈的一种变体。该博弈有两名参与者：你和伯尼。你是首先行动者，必须决定是否信任伯尼。这个博弈的相关收益如下：（1）如果你选择不信任伯尼，你和伯尼的收益都为 10 美元；（2）如果你选择信任伯尼，则伯尼必须选择背叛或者合作，如果伯尼选择背叛，你什么都得不到，他则可以得到 30 美元，如果伯尼选择合作，你们两人都能得到 15 美元。

- 你会注意到，现实世界中的许多情况都类似于这个博弈。每次你选择信任一个陌生人，甚或一个朋友，那个人都有可能让你失望。当你请水管工帮你修理漏水的水龙头时，他可能收钱很积极，活却干得很差劲，结果几周后水龙头又开始漏水了。当你怀着买一辆划算二手跑车的期望走进一家车行时，你也面临着同样的风险——万一那是辆故障车呢？

- 如果均衡如图 13.6 所示，那这个世界将是一个悲惨失常之地。什么因素能使图 13.6 中的均衡彻底变个样子？一个重要因素便是对声誉的顾虑：如果这个博弈要进行多次，那么参与者可能会试图建立声誉。例如，你会经常去同一家咖啡店、面包房、肉铺或干洗店，经常与同一批朋友出去玩。在这些情况下，你和与你互动的其他主体就可能会建立起一种诚信正直的声誉，而这样的声誉能够帮助你获得更好的收益。

- 在图 13.6 中，如果只是一次性博弈，那么你不信任伯尼是一件非常合乎情理的事，但是如果这个博弈重复很多次，你就有可能信任伯尼，而他也很有可能对你以诚相待，毕竟，相比于你们每次只得到 10 美元的收益，每次得到 15 美元会让你们的境况变得更好。这种长期策略或许有助于解释我们在现实世界中经常观察到的各种互动，例如，为什么商人之间都很讲究诚信，或者为什么朋友和家人能够彼此信任。

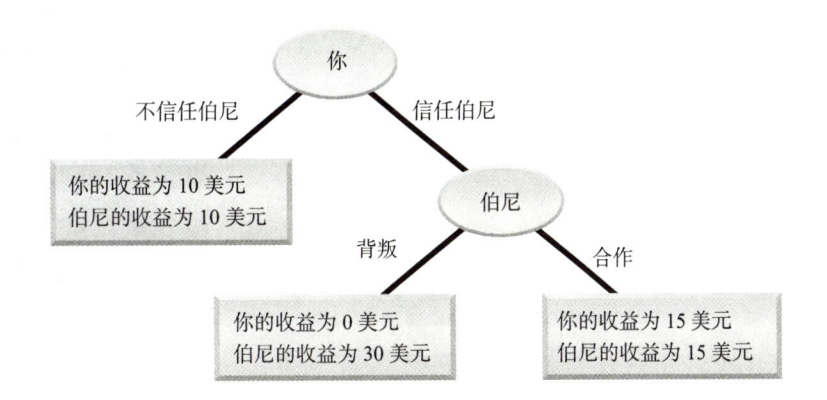

```
              你
       不信任伯尼 / \ 信任伯尼
                  \
   你的收益为10美元      伯尼
   伯尼的收益为10美元   / \
              背叛 /   \ 合作
   你的收益为0美元      你的收益为15美元
   伯尼的收益为30美元   伯尼的收益为15美元
```

图 13.6　你和伯尼之间的信任博弈

注：这是一个关于信任的扩展式博弈，由你先就是否信任伯尼做出选择。如果你信任伯尼，那么他必须决定合作还是背叛。

- 我们如何才能将这种博弈应用于现实世界，并对一次性博弈和重复性博弈行为进行比较？一种方法是进行实地实验，而这就是本书作者之一约翰·李斯特在几个体育卡交易展上所做的事。[7] 在交易展中，经销商们（想想《辛普森一家》中的漫画店主）会设立买卖体育卡的摊位。就像我们购买的许多商品一样，体育卡的质量也不稳定。不是每一张德瑞克·基特新秀卡都是一样的。就像一个经验丰富的机械师可以检查一辆车并确定它的品质一样，持证专家也有一套确定交易卡品质的复杂评级系统。品质将决定这些卡片的价值。

- 李斯特招募买方接近卖方，并让他们从承诺提供"无瑕疵"卡片的卖方那里购买棒球卡。（棒球卡市场中的"无瑕疵"也分多个等级，通常由评级或认证机构来确定。）实验中的卖方要么是本地经销商，他们经常参加体育卡交易展，因此拥有良好的声誉；要么是非本地经销商，他们居住在另一个城市，因此很少参加本地的体育卡交易展，并不怎么顾及自己的声誉。每次交易结束后，买方都偷偷把卡片交给李斯特，然后李斯特再去找持证专家来鉴定卡片的真实等级。

- 我们有理由相信，与非本地经销商相比，本地经销商会更关心自己的声誉，但他们之间可能还有其他一些重要的差别。例如，本地经销商可能更关心本地客户。为了确保他的发现不受其他因素的驱动，李斯特组织了第二次实地实验，这次他让买方在两个不同的时间段购买体育赛事门票存根（允许你参加体育赛事的票根）。第一个时间段没有专业的评级服务来评估票根的质量。第二个时间段则存在一个评价票根的评级服务。同样，每次交易后，买方都会秘密地把票根交给李斯特，以便让持证专家来确定其真实等级。如果本地经销商只是单纯更关心本地的客户，那么我们应该在两个不同的时间段中看到相似的行为。然而，如果他们是出于声誉方面的考虑，那么在引入评级服务后，他们应该更有可能销售高质量的存根。

- 图13.7总结了实验结果。在第一个实验中，非本地经销商所销售的卡中，只有不到10%达到了他们所承诺的水平（图13.7中最左边的条柱）。但与此同时，那些确实关心声誉的本地经销商所提供的卡片，有近50%的质量达到了他们承诺的水平。这一结果印证了声誉的重要性。

- 在第二次实地实验中，李斯特发现，在引入第三方质量验证服务之前，本地经销商会毫不犹豫地销售劣质票根。事实上，他们比第一次实验中的非本地经销商好不了多少！图13.7中的后两列显示，在引入第三方质量验证服务之前所购买的票根中，只有18%达到或超过了卖方承诺的质量水平，不过，在推出第三方质量验证服务后，票根的质量水平大幅提高。

伯尼·麦道夫因策划大规模庞氏骗局而锒铛入狱。

达到或超过承诺质量水平的售出票根占比（%）

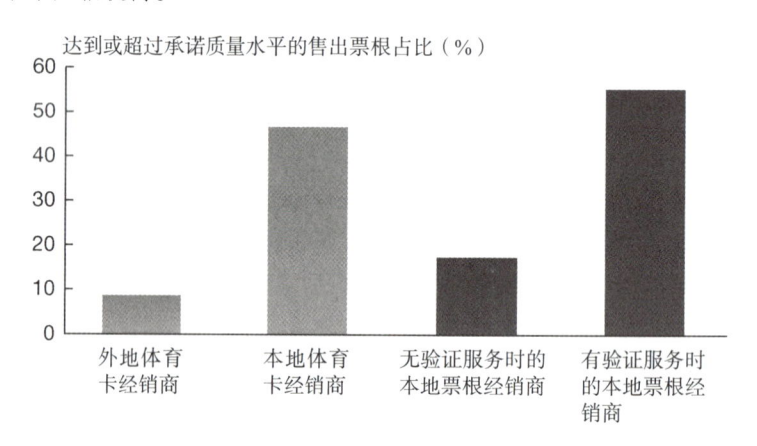

| 外地体育卡经销商 | 本地体育卡经销商 | 无验证服务时的本地票根经销商 | 有验证服务时的本地票根经销商 |

图13.7 达到或超过承诺质量水平的销售占比，按经销商类型划分

注：本图显示了交易展上达到或超过承诺质量水平的售出票根占比。经过核实，外地经销商出售的票根只有不到10%达到或超过承诺的质量水平。本地经销商的这一指标则高得多，这或许是因为他们有声誉顾虑，在近50%的交易中，他们所售出的商品达到或超过了他们承诺的质量水平。本图还显示了质量验证的重要性：当存在质量验证时，本地经销商会更加注重履行承诺。

- 因此，这些实验表明，对声誉的顾虑具有相当重要的影响。具体而言，对声誉的顾虑会使得本地经销商更有可能按照承诺的质量水平销售商品。

- 就你和伯尼之间的信任博弈而言，这些结果表明，如果在你之后行动的伯尼没有声誉方面的顾虑，那么他往往会选择背叛而不是合作，并让你吃亏。相比之下，当他有声誉顾虑时，他更有可能进行合作。所以对你而言，很重要的一点就是要从伯尼的角度去思考他将如何行动。这实际上揭示了一个更普遍的现象：在博弈中，当第二个行动者缺乏动机时，首先行动者有必要在采取行动之前就使用逆向归纳。这种方法可以帮你省下很多钱。如果声誉有很重要的影响，而且你对此有充分认知，你的行为就会与第二个行动者不值得信任时大不相同（收益也高得多）。

问题	答案	数据	注意事项
在扩展式博弈中的换位思考有价值吗？	在许多经济情况下，这都有巨大价值。	关于信任的实地试验。	影响人行为的因素有很多，实验只是关注了少数几个关于合作的理由。

选择与结果

金钱并非人生的全部

- 来自体育卡片市场的数据显示，即使没有声誉顾虑或经济动机，一些卖方也会提供高质量的商品。同样，有人即使再也不打算光顾某家餐厅，也会在临走时留下小费；有人会向私人慈善机构匿名捐款；一些企业会自愿安装昂贵的减污设备。
- 偏离纳什预测的原因之一是存在社会偏好。社会偏好是指个人的利益不仅取决于他自己的收益，也取决于其他人的收益。社会偏好在许多经济互动中发挥着重要作用，我们将在第18章对此展开详细讨论。

总结

- 博弈论可用于分析参与者收益相互交织的情况。无论是同时决策还是序贯决策，博弈论都是要通过对手的视角去观察世界并理解对手的动机。
- 博弈论的核心概念是最优反应和纳什均衡。所谓最优反应，是指在给定对手策略的情况下，一个主体所采取的最优策略（行动）。如果该策略也是对其他参与者任何可能策略的最优反应，那么它就是一个占优策略。大多数博弈中的参与者并不拥有这样的占优策略，他们的最优反应取决于其他参与者的策略选择。
- 如果每个参与者选择的策略都是相对于其他参与者策略的最优反应，就会出现纳什均衡。换句话说，纳什均衡是一种互为最优反应的策略组合。
- 纳什均衡的概念使我们能够对一系列情况下的行为做出预测，包括那些可以建模为囚徒困境、公地悲剧与零和博弈的情况。它也有助于我们理解，为什么当参与者有声誉顾虑时，其行为会更加可信。

关键术语

博弈论
策略
收益矩阵
同时行动博弈
最优反应
占优策略
占优策略均衡
纳什均衡
零和博弈
纯策略
混合策略
扩展式博弈
博弈树
逆向归纳
先动优势
承诺

问题

1. 什么是占优策略均衡？
2. 博弈参与者的最优反应是否就是他的占优策略？请解释。
3. 什么是"囚徒困境"？囚徒困境博弈的参与者是否存在占优策略？
4. 什么是纳什均衡？纳什均衡与占优策略均衡有何区别？
5. 如何将公地悲剧模型化为囚徒困境博弈？
6. 什么是零和博弈？你能举几个现实生活中的零和博弈案例吗？
7. 纯策略和混合策略有何区别？
8. 假设博弈参与者有占优策略。他是否会选择混合策略（例如使用两种策略，其中每个策略的概率都是 50%）？为什么？
9. 真实世界中确实有很多博弈论的应用案例，但你认为像收益矩阵、纳什均衡和占优策略这样的具体概念能够在多大程度上适用于现实？
10. 什么时候可以使用逆向归纳来实现博弈均衡？
11. 什么是先动优势？在一个拥有先动优势的博弈中，承诺有何重要作用？
    a. 有些博弈具有先动优势，其他博弈则没有。假设你在玩石头剪刀布的扩展式博弈。首先由你选择石头、布或剪刀，然后你的对手再做出选择。这个博弈中有先动优势吗？
    b. 两家企业正在考虑进入一个新市场。如果只有一家企业能够进入该市场，则该企业将获得非常高的利润。但如果两家企业同时进入，那么它们都将蒙受损失。假设这是一个序贯博弈，企业 1 先做决策。这家企业是否具有先动优势？
12. 图 13.6 所示的信任博弈是一个序贯的囚徒困境。正如收益矩阵所示，该博弈的结果并不具有社会效率。什么因素可能导致该博弈在现实中有着不同于这一均衡的结果？
13. 经济主体（例如消费者或企业）经常做一些看似与其自身利益不一致的事情。游客会在度假时的餐馆给小费，即使他们无意再次光顾此处。一些企业会自愿安装昂贵的减污设备。如何解释这些对纳什预测的偏离？

循证经济学习题

1. [同时行动博弈] 让我们回到循证经济学专栏的凯恩斯选美比赛。现在你准备和一位名叫戴娜的参与者展开一场股市博弈。你们的目标是猜出对方会认为明年谷歌和亚马逊哪只股票表现更好。该博弈的收益如下：如果戴娜和你都猜是谷歌，则你们两人都可以得到10美元；如果戴娜和你都猜是亚马逊，则你们每人的收益都是–1美元。

   a. 为该博弈创建收益矩阵。
   b. 该博弈存在占优策略吗？
   c. 该博弈的均衡是什么？

2. [序贯博弈] 基于本章的第二个循证经济学专栏，我们来看一个有两人参与的序贯博弈。在该博弈中，你和对手交替选择 1 到 10 之间的数字（包括 1 和 10）。我们会把这些选出的数字循序求和，直至其中一位参与者选出一个数字，使得所有被选出数字的和恰好等于 100。选出最后这个数字的参与者将被视为该博弈的赢家。举个例子，如果你首先选了数字 4，然后对手选择了数字 7，那么现在的数字总和就是 11。之后你们再做新一轮选择，新选出的数字会和上一轮的 11 相加求和。你们会持续进行这一博弈，直至所有选出数字的和等于 100。

   a. 该博弈的均衡是什么？
   b. 这是一个先动优势还是后动优势博弈？

   现在我们稍微改动一下该博弈。在新的博弈中，你和对手交替选择 1 到 9 之间的数字（包括 1 和 9）。我们会把这些选出的数字循序求和，直至其中一位参与者选出一个数字，使得所有被选出数字的和恰好等于 100。选出最后这个数字的参与者将被视为该博弈的赢家。

   c. 该博弈的均衡是什么？
   d. 这是一个先动优势还是后动优势博弈？

习题

1. 假设你所在的城市有两家有线电视公司：艾斯坦丁有线和布罗卡斯特有线。两家公司必须在高、中、低三种广告预算规模中做出选择。它们需要同时做决策，其收益如下表所示：

艾斯坦丁/布罗卡斯特	高	中	低
高	艾斯坦丁：200 万美元 布罗卡斯特：500 万美元	艾斯坦丁：500 万美元 布罗卡斯特：700 万美元	艾斯坦丁：400 万美元 布罗卡斯特：900 万美元
中	艾斯坦丁：600 万美元 布罗卡斯特：400 万美元	艾斯坦丁：800 万美元 布罗卡斯特：600 万美元	艾斯坦丁：500 万美元 布罗卡斯特：200 万美元

（续表）

艾斯坦丁/布罗卡斯特	高	中	低
低	艾斯坦丁：100 万美元 布罗卡斯特：200 万美元	艾斯坦丁：0 美元 布罗卡斯特：500 万美元	艾斯坦丁：300 万美元 布罗卡斯特：300 万美元

a. 艾斯坦丁有线有占优策略吗？如果有的话，是什么？
b. 布罗卡斯特有线有占优策略吗？如果有的话，是什么？
c. 这个博弈中是否存在占优策略均衡？如果存在的话，是什么？
d. 这个博弈中是否存在纳什均衡？如果存在的话，是什么？

2. 假设 A 国正在决定是否入侵邻国 B。C 国则必须决定是强硬干预此事还是做出让步。它们会同时做出决定。两国的收益如下表所示：

C/A	不侵略	侵略
强硬	C 的收益为 5	C 的收益为 7
	A 的收益为 4	A 的收益为 3
让步	C 的收益为 3	C 的收益为 1
	A 的收益为 5	A 的收益为 9

a. 当 A 选择不侵略时，C 的最优反应是什么？
b. 当 A 选择侵略时，C 的最优反应是什么？
c. 当 C 选择强硬时，A 的最优反应是什么？
d. 当 C 选择让步时，A 的最优反应是什么？
e. 这个博弈的纳什均衡是什么？

3. 在电影《公主新娘》中，男主角韦斯特利伪装成恐怖海盗罗伯茨，与反派维齐尼进行了一场智斗博弈。韦斯特利需要决定是在自己的酒杯里还是在维齐尼的酒杯里下毒。维齐尼需要选择是喝自己杯中的酒还是喝韦斯特利杯中的酒；韦斯特利则需要喝掉维齐尼未选择的那一杯酒。（你需要将此视为一个同时行动博弈，因为维齐尼并不知道韦斯特利会在哪个杯里下毒。）

a. 构建该博弈的收益矩阵。假设喝下毒酒并死亡的收益是-10，而活下来的收益是 10。
b. 维齐尼有占优策略吗？韦斯特利呢？
c. 这个博弈是否存在参与者可运用纯策略的纳什均衡？
d. 现在假设韦斯特利有另一个策略，那就是不在任何一个杯子里下毒。如果他选择这个策略，那么无论维齐尼选择何种策略，韦斯特利的收益都为 a。当 a 为何值时，韦斯特利会具有占优策略？

4. 双人博弈可能会非常不对称：每个参与者可能有一系列不同选项，且收益也可能大不相同。观察下面大小两家企业的博弈（每个方框中的第一个数字表示大企业的收益，第二个数字表示小企业的收益）：

		小企业（参与者 2）	
		扩张运营	保持原状
大企业（参与者 1）	高价	50, 20	60, 10
	中等价位	60, 20	70, 10
	低价	40, 0	90, 10

a. 这两家企业是否存在占优策略？
b. 找出所有纳什均衡。

5. 电影《美丽心灵》是一部关于约翰·纳什的电影，但这部电影并没有正确展现纳什均衡。电影试图在如下的一个场景中展示纳什均衡：在酒吧中，男士们（纳什和他的朋友们）打算邀请女士跳舞。在这群男士眼中，这群女士中只有一个极具魅力，其他几位则相对普通。纳什认为，只有在主动提出跳舞的男士没有首先被那位美女拒绝的情况下，那些"不太有吸引力"的女性才会接受跳舞邀请。在电影中，纳什建议所有男士在一开始就不邀请那位美女跳舞。

a. 对男士来说，纳什的建议可能会给所有男士带来好的结果，但它不是纳什均衡。为什么？
b. 电影一开始时，所有的男士都在邀请那位美女跳舞。但公平地说，这其实也不是纳什均衡。为什么？
c. 为什么说仅有一位男士邀请那位美女跳舞才是纳什均衡？

6. 我们假设一位足球运动员在点球时有三种选择：向右踢（KR）、向左踢（KL）、向中间踢（KC）。守门员可以选择右扑（DR）、左扑（DL）或者站在中间（SC）。假设守门员只要猜中方向就能够成功扑出点球（收益为+1），猜错方向对方就会进球（收益为-1）。罚球球员的收益与此正好相反。请绘制这个博弈的收益矩阵。该博弈中是否存在纯策略纳什均衡？

7. 使用收益矩阵对两人石头剪刀布博弈进行建模，如果获胜，则收益为1，如果失败，则收益为-1，如果平局，则收益为0。

   a. 绘制该博弈的收益矩阵。

   b. 该博弈是否存在可运用纯策略的均衡？

   c. 为什么你应该在该博弈中使用混合策略？

8. A和B两家加油站陷入了一场价格战。每个加油站可以选择提高价格（R）或继续收取低价（C）。它们会同时选择策略。如果双方都选择C，则它们都将遭受100美元的损失。如果一个选择R，另一个选择C，则选择R的一方将失去很多客户，收益为0美元，选择C的一方会赢得很多新客户，赚取到1 000美元。如果它们都选择R，则价格战结束，它们各自可赚得500美元。

   a. 绘制该博弈的收益矩阵。

   b. 博弈双方是否存在占优策略？为什么？

   c. 该博弈有多少个纳什均衡？请详细说明。

9. 一个两人扩展式博弈如下图的博弈树所示：

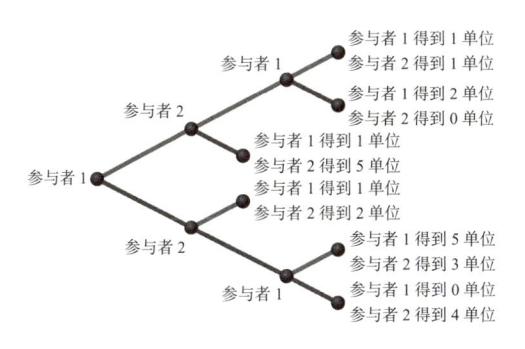

   a. 假定参与者1正要在上下两条线间做出第二步行动的选择。

      i. 如果他在上面那条线，他会怎么选？

      ii. 如果他在下面那条线，他会怎么选？

   b. 假定参与者2知道上面的信息并准备在上下两条线之间做出选择。

      i. 如果他在上面那条线，他会怎么选？

      ii. 如果他在下面那条线，他会怎么选？

   c. 最后，假定参与者1正要在上下两条线之间做出第一步行动的选择。基于以上的全部信息，他会怎么选？

   d. 现在请描述该扩展式博弈的均衡路径。

10. 康卡斯特和美国电话电报公司为许多家庭提供互联网服务，它们经常以双寡头垄断的方式展开竞争。假设康卡斯特（参与者1）先选择一个价格，然后美国电话电报公司（参与者2）做出响应。如果双方都选择高价格，则每家公司可赚取10美元。如果它们都选择低价格，则每家公司赚取6美元。如果一个选择高价格，另一个选择低价格，则选择高价格的公司可赚取4美元，选择低价格的公司赚取12美元。

    a. 绘制博弈树。用逆向归纳找出博弈均衡。这对消费者来说是个好结果吗？对康卡斯特和美国电话电报公司呢？

    b. 现在假设康卡斯特宣布了一项"价格匹配"政策：它会有自己的定价，但也承诺，如果竞争对手（比如美国电话电报公司）的价格更低，它就会退差价。重新绘制博弈树，但现在收益略有变化：当康卡斯特选择高价而美国电话电报公司选择低价时，两家公司的收益均为6美元，因为康卡斯特已承诺会降价。找出这个新博弈的均衡。

    c. "价格匹配"政策是否有利于消费者？请简要解释。

11. 在机场的时候，你听到广播里说，如果你取消当前航班，就可以得到价值100美元的旅行积分。在确定没有人为此动心之后，报价增加到了200美元。几分钟后，航空公司又把报价提高到了300美元，然后是400美元，以此类推。就个人而言，每位乘客都想接受报价，但对整体来说，坚持到底是最佳选择。策略动态可以模型化为一个两人"蜈蚣博弈"（此名称源自该博弈树的形状），如下图所示。请运用逆向归纳确定该博弈的均衡。

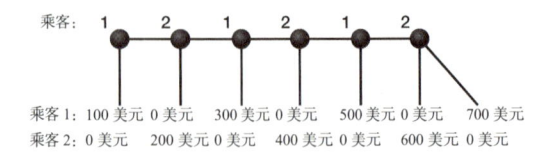

乘客: 1 2 1 2 1 2

乘客1: 100美元 0美元 300美元 0美元 500美元 0美元 700美元
乘客2: 0美元 200美元 0美元 400美元 0美元 600美元 0美元

12. 帕特和吉诺是宾夕法尼亚州费城的两家芝士牛排餐厅，这两家店隔街相对，互为竞争对手。因为它们提供的食物几乎一样，所以竞争非常激烈。随着费城天气的好转，两家餐厅的销售额预计将在未来几个月有所增长。假设两家餐厅为了扩大销售额，现在都在考虑增加新菜品，比如加上芝士蛋糕和其他甜点。它们的收益如下表所示：

		帕特	
		增加甜点	不增加甜点
吉诺	增加甜点	帕特的利润将增加60 000美元 吉诺的利润将增加60 000美元	帕特的利润将增加10 000美元 吉诺的利润将增加80 000美元
	不增加甜点	帕特的利润将增加80 000美元 吉诺的利润将增加10 000美元	帕特的利润将增加20 000美元 吉诺的利润将增加20 000美元

a. 假设吉诺和帕特会同时做决定。该博弈的纳什均衡是什么？

b. 现在假设帕特先决定是否增加甜点，然后吉诺再做决定。绘制这个扩展式博弈的博弈树。

c. 运用逆向归纳确定该扩展式博弈将如何进行。

13. 两家相互竞争的公司必须同时决定其产量。每家公司可以选择较高的产量3或较低的产量2。两家公司的价格都是 $9-Q$，其中 Q 是两家公司产量之和。假设生产成本为零，所以利润等于价格乘数量。例如，如果公司A选择高产量，公司B选择低产量，那么价格是 $9-(3+2)=4$；公司A的收益为12，公司B的收益则为8。

a. 绘出该博弈的完整收益矩阵。

b. 找出所有的纳什均衡。

c. 如果该博弈是序贯博弈，那它是否存在先动优势？请简要解释。

第 14 章　寡头垄断和垄断竞争

要想使市场具有竞争性，我们需要多少家企业？

作为美国白宫经济顾问委员会的一名经济学家，本书作者之一曾与美国司法部反垄断部门合作，研究少数大型越野车发动机生产商的主导地位是否推高了市场价格。诸多与我们日常生活息息相关的重要行业都可能存在这个问题。例如，在搜索引擎领域，谷歌、雅虎和微软占据了超过 97% 的市场份额。同样，苹果凭借 iTunes 对数字音乐市场的主导，也可能会被认为具有反竞争性。你首先想到的可能是，在数字音乐领域，苹果公司的竞争对手其实非常少，也就是售卖数字内容的 Google Play（谷歌商店）和亚马逊 MP3 音乐商店，以及流媒体平台 Spotify，因此这个行业的竞争肯定不会很激烈。

（无限制的全国竞争性定价计划）

仅靠一个行业的企业数量指标，我们就能知道该市场是否具有竞争性？如果真是如此，那么我们需要多少家企业才能使一个市场具有竞争性？

截至目前，我们已经研究过两种极端的市场结构：拥有众多企业的完全竞争和由单一企业供应整个市场的垄断。尽管这些模型很有用，但它们并没有提供必要的工具，以帮助我们回答需要多少家企业才能使市场具有竞争性的问题。针对这项任务，我们需要的是一个更符合现实的市场结构模型，一个介于完全竞争和垄断之间的模型。

在本章中，我们将研究处于完全竞争和垄断这两个极端之间的两种市场结构：寡头垄断和垄断竞争。这两种市场结构和我们此前研究的两种极端市场类型之间的一个重要区别是，我们现在必须考虑企业之间的相互作用。在此过程中，我们将了解到竞争的

本章概览

14.1	14.2	14.3	14.4	14.5	EBE
另外两种市场结构	寡头垄断	垄断竞争	"失灵"的"看不见的手"	总结：四种市场结构	要想使市场具有竞争性，我们需要多少家企业？

重要概念

- 介于完全竞争和垄断之间的两种市场结构是寡头垄断和垄断竞争。
- 在这两个市场中，卖方都必须认识到竞争对手的行为。
- 在寡头垄断中，长期经济利润可能为正。
- 在垄断竞争市场中，进入和退出将使长期经济利润趋近于零。
- 决定一个市场竞争性的重要变量包括行业内的企业数量、产品差异化程度、进入壁垒以及是否存在串谋等。

本质以及此类行业的价格设定方式。你如果读小说、看电影、喝百事可乐或可口可乐、穿名牌服装，或者只是喜欢玩你在百思买上买的 Mac 电脑（苹果公司研发的一种个人消费型计算机），那么肯定已经熟知寡头垄断和垄断竞争行业的商品。

本章将帮助你理解这些行业背后的经济学原理。我们将了解到，在某些情况下，即使只有两家企业的市场也会产生竞争性结果。在另一些情况下，当市场上有多家企业时，市场价格反而可能更接近垄断价格。在本章结束时，你将掌握一些经济学工具，这些工具能够帮助你了解需要多少企业才能形成一个竞争市场。在本章末尾的循证经济学专栏中，你将了解到，决定市场价格和生产者利润的绝不仅仅是企业的数量。

14.1 另外两种市场结构

你每天都会从那些本质上不符合完全竞争或垄断模式的企业购买商品与服务，例如书籍、音乐、游戏和 Wi-Fi 无线服务等。你可能会想，星巴克和唐恩都乐符合上述市场结构吗？谷歌和亚马逊呢？首先，它们都是价格制定者，因此它们不属于完全竞争的范畴。其次，它们也没有垄断，因为它们会同其他卖家展开激烈竞争。

以星巴克咖啡为例，它与其他咖啡类似，但没有完全的替代品。同样，来自唐恩都乐的美味甜甜圈和谷歌搜索引擎也有替代品，但它们也都没有完全替代品。这些都是差异产品的例子。所谓**差异产品**，即相似但并非完全替代品的商品和服务。与差异产品相对应的是同质产品。**同质产品**是相同的商品，因此是完全替代品。不同农民种植的大豆是完全替代品，不同作者的著作则不是完全代替品。

行业的区别不仅在于它们的产品是异质还是同质，还在于行业中卖方的数量。有些行业只有少数的卖方，比如航空业或你所在地区的无线通信行业。其他行业则有大量的卖方，比如图书行业或音乐行业。因此，一个有意义的市场结构分类必须从以下两个维度来区分行业：

1. 供给给定产品的企业数量；
2. 产品的差异化程度。

如图 14.1 所示，这些区别使得我们引入了两种新的市场结构。

第一种新的市场结构是**寡头垄断**，即只有少数产品供给者时的情形。如图14.1所示，寡头垄断既可以是同质产品，也可以是差异产品。因为在寡头垄断中只有少数企业在经营，所以每家企业的利润以及利润最大化决策都取决于其他企业的行动。

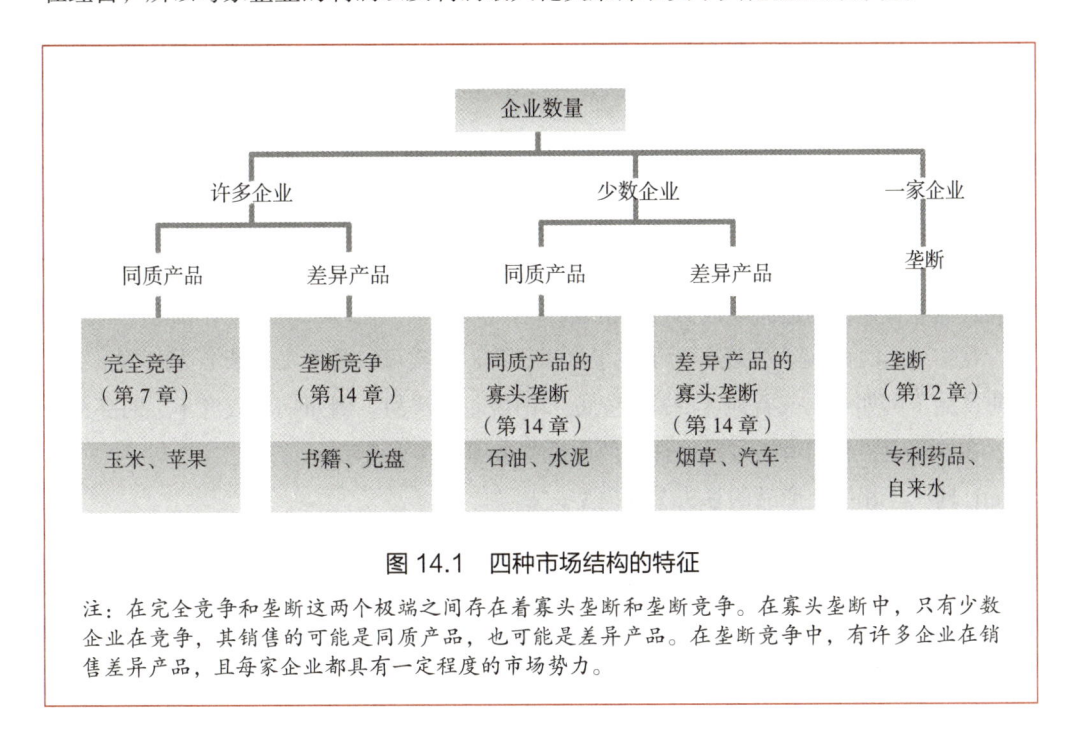

```
                        企业数量
          ┌────────────────┼────────────────┐
        许多企业           少数企业          一家企业
       ┌────┴────┐      ┌─────┴─────┐         │
    同质产品  差异产品  同质产品   差异产品     垄断
    ┌──────┐ ┌──────┐ ┌───────┐ ┌───────┐ ┌───────┐
    │完全竞争│ │垄断竞争│ │同质产品的│ │差异产品的│ │ 垄断  │
    │(第7章)│ │(第14章)│ │寡头垄断 │ │寡头垄断 │ │(第12章)│
    │       │ │       │ │(第14章)│ │(第14章)│ │       │
    │玉米、 │ │书籍、 │ │石油、  │ │烟草、  │ │专利药品│
    │苹果   │ │光盘   │ │水泥    │ │汽车    │ │自来水  │
    └──────┘ └──────┘ └───────┘ └───────┘ └───────┘
```

图 14.1 四种市场结构的特征

注：在完全竞争和垄断这两个极端之间存在着寡头垄断和垄断竞争。在寡头垄断中，只有少数企业在竞争，其销售的可能是同质产品，也可能是差异产品。在垄断竞争中，有许多企业在销售差异产品，且每家企业都具有一定程度的市场势力。

第二种新的市场结构是**垄断竞争**。这听起来可能有点矛盾——垄断企业怎么可能具有竞争性？这个名称反映了这类市场中所存在的市场势力和竞争力量之间的固有紧张关系。垄断竞争行业的所有企业都面临着向下倾斜的需求曲线，因此它们拥有市场势力，并可以像垄断者一样自主定价。这些特征构成了垄断竞争这个名称的前半部分。这类市场的竞争性体现在没有进入限制，任何企业都可以随时进入这个行业。这意味着垄断竞争行业中的企业尽管拥有定价权，但从长远来看，其经济利润为零。如图14.1所示，类似于完全竞争行业，垄断竞争行业的特征是有许多相互竞争的企业，但与完全竞争不同的是，垄断竞争行业的卖方生产和销售的是差异产品。

图14.1概述了四种市场结构之间的异同。在本章的学习过程中，你或许会时不时地需要回顾该图。我们首先讨论寡头垄断。

14.2 寡头垄断

寡头垄断（oligopoly）这个词可能会让你觉得很奇怪。它起源于希腊语：oligoi的意思是"少数"，polein的意思是"出售"。把这两个词结合在一起，我们就得到了寡头垄断这一术语，它指的是某种产品只有几个供应商的一种市场结构。寡头垄断无处不在。当你在附近超市推着购物车经过香皂货架时，你可能会注意到许多不同品牌的香皂，例如爱得利、卡玫尔、爱尔兰春天、多芬、卫宝和利华2000。但你如果仔细观察，会发现这些商品的供应商其实只有几家，其中就包括宝洁公司、高露洁和联合利华公司等。同样，当你经过汽水的货架时，你也会发现这些不同的汽水主要来自三家企业：可口可乐、百事可乐和胡椒博士集团。

寡头垄断很难分析，因为根据环境的不同，各种各样的市场结果都会发生。例如，仅希捷、西部数据和日立这三家企业就控制着近3/4的计算机硬盘市场，但它们却经常无情地相互杀价，其竞争已令商品价格非常接近边际成本。与此同时，路易威登、香奈儿和古驰等奢侈品制造商却很少打价格战。

观察图 14.1 你就会发现，为了便于分析，我们其实可以将寡头垄断分为两类：销售同质产品（例如水泥或石油）的寡头垄断和销售差异产品（例如烟草或汽车）的寡头垄断。在本章中，我们将通过讨论如下两个模型来理解寡头垄断：

1. 同质（相同）产品的寡头垄断模型；
2. 差异产品的寡头垄断模型。

同质产品的寡头垄断模型与垄断模型相似，但两者有一个关键区别，那就是寡头垄断者必须认识到其他竞争对手的行为，而垄断者则不然。差异产品的寡头垄断模型与垄断竞争的市场结构相联系，但二者也有一个重要区别：寡头垄断的市场进入存在障碍，而垄断竞争市场则可以自由进入。

寡头垄断者问题

寡头垄断者问题与前几章所讨论的完全竞争和垄断这两种市场类型有着重要的相似之处。我们之前所学到的一些概念，比如与生产和成本相关的概念，都可以直接应用于寡头垄断者问题。由此看来，寡头垄断者问题可以被描述为具有以下两个独有的特征：

1. 由于寡头垄断的规模经济或其他进入壁垒所带来的成本优势，进入和退出不一定会导致市场长期利润为零（完全竞争和垄断竞争则会如此）。
2. 由于竞争对手相对较少，占据市场的卖方之间存在战略互动。

同质产品的寡头垄断模型

寡头垄断的一个最简单例子，就是只有两家竞争企业的行业，即**双头垄断**。假设这两家企业通过定价来相互竞争。消费者会观察这些价格，然后选择从哪家企业购买。这种模型通常被称为伯川德模型，以法国著名数学家约瑟夫·路易斯·弗朗索瓦·伯川德的名字命名。伯川德最早研究了定价竞争企业之间的相互作用。

首先，让我们假设你是园林绿化行业的从业者，且目前城市中有两家园林绿化公司：你的山茱萸公司和竞争对手的玫瑰花瓣公司。两家公司都提供割草和灌木修剪服务。此外，因为当地劳动力市场条件对你们的影响是一样的，所以你们的边际成本相同，即每项园林绿化工作30美元（在这一边际成本下，你可以任意选择工作量）。同时我们假设消费者认为你们的服务与玫瑰花瓣公司的服务是相同的，也就是说，你们和玫瑰花瓣公司销售的是完全替代品。

只有两家公司，这听起来像是非常严重的寡头垄断，是吧？我们可能会预期这两家公司都将拥有很大的市场势力，因此能够收取高价。

为了理解该市场的运作方式，我们首先来看看需求方。这个市场的客户有一个简单的需求规则：哪家公司的服务价格更低，他们就会请哪家公司。如果两家公司的价格相同，那么消费者就会以随机方式来做出选择。这一简单的需求规则实际上意味着，所有的用户需求都会流向定价更低的那家园林绿化公司。如果两家公司定价相同，则每家公司将各获得一半的用户需求。

为了确定价格，你需要知道的最后一个因素是市场需求。为了便于分析，我们假设当价格不高于50美元时，市场每周对园林绿化工作的总需求是1 000份。当价格高于50美元时，市场需求为零（因为当价格较高时，人们会自己整理庭院）。图14.2给出了在这种情况下的市场需求曲线。

图14.2 同质产品寡头垄断市场的需求曲线

注：本图描绘了同质化园林绿化工作的市场需求曲线。当价格不高于50美元时，该市场对园林绿化工作的总需求为每周1 000份。当价格高于50美元时，市场需求为零。

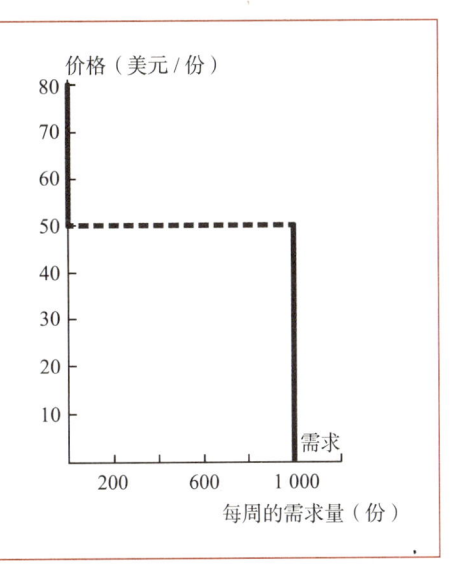

与企业利润最大化决策直接相关的不是市场需求曲线，而是其**剩余需求曲线**，剩余需求即其他企业无法满足的需求。剩余需求曲线则取决于行业中所有企业的定价。在本例中，我们可以根据市场需求曲线得出剩余需求曲线，它是你公司的价格P_{DW}和玫瑰花瓣公司的价格P_{RP}的函数。具体到本例中，则有：

如果你公司的价格低于玫瑰花瓣公司的价格，即 $P_{DW} < P_{RP}$，则需求量为1000；
如果你公司的价格等于玫瑰花瓣公司的价格，即 $P_{DW} = P_{RP}$，则需求量为 $\frac{1\,000}{2}$；
如果你公司的价格高于玫瑰花瓣公司的价格，即 $P_{DW} > P_{RP}$，则需求量为0。

市场需求曲线取决于"市场价格"，即市场中的最低定价；剩余需求曲线则由你公司收取的价格和玫瑰花瓣公司收取的价格共同决定。

竭力做到最好：为了实现利润最大化，你应该如何定价？

现在你面临的任务很明确：在意识到应该根据上述需求结构进行销售后，你应当找出能够使你的利润最大化的价格。那具体如何操作？首先要确定成本。如前所述，你的公司和玫瑰花瓣公司的边际成本都是每份工作30美元。

然后需要考虑的是你的行为会如何影响玫瑰花瓣公司的行为。我们先来看一些简单的策略。假设一开始你和玫瑰花瓣公司的定价分别为50美元和45美元。在这种情况下会出现何种结果？因为你的价格高于对方的价格，所以玫瑰花瓣公司将获得所有的业务，而且可以从每份绿化工作中获得超过边际成本15美元（45美元-30美元）的利润。

这是一个纳什均衡吗？如第13章中所述，当每个参与者选择的策略是对其他参与者策略的最优反应时，就会出现纳什均衡。经过一番思考之后，你就会发现这并不是一个纳什均衡，因为在给定玫瑰花瓣公司价格的情况下，你完全可以改善自己的境况。

你可以怎么做？答案是使你的定价略低于45美元，这样你的价格就会低于玫瑰花瓣公司的价格。例如，如果你定价44美元，你实际上就从玫瑰花瓣公司手里抢走了整个市场，现在你的公司赚到钱了——事实上，扣除了边际成本之后，你从每份工作中盈利14美元（44美元-30美元）。我们在图14.3中描述了这种情况。

现在玫瑰花瓣公司会如何看待整个形势？由于价格高于边际成本 $MC = 30$ 美元，所以玫瑰花瓣公司的反应会和图14.3上半部分中的你完全一样。所以，这也不是一个纳什均衡——在给定你公司定价的情况下，玫瑰花瓣公司仍有更好的选择。它可以通过一个比你更低的定价来实现这一点，比如将每份绿化工作定价为43美元。这一定价举措使得玫瑰花瓣公司从你手中夺回了所有市场。现在，每完成一份工作，它能够在边际成本之外赚取13美元。

这种降价行为到何时才会结束？换句话说，这个例子中的纳什均衡是什么？看完整个例子，你会意识到，降价会一直持续下去，直至我们实现唯一纳什均衡：两家公司的定价都等于边际成本，即每份园林绿化工作定价30美元。也就是说，$P_{DW} = P_{RP} = MC = 30$ 美元是本例中唯一的纳什均衡。在这一均衡状态下，两家公司各负责一半市场，而由于两者都以等于边际成本的价格销售，因此其经济利润都为零。

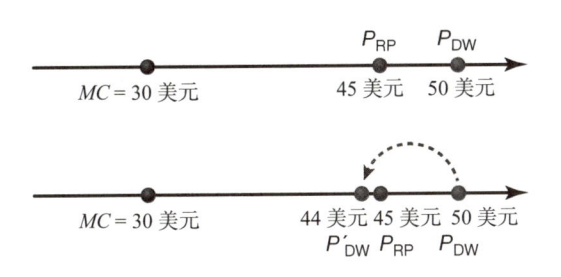

图 14.3 双头垄断竞争和定价反应

注：在同质产品的双头垄断中，只要竞争对手的价格高于边际成本（在图中表示为 $MC = 30$ 美元），则价格较高企业的最优反应是使己方价格低于对手价格。所以在本图中，当你的价格是 $P_{DW} = 50$ 美元，玫瑰花瓣公司的价格为 $P_{RP} = 45$ 美元时，你可以通过将价格从 50 美元降低到 $P'_{DW} = 44$ 美元来增加利润（这将使你的销量从 0 增加到 1 000）。

为了确认这是一个纳什均衡，你还应该再问一个问题：这两家公司是否还有其他能够实现经济利润的策略？如果答案为否，那么两家公司便都是在采取最优反应，这也表示我们已找到了纳什均衡。这里的关键点在于，一旦 $P_{DW} = P_{RP} = MC$，这两家公司便都不能再增加利润。如果你把定价提高一点点，你就会什么也卖不出去。如果你进一步降价，你将不能覆盖你的边际成本（$P_{DW} < MC = 30$ 美元），这也不是一个好的策略，因为这实际上意味着你会在每份绿化工作上赔钱。你的公司和玫瑰花瓣公司显然都希望获得经济利润，但如果你们中的任何一方将定价提高至边际成本以上，哪怕只是高出 1 分钱，另一方也都将获得全部业务。所以，尽管这不是你和玫瑰花瓣公司最想要的结果，但是你们都不能通过单方面改变价格来做得更好。这就是纳什均衡的定义。

因此，同质产品的寡头垄断模型得出了一个令人惊讶的结论：在这个模型中，企业会为了获得市场份额而进行非常激烈的竞争。事实上，该市场的结果与完全竞争行业的结果是一样的：在均衡状态下，价格等于边际成本。这种竞争性源于以下这一事实：任何一家企业只要稍微降低价格，便可以从另一家企业那里抢走全部市场。强烈的削价竞争动机会导致两家企业持续降低价格，直至其价格等于边际成本（但需要注意的是，正如前文所述，这里的零利润是指企业在支付了包括资本与企业所有者的时间和精力在内的所有生产要素之后，不存在任何额外利润。因此，零经济利润并不会使企业关停业务。）

此模型与我们在第 13 章中讨论的囚徒困境博弈颇有相似之处。即便同时选择高定价会使你和玫瑰花瓣公司的境况变得更好，但唯一的均衡却是你们都选择低价。你能举出几个激烈价格竞争可能会影响你生活的例子吗？优步和来福网约车就是其中一例，它们会通过持续的价格竞争来吸引消费者。

差异产品的寡头垄断模型

在截至目前对寡头垄断模型的讨论中，我们一直假设卖方所进行的是同质产品销售竞争。然而在现实中，一个行业通常都是由一系列生产相似但非同质产品的企业所组成。即使属于同一行业的产品，波音客机与空客飞机并不一样；微软、任天堂和索尼的视频游戏机也不相同；美国航空公司的航班和西南航空公司的航班也有差异。经济学家将同一产品类型存在多种可选品种的市场称为差异产品市场。在有数家企业销售差异产品的情况下，关键是要明确消费者对这些产品的替代意愿。

因此，这不是企业在同质产品不同价格下所面临的"全有或绝无"式需求。对于差异产品，我们假设消费者认为每家企业的产品都有些许不同。正如我们将了解到的，这种差异化会给卖方带来很多好处。我们在前面了解到，在同质产品的情况下，企业有十分强烈的削价竞争动机，因此会持续压低市场价格，直至其等于边际成本，并因此趋向于零经济利润。但正如我们将从下面例子中所了解到的，在差异产品中不会出现这种情况。

让我们以软饮料行业为例来解释这一问题。软饮料行业有两个主要参与者：可口可乐和百事可乐。由于许多消费者认为这两家公司的产品相似，因此大家觉得，当其中一家公司削减价格时，该公司肯定会从对手那里抢夺市场份额。换句话说，如果可口可乐提高价格，百事可乐的销量就会增长。同样，当百事可乐提高价格时，可口可乐也会卖出更多。

可口可乐和百事可乐：一个差异产品寡头垄断的典型例子。

但实际情况是，这两家公司的产品并非完全替代品（也就是说，它们不是同质产品）。事实上，一些可口可乐的忠实消费者不会轻易转向百事可乐。同样，有些消费者则是只要有百事可乐，就绝对不考虑可口可乐。因此，降价的公司不会仅仅因为自己的定价略低于竞争对手就能够占领整个市场，即便价格更高，有些人也仍旧会选择其竞争对手的产品。这一推理意味着，不同于在同质产品下的情况，在差异产品中，我们永远不可能实现使价格等于边际成本且利润为零的均衡。

而且，即使其中一家公司使定价等于边际成本，按边际成本定价也永远不可能是另外一家公司的最优反应。我们可以通过如下方式来思考这个问题。假设百事可乐已将价格设置为等于边际成本的水平。显然，通过尽可能降低定价，可口可乐能够增加销量，但是如果它的价格等于它的边际成本，那么它仍然会获得零利润。如果它把价格提高到边际成本以上，那么它的市场份额就会被百事可乐抢走。但是，因为可口可乐的忠实消费者不会轻易转向百事可乐，所以即便可口可乐提价，其销量也不会降低到零。所以，可口可乐将从剩余的消费者身上获得正经济利润。由于价格等于边际成本时利润为零，因此本论证表明，在差异产品的寡头垄断中，均衡不可能使价格等于边际成本且经济利润为零。

所以，百事可乐和可口可乐应该如何定价呢？我们在这里说一下其中的核心原则。如同我们截至目前所研究过的任何企业的情况，这里的关键是要让边际收益等于边际成本。在这种情况下，每个公司都必须运用一些博弈理论，通过将自己置于对方的立场，认识到自己的价格将如何影响竞争对手的价格。例如，百事可乐高管必须根据可口可乐的每种可能价格来估计百事可乐的需求。然后他们才有可能确定每种可能情况下的最优价格。他们还必须估算可口可乐各种定价的可能性。为了找出对百事可乐价格变化的最优反应，可口可乐也会进行同样的计算。需要注意的是，均衡是由百事可乐和可口可乐两者的行为共同决定的。让我们得出这个结论的相关概念仍旧是纳什均衡，即两家企业都应将价格设定为针对彼此的最优反应。

在不掌握百事可乐的需求会如何影响可口可乐价格的情况下，我们并不能确定相关价格，反之亦然。但我们的确可以从中得到一些关键的启示。两种产品的可替代性越低（即每种产品的忠实消费者越多），我们就会越远离同质产品的局面，产品价格就会越高。因此，两家公司的高管都要考虑一个关键问题，他们要估算出市场上有多少消费者会将这两种汽水视为近似替代品，以及有多少人不会轻易从一种产品转向另一种产品。

总而言之，我们已经了解到，在同质产品的寡头垄断中，两家公司的正面竞争足以将价格降低到等于边际成本。但这一结论并不适用于差异产品。事实上，在差异产品的寡头垄断中，企业通常会获得正的经济利润，而由于进入壁垒的存在（例如品牌知名度往往会扮演进入壁垒的角色），一些寡头垄断甚至可以长期保持正的利润。

但是，如果有第三家公司向市场供应汽水，会导致什么情况出现？在这种情况下，市场将继续保持寡头垄断，但现在有了三家公司。在差异产品的寡头垄断中，三家公司竞争时的价格通常要比只有两家公司竞争时的价格更低。（这与同质产品的寡头垄断形成了鲜明对比，正如我们刚刚看到的，即使是两家公司，价格也等于边际成本。）随着寡头垄断市场中企业数量的进一步增加，价格往往会趋近于边际成本。如果有足够多的企业进入，市场则可能因此转变为垄断竞争结构。在这种情况下，我们就需要转向稍后将进行介绍的垄断竞争模型了。

用数据说话

航空公司价格战

- 航空公司向来以残酷的品牌竞争而闻名。这一行业的竞争实属惨烈。1967年,一家名为西南航空的新型低价竞争者进入了这一行业,并对该行业造成了强烈的扰动,而当年的经济学家们则坐观了一场价格大战的上演。

- 事实上,经济学家奥斯坦·古尔斯比和查德·西弗森在其研究中发现,价格战早在西南航空公司进入市场之前就已经打响。[1]这些经济学家研究了在西南航空公司宣布将增设航班之后和实际开始销售机票之前(例如,在西南航空公司宣布将开设从达拉斯到芝加哥的航班之后,开始销售从达拉斯到芝加哥的机票之前)三个季度的数据。他们发现,机票价格在这三个季度里下降了24%,而此阶段西南航空尚未实际进入该市场。

- 为什么航空公司会在竞争对手真正下场之前就对其做出反应?原因之一可能是航空公司试图"吸引"尽可能多的消费者。例如,通过给经常乘坐飞机的旅客提供特殊优惠和吸引新客户建立长期合作关系,现有航空公司或可与西南航空公司等新进入者来一场正面对决。对现有航空公司而言,在西南航空公司进入之前就提供这样的优惠确实有些得不偿失,但是面对新的竞争,它们可能认为,为了增进新客户的忠诚度,这么做是值得的。

- 在西南航空公司进入市场前机票价格就可能下跌的另一个原因是,市场的长期价值已经下降并导致串谋变得无利可图。接下来我们将讨论串谋的经济因素。

串谋:另一种维持高价的方法

美国联邦通信委员会的频谱许可证允许移动电话公司竞争特定频段,以便在特定市场提供无线通信服务。当美国政府对此进行招标时,市场出现了几项令人费解的投标。不知是何原因,美国西部公司不断提交以数字378结尾的报价,而其他公司选择的都是整数。这种令人困惑的行为背后隐藏着什么逻辑?

事实上,美国西部地区正在激烈争夺明尼苏达州罗切斯特第378区块(一片空域)的频段。通过提交以378结尾的投标,美国西部公司向竞争对手表明了自己的意图——在许多情况下,这其实是在向竞争对手发送信号:你们应该退出并停止对这个频段的投标。

我们之前所讨论的标准寡头垄断模型并不能解释这种令人困惑的行为。为了弄清这种行为背后的动机，我们必须考虑串谋模型。当竞争对手之间串通起来设定价格或控制产量，而不是让自由市场来决定时，就会发生**串谋**。

用数据说话

苹果与三星的较量

- 关于差异产品寡头垄断的讨论涉及三个要点。第一，这些差异产品，如百事可乐和可口可乐，是替代品，所以当一家企业降低价格或使其产品更具吸引力时，消费者会降低对其他企业产品的需求。第二，因为产品存在差异性，所以没有一家企业能够占领整个市场。第三，当消费者认为产品可替代性较低时，经济利润就会更高。

- 苹果和三星这两大智能手机市场巨头之间的竞争就印证了这三个要点。首先，在过往的一个周期内，每当一家公司发布一款新手机（通常带有一系列诱人的新功能），它就会从对方那里抢走一定的市场份额。例如，图14.4显示，2018年年底苹果iPhone XS发布后，苹果的市场份额从约20%跃升至23%左右，而三星的市场份额从约31%降至约30%。仅仅过了几个月，随着三星Galaxy 10的发布，这一趋势发生逆转，三星的份额升至32%，苹果的份额则稳定在23%。（但请注意，我们不要对这张图做过度解读。由于这两家公司的市场控制力极强，至少在短期内，一家公司的市场份额损失往往会推高另一家公司的市场份额。）

- 你如果在新苹果手机发布当天路过苹果零售店，就会看到关于第二个要点的证

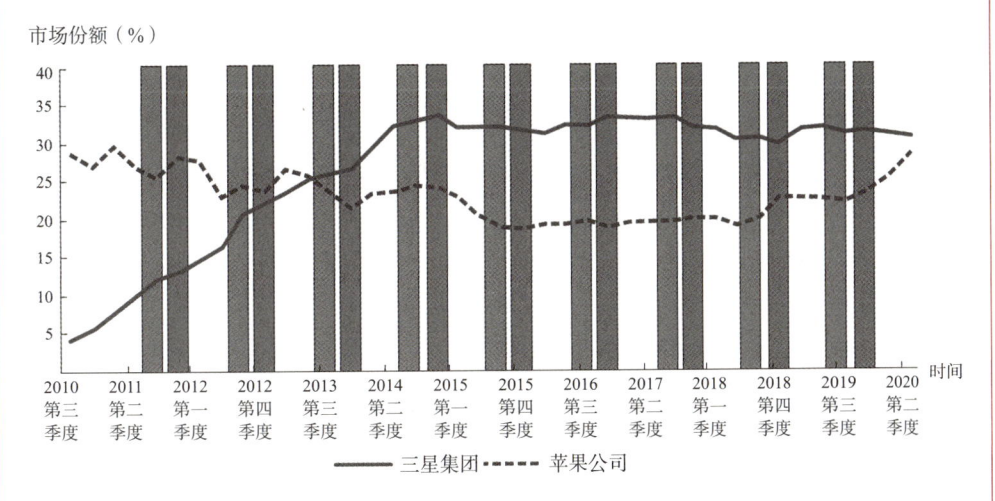

图14.4 苹果和三星智能手机的市场份额

注：实线和虚线分别表示三星和苹果的市场份额。柱形显示的是新款智能手机发布的时间，其中第一个柱形显示的是苹果手机发布的大致时间，第二个柱形显示的是三星Galaxy发布的大致时间。

据。每年，世界各地的苹果零售店前都会排起长队。一些忠实"果粉"甚至会提前好几天就在店外露营排队。对这些"果粉"而言，苹果手机是一款独一无二的产品——一款运行着苹果操作系统或者能让他们使用 FaceTime（苹果的一款视频通话软件）等应用程序的产品。

- 售价则支持了第三个要点：更具独特性的产品会推高企业的经济利润。例如，新型号手机的价格明显高于旧型号手机。例如，当时新发布的 iPhone 5 售价为 650 美元，而之前型号的售价为 450 美元。iPhone 6-plus 的定价则上升到了 750 美元。这并不是因为新款手机具有高得多的成本。例如，iPhone 6-plus 的制造成本大约为 231.5 美元，而 iPhone 4 的制造成本大约为 187 美元。因此，价格上涨主要反映的是三星的现有产品很难替代苹果的这款新机型，因此苹果能够大幅加价。

为了理解串谋的运作，让我们回到你的公司和玫瑰花瓣公司在园林绿化业务上的双头垄断案例。在前面所讨论的伯川德模型中，我们发现纳什均衡会导致经济利润为零。解决这个零利润"难题"的方法之一就是在价格上串谋。假设你和玫瑰花瓣公司的 CEO 决定串谋，你们会共同制定价格，而不再各自独立定价。

你们应该如何共同定价？寡头垄断的行为模式之一是所有企业协调一致，共同扮演垄断者角色，并共享垄断利润。从整个行业的总利润角度看，这种寡头垄断结构有其意义所在。我们知道，在没有价格歧视的情况下，垄断利润是可以从某一特定市场获得的最高利润。因此，单就赚钱而言，通过共同行动来攫取垄断利润是一个行业所能做出的最好选择。

这意味着你的公司和玫瑰花瓣公司也可以串谋，把每项园林绿化工作的价格定为 50 美元。在这一价格下，市场需求是 1 000 个工作机会。如果两家公司定价相同，则双方将各获得一半的客户；因此，两家公司也都将获得可观的经济利润。这样，对你们双方来说，串谋比竞争更有利可图。

那么，当两家企业能够串谋并共同定价时，我们是否能够预期双头垄断下的价格总能够达到垄断水平？答案是未必。这主要出于以下两个原因。首先，即使企业同意串谋，它们也有无视协议并秘密降价的动机，因为这么做会给自己带来更多的利润。因此，尽管串谋可以使寡头垄断者大获其利，但却难以维持。其次，正如我们在本节后面所讨论的，这种价格操纵是非法的。参与此类行为的潜在惩罚具有强烈的阻遏作用。

串谋协议的破裂

虽然串谋在原则上听起来很容易（让企业既能定高价又能赚大钱），但实践起来却并非易事。其困难背后的逻辑在于博弈论：每家企业都有在串谋协议上作弊的动机。即使双方都同意串谋，它们仍可能愿意背弃协议，而不是信守承诺。

让我们继续以园林绿化博弈来解释这一推理。假设寡头垄断者在考虑背弃串谋协议。例如，假设你的公司和玫瑰花瓣公司已经达成了一项维持高价的协议，将每份工作的价格设定为 50 美元。你们双方都必须决定是坚持 50 美元的价格还是降价，而这构成了一个简单的博弈。事实上，这种情况类似于我们在第 13 章中研究的囚徒困境博弈。你的占优策略是背弃协议，偷偷地将价格稍微降低，比如降到 49.50 美元。面对你公司定价为 49.50 美元的服务和玫瑰花瓣公司定价为 50 美元的同质服务，所有消费者都会被你更低的价格吸引。因此，你只要稍稍降价就可以占领整个市场，让经济利润几近翻倍。这就像第 13 章囚徒困境博弈中的招供一样，在这个博弈中，背弃协议是你和玫瑰花瓣公司的占优策略。而这意味着此博弈的唯一均衡就是你和玫瑰花瓣公司持续背弃协议，直至定价等于边际成本。

串谋何时起会作用

如果企业认识到它们进行的不是一次性博弈，而是要持续不断地进行博弈，那串谋还能够维持下去吗？答案是肯定的。一项串谋安排是否成功，取决于以下两个重要的考量因素：

1. 对作弊者的发现和惩罚；
2. 市场的长期价值。

如果另一参与者能够在不被发现的情况下背弃协议（比如向消费者提供秘密价格折扣），那么高价串谋协议就很难维持。卖方只会选择向消费者提供秘密折扣，因为这是他们的占优策略。

假设已发现作弊者。他会受到怎样的惩罚？如果你正在与玫瑰花瓣公司进行博弈，不妨考虑采取如下的长期策略：我会将我的价格保持在 50 美元，但前提是你会将价格保持在 50 美元；如果你降价，我就把价格直接降至边际成本的水平，也就 30 美元，并且永远如此。这种策略为两家公司提供了将价格保持在 50 美元的动机：如果双方都将价格保持在这个水平，那么你们都将获得丰厚的利润。但是如果玫瑰花瓣公司降价且被你发现，你会直接把价格降低到 30 美元，从而剥夺了玫瑰花瓣公司因串谋协议而享有的高额利润。这种惩罚策略被称为**冷酷策略**。

用数据说话

违不违约，这是个问题

- 在我们截至目前所讨论的模型中，卖方设定的都是价格。在另一种寡头垄断模型中，卖方竞争的不是价格，而是数量。这种模型被称为古诺模型，以法国哲学家和数学家安托万·奥古斯丁·古诺的名字命名。古诺建立了专注于数量而非价格竞争的双头垄断模型。

- 选择以数量方式进行串谋的最著名组织当数欧佩克（OPEC，石油输出国组织）。欧佩克是一个协调几个主要石油生产国政策的石油**卡特尔**。在你为了开长途车回家过暑假而不得不花80多美元加满一箱油的时候，你可能也曾对欧佩克抱怨不已。然而，即使是欧佩克也经常难以保持其商品（也就是石油）的高价。

- 这个问题源于串谋安排的天然不稳定性，刚刚我们已经了解到这一点：每个国家都可以通过开采更多石油来增加自己的利润，但如果他们都这样做，石油价格就会被压低，所有国家的利润也都会减少。

- 欧佩克会按月决定每个成员国的产量配额。然而，成员国经常选择不遵守协议并过量开采石油。说是"经常"，但实际上它们"几乎总是如此"。图14.5（a）显示了欧佩克2001年1月至2019年10月间的产量配额协定及其实际产量。最下方的线显示的是欧佩克宣布的产量上限。中间线显示的是该卡特尔的实际总产量。很明显，欧佩克成员国无法遵守它们的协议。数据充分展示了每个成员国的违约倾向。

- 尽管欧佩克是世界上最著名的，也许是最成功的卡特尔，但在过去10年里，它一直未能控制油价。这不仅是因为欧佩克成员国之间关系紧张，也是因为一些非欧佩克国家已成为非常重要的石油供应国。自20世纪90年代以来，美国、俄罗斯和巴西等国的石油产量稳步提升。至2008年，全球15个最大石油生产国中有7个不是欧佩克成员国。事实上，我们可以从图14.5（a）中发现，最上方的线所代表的全球产量近年来在稳步上升，但欧佩克的产量却没有太大变化。欧佩克的市场份额已经从20世纪90年代中期40%左右的高点下降到近年来的不到30%。受益于水压致裂技术的发展，美国的石油产量增长尤其引人瞩目。水压致裂是一种可以从致密的页岩层中提取石油的技术。2000年，美国有2.3万口压裂井，日产量为10.2万桶；到2019年，美国已有超过60万口压裂井，日产量已达770余万桶。[2]

- 2014年，石油供应的迅速增长导致油价急剧下滑，从2014年6月的每桶100多美元跌至2019年年底的每桶不足70美元。随后对新冠疫情的担忧加剧了这种下跌，到2020年4月，油价一度跌至每桶20美元以下。即便如此，不愿失去全球市场份额的欧佩克成员国仍在继续超额生产。沙特阿拉伯等一些国家甚至扩大了石油产量。截至 2019 年底，沙特阿拉伯的日产量为 970 万桶，高于 2010 年的 800 万桶。图 14.5（b）显示了这一双重趋势：对应右轴的石油价格线显示了油价的下降，对应左轴的其他线则显示出伊拉克、沙特阿拉伯和美国的产量在增加。由于成员国产量过剩油价持续下跌，欧佩克实际上已经无法履行其作为卡特尔的职能。2015 年 12 月，欧佩克完全取消了生产配额。正如伊拉克石油部部长所说："美国没有任何上限。俄罗斯没有任何上限。为什么欧佩克要有上限？"[3]

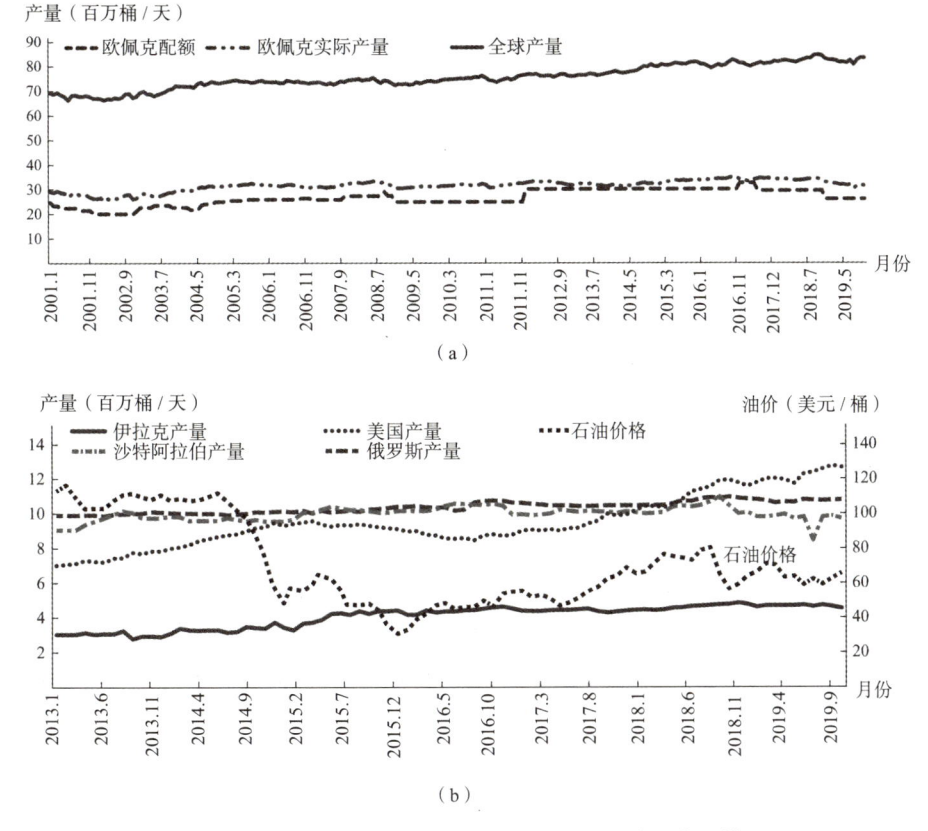

图 14.5　欧佩克及其他石油生产国的产量及市场发展情况

注：在图（a）中，最下方的线表示欧佩克成员国基于卡特尔协议的总配额，中间线为欧佩克实际产量，最上方的线为全球产量。类似于囚徒困境博弈，每个国家都有将产量提高到配额以上的动机。因此，实际产量几乎总是大幅超过配额。图（b）显示了近期的市场发展，它显示出欧佩克已失去了对市场的控制。对应着右轴的石油价格线，显示了油价的下跌趋势；对应左轴的其他线则显示了美国、沙特阿拉伯、伊拉克和俄罗斯石油产量的持续扩张。

资料来源：美国能源信息管理局，欧佩克石油组织

对于串谋者是否会作弊，第二个重要的考虑因素是市场的长期价值。其关键在于串谋的公司会如何权衡今日利润和明日利润。如果串谋者认为未来的垄断利润重于当前的作弊利润，那么他将遵守串谋协议。依据这一观点，缺乏耐心的企业，例如那些濒临破产并因此迫切需要利润的企业，更有可能背弃串谋协议。此外，如果政府禁止某种产

品，那么销售该产品的企业将知道，在合法销售的最后一天，没有任何一家企业有动机继续采取合作策略，因此所有企业都会在最后一天降价。航空公司在西南航空进入市场之前就开始降价，或许正是这种激励机制发挥作用的结果（参见本章前面关于航空价格大战的"用数据说话"专栏）。

选择与结果

现实中的串谋

- "客户是敌人，竞争对手才是朋友。"这是20世纪90年代中期赖氨酸（一种动物饲料添加剂）市场的信条。

- 当时，阿彻丹尼尔斯米德兰公司（ADM）与多家亚洲和欧洲农业公司串谋抬高赖氨酸的价格。你以为这是件小事儿，但ADM公司规模庞大，你吃的每一道菜都离不开这种添加剂。赖氨酸是一笔大生意。

- 要证实存在串谋并不容易，但或许更困难的是在现实中执行串谋。正如本章所述，最大的问题是能否信任你的同谋者。大多数串谋的经济模型都需要依赖惩罚机制，例如我们之前提到的冷酷策略。如果一方背弃高价低量的承诺，则只有该方接受惩罚，才可能使串谋有用武之地。

- 但ADM及其同谋者之间却无法相互惩罚，由于缺乏适当的审计机构，大家根本不可能知道到底谁在降价。

- 事实上，在一段关于价格串谋的会议录音中，一位高管曾建议请一家会计师事务所来进行实际审计——"不要介意法律后果"，这位高管说。

- 但在这里起作用的并非惩罚机制。相反，ADM及其同谋者利用的是社会规范的力量。一盘录音带记录了一位高管与其竞争对手的谈话："我希望与你们的距离比与任何客户的距离都要近。他们不是朋友，你们才是朋友。"

- 每一家参与其中的公司通常都会摆出一副"竞争对手是朋友，客户是敌人"的姿态，并试图以此来建立自己的信誉。这句口头禅在秘密录制的录音资料中反复出现。如此简单的机制竟然如此有效，这从某种程度上来说确实让人始料未及。后来美国联邦调查局对ADM展开调查，整个事件也被改编为一部叫作《告密者》的电影。为了达到喜剧效果，该片对整个串谋的荒诞进行了大肆渲染。

- 尽管现在已成为笑料，但串谋这种荒诞行为确实非常有利可图。据估计，ADM及其同谋者从消费者身上榨取了数百万美元。但它们最终还是付出了代价。2013年12月，ADM被美国司法部处以创纪录的罚款。[4]

14.3 垄断竞争

我们现在讨论最后一种主要的市场结构——垄断竞争。如前所述，垄断竞争市场的特点是有许多企业提供差异产品。我们稍微想一想便会发现，其实我们每天都在接触来自这种市场结构的商品：我们早晨喝的咖啡，每天早晨穿上身的衣服，上学骑的自行车，吃午餐选择的餐厅，晚上看的电影，入睡前阅读的小说……这些都是垄断竞争行业供给的商品。

垄断竞争者问题

垄断竞争者问题与第 6 章和第 7 章中完全竞争环境下的卖方问题以及第 12 章中的垄断者问题具有诸多重要的相似性。其中最为重要的是，在短期内，垄断竞争的机制与垄断者问题的机制完全相同，而从长期来看，垄断竞争的均衡则类似于完全竞争。

为了理解其现实应用，我们假设你刚刚在冰雪皇后（DQ，全球冰激凌和快餐连锁企业）找了一份兼职，你的工作职责是为其提供定价方面的建议。图 14.6 给出了冰雪皇后甜筒冰激凌的每日剩余需求曲线——请注意，这是一条剩余需求曲线，因为它描绘的是其他生产商无法满足而只能由冰雪皇后来满足的需求。由于冰雪皇后销售的冰激凌与该市其他几家冰激凌店不同，因此它面临的需求曲线是向下倾斜的，如图 14.6 所示。因此，就像垄断者一样，垄断竞争企业可以提高价格而不会失去全部业务。事实上，冰雪皇后所面对的需求曲线准确地告诉了我们它在改变价格时所面临的权衡。图 14.6 还显示出，垄断竞争企业的边际收益曲线与垄断者的边际收益曲线很相似。

图 14.6 冰雪皇后的需求曲线和边际收益曲线

注：和垄断者的需求曲线类似，垄断竞争者所面临的（剩余）需求曲线也是向下倾斜的。因此，垄断竞争者所面临的边际收益曲线也和垄断者的边际收益曲线一样，位于需求曲线的下方。

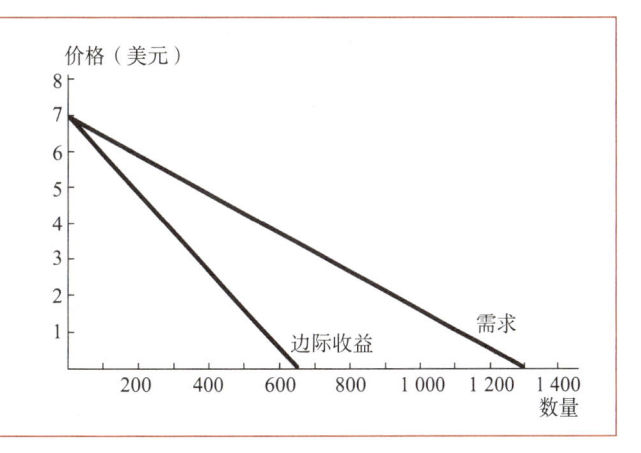

竭力做到最好：垄断竞争者如何使利润最大化

为了使利润最大化，你会向冰雪皇后提出什么建议？你或许已经想到了，使该公司利润最大化的决策规则其实是与垄断者的决策规则完全相同的：

```
扩大产量 Q 直    →    在该点生产    →    追踪需求曲线    →    找到与 Q*
到 MC = MR              数量 Q*                                    相对应的价格 P*
```

图 14.7 显示了这一规则在实际中的应用。该图展示了冰雪皇后的需求曲线、边际收益曲线和边际成本曲线。作为一个垄断竞争者，冰雪皇后必须找出使其利润最大化的数量和价格。通过使边际收益等于边际成本，即 MC = MR，我们可以找出最优数量。为了确定最优价格 P*，你可以通过追踪剩余需求曲线来找出消费者愿意为你投放到市场上的数量支付何种价格。根据图 14.7，使冰雪皇后利润最大化的数量为 520 个甜筒，每个甜筒的价格为 4 美元。

因此，最优决策规则为：

垄断者和垄断竞争者：设定价格（P*）＞边际收益（MR）＝边际成本（MC）。
完全竞争企业：设定价格（P*）＝边际收益（MR）＝边际成本（MC）。

我们从对最优决策规则的这一总结中可以看出，事关边际收益和边际成本关系的决策，即决定生产数量的决策，在完全竞争、垄断和垄断竞争这三种市场结构中是完全相同的：持续扩大生产，直至边际收益＝边际成本。这三者的主要区别在于，完全竞争行业中的企业面临着完全弹性的需求曲线，从而导致价格＝边际收益；然而，垄断者和垄断竞争者面临的是向下倾斜的需求曲线，因此其价格＞边际收益。

图 14.7 垄断竞争者的最优定价策略

注：垄断竞争者问题的解决方案等同于使垄断者利润最大化的方法：找到使边际成本＝边际收益的那一点，其横轴对应的便是最优数量，之后再向上找到需求曲线，其在纵轴上对应的点就是使利润最大化的价格 P*。

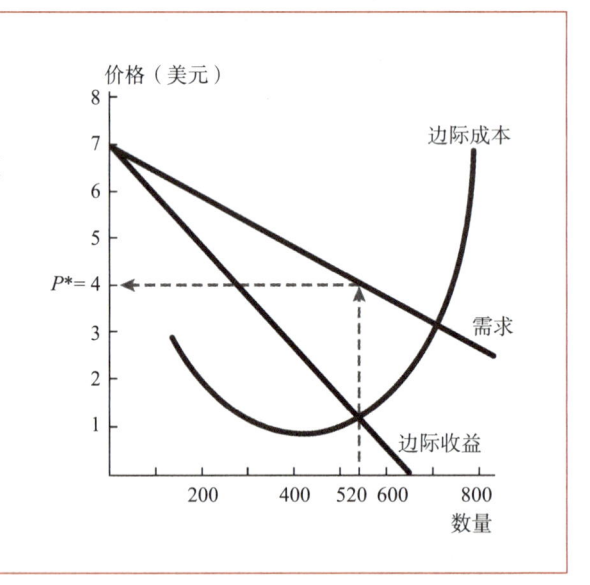

用数据说话

为什么有的企业做广告，有的企业不做？

- 企业实现产品差异化的方式之一就是做广告。恰到好处的广告可以令垄断竞争企业收取更高的价格，实现更高的利润。

- 在完全竞争市场（比如小麦和玉米市场）中，企业缺乏做广告的动机，因为它们可以按市场价格销售任意数量的商品。但是垄断竞争企业却有做广告的动机，因为广告能够增加客户对其产品的需求量。

- 例如，许多葡萄酒生产商就经常通过广告来宣传其葡萄酒的优良。肯德-杰克逊葡萄酒就是其中一例。如果广告奏效，消费者就会相信肯德-杰克逊葡萄酒优于其他葡萄酒。即使肯德-杰克逊葡萄酒更贵，且与其他酒庄的葡萄酒差别不大，他们也愿意为肯德-杰克逊葡萄酒支付溢价，且不太愿意寻找替代品。在这种情况下，肯德-杰克逊牺牲了消费者的利益，但却让自己赚取了更高的经济利润。广告会利用消费者，这成了很多人反对广告的一个主要原因。

- 另外，广告批评者还声称，广告很少向公众提供有关产品的有价值信息。相反，它们往往会误导消费者，让人以为自己需要某种实际上根本不需要的商品，或者让人误以为某产品的品质远超其竞品（但实际上根本没有这回事）。

- 历史上政府曾禁止某些行业投放广告。约翰·科沃卡 1984 年发表在《美国经济评论》上的一篇文章指出，对验光行业的广告禁令实际上使该项服务的价格上涨了 20%。[5]

- 这一结论初看上去似乎有悖常理。验光师被禁止做广告，因此节省了广告支出，他们的服务价格应该更低不是吗？这个分析思路是正确的，然而，消费者却发现，在没有广告的情况下，他们很难获得有关验光市场的信息，这样一来，验光师们所面临的竞争大幅减少，反而可以收取更高的价格。

- 此外，广告也可以向消费者传递关于服务质量的信号。例如，验光是一个严重依赖回头客的业务。所以验光师只有在拥有很多回头客的情况下才能做得起广告。如此一来，只有那些相信消费者会因足够满意的服务而成为回头客的验光师才会出钱做广告，因此消费者也可以通过广告来推测验光师的水平。

- 鉴于以上原因以及广告可降低价格的实证证据，政府不仅废除了大量已实施的广告禁令，还允许企业按照它们自认为合适的方式宣传业务。

垄断竞争者如何计算利润

如果依照设定价格 $P^* > MR = MC$ 的最优决策规则，冰雪皇后每天的利润是多少？垄断竞争企业的经济利润计算方法和其他三种市场结构的经济利润计算方法完全相同：

$$利润 = 总收入 - 总成本$$
$$= 价格 \times 数量 - 平均总成本 \times 数量$$
$$= (价格 - 平均总成本) \times 数量$$

图 14.8（a）通过将成本曲线和需求曲线及边际收益曲线叠加，向我们直观地展示出经济利润的计算方法。该图显示，经济利润即为矩形的面积，它等于 520×（4 美元-2 美元）=1 040 美元。由于在这一数量水平下，平均总成本低于使利润最大化的价格（$P > ATC$），所以此时该企业的经济利润为正。

和所有市场结构中的卖方一样，垄断竞争行业中的卖方也不能确保获得经济利润。观察图 14.8（b），你会发现这就是一个冰雪皇后亏损的例子。也就是说，由于在最优的产量水平下，价格低于平均总成本，冰雪皇后出现了亏损。亏损额等于图中矩形的面积，即 520×（4 美元-6 美元）=-1040 美元。

图 14.8（b）所示情况是否构成了冰雪皇后的短期均衡？我们可以依据短期内是停产还是继续生产的决策规则来回答这一问题。当在短期内出现负经济利润时，冰雪皇后所应遵循的决策规则，完全等同于其他三种市场结构中的卖方所遵循的决策规则。

1. 如果总收入能够覆盖可变成本，则在短期内应继续生产。

2. 如果总收入不能覆盖可变成本，则停产为最优选项，因为相比于继续运营，由停产和支付固定成本所带来的损失更少。

你可能会想知道长期情况又是如何。我们现在就转向讨论垄断竞争行业的长期均衡。

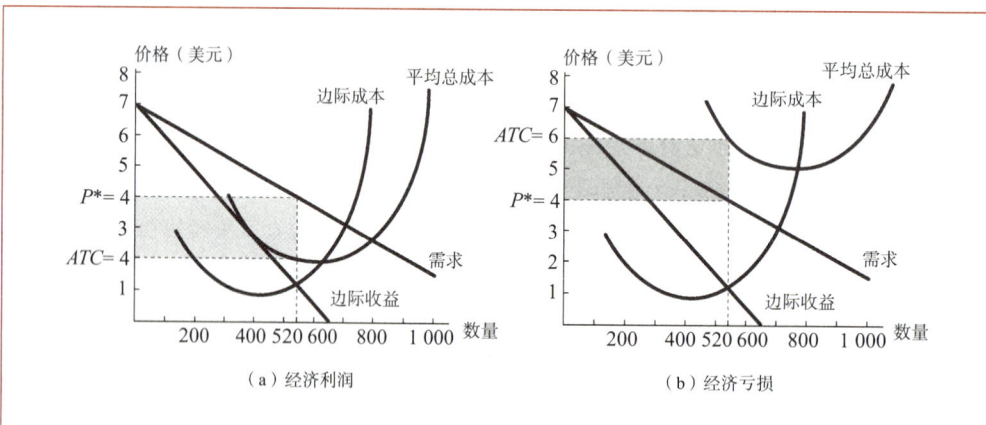

图 14.8 经济利润和经济亏损

注：在图（a）中，使利润最大化的价格-数量组合给出了经济利润，即图中的矩形。这个矩形的底等于数量，高则是价格和平均总成本（ATC）之间的距离。在图（b）中，即使在使利润最大化的价格-数量组合下，企业也会产生如矩形所示的亏损。这是因为本例中的平均总成本非常高（因为固定成本较高）。

垄断竞争行业的长期均衡

截至目前的分析与垄断者所面临的决策问题相同。然而，当我们考虑垄断竞争行业的长期情况时，分析将会出现显著变化——如上所述，我们的分析从类似于垄断者的问题变成了类似于完全竞争者的问题。我们知道，垄断竞争行业的竞争性在于不存在对进入和退出的限制，即企业可以随时自由地进入和退出该行业。这会如何影响垄断竞争企业的长期经济利润？

让我们首先讨论如图 14.8（a）所示的短期经济利润为正的情况。这是长期均衡吗？答案是否定的。因为如果有了正经济利润，卖家就会被吸引到该市场中。理解垄断竞争市场中会发生什么的关键，是要认识到当另一家企业进入时市场现有企业的需求曲线会发生什么变化。

我们知道，当一种商品有更多替代品时，企业的剩余需求曲线就会向左移动，变得更有弹性（不那么陡峭）。左移意味着在给定价格下，现在的需求量将少于左移之前的数量。需求曲线越具有弹性，在边际成本之上的加价就会越少（参看第 12 章中对垄断定价的分析）。为了解释这些观点，我们假设芭斯罗缤决定在冰雪皇后的附近开一家店。现在消费者有了更多的可替代选择。另一个卖方的进入意味着冰雪皇后的剩余需求曲线会比之前更加平坦。此外，由于需求被分配给了更多的企业，因此冰雪皇后的剩余需求曲线不仅变得更加平坦，而且还发生了左移。

图 14.9 显示了冰雪皇后的剩余需求曲线因企业进入而发生的变化。图 14.9（a）复制了图 14.8（a），并显示了我们先前讨论过的使冰雪皇后利润最大化的数量和价格。图 14.9（b）则同时显示了新旧两条不同的需求曲线。请注意，新的需求曲线比旧的需求曲线更平坦，且位于旧的需求曲线的左边。边际收益曲线也相应发生了移动。

然而，即使有企业进入，冰雪皇后也应该继续表现得好像它是剩余需求曲线的垄断者

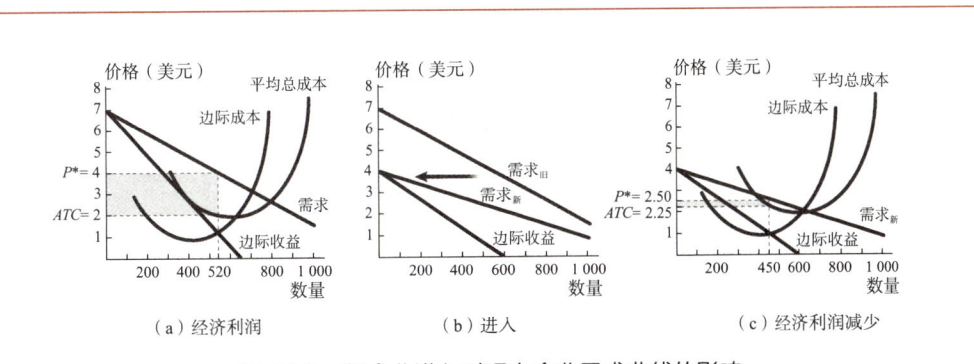

图 14.9 新企业进入对现有企业需求曲线的影响

注：经济利润的存在会吸引企业进入市场。企业进入会使剩余需求曲线左移并更具弹性[图（b）]。经济利润随之下降[图（c）]。但只要经济利润为正，企业就会持续进入市场。

一样。因此，其利润最大化问题保持不变，即仍选择 MR = MC 时的数量，并使用剩余需求曲线来设定价格。根据图 14.9（c），此时冰雪皇后每天生产 450 个甜筒。现在冰雪皇后利润最大化的价格是 2.50 美元，其利润等于图（c）中的阴影区域。

正如该图所示，冰雪皇后仍在赚取经济利润。因此，我们应预期会有更多的企业进入。每家新进入企业都将使冰雪皇后的剩余需求曲线进一步左移，并使其更具弹性。

进入何时会停止？与完全竞争行业类似，当不再有经济利润时，进入就会停止。这一点如图 14.10 所示。在长期均衡下，冰雪皇后每天以每个 2 美元的价格出售 400 个甜筒。为什么冰雪皇后的经济利润在均衡状态下为零？因为在这一点上，价格等于平均总成本，也就是利润 =（价格−平均总成本）× 数量 =（2 美元−2 美元）× 400 = 0。在这一点上，冰雪皇后的收入恰好能够覆盖其运营成本（含可变成本和固定成本）。

尽管进入的最终结果与完全竞争行业的均衡相同，即最终实现零经济利润，但其机制却截然不同。如前所述，在完全竞争行业中，市场变化是通过市场供给曲线的移动来实现的（见第 6 章中的图 6.14）。在垄断竞争行业中，市场变化是因为企业进入使剩余需求曲线变得更加平坦且发生了向左的移动。

由于从长期来看企业进入会将经济利润推向零，因此垄断竞争企业会不断试图将自己与竞争对手区分开来——如此一来，这类市场就会一直处于变化状态。例如，我们总是会被诸多不同的广告、推销、品牌宣传以及一系列无休止的产品微创新狂轰滥炸。例如，塔可钟总是在用不同的肉类、豆类和奶酪搭配出"新"产品，而微软公司也在不断地为 Word 和 Excel 开发新功能。这些"升级"、"改进"和"崭新"的产品充分体现了企业试图使自身及其产品同潜在进入者拉开距离的精益创新精神。在某些情况下，这些多样化的尝试可能会增加生产成本，这也解释了为什么在长期均衡中这些企业的经济利润为零。

即便是从价格低于平均总成本时的经济亏损入手进行分析［图 14.8（b）］，我们也

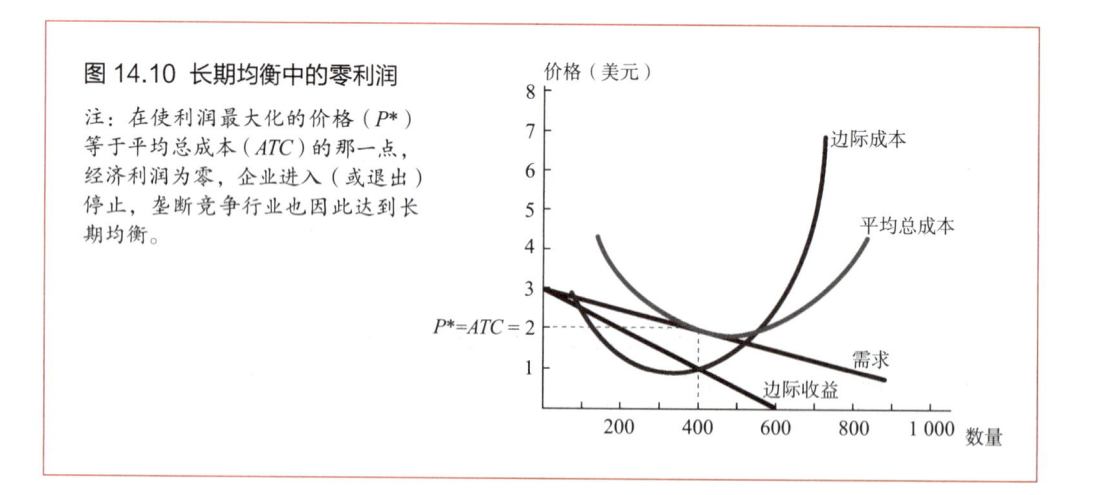

图 14.10 长期均衡中的零利润

注：在使利润最大化的价格（P*）等于平均总成本（ATC）的那一点，经济利润为零，企业进入（或退出）停止，垄断竞争行业也因此达到长期均衡。

会发现类似的市场动态。在一个自由进出的市场中，经济亏损会促使冰雪皇后或其他冰激凌商店退出该行业。这是因为就像在垄断市场、寡头垄断市场或完全竞争市场中一样，行业亏损会导致现有卖方寻求更好的长期发展机会。企业的退出会导致现有个体卖方的需求曲线右移并变得更为陡峭（即变得更缺乏弹性）。

14.4 "失灵"的"看不见的手"

我们在第12章中了解到，能够"打破""看不见的手"强大结果的一个重要因素是市场势力。不同于竞争市场中的企业，垄断者可以收取高于边际成本的价格，从而减少销售量，进而降低社会剩余（消费者剩余加上生产者剩余）。本章前面介绍过，差异产品的寡头垄断也是如此。在这两种市场结构中，企业都拥有市场势力，因此能够收取高于边际成本的价格，从而减少总剩余。

垄断竞争下又是一种什么情况？在市场可以自由进入和退出的情况下，长期均衡的经济利润会为零：在景气时期，卖方会持续进入，直至所有利润耗尽方停止；在不景气时期，卖方则会持续退出，并直至所有亏损消失方停止。这一特征是"看不见的手"能否发挥作用以确保社会福利最大化的一个重要决定因素。那么，这是否意味着"看不见的手"在垄断竞争市场中也能够有效地发挥作用？换句话说，垄断竞争下的总剩余能否实现最大化？答案是不能。

图14.11直观地显示了总剩余未能在垄断竞争市场中实现最大化的原因。完全竞争行业与垄断竞争行业之间的主要区别在于，后者会通过限制数量的方式来维持较高的

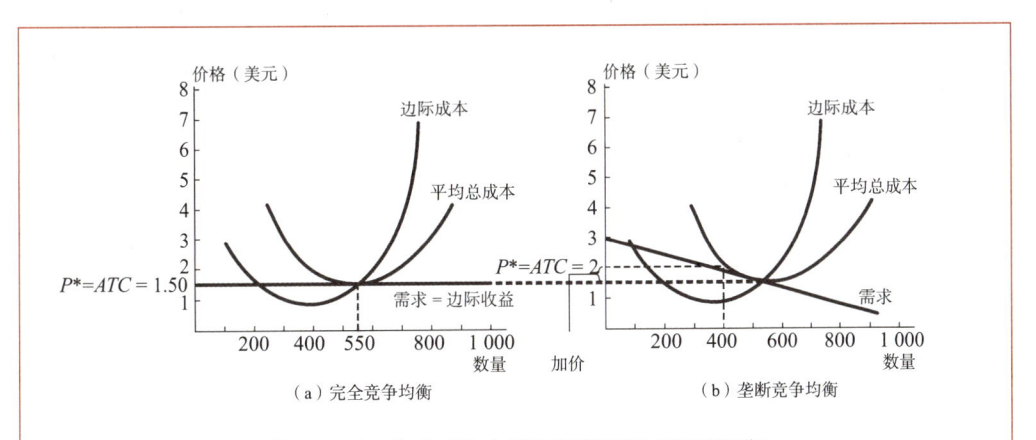

图14.11 完全竞争市场和垄断竞争市场的均衡

注：完全竞争行业会以使平均总成本最小化的数量进行生产，而这会使得价格等于边际成本。由于生产数量低于有效规模——没有一家企业的产量能够大到足以达到其平均总成本曲线最小值的水平，而且价格高于边际成本（在图中标记为"加价"），所以在垄断竞争行业中存在无谓损失。

价格。

图 14.11（a）描述了完全竞争行业的均衡。在该均衡状态下，所有企业都会在位于其平均总成本曲线最小值的位置进行生产。因此，在完全竞争市场中的企业会使用最少的资源来进行生产。这是我们在第 7 章中所学习的关于"看不见的手"的一个重要含义。

但正如图 14.11（b）所示，在垄断竞争下情况却并非如此。垄断竞争者都有一条向下倾斜的需求曲线，这导致他们的行为不同于完全竞争市场中的卖方。首先，他们的生产水平低于有效生产规模（即平均总成本曲线的最小值）。其次，他们会使定价高于边际成本。这两个特征都在图 14.11（b）中得到了展示。加价会导致一些意愿以等于或高于边际成本的价格购买商品的买方被迫退出市场。这一情况导致了无谓损失，因为相比于社会有效产量而言，垄断竞争者的产量着实过少。垄断竞争者不从事额外生产，因为这样就需要降低向其他消费者收取的价格，从而导致经济利润下降。

监管市场势力

那么，政府是否应该介入并监管寡头市场和垄断竞争市场？这个问题没有直接的答案。在某些情况下，这无疑是肯定的。但在其他一些情况下，监管的成本可能会超过收益。

有效串谋便是政府监管的一个重要对象。正如我们所了解的，寡头垄断者具有签订串谋协议，以牺牲消费者利益为代价来增加自身利润的动机。在大多数国家，尤其是在美国，反垄断政策的主要作用之一就是防止此类串谋协议。

寡头提高市场势力的另一种策略是与竞争对手合并。合并是指两家企业组成一家企业的情况。合并使得双头垄断变为垄断，因此形成了更强大的市场势力量。作为美国反垄断政策基石的 1890 年《谢尔曼反托拉斯法》和 1914 年《克莱顿反托拉斯法》都涉及对合并的监管。具体而言，美国司法部会审查合并案件，并判断其主要目标是增强市场势力还是从该类合并中获取重要的效率收益。

美国司法部分析合并的主要方法之一是计算行业的集中度。如果少数几家企业占据了该行业总销售额的很大比重，则该行业即被认为存在行业集中。这里的关键点在于，美国司法部所关注的以及经济学理论看重的并不是市场中活跃企业的数量，而是市场的集中度（即市场中的销售分布是否由少数几家企业主导）。若一项合并将显著提高集中度，则美国司法部不太可能批准该合并。

市场集中度指数（HHI）是美国司法部执行《谢尔曼反托拉斯法》的一项重要工具参考。市场集中度指数是一个有关于市场集中度的测算指标，其计算方法是先求得市场竞争中每家企业市场份额的平方值，然后再将其加总（求平方值是因为它会赋予大型企业更大的权重）。例如，如果一个行业中有两家企业，其中一家的销售额占比为 75%，另一家的销售额占比为 25%，那么市场集中度指数为 $75^2 + 25^2 = 6\ 250$。市场集中度指数越高，行业集中度越高。当市场由大量拥有相对平等市场份额的企业组成时，该指数将趋近于零。

尽管市场集中度指数无法告诉我们某一行业的全部信息，但它有助于增进我们对行业的了解。以瓶装水、机动车辆和计算机这三个行业为例，你觉得哪个行业的市场集中度指数最高？哪个最低？根据美国商务部的估算，行业集中度最高的是瓶装水行业，其市场集中度指数达到了 2 873；其次是汽车行业，市场集中度指数为 2 639；计算机行业的集中度最低，其市场集中度指数仅为 854。根据一般的经验，市场集中度指数低于 1 000 的市场通常不会被认为存在行业集中；若该指数介于 1 000～1 800 之间，则行业存在适度集中；当该指数大于 1 800 时，市场将被认为存在行业集中。我们不应仅依靠集中度这一个指标来判断行业竞争性。回想我们在 14.2 一节中讨论过的园林绿化行业寡头垄断案例，该行业的集中度确实非常高，但伯川德模型却导致这一行业的价格等于边际成本。

政府利用监管来降低市场势力的有效性也存在限制，尤其是在有许多生产者的垄断竞争市场。假设政府必须监管垄断竞争行业销售的每一种产品的价格。再进一步假设它会负责设置每条产品线进入者的数量和类型。这种干预类似于一种计划经济，而正如我们在第 7 章中所讨论的，这种方法的执行困难重重。

总之，经济学家支持对垄断和市场高度集中的寡头垄断进行监管，也基本赞成政府为限制垄断竞争企业市场势力而采取措施，即使这仍然会减少经济的总剩余。垄断竞争也有一个优点：它虽然导致了总剩余出现损失，但也为我们贡献了一种能够提供差异产品的市场结构。

14.5　总结：四种市场结构

我们现在已经研究了四种主要的市场类型。在第 4—7 章中，我们重点讨论了完全竞争。在第 12 章中，我们研究了垄断。介于完全竞争和垄断这两种极端市场结构之间的是垄断竞争和寡头垄断。表 14.1 从多个维度对这四种市场结构进行了总结。

正如我们刚刚了解到的，垄断竞争、寡头垄断和垄断在定价能力等方面有着诸多共同特征。这三种市场结构的主要区别在于竞争者数量，或者说卖方的数量。垄断这种市场结构中只有一个卖方，垄断竞争和寡头垄断则是存在多个卖方的市场结构，而也正是因此，它们必须关注其他企业的行动。

表 14.1 四种市场结构

	完全竞争	垄断竞争	寡头垄断	垄断
企业/卖方/生产者的数量	众多	众多	少数	一个
所售商品或服务类型	相同（同质）	稍有差异	相同或差异化	唯一的且无差异的商品或服务
产品举例	不同农民种植的玉米	书籍、光盘	石油（同质）、汽车（差异化）	专利药品、自来水
进入壁垒	无，自由进入和自由退出	无，自由进入和自由退出	有	有且高
价格接受者/价格制定者	价格接受者，价格由市场决定	价格制定者，受其他卖方影响	价格制定者，受其他卖方强烈影响	价格制定者，没有竞争者，没有完全替代品
价格	$P = MR = MC$	设定 $P > MR = MC$	基于竞争类型和产品差异化程度，设定 $P > MR = MC$ 或 $P = MR = MC$	设定 $P > MR = MC$
剩余需求曲线	水平，完全弹性的需求曲线	向下倾斜，市场上的产品略有差异	向下倾斜	向下倾斜
社会剩余	最大化	未最大化，但社会可能受益于产品多样性	未最大化	未最大化，但有时社会受益于研究与开发
长期利润	零	零	零或大于零	大于零

注：对四种市场结构的总结如上。各行分别显示了每一种市场结构的市场企业数量、产品的差异化程度、进入壁垒、定价行为、剩余需求曲线、社会剩余以及长期利润等特征。

播客说

一种出乎意料的双头垄断：民主党和共和党

- 表 14.1 总结了各种市场结构，并列举了一些在各种市场结构下所售商品的类型。你或许会想知道，我们在本章所学到的知识还能用在哪些地方。尽管我们通常都是在企业的框架下讨论寡头垄断，但这种结构也存在于社会的其他地方。比如说，在美国，政治这个充斥于媒体和日常生活的"行业"，也可以被视为一种双头垄断。

- 在一期《魔鬼经济学》播客中，盖尔食品公司前 CEO 凯瑟琳·盖尔和哈佛商学院教授迈克尔·波特针对此问题进行了一番讨论。盖尔和波特认为，美国政治制度中的诸多缺陷，都源于现有党派政治的反竞争性：民主党和共和党不仅占据了主导地位，而且还在制定各种增强本党权力的政策。

- 民主党和共和党是如何在国家治理上建立双头垄断的？这两个政党通过建立进入壁垒，成功阻止了其他政党的壮大。例如，包括竞选管理人员、选民数据以及媒体渠道在内的大多数竞选基础设施已基本被这两个党派垄断，而这使得其他的候选人很难介入选举。为了对抗日益严重的党派之争，盖尔和波特主张对投票、竞选和立法制度等进行改革。然而，打破政治上的双头垄断就像打破市场上的双头垄断一样，是一项艰巨的任务。
- 不妨想一想，我们在本章所学到的知识还可以应用于哪些其他的生活领域？

循证经济学

要想使市场具有竞争性，我们需要多少家企业？

- 我们如何才能知道市场中的企业数量已经足够使该市场具有竞争性？如第 6 章中所述，如果市场中存在很多企业，且企业多到足以让每家企业都只能接受市场对其供给商品的价格设定，那么该市场就是一个完全竞争市场。但我们在本章也了解到，仅需两家企业就足以使市场价格等于边际成本。所以我们到底该如何回答这个问题？

- 蒂莫西·布雷斯纳汉和彼得·赖斯两位经济学家找到了回答这一问题的独特视角。[6] 他们认为，如果一个市场已存在有效竞争，那么即使再加入新的企业，市场价格也不应该发生变化。再观察一下图 14.9，当现有企业拥有市场势力时，新企业的进入将使市场"更具竞争性"并导致市场价格下降。相比之下，在完全竞争市场中，消费者和生产者都是价格接受者，两者都无法影响市场价格。在完全竞争市场中，如果市场规模增加，新企业将进入市场以满足额外的需求，但这不会降低价格（事实上，就像现有企业一样，新企业也会在其平均总成本曲线的最低点处进行生产活动；参见图 7.4 和图 7.5）。总之，当企业拥有显著的市场势力时，更多企业的进入会降低价格，而在竞争市场中，新的进入并不会导致价格发生变化。

- 为了确定企业进入会在什么时候不再导致价格进一步下降，布雷斯纳汉和赖斯对轮胎的价格进行了研究。他们的调查回答了我们所提出的市场何时会实现有效竞争这一问题。他们获取了美国西部不同城镇轮胎价格及经销商数量的信息。为了保证市场的近似性，他们选取了其中 157 个城镇的数据样本，这些城镇离最近的大城市都至少有 80 英里的往返路程。（如附近有大城市，则城镇上的轮胎价格可能不那么具有相关性，因为该城镇的居民可以去附近的大城市购买轮胎。）

- 表 14.2 显示了不同城镇的平均轮胎价格，这些结果根据城镇上轮胎经销商的不同数量进行了划分（1 个、2 个、3 个、4 个或 5 个轮胎经销商）。不同城镇轮胎经销商数量不同的一个主要原因是各城镇的人口存在差异。由于样本中轮胎的质量可能有所不同，所以表中最后一行显示了轮胎的一般磨损等级，这是一个衡量轮胎平均质量的指标。了解产品的质量非常重要，否则我们观察到的价格差异可能并不是源于市场势力的差异，而仅仅是因为质量差异。
- 表 14.2 显示出一个值得注意的模式。在拥有 4 家和 5 家轮胎经销商的市场中，轮胎价格几乎没有差别。事实上，布雷斯纳汉和赖斯的研究表明，拥有 3 家和 4 家经销商的市场的价格差异主要源于轮胎磨损等级的差异。换句话说，在有 3 家经销商的城镇，轮胎的平均质量似乎更高。一旦考虑了轮胎质量的差异，就没有证据表明有 3 家和 4 家经销商的市场之间的价格存在差异。总之，来自布雷斯纳汉和赖斯研究的证据表明，3~4 家企业就足以使轮胎市场实现（有效）竞争。

表 14.2 美国选定城镇中的轮胎价格和轮胎质量

	市场中轮胎经销商的数量				
	1	2	3	4	5
价格（美元）	54.9	55.7	54.4	51.6	52.0
轮胎磨损等级	44.5	47.0	47.7	45.4	43.8

注：当城镇中有 4 个和 5 个经销商时，轮胎价格几乎没有区别。相比于经销商为 4 个和 5 个时，当经销商为 3 个时，轮胎的价格会更高，但这主要是因为这些市场中的轮胎具有更高的磨损等级。总体而言，当市场中有 3 个、4 个、5 个经销商时，轮胎的价格变化相对较小，这表明 3~4 经销商足以使轮胎市场形成有效竞争。

- 此时，你可能想知道拥有不同数量轮胎经销商的城镇，是否还在其他维度上存在系统性差异。如果是这样，那么城镇间的价格比较可能会受到这些差异的影响。处理这个问题的一种方法是通过实验室实验来研究同一问题，实验室实验可以排除这种混淆性差异。
- 两位经济学家马丁·杜夫温伯格和尤里·格尼兹开展了这项工作。[7] 他们设计了一个实验，让多个卖方在 2~100 美元之间随意报价（销售价格）。报价最低（设定最低价格）的卖方可以获得和报价相等的金额。你可能已发现，这个实验和同质产品的寡头垄断模型具有相似之处。当只有两个卖方时，该实验和我们先前研究的双头垄断模型完全一致。根据我们当时的分析，双方会展开残酷的削减竞争，且报价应该为 2 美元。
- 不过你也可能会认为，在双头垄断中，你的竞争对手只有一个，所以你可能会试着把价格报高一点，因为如果你的报价碰巧比对方还低，那你还能够多赚一点钱。事实上，杜夫温伯格和格尼兹发现，在双头垄断中，平均报价仅略低于 50 美元，因此该实验和理论并不相符。然而，当卖方的数量增加到 4 个时，他们就会表现得更具竞争性。事实上，在 4 个卖方进行了 10 轮博弈后，平均的获胜报价就已经非常接近 2 美元了！因此，在实验室中，4 个竞争者似乎就足以实现竞争市场均衡。正如经济学理论的预测，价格取决于竞争的激烈程度，而实证研究表明，竞争者的数量不用很多，就足以使价格极度接近竞争水平。另外值得注意的是，这项研究还表明，即使是在市场集中度指数较大的市场中也存在激烈竞争。
- 虽然这一实证证据表明 4 是一个重要的数字，但我们应格外小心，不能过度将其推而广之。在其他行业或其他城市（或其他实验）中，形成竞争市场所需的企业数量既可能会更多，也可能会更少。最后要强调的是，经济学理论和实证证据告诉我们的都是些一般性的原则，比如可以在何时何地预期出现反竞争定价，以及应在何时怀疑这种定价正在产生重要影响。但是，在没有对行业本身进行实际调查的情况下，我们其实很难就反竞争协议的实际存在或有效性得出结论。

问题	答案	数据	注意事项
要想使市场具有竞争性，我们需要多少家企业？	根据众多行业的实际情况以及实验室实验，需要3至4家。	不同城镇的轮胎价格数据以及实验室实验数据。	除卖方数量之外的其他市场细节也会影响竞争的性质。因此，我们不能确定该结论具有多大的适用范围。

总结

- 寡头垄断和垄断竞争是介于完全竞争和垄断两个极端之间的两种市场结构。这两种市场结构中的企业必须考虑竞争对手的行为，垄断者和完全竞争行业中的企业则无须如此。
- 并不存在适用于所有情况的寡头垄断模型。均衡结果取决于市场的具体特征，即商品是同质产品还是差异产品、行业中有多少家企业，以及串谋是否可持续。尽管如此，对寡头垄断的研究仍让我们得出了不少具有重要意义的普遍性结论。当企业生产差异产品时，行业中企业数量较少时（除非生产的是同质产品），以及当串谋可持续时，企业的经济利润会更高。
- 在短期内，垄断竞争企业的行为和垄断者相同，即设定价格＞边际收益＝边际成本。从长期来看，进入和退出使得垄断竞争行业的均衡等同于完全竞争行业的均衡，其经济利润都为零。
- 在开启市场是否具有竞争性的讨论方面，经济学提供了一套有用的工具。但是没有任何单一因素（例如企业数量）能够完全决定某一特定行业的竞争性质。

关键术语

差异产品　　　　　双头垄断　　　　　冷酷策略
同质产品　　　　　剩余需求曲线　　　卡特尔
寡头垄断　　　　　串谋　　　　　　　市场集中度指数
垄断竞争

问题

1. 垄断竞争企业所销售的产品与完全竞争企业所销售的产品有何不同？
2. 垄断竞争市场与完全竞争市场有何相似之处？垄断竞争市场和垄断有什么共同特征？
3. 为了实现利润最大化，垄断企业和垄断竞争企业都将边际收益设定为等于边际成本。给定相同的成本曲线，你认为哪个市场中的价格会更高？
4. 垄断竞争企业是否会在短期内经济利润为负的情况下继续经营？请解释你的答案。
5. 从长期来看，垄断竞争企业和完全竞争企业的经济利润都为零。这是否意味着垄断竞争市场中的总剩余已实现了最大化？
6. 新企业进入会给垄断竞争市场带来什么影响？
7. 考虑一个由两家瓶装饮用水企业构成的非串谋双头垄断模型。这两家企业会同时选择价格。每家企业的边际成本为1.50美元。市场需求如下图所示。

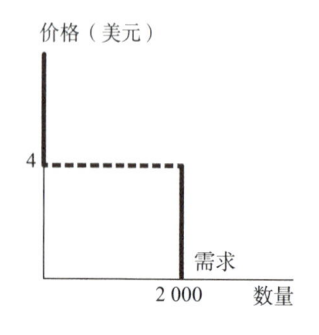

    a. 找出每家企业的剩余需求曲线。
    b. 在该模型中，两家企业的何种定价策略是纳什均衡？
    c. 找出当两家企业可有效串谋时的纳什均衡。
8. 在相同（同质）产品的寡头垄断模型中，价格可能是多少？
9. 销售差异产品的寡头垄断企业会如何定价？
10. 假设市场上有4家销售差异产品的企业，这些企业打价格战是否有意义？为什么？
11. 什么情况可能导致两家企业串谋协议的破裂？
12. 假设冰箱行业的市场集中度指数为2 500，铝制品行业的市场集中度指数为6 850。这些信息是否足以得出铝制品市场比冰箱市场更为集中的结论？请解释你的答案。
13. 判断在完全竞争市场、垄断市场和垄断竞争市场这三种不同类型市场中，以下说法是否分别成立。

    a. 企业会使价格等于边际成本。
    b. 企业会使边际收益等于边际成本。
    c. 企业能够在长期获得经济利润。
    d. 企业的产量会是使长期平均总成本最小化的数量。
    e. 新企业可以自由进入行业。

循证经济学习题

1. 让我们回到美国城镇的轮胎价格的例子，看一下当有更多经销商进入市场时会发生什么情况。首先，我们假设有两个轮胎经销商。经销商 A 每个轮胎的边际成本为 55 美元，经销商 B 每个轮胎的边际成本为 60 美元。

    a. 如果经销商 A 和 B 所出售的轮胎完全相同，根据伯川德模型，则均衡价格是多少？每个经销商将占有多少市场份额？

b. 假设另一家企业经销商 C 进入该市场。该企业销售与前两者完全相同的产品，但每个轮胎的边际成本为 50 美元。现在的均衡价格是多少？在伯川德模型下，每个经销商将拥有多少市场份额？

c. 我们不再假设这些经销商出售的是同质产品。现在，每个经销商销售的轮胎略有不同，且能够在保持市场份额的同时收取比边际成本略高的价格。在给定以下均衡价格和数量的情况下，该行业的市场集中度指数是多少？

经销商	每个轮胎价格（美元）	需求量
A	61	50
B	62	25
C	60	25

d. 假设另一家企业经销商 D 进入该市场。根据新的均衡价格和数量，该行业的市场集中度指数是多少？

经销商	每个轮胎价格（美元）	需求量
A	60	25
B	61	25
C	59	25
D	60	25

e. 在（c）和（d）的市场中，消费者支付的平均价格有何差别？

习题

1. A 目前是镇上唯一的杂货店。B 正在考虑进入该市场。它们将展开如下博弈。首先，B 将决定是否进入该市场。如果它选择不进入，那么博弈结束，A 的收益为 50，B 的收益为 0。如果 B 选择进入市场，那么 A 必须决定是展开削价竞争还是合作。如果 A 决定正面出击，则 A 和 B 的收益都为 10；如果 A 选择合作，那么两者的收益都为 20。
   a. 绘制这个博弈的博弈树。
   b. 运用逆向归纳法找出该博弈的应对策略。
2. 思考如下几种（相互矛盾的）说法。从图 14.1 中选出最符合以下各说法的市场结构。
   a. "苹果和三星各自设定产品价格，但由于竞争，从长远来看，它们的经济利润为零。"
   b. "新的苹果手机是最棒的产品。苹果的用户都非常忠诚，所以在定价时不需要担心三星。"
   c. "归根结底，苹果和三星并不能决定智能手机的价格；和其他企业一样，它们也要受市场的支配。"
3. 考虑一个同质产品的双头垄断，即两家竞争企业需要确定价格的情况（伯川德模型）。在本章中，你了解到两家企业都将选择等于边际成本的价格。但如果这两家企业的边际成本不相等，会发生什么情况？假设山茱萸公司的边际成本为 40 美元，玫瑰花瓣公司的边际成本为 25 美元。又假设两家企业可以设定价格，例如 29.99 美元。
   a. 请解释，为什么两家企业都设定诸如 60 美元的高价不是纳什均衡。
   b. 请解释，为什么两家企业使价格等于较低的边际成本（25 美元）不是纳什均衡。
   c. 请解释，为什么两家企业使价格等于各自的边际成本不是纳什均衡。
   d. 当价格在何处时才会实现纳什均衡？此时是哪家企业在销售？销售价格是多少？

4. 下图显示了垄断竞争市场中一家企业的短期需求曲线、边际收益曲线、平均总成本曲线和边际成本曲线。

   a. 这家企业应该生产数量为多少的产品？
   b. 这家企业的价格应该是多少？
   c. 这家企业是会盈利还是会亏损？
   d. 你预计该市场会出现企业进入还是企业退出？

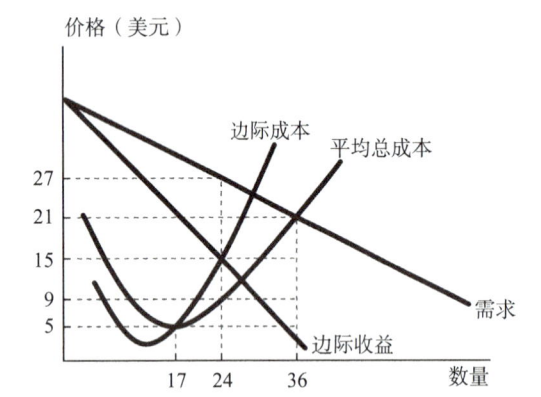

5. 请将下图复制三份，并分别标注为（i）、（ii）和（iii）。在三幅图上分别添加垄断者所面临的三条不同的剩余需求曲线：（i）非常陡峭（无弹性）；（ii）相对平坦（弹性）；（iii）水平（完全弹性）。绘制出使垄断者经济利润为零的剩余需求曲线。

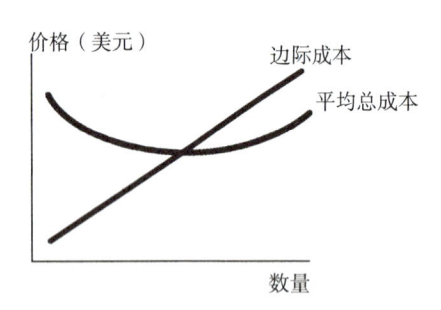

   a. 哪幅图对应的是一家面临着完全竞争的企业？
   b. 哪幅图在价格和数量上接近于完全竞争，但又并非真正的完全竞争？
   c. 用你的图解释为什么"完全竞争"是一种特殊的"垄断竞争"。

6. 烟草企业经常辩称，它们做广告的目的是吸引更多的现有吸烟者，而不是为了诱使更多人成为烟民。假设市场上只有两家卷烟厂：琼斯和史密斯。两家企业都可以选择做广告，也可以选择不做。如果这两家企业都不做广告，它们将各自占据 50% 的市场份额，并各自赚取 1 000 万美元。如果它们都做广告，它们还是会平分市场份额，但因为两家企业都会在广告上花费 200 万美元，所以现在它们只能各自赚到 800 万美元（请记住，广告不应该鼓励更多的人吸烟）。如果一家企业做广告而另一家不做，那么做广告的企业就会抢走竞争对手的众多客户。结果，做广告的企业会赚得 1 200 万美元，不做广告的则只能赚到 600 万美元。

   a. 证明做广告是一种占优策略。
   b. 假设政府提议禁止烟草广告。如果广告并没有说服一些人成为烟民，那么两家卷烟厂是应该支持还是反对这项禁令？

7. 可口可乐和百事可乐会从以下两种价格中各选其一："低"（$P = 2$ 美元）或"高"（$P = 3$ 美元）。有 50 个购买者，他们会选择价格最低的选项。然而，如果价格相同，则 25 人会选择可口可乐，另外 25 人会选择百事可乐。为便于分析，我们假设成本为零，因此利润等于价格乘数量。

   a. 绘制收益矩阵并找出所有纯策略纳什均衡。
   b. 现在我们假设两家企业都有 20 个不在乎价格的忠实客户。剩下的 10 个非忠实客户则会选择价格较低的产品。同样，如果价格相同，那么两家企业将各自获得一半的非忠实客户。请绘制新的收益矩阵并找出所有纯策略纳什均衡。

8. 美国职业棒球大联盟会对联盟中的球队征

收一种所谓的"奢侈税"。如果一支球队的工资超过了规定水平，则需要缴纳税款。2014—2016年的奢侈税年起征点为1.89亿美元。工资超过这一阈值的球队必须将超出部分的17.5%～50%作为税费缴纳，这里的"税率"取决于球队的工资超过这一阈值的年数。本题关注的是为什么球队要缴纳这种税。

a. 假设有两支大联盟棒球队，球队1和球队2。它们需要选择是给球员提供高薪还是低薪。它们会同时做决定。如果双方都选择低薪，那么它们的收益都为0；如果双方都选择高薪，那么每支球队的收益为400美元。如果一支球队选择高薪，另一支球队选择低薪，那么选择高薪的球队将吸引到最优秀的球员，并获得600美元的收益，而选择低薪的球队将仅获得300美元的收益。请证明选择高薪是一种占优策略，但如果双方都选择低薪，那么双方的处境都会更好。

b. 根据1922年最高法院的一项裁决，美国职业棒球大联盟不受许多反垄断法的约束。假设这两支球队同意征收"奢侈税"。根据这种奢侈税，选择高薪的球队必须缴纳250美元的税款。请找出这个博弈的新均衡。

c. 有些人可能会认为，奢侈税并不是大联盟球队薪资的重要决定因素。他们提出的证据是球队薪资很少超过阈值，因此它们很少纳税。你对这种逻辑有何看法？

9. 阿拉斯加航空和达美航空是仅有的两家提供西雅图和安克雷奇之间直飞航班的航空公司。它们都可以设定高票价，这样每家航空公司都可以获得正经济利润。它们也可以都设定低票价，这样双方都将获得零利润。如果一个设定高票价，另一个设定低票价，则设定低票价的航空公司将获得双倍的利润，而设定高票价的航空公司将遭受经济损失（因为它只能售出很少的机票）。

a. 写出该博弈的2×2收益矩阵。你可以自己设定具体收益数字，只要和上面的描述一致即可。

b. 哪种结果符合我们在本章中所讨论的串谋？

c. 哪种结果最有利于消费者？

d. 哪种结果符合纳什均衡？

10. 假设全球石油需求如下表所示：

价格（美元/桶）	需求量（万桶）
50	40
75	30
125	20

假设有A和B两个石油生产国，每个国家将生产10万或20万桶石油。为便于分析，假设它们能够以零成本生产石油。

a. 有四种可能的结果：A生产10万或20万桶，B生产10万或20万桶。计算这四种不同可能性下各国的利润。

b. 假设这两个国家会在没有互相协商的情况下同时选择石油的生产数量。证明每个国家将生产20万桶石油，每个国家将获得1 000万美元的利润。

c. 两国石油部长意识到，如果它们通过串谋将各自的产量限制在10万桶，它们的境况会变得更好。如果每个国家的产油量是10万桶而不是20万桶，则它们各自的利润是多少？

d. A国是否有动机背弃串谋协议，将石油产量从10万桶扩大至20万桶？B国呢？

11. 假设某行业中有如下5家企业，其销售额（即总收入）如下：

- 企业1：9 000万美元
- 企业2：5 000万美元
- 企业3：3 600万美元
- 企业4：1 400万美元
- 企业5：1 000万美元

计算该行业的市场集中度指数。

12. 根据本章中提供的智能手机数据，苹果和三星各自拥有约25%的市场份额。

   a. 根据这一信息，市场集中度指数的最大值可能是多少？（提示：假设此外只有一家公司。）

   b. 市场集中度指数的最小值可能是多少？我们能否基于此下结论，认为智能手机业存在行业集中问题？

13. 一家垄断竞争企业发现，从长期来看，它所面临的反向需求为 $P = 10 - (1/2)Q$，这意味着其边际收益为 $MR = 10 - Q$。该企业的边际成本为恒定值，即 $MC = 4$ 美元。

   a. 绘图展示这三种曲线。

   b. 基于使利润最大化的条件 $MC = MR$，企业应设定何种水平的数量和价格？

   c. 在给定该企业经济利润为零的情况下，该企业的固定成本必须是多少？

   d. 尽可能准确地将平均总成本曲线（ATC）添加到你绘制的图中。仔细思考在利润最大化价格下的平均总成本。

第 15 章 时间和风险的权衡

人们是否更偏好于即时满足？

人们会很在意各种事件的发生时间。他们往往会推迟不愉快的经历，比如写学期论文、做习题、阅读教科书、戒烟或节食。同样，人们往往喜欢立即体验令人愉悦的事情，比如看个短视频或吃个糖果。在本章中，我们将向你展示回报的发生时间会如何影响收益的经济价值。在本章的循证经济学环节，我们还将观察一项实验，这项实验的目的是测试人们偏好的一致性和他们对即时满足的倾向。

重要概念

- 利息是因暂时放弃货币使用而获得的回报。
- 经济学家已开发出计算未来不同时间所收到回报的现值的工具。
- 经济学家已开发出计算风险回报价值的工具。

本章概览

15.1	15.2	15.3	EBE	15.4	15.5
时间和风险的模型化	货币的时间价值	时间偏好	人们是否更偏好于即时满足？	概率和风险	风险偏好

15.1 时间和风险的模型化

大多数决策的成本和收益都发生在不同的时间。以上大学为例。上大学的成本都是即时显现的，这些成本包括你的努力付出、你放弃的收入（机会成本）以及你所缴纳的学费等。相比之下，大学教育所带来的许多收益，都是在后来的生活中才逐渐显现出来，尤其是更高的收入。如果有人想就是否应上大学进行最优选择，他们就需要想办法将所有的成本和收益转换为可比较的单位，然后再将其加总。

还有许多其他涉及预付成本和延迟收益的活动，例如健身、吃蔬菜和存钱。为了对这些选择展开分析，我们需要了解该如何预测和估算延迟收益。今天投资 1 美元，就能在几十年后退休时消费这 1 美元并从中赚取利息，这到底算不算一项最优选择？

本章还会讨论风险对经济价值的影响。在经济学家眼中，风险并不一定真的有"风险"——有风险的选择不一定是坏选择。风险只是意味着一些成本和收益不是预先确定的。例如，当你和某人结婚时，你会认识到婚姻成功与否并非完全可预测。一个人的收入、健康甚至喜好都有可能发生改变。在婚礼上，当新人宣誓"从今而后，相爱相依，无论顺境逆境、贫穷富有、健康疾病……"时，他们已然承认了婚姻中的部分风险。[1]

当然，政治事件也不可预测。在 2016 年美国总统大选日的上午，也就是大选即将结束之际，一家知名的选举预测网站仍预测说，唐纳德·特朗普在大选中获胜的可能性为 28%。[2] 换句话说，预测者认为特朗普获胜的概率仅略高于 1/4。2020 年 6 月，预测市场则估计，特朗普在 2020 年 11 月的大选中再次获胜的可能性为 44%。[3] 谁将在选举中获胜的不确定性也是一种风险。

一般来说，几乎所有投资都有风险回报。股票市场会如何表现？房价会如何变化？你正在攻读的大学学位会有价值吗，还是说雇主将来会更看重其他不同的技能？在本章中，我们将使用经济分析来评估此类风险。

经济学家用来评估延迟回报的工具与用来评估风险回报的工具有很多相同之处。在这两种情况下，经济学家都会赋予回报一定的权重。当经济学家对未来回报进行估算时，通常会将该回报乘一个小于 1 的正因子，以表达未来回报价值小于当前回报价值的观点。这是对延迟满足不如即时满足重要这一观点的数学式体现。当可能不会出现回报时，经济学家通过将回报乘产生回报的正概率（同样小于 1）来计入这一风险。本章将解释如何确定这些时间和风险权重因子，以及应该如何使用它们。

再好的选择也有风险

15.2　货币的时间价值

金融市场使人们能够进行货币的跨时转移。例如，要想将资金转移至未来，储户可以现在把钱"借贷"给银行，然后在将来的某一天连本带利把钱取回。

经济学家称这种变化为"跨期转换"。"跨"的意思是"在……之间"。例如，当你在不同国家间旅行时，你就是在跨国旅行。"期"指的是时期。跨期转换指的是在不同时期之间移动资源。

终值与复利

有关货币跨期转换的关键变量是利息。我们来看一个简单的例子，假设你在银行账户中存入了 100 美元。初始投资金额被称为**本金**（本例中为 100 美元）。**利息**是因暂时放弃货币使用而获得的回报。假设该账户的年利率为 r，1 年后你的账户里会有多少钱？你的银行账户里应该有你的本金 100 美元加上利息 $r \times 100$ 美元。在大多数情况下利率都会为正，但在一些特殊情况下，它也可能是负的。在本章中，我们只以零利率或正利率进行举例。

例如，如果利率是 5%，则利率可以表示为如下几种具有相同含义的形式：

$$r = 5\% = \frac{5}{100} = 0.05$$

所以在数学上，百分之五（5%）的利率和 $r = 0.05$ 具有相同的含义。对于 5% 的利率和 100 美元的存款，1 年期的利息是 0.05×100 美元 = 5 美元。该账户在一年后的总价值可以表达为：

$$100 \text{ 美元} + r \times 100 \text{ 美元} = (1 + r) \times 100 \text{ 美元}$$

这是本金和利息之和，我们称它为一年后的**终值**。

假设你决定在第一年结束时把你所有的钱（即本金加利息）都存起来。你第二年年初的账户余额将为 $(1 + r) \times 100$ 美元。我们将这一金额称为余额。在第二年期间，你将收到第一年年末余额所产生的利息，即利率 $r \times$ 余额。在第二年年末，你的账户中将包含你在第一年年末账户上的金额，即我们所说的余额，以及你在第二年所获得的利息，此时该账户的价值可表达为：

$$\text{余额} + r \times \text{余额} = (1+r) \times \text{余额}$$

由于第一年年末的余额等于（1+r）×100美元，第二年年末的账户总金额是：

$$（1+r）× 余额 =（1+r）×（1+r）× 100 美元 =（1+r）^2 × 100 美元$$

你注意到其中的规律了吗？如果你把钱存入银行一年，则你在第一年年末得到的钱数为：

$$（1+r）× 100 美元$$

如果你把钱放在银行两年，则你在第二年年末得到的钱数为：

$$（1+r）^2 × 100 美元$$

你把钱存在银行的时间每多一年，就可以用你的最终余额乘一个额外的系数（1+r）。因此，如果你将钱在银行存放 T 年，则你在第 T 年年末得到的钱数为：

$$终值 =（1+r）^T × 本金$$

这被称为**复利方程或终值方程**。在此方程中，r 是利率，T 是投资持续的年数。为了推导复利方程，我们假设你在此过程中没有提取任何利息。由于所有之前的利息都被保留在账户中，直到 T 年后一次性取出，因此你可以从过去的利息中赚取利息。为了体现通过利息赚取利息这一概念，经济学家把这种利息称为复利。

这种复利增长具有非常强大的力量，如果你想存钱买房子，为退休攒一大笔钱，或者为未来的任何财务目标做准备，你都不能忽视复利。我们可以从如下几个例子中体会复利增长的力量。假设你在 20 岁时把 1 美元存入一个账户，然后让这笔钱复利增长（不动它），直到你 70 岁退休时再取出。在这个例子中，投资期限为 70 年 − 20 年 = 50 年，因此 $T=50$。我们想知道在第 50 年结束时，你在这个账户里会有多少钱。请注意，这只是账户中货币的数量（比如美元），并没有考虑通货膨胀在长期内对美元购买力所造成的侵蚀。我们会在宏观经济学及有关家庭金融的网上专章中讨论如何进行通胀调整。

我们首先看一种特殊情况，即 $r = 0.00$。当利率恰好为 0 时，你的最终余额为：

$$（1+r）^T × 1 美元 =（1+0.00）^{50} × 1 美元 = 1^{50} × 1 美元 = 1 美元$$

因为 $1^{50}=1$，所以在经过 50 年的等待后，你的账户里仍只有 1 美元。你没有赚到任何利息。你最后提取的金额——1 美元，完全等同于你的本金 1 美元。

现在让我们看一下其他利率。你即将看到一些奇妙的现象。图 15.1 绘制了在一系列不同利率下的函数 $(1+r)^T$。该图显示了你从 20 岁到 70 岁的账户余额变化。5 条不同的曲线分别展示了利率为 2%、4%、6%、8% 和 10% 时的结果。

你会发现一些非同寻常的状况。如果利率是 2%，你的 1 美元本金会增长到 2.69 美元。换句话说，你的钱在 50 年内几乎增加到原来的 3 倍。这还不错。但如果利率是 10% 呢？你的存款会增加到 117.39 美元。没错，你的 1 美元存款在 50 年内增长了大约 116 倍。

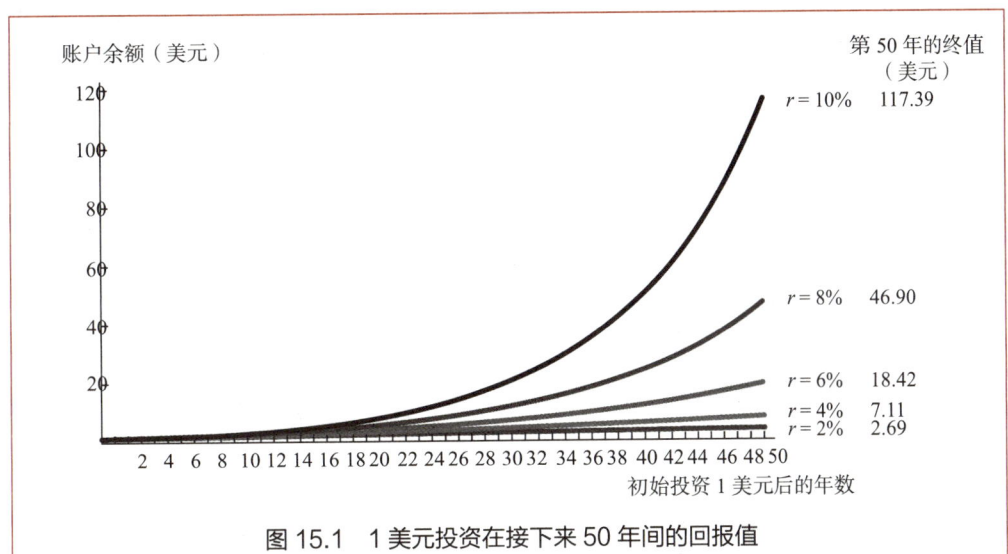

图 15.1　1 美元投资在接下来 50 年间的回报值

注：图中曲线表示的是以固定利率 r 投资的 1 美元在 T 年内的回报值。例如，经过 50 年的复利增长，以 8% 利率投资的 1 美元本金的终值是 1 美元 ×（1+0.08）⁵⁰=46.90 美元。在利率非常高的情况下，复利增长会带来巨额回报。

因为终值是 $(1+r)^T$ × 本金，所以无论初始本金是 1 美元还是 1 000 美元，你本金的增长因子都是相同的。因此，一笔 1 000 美元的初始存款将增长到约 117 390 美元。复利增长的力量超乎想象。在年轻时就开始储蓄并且追求复利增长，会让你在年老的时候获得巨大的收益。

让我们再回到本金为 1 美元的情况，并将 117.39 美元的最终账户价值分成本金和利息两部分。当银行在 50 年后付给你这笔钱时，其中的 1 美元是偿还给你的本金，剩下的 116.39 美元则是支付给你的利息。在这个例子中，利息支付远远超过本金的偿还。如前所述，利息支付正是银行为获得你资金的使用权而付给你的超出本金的那一部分金额。

年轻时存钱，年老时获益。大多数工薪家庭应该把税前收入的 10% 到 20% 用于储蓄。

第 15 章　时间和风险的权衡

借入与贷出

利息分为两种基本类别，具体则取决于你是出借人（存款人）还是借款人。我们已经讨论过你作为出借人从银行存款中所获得的利息。相比之下，如果你从银行借钱，你就要向银行支付利息，例如，因使用银行所发行的信用卡而负债或者从银行获得住房抵押贷款。

存款实际上是将支出从现在转移至未来。你现在存钱，未来则可以连本带息提取。当你从银行贷款时，时间方向则正好反过来。如果你预期将来会有钱，但现在就想花钱，你就会借款。因此，==借款能让你在今天花掉未来的收入。==图 15.2 直观地总结了借款会如何影响你的支出发生时间。

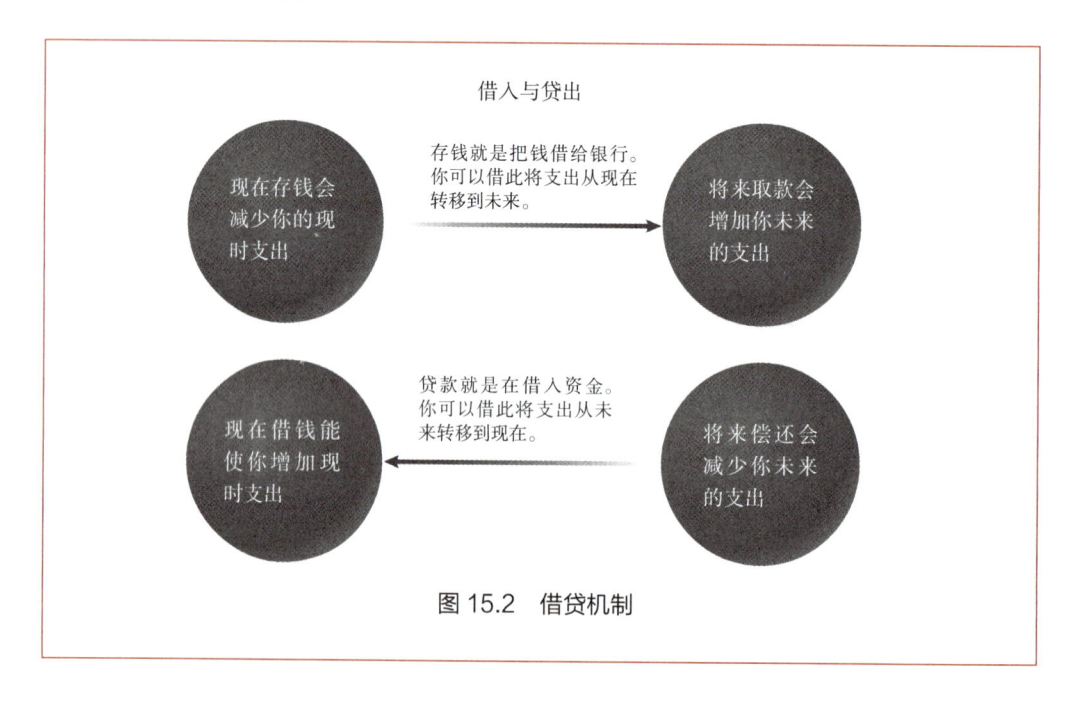

借入与贷出

- 现在存钱会减少你的现时支出 → 存钱就是把钱借给银行。你可以借此将支出从现在转移到未来。→ 将来取款会增加你未来的支出
- 现在借钱能使你增加现时支出 ← 贷款就是在借入资金。你可以借此将支出从未来转移到现在。← 将来偿还会减少你未来的支出

图 15.2　借贷机制

存款利息和贷款利息的计算方式是一样的。当存款时，你在 T 年后提取到的本金加利息总额为：

$$(1+r)^T \times 本金$$

而在贷款时，你 T 年后连本带息偿还的金额为（在本例中我们假设在这 T 年内不用定期支付利息）：

$$(1+r)^T \times 贷款金额$$

然而，贷款和存款有一个关键的区别。贷款利率一般都会高于存款利率。例如，信用卡的贷款利率经常可以达到 15% 甚至 20%。如此高的利率可能会导致巨额的还款。以一笔利率为 15%，期限为 50 年的 1 000 美元贷款为例。假设你 50 年后才还款，也就是说这笔贷款要以 50 年的复利来计算，那么，50 年到期后，你需要偿还的金额为：

$$(1+0.15)^{50} \times 1\,000 \text{ 美元} \approx 1\,083\,657 \text{ 美元}$$

经过 50 年的复利增长后，你的偿还金额超过了 100 万美元！

在现实中，1 000 美元的贷款不会导致如此巨额的还款。没有银行会允许你 50 年后才偿还你的信用卡债务。银行知道，一个欠款 100 万美元的人不太可能会偿还债务，而更可能宣布破产。所以银行不会白等你 50 年。它们会要求你在借款期间定期支付利息。

因此，在思考贷款问题时，我们更应该考虑时间跨度远少于 50 年的情况。例如，借款人需要为一个 1 年期，利率为 15% 的 1 000 美元的贷款支付 150 美元的利息。

现值与贴现

假设你的一个朋友正在为自己的科技初创公司融资，因此向你借钱。

"你借给我 10 000 美元，20 年后我会还你 20 000 美元。"

为了简化分析，我们假设你有充分的理由信任此人，知道他一定偿还你这笔钱（虽然这个假设不一定和实际相符，但让我们暂且如此），所以你相信这是一笔无风险贷款。即使有这样的信心，你还是不确定是否应该答应他。

在此类情况下，经济学家则会问，你的 10 000 美元还能用作何种其他的用途？（为简化讨论，我们同样假设其他用途无风险。）换句话说，经济学家考虑的是机会成本。何为你这 10 000 美元本金的次优投资方案？

假设你有另一个利率为 5% 的无风险投资选项。这时你会面临一个选择：你是投资初创企业，还是投资另一个回报率为 5% 的项目？

为了对比这些项目，你需要问自己如下问题："如果我有机会获得一项回报率为 5% 的投资，那么为了能在 20 年后得到 20 000 美元，我现在应该投资多少钱？"我们可以用一个和前面类似的方程来求解这个问题：

$$(1+0.05)^{20} \times x \text{ 美元} = 20\,000 \text{ 美元}$$

在这个方程中，x 是假定你能获得 5% 年回报率的前提下，为了能在 20 年后获得 20 000 美元而现在需要投资的金额。要求解 x，我们只需在方程两边同时除以 $(1+0.05)^{20}$，得到：

$$x = \frac{20\,000}{(1+0.05)^{20}} \approx 7\,538 \text{ 美元}$$

在这种情况下，$x \approx 7\,538$ 美元。你现在只需拿出 7 538 美元投资于一个利率为 5% 的项目，就能在 20 年后得到 20 000 美元。换句话说，20 年后的 20 000 美元只相当于现在的 7 538 美元。

变量 x 是 20 年后 20 000 美元的现值，具体到本例中，即那个初创公司项目的现值。一项未来回报的**现值**是指为了产生该笔未来收入而需要现在投资的金额。经济学家把现值称作未来回报的贴现值。现值方程为：

$$\text{现值} = \frac{\text{自现时起的 } T \text{ 期后回报}}{(1+r)^T}$$

请注意，如果 r 大于 0（通常情况下都是如此），则 $(1+r)$ 大于 1，所以 $(1+r)^T$ 也大于 1。因此，在现值方程中，未来回报（即自现时起的 T 期后回报）会除以一个大于 1 的分母。换句话说，为了计算现值，未来回报被"贴现"了。

需要记住的一点是，==贴现是把钱带回到现在（现值），涉及金额的减少；复利是把现在的钱转移到未来（终值），涉及金额的增加。==

我们也可以把现值方程改写为一种稍有不同的形式：

$$\text{现值} = \frac{1}{(1+r)^T} \times \text{自现时起的 } T \text{ 期后回报}$$

这一版本的方程与前一个方程在数学上完全相同，但第二个方程强调的是我们是在用未来回报乘一个小于 1 的因子。这个因子就是乘号前面的比率。

当你计算出 20 000 美元的现值只有 7 538 美元时，你会发现投资科技初创公司的项目是一笔糟糕的交易。不用经济学家告诉你你也知道，你不应该用 10 000 美元去买一件只值 7 538 美元的东西，而 10 000 美元正是投资初创公司这个项目的现时成本。经济学家会说这一项目的净现值为负，因为 10 000 美元的预付成本超过了延迟收益的现值 7 538 美元。一项投资的**净现值**是指用收益现值减去成本现值。

$$\text{收益现值} - \text{成本现值} = \text{净现值}$$

在本例中，净现值是：

$$7\,538 \text{ 美元} - 10\,000 \text{ 美元} = -2\,462 \text{ 美元}$$

正的净现值表示项目可行，负的净现值则表示项目不可行。

现值概念是非常有用的工具，因为许多经济机会都会产生复杂的未来回报。现在，我们可以将所有的未来回报归结为一个数字——项目的净现值。

为了进一步解释净现值概念，我们来看一下另外一个投资机会。现在投入10 000美元，作为回报，你未来将获得两笔款项：10年后收到10 000美元，15年后再收到10 000美元。这是不是一笔好交易？我们可以用现值方程来解答这一问题。仍假设年利率为5%。

首先，我们计算10年后10 000美元的现值：

$$10 \text{ 年后 } 10\ 000 \text{ 美元的现值} = \frac{10\ 000}{(1+0.05)^{10}} \approx 6\ 139 \text{ 美元}$$

我们再来计算15年后10 000美元的现值：

$$15 \text{ 年后 } 10\ 000 \text{ 美元的现值} = \frac{10\ 000}{(1+0.05)^{15}} \approx 4\ 810 \text{ 美元}$$

两个现值合计为：

$$6\ 139 \text{ 美元} + 4\ 810 \text{ 美元} = 10\ 949 \text{ 美元}$$

因此，这个项目是一笔好交易。你通过在今天投入10 000美元得到了一个现值为10 949美元的项目。换句话说，这个项目的净现值为正：

$$10\ 949 \text{ 美元} - 10\ 000 \text{ 美元} = 949 \text{ 美元}$$

净现值是经济学中最重要的工具之一，被企业和政府广泛用于项目实施决策。在本章最后的习题中，你将就此进行更多的应用练习。

15.3 时间偏好

我们刚刚展示了如何对未来的货币回报进行贴现以计算现值。我们还可以对其他未来活动进行贴现。例如，当未来的愉悦（比如按摩或吃甜甜圈）能与当前可获得的其他愉悦相比较时，人们也会对未来的愉悦进行贴现。

我们来解释一下这个概念。假设你需要在一年后享受60分钟按摩和现在就享受50分钟按摩之间做出选择。你会选哪一个？大多数人会选择后者，即现在就可以享受到的时间短一点的按摩。这反映了一个重要的原则：人们总是会希望令人愉悦的事情发生得早一点，而不是晚一点。现在，我们将展示如何用经济模型来体现这种对早期回报的偏好。

时间贴现

假设未来的某项活动会带来收益，而这种收益并非金钱，而是类似于享受按摩等活动所带来的幸福感。经济学家将这种一般的幸福感称为**效用**。为了使未来效用与当前效用具有可比性，我们需要将未来效用乘一个小于1的因子。一般来说，这和我们用于货币回报的因子是不同的。但是，用于贴现未来货币回报的乘积因子和用于贴现未来效用的乘积因子都小于1。在大多数经济情况下，未来的东西都不如现在的东西有价值。

为了使这些概念更为具体，我们假设1小时的按摩可产生60个单位的效用，即每分钟的按摩可产生1个效用单位。**效用单位**就是1个单位的效用。假设人们会通过将未来效用乘1/2来对1年后产生的效用进行贴现。这个乘积权重（介于0和1之间）被称为**贴现权重**，用该贴现权重乘延迟的效用单位数量，就能将其转换为当前的效用单位数量。使用1/2的贴现权重，我们可以确定一个人是更想要50个当前效用单位（来自50分钟的按摩）还是更想要一年后的60个效用单位（来自60分钟的按摩）。在本例中，60个未来效用单位的贴现值为：

$$\frac{1}{2} \times 60 \text{个未来效用单位} = 30 \text{个当前效用单位}$$

现在我们有了答案。如果一个人以1/2的权重来贴现延迟效应，那么他更倾向于当前的50个效用单位，而不是一年后的60个效用单位。按现值计算，这60个未来效用单位现在只值30个效用单位。贴现权重使我们能够比较延迟的效用和当前的效用，帮助我们确定首选选项。一旦我们知道了你在某一特定时间范围内的贴现权重，也就是你赋予延迟效用的心理价值，我们就能够预测你将做出怎样的跨期权衡。

我们再看一个例子。假设你正在考虑是否要吃一个热软糖圣代。假设这个圣代提供6个效用单位的即时愉悦和8个效用单位的延迟成本。延迟成本包括健康和运动水平的下降等。

首先，我们假设你不对未来进行贴现，也就是说你对未来效用的贴现权重是1。这样你就不会吃热软糖圣代，因为成本超过了收益。

$$\text{收益} - \text{成本} = \text{净收益，即}$$

$$6-8=-2$$

由于净收益为负,所以你决定不吃这个圣代。

假设你对未来进行贴现,那么你的决定就要视情况而定了。例如,你的贴现权重是1/2,那么:

$$即时收益-延迟成本的贴现值=6-\frac{1}{2}\times 8=2$$

这一计算结果意味着你应该吃圣代,因为净收益为正。

现在假设你更偏向于未来。假设你赋予未来的贴现权重为7/8。换句话说,我们现在假设未来的一个效用单位相当于现在的7/8个效用单位。于是我们得到:

$$即时收益-延迟成本的贴现值=6-\frac{7}{8}\times 8=-1$$

当贴现权重为7/8时,延迟贴现成本是(7/8)×8=7。这足以超过吃圣代的即时收益6。由于7 > 6,所以你决定不吃圣代。

这些例子阐明了一个重要的一般原则:你的贴现权重越大,意味着你越重视未来所发生的事情,你的当前决策就越受该决策未来后果的影响。

偏好反转

让我们来扩展一下关于圣代的例子,考虑一下你会如何对几天内的时间进行贴现。假设你会以如下方式进行贴现。你对现在赋予的权重为1,对未来几天赋予的权重为1/2:

	今天	明天	后天
权重	1	1/2	1/2

这是一个稍微有点奇怪的权重模式。这意味着你在心理上对现在和以后的所有时期都做出了明确的区分。你真正关心的其实是回报到底是出现在现在(今天)还是以后。请注意,你赋予明天的权重和赋予后天的权重是一样的。对你来说,未来的日子没什么区别。你关注的是今天。我们把这种类型的偏好模式称为现时偏向。

让我们再来考虑一下你在吃圣代方面的偏好。你很乐意在今天吃圣代,因为即时收益超过了延迟成本的贴现值:

$$即时收益-延后成本的贴现值=6-\frac{1}{2}\times 8=2$$

但假设今天冰激凌店意外关闭。你的朋友问你愿不愿意明天再来吃。你会如何回答？

从今天的角度来看，明天和后天有着相同的贴现权重，都是1/2。所以从今天的角度看，明天来吃圣代的价值是：

$$延迟收益的贴现值 - 延迟成本的贴现值 = \frac{1}{2} \times 6 - \frac{1}{2} \times 8 = -1$$

因为净收益为负，所以你决定明天不吃圣代了。

这种偏好模式是偏好反转的一个示例。你决定今天吃圣代，但你也决定明天不吃圣代。当然，事情可能并非总是如此。也许明天早上太阳升起，你又会像今天一样想吃圣代。如果你总是打算明天再停止吃圣代，那么你的节食大计到底什么时候才能真正开始？

偏好反转来自类似上述情况的贴现权重。具体来说，这些贴现权重意味着今天的权重远高于明天，但明天和后天的权重是相同的（或几乎相同）。也有一些贴现权重不会导致偏好反转。

经济学家并不会关心你应该采用何种贴现权重。相反，我们认为贴现权重是对你本身喜好的一种反映。如果你把未来的价值看得极低，你未来的贴现权重就会很低。如果你像关心现在一样关心未来，你的未来贴现权重就会接近1。经济学家非常重视测算贴现权重。了解消费者会如何对未来进行贴现将有助于经济学家预测人们的选择，并设计出符合人们跨期权衡偏好的公共政策。

选择与结果

错误地预测偏好反转

- 我们讨论过的那些偏好反转不一定是不理性的。不理性的是错误地预测这些偏好反转。例如，你花了大价钱办了一张健身会员卡，想着自己明年每周都能去锻炼两次，结果你一次都没有去过，这就是一个预测错误。如果你一直错误地认为自己很快就会去锻炼，那么你的预测就是不理性的。你需要在某个时刻承认自己根本不会去健身的事实，然后你就会退掉你的会员卡。
- 理性的人会正确地预测自己未来的行为。例如，你从没有打算去锻炼，那么你一开始就不应该花钱办健身会员卡。或者你应该找到一种方法来强迫自己锻炼，比如承诺和朋友在健身房碰头。为了做出最优选择，我们需要正确预测自己未来的行为。根据当前对未来行为的偏好做出预测并不一定是理性的。你的预测应基于在行动时刻真正到来时你所持有的偏好。打算明天就写学期论文很容易，打算明天就去锻炼很容易，打算明天早上 7 点起床也很容易，可是你的这些良好愿望是否与你的实际行为相符？

- 如果你正在寻找一种能够强迫自己实现良好愿望的良方，不妨试着依靠外部的"强制执行者"来帮你实现目标。有这样一个网站，在那里你可以为锻炼、戒烟、准时起床或任何你想做的事情做出金钱承诺。比如你可以在这个网站上承诺，如果没有去健身房，你就需要向你不喜欢的组织捐赠 100 美元（例如你不支持的候选人的竞选团队）。在做出这一不可撤销的承诺之后，你再去找一个可以很容易监督你的行为并且能够如实报告结果的"裁判"。如果你去了健身房，这个"裁判"就会告诉该网站你做到了，你就可以保住你的 100 美元。如果你不去健身房，"裁判"就会报告你没能做到，你的信用卡就会被自动扣除 100 美元。这个办法能激励你去锻炼吗？

循证经济学

人们是否更偏好于即时满足？

- 今天看来是你的幸运日。一位市场测试员刚刚联系上了你，说他可以为你订购免费零食。可选的零食包括苹果、香蕉、薯条、玛氏棒、士力架以及脆皮坚果。（你恰巧是荷兰人，所以你知道脆皮坚果是荷兰流行的咸味零食。）

- 一旦下单，市场测试员便会在一周内把你选择的所有零食带给你。你现在会为下周选择哪一种免费零食？请稍作思考再做决定。

- 一周后，市场测试员又来跟你说，你完全不用在意一周前的选择。无论你之前订购了什么，现在你都可以重新做出选择。你觉得你还会选择一周前所选的零食吗？还是说你会进行更换？如果你打算更换，并且现在就可以吃到自己选择的任何零食，你觉得自己的选择会发生什么变化？

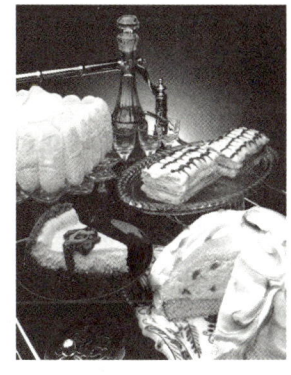

为什么我们在吃晚饭前决定吃得健康一点儿，却在看到甜点的时候改变主意了呢？

- 当荷兰工人被要求提前一周订购零食时，74% 的人选择了健康食品：香蕉或苹果。[4] 然而，当研究人员一周后回来，并让同一群人选择一种可以立即消费的零食时，只有 30% 的人选择了水果。平均而言，实验参与者都表现出了偏好反转。提前询问时，他们订购了一些健康食品，但当关键时刻到来时，许多参与者改变了他们的优先选项，选择了咸味零食或糖果。

- 人们会表现出多种偏好反转。星期天晚上，学生们决定星期一一大早去图书馆，然而第二天早晨他们却在睡懒觉。想要锻炼的人总是会出于良好的愿望而去办健身卡。但事实证明，他们总是能找到不去锻炼的理由，去健身房的次数远逊预期。节食者会对晚餐做出良好的规划，但是当甜点摆在面前时，他们就把节食这件事抛到了脑后。人们会为未来的自己选择努力工作、锻炼和吃健康的零食，但是也想要眼前的即时满足。这导致了一种偏好反转的模式：当未来真正到来时，那些关于未来的细致规划却经常被遗忘。

问题	答案	数据	注意事项
人们是否更偏好于即时满足？	在提前一周挑选零食时，人们会选择相对健康的食物，比如苹果。而在选择即时食用的零食时，人们会选择相对不健康的食物，比如巧克力棒。	一项涉及200名年龄在20岁到40岁之间的荷兰工人的实地实验。该实验由丹尼尔·里德和芭芭拉·范·列文进行。	在这中间的一周里，人们是否学到了一些有意义的东西，从而改变了他们的想法？还是说他们又经历了一次在良好愿望（下周吃水果）和不健康行为（零食时间吃巧克力）之间的艰难选择？

15.4 概率和风险

前面我们讨论了时间会如何影响商品和服务的价值，现在我们转向本章的第二个主题：风险。

对经济学家来说，当结果无法预先确定时，即存在**风险**。即便所有可能的结果都是"好"结果，风险也仍可能存在。例如，假设你将参加一档游戏节目，奖金要么是500美元要么是5 000美元（总之不会空手而归），但我们仍会说结果存在风险。如果某件事存在风险，那么我们说它具有**随机**成分。

轮盘赌和概率

为了理解风险，我们不妨先来探讨一下轮盘赌。在美国的赌场里，一个轮盘有38个大小相等的格子，或者叫"槽"。轮盘赌的负责人被称为荷官。荷官先是在轮盘的外圈旋转一个小白球，随后这个球开始减速，并落到轮盘的中心。球绕着轮盘中心弹跳，最终会停在38个格子中的某一个中。

如果轮盘没有被赌场操纵（法律禁止此

美式轮盘有38个槽，荷官会沿着轮盘的外圈旋转小球。

微观经济学

种行为），那么球落入任一特定格子的概率为1/38。为避免讨论过于复杂，接下来我们会解释这句话的具体意思，我们也会证明，通过理解轮盘赌，你就能够掌握关于风险的绝大部分知识。

为了方便讨论，我们假设一个轮盘上装有100个格子，并将其标记为1到100。我们在接下来的内容中会一直使用这个有100个格子的轮盘。现在让我们转动这个有100个格子的新轮盘。如果你押注数字79（且不投注任何其他数字），那么你获胜的概率是多少？答案是1/100：

$$押注单一数字的获胜可能性 = \frac{1}{100} = 0.01 = 1\%$$

现在假设你同时押注79和16。此时，你获胜的概率有多大？现在有两种结果可以让你赢，一种是球转到79，另一种是球转到16。所以你获胜的可能性是2/100。

$$押注两个数字的获胜可能性 = \frac{2}{100} = 0.02 = 2\%$$

你应该已经发现其中的模式了。现在假设你对以下10个不同的数字下注：11，22，33，44，55，66，77，88，99，100。获胜的概率是多少？在100种可能的结果下，你有10种可以获胜的结果，所以你赢的可能性是10/100：

$$押注10个数字的获胜可能性 = \frac{10}{100} = 0.1 = 10\%$$

概率是指某件事发生的频率。在我们想象的轮盘赌世界里，一个特定数字出现的概率是$\frac{1}{100}$。我们可以将其写成一个比率：1/100或者1%。我们可以将这个比率视为事件发生的频率。

N个特定数字中的一个出现的概率就是$N/100$。我们举两个例子。第一，因为1到100中有50个偶数（$N = 50$），所以旋转出一个偶数的概率是50/100，即0.5或50%。第二，旋转出一个小于或等于60的数的概率是60/100，即0.6%或60%。

独立性和赌徒谬误

公平的轮盘赌有一个特殊属性。轮盘一次旋转的结果无法帮助你预测下一次旋转的结果。旋转结果之间缺乏联系的现象被称为独立性。当两个随机结果相互独立时，知道一个结果并不能帮助你预测另一个结果。

用数据说话

轮盘赌和选举

- 我们也可以用轮盘赌来思考政治事件。2016年美国总统大选投票开始后,知名政治预测专家(纳特·西尔弗)[5]预测共和党候选人唐纳德·特朗普的胜选概率为28%,民主党候选人希拉里·克林顿的胜选概率为72%。这些是特朗普或希拉里胜选的概率(而不是对选择特朗普或希拉里的选民比例的预测)。你可以把这件事想象成在我们的轮盘中,有28个格子标记着"特朗普总统",72个格子标记着"希拉里总统"。

- 选举结果显示特朗普最后获胜,而这让许多政治评论员(以及希拉里的选民)感到万分错愕。然而,了解过纳特·西尔弗预测的人可能并不会感到有多么惊讶(如果他们像你现在这样理解概率的话)。在我们假想的轮盘上,有更多的格子标记着"希拉里总统",但这并不意味着特朗普当选的可能性为零或者很小。轮盘上的100个格子中,有28个标记着"特朗普总统"。因此,特朗普胜选的概率,与你在工作日随机选择一个时间给一个大学生打电话,却发现他们在睡觉的概率大致相同:$7/24 \approx 29\%$。[6]因此,纳特·西尔弗的忠实读者不会为特朗普的当选而感到震惊这件事也就不足为奇了。

- 在我们写作本教材时(2020年6月),根据预测网站 Predictit.com,特朗普总统连任的概率为44%。我们可以将此理解为,在我们的轮盘上有44个格子是属于特朗普的,其他56个格子则属于其他候选人。随着2020年夏秋更多信息的披露,这些概率也会发生变化,当你读到此处时,你应该已经知道谁最终在2020年的选举中获胜。但在我们写作此书时,选举结果仍然是一个概率事件,其中特朗普获胜的概率为44%。

初看上去,这种独立属性似乎是轮盘赌的一个天然特征。毕竟,如果下一轮的结果可以部分预测,赌徒就可能会比庄家更具优势。但是,你一旦知道了无法根据一次旋转来预测下一次旋转,就可能会接受一些有趣的结果。

假设你现在进行轮盘赌,并且每次都押注64。再假设64已经连续出现了3次。哇。手气真旺!你可能会忍不住说这是你的"幸运"赌桌,或者说,64是你的"幸运数字"。兴许你还能继续赢下去?或者,你可能会得出相反的结论。兴许你应该押注一个不同的数字,因为64已经连续出现3次了。如果下一次还是64,那也未免太神奇了!

这些结论听起来似乎都有些道理,但其实都是错误的。即使每次都押注64,你下一次获胜的概率也都会是1/100。这一概率不会变化,跟你上一次是否押中了64毫无关系。即便连续出现了10次64,下一次该数字出现的概率也不会改变。无论历史结果如何,下一次出现 64 的概率永远都是 1/100。

许多赌徒不理解这种独立性。有些赌徒笃信连胜：如果在上一轮有好手气，他们会错误地认为他们会在下一轮中有更高的获胜概率。这种错误被称为热手谬误。另一些赌徒则认为轮盘的旋转结果会以某种方式趋于平衡："如果上一次球落在数字 64 上，那么下次 64 出现的概率就会小于 1/100。"这种错误相信轮盘会以某种方式避免重复的情况被称为赌徒谬误。

你只需要记住，轮盘赌桌没有记忆。上一次的结果与下一次的结果毫无关系。用统计学的语言来说，旋转结果是相互独立的。不尊重独立性会使你深陷于赌博之中。你如果错误地认为上一轮的结果能在某种程度上帮助你预测下一轮的结果，那么可能会错误地以为自己掌握了"打败"赌场的秘诀。当然，这只会给你带来适得其反的结果，因为你玩轮盘赌的次数越多，输掉的钱就有可能越多。我们将在本章后面的部分计算你的损失情况。

期望值

你已经对概率有了大致的了解，现在让我们把这些知识付诸应用，来计算一下期望值。**期望值**指的是所有按发生概率加权的可能结果或值的总和。让我们通过一个简单例子来解释其含义。

让我们回到先前假设的轮盘赌中。假设你与赌场达成了以下协议：如果球最终落在 64，你会赢 100 美元。如果落在 15，你就会赔 200 美元。如果球落在其他数字上，你不赔不赚。平均而言，你会赢多少钱？换句话说，如果你不停地玩这个赌局，你的平均收益是多少？

我们可以通过将每个可能结果的概率乘与每个结果相对应的金额来计算这个平均收益。其方法如下：

$$("64"的概率) \times 100 \text{ 美元} + ("15"的概率) \times (-200 \text{ 美元})$$
$$+ (其他所有数字的概率) \times 0 \text{ 美元}$$
$$= \frac{1}{100} \times 100 \text{ 美元} + \frac{1}{100} \times (-200 \text{ 美元}) + \frac{98}{100} \times 0$$
$$= 1 \text{ 美元} - 2 \text{ 美元} + 0$$
$$= -1 \text{ 美元}$$

赢得 100 美元（转出 64）的概率是 1/100，输 200 美元（转出 15）的概率是 1/100，不赔不赚（转出 64 和 15 以外数字）的概率是 98/100。我们对各个以美元表示的结果按其对应概率进行加权，最后得到平均收益，也就是这个赌注的期望值，是 -1 美元。

现在思考一个不同的赌局。如果球最终落在 50 或一个小于 50 的数字上，你会赢得 200 美元。如果球最终落在 51 或者一个大于 51 的数字上，你就会赔掉 100 美元。这个赌注的预期价值是多少？

由于在假想的轮盘上有 50 个数字小于或等于 50，所以赢得 200 美元的概率是 50/100，或表示为 50%。因为在假想的轮盘上有 50 个数字大于或等于 51，所以损失 100 美元的概率是 50/100，或表示为 50%。因此，这场赌博的预期价值是 50 美元：

$$\text{赢得 200 美元的概率} \times 200 \text{ 美元} + \text{损失 100 美元的概率} \times (-100 \text{ 美元})$$
$$= \frac{50}{100} \times 200 \text{ 美元} + \frac{50}{100} \times (-100 \text{ 美元})$$
$$= 100 \text{ 美元} - 50 \text{ 美元}$$
$$= 50 \text{ 美元}$$

选择与结果

赌博值不值？

- 我们已经解释过轮盘赌桌为何没有记忆。它们没有固定模式，既不会延续过去的趋势，又不会刻意避免重复。因为赌徒没有任何可利用的模式，所以不可能在轮盘赌中击败赌场。让我们来计算一下赌徒会在轮盘赌中输掉多少钱。

- 我们会继续使用有 100 个格子的假想轮盘，但为了模拟赌徒在真正的美国轮盘赌桌上的赔率，我们会改变一些设置。我们假设赌博的规则如下：如果轮盘转出 1~47 中的任何数字，你将赢得 x 美元；如果是 48~100 中的数字，则你会亏掉 x 美元。你预计自己能从这个赌局中赢多少钱（以赌注 x 的百分比来表示）？

$$\text{预期盈利} = \frac{47}{100} \times x + \frac{53}{100} \times (-x)$$
$$= x \times \left(\frac{47}{100} - \frac{53}{100}\right)$$
$$= x \times \frac{-6}{100}$$
$$= -6\% \times x \text{ 美元}$$

- 平均而言，你会输掉你赌注的 6%。当然，这并不意味着你每次坐到轮盘赌桌前都会损失这一确切金额。有时候你会输得更多一些，有时候则会输得更少些，这取决于你当晚的运气。但平均而言，你会输掉 6% 的赌注。

- 你现在知道玩轮盘赌的预期成本了。[①] 如果你每一轮都下注 100 美元，那么你应

---

① 在美国真正的轮盘赌中，下注者每轮的预期损失为赌注的 5.3%。

该想到的是，平均每轮你会输掉 6 美元。如果轮盘在一小时内旋转 40 次，而你每一次都下注，那么你每小时的损失预计为 40×6 美元 = 240 美元。

- 我们这里不讨论赌博行为正确与否，只是以赌博为例，看面对不确定性时如何能做出明智的决定。当有人说他们已经建立了一套能够在轮盘赌桌上不输钱的体系时，经济学家和统计学家总会禁不住翻白眼。赌博的实际预期经济成本大约是你每次赌注的 6%，这是赌博的隐含价格。

延长保修期

我们面临的几乎所有风险都在赌场之外，也可以用假想的轮盘赌来研究这类"赌博"。我们以延长保修的经济成本和收益为例，来说明这些经济学工具的一般适用性。

假设你从百思买了一台价格为 300 美元的电视，这台电视的保修期为 1 年，而你可以将保修期延长到 2 年和 3 年。再假设延长保修的费用为 75 美元。这是为 300 美元的电视延长保修的典型费用。延长保修期是笔划算的买卖吗？

让我们计算一下延长保修的净现值。为此我们需要先估算电视出故障的频率。假设每年出一次故障的概率约为 10/100 = 10%。换句话说，电视每年出一次故障的概率相当于从一个有 100 个格子的轮盘上转出 1~10 中一个数字的概率。（这是质量最差品牌的实际故障率。）

如果你延长了保修期，那么一旦电视发生故障，你会得到什么？你既可以修理，也可以更换那台过时的电视。但过时的电视并不会像你最初购买时那么有价值。在使用的第 2 年，你只需花 250 美元就可以换一台和原来同等质量的电视。在使用的第 3 年，你更只需花 200 美元就能换一台同等质量的电视。随着技术的进步，你可以用更便宜、更新的机型来替换你的旧电视。总而言之，你的电视第 2 年只值 250 美元，第 3 年只值 200 美元。

延长保修的费用需要在当下支付。但是，可置换一台新电视的好处却只能在第 2 年或第 3 年兑现。我们需要将这些延迟的收益进行贴现。我们假设你是用信用卡贷款购买的电视和支付的延长保修费用，信用卡的利率是 10%。

现在我们掌握了计算延长保修净现值所需的全部信息：

$$\frac{10}{100} \times \frac{250}{(1+0.10)^2} + \frac{10}{100} \times \frac{200}{(1+0.10)^3} - 75$$
$$\approx 20.66 + 15.03 - 75$$
$$= -39.31（美元）$$

让我们来解释一下上述式子的各项。第一项 $\frac{10}{100} \times \frac{250}{(1+0.10)^2}$，是拥有电视第 2 年期间的延长保修价值。电视的故障概率是 10/100 = 10%。如果它出了故障，你可以根据延长保修协议要求更换，更换价值为 250 美元。为了计算更换的现值，我们还要除以 $(1+r)^2 = (1+0.10)^2$，这里的指数 2 体现了从现在起 2 年后可获得收益的假设。

式子中的第二项 $\frac{10}{100} \times \frac{200}{(1+0.10)^3}$，是拥有电视第 3 年期间的延长保修价值。电视在第三年出故障的概率同样是 10/100 = 10%，你可以根据延长保修协议要求更换，更换价值为 200 美元。为了计算更换的现值，我们还要除以 $(1+r)^3 = (1+0.10)^3$，其中指数 3 体现了从现在起 3 年后可获得收益的假设。

式子中的第三项，−75（美元），是延长保修的费用。这是你在购买电视机时就需要支付的费用。因为它是你相对于百思买的现金流出，所以为负值。

净现值为负值，而且很大。正如你在上面所看到的，延长保修所提供预期收益（即经过概率加权和贴现的置换电视）的现值为：

$$20.66 \text{ 美元} + 15.03 \text{ 美元} = 35.69 \text{ 美元}$$

延长保修的净现值是 35.69 美元 − 75 美元 = −39.31 美元。在大多数情况下，除非你在心理上极度厌恶电视机出故障的可能性以及更换电视的经济成本，否则延长保修对你而言是一笔亏钱的买卖。

此外，我们的分析忽略了一些应避免延长保修的其他原因，包括可能找不到保修单和耗时的售后服务："请稍后再拨。保修中心的来电数量已超出预期。"

15.5 风险偏好

实证证据表明，许多人实际上极度厌恶出现小额经济损失，因此愿意通过购买昂贵的保险来降低此类损失的风险（如我们刚刚讨论的延长保修）。因此，像百思买这样的商店积极推广的延期保修，正是此类企业大部分会计利润的来源。若没有延期保修，百思买这类企业就无法从销售电视机中获得会计利润。

对小额经济损失的高度厌恶被称为**损失厌恶**。损失厌恶是指人们在心理上对损失的重视远超对收益的重视。当研究人员对这种权重差异进行实证研究时，他们通常会发现，损失在心理上的权重是收益的两倍。这一程度的损失厌恶意味着：在确定获得 0 美元与"抛硬币正面赢得 200 美元，反面则损失 100 美元"这两种结果之间，一个人不会表现出任何偏好。在损失厌恶的情况下，抛硬币的心理价值为：

$$\frac{50}{100} \times 200 \text{ 美元} + \frac{50}{100} \times 2 \times (-100 \text{ 美元}) = 0 \text{ 美元}$$

请注意，在上述计算中，只有损失用特殊因子 2 进行了加权，这反映了损失厌恶的影响。

经济学家对损失厌恶有两种理解。一些经济学家认为，损失厌恶是一种需要克服的偏见。另一些经济学家则认为，损失厌恶是一种合理的偏好，应该得到尊重。丹尼尔·卡尼曼和阿莫斯·特沃斯基首先证明了损失厌恶是一种常见行为，但他们没有指明损失厌恶是一种偏见还是一种合理偏好。[7]卡尼曼因此项研究而获得了诺贝尔经济学奖。（特沃斯基英年早逝，诺贝尔奖不予追授。）

损失厌恶是风险偏好的一个重要表现。一般来说，经济学家将风险偏好分为三类：**风险厌恶**、**风险寻求**和**风险中性**。让我们通过一个例子来解释这些概念。假设一个人在预期回报率相同的两种投资之间进行选择：其中一种投资具有固定回报，而另一种投资具有风险回报。比如，假设安全投资有 3% 的确定回报率，而风险投资有 50% 的机会获得 6% 的回报，有 50% 的机会获得 0 回报。这两项投资的预期回报率都为 3%，但它们实现预期回报的风险程度是不同的。你如果打算投资 1 000 美元，会选哪种投资？

当人们具有风险厌恶偏好时，他们更倾向于具有固定回报的投资。当人们具有风险寻求偏好时，他们更倾向于具有风险回报的投资。当人们属于风险中性时，他们不关心风险水平，因此不会对这两种投资表现出偏好。数以千计的实证研究表明，人们在大多数情况下都具有风险厌恶偏好。

总结

- 大多数决策的收益和成本都不会发生于同一时间。为了优化，经济主体需要将所有的收益和成本转化到同一时间段，以便进行比较。
- 利息是指因暂时放弃对货币的使用而获得的回报。
- 未来回报的现值是为了产生该未来回报而需要在今天投资的金额。一个项目的净现值等于其收益现值减去其成本现值。
- 效用是一种测算满意度或幸福感的指标。效用单位即一个单位的效用。用贴现权重乘延迟的效用单位数量，就得到了现在的效用单位数量。
- 风险意味着部分成本和收益无法预先确定。
- 概率即某件事发生的频率。例如，概率为 0.12 意味着该事件发生的频率平均为 12%，或者每 100 次尝试中（平均）会发生 12 次。期望值即概率加权值。
- 损失厌恶是指人们在心理上对损失的重视远大于对收益的重视。
- 如果两项投资具有相同的预期回报，但一项投资具有固定回报，另一项投资具有风险回报，有风险厌恶偏好者会更倾向于具有固定回报的投资。

关键术语

本金　　　　　　　　　效用　　　　　　　　　期望值
利息　　　　　　　　　效用单位　　　　　　　损失厌恶
终值　　　　　　　　　贴现权重　　　　　　　风险厌恶
复利方程或终值方程　　风险　　　　　　　　　风险寻求
现值　　　　　　　　　随机　　　　　　　　　风险中性
净现值　　　　　　　　概率

问题

1. 今天获得的1 000美元和一年后获得的1 000美元价值一样吗？请解释。
2. 如何计算未来回报的现值？
3. 如何使用净现值来决定是否应该投资某个项目？
4. 你的贴现权重越大，你当前的决策就越受该决策未来结果的影响。你是否同意这种说法？请解释。
5. 什么是现时偏向？
6. 什么是偏好反转？
7. 什么时候结果会存在风险？
8. 如何定义一个事件的概率？
9. 什么样的结果具有独立性？赌徒谬误是什么意思？
10. 什么是期望值？如何计算期望值？
11. 为什么应当避免为电视和小型家用电器购买延长保修服务？

循证经济学习题

1. 假设你是循证经济学环节所讨论实验中的一名荷兰工人。你可以选择吃苹果还是吃士力架。如果你今天吃苹果，则它会在今天带给你2个效用单位并在明天带给你2个效用单位的延迟收益。如果你今天吃士力架，则它会在今天带给你5个效用单位并在明天带给你-2个效用单位的延迟成本。你的贴现权重如下表所示：

	今天	明天	后天
权重	1	1/2	1/2

a. 你今天吃一个苹果的净收益是多少？
b. 你明天吃一个苹果的净收益（今天计算）是多少？
c. 你今天吃一条士力架的净收益是多少？
d. 你明天吃一条士力架的净收益（今天计算）是多少？
e. 如果今天给你一个苹果或一条士力架供你马上吃，你会选哪个？
f. 如果今天给你一个苹果或一条士力架供你明天吃，你会选择哪一个？

习题

1. "70 法则"是一种用来估计某物价值需要多长时间才能翻倍的简单方法：用 70 除以年百分比增长率，计算出的数字就是以年为单位的翻倍时间。例如，70/5 = 14。因此，假设利率为 5%，一个银行账户中的金额大约需要 14 年才能翻倍。基于此方法，在给定以下利率的情况下，求出翻倍时间的近似值。

    i. 1%

    ii. 2%

    iii. 4%

2. 当你出生时，你的父母在银行存了 1 万美元。银行提供 4% 的固定利率。在你 18 岁生日那天，你的父母决定取出这笔钱，以用于为你支付大学学费。他们可以取出多少钱？假设利息按年复利计算。

3. 假设你在 2020 年 1 月 1 日中了强力球彩票。你可以选择在 2020 年 1 月 1 日一次性收到全部 4 亿美元，也可以选择在 2020 年、2021 年、2022 年和 2023 年的 1 月 1 日分别收到一笔 1.02 亿美元的付款。假设你赢得的彩票奖金不用纳税。

    a. 如果利率为 2%，哪一种选项的现值更高？

    b. 如果利率为 1%，问题 a 的答案是否会发生变化？

4. 你打算购买一栋公寓楼，然后向当地一所大学的学生出租房间。目前它会给你带来 20 000 美元的收入（学生支付的租金），然后在 1 年内再产生 20 000 美元的收入。你计划在 2 年后出售该公寓楼，预计售价为 50 万美元。假设利率为 5%，今天这栋公寓楼的净现值是多少？换句话说，你愿意花多少钱来买这栋公寓楼？

5. 斯塔福德贷款是美国联邦政府向研究生和本科生提供的助学贷款。因为斯塔福德贷款的期限可长达 30 年，所以国会预算办公室会按照 30 年期国债的利率，对这些贷款的未来现金流进行贴现来计算贷款成本。30 年期美国国债的违约风险极低。相比之下，在斯塔福德贷款的整个期限内，平均约有 20% 的到期金额从未得到偿还。你认为用 30 年期国债的收益率来计算学生贷款的成本会有何影响？

6. 你注意到一位银行家用 75 美元买了一份 1 年后兑付的 100 美元无风险债券。基于这一观察，你认为该债券的利率会是多少？假设今天该债券的价格突然涨到 80 美元。现在你对利率有何看法？（请记住，即使价格发生变化，该债券一年之后仍价值 100 美元）。当前债券价格的上涨意味着市场利率是上升了还是下降了？

7. 本章讨论了独立事件的概念。

    a. 假设你从一副标准牌中抽出一张牌，你把那张牌放了回去，然后抽出了第二张牌。"第一次抽到方片"和"第二次抽到方片"互为独立事件吗？

    b. 假设你从一副标准牌中抽出一张牌，但你这次没有把那张牌放回去。然后你又抽出第二张牌。"第一次抽到方片"和"第二次抽到方片"互为独立事件吗？

8. 判断下列陈述是否认为各事件之间存在独立性。

    a. "不存在所谓'手热'这种事：对于一个篮球运动员而言，无论其上一次投篮是否命中，其下一次投篮的命中可能性都是一样的。"

    b. "我注意到，当一名学生的考试成绩超过 90 分时，同一班级中的其他学生考过 90 分的可能性就会更高。"

9. 你打算玩一种纸牌游戏，其游戏规则如下：你从一副有 52 张纸牌的标准扑克牌中选出一张牌，如果这张牌是方片，你将赢得 30

美元。问题是，你必须向庄家支付 10 美元才能玩这个游戏。这场赌博预期价值是多少？（提示：在一副标准纸牌中，有 1/4 是方片。）

10. 你的房子价值 40 万美元，且房价不会变化。你的储蓄账户中有不计利息的 30 万美元。在未来的一年中，你的房子发生火灾的可能性为 1%。如果发生火灾，你则会产生 30 万美元的损失。

    a. 假设你没有购买火灾保险。如果发生火灾，你将需要支付 30 万美元来修缮房屋。到年底时，你的财富（含房屋价值和你的储蓄账户价值）期望值是多少？

    b. 如果保险费等于保险公司必须支付索赔额的期望值，我们会说这是一份公平的保险。保险公司会为你提供火灾保险单。如果发生火灾，保险公司将赔付你的修缮费用。这份保险的年保险费是 3 000 美元。保险公司是否为你提供了公平的保险？

    c. 如果你是风险厌恶者，你会购买这份保险吗？请详细解释。

11. 你刚刚购买了一家初创公司的股份，将其作为高风险投资的一部分。你认为一年后这家公司可能不复存在，在这种情况下你的股份就毫无价值；这种情况发生的可能性为 95%。然而，你还相信你的股份有 5% 的机会升值为 1 000 万美元。你在这家初创公司所持有股份的期望价值是多少？

12. 假设利率为 50%。从现在开始一年后支付的 60 美元的现值是多少？现在支付的 60 美元加上一年后支付的 60 美元的现值是多少？挑战题：如果今天支付的 60 美元加上一年后支付的 60 美元，再加上此后一年支付的 60 美元，然后一直无限加下去呢？（提示：如果 $x < 1$，那么 $1 + x + x^2 + \cdots\cdots = \dfrac{1}{1-x}$。）

第16章　信息经济学

为什么新车一经售出就会大幅贬值？

你已经准备把那辆闪亮的新起亚远舰开出经销商的停车场。你精打细算地攒下了买车的首付，现在它终于是你的了。你那心直口快的哥哥就坐在副驾驶上，你有什么关于车的问题都会去问他。

"你知道吗，"他说道，"你的车现在已经贬值了。"

你有点生气地问道："你这话是什么意思？"

他说："如果你明天把这车卖给别人，售价肯定要比刚才你付的钱少很多。"

"这不可能。"

"任何买主都会担心这是辆故障车。"

"可这不是故障车。"

"买车的可不知道这个，所以价格肯定得调。"

在你兄弟的眼里，你一旦买下了车，它就变成了一辆"柠檬车"，也就是一辆贬值了的有缺陷车。这实际上触及了一个重要的经济学概念，即信息不对称。信息不对称是指一方拥有优于另一方的信息。这种情况在多大程度上符合我们目前为止所讨论过的模型？答案是不怎么符合。因为截至目前，我们只考虑了信息对称的情况，即买方和卖方对于待售的商品和服务拥有完全相同的信息。在本章中，我们将学习市场上的一方比另一方更具信息优势的情况。

例如，二手车销售人员会比买车的人更了解自己在售的汽车，你比医疗保险公司更了解自己的身体状况，投资银行比监管机构更了解自己的金融风险。这种信息不对称对经济决策具有重要意义。我们还将讨论为化解信息不对称的负面影响而产生的各类有趣的市场及政府解决方案。在第一个循证经济学专栏中，我们将通过实例来回答本章开篇所提出的问题，而在第二个循证经济学专栏中，我们将探讨为何信息不对称使得私人医疗保险如此昂贵。

本章概览

16.1	EBE	16.2	EBE	16.3
信息不对称	为什么新车一经售出就会大幅贬值？	隐藏行为：存在道德风险的市场	为什么私人医疗保险如此昂贵？	信息不对称世界中的政府政策

> **重要概念**
>
> - 在许多市场中，买卖双方都拥有不同的信息，这可能导致市场无效率。
> - 信息不对称源于隐藏特征或隐藏行为。
> - 在具有隐藏特征的情况下，经济主体可能会利用其私有信息来决定是否参与交易或进入市场，从而导致逆向选择。
> - 在存在隐藏行为的情况下，一个经济主体可能会采取对另一个经济主体产生不利影响的行为，从而导致道德风险。
> - 减少逆向选择和道德风险的影响有私人和政府两种解决方案。

16.1 信息不对称

只要稍加思考你就能够发现，在生活中的很多交互中，交易的一方往往会拥有另一方希望了解却又无法掌握的信息。我们把买卖双方这种认识上的差异称为**信息不对称**。我们还说，知晓交易对手未掌握信息的那一方拥有私有信息。

信息不对称可分为两种类型：第一种是**隐藏特征**，即交易一方观察到了另一方没有观察到的商品或服务的某些特征；第二种是**隐藏行为**，即交易中的一方采取了与另一方相关但未被另一方观察到的行动。例如，二手车上的锈斑就可能是一种隐藏特征——尽管汽车销售人员对此心知肚明，但潜在客户可能并未察觉。关于隐藏行为的例子则可能更多，例如，工厂的工人或许会试图对雇主隐瞒他们中午多休息了 10 分钟这件事。

这两种类型的信息不对称都会对市场产生深远的影响，而且从社会的角度来看，这种影响是相当负面的。如果信息差距足够大，即使每个人都能从交易中受益，市场也有可能完全关闭！有意思的是，这种市场失灵不仅会伤害那些处于信息劣势的人，也会影响那些拥有额外信息的人。我们稍后会对此做出解释。鉴于信息不对称会破坏交换所带来的巨大收益，许多旨在减轻其影响的制度应运而生。不过，在讨论这些制度之前，我们有必要先深入研究一下何为具有隐藏特征和具有隐藏行为的交易。

隐藏特征：二手车市场中的逆向选择

假设你没有像本章开头所设定的那样购买新车，而是决定买一辆二手车。你通过上网和浏览当地报纸广告来搜索二手车信息。然后你找到了在你预算内的看起来还不错的几款车，其中包括一辆福特福星和一辆丰田普锐斯。但你最终看中的是一辆标价 5 000 美元的道奇迷你汽车。然而，当你考虑买这辆车时，你却产生了很多疑虑：这么漂亮的车，怎么只卖 5 000 美元？是不是车主知道这辆车会出故障？还是说它已经有问题了？它看起来这么干净，是因为刚泡过水吗？你无法回答这些问题；只有车主才知道自己的汽车问题的严重程度，因此你有理由担心自己可能会遇上一件次品，也就是一辆"柠檬车"。

由于对这样的私人车主心存疑虑，你决定改去二手车行试试运气。在那里，你会发现类似车辆的价格要略高于你在网上找到的车的价格。你看到了一辆你喜欢的车，但各种不确定性再次萦绕在你的脑海：经销商是从哪里搞到的这辆车？不会是从一个从不换机油的车主那里回收来的吧？也许给这车喷新漆是为了掩盖火灾造成的损伤。经销商会承担其保修义务吗？和私人车主一样，二手车商也掌握着很多此类信息。但这类私有信息非常有价值，所以他们有动机隐瞒关于汽车的一些重大信息。你应该听说过汽车卖家承认曾经回滚里程表的事吧？根据美国国家公路交通安全管理局的数据，在每年售出的车辆中，有超过45万辆车都被篡改过里程表。

这种信息不对称会如何影响市场？为了回答这一问题，我们假设你决定从私人车主那里购买那辆道奇迷你汽车。为了理解信息不对称是如何产生的，我们首先需要做一些简化假设。假设有两种可用的汽车：高质量汽车（"桃子"）和低质量汽车（"柠檬"）。我们进一步假设，对你来说，这些车看起来一模一样，但你知道它们其中一半是"柠檬"，一半是"桃子"。只有卖方才知道他卖的是"柠檬"还是"桃子"。因为"柠檬"经常出故障，需要经常修理，所以它对你和卖方的价值都为零。相比之下，"桃子"是可靠耐用车辆，因此你和卖方都会赋予其很高的价值。假设有这样的一个"桃子"，它对你而言价值5 000美元，对卖方而言价值4 000美元。

想一想，如果这个市场和我们前面学过的标准市场一样，也就是说，信息是对称的，所有人都了解汽车的实际质量，结果会是什么样子？在这样的情况下，"柠檬"和"桃子"会各有其价格。"柠檬"的价格将为0美元，"桃子"的价格则在4 000美元到5 000美元之间，这取决于市场上买卖双方的数量。因此，只有"桃子"被交易，而且会产生交易收益，因为车辆对买方的价值高于其对卖方的价值（事实上，一次交易的收益是5 000美元-4 000美元＝1 000美元）。这样，你们中至少有一方会因为交易而获益。如果价格在4 000美元和5 000美元之间，你们两方的境况都会得到改善。例如，如果你花4 500美元买了这辆车，你和经销商都将得到500美元的收益。

所以，汽车质量对所有人完全可见的结果就是，至少交易不会让市场参与者的境况变得比交易前更差。这就是完善市场的运作方式，它们会提高所有参与者的福利。

现在我们来看一下在信息不对称的情况下会发生什么。卖方知道他的车是"桃子"还是"柠檬"，但你不知道。你只知道你正在看的二手车中一半是"桃子"，一半是"柠檬"。因此，你知道任何一辆车是"桃子"的概率为50%。我们还假设你的风险偏好为中性。如第15章中所述，这意味着你会用期望值来评估有风险的选择。例如，假设你在抛硬币，如果硬币正面朝上，你就会赢10美元，如果反面朝上，你就会输10美元。如果你的风险偏好为中性，那么这个赌博对你来说价值为零［(1/2)×10美元+(1/2)×(-10美元)＝0美元］。

了解了这一点，你现在愿意为这辆车支付的最高价格是多少？因为你赋予"桃子"

的价值是 5 000 美元，赋予"柠檬"的价值是 0 美元，而一辆汽车是"桃子"或"柠檬"的概率都是 50%，所以作为一个风险中性的买方，你对购买一辆质量未知汽车的预期价值是：（1/2）× 5 000 美元 +（1/2）× 0 美元 = 2 500 美元。这意味着如果你支付的价格超过 2 500 美元，就相当于你做了一个糟糕的选择，因为你的期望值是 2 500 美元。

再来考虑一下卖方，他赋予"桃子"的价值 4 000 美元，赋予"柠檬"的价值是 0 美元。卖方会以 2 500 美元出售高质量车吗？不会，因为他对"桃子"的估值是 4 000 美元。只有"柠檬"车的车主才会以 2 500 美元的价格出售汽车。因此，如果你对一辆二手汽车的支付意愿为 2 500 美元，则你能从该市场私人卖方手里买到的只有"柠檬车"。因为卖方掌握了关于这辆车的私有信息，所以你现在可以了解到这个市场的结果：你只能买到一辆"柠檬车"！知道了这一点，你就不会愿意买任何二手车了。在这种情况下，即便存在可观的交易收益，信息不对称仍会导致整个市场关闭！

这里所描述的现象是一种特殊类型的信息不对称问题，我们将其称为逆向选择。当交易中的一方掌握了商品的某项隐藏特征，并根据该（私有）信息决定是否参与交易时，就会发生**逆向选择**。在本例中，"柠檬车"卖方可通过进入市场获益。但上面所讨论的极端情况表明，即使每个人都能从交易中获益，理论上市场也有可能完全关闭。而且讽刺的是，在这种情况下，即使是拥有信息优势的人也可能遭受损失。

隐藏特征：医疗保险市场中的逆向选择

二手车市场中之所以会出现逆向选择，是因为私有信息被卖方所掌握。但在一些情况下，也会出现买方掌握私有信息引发的逆向选择。其中一个例子就是医疗保险市场，"逆向选择"这一术语最初就来源于此。

如第 15 章中所述，风险厌恶者会为了抵御重大风险而购买保险并从中获益。在美国，如果没有医疗保险，即使是一次例行就医，也可能让你耗费几千美元。大型手术和住院治疗可能会让除富豪以外的所有人破产。所以很显然，美国的个人和家庭应该为防范这种风险而购买保险。自 2010 年通过《平价医疗法案》（即所谓的"奥巴马医改法案"）以来，实际上每个美国人都被强制要求购买保险。接下来我们将从经济角度来分析，为什么这种强制具有合理性。

从理论上来说，医疗保险市场和其他保险市场是一样的。个人加入一项医疗计划并每月支付保费，作为回报，医疗保险公司会承担大部分的就诊、住院和手术费用。

但逆向选择再次让事情复杂化。在二手车市场，逆向选择之所以会出现，是因为卖方知道他们车的品质而买方不知道。医疗保险市场也存在类似的信息不对称；只不过，现在是保险的买方拥有信息优势，因为他们比保险公司更了解自己的健康状况。

一旦出现了这种不对称性，逆向选择的齿轮就开始转动起来。为了说明其对医疗保险市场的影响，我们假设有两种人群类型：高风险人群和低风险人群。高风险人群的健康状况较差，并且在不久的将来更有可能需要昂贵的治疗。因此很显然，高风险人群会更愿意加入医疗保险计划。但这些人却是医疗保险公司最不想要的那一群人，因为他们通常需要更昂贵的医疗服务。

与二手车市场类似，医疗保险市场中的逆向选择问题也可能导致严重的无效率。该市场也可能会出现类似于我们在二手车市场中所见到的那种极端结果，就如劣质车驱逐了优质车，高风险人群也会把低风险人群赶出医疗保险市场。

这种结果是如何出现的呢？由于预期会吸引大量的高风险人群，因此医疗保险公司可能会开始收取更高的保费。但反过来，这些更高的保费可能会阻碍低风险的人购买医疗保险。而这又会进一步推高保险费。这个时常被称为"死亡螺旋"的循环会一直持续，理论上，它最终会导致一个逻辑上可能出现的结果：保险公司收取的保险费是如此之高，以致最终不会有人投保！

逆向选择的市场解决方案：信号传递

对于逆向选择，市场是否毫无办法？并不完全是。在实践中，我们有很多方法可以解决这个问题。在二手车市场，避免市场全部充斥"柠檬"的一个有效解决办法就是发展类似于 CARFAX（美国车辆历史信息提供者商）这样的第三方认证市场。在整个经济范围内，我们发现类似的第三方认证市场还有为大学申请者提供 SAT（学习能力倾向测验）的美国大学理事会，对大学进行排名的《美国新闻与世界报道》，为消费品和工业产品提供认证的美国保险商实验室，为公司债券评级的穆迪公司，以及为上市公司审计财务报告的会计师事务所，等等。

此类市场解决方案可以帮助受逆向选择困扰的市场转向有效运作。另一种解决逆向选择问题的机制是保修。我们在第 15 章中提到过保修，这是由制造商或卖方直接签发的质量保证。例如，当你购买大屏电视时，制造商通常会提供一年的保修和售后服务。对于汽车，制造商则通常会为发动机和变速器等关键零部件提供 3 年或 3.6 万英里的保修服务。

Aaa	信用风险最低
Aa	信用风险极低
A	信用风险较低
Baa	中等信用风险
Ba	信用风险较高
B	信用风险高
Caa	信用风险极高
Ca	投机性很高
C	收回成本及利息的机会微乎其微

市场解决方案有助于限制逆向选择。公司债券的穆迪评级、各种产品的保修，以及大学申请者的 SAT 考试等第三方认证机制，在一定程度上有助于平衡信息不对称。

保修是一种信号传递。所谓信号传递，是指掌握私有信息的一方会通过发送昂贵信号的方式，来说服不掌握信息的一方相信其服务或商品的高质量。保修为何能有效地传递出高质量商品的信号？其中的道理就在于保修对低品质商品而言是特别昂贵的，因为这些商品通常更容易出现故障。鉴于低质量商品的生产商会回避提供保修服务，所以如果卖方能够提供保修服务，则说明其销售的商品很可能具有高质量。如果卖方提供保修的成本为零，那么这一信号就不会传递任何信息。但因为保修可能非常昂贵，所以低质量的商品不太可能保修。在稍后的循证经济学专栏中，我们将讨论汽车认证对于二手车市场的价值。

进行信号传递的不仅仅是市场中的卖方。买方也可以参与信号传递。例如，作为医疗保险的买方，你怎样才能发出你的质量（健康）信号？方法之一就是通过锻炼、不吸烟、不从事危险活动等来证明自己的当前身体状况以及长期健康前景都非常好。同样，在汽车保险市场中，你可以用在驾校取得的优秀笔试成绩和实际路考成绩来证明你是一名合格的司机。

选择与结果

上大学是为了赢得一个信号？

- 为什么高学历劳动者的收入比低学历劳动者要高？如第11章中所述，劳动者的报酬等于他们的边际产值。因此，劳动者报酬存在差异的原因之一是他们具有不同的生产率。然而，在许多工作中，我们很难确定个人的生产率高低。例如，在咨询公司中，每个人都各自应对不同的客户，因此对于一项特定的工作，我们很难说某个人的表现是好或者不好，因为我们无法做合适的比较。这与我们在第6章和第11章中研究的情况不同，在第6章和第11章中，每个奶酪包装工人都会包装一定数量的奶酪盒，因此我们可以将一个工人的产量直接与另一个工人进行比较。

- 针对高学历者的收入为何比低学历者高这一问题，诺贝尔奖得主、经济学家迈克尔·斯宾塞提出了另一种解释。[1] 斯宾塞提出了信号传递理论，基于该理论，在信息不对称和存在逆向选择的市场中，个体可以利用高成本的信号来展示其私有信息。教育可能就是这样一种信号。你可以用大学学历这种东西来昭告全世界（尤其是潜在的雇主），你不仅已成功地进入了一所不错的大学，而且具备在各种课程中表现出色的能力。

- 这种信号传递类似于东芝为其等离子电视提供保修，或福特为其汽车发动机提供3年或3.6万英里的保修。获得学士学位之所以能成为一项有价值的信号传递，是因为这一信号具有足够的稀缺性（不是每个人都有这样的学历），而且对于能力较低的学生来说，他们获得学士学位的成本要高于能力较高的学生，因为能力较低的学生可能要付出更多的时间和精力才能在学业上取得成功。这些特征意味着你以获得学位的方式向未来雇主发出了一个强烈的信号：你是一位能力很强的候选人。

循证经济学

为什么新车一经售出就会大幅贬值？

- 人们普遍认为新车一经售出就会大幅贬值，这是真的吗？有数据能够支持这一说法吗？
- 表16.1所提供的示例证明了如上说法。表中数据显示了2019年产未售新车和2019年产二手车（包括认证和未认证二手车）在2020年的售价差距。
- 数据显示，新车和二手车的价格相差20%~40%。二手车的这些价格差距全是因为过去一年所产生的磨损吗？或许是因为人们不喜欢开别人开过的车？早在1970年，诺贝尔奖得主、经济学家乔治·阿克洛夫就在其关于信息经济学的一篇经典论文中首先发现，二手车的低价似乎并不完全能够用磨损或人们不喜欢开别人拥有过的车来解释。[2]
- 阿克洛夫提出了一种基于信息不对称的解释。该解释其实是基于我们此前的一个发现：车主出售的汽车可能价格较低，因为人们担心买到的是一辆"柠檬车"。这一解释得到了表16.1中数据的支持。数据显示，与同私人车主的交易相比，消费者与经销商

表16.1　新车和二手车的价格范围

汽车	2020年的价格范围（美元）
丰田普锐斯2019款（新）	25 000~28 000
丰田普锐斯2019款（经销商认证）	23 000~25 000
丰田普锐斯2019款（二手）	20 000~22 000
本田思域2019款（新）	22 000~25 000
本田思域2019款（经销商认证）	20 000~22 000
本田思域2019款（二手）	14 000~17 000
福特福星2019款（新）	22 000~25 000
福特福星2019款（经销商认证）	18 000~20 000
福特福星2019款（二手）	15 000~19 000
福特锐界2019款（新）	30 000~35 000
福特锐界2019款（经销商认证）	29 000~32 000
福特锐界2019款（二手）	26 000~30 000

注：二手车的售价比同款新车低了15%~40%，尤其是在没有获得经销商认证的情况下。

交易时会支付更高的价格。或许你也不应该完全信任二手车销售人员，但获得经销商认证的汽车附带保修，经销商也需要顾及自己的声誉，因此这在一定程度上降低了逆向选择的问题，同时也使得买车人心甘情愿为这些认证车辆支付更高的价格。

- 这些证据表明了"柠檬车市场"的存在，因为经销商认证是客户确保自己不会买到"柠檬车"的一种方式。如果买方直接去找私人卖方，他们买到"柠檬车"的风险就会更高。然而，私人卖方和经销商之间还有很多其他的区别。为了找到"柠檬车市场"，我们需要证明售出的二手车确实是"柠檬车"。要想获得这种证据，一种方法是研究在私人二手车市场中销售和未销售的汽车的维修记录。
- 利用美国人口普查局的1977年卡车存量和使用调查，经济学家迈克尔·普拉特和乔治·霍弗[3]通过随机抽样方式查看了当时购买的新皮卡和二手皮卡车维修记录。他们发现，原车主保留的车和人们购买的二手车之间存在着相当大的差异。他们的结论是，有证据表明"柠檬车"确实进入了市场。
- 类似的证据表明"柠檬车"可能也充斥了瑞士巴塞尔市的二手车市场。经济学家维南德·埃蒙斯和乔治·谢尔登[4]分析了该地区所有汽车的车辆安全检查记录。他们发现私人出售的汽车出现重大缺陷的可能性更高，这支持了二手车市场存在逆向选择的观点。值得注意的是，他们在获经销商认证的二手车销售市场中发现了截然相反的趋势，从而支持了市场机制可用于解决"柠檬车"问题这一假设。

问题	答案	数据	注意事项
为什么新车一经售出就会大幅贬值？	逆向选择显著地影响了私家车市场。	美国人口普查局卡车存量和使用调查，1977年。	一些证据表明了"柠檬车市场"的存在，但这个问题仍然存在争议。

选择与结果

雄孔雀的尾巴

- 尽管信号传递在劳动力市场中的确切重要性仍存在争议，但我们却在一个非同寻常的角落里发现了一项有趣的信号传递：雄孔雀的尾巴。[5]雄孔雀羽毛的华美尽人皆知，我们通常把这些羽毛称作尾巴。这些绚丽的蓝绿色羽毛有1米多长。孔雀尾巴曾经让进化生物学家百思不得其解。尾巴的生长成本很高，而且它会使雄孔雀的活动能力下降，使雄孔雀更容易成为捕食者的猎物。自然选择本应淘汰雄孔雀的尾巴。

微观经济学

- 这种尾巴之所以没有被淘汰，是因为雌孔雀更喜欢与尾巴招摇的雄孔雀交配。这个事实本身就可以解释尾巴的进化。但是，雌孔雀更喜欢与尾巴艳丽的雄孔雀交配，这只是巧合吗？一些生物学家则认为这绝非偶然：尾巴是一个信号。只有拥有良好基因的健康雄孔雀才能长出如此艳丽的羽毛。因此，羽毛是一种传递良好基因信号的昂贵方式。这之所以是一个有价值的信号，正是因为它代价高昂，而且不易被基因质量较差的病弱孔雀复制。关于孔雀尾巴的确切起源在生物学上尚无定论，但它显示了在自然界和动物行为中进行信号传递的可能性。

16.2 隐藏行为：存在道德风险的市场

我们刚刚探讨了信息不对称的第一种类型，即交易双方中只有一方可以观察到隐藏特征的信息不对称。现在我们来看一下第二种信息不对称：隐藏行为。当一方没有观察到与他进行交易的另一方所采取的相关行动时，就会产生隐藏行为。当一方的隐藏行为影响到另一方的收益时，我们就说它存在**道德风险**。例如，未被雇主注意到的员工工作努力程度就是一种道德风险。

道德风险概念通常与风险和保险市场有关，但其影响远超出了这一范围。关于道德风险的基本观点是：如果人们不必承担其行为的全部成本，他们往往会采取更加冒险的行为。所以，一个买了车险的司机，即使他疲劳或危险驾驶，也不用承担他给保险公司带来的全部边际成本。说得再具体一点就是，他不会因危险驾驶（比如在积雪覆盖的道路上打滑，或者在高速公路上紧紧尾随其他车辆）而被保险公司处罚。此类行为会增加事故发生的概率，而一旦发生事故，保险公司通常必须进行赔付。如果是司机自己承担损失，那么他们肯定会好好地开车；然而一旦有了保险，他们就没有动力去避免那些会增加事故发生可能性的行为。

同样，一旦有了保险，居住在水滨的房主也不会有足够的动机来保护自己免受洪灾的影响。一些人认为，美国政府实施的国家洪水保险计划会激励房主在离水过近的位置建造甚至重建房屋。不难猜到，知道保险会全额赔付风暴潮给自己的海滨房屋所造成的损失并不能阻止人们在危险的地方建造房屋。实际上，保险补贴了风险行为。

道德风险的影响远在保险市场之外。道德风险导致了 2008 年金融危机，因为银行向有风险的商业项目放贷，并期望另一方承担违约风险。在职场中，员工盗窃或许是道德风险的最明显例子。专家估计，员工盗窃每年给美国企业造成了数千亿美元的损失，而且还在以惊人的速度增长——有人说每年增长已经达到了 15%。这就是一种隐藏行为，因为如果雇员擅长偷窃，那么他们完全可以做到让雇主无法察觉。

用数据说话

骑车的道德风险

- 当拥有保险的人行为更加鲁莽时，就会产生道德风险。但是，人真的会因为有了保险而变得更加鲁莽吗？思考一个身边的例子：在骑自行车时戴头盔。这也是一种保险形式。如果发生事故，头盔能够使你得到部分保护，所以这相当于你纳入了一份防范头部遭受重大伤害的"保险"。
- 值得注意的是，有证据表明，与不戴头盔的骑车者相比，戴头盔的骑车者头部受伤的情况明显减少，但非头部受伤的情况明显增多。[6] 这一结果表明，和不戴头盔时相比，骑车者在戴头盔时会做出更具危险性的额外举动。当然，即使会导致这些更危险举动，头盔也能避免你遭受严重伤害，所以我们明确建议你戴头盔！
- 另外值得注意的是，自行车头盔不仅可能改变骑车者的冒险行为，而且可能改变汽车司机的行为。英国的一位颇具创新性的心理学家为此提供了证据。他骑着装有传感器的自行车到处转，这些传感器可以判断出他与道路边缘的距离，以及一辆汽车会以多近的距离从他身边驶过。[7] 他发现，当他戴头盔时，司机留给他的空间会少很多。
- 这项证据绝对不是说你没必要戴头盔。为了减少风险，橄榄球运动员经常会被提醒只能用垫肩去撞击他人，所以我们也应该让骑车者知道，当他们戴着头盔时，他们也会在无意中做出更多冒险的举动。

在道德风险下，不知情的一方有时可以通过设计合约来激励掌握私有信息的一方。经济学家将这种关系称为**委托代理关系**。具有隐藏行为（也因此掌握了私有信息）的一方是代理人。在代理人选择其行为之前可以设计合约的不知情的一方是委托人。合约会以结果的成败或其他绩效指标来确定代理人的收益（例如，当委托人是雇主而代理人是员工时的工资或薪酬）。委托人会通过构建合约来为代理人提供适当的激励（例如，激励员工努力工作）。

劳动力市场道德风险的市场解决方案：效率工资

在委托代理关系中，委托人的难题在于如何通过巧妙的计划来减少道德风险。无论是汽车保险公司试图引导司机养成更安全的驾驶习惯，还是雇主试图阻止员工盗窃，此类激励计划无处不在。数十年来，经济学家一直致力于研究此类激励计划。

劳动力市场中充满此类巧妙创新，其中的一个早期例子来自福特汽车公司。由亨利·福特领导的福特汽车公司是20世纪早期美国最重要的公司之一。[8] 1914年，亨利·福特将福特员工的日最低工资从2.34美元提高到了5.00美元。若依照我们的竞争劳动力市场模型，这一举措不仅颇令人费解，而且可以说是反常的。

企业主明明以追求利润最大化为目标，他们为什么要把员工的工资提高到竞争水平之上？兴许这是福特出于某种社会责任而采取的利他行为。然而，关于此举的动机，福特却做出了如下的描述："这绝对不是什么慈善……我们支付这些工资是为了能够实现基业长青。我们这是着眼于未来。"[9]

在一个信息不对称的世界中，福特的策略其实是符合利润最大化原则的。事实上，福特支付给工人的，就是经济学家所说的**效率工资**。效率工资是指高于劳动者可接受的最低工资水平的工资；雇主可以利用更高的工资来提高生产率（为避免失去高薪工作，人们会更加努力地工作）。这显然也是福特给员工涨工资的目的，正如他后来所指出的："每天支付5美元，每天工作8小时，这是我们所采取过的最明智的成本削减举措之一。"[10]

道德风险何以会成为福特工厂的难题？假设你是100年前的一名装配线工人，你的任务是找出有缺陷的零部件。这类工作极其单调，我们从福特公司在1914年以前的高员工流失率和缺勤率就能看出这一点。然而，由于生产线经理很难察觉到员工在工作中的懈怠行为，因此是否选择偷懒就变成了员工的隐藏行为。既然不会因错误和粗心受到什么严厉的惩罚，许多人自然会想要在工作中浑水摸鱼。

在这里就出现了信息不对称的问题。福特的经理无法准确说出员工检查了多少零件，这就像是电影院的经理不知道他的员工是打扫了整个放映厅，还是只在放映间隙随便打扫了几个地方。玩忽职守就是一种职场上的道德风险。

福特解决道德风险问题的基本理念是，劳动者的努力程度会随其工资的增长而提升。导致这种关联性的潜在理由如下。

1. 高收入员工可能愿意更加努力地工作，因为高收入工作对他们来说更有价值，而在这份工作中失败（并因此被迫辞职或被解雇）的风险也可能具有更高的成本。

2. 更高的工资可能会增加员工的稳定性，从而减少员工流失率，而这会降低雇主招聘和培训新员工的成本。此外，低流失率导致的较长雇佣关系或可通过经验效应提高员工的生产率。因此，更高的工资可能会通过这两个渠道增加利润。

3. 更高的工资可以从心理上调动员工的积极性。例如，那些感受到雇主慷慨的员工可能会将其视为一种"礼物"，并以更努力的工作作为回报——在经济学文献中，这种现象有时被称为"礼物交换"。

播客说

降低职场上的逆向选择和道德风险

- 企业社会责任（CSR）已成为近几十年来最常见的商业实践之一。如今，几乎每家大公司都设有旨在以某种方式改善社会的企业社会责任项目。常见的例子包括以有意义的方式回馈当地社区，只销售公平贸易咖啡，或者将一小部分企业利润捐赠给公益事业等。这些企业所推出的社会责任项目除了会让一些消费者更青睐这些企业的产品，也可能有助于企业克服逆向选择和道德风险问题。

- 你觉得何以会出现这样的结果？
- 经济学家丹尼尔·赫德布洛姆、布伦特·希克曼和约翰·李斯特最近进行的一项实地实验研究表明，当一家公司在招聘广告中提到其企业社会责任项目时，它会收到更多的申请，并吸引到更有效率、工作质量更高的员工。在与亨利·福特的做法进行比较后，他们发现这一实践的效果相当于使工资增长了 36%！这解决了逆向选择问题，那道德风险呢？经济学家还发现，一旦开始工作，企业社会责任就会激励工人增加每小时的产出，他们的工作专注度也大大提升[他们的非生产性停工时间（例如上网时间）减少]。
- 这个例子展示了企业社会责任何以解决逆向选择和道德风险问题，但企业社会责任中也存在一个值得思考的"道德风险乌云"问题。有兴趣的读者可自行寻找相关内容进行学习。

保险市场道德风险的市场解决方案：风险共担

和面对逆向选择时的情况一样，许多市场机制也能够用来降低道德风险。降低道德风险的主要方法之一就是协调委托人和代理人的动机。在保险市场中，这意味着需要使投保人的动机与保险公司的动机趋向一致。实现此目标的一个典型手段，就是使被保险者也要具有一定的"利害关系"，以使其能够分担其行为给保险公司带来的成本。我们可以用如下几种方法来协调投保人和保险公司之间的收益。

用数据说话

为教师设计激励措施

- 假设你是你所在学区的校监，你想要改善本学区的 K-12 教育（基础教育）质量。有人告诉你，现在的主要问题之一是教师在工作方面不积极，对孩子的关注度不足。他们应该得到更为有力的激励。你的副手刚刚学习了信息经济学的第一部分，她建议将学生考试分数同教师的工资挂钩。学生的考试分数提升得越多，老师可以拿到的收入就越高。你会实施这一方案吗？
- 罗兰·弗赖尔、史蒂文·莱维特、约翰·李斯特和萨莉·萨多夫在芝加哥海茨学区的实地实验中实施了这一

方案。[11]在学年开始时，一部分老师被告知，他们可以参加一项将奖金和学生在标准化测试中的成绩提升情况挂钩的计划。该计划会使用年终考试成绩来衡量学生相对于年初的进步程度，然后根据这些分数来确定教师的绩效奖金。如果学生成绩有提升，教师将可以获得8 000美元的奖金，这超过了他们年薪的15%。其他老师则被分配到对照组，以确保任何考试成绩的提高都源于激励计划。

- 表面上看起来这是个好主意。道德风险普遍存在于所有服务行业，教学也不例外。在这项研究中，研究人员确实观察到了绩效奖金的效果：对比之下，那些受到激励的老师所教出来的学生，其成绩确实要好得多。值得注意的是，为避免项目中的激励措施导致老师的失德行为，研究人员对考试进行了严格的监督，并进行了客观评分。

- 对老师的激励也有阴暗面。经济学家史蒂文·莱维特和布赖恩·雅各布使用芝加哥公立学校三到八年级学生的实际标准化测试数据进行了另外一项研究。[12]这些测试成绩会被用于决定学校是否需要关闭或整顿，而雅各布和莱维特从中发现了一个值得关注但又令人忧心的趋势：这些激励导致了大规模的教师作弊。某些学生试卷上那些正确到令人难以置信的答案字符串以及特定教室或学校学生之间某些答案字符串的相似性（这些都说明老师给学生提供了答案）使研究者得出结论：在受到激励的情况下，教师作弊行为显著增加。这个研究使我们认识到，许多现实情境中的隐藏行为（例如教学）具有多面性。我们应仔细设计激励措施，以考虑到隐藏行为的方方面面，否则，这些激励固然能带来某些方面的改善，但也可能导致其他方面的严重恶化。

1. 免赔额是指赔付额中须投保人自行承担的部分。假设一个人的车险有500美元的免赔额。在这种情况下，如果一次事故酿成了5 000美元的损失，那么他也只能从保险公司获得4 500美元的赔偿款。保险公司将部分索赔成本直接强加给投保人的这种做法，使得投保人有了以实际行动降低索赔发生率的动机。

2. 共付额也有类似的效果。共付额是指投保人在提出索赔时需要支付的款项（最常用于医疗保险市场）。举个例子，如果你想要用医疗保险购买处方药，你就得为每张处方支付5美元或10美元。

3. 在共付保险中，保险公司和投保人会按照预先规定的比例承担赔付责任。例如，许多医疗保险会赔付80%的费用，剩下的20%则由投保人自行承担。

这三种手段的目的都是给投保人提供一些激励，以使其减少索赔的额度或可能性。这类做法减少了道德风险对保险市场的影响。但需要记住的是，即使如上这些手段能够削弱道德风险的影响，道德风险也仍然可能造成无效率，并影响其所在市场的结构。

循证经济学

为什么私人医疗保险如此昂贵？

- 医疗保险是社会的一个基础性问题，也是经济学家的一个难题。竞争可以刺激创新，降低价格，并且一般能够提高效率。然而在医疗保险方面，竞争的有效性却并不明朗。正如本章前面所述，如果保险公司无法掌握每一名有意投保者的健康状况，那么它就不能保证竞争能使得医疗保险行业充满活力。这使得政府干预变得必要，例如我们之前讨论的奥巴马医改法案。

- 20世纪90年代中期，哈佛大学针对这一问题进行了小范围的测试。多年来哈佛大学一直为其员工提供多种不同的保险计划，并为这些计划提供高额补贴。例如，最便宜的医疗保险和最贵的医疗保险的保费相差600多美元，但因为哈佛大学为保费提供补贴，所以哈佛的员工只需多支付300美元就可以获得额外的保险。1995年，由于医疗保险价格飙升，哈佛决定让员工自行负担其昂贵医疗计划的额外成本。新方案规定所有医疗计划都只能获得相同的基本补贴，任何想购买更昂贵医疗计划的人都必须自行负担所有额外费用。结果是所有医疗计划的价格都上涨了，但最昂贵的医疗计划价格涨幅最大。

- 该方案于1995年起对部分员工生效，之后于1996年全面生效。利用这一生效时间差，经济学家戴维·卡特勒和萨拉·雷伯检验了信息不对称对引入更多价格竞争的影响，以及竞争到底能够给医疗服务的供给带来多大好处。[13]

- 他们发现，随着价格竞争的加剧，逆向选择显著增加：健康人群认为不值得为昂贵的医疗计划另外支付费用，这增加了最昂贵医疗计划中不健康人群的比例。这种逆向选择推高了最昂贵医疗计划的价格。两位经济学家估计，这种逆向选择的成本相当可观，相当于哈佛大学基本医疗支出的2%~4%，这意味着，平均而言，更大的逆向选择给哈佛大学员工所带来的成本相当于使基本医疗计划贵了2%~4%。

- 因此，信息不对称可能会导致私人保险的价格比在其他情况下更高。政府干预能改善这种情况吗？我们接下来将讨论这个话题。

问题	答案	数据	注意事项
为什么私人医疗保险如此昂贵？	哈佛大学的实验显示了逆向选择的存在——更为健康的人会选择退出昂贵的医疗保险。	哈佛大学员工对医疗计划的选择	该结果来自仅影响一所大学员工的医疗保险计划价格的单一变化。

16.3 信息不对称世界中的政府政策

即使私人解决方案能有效减少逆向选择和道德风险，政府干预也仍具有必要性。我们以医疗保险为例来分析一下其中的原因。我们知道，不健康的人更有可能需要医疗服务，因此更有可能购买保险。这种逆向选择问题会推高保险公司的成本，导致价格上涨。如果价格上涨过多，以至边际消费者决定退出医疗保险，逆向选择问题就会持续加剧，直至只有病情最为严重的消费者才会以高价投保或者市场崩溃。

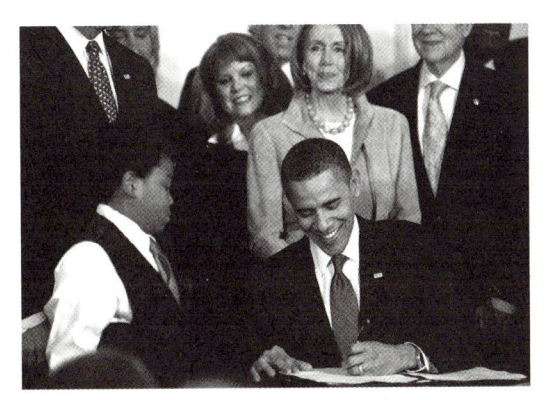

2010年3月，奥巴马总统签署《平价医疗法案》。

现实数据基本符合这种"死亡螺旋"，事实上，在《平价医疗法案》实施之前，美国的保险覆盖体系已经崩溃。例如，2010年春季，4 600万未购买保险的人中有超过800万人的年龄在18～24岁，大约有1 650万人的年龄在18～34岁。这些年轻劳动者的健康状况可能好于一般美国人（美国人平均年龄为38.2岁）的健康状况，所以可以认为他们的健康风险相对较低。当他们决定不购买医疗保险时，那些寻求购买保险的人的平均风险就会增加，而这会推高保费，并进而导致更多的低风险个人退出保险市场。事实上，医疗保险市场中这种因逆向选择而导致的"死亡螺旋"是美国政府出台《平价医疗法案》的一个重要诱因。《平价医疗法案》旨在通过强制实施医疗保险来防止美国保险市场的崩溃。

根本问题在于该市场所具有的一个隐藏特征：购买医疗保险的人比保险公司拥有更多关于自身潜在医疗费用的信息。这些隐藏特征有一项重要的影响：即使每个人都想要购买保险，并且愿意为保险支付比他们预期的医疗成本更高的费用，市场也不一定会为每个人提供保险。因此，政府有必要介入并且有可能改善该市场的结果。

《平价医疗法案》使医疗保险强制化，从而为防止保险市场的彻底崩溃提供了可能。这项强制措施相当于一项税收：从2016年开始，没有医疗保险的个人每月要缴纳约60美元。该法案于2010年3月由奥巴马总统签署并成为法律。

《平价医疗法案》的目标是通过提高质量和降低价格来扩大美国人的医疗保险覆盖范围。由于《平价医疗法案》迫使健康的人购买保险，减少了逆向选择问题，因此它有可能推动医疗保险价格的下降。

那这项法案的现实效果如何？

尽管现在仍很难判断《平价医疗法案》是否如预期发挥了作用，但经济学家已通过实证方式对类似的政策进行了检验。《平价医疗法案》与2006年的马萨诸塞州全民医疗改革非常相似,后者也强制要求个人购买保险。个人强制保险是否缓解了马萨诸塞州医疗保险市场的逆向选择问题?阿米塔巴·钱德拉、乔纳森·格鲁伯和罗宾·麦克奈特三位经济学家对此进行了检验。[14] 通过对比强制保险前后健康和不健康参保人的数量,他们发现,健康参保者的比例几乎增加了两倍,而不健康参保者的比例只增加了一倍。健康参保者比例上升这一发现表明,马萨诸塞州的强制医保有助于减少逆向选择问题。

此外我们也需要探讨政府干预对医疗保险价格的影响。这项研究仍在进行中,但实证研究表明,马萨诸塞州的改革导致全州保费的平均价格出现下降,这一结果与经济理论是一致的。

政府干预和道德风险

政府干预能减轻道德风险吗?答案是肯定的,这样的干预措施在我们身边随处可见。让我们继续以医疗保险为例。《平价医疗法案》或马萨诸塞州改革的引入可能会导致一系列潜在问题。例如,道德风险可能导致民众比没有保险时更不注意自己的健康。有了良好的保险覆盖,个人可能会增加吸烟等具有风险的行为,或者减少健康体检和筛查等预防性行为。

政府如何通过干预来减少这种道德风险?一个选项是通过税收来遏制风险行为,或者运用补贴来促进健康的选择。另一个选项仿照现在私营服务提供者的做法,引入我们之前已经提及的免赔额和共付额。当然,信息不对称导致的政府干预已经远远超出了医疗的范畴。例如,美国各州会强制要求车主购买汽车保险,并设计激励措施以鼓励司机的安全驾驶习惯。

虽然在理论上这些解决方案都很符合逻辑,但在实践中,正如我们在第10章中了解到的,政府面临着各种切实的挑战。首先,我们之前讨论过的市场解决方案能够防止市场的大规模崩溃(在"柠檬车"的例子中我们就看到了这种可能性),甚至可能比政府监管更有效率。其次,即使在需要改进的情况下,限制私人交易的类似信息不对称问题也会妨碍政府采取有效行动。毕竟,政府也无法察觉隐藏特征或隐藏行为。

面对信息的不对称,政府政策的本意是为了促进收入和资源的更公平分配,但问题在于,在很多情况下,政府的这些政策都会带来成本。这些问题其实就是公平与效率这一著名权衡的根源所在。我们在第10章中讨论过这一权衡:**政府可以促进公平,但往往是以降低效率为代价的。**

公平与效率的权衡

经济学家知道,市场经济中总会存在一定数量的失业,这基本是不可避免的。劳动者需要一定的时间才能找到适合自己技能和兴趣的工作。但是,当劳动者失业时,他们失去了劳动收入，其家庭成员也会受到波及。大多数发达的市场经济体都会通过提供失业救济金等方式来减少劳动者收入的这种波动，以尽力实现更大程度上的公平。但由于道德风险的存在，失业救济金也会产生成本。

失业者面临的问题中之所以存在道德风险，是因为个人为找工作而付出的努力和是否接受一份工作的决定都属于私有信息。因此，要想设计出一套能够有针对性地向那些"正在努力找工作"的劳动者提供慷慨失业救济金的失业救济制度，本身就是一件很困难的事情。慷慨的失业救济金不仅会降低失业者寻找工作的动力，甚至有可能导致更长时间的失业。

失业者行为中所存在的道德风险给失业救济金的设计带来了一个不可避免的权衡：它在为失业劳动者及其家庭提供更多的公平性和保险的同时，也降低了劳动者寻找新工作的积极性。当然，这种权衡并不意味着失业救济金不必要，但它或许也说明，失业救济金不应该慷慨到足以消除劳动者寻找新工作的所有动力。例如，为失业者提供与他们之前工资相等的失业救济金肯定是一个糟糕的主意。

用数据说话

求职者中的道德风险

- 数项研究说明了道德风险在失业者求职行为中所发挥的作用。在美国，失业者每个工作日用于找工作的时间平均只有41分钟。在失业救济金到期的前一周（在大多数州，失业救济金会在失业6个月后到期），这一时间会增加到每个工作日60分钟以上。
- 这一证据表明，在有失业保险时，失业者不会像没有保险时那么积极地寻找新工作。[15]

研究表明，有保险的失业者不会像没有保险时那么积极地寻找工作。

与此一致，欧洲失业者拿到的救济金通常比美国失业者还要高，因此他们花在找新工作上的时间更少。

- 失业者的求职行为也证实，他们更渴望在救济金到期之前找到工作。例如，在奥地利，一名典型失业者在救济金到期前一周找到新工作的可能性大约要比在其他周高出2.4倍。[16]

委托代理问题中的罪与罚

信息不对称不仅事关政府的再分配（例如刚提到的失业救济金问题），也会影响政府如何维系法律和秩序。加里·贝克尔和乔治·施蒂格勒这两位诺贝尔经济学奖得主提出，如何监控和惩罚犯罪的问题应该被视为一个委托代理问题。其中，社会扮演委托人角色，受法规约束的公民则是代理人。

政府的规定无处不在。各州都需要通过制定法律来维护公民的财产权和防止犯罪。如果他们不这么做，则社会必然会深受众多不法分子之害。另一个极端是，如果一个国家想要预防所有犯罪，那就需要拥有一支庞大到难以管理的警察队伍。每种类型的政府都会在这两者之间的某处找到其最优的罪与罚水平。

加里·贝克尔和乔治·施蒂格勒指出，犯罪可以被视为委托代理关系中的道德风险，因为对于委托人（在这种情况下即国家或政府）来说，代理人的行为（无论其违法还是犯罪）并非完全可见。[17] 从这个角度来看，预防犯罪是一个激励设计的问题。贝克尔和施蒂格勒随后提出，大致来说，激励会由预期惩罚决定，而预期惩罚则被定义为：

预期惩罚 = 被发现的概率 × 被发现后的惩罚

因此，要么被发现的概率足够高，要么被发现后的惩罚足够严厉，唯有如此才能达到预防犯罪所需的预期惩罚水平。

贝克尔指出，确保较高的被发现概率对社会来说代价高昂，但加大惩罚力度的成本却并不算高。最优"刑法"应具有相对较小的发现概率，并因此只需较少的警力，但同时应当对那些被发现的罪犯施加严厉的惩罚。这是思考法律设计和执行的一个强有力的框架。它在一定程度上解释了为什么许多轻罪没有受到惩罚，但社会仍能成功地对其他更严重的犯罪产生足够的威慑。

总结

- 由于买卖双方存在关键的信息差异，因此现实生活中的许多市场都表现出信息不对称的特征。
- 一种类型的信息不对称由隐藏特征驱动，在这种情况下，卖方或买方无法观察到某些特征。当经济主体能够运用其私有信息来决定是否参与交易时，隐藏特征会导致逆向选择。
- 另一种类型的信息不对称源于隐藏行为，当交易的一方可以采取另一方没有观察到但会影响所有人收益的行为时，就会出现隐藏行为。隐藏行为会导致道德风险问题。
- 尽管市场已存在保修、免赔额、认证和效率工资等多种应对信息不对称的方法，但在许多情况下，市场解决方案并不足够，而政府干预或有助于限制信息不对称所导致的无效率。

关键术语

信息不对称　　　逆向选择　　　委托代理关系
隐藏特征　　　　信号传递　　　效率工资
隐藏行为　　　　道德风险

问题

1. 什么是信息不对称？信息不对称分为哪两种类型？
2. 请解释二手车市场为什么存在"劣质车驱逐优质车"的现象。
3. 为什么医疗保险市场会出现逆向选择？
4. 第三方认证和保修是如何解决二手车市场逆向选择问题的？请解释你的答案。
5. 解释以下术语：
   a. 委托代理关系
   b. 道德风险
6. 企业在什么情况下会支付效率工资？道德风险与效率工资之间存在何种关系？
7. 存在信息不对称是否必然意味着政府应该干预市场？
8. 失业救济金是如何导致道德风险问题的？
9. 以向警察提供激励为例来解释强力激励的潜在成本。将警察的收入和其逮捕的人数挂钩，这是不是个好主意？
10. 如何将犯罪与惩罚模型化为委托代理问题？该模型对预防犯罪有何帮助？

循证经济学习题

1. [二手车市场] 让我们回到此前关于汽车市场上"柠檬"和"桃子"的讨论。假设二手车市场中有100名买方和100名卖方，其中一半卖方的车是"柠檬"，另一半卖方的车是"桃子"。买方对"柠檬"的支付意愿为1万美元，对"桃子"的支付意愿为1.5万美元，卖家对"柠檬"的接受意愿是8 000美元，"桃子"则为1.3万美元。只有卖家知道自己的汽车是"柠檬"还是"桃子"。
   a. 如果一个买方随机收到了这100辆车中的一辆，那么买方对这一辆车的期望价值是多少？
   b. 如果二手车的现行价格是（a）部分的期望价值，卖方会卖出"桃子"吗？"柠檬"呢？
   c. 在均衡状态下，每种类型的二手车价格是多少，能销售多少辆？
   d. 现在，假设一个"桃子"的卖方可以以1 000美元的价格使自己的汽车获得第三方认证。在这个新均衡下，每种类型的二手车的售价是多少，销量又是多少？
   e. 认证方案增加了多少总剩余（买方和卖方）？

2. [医疗保险] 让我们看一个简单的医疗保险示例，该示例反映的是20世纪90年代中期哈佛大学的情况。有50名健康的和50名不健康的风险中性人群。保险公司和投保者都了解，健康的人每年将发生200美元的医疗费用，而不健康的人则会发生600美元的费用。然而，尽管个人知道自己是否健康，但保险公司却不掌握相关情况。该保险公司所提供的是统一收费为450美元的标准医疗保险计划。在该计划下，保险公司会承担个人100%的医疗费用。

a. 健康的人会购买保险计划吗？不健康的人呢？

b. 根据（a）的答案，保险公司的预期医疗支付额和利润分别是多少？假设该公司除了支付医疗费用外没有任何费用。

c. 保险公司决定在原先的医疗保险计划（计划1）之外提供另外一项计划，即计划2。在计划2中，保险公司取消了450美元的固定费用，改为向投保者收取50美元，以承担30%的总医疗费用。（投保者承担剩余的医疗费用。）健康的人会买保险吗？如果买的话，他们会买哪一种？

d. 不健康的人会买保险吗？如果买的话，他们会买哪一种？

e. 在这种新情况下，保险公司的预期医疗支付额和利润分别是多少？

习题

1. 你刚买了几天的新车被偷了。你买车时花了2万美元，但保险公司认为它只值1.6万美元。

    a. 为什么保险公司认为它只值1.6万美元？

    b. 根据你掌握的关于这辆车的私有信息，它的价值能否超过1.6万美元？

2. 某小镇上有50名低健康风险个人和50名高健康风险个人。每名低风险者年平均医疗费用为1 000美元，其对医疗保险的支付意愿为1 200美元（因为他的费用可能远超1 000美元，而且他厌恶风险）。高风险者的年平均医疗费用为2 000美元，其对医疗保险的支付意愿为2 400美元。保险公司无法判断谁具有高风险，谁具有低风险。

    a. 请证明，如果保险公司以1 600美元的价格提供医疗保险，它会赔钱。

    b. 请证明，如果保险公司以2 200美元的价格提供医疗保险，那么低风险者将不会投保。请计算价格为2 200美元时的总剩余。

    c. 现在假设镇政府通过了一项法律，强制要求每个人都购买医疗保险，并将保险价格定为1 600美元。计算在该价格下的总剩余。

    d. 2010年通过的《平价医疗法案》强制要求每个人购买医疗保险。这道题是否表明个人强制医疗保险能够提高医疗服务的效率？请具体说明你的观点。

3. 二手床垫可分为"几乎全新"（价值600美元）、"八九成新"（300美元）和"有床虱"（0美元）三种类型。只有卖方知道床垫的类型。

    a. 假设二手床垫的价格是400美元。哪类床垫的卖方会考虑出售？基于这一前提，买方的期望值是多少？为什么400美元不能成为均衡价格？

    b. 解释为什么150美元不能成为均衡价格。

    c. "几乎全新"或"八九成新"床垫的所有者如何才能卖出自己的床垫？

4. 假设所有二手车要么是"柠檬"要么是"桃子"，且两者的数量相同。卖方知道他们车的类型，但买方并不清楚（车的质量是私有信息）。市场上买方的数量远比卖方多。卖方对"桃子"的接受意愿是3 000美元，"柠檬"是1 500美元；买方对"桃子"的支付意愿是4 000美元，"柠檬"是2 000美元。

    a. 对于买家来说，一辆随机选择的汽车的期望值是多少？如上所述，每种类型汽车的数量都是相等的。

b. 请解释为什么（a）部分的答案不能成为二手车的均衡价格。

5. 假设企业有能力一般型和能力出众型两类员工。公司愿意向一般员工支付 12 000 美元的薪水，向出众员工支付 15 000 美元的薪水。劳动者知道自己是能力一般还是出众，但企业不清楚。也就是说，能力是私有信息。能力一般者要花 6 000 美元才能获得大学学历，但出众者能够更快地完成学业，因此只要 2 000 美元就能获得大学学历。请证明在该劳动力市场的均衡状态下：(i) 能力出众者会上大学，但是能力一般者不会上大学；(ii) 企业会给大学毕业生开出 15 000 美元的薪水，给高中毕业生开出 12 000 美元的薪水。

6. 在 2008 年金融危机期间，美国政府和世界上许多其他政府一样，出手救助了那些被认为"太大而不能倒"的大型金融机构。一些救助的批评者认为，这些政策造成了道德风险问题：如果银行知道即使项目失败政府也会对其施以援手，它们就会更肆无忌惮。本题考察的是道德风险问题。

a. 假设一家银行有机会投资某高风险的项目。如果项目成功，银行将赚得 80 美元；如果不成功，银行将损失 100 美元。该项目的成功概率是 1/2。投资该项目的期望值是多少？如果银行的偏好为风险中性，它是否会投资该项目？

b. 现在假设政府出台了一项政策：若银行遭受损失，政府将提供救助。根据该政策，如果一个项目不成功，政府将承担银行亏损的 30%。因此，如果问题 a 中的项目不成功，政府将给银行提供 0.3 × 100 美元，也就是 30 美元的救助。投资该项目的期望值是多少？如果银行的偏好为风险中性，它是否会投资该项目？

7. 史蒂文·莱维特和查德·西弗森对比了地产经纪代理出售他人房屋和出售其个人房屋的不同情况。他们发现，在其他条件都相同的情况下，地产经纪个人房屋的售价要比他人房屋的售价高出 3.7%，这些房屋在市场上挂牌待售的时间则比他人房屋长 9.5 天。如何用道德风险解释这些结果？

8. 我们在本书前面讨论过的公共物品供给问题也可以被视为信息不对称问题。假设一所房子里有 5 名室友。他们打算买一台价格为 500 美元的共用冰箱。每名室友对该冰箱的支付意愿如下表所示。在对这台冰箱的总支付意愿为 540 美元的情况下，购买冰箱在经济上是有效率的。

室友	价值（支付意愿）
室友 A	150 美元
室友 B	150 美元
室友 C	80 美元
室友 D	80 美元
室友 E	80 美元

a. 假设以费用平摊方式购买冰箱，即每个室友都需要出资 100 美元。如果将该购买决定付诸表决，你觉得它能通过吗？

b. 如果每个室友可以自行决定出资金额，结果会怎样？为什么这个计划可能行不通？为什么在这种情况下存在信息不对称？为什么如果没有信息不对称，这个计划就可能行得通？

9. 美联储前主席珍妮特·耶伦和诺贝尔经济学奖得主乔治·阿克洛夫是夫妻。在 20 世纪 80 年代，他们在雇用保姆时，决定向其支付高于当时市场价格的工资。为什么在能以更低工资雇到保姆的情况下，他们还要支付高工资？

10. 政府希望减少白领犯罪。

a. 暂时假设无辜的人永远不会被误判有罪。

请解释为什么贝克尔的犯罪与惩罚模型建议我们应该加重对罪犯的惩罚，而不是雇用更多的人来调查白领犯罪。

b. 现在假设会有错判的情况，无辜者有时也被误判有罪。为什么在这种情况下，我们可能会想要雇用更多的调查人员而不是加重惩罚？在这种情况下，公平或公正扮演了何种角色？

11. 假设市场上有众多二手车卖方，他们对二手车的估价从 0 美元到 15 000 美元不等。这些数值的分布很均匀，因此，如果你随机选择所有价值低于 6 000 美元的汽车，那么（卖方的）期望值将是 3 000 美元（从 0 美元到 6 000 美元的中点）。市场上有很多买家，他们对每辆车的估价比卖家高出 800 美元。例如，一辆对卖方价值 2 000 美元的汽车，对买方而言价值 2 800 美元。基于买方对卖方的了解，找出使买方有理由购买的均衡价格。

第 17 章 拍卖和议价

如何在亿贝网的拍卖中出价？

明天就要举行天文学考试，你还在苦心钻研开普勒定律。此时你忍不住瞥了一眼你正在亿贝网上参与的竞拍。为了和你争抢一双安·泰勒绒面革高跟鞋，一位名为"大时代先生"的竞标者一再报出高于你的价格。

拍卖会在今天午夜结束，你现在在思考下一步该如何是好：是现在就大胆出击，还是等到最后时刻再报出一个可能中标的价格（一种被称为"狙击"的策略）？你已经无心复习天文学了。拍卖如此刺激，你已经没空去关心那些天体了。

任何参加过拍卖的人都会有同感。拍卖似乎激发了人们的动物精神，它让你心跳加速，手心冒汗。拍卖之所以能够成为全球数百万交易者的一种日常生活方式，原因或许正是在此。仅在美国就有超过 20% 的成年人参与在线拍卖。他们买卖各式各样的东西。在 2006 年，一名大学生为了筹集到尽可能多的上大学费用，甚至将个人未来收入的 2% 放到亿贝上公开出售。

截至目前，我们一直都把你视为一个价格接受者，作为消费者的你会以市场价格购买最符合个人偏好的东西，我们还假设你能负担得起这些价格。你无法影响你支付的价格，因为你只是众多消费者中的一个。但在现实中的很多情况下，你其实能够对你购买商品的价格产生一些影响。例如，在亿贝拍卖中，出价最高者会赢得标的，并支付与其出价相等的金额。在买卖双方积极议价的汽车、房屋和家用电器等市场中，你可以通过直接与卖方谈判来主动参与商品定价。

在本章中，我们探讨的是作为消费者的你会如何影响你所支付的价格。优化将再次成为我们研究的一个关键因素：在这些新的经济环境中，你要竭力做到最好。在本章的第一个循证经济学专栏中，我们将讨论该如何在这样的环境下进行优化，例如，你是否应该在亿贝上采取"狙击"策略，或者是否应该放弃一笔汽车交易。我们还会研究这些议价原则会如何以一种你从未想到的方式影响你的日常生活。这些研究会将我们的目光转向婚姻市场，同时也将有助于回答我们在第二个循证经济学专栏中提出的一个相关问题：谁来掌握家里的财政大权？

本章概览

17.1	EBE	17.2	EBE
拍卖	如何在亿贝网的拍卖中出价？	议价	谁来掌握家里的财政大权？

重要概念

- 拍卖越来越多地被用于销售商品和服务。
- 拍卖主要有四种类型：英式拍卖、荷式拍卖、第一价格拍卖和第二价格拍卖。经济学理论预测，在某些假设下，它们会为卖方带来相同的收入。
- 议价是另一种常见的商品和服务交易方式。
- 议价能力在很大程度上决定了交易条件。

17.1 拍卖

拍卖是一个市场过程，在该过程中，众多潜在买方会为商品出价，其中出价最高者将最终获得商品。拍卖的历史悠久，且充满传奇色彩。从古埃及的奴隶拍卖，到小亚细亚的新娘拍卖，再到公元193年禁卫军对罗马帝国皇位的拍卖，千百年来，拍卖一直被用于商品和服务的分配。拍卖在历史上一直发挥着重要作用，现在则几乎可用于出售任何人们能想到之物——葡萄酒、法拍房、污染许可证、棒球卡，甚至包括我们在本章开始时提及的人们未来的收入流，但是直到最近，经济学家才理解了当今市场上的各种拍卖形式。

为什么有些商品需要以拍卖形式售出，而不是像沃尔玛或家得宝店中的商品那样按标价出售？简言之，这是因为某些商品并没有明确的价格，而这使得拍卖成为一种能够促进价格发现的极有用销售方式。例如，当你打算出售一幅你祖父母送给你的画，而这幅画可能只有少数买方感兴趣时，拍卖可能是一个发现合适价格和找到合适买方的好方法。总的来说，用于拍卖的商品通常都是独一无二的，且买方相对较少。对于其他可互换且有许多卖方和买方的商品，价格发现并不是什么大问题。因此，诸如金枪鱼罐头和桃子罐头之类的商品通常会在杂货店里明码标价出售。

然而，随着互联网的出现，拍卖早已不仅仅是向为数不多的买方出售奇异商品。现如今，诸如书籍、高尔夫球、鞋子、平板电脑和笔记本电脑等普通商品早已成为日常拍卖中的常客。而对于这些商品而言，价格发现早已不是其参与拍卖的主要原因。对于卖方而言，互联网拍卖是一种可以快速销售物品的方式。至于拍卖为何如此受消费者欢迎，则没有人能找出单一的原因（尽管拍卖的受欢迎程度可能已达到最高[1]）。其中一个因素可能是拍卖能带来乐趣。许多买方可能会对在亿贝上争抢苹果平板电脑而感到兴奋，因为他们有可能通过拍卖达成一笔真正划算的买卖，

你就不能等你姑妈走了再拍卖她送给你的礼物？

相比之下，去苹果零售店按官方价格购买就不会带来如此多的乐趣。

这些有吸引力之处导致参与在线拍卖的人数大幅增长。图 17.1 展示了亿贝季度财务报表中从 2006 年到 2019 年的实际销售额数据。仅在过去 10 多年中，亿贝的销售额就从大约 130 亿美元增长到近 220 亿美元，这充分显示了在线市场的活力。

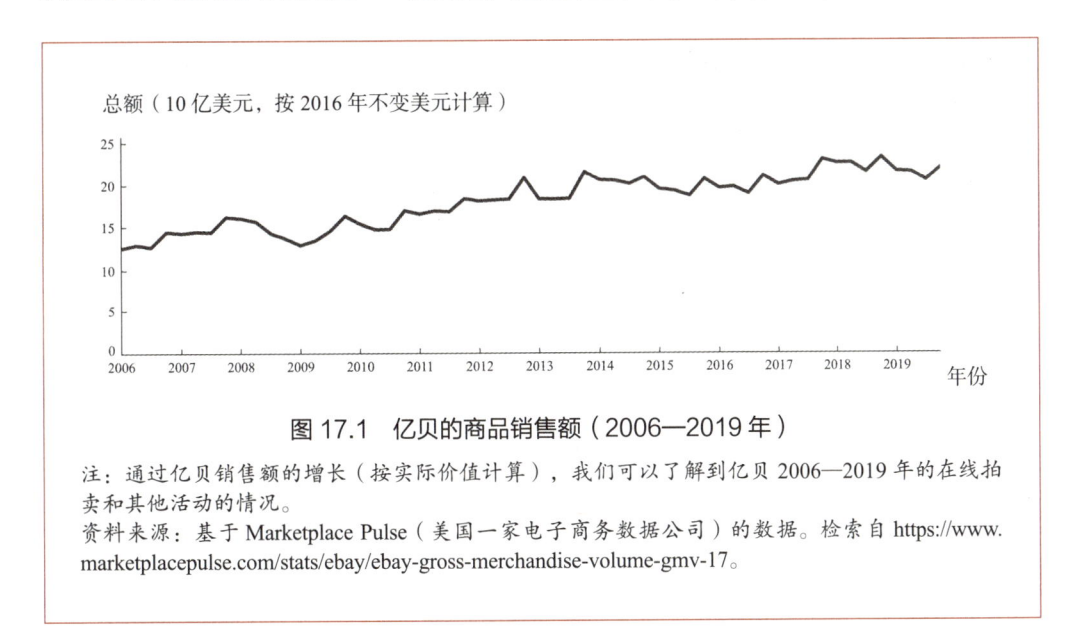

图 17.1 亿贝的商品销售额（2006—2019 年）

注：通过亿贝销售额的增长（按实际价值计算），我们可以了解到亿贝 2006—2019 年的在线拍卖和其他活动的情况。
资料来源：基于 Marketplace Pulse（美国一家电子商务数据公司）的数据。检索自 https://www.marketplacepulse.com/stats/ebay/ebay-gross-merchandise-volume-gmv-17。

在本节中，我们会重点探讨几种常见的拍卖形式。我们会关注在这些不同拍卖形式下的出价方式、支付价格以及卖方收入情况。你将发现，拍卖分析不仅有助于我们理解市场的形成，同时也是对第 13 章中所述博弈论的一个出色应用。

首先我们要做一些简化的假设。我们假设每位出价者对商品都有自己的私人估值（即他们都有各自的支付意愿），而其他出价者和卖方都对此不了解。为了便于分析，我们还假设一场拍卖中有 5 位出价者，他们都有意竞拍一对拉斯维加斯突袭者队的美国国家橄榄球联赛门票。

表 17.1 给出了出价者的支付意愿值。在 5 位出价者中，阿什莉对门票的支付意愿最高，为 250 美元。这意味着阿什莉愿意为门票支付的最高价格为 250 美元。支付意愿最低的人是伊莱，他只愿意为门票支付 50 美元。格朗克、安妮卡和道尔顿的估值则介于阿什莉和伊莱之间。在这些给定估值的情况下，我们现在来看看这些出价者在不同类型拍卖中的表现。不过在此之前，你可能会

你甚至可以通过拍卖来买到突袭者队的门票。

有如下疑问：为什么卖方不直接以 250 美元的价格向阿什莉收取门票钱呢？答案是卖方并不知道阿什莉的支付意愿（她的私人估值），而拍卖之所以有用，部分原因就在于卖方并不需要知道这些信息（这当然与拍卖的价格发现作用有关）。

表 17.1　出价者对突袭者队门票的估值

注：这 5 位出价者对拉斯维加斯突袭者队的门票都有独立且私人的估值。这些估值代表了他们愿意为门票支付的最高金额。

买方	估值（美元）
阿什莉	250
格朗克	200
安妮卡	150
道尔顿	100
伊莱	50

拍卖的类型

拍卖有多种类型。基于我们的讨论目的，拍卖可以根据以下两个特征来进行有效分类：

1. 人们如何出价；
2. 价格如何确定。

人们通常以公开叫价或密封出价方式来出价。

公开叫价拍卖是一种公开出价且出价者相互积极竞争的拍卖。**密封出价拍卖**是出价者私下报价，因此出价者互不了解出价情况的拍卖。区别拍卖的第二种方法是看价格的确定方式。在某些情况下，人们会支付他们的实际出价。在另一些情况下，则是由其他出价者的出价（通常是第二高的出价）决定价格。根据出价方式和价格确定方式的不同，拍卖可以分为以下四种主要类型：

1. 公开叫价：英式拍卖；
2. 公开叫价：荷式拍卖；
3. 密封出价：第一价格拍卖；
4. 密封出价：第二价格拍卖。

能做成一笔真正好买卖的可能性让拍卖对买家非常有吸引力，而且充满乐趣！

在所有的这四种拍卖中，我们都可以运用某些经济原则来优化出价策略——这些经济原则也会涉及一些博弈论。

公开叫价：英式拍卖

英式公开拍卖可能是我们最熟悉的一种拍卖。苏富比拍卖行等机构在出售昂贵字画和古董时所使用的"一次，两次，三次，成交"式拍卖就是这种拍卖方式，另外，你或许也在房地产拍卖会上目睹过这种拍卖。一次英式拍卖由一位拍卖师和数位出价者参加。拍卖师通过宣布一个较低的起拍价来开启竞拍过程。从起拍价开始，各出价者展开直接的相互竞价，且每一个出价都必须高于前一个出价。当没有出价者愿意出更高的价格时，出价最高者将支付其出价并赢得标的。总而言之，**英式拍卖**是一种公开叫价的拍卖，在这种拍卖中，价格会不断上涨，直至只有一人出价为止。这位最终出价者将赢得标的并支付出价。

你可能已经认识到，这种拍卖形式和亿贝等在线拍卖很相似：每个出价都会予以公开显示，而且价格会持续上涨，直至拍卖结束（一种"逐升式"的定价方式），此时出价最高者赢得竞拍并支付其出价。英式拍卖通常用于出售房地产、法拍房、汽车和古董，也经常用于为慈善机构筹集资金。

英式拍卖中的优化

在英式拍卖中，何为你的最优策略？让我们回到突袭者队比赛门票拍卖的案例中，并站在阿什莉的立场来思考这个问题。假设拍卖师以 25 美元的价格启动竞拍，并询问谁愿意出价。通过观察表 17.1 中的数值，我们发现阿什莉和其他四人都会出价，因为他们对门票的估值都超过了 25 美元。因此，阿什莉在此时应该出价。她之所以会这样做，是因为作为一名英式拍卖的出价者，她会愿意持续出价，直至她的出价达到其对该物品的估值。但是她的出价又不能高于其估值，因为如果她最后赢得拍卖，就必须支付自己的出价。

接下来考虑伊莱的情况。基于同样的理由，他对突袭者队门票的出价不会超过 50 美元。因此，当出价达到 50 美元时，伊莱将不再出价。这是因为，他对门票的估值仅有 50 美元，如果他出价超过 50 美元并赢得拍卖，他将失去消费者剩余。伊莱出价超过 50 美元是不符合逻辑的，他应该在 50 美元时退出拍卖。

让我们继续这一拍卖过程。当价格达到 100 美元时会出现什么情况？出价不超过 100 美元的道尔顿此时会选择退出。如果出价达到 150 美元

我失去了灵魂，但得到了一些漂亮的收藏版马克杯。你永远不知道你会在拍卖中发现什么！

呢？现在安妮卡也会停止出价。这个过程一直持续到出价达到200美元。假设阿什莉出价200美元购买突袭者队的门票。格朗克会出价吗？不会，因为他的出价必须超过200美元才能赢得拍卖。他对门票的估值为200美元，因此他不会再出更高的价格。这样，阿什莉就赢得了突袭者队比赛的门票，支付了200美元，还从中净赚了50美元（250美元−200美元）的消费者剩余。

我们刚刚看到的就是英式拍卖中的一般性结果：在价格高于你对拍卖物品的估值之前持续出价是一种占优策略。如第13章中所述，占优策略是一种无论其他参与者采取何种行动，都能使你获得最高收益的策略。因此，英式拍卖中的占优策略均衡以及纳什均衡，就是让每个人都以这种方式出价。

在均衡状态下，赢家将是最高出价者，他将支付与第二高的估值相等的价格（如果第二高出价者的出价恰好等于其估值，则赢家的出价还需略高一点。例如，如果格朗克出价200美元，阿什莉则可以通过出价200.01美元来赢得拍卖）。因此，通过英式拍卖来出售突袭者队比赛门票的卖方将获得大约200美元的门票收入。

用数据说话

是否应采取狙击策略？

- 如果你参加过亿贝和亚马逊的拍卖，你可能会注意到，它们的规则会有些许不同：亿贝的拍卖会在预定时间结束，而在亚马逊上，若10分钟内无人出价，拍卖便自行结束。这种细微的差异导致出价者会在亿贝拍卖结束前大肆出价，这就是众人所说的"狙击"。这两个网站都有直接输入最高出价的选项，而且都可以通过代理出价服务以最小增量自动出价，直至达到最高出价。但许多亿贝用户仍然会选择在最后时刻进行"狙击"。
- 那么，在最后的时刻，亿贝上的出价者会再进行多少次报价？阿克塞尔·奥肯费尔斯和诺贝尔经济学奖得主阿尔文·罗思发现，在亿贝拍卖中，有20%的用户会在拍卖结束60分钟前提交最终出价，而在亚马逊上，这一比例为7%。[2] 他们还从样本数据中发现，在亿贝拍卖中，至少有40%的最终出价是在结束前5分钟内进行的，而且其中有12%的出价是在拍卖的最后10秒钟内发出的！
- 在你看来，等到最后一分钟或最后一秒钟再出价这种做法是否有道理？
- 经济学家肖恩·格雷和戴维·赖利的研究为我们提供了不少的洞见。[3] 他们通过实地实验研究了在亿贝上实施狙击策略的好处。这两位经济学家进行了一项以不同方式对成对的相同物品（如电影DVD、压铸玩具车等）进行出价的实验：他们会在拍卖结束前几天就对其中的一件物品报出最高价，而对于另一件物品，他们则会在拍卖结束前10秒提出相同的报价。他们测试了70对不同的物品，结果显示，从统计角度看，狙击策略并无明显的好处，因为这些物品的最终价格大致相同。

- <mark>总而言之，这一实证证据表明，你最好把时间用在学习天文学上，而不是去亿贝搞狙击！</mark>这一证据也为本章开篇所提出的问题，也就是你应该如何在亿贝拍卖中出价提供了部分参考。

公开叫价：荷式拍卖

17 世纪时，郁金香狂热席卷了整个荷兰。在许多人看来，这是人类第一次有记载的经济泡沫，而且广为人知的是，当时单个郁金香球茎的售价超过了一个散工年收入的 10 倍。在郁金香狂热的最高峰，一个球茎可以换得 12 英亩土地。不出所料，这种投机泡沫催生了许多关于郁金香交易的创造性方式。其中最为有趣的或许要数荷式拍卖。

荷式拍卖也是一种叫价式拍卖，但它与英式拍卖有一项关键不同之处。在荷式拍卖中，拍卖师会以远高于任何出价者估值的报价启动拍卖，并逐步降低价格，直到其中一位出价者接受报价。也就是说，拍卖会按价格递减的方式推进，直至有人宣布愿意接受给

你会愿意出多少钱来买一棵郁金香？

定的价格。第一个接受给定价格的人将赢得拍卖并根据该价格进行支付。由此可见，荷式拍卖是一种降价式的公开叫价拍卖，而英式拍卖是一种涨价式的公开叫价拍卖。

荷式拍卖在生活中并不常见，但它仍旧在为现代经济所用。除了用于阿姆斯特丹的郁金香拍卖（至今仍生机盎然），美国财政部也在利用荷式拍卖出售证券。一些私营企业也会使用荷式拍卖，比如谷歌首次向公众发行其股票时就使用了荷式拍卖的一种变体：公开的首次公开募股（Open IPO）。同样，许多其他企业也曾利用荷式拍卖来回购其公司的股票。

荷式拍卖中的优化

让我们再回到此前的门票拍卖案例，以探究何为荷式拍卖的最优策略。假设拍卖师以 500 美元的价格启动该拍卖。会有人接受这个价格吗？通过观察表 17.1 中的估值，我们得知这 5 名出价者都不会以这个价格购买。和这个价格最接近的是阿什莉，但由于她的支付意愿仅为 250 美元，因此她不会出价 500 美元。如果出价 500 美元，她会损失 250 美元（500 美元− 250 美元）的剩余。因为没有人会以 500 美元的价格购买，所以在经过一段时间后，拍卖师会把价格降到 490 美元……然后是 480 美元……然后是 470 美

元，以此类推。

拍卖何时会结束？最后谁会赢得拍卖？获胜者会支付多少钱？

在英式拍卖中，你只需持续出价，直至价格达到你的最大支付意愿。但在荷式拍卖中如何决定出价要比在英式拍卖中更复杂一些。我们可以通过当荷式拍卖中的价格降至250美元时阿什莉的决策来理解这一点。

她应该宣布会以250美元的价格进行购买吗？如果她这么做，那她将赢得门票，并为此支付250美元。这一价格将使她的消费者剩余为零（250美元-250美元）。或者她也可以"静观其变"，先不在这个价格出手。在这种情况下，她有输掉拍卖的风险。最关键的是她不知道其他4个出价者的估值，也不知道他们将如何出价，因此她面临的权衡是要么选择一种消费者剩余为零的购买，要么选择一种之后可能获得更高剩余的机会。让我们假设她会让拍卖继续。

如果没有人以250美元的价格购买，拍卖师会把价格降至240美元。现在阿什莉又面临着一个抉择。她可以接受240美元的价格并确保获得10美元（250美元-240美元）的消费者剩余，也可以继续等待一个更低价格的出现，但需为此承担其他人先于她出手的风险，而且这将导致她的消费者剩余为零。她现在该怎么做？

此时，为了帮助阿什莉找到最优出价策略，我们需要做出进一步的假设。你或许已经猜到了，这是一个关于风险偏好的重要假设。如第15章中所述，我们把既不厌恶风险也不寻求风险的人称为风险中性者。举个例子，比如我们赌抛硬币，如果最终正面朝上，你会赢得10美元，如果最终反面朝上，你会损失10美元。风险寻求者会欣然接受这种赌博，风险厌恶者则会尽力避免这种情况，而风险中性者则会认为这两者无差异。对于中低程度的风险而言，风险中性是一个很有帮助的假设，所以在这里我们假设出价者都为风险中性。

因此，在给定风险为中性的情况下，阿什莉应该什么时候参与出价？她的出价越高，剩余就越少，但与此同时，她成为第一个出价者并赢得突袭者队门票的可能性也就越大。鉴于阿什莉所有决策的基础都是她的私人估值，我们可以发现，在这类拍卖中，她的估值越高，她的出价就越高。另一个因素也会影响她的出价，那就是在拍卖中与她展开竞争的出价者数量。如果参与拍卖的只有两个人，那么她可以更加大胆地行事，静等价格大幅下跌。但如果她要参与多人竞争，那么除非她积极出价，否则其他人很有可能会抢先一步。

在这种情况下，阿什莉可使用的一个简易优化策略是用她的支付意愿（250美元）乘竞争者的数量（4），再除以出价者的总数量（5）。（在某些假设下，这种策略可以推导为一个纳什均衡，但目前我们不需要进行这些推导。）

由于她的支付意愿为250美元，并且还有其他4名出价者（合计5人），因此这一规则意味着阿什莉的最优行动是在价格达到250美元×（4/5）=200美元时出手"购买"。事实证明，这种策略对所有出价来说都是纳什均衡，这意味着当其他人也在使用同样的策略时（出价是自己估值的4/5），这就是阿什莉的最优反应。在这种纳什均衡下，我们预计伊莱会在价格为40美元［50美元×（4/5）］时"购买"。

总体来说，当出价者的数量非常少，比如只有两个人时，你就没有必要太过激进地出价。这显然是有道理的。比如，根据上一段所提及的规则，当只有两个出价者时，阿什莉应该出价250美元×（1/2）= 125美元。

相反，如果竞争加剧，比如当出价者数量达到100人时，你的出价就会更接近你的私人估值。基于前面的规则，当有100名出价者时，阿什莉的出价为250美元×（99/100）= 247.50美元。

如果人人都遵循这个优化规则，那么在荷式拍卖中，支付意愿最高者将赢得拍卖并支付200美元。这是因为阿什莉是第一个宣布"购买"的人，并且她将出价200美元。她也因此获得50美元的消费者剩余。突袭者队门票的卖方则获得200美元的收入。

有趣的是，这和卖方通过英式拍卖所获得的收入相同。但是请注意，两种拍卖下的实际付款并不一定会相同。例如，如果我们把表17.1中格朗克的估值改为210美元，那么在荷式拍卖中阿什莉将再次胜出，并支付200美元［格朗克现在的策略是出价210美元×（4/5）= 168美元，但是在此之前，阿什莉将再次以200美元的价格赢得该物品］。然而，在英式拍卖中，格朗克会提高其出价，直到价格达到210美元，因此阿什莉现在需要支付更多的钱——210美元，而非先前的200美元。

但值得注意的是，英式拍卖和荷式拍卖有两个相同的特征：首先，估值最高的阿什莉在两种拍卖中都会胜出。第二，尽管两种拍卖所产生的实际收入可能会因出价者的具体估值而不同，但结果表明预期收入是相同的。这件事我们可以这么想：如果我们有很多场拍卖，且每场拍卖都有着不同的商品并持有不同估值的出价者，那么平均而言，我们应当预期通过每种拍卖所获得的收入是相同的。也就是说，理论上英式拍卖和荷式拍卖应该筹集到相同数量的资金。接下来我们将了解到，预期收入相同这一点，其实是一个更为普遍的现象。

密封出价：第一价格拍卖

截至目前，我们已经讨论了英式拍卖和荷式拍卖。这两种拍卖都被称为公开叫价拍卖，因为它们本质上都是公开的。拍卖也可以通过出价者私下竞标的方式进行。这类拍卖被称作密封出价拍卖。在密封出价拍卖中，所有的出价都是私下进行的，因此每个出价者只知道自己的出价。也就是说，在这类拍卖中，出价者需要在不知道其他拍卖参与者出价的情况下同时出价。**第一价格拍卖**就是一类经常被用到的密封出价拍卖。在第一价格拍卖中，所有的出价者都会在卡片上写下自己的出价，然后将其交给拍卖师。拍卖的最终获胜者是出价最高者，这个人会赢得拍卖标的并支付与其出价相等的价格。

第一价格拍卖中的优化

现在让我们再度回到对突袭者队门票的拍卖（并继续使用表 17.1 给出的估值）。在第一价格拍卖中，阿什莉应该如何出价？她的出价不会超过 250 美元，因为一旦出价高于 250 美元，她将失去消费者剩余。例如，如果她出价 275 美元并赢得拍卖，那么她将承担 25 美元的亏损，因为她支付的价格（275 美元）比她对门票的估值高了 25 美元。那么，250 美元是不是她的最优出价？这无疑会给她带来最大的获胜机会。但即使她真的赢了，她也将获得零消费者剩余，因为她是按照她的最大愿意支付。或者她应该考虑降低出价？如果真是这样的话，她应该把出价降低多少？

请注意，这里的权衡与阿什莉在荷式拍卖中所面临的情况完全相同：更低的出价意味着更低的获胜可能性，但如果获胜，她将获得更多的消费者剩余。在这种情况下，你会很自然地发现，在第一价格拍卖中的最优出价策略与在荷式拍卖中相同。

因此，阿什莉的最优策略是出价 200 美元，也就是她支付意愿（250 美元）的 4/5。其他出价者也应采用类似的出价策略。例如，伊莱应该出价：50 美元 ×（4/5）=40 美元。第一价格拍卖中的均衡就是让所有人都以此方式出价。如果每个人都这样做，那么没有人会从改变出价中获益。

因此，突袭者队门票的卖方再次获得 200 美元的收入，阿什莉则获得了 50 美元的消费者剩余。

密封出价：第二价格拍卖

收藏品市场是拍卖活动最为活跃的场所之一。在古董、棒球卡、漫画书、别针以及星球大战纪念品等各个市场，全球各地的狂热收藏家每天都有数以百计参与拍卖并丰富其收藏品的机会。邮票市场或许是最古老和最活跃的收藏品市场。如今，无论在哪个时间段，你都能在亿贝上找到成千上万的邮票拍卖活动。但拍卖的数量并不总是特别大。作为一种爱好，集邮正式兴起于 19 世纪 50 年代。最早的 100 场邮票拍卖会出现在 1870—1882 年间，其中大部分都在纽约举行。到了 19 世纪 90 年代，这类拍卖蔚然成风，到 1900 年时，全世界已经举行了 2 000 多场邮票拍卖会。

这些拍卖通常为英式拍卖。然而，许多外地集邮爱好者也希望能够参与拍卖。市场很快就为这些无法亲自前往拍卖会的人做出了变通。例如，一份 1878 年的邮票拍卖目录就如此写道："外地的收藏者可享有与本地收藏者同等的购买便利，其出价可送至拍卖商……拍卖商将视他们在场并将代表他们出价，而且不收费。"在所有本地出价均低于最高外地出价的情况下，最高外地出价者将赢得拍卖并支付第二高的出价。于是，第二价格拍卖诞生了！

现代的**第二价格拍卖**与 1878 年的邮票拍卖仍有许多相似之处。例如，和第一价格拍卖一样，所有的出价者都需要私下写下出价并交给拍卖师。拍卖的获胜者是出价最高者。第一价格拍卖和第二价格拍卖之间的主要区别在于支付价格。在第二价格拍卖中，出价最高者实际按照第二高的出价支付。为什么会有这种看似非常武断的规则？

第二价格拍卖中的优化

让我们来看一下在第二价格拍卖中对突袭者队门票的最优出价策略，并借此来理解此类拍卖背后的逻辑。这里的关键在于，如果你在此类拍卖中获胜，你并不需要按你的出价支付，而是会按第二高的出价支付。这与上面讨论的其他三种拍卖形式有很大的不同。在另外三种拍卖中，你都是按你的最终出价支付的。阿什莉之所以没有在第一价格拍卖中出价250美元，是因为这么做会使她的消费者剩余为零。

为了增加赢得拍卖的机会，现在阿什莉是否应当使出价超过250美元？这似乎是明智的，因为她只需支付第二高的出价。或者她的出价应该低于250美元。

你可能会惊讶地发现，在这次拍卖中，根据你的支付意愿出价才是一种占优策略。让我们来看一下，为什么在这种情况下出价250美元是阿什莉的占优策略。我们将分两步进行分析：首先，我们将分析为什么阿什莉不应出价过高（也就是为什么她的出价不应该超过250美元），然后我们再分析为什么她的出价不应该低于250美元。

为什么阿什莉的出价不应高于250美元？

假设在格朗克、安妮卡、道尔顿和伊莱之间，格朗克的出价最高，为200美元。然后假设阿什莉的出价比她的估值高100美元，也就是350美元，而不是250美元。在这种情况下，阿什莉会赢得拍卖，并支付200美元（第二高的出价）。但你也会意识到，在这种情况下，阿什莉即使按250美元的真实估值出价，也能取得同样的结果：她会赢得拍卖，同样也只需支付200美元。事实上，只要拍卖中第二高的出价低于250美元，就会出现如下情况：阿什莉出价250美元与出价超过250美元的结果是一样的。

如果格朗克的出价是300美元呢？现在，阿什莉同样会通过出价350美元赢得拍卖，但她必须按照第二高的出价支付，也就是格朗克的300美元。阿什莉现在赢得了门票，但必须支付300美元，而这比她的估值250美元高出了50美元。这可不太划算。相反，如果她只是按照她的真实估值250美元出价，格朗克就会赢得拍卖。从阿什莉的角度来看，在给定格朗克出价300美元时，这是一个更好的选择（但对格朗克来说这个结果就不太好了，因为他现在的消费者剩余为负！）。

这一推论表明，阿什莉和格朗克都最好按自己的估值出价，因为如果出价过高，他们可能会以导致消费者剩余为负的价格买到门票。

这是一个具有普遍性的结果：在第二价格拍卖中，只要你的出价高于你的估值，你都将失去收益并遭受损失。没有收益，是因为如果你在不想赢的时候赢了，则你将支付过高的价格。或者，如果你只需要使出价等于估值就能赢得拍卖标的，则使出价高于你

第17章 拍卖和议价

的真实估值并不会带给你任何收益。

如果出价低于你的估值会出现什么情况？我们接下来谈谈这个问题。

为什么阿什莉的出价不应该低于250美元？

我们先假设阿什莉的出价比其估值低100美元，也就是说她出价150美元，而非她的估值250美元。最高出价来自格朗克，他的出价为200美元。在这种情况下，格朗克赢得拍卖，并按第二高的出价（150美元）支付。阿什莉本应在这场拍卖中获胜，因为她的估值最高。事实上，如果她出价250美元，她就会赢得拍卖，而且通过支付第二高的出价200美元，她还能为自己赢取到50美元的剩余。所以，过低的出价导致她损失了50美元的剩余。显而易见，在这种情况下，低于估值的出价使她蒙受了损失。

如果其他所有出价都更低呢？例如，假设其他人的最高出价是100美元。在这种情况下，阿什莉是不是最好让自己的出价低于估值？答案是否定的。现在阿什莉赢得了拍卖标的，并支付第二高的出价（100美元）。但我们也注意到，如果阿什莉按其估值出价250美元，结果是一样的：在两种情况下，她都会赢得拍卖，并都只需支付100美元。所以在这种情况下，使出价低于估值不会给阿什莉带来任何收益。这也是一条具有普遍性的结果：在第二价格拍卖中，任何低于估值的出价都无法让你增加收益，而且还有可能让你输掉拍卖（尽管在赢得拍卖的情况下你也会获得消费者剩余）。

我们可以由这两个例子得出一条具有普遍性的经济原则：在第二价格拍卖中，一个人的出价应该等于他的估值。这是一个占优策略，使用任何其他策略都不能使你的境况变得更好。由于在第二价格拍卖中按估值出价是所有参与者的占优策略，所以这也意味着按估值出价是一个纳什均衡（同时也是一个占优策略均衡）。

这就会导致如下颇令人惊讶的结果：在所有这四种拍卖中，获胜者都是估值最高的出价者。此外，这四种拍卖的预期收益也是一致的。因此，在所有这些情况下，阿什莉都会赢得门票并支付200美元，卖方会获得200美元的收入，而阿什莉会获得50美元的消费者剩余。

收益等价定理

表17.2从出价者和卖方的角度对四种主要拍卖形式做了总结（基于表17.1给出的数值）。该表表明，在所有这四种情况下，估值最高者（阿什莉）都会赢得拍卖，此外，根据表17.2给定的估值，她会为门票支付200美元。我们在前面已经提到，这些拍卖形式不一定总能产生完全相同的收入，但结果显示它们会产生相同的预期收入。这实际上正是所谓"**收益等价定理**"这一普遍性结果的核心观点：大体上来说，这四种主要类型的拍卖会为拍卖者筹集到相同数量的资金。

表 17.2　四种拍卖类型的收入确认

主体	英式拍卖	荷式拍卖	第一价格拍卖	第二价格拍卖
出价者	估值最高的出价者赢得拍卖（阿什莉以200美元获胜）	估值最高的出价者赢得拍卖（阿什莉以200美元获胜）	估值最高的出价者赢得拍卖（阿什莉以200美元获胜）	估值最高的出价者赢得拍卖（阿什莉以200美元获胜）
卖方	卖方得到200美元	卖方得到200美元	卖方得到200美元	卖方得到200美元

注：我们在此总结了四种主要拍卖类型的市场结果。请注意，这四种拍卖都产生了200美元的收入。虽然这些拍卖类型产生的确切收入可能不同，但根据收益等价定理，这四种拍卖将产生相同的预期收入。

诺贝尔奖得主、经济学家威廉·维克里首先提出，在某些假设下，不同的拍卖模式会产生相同的预期收入结果。[4] 维克里将博弈论应用于拍卖研究，进一步发展出了以下几个我们刚刚讨论过的观点：

1. 竞拍者应该以同样的方式看待荷式拍卖和第一价格拍卖，也就是说，荷式拍卖的出价者应等到价格降至其在第一价格拍卖中的出价时再出价。从这个意义上说，无论你是在荷式拍卖中出价还是在第一价格拍卖中出价，你的策略都是相同的。

2. 在英式拍卖和第二价格拍卖中，占优策略都在发挥作用。在英式拍卖中，占优策略是不断提高出价，直至价格达到你对商品的估值。最终，估值最高者会赢得拍卖并支付与第二高出价相等的价格（即第二高出价者的估值）。在第二价格拍卖中，你也会采取类似的出价策略：你的占优策略就是使出价等于你的估值。如果每个人都遵循自己的占优策略，则出价最高者将支付与第二高出价相等的价格（即第二高出价者的估值）。

你可能会想：这在理论上挺完美，但在实践中，当理论假设不能保证成立时，实际情况又会是什么样子呢？我们接下来将讨论这个问题。

循证经济学

如何在亿贝网的拍卖中出价？

- 对拍卖理论的实证检验主要是通过实验室实验进行的。这些实验主要是为了检验上述四种拍卖形式的收入等价性，也就是说，进行实验的目的是回答如下这一问题：这四种拍卖形式是否能够为拍卖者带来相同的收入？这些实验也检验了个体出价者是否会遵循我们刚才所讨论的策略。

第 17 章　拍卖和议价

- 为了验证现实世界的出价行为是否符合拍卖理论的预测，经济学家戴维·赖利利用互联网拍卖开展了一项颇具创新性的研究。[5] 为了开展实验，赖利购买了价值2 000多美元的万智牌（一款具有收藏价值的卡牌游戏），然后在网上以四种不同的拍卖形式进行转售。他使用的基本方法是用两种不同的拍卖形式拍卖两张相同的卡牌，然后对每张牌所产生的收入进行直接对比。
- 例如，他买了两张茜卓纳拉卡（茜卓纳拉是两大旅法师之一），对其中一张进行荷式拍卖，对另一张则进行第一价格拍卖。同样地，他买了两张杰斯贝连卡（另一个重要的旅法师），其中一张进行英式拍卖，另一张进行第二价格拍卖。这种方法使他能够用相同商品比较两种拍卖形式（比如荷式拍卖和第一价格拍卖）的收入和出价，从而可以不受干扰地对拍卖理论进行检验。
- 关于收益等价定理与现实一致性的第一个检验是，对于一款给定的卡牌（茜卓纳拉），其从荷式拍卖中所获得的平均收入（这代表了收益等价定理中的预期收入）应该等同于其从第一价格拍卖中所获得的收入。如前所述，这两种拍卖会促使出价者使用相同的出价策略（取决于竞争出价者的数量），并产生相同的预期收入。换句话说，茜卓纳拉卡在荷式拍卖中所获得的收入与同一款卡牌在第一价格拍卖中所获得的收入的差额应该为零。
- 在赖利的实验中，结果显示全部拍卖的平均收入差距大于零。他发现，通过荷式拍卖所得到的收入预计要比通过第一价格拍卖所获得的收入高出0.32美元。鉴于这些卡片的平均售价约为4.50美元，这是一个值得关注的差值。
- 赖利又使用同样的方法检验了英式拍卖的收入是否会等于第二价格拍卖的收入。这次，他没有发现在英式拍卖和第二价格拍卖中的出价存在明显区别，这与收益等价定理一致。
- 因此，在关于万智牌的拍卖实验中，英式拍卖和第二价格拍卖的结果证明我们的出价理论能站得住脚。但是从荷式拍卖和第一价格拍卖的对比结果来看，这一理论似乎和现实有些偏差。关于拍卖理论成立与否这一问题，我们还需要进行更多的研究。就在你读这个循证经济学案例时，学界仍在就拍卖理论能在多大程度上预测拍卖行为进行着激烈争论。
- 你觉得为什么荷式拍卖能比第一价格拍卖筹集到更多的资金？你还能想出其他通过互联网拍卖来测试拍卖理论的巧妙办法吗？

问题	答案	数据	注意事项
如何在亿贝网的拍卖中出价？	我们在前面所详述的理论就应当如何出价提供了不少的见解，至于出价人是否会按此行事则证据不一。	在亿贝网上进行的万智牌拍卖实地实验。	该领域的研究还在不断发展，实验数据和自然发生的数据都为拍卖理论能在多大程度上解释真实行为提供了见解。

17.2 议价

在本章的前半部分，我们关注的是买方为购买商品而相互竞争的市场。卖方是被动的，从某种意义上来说，他们一旦选定了拍卖形式，就会退居幕后，坐看别人你争我夺。除了拍卖，市场中还有一种不同的交易形式，那就是双边议价（或双边谈判，参见第7章）。作为一种交易形式，双边议价指的是一个卖方与一个买方就贸易条件积极展开谈判。你如果曾经使用过亿贝的"最佳报价"选项，那么会对双边谈判很有经验。或者，如果你去过跳蚤市场，你也会对双边交易有印象——在熙熙攘攘的市场上，商人们为寻找"交易"刺激的购物者提供商品和服务，这是一种令人兴奋的体验。如果你是一个议价高手，就更能体会其中的快感——那种经过一番讨价还价最终做成一笔划算买卖的感觉。

从雅典的集市到罗马的广场，从英国中世纪的集市和市场到摩洛哥拥有千年历史的露天市场，千百年以来，双边议价一直是市场的基础。时至今日，各国仍然存在着大量的集市和跳蚤市场。尽管我们很难从经济上评估这些市场的重要性，但根据美国国家跳蚤市场协会的报告，在过去几年中，美国跳蚤市场的数量和销售总额都出现了大幅增长，其中只是持证摊贩就超过了200万，而每年的销售额则高达300亿美元以上。然而这仍旧大大低估了实际情况，因为此类市场中还有很多由无证摊贩进行的未纳税交易。从更普遍的意义上说，此类市场极为重要，尤其是在发展中国家，这一体系是正规市场上商品和服务分配的一个关键组成部分。

什么决定了议价结果？

你可能想知道在议价的情况下哪方会占上风。例如，为什么有些卖方似乎总能卖出好价钱，而在其他情况下，买方好像总能占到更大的便宜？

你可能已经猜到，这在很大程度上归因于潜在交易的固定收益和成本。从议价的角度来说，决定最终结果的最重要因素被称为**议价能力**。我们通常会运用以下两项原则来描述各方的议价能力：未能达成协议的成本，以及一方对另一方的影响。例如，如果你对其他主体的影响力增加，你的议价能力就会提高。但如果你未能达成协议所产生的成本增加，你的议价能力则会下降。

让我们通过一个例子来理解上述概念。假设这几个月来你一直在想方设法地寻找兼职工作。当地经济一直不景气，因此校园附近没有企业在招聘。这时候突然出现了一个完全符合你预期的招聘岗位。这家名为驯鹿咖啡的公司说他们将只招聘一人。但是当你去应聘的时候，你发现除了你，还有500多人申请了这一职位。

经过一轮初筛之后，你发现自己成功入围了最后的10人候选名单。管理层又对你进行了一轮面试，并发现你是一个很有吸引力的候选人，但你知道其他9人也同样有可能获得这个职位。在面试将要结束时，他们问你对这份工作的薪资有什么期待。你该如何回应这个问题？

在回答这个问题之前，你应该先问问你自己，在这种情况下谁具有议价能力。首先，你会认识到你对驯鹿咖啡公司几乎没有影响力。这家公司可以雇用其他9名候选人中的任何一个，他们似乎都具备胜任这份工作的条件，因此是你的完全替代品。其次，对你来说，达不成协议的成本相当高昂——你已经找了好几个月的工作了，好不容易才发现一个最适合自己的。但是驯鹿咖啡公司不和你达成协议的成本非常低，因为还有其他几名合格的候选人在等着要这份工作。

现在你已经确定，在这种情况下你几乎没有任何议价能力。这意味着只要驯鹿咖啡公司愿意，它完全可以只给你提供最低工资以及微不足道的员工福利。所以，由于你完全处于被动地位，因此你认为你应该让他们知道，你对薪资的要求非常低。

在这个例子中，有什么变化能使你具有更多的议价能力？我们假设你所在的城镇新开了一家沃尔玛超市，为当地社区带来了数百个就业岗位。现在你的议价能力发生了变化，因为你的外部选择增多了。由于出现了一个新的潜在雇主，你可能不太愿意接受驯鹿咖啡公司的低工资了，所以当被问及你想要多少工资时，你可能会变得更大胆。你与驯鹿咖啡公司达不成协议的成本已经不再像之前那么高：你完全有可能在沃尔玛找到一份类似的差事。你对驯鹿咖啡公司也有了更大的影响力，因为沃尔玛会在当地社区招聘很多人，所以现在竞争这份工作的人数也变少了。

正如你所看到的，==议价能力在于"谁握有筹码"或谁在谈判中拥有权力。那些达不成协议的成本较低且对另一方有更大影响力的人拥有议价能力，"握有筹码"。== 反过来，议价能力有助于决定双方是否进行交易以及以何种条件进行交易。

现实中的议价：最后通牒博弈

经济模型能否对议价下的市场结果做出预测，我们如何对其进行验证？如果一个没有议价能力的人遇到更具议价能力的人，结果是否会如同我们预测的，没有议价能力的人将一无所获？检验这一猜想的一个方法是使用实验室实验。

作为一名大学生，你可能收到过学校经济学系或心理学系的招募邮件，邀请你参加某些实验室实验。这些实验很可能就包括我们现在要研究的这一种博弈——最后通牒博弈。

在这一博弈中，一半的实验参与者（提议者）会收到一定数量的金钱（例如10美元），然后他们会分别与一个没有收到钱的人（响应者）配对。该博弈包含两个决策，其中一个是由扮演提议者角色的人做出的，另一个则由扮演响应者角色的人做出。每个提议者将决定从其10美元中拿出多少来分给响应者（出价），每个响应者则决定是接受还是拒绝该提议：如果接受，则这10美元将按照提议进行分配；如果拒绝，则双方都会空手离开该实验。图17.2展示了这个博弈。

图 17.2　最后通牒博弈

注：该博弈始于提议者的决策。提议者可以提议 0 到 10 美元之间的任意金额，在图中我们将此表示为一条在 0 到 10 美元之间的平滑曲线。一旦提议者做出决策（图中的 x 美元），该决策将作为提议者的提议传达给响应者。此时响应者需要决定是接受提议［得到 x 美元并留给提议者 (10−x) 美元］，还是拒绝提议（让双方都得到 0 美元）。

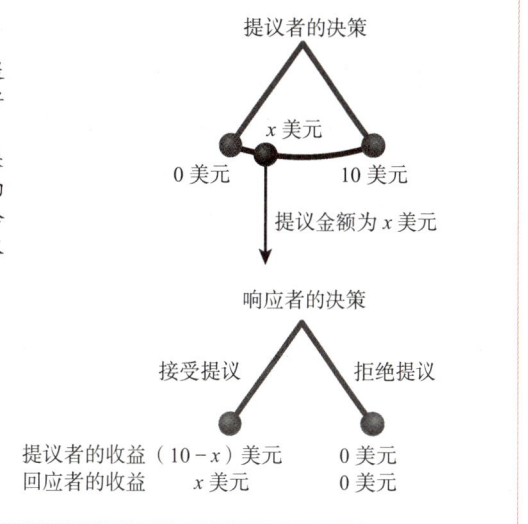

如果你是该实验中的一名提议者，你会如何决策？

我们可以利用博弈论来找到答案。正如第 13 章所解释的，这是一个扩展式博弈，你可以使用逆向归纳来确定你的决策。也就是说，你可以从响应者的最优行动倒推出你应该采取的策略。

我们首先来到图 17.2 中博弈树的最后一个节点，并在此思考第二行动者（响应者）的策略。假设她收到了 10 美分的提议。如果她拒绝，她就会一分钱也拿不到；如果她同意，她将得到 10 美分。假设她认为拿到钱总比空手而归好，那么接受这一提议对她而言最有利。你会发现这一推理适用于任何金额大于 0 的提议，所以无论提议者选择何种金额，响应者都可能接受。通过逆向归纳，你认识到响应者会接受任何大于 0 美元的提议，并得出结论，提议者的最优选择就是提供最少的金额——比如 1 美分。如此一来，最后通牒博弈中的均衡就呈现出一种很简单的形式：提议者向响应者提议的金额要尽可能低，而响应者会接受这一金额。如第 13 章中所述，这个博弈因此具有先动优势。

这个均衡可能会让你觉得，对响应者来说这是一笔很糟糕的交易。作为响应者，你没有议价能力，而提议者拥有所有筹码。这样的安排会让你觉得难以接受——如果拒绝对方的提议只会让你损失 1 美分，那么有何理由不拒绝这种如此"不公正"的分配？

事实上，实验证据表明，如此低的金额确实经常遭到拒绝。而且提议者似乎也意识到他们的低金额提议行不通，因此他们很少会给出 1 美分这种少到可怜的数字。他们的最优提议取决于他们对被拒绝（并导致最终一无所获）的恐惧程度。

那么，这一结果是不是对议价模型的否定？不是的。它只是告诉我们，对人来说，在金钱之外还有其他一些很重要的东西——比如公正。我们将在第 18 章继续讨论公正

第 17 章　拍卖和议价
513

和其他社会偏好。

对于议价模型来说，更重要的是我们从大量实验数据中得到的两个观察结果。首先，和响应者相比，最后通牒博弈中的提议者具有更强的议价能力（因为他们拥有先动优势），在议价达成时（即响应者接受了他们的提议时），他们通常会至少得到 10 美元中的一半（5 美元）。在全球各地进行的博弈实验中，提议者通常最终会拿走大约 6 美元，这证明更具议价能力者确实会在利益分配中占据优势。

其次，信息会深刻地影响哪一方能够在议价中"握有筹码"。例如，在一个最后通牒博弈的变体中，提议者完全知道有多少钱可以分配，而响应者却不知情。在提议者拥有更多信息并因此"握有筹码"的情况下，实验的结果是什么？提议者的收益更接近 10 美元。

在实践中，议价能力不仅取决于你是否具有先动优势，还取决于许多其他因素。一些主体以态度强硬闻名，这自然会增加他们的议价能力。例如，如果尽人皆知响应者从不会接受低于 8 美元的报价，那么你可能会放弃议价，直接给她 8 美元，你自己只留下 2 美元。在其他情况下，你对商品需求的迫切性将决定你的议价能力。例如，如果你正在和一个二手车销售人员砍价，而那个人知道你明天一早就要去越野旅行，你非常需要这辆车，那你就不会拥有多少议价能力。销售人员甚至可以借此向你收取高价，因为他知道你的需求是价格无弹性的。相反，如果他知道你已经有了不少的备选项，所以你并不着急要买这辆车，那你的议价能力就会因此而增强，销售人员也会因为你的价格弹性而提供更多的优惠条件。

议价和科斯定理

议价的另一个值得关注的应用则让我们回想起本书前面的一个结论。你可能还记得第 9 章中的科斯定理。该定理指出，在存在某些假设的情况下，两个主体总是可以通过议价取得有效的结果。

这个定理可以应用于何处？除了我们在第 9 章中考察过的情况（以解决外部性问题），科斯定理也特别适用于法律领域，例如离婚法。

在一些国家和美国密西西比、田纳西等州，未经伴侣同意离婚是非法的（除非有"过错离婚"的理由）。在其他一些地方，如加利福尼亚州和弗吉尼亚州，无论伴侣是否愿意，人们都有权离婚。我们将第一种情况称为"需双方同意才能离婚"，将第二种情况称为"只需一方同意即可离婚"。现在在思考这样一个问题：在一个州中，离婚法从"需双方同意才能离婚"改为"只需一方同意即可离婚"（这实际上是降低了离婚的难度）是否会提高离婚率？

根据科斯定理，答案应该是否定的。要了解其中的原因，我们可以思考一下在一段婚姻中，一方（亚当）想离婚而另一方（巴布）不想离婚的情况。婚姻幸福与否当然不能仅仅用金钱来衡量，但是我们可以为亚当和巴布的感情强度以及他们从婚姻中获得的幸福感赋予一个货币价值，以考虑为了离婚（亚当）和为了避免离婚（巴布）每个人愿意牺牲多少。假设对亚当来说，这一货币价值为 5 000 美元，对巴布来说是 10 000 美元。

让我们首先假设亚当和巴布居住在一个离婚条件相对宽松的"只需一方同意即可离婚"的州。在该州，只需一方提出就可以离婚，因此想要离婚的一方（亚当）在法律上具有决定性并拥有婚姻权利。因此，基于这些法律，议价能力的分配更有利于亚当。但别忘了，巴布对婚姻的估值超过亚当对离婚的估值。所以根据科斯定理，我们应该期望巴布会对亚当进行支付以阻止离婚的发生。

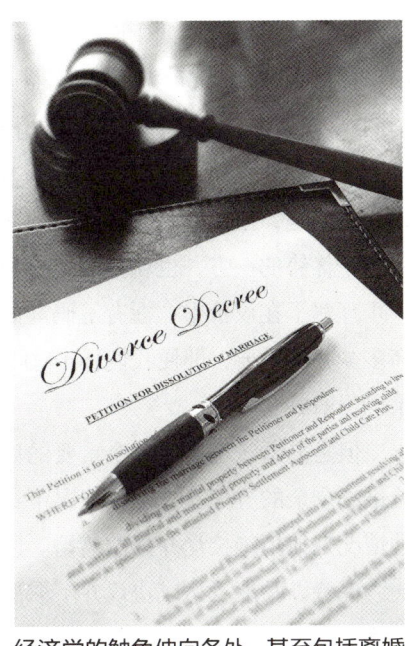

经济学的触角伸向各处，甚至包括离婚。

具体而言，巴布将通过支付 5 000 美元（亚当对离婚的估值）到 10 000 美元（巴布对维持婚姻的最高估值）之间的金额来阻止亚当提起离婚。当然，在现实中，这种支付可能不会以实际货币支付的形式进行，有可能是亚当少做点家务活，或者是更多地由亚当来掌控家庭支出。而且最重要的是，这场婚姻可以通过巴布向亚当的某些转移支付而得到挽救。另外值得注意的是，得益于这一交易，亚当和巴布的处境都变得更好了——亚当得到了一笔高于 5 000 美元离婚估值的转移支付，巴布则以不到 10 000 美元的价格维系了婚姻。

在"需要双方同意才能离婚"的州呢？答案是依然不会离婚。在这种情况下，巴布在法律上具有决定性并拥有婚姻权利，因此具有更强的议价能力。就目前情况看，亚当

表 17.3 科斯定理的应用

案例情况	结果
离婚需要双方同意	对离婚的估价为 5 000 美元的一方（亚当）不愿意为对婚姻的估价为 10 000 美元的另一方（巴布）支付足以离婚的费用 结果：不离婚
离婚只需要一方同意	对婚姻的估价为 10 000 美元的一方（巴布）对不愿维持婚姻的一方（亚当）支付介于 5 000 美元和 10 000 美元之间的金额 结果：不离婚

注：如果科斯定理的假设成立，并且巴布对婚姻的估值高于亚当对离婚的估值，那么在任何一套离婚法律下，双方都不会离婚。

从离婚中获得的价值低于巴布从婚姻中获得的价值。为了让巴布同意离婚，亚当需要向巴布提供 10 000 美元以上的补偿（例如，提供赡养费）。考虑到亚当对离婚的估值只有 5 000 美元，所以在这种情况下离婚永远不会实现。

因此我们看到，无论法律对哪方更有利，关于是否离婚的决策都不会发生变化。值得注意的是，虽然哪一方拥有法律决定权会因法律而变，但决定最终结果的永远是经济上处于优势的一方，也就是对维持婚姻或离婚估值更高的那一方，而这也使得我们更进一步理解了在议价中"握有筹码"的重要含义。此外还需注意，巴布的估值具体比亚当高多少并不重要，即便我们将 10 000 美元替换为 5 001 美元，我们从本例中所得出的结果也仍旧成立。

但是离婚法也造成一个重要的后果：因为它决定了议价能力的分配，所以它也会影响最终剩余的分配。在一种情况下，亚当会接受巴布的转移支付并维持婚姻，但也有一种情况是他拒绝接受并执意离婚。因此，科斯定理在总体上认为，某种特定关系是否能继续保持以及能否达成协议并不取决于谁拥有优先决定权，但这种关系的收益分配在很大程度上取决于初始的权利分配。

表 17.3 总结了我们的讨论。该表表明，无论律师和法官如何构建离婚权利，我们都会得到一个有效的结果。你可以自己考虑相反的情况：假设对婚姻满意的那一方对婚姻的估值只有 5 000 美元，而不满意那一方对离婚的估值为 10 000 美元。你会再次发现离婚率是相同的——在这种情况下，无论法律如何，他们都会离婚！你认为现实数据是否会和这些预测保持一致？

循证经济学

谁来掌握家里的财政大权？

- 你有没有想过自己大学毕业后的生活？或许你会找到一份高薪工作，结婚并生育 3 个孩子；又或许是另一种情况：你会有一个拥有高薪工作的配偶和 3 个孩子。这两种情况看起来很相似，而你也可能跟自己说："谁赚钱不重要，重要的是有钱。"这种想法隐含地假设了经济学家所说的**单一模型**：配偶之间，一方口袋里的 1 美元等同于另一方口袋里的 1 美元。从消费的角度来看，这意味着家庭会在汇集了所有收入、财富和时间的预算约束下追求幸福的最大化。

- 这个模型是否准确描述了现实？例如，在单一模型中，如果一个家庭中的丈夫买彩票中了 500 美元，那么该家庭会购买与妻子中了 500 美元相同的商品和服务。

- 但如果我们认为家庭决策取决于议价博弈,那事情会发生什么变化?回想一下决定潜在议价能力的两个重要特征——未能达成协议的成本,以及一方对另一方的影响。就第一个特征而言,如果高收入的妻子决定和低收入的丈夫离婚,低收入的丈夫可能遭受重创——如果夫妻未能就家庭支出达成一致,则也可能会出现这种结果。然而,如果丈夫得到了一笔意外之财,他可能会突然发现自己的议价能力大增。因此,我们预期在丈夫发了一笔横财之后,这个家庭支出会更符合丈夫的偏好。
- 经济学家调研了英国一项独特自然实验的数据,并借此对议价能力假说进行了研究。[6] 20世纪70年代末,英国改变了其全民儿童福利计划的形式。在此之前,英国的儿童福利金由家庭中的男性负责领取。变更后,双亲家庭儿童福利金的领取者由父亲变成了母亲。
- 你觉得经济学家从这一变化中发现了什么?他们比较了变化前后的家庭支出,结果发现,在这一变化之后,女装和儿童服装的支出相对于男装出现了大幅的增加。众所周知,这些支出项目是由女性的偏好驱动的。因此,当议价能力发生变化时,家庭的消费模式也随之变化。
- 一项相关的研究发现了相似但更具影响力的模式。经济学家钱楠筠研究了当中国茶叶和果园产品价格变化时,中国人口死亡率和教育模式的变化情况。[7] 改革开放之后,中国茶叶价格大幅上涨,而茶叶在中国通常是由女性生产的。这些变化也改变了果园产品的价格,而此类产品通常需要大量男性劳动力。这些变化为钱楠筠提供了可以用来检验议价能力作用的信息。
- 值得注意的是,当地不同商品价格的显著变化给受调查家庭中的儿童带来了截然不同的影响。例如,茶叶价格上涨使男孩和女孩的受教育程度都增加了约0.2年(在许多国家,女性比男性更重视孩子的教育)。相反,同样水平的男性收入增长(来自果园产品价格的上涨)却实际上降低了女孩的受教育程度,不过对男孩的受教育程度没有造成影响。一种可能的解释是,女性比她们的丈夫更关心孩子的健康和教育,因此当女性挣钱更多时,她们就能够增加支出以改善这些方面的结果。
- 这两项研究都以实证证据验证了议价能力的力量。我们在此得到的启示是,你应该始终关注议价能力,即使在一些你认为它最不可能发挥作用的情况下——比如在家庭的购买决策中!

问题	答案	数据	注意事项
谁来掌握家里的财政大权?	具有最强议价能力的人,谁赚钱最多是议价能力的一个重要决定因素。	英国和中国夫妻相对收入变化情况的自然实验。	其他因素也很重要,每个因素的相对权重都是一个有待研究的实证问题。

总结

- 在许多情况下，买卖双方的互动都会影响交易物品的价格确定。因此，研究拍卖和双边议价可以扩展我们对资源分配方式的理解。
- 常见的拍卖有四种：英式拍卖、荷式拍卖、第一价格拍卖和第二价格拍卖。尽管这些拍卖的运作方式极为不同，且它们之间的优化行为也有很大差异，但在某些假设下，它们产生的结果有一些显著的相似之处。具体而言，在这几种形式的拍卖中，估值最高的买方将赢得拍卖的物品，并且卖方的预期收入相同。
- 个人的议价能力，即谁在议价中"握有筹码"，是决定交易是否进行以及以什么价格进行的关键。
- 在科斯定理适用的情况下，议价能力的分配不会影响能否取得有效的结果，但它会影响该结果的收益分配。

关键术语

拍卖
公开叫价拍卖
密封出价拍卖
英式拍卖
荷式拍卖
第一价格拍卖
第二价格拍卖
收益等价定理
议价能力
单一模型

问题

1. 拍卖何以有助于价格发现？
2. 公开叫价拍卖与密封出价拍卖有何区别？
3. 什么是英式拍卖？
4. 在英式拍卖中，何为出价者的占优策略？
5. 拍卖中的"狙击"是什么意思？"狙击"是否有助于赢得拍卖？
6. 什么是荷式拍卖？
7. 何为风险中性？
8. 假设你在赌掷硬币正反面——如果硬币正面朝上，你会得到25美元，如果反面朝上，你会损失25美元。如果你接受这个赌注，那么这说明你是风险厌恶者、风险中性者还是风险爱好者？
9. 英式拍卖和荷式拍卖有何相似之处？
10. 何为收益等价定理？
11. 什么是议价能力？决定个人议价能力高低的两个因素分别是什么？
12. 如何进行最后通牒博弈？我们从实验证据中得到了关于最后通牒博弈的哪些结论？
13. 请解释为什么在科斯定理适用的情况下，议价能力不影响是否实现有效的结果，但会影响收益的分配。

循证经济学习题

1. ［亿贝拍卖］让我们观察一个戴维·赖利万智牌出价实验中的例子。有4名出价者，他们对一张茜卓纳拉卡的估值如下表所示：

出价者	估值（美元）
梅森	5.00
文尼	4.50
特里	4.00
利亚姆	3.50

   a. 梅森会在英式拍卖中出价多少？卖方会收到多少钱？（四舍五入到最接近的5美分倍数。）

   b. 梅森会在荷式拍卖中出价多少？卖方会收到多少钱？（四舍五入到最接近的5美分倍数。）

   c. 梅森会在第一价格拍卖中出价多少？卖方会收到多少钱？（四舍五入到最接近的5美分倍数。）

   d. 梅森会在第二价格拍卖中出价多少？卖方会收到多少钱？（四舍五入到最接近的5美分倍数。）

   e. 第一价格拍卖和第二价格拍卖的卖方收入会有什么差异？如果梅森对该卡牌的估值仍然最高，但出价者改为10个而不是4个，那么收入差异会是什么？

2. ［家庭支出结构］让我们回到巴布和亚当的例子，他们正在决定是否要离婚。这一次，我们将关注相反的情况：巴布认为婚姻价值5 000美元，而亚当认为离婚价值10 000美元。

   a. 如果亚当和巴布处于"只需一方同意即可离婚"的状态，他们会离婚吗？一方会付钱给另一方吗？如果会的话，则需要付多少钱？

   b. 如果亚当和巴布处于"需要双方同意才能离婚"的状态，他们会离婚吗？一方会付钱给另一方吗？如果会的话，则需要付多少钱？

   c. 回想一下我们在第二个循证经济学专栏中讨论的议价能力假说。假设巴布获得了升职，因此亚当对离婚的估值降低到7 000美元，因为他现在可以从他们的婚姻安排中得到更多的钱。如果亚当和巴布处于"需要双方同意才能离婚"的状态，他们会离婚吗？一方会付钱给另一方吗？如果会的话，则需要付多少钱？

   d. 巴布升职所带来的加薪高于预期，于是亚当对离婚的估值下降到了3 000美元。如果亚当和巴布处于"需要双方同意才能离婚"的状态，他们会离婚吗？一方会付钱给另一方吗？如果会的话，则需要付多少钱？

习题

1. 房地产合同中的价格调整条款规定的是如果卖方收到多份报价，则一个潜在买方将如何调整其报价。价格调整条款通常包括3个要素：

   a. 买方的初始报价；

   b. 这个报价将比任何其他竞争出价高出多少；

   c. 在有多个报价的情况下买方的最高出价。举个例子，一个价格调整条款可能会规定，买方将为一套房子出价20万美元，而如果有其他竞争报价，则该买方的出价可以比其他出价高出1 000美元，但最高出价不会超过25万美元。

   假设你愿意花30万美元买一套待售的房子。

你决定在合同中包括价格调整条款。如果卖方会收到多份报价，你在合同中规定的最高出价应该是多少？

2. 你正在参加一场荷式拍卖，你愿意支付360美元购买一架二手遥控无人机。

   a. 如果你认为还有其他3名出价者，你应该出价多少？

   b. 如果你认为还有其他5名出价者，你应该出价多少？

   c. 一般来说，当你知道有更多的出价者时，你是应该提高你的出价还是降低你的出价，还是没有区别？

3. 波士顿原先的飞琳地下商场有一套独特的定价体系。商城里的每件商品都贴有标签，注明了该商品的价格和首次发售日期。12天后，若商品仍未卖出，它的价格就会降为原价的75%。再过6天，它就会降为原价的50%，再过6天，它就会降为原价的25%。如果再过6天后仍未售出，则该商品将被捐赠给慈善机构。

   a. 该商场的定价策略类似于本章所介绍的哪一种拍卖？

   b. 假设你在某商店看中了一件外套，该商店使用了与飞琳地下商场相同的定价体系。（飞琳地下商场于2011年歇业。）这件外套原价是200美元，你的支付意愿最高为150美元。当这件外套的价格降价至150美元时购买是否为最优选择？再等6天，在价格降至100美元时购买是否为最优选择？再等一等，在价格降至50美元时购买是否为最优选择？

4. 一个城镇计划建设一座新桥。建筑公司被要求提交密封出价。该镇会把合同授予报价最低的公司，并向该公司支付第二低的出价金额，也就是说该镇将进行的是第二价格拍卖。例如，如果A公司出价800万美元，B公司出价900万美元，C公司出价1 000万美元，那么该镇将把合同授予A公司（它提交了最低出价），并向A公司支付900万美元（第二低出价的金额）。假设你的公司愿意以至少900万美元的价格建造这座桥梁。

   a. 证明出价900万美元是比出价低于900万美元（例如700万美元）更好的策略。

   b. 证明出价900万美元是比出价高于900万美元（例如1 100万美元）更好的策略。

5. 美国财政部以折价方式出售国债。例如，买方可能会出价950美元来购买一张2年后到期的1 000美元票据，因为未来收到的钱不如现在收到的钱有价值（参见第15章的相关解释）。1992年9月，美国财政部开始以统一价格拍卖方式出售2年期和5年期国债，所有中标者都会按相同的价格支付。在此之前，财政部采用歧视价格拍卖的方式出售债券。下面的简单示例说明了这两种拍卖类型之间的区别。出价者A和B各自提交一份密封出价，以求购价值1 000美元的2年期美国国债。出价者A出价950美元，出价者B出价925美元。假设财政部接受了这两个出价。在统一价格拍卖中，A和B都支付925美元；在歧视价格拍卖中，A支付950美元，B支付925美元。假设你愿意为2年期国债支付950美元。

   a. 证明统一价格拍卖类似于第二价格拍卖。

   b. 如果财政部采用歧视价格拍卖，你是否会出价950美元？

   c. 如果财政部采用统一价格拍卖，你是否会出价950美元？

6. 通过学习你已经了解到，在第二价格拍卖中，你应该总是按照你的实际支付意愿出价，一分钱也不能多一分钱也能不少。要证明为什么无论别人如何出价这都是最优策略并不算容易。然而，相对容易论证的是，至少在某些时候，不以你的估值出价是一个糟糕的想法。假设你愿意花150美元购买一件通过第二价格拍卖出售的商品。

微观经济学

a. 你决定"过高出价"：160 美元。请完整描述这一状况（即可能会有其他人出价的情况），并说明为什么你会后悔出价 160 美元而不是 150 美元。

b. 你决定"过低出价"：130 美元。请完整描述这一状况（即可能会有其他人出价的情况），并说明为什么你会后悔出价 130 美元而不是 150 美元。

7. 球队老板和球员工会就即将到来的冰球赛季合同展开谈判。10 月，老板将向工会提出报价。如果达成协议，他们将有 50 美元的共享收入。举个例子，如果 10 月老板对工会的报价为 10 美元并且球员接受，那么球员将获得 10 美元，老板将保留剩余的 40 美元。如果球员拒绝这一提议，他们将继续罢工，然后在 11 月恢复谈判。在 11 月，球员将向老板提出报价。如果他们达成协议，那么他们将仅有 20 美元的共享收入（罢工已导致收入下降）。例如，如果 11 月球员对老板的报价为 10 美元并且老板接受，那么老板将获得 10 美元，球员将保留剩余的 10 美元。如果老板拒绝 11 月的报价，那么罢工将持续至本赛季结束，球员和老板的收入都将为零。

a. 如果 10 月发生罢工，那你预计 11 月会出现什么情况？（提示：从最后通牒博弈的角度来思考这一问题。）

b. 用逆向归纳推测 10 月会发生什么。为了简化分析，假设如果某方认为接受或拒绝某个报价无差异，他们会接受该报价。

8. 你开展了一次最后通牒博弈课堂实验。提议者会提议分享 0 到 10 美元之间的任意金额，而响应者可以选择接受或者拒绝（这和本章正文中的示例一致）。你注意到，在你的实验中，提议者所提议分享的金额通常在 0 美元（无）到 5 美元（一半）之间，而响应者通常会拒绝所有低于 3.20 美元的金额，但接受所有高于 3.20 美元的金额。

a. 鉴于这一观察，实验中提议者的最佳行动方案是什么？

b. 考虑到其他人的行为，解释你的实验中哪些参与者的行为是不理性的。

9. 约翰逊钢铁公司在制钢过程中会产生水污染。它可以花费 700 美元来消除这种污染。史密斯一家住在下游。约翰逊造成的水污染给这一家人带来了 1 000 美元的损失。假设交易成本为零。

a. 首先假设法律规定约翰逊公司享有污染权。证明如果约翰逊公司和史密斯一家进行谈判，约翰逊公司将消除污染。

b. 现在假设法律被修改，史密斯一家因此享有清洁水权。证明如果约翰逊公司和史密斯一家能够谈判，约翰逊公司也会消除污染。相比于在问题（a）中，史密斯一家的境况是否变得更好了？

10. 罗纳德·科斯以农民和铁轨为例来解释议价。火车在农田附近轨道上行驶时产生的火花会引起田间火灾。为避免这种情况，铁路公司要么禁止火车途经农田，要么需要出资在铁轨上安装阻火器。农民可以通过将铁路附近的土地闲置来避免火灾损失。假设对一家铁路公司而言，预防火灾的成本是 20 000 美元，而对于农民来说，避免田间发生火灾的成本是 10 000 美元。请思考，如果法律规定铁道不得在农田附近溅出火花，则会出现什么结果？

11. 电暖气非常危险。根据美国消费品安全委员会的估计，每年有超过 25 000 起住宅火灾与使用电暖器有关，300 多人因此死亡。本题需要你思考科斯定理以及这些事故的责任分担。假设一家公司可以以 225 美元的价格生产高安全型电暖器，或者以 200 美元价格生产标准型电暖器。再假设消费者通过购买一台电暖气可获得 275 美元的收益。如果她购买了一台传统标准型电暖器，她将遭受

（平均）60美元的损失，但如果她购买的是高安全型电暖器，则不会遭受任何损失。

a. 请证明，基于效率要求，该公司应生产高安全型电暖器。

b. 假设法律规定企业无须对与电暖器有关的事故损害负责。请证明在这种情况下，该公司将只销售标准型电暖器。

c. 现在假设国会通过了一项法律，要求企业必须对与电暖器相关的事故损害负责，因此，销售标准型电暖器的企业平均需要支付60美元的赔偿金。请证明在这种情况下，该公司将生产高安全型电暖器。

12. 本章介绍了如何运用科斯定理来解释两种不同法律体系下的离婚结果。在这两种情况下，不幸福的一方对离婚的估值是5 000美元，而幸福的一方对婚姻的估值是10 000美元，那么"不离婚"就是他们的均衡。现在假设一种相反的情况：幸福的一方不想离婚，但对婚姻的估值变低（5 000美元）；想要离婚的不幸福一方对离婚的估值变高（10 000美元）。请运用相同概念来分析"只需一方同意即可离婚"和"需双方同意才能离婚"两种不同情形下的婚姻结局。

第18章 社会经济学

人们在意公正吗？

学了这么多经济学知识的你现在可能会感觉有点不自在。你或许会得出一个严肃的结论：作为经济学学科的支柱，这类虚构的"经济人"本质是一个既令人感到陌生又令人厌恶的物种。他心无旁骛地追逐物质财富，并且坚定地将满足自己的需求放在满足他人的需求之前。作为雇主，他以尽可能低的工资雇用员工；作为卖方，他收取的是市场所能承受的最高价格；作为生产者，他追逐利润，为此甚至不惜向其他民众施加负外部性（例如污染）。

尽管这一经济学范式有明显简化之嫌，但它为我们提供了一个能够将人类行为理论化的连贯框架。不过，在过去的几十年里，==一些经济学家确实也在思考经济人之外的另一种理论选择——一种并不仅仅为增加自身财富而进行决策的主体。和对经济人的假设不同，这个更"人性"的经济主体会关心他人以及其行为的公平性。==

正如本书中所强调的，经济学并没有帮我们做出价值判断。相反，它只是在提供工具，以帮助我们了解人们会如何依据自己的价值判断展开行动。在本章中，我们将重点关注经济人的一个变体，一种行为更无私且会受周围环境影响的经济人。在此过程中，我们将讨论慈善、公正、信任和报复的经济学。这使得我们能够回答本章开篇的问题：人们在意公正吗？我们也会讨论同伴对我们日常决策的重要影响。我们会发现同伴效应无处不在，影响着我们的腰围、财务状况，以及工作努力程度。在这些情况下，经济学工具都将使我们更好地了解我们何时应该预期这些因素能发挥作用——关键在于此类行动的机会成本。

本章概览

18.1	EBE	18.2	18.3
慈善和公正的经济学	人们在意公正吗？	信任和报复的经济学	他人如何影响我们的决策

> **重要概念**

- 大多数人都具有不仅限于物质财富的偏好。
- 慈善、公正、信任、报复以及从众就是这种偏好的表现。
- 经济学工具可用于了解这些因素何时会发挥重要作用。
- 经济学家发现，在机会成本较低时，此类行为都有重要影响。

18.1 慈善和公正的经济学

在第 5 章中，我们了解到了买方问题的三大要素：

1. 你的喜好；
2. 商品和服务的价格；
3. 你有多少钱可花。

这些要素共同构成了需求曲线的基础。尽管截至目前我们关注的都只是如毛衣、牛仔裤、光盘、平板电脑等有形商品，但这个经济模型非常灵活，所以它也可以描述你对慈善和公正等无形商品的需求。正如你的喜好、预算约束和市场价格决定了你是否购买苹果手机一样，它们也决定了你的慈善捐款以及你在买卖过程中的"公正"需求。接下来我们将对其逐一进行讨论。

慈善经济学

在你小的时候，你可能经常被教导应当去帮助那些有需要的人。如果你兄弟跌倒了，你就扶他起来；如果朋友有难，你就要伸出援手；如果有陌生人找不到路，你也应当尽力去提供帮助。现在你已经成年，能够更好地帮助别人。例如，你可以在当地的向饥饿人群免费分发食品的地方帮忙，你也可以通过捐款来助力热带雨林的拯救。正如我们在第 9 章中所讨论的，此类活动已经成为现代经济的一个重要组成部分。

图 18.1 总结了全球自我报告的志愿服务情况。我们的总体观察是，图中这 50 个样本国家中存在着大量的志愿服务。例如，在调查前一个月，43% 的缅甸成年人自愿参与了至少一项慈善事业。许多其他国家的民众也在为慈善事业贡献自己的时间：在英国，有 30% 的人为慈善事业提供过志愿服务。在澳大利亚、肯尼亚等国家，每年有超过 1/3 的人自愿拿出时间参与慈善事业。除了帮助他人，参与志愿服务的另外一个动机是慈善会让我们自己感觉愉悦（想想当你帮助那些需要帮助的人时，你所收获的那种温暖又很难说清楚的感觉）。因此，即使我们的机会成本可能相当高，我们还是会奉献时间去帮助别人，因为这既帮助了别人又成全了自己。

图 18.1　全世界的志愿服务

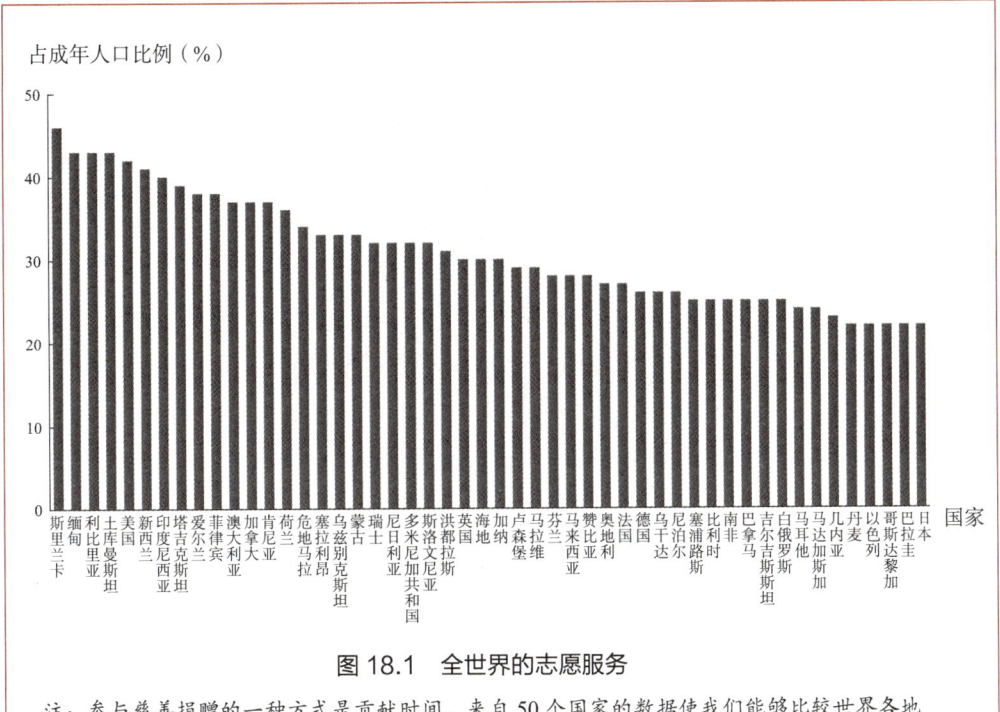

注：参与慈善捐赠的一种方式是贡献时间。来自 50 个国家的数据使我们能够比较世界各地的志愿者比例。例如，在缅甸，43% 的成年人每年都会抽出部分时间参与志愿服务。美国也不落后，有 42% 的人会为慈善贡献时间，在这 50 个国家中排名第五。

资料来源：英国慈善救助基金会世界捐助指数报告，2019 年 10 月。

人们助力慈善事业的另一大方式是捐款。如第 9 章中所述，尽管政府才是公共物品的主要供给者，但它们并非唯一的供给者。事实上，有大量的公共物品通常是经由其他渠道供给的。例如，遍布美国的国家公共广播电台主要依靠私人捐款来维持运作。得益于私人向世界自然基金会的现金捐赠，热带雨林也得到了更好的保护。从腕管综合征到心脏病等各种疾病的治愈，也要部分归功于慈善捐赠。

那么，现在的私人捐款规模已经到了什么水平？我们在第 9 章中提到过，在 2019 年时，美国个人对慈善事业的捐款已经增长至 4 277.1 亿美元，约占美国 GDP 的 2%。为了能更好地理解这个数字，我们不妨拿它和希腊的 GDP 数据做个对比。希腊的 GDP，也就是希腊经济生产的所有商品和服务的价值，大约为 2 180 亿美元，显然低于美国的慈善捐款数字！

你可能想知道这些钱的去处。图 18.2 展示了 2018 年这一普通年份的情况。美国家庭的大部分捐款（30%）都用在了宗教事业。但大多数人都不会只向一项慈善事业捐款。如图 18.2 所示，剩余的捐赠通常会用于教育、公共服务、基金会等。时不时地，一些突发性的社会重大事件就会导致捐赠的大量涌现，并使得捐赠额和捐赠方向都出现不同于图 18.2 所示的一般情况。例如，在 2005 年卡特里娜飓风袭击美国时，捐款额就

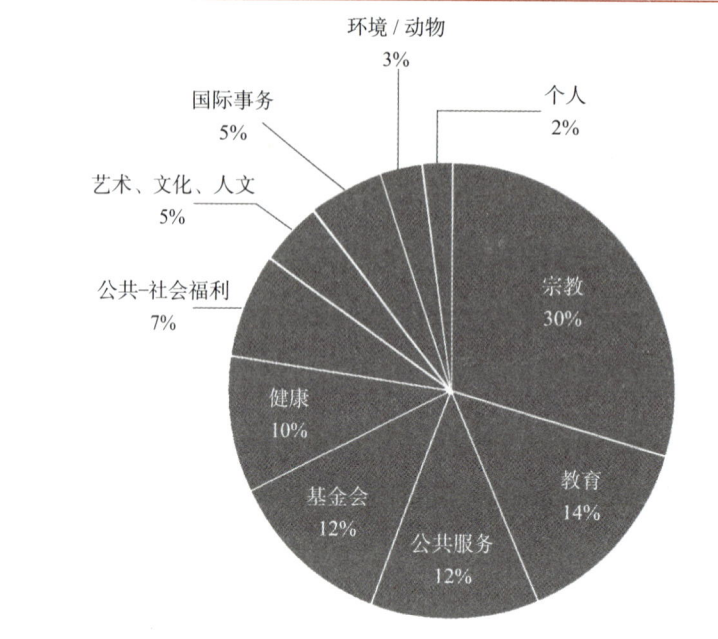

环境/动物 3%
国际事务 5%
个人 2%
艺术、文化、人文 5%
公共-社会福利 7%
宗教 30%
健康 10%
基金会 12%
公共服务 12%
教育 14%

图 18.2 美国家庭捐赠的分类

注：和往年一样，美国 2018 年的大多数慈善捐款都流向了宗教事业。教育和环境事业也是美国捐助者的优先选项。

资料来源：美国施惠基金会 2018 年数据，检索自 https://givingusa.org/ giving-usa-2019-americans-gave-427-71-billion-to-charity-in-2018-amidcomplex-year-for-charitable-giving/

打破了此前由"9·11"救援工作创下的纪录。和新冠疫情相关的捐赠也显现出类似的趋势。

用数据说话

过高的捐赠成本是否会降低捐赠意愿？

- 捐赠行为如同购买苹果和鞋子，也是对一种经济商品的购买。所以和面对其他经济商品时一样，我们经济学家也会问这样一个问题：价格上涨是否会导致需求量下降？如果答案为是，具体会下降多少？这就涉及需求价格弹性问题（参见第 5 章）。
- 但是如何提高慈善捐赠的价格？
- 一种方法是降低捐赠目前所享受的税收优惠。在美国，个人和企业都需要为其收入纳税。然而，捐赠给慈善机构的收入部分则可以免税。举个例子，假设你现在适用的税率是 30%，现在你决定向你最喜欢的慈善机构捐 100 美元。那这笔捐赠的真实成本是多少？由于你在报税时用于慈善捐款的这部分收入可以免税，因此你的 100 美元捐款相当于税后的 70 美元。也就是说，如果你决定不把这 100 美元捐给慈善机构，你实际会拿到 70 美元：100 美元（收入）- 30 美元（税收）。所以捐赠相当于让你放弃了 70 美元。
- 现在我们假设你的税率下降到了 15%，你觉得会出现什么结果？
- 你会注意到慈善捐赠的机会成本发生了变化：你捐赠的 100 美元现在相当于 85 美元的税后收入。也就是说，如果你决定不把这 100 美元捐给慈善机构，你就能实得 85 美元：100 美元（收入）-15 美元（税收）。所以，100 美元捐赠的价格已从 70 美元涨到了 85 美元。你认为这样的变化会对个人捐赠产生什么影响？
- 带着这个问题，经济学家查尔斯·克洛特菲尔特分析了 1986 年《税制改革法案》对美国纳税人慈善捐款数额的影响。[1] 1986 年税法的实施降低了美国个人的最高所得税率，这导致高收入者遇到了我们上面所描述的情况。
- 结果如何？
- 查尔斯·克洛特菲尔特发现，有一个群体对这种税收变化非常敏感：收入最高的个人大幅减少了对慈善事业的捐款。本质上，他们的反应正如我们的优化者模型预测的那样：随着慈善价格上涨，需求量（慈善捐款额）出现了下降。

人们为什么会参与慈善？

为人们缘何参与慈善这一问题寻求可能的解释，现已成为经济学的一个积极研究领域。只有理解了人们参与慈善的原因，我们才能在希望发展慈善的时候，通过适当的激励来促进捐赠。经济学家将捐赠的原因分为两大类：助人和自助。

我们将第一类定义为**纯粹利他主义**，这是一种以帮助他人为主要动机的行为。这与传统的利他主义概念没什么不同，后者通常会关心他人的福祉。它是"纯粹的"，人们为慈善事业付出时间或金钱，单纯就是为了帮助某些人或某些事业。例如，你或你的父母为飓风"桑迪"的受灾者捐款或奉献时间，可能纯粹是因为你们想帮助那些有需要的人。同样，如果你去参加癌症防治游行，则或许是因为你想帮助那些有可能患癌症的人。

人们参与慈善事业的另一个原因是以间接的方式帮助自己。经济学家将这种类型的捐赠称为**非纯粹利他主义**，以表明捐赠背后的自私动机。非纯粹利他主义包括以获得部分私人回报为主要动机而进行的捐赠，例如让自己"感觉愉悦"就是一种私人回报（和为了获得私人回报类似，有时候这种非纯粹利他主义是为了避免不参与捐赠的私人成本，例如，不捐赠可能会让其他人觉得你不关心他人疾苦，为人小气吝啬）。因此，非纯粹利他主义主要是出于自私的考虑，而不只是为了（"出于良心"）帮助他人。事实上，人们的慈善行为往往会受到多种因素的影响，比如社会压力、内疚心理，以及对声望、友谊或尊重的渴望，等等。这并不意味着非纯粹利他主义是一件坏事，相反，我们应当以包容的心态去看待它。但就像生活中的任何事情一样，了解这种行为背后的真正动机还是有好处的。对于慈善机构来说，这种理解尤其重要，因为想要得到更多的时间和金钱捐赠，政策制定者就需要知晓这种行为背后的确切动机。

用数据说话

为什么人们会参与慈善？

- 假设你回到家时发现门上贴了一张传单，上面写着："儿童医院的筹款者将于明日上午10时至11时前来募款。"你会为此而改变日程安排，以确保这个时间在家吗？还是说你会改变日程安排以确保你那个时候不在家？哪些因素会影响你的决定？
- 非纯粹利他主义部分源自社会压力：你向慈善机构捐赠不是因为你想帮助别人，而是因为别人给你施加了社会压力。"人们捐赠，是出于主动原因，还是出于被动原因？"带着这个问题，约翰·李斯特与斯特凡诺·德拉维尼亚和乌尔丽克·马尔门迪尔通过一项挨家挨户的实地实验，对纯粹利他主义和社会压力的作用进行了验证。[2]
- 他们的目标是确定有多少捐款源自纯粹的利他主义，又有多少是社会压力所致。他们的假设是，有些人进行慈善捐款，并不是因为他们重视慈善，而是因为有人要求他们这样做，而且他们很在意别人对他们的看法。
- 募捐者们被派往芝加哥郊区为一家儿童医院募捐。有时，实验者会在一些家庭的门上贴传单，以提示他们募捐者会在第二天的某个指定时间前来。
- 如果人们不喜欢被索要钱财，那么他们会尽量避免在慈善募捐指定的时间内应门。所以实验的结果是什么呢？
- 尽管当知道募捐者要来时应门者的数量更少，但平均而言，那些应门者比那些不知道会有募捐者前来的应门者捐得更多。这一发现表明，有些人确实是因为社会压力而捐款，因此会尽可能避免与募捐者产生互动。这也提出了一种有趣的可能性，即那些知道会有募捐者前来但仍然会应门的人，要比其他人更加无私。
- 按照社会压力和纯粹利他主义的这种划分，研究者发现有近75%的捐赠都是由于社会压力。你能想出其他验证慈善捐赠驱动力的方法吗？

公正经济学

在本书中，我们一直都在研究经济主体的行为。在无论是关于个人、家庭还是关于企业的讨论中，我们都未曾考虑过公正或任何其他社会偏好的作用。在完全竞争市场中，商品的价格由市场需求曲线和供给曲线的交点决定。同样，劳动者的工资由劳动需求曲线和劳动供给曲线的交点给出。

尽管我们很容易就能想到，公正、利他主义和报复等社会偏好都会对我们的决策产生影响，但为了简化分析，我们忽略了这些偏好，并将关注重点放在了其他重要的问题上。我们现在转向研究此类偏好对我们所建立经济模型的影响。

电视上的公正？

你可能听说过电视有奖竞猜节目《朋友还是敌人？》。这档于 2002 年 6 月 3 日首播的节目由 MTV（全球音乐电视台）的丽萨·肯尼迪主持，一共播出了两季。该游戏节目的规则如下：参与节目者每两人被分为一组，之后每个小组会被安排到"隔离室"，并在里面玩问答游戏。这些二人团队需要通过共同答题来赢取"信任基金"。一个组的"信任基金"可以从 200 美元到 22 200 美元不等。

在问答部分结束后，各组的奖金将在两名参与者之间进行分配。分配结果取决于这两人的选择。存在三种可能的结果：

1. "朋友—朋友"：如果两个参与者都选择了"朋友"，那么所有奖金将由两人平分。
2. "朋友—敌人"：如果只有一人选择"朋友"，而另一人选择了"敌人"，那么选择"敌人"的一方将获得全部奖金，另一方则将一无所获。
3. "敌人—敌人"：如果两个参与者都选择"敌人"，那么两人都将空手而归。

表 18.1 展示了其中一个博弈的收益结果。在这个博弈中，我们假设你与一名叫乔的人共同参与该游戏，你们的奖金总额为 16 400 美元。

该博弈的三要素如下：

参与者：你和乔；

策略：选择"朋友"或"敌人"；

收益：见表 18.1。

你应该怎么选？如果你只对钱感兴趣，你最好的策略就是永远选择"敌人"。这是因为这种选择的收益永远不会比选择"朋友"的收益低。

你觉得实际参与该电视节目的人会如何选择？[3] 从总体上看，人们做出了分化极其明显的选择：在被调查的 234 名参与者中，有 50% 的人选择了"朋友"，50% 的人选择了"敌人"。因此，尽管选择"敌人"是能够获取最大金钱利益的最佳行动方案，但只有一半的参与者做出了这样的选择。

表 18.1 电视有奖竞猜节目《朋友还是敌人？》：囚徒困境的一种变体

注：通过以收益矩阵展示《朋友还是敌人？》博弈，你就能够很容易地比较你与乔的收益和策略，并找出预测结果。如果你和乔都选择"朋友"，那么你们每人可以得到8 200美元。但选择"敌人"的激励非常高——除非你们都选择"敌人"，否则你的收入可能翻倍。

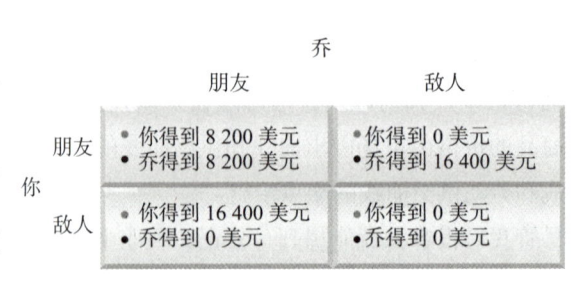

	乔：朋友	乔：敌人
你：朋友	• 你得到8 200美元 • 乔得到8 200美元	• 你得到0美元 • 乔得到16 400美元
你：敌人	• 你得到16 400美元 • 乔得到0美元	• 你得到0美元 • 乔得到0美元

出现这一结果的原因是多方面的，人们对公正的偏好就是其中之一。也就是说，他们认为把刚刚通过合作赚到的钱全部归为己有是不公正的。更准确地说，我们可以将**公正**定义为个人愿意牺牲自己的福祉来改善他人的福祉或惩罚他们认为行为不友善的人。

我们如何通过修改表18.1中的收益来反映这种偏好？当参与者具有公正偏好时，总收益需要同时反映货币收益和对公正的考量。例如，也许你认为乔也有公正偏好，而且你认为表18.2中的收益更适合你们的这个博弈。

现在，你在做出选择时，不仅要考虑货币收益，也要考虑收益矩阵中所包含的"公正惩罚"。这是当你选择"敌人"时所产生的一个后果。（也就是说，当你选择了一种"不公正"的策略，即当你选择了"敌人"并减少了其他参与者的收益时，你就会遭受公正惩罚。）假设这个"公正惩罚"是5 000美元。请注意，作为一个参与者，你只是在猜测这个数字的大小。一旦你做出这些假设，你就只需在收益矩阵中加入5 000美元的公正惩罚，然后用新的数字进行优化。在表18.2中加入5 000美元作为选择"敌人"的惩罚后，我们得到了表18.3，该图显示了使用此类惩罚时的新收益。

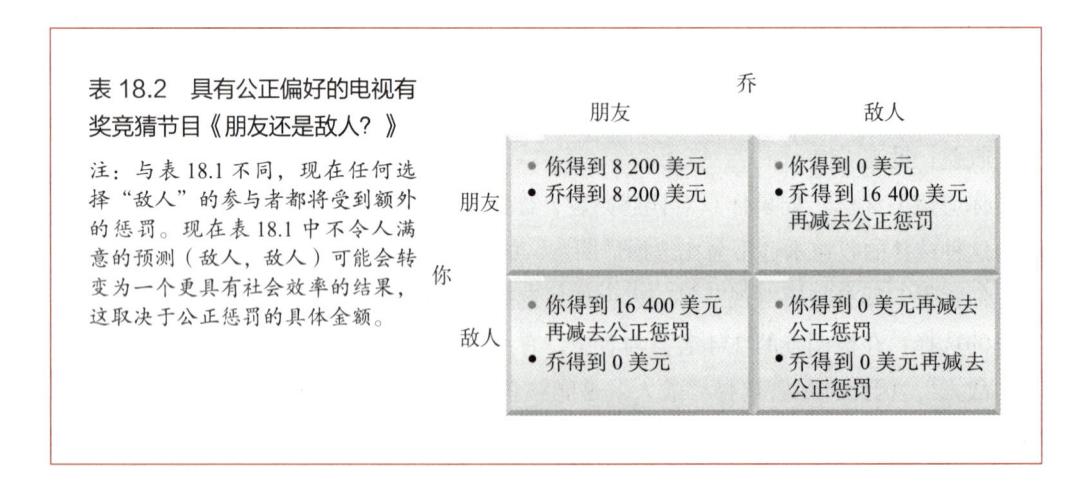

表 18.2 具有公正偏好的电视有奖竞猜节目《朋友还是敌人？》

注：与表18.1不同，现在任何选择"敌人"的参与者都将受到额外的惩罚。现在表18.1中不令人满意的预测（敌人，敌人）可能会转变为一个更具有社会效率的结果，这取决于公正惩罚的具体金额。

	乔：朋友	乔：敌人
你：朋友	• 你得到8 200美元 • 乔得到8 200美元	• 你得到0美元 • 乔得到16 400美元再减去公正惩罚
你：敌人	• 你得到16 400美元再减去公正惩罚 • 乔得到0美元	• 你得到0美元再减去公正惩罚 • 乔得到0美元再减去公正惩罚

表 18.3　具有 5 000 美元公正惩罚的电视有奖竞猜节目《朋友还是敌人？》

注：在此，公正惩罚被设定为 5 000 美元并包含在收益矩阵中。一旦如此，我们便又回到了标准的博弈论分析——所有新的公正关切都已经反映在收益中。在这样的公正惩罚之下，一旦你和乔发现你们选择了（朋友，敌人）策略，你们都没有任何理由改变自己的行为，当你们选择（敌人，朋友）策略时，结果同样如此。

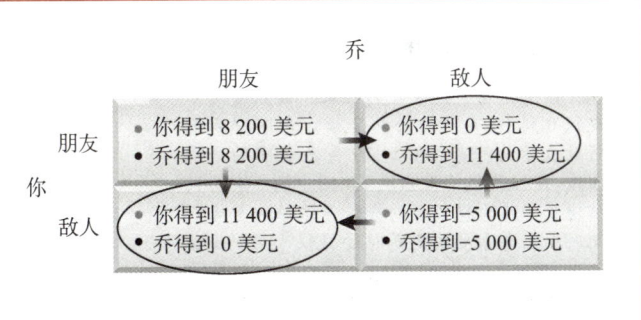

	乔 朋友	乔 敌人
你 朋友	你得到 8 200 美元 乔得到 8 200 美元	你得到 0 美元 乔得到 11 400 美元
你 敌人	你得到 11 400 美元 乔得到 0 美元	你得到 -5 000 美元 乔得到 -5 000 美元

实验室中的公正？

《朋友还是敌人？》中的决策显然受到了公正偏好的影响，但也还有许多其他因素在起作用。例如，参赛者有可能意识到他们是在数百万人面前进行比赛，他们的所有举动都处于雇主、配偶、父母，甚至他们自己的孩子的审视之下。考虑到这些因素，经济学家转向运用实验室实验来衡量公正偏好。一种他们经常使用的博弈便是最后通牒博弈，即博弈双方进行一次性议价的一种情况。图 18.3 展示了我们在第 17 章中讨论过的这一博弈。

在最后通牒博弈中，提议者会得到一定数额的金钱，之后这笔钱会在提议者和响应者之间进行分配。假设这笔钱为 10 美元。提议者会提出一个关于这笔钱的分配方案，响应者则需要决定是否接受该方案。假设提议者的分配方案是给自己 9 美元，给响应者 1 美元。如果响应者接受这一分配，则提议者和响应者将各自得到方案所确定的金额——也就是说，提议者会得到 9 美元，响应者会得到 1 美元。但是，如果响应者拒绝该提议，那么提议者和响应者都将空手而归。

让我们快速回顾一下博弈论所预测的最后通牒博弈结果。如果两个参与者都只关心他们自己的福祉，那么我们可以使用图 18.3 中的收益和逆向归纳法来确定他们将如何博弈。假设响应者认为有钱拿总比没钱拿好，那么如第 17 章中所述，响应者会接受任何大于 0 美元的出价，这意味着提议者将分给响应者最低的正数金额——在本例中为 1 美分。

尽管博弈论对此种情况有着明确的预测，但我们通常无法在实验室实验中发现这一结果。事

这是最后通牒吗？

图 18.3 最后通牒博弈

注：该博弈始于提议者的决策。提议者可以提议 0 到 10 美元的任意金额，在图中我们将此表示为一条在 0 到 10 美元之间的平滑曲线。一旦提议者做出决策（图中的 x 美元），该决策将作为提议者的提议传达给响应者。此时响应者需要决定是接受提议［得到 x 美元并留给提议者 $(10-x)$ 美元］，还是拒绝提议（让双方都得到 0 美元）。底部的数字显示了提议者的收益和响应者的收益。

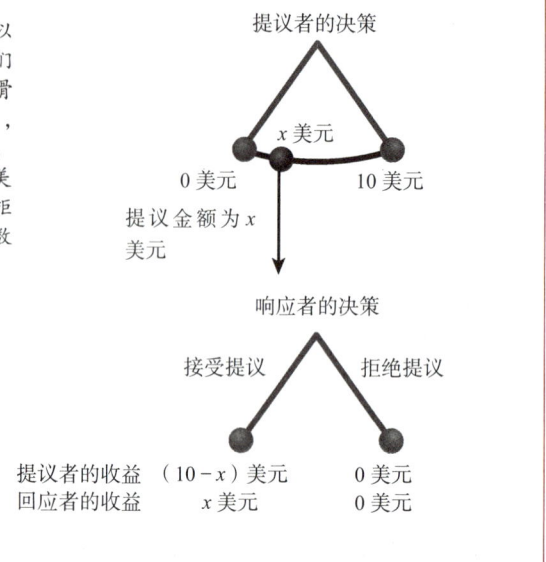

提议者的决策

0 美元　　x 美元　　10 美元

提议金额为 x 美元

响应者的决策

接受提议　　　　拒绝提议

提议者的收益　$(10-x)$ 美元　　0 美元
回应者的收益　　x 美元　　　0 美元

实上，大多数提议者所提议的金额都在初始金额的 25%～50%，很少有低于 5% 的情况。此外，响应者经常拒绝低于 20% 的提议。为什么会出现这种结果？

参与者的公正意识是导致这一结果的一个重要因素。如前所述，人们可能会认为自私行为是不公正的，并可能希望对其进行惩罚。在该博弈中，响应者有拒绝不公正提议的倾向，为了惩罚那些他们认为行为自私或不公正的人，他们甚至愿意放弃自己可以得到的那一部分金额。然而，请注意，这种行为本身与经济学并不矛盾：如前所述，经济学并不会告诉我们人们应该看重什么。例如，经济学并没有规定人们应该或不应该重视公正，就像经济学没有规定人们应该或不应该重视跑车、干净的环境或吃西蓝花一样。经济学所预测的是，正如人们会在机会成本较低时进行更多的捐赠，一个看重公正的人会在公正的价格较低时增加对公正的需求，在公正的价格较高时降低对公正的需求（在其他条件不变时）。我们接下来会更详细地对此进行讨论。

因此，响应者也不会总是愿意惩罚不公正行为。在总额只有 10 美元的时候，通过牺牲个人利益来惩罚一个按 9∶1 比例分配的提议是非常容易的，但如果总金额是 5 000 美元，情况就没这么简单了（惩罚价格为 1 美元和 500 美元的差异）。因此，我们可以预期，当追求公正的机会成本增加时，个人追求公正的可能性就会降低。即使是研究公正偏好问题，我们也可以使用经济学推理来扩展对这一问题的认识。我们会在后面的循证经济学专栏中回到这一话题。

用数据说话

实验室中的"独裁者"

- 假设你自愿参加一项经济学实验。进入实验室后,你被告知你会和另一房间里的匿名伙伴配成一对,你们两人会共享一笔钱。两人之中,一人担当分配者的角色,负责决定如何分配这笔钱,另一人则被称为接受者,他必须接受分配者做出的任何选择。
- 你被随机安排为分配者的角色,然后必须选择将10美元中的多少分给接受者以及给自己留下多少。你事实上就是一名"独裁者"。实验室助理向你保证,另一个人绝对不会知道你的身份,所以你可以自由做出或自私或慷慨的分配选择。作为"独裁者"的你会如何分配这10美元?
- 在独裁者博弈中,通常有略超过一半的分配者会分给接受者一些钱,其金额平均为总额的20%左右。你很可能做出不和接受者平分这10美元的决策。
- 但是,如果你和接受者不是各自在不同的房间里,而是面对面坐着,你的选择会发生什么变化?如果和你配对的不是一个陌生人,而是一个你认识的人呢?
- 此类实验室实验表明,不仅参与者之间的社会远近程度,就连参与者和实验者之间的社会远近程度也会对分配者的选择产生影响。其中一个实验发现,当没有人(甚至包括实验者)知道分配者的选择时,超过60%的人会独吞这笔钱。[4] 然而,我们哪怕只是让分配者在做出选择前和接受者默默对视几秒钟,也会有大约70%的人选择平分这笔钱。

循证经济学

人们在意公正吗?

- 最后通牒博弈实验提供了一种直接的互动,其中提议者会设定一个"接受或拒绝"的价格,响应者则必须做出接受或拒绝的决策。我们讨论过的很多经济决策都具有这种性质:垄断者的定价,寡头垄断者提议的串谋,甚至包括任何具有"接受或拒绝"因素的情况。
- 我们通过实验经济学所得出的最重要发现之一就是,在最后通牒博弈中,许多响应者会拒绝不公正的提议,并导致自己和议价对象的收益为零。然而,这一结果与经济学理论本身并不矛盾——正如我们曾经指出的,经济学理论从来没有说

过人们不应该关心他人的收益。相反，经济学的预测是，当公正的"价格"较低时，人们会增加对公正的需求，这意味着他们可以以较低的机会成本惩罚不公正行为。

- 现实数据是否会支持这一预测？
- 要回答这个问题，我们得先回顾一下经济学家对公正的过往研究。自20世纪80年代初以来，最后通牒博弈一直是实验经济学中最受欢迎的实验之一。相关的实验已经进行了数百次，别说普通大学生，就连秘鲁亚马孙的原住民也参与过此类实验。数十人甚至还在参与该博弈时接受了大脑扫描。总体来说，研究发现，该博弈中的提议者通常会将约40%的金额分配给响应者，但这些提议中大概有16%会被响应者拒绝。金额越小越容易被拒绝。
- 在最后通牒博弈中，拒绝一个大于0美元的方案是要付出金钱成本的，而成本增加是否会导致行为变化，则是一个非常具有经济重要性的问题。经济学家对于此种情况的核心假设是：当成本较低时，响应者会愿意拒绝不平等的提议，但当机会成本很高时，他们就会发现很难拒绝这样的提议。很多人可能会拒绝10美元的1%，但是有多少人会拒绝1亿美元的1%呢？对我们大多数人来说，100万美元可是一笔能够改变人生的钱。
- 一些经济学家最近检验了这一预测。他们前往印度东北部的贫困乡村开展了最后通牒博弈。[5] 研究人员之所以要将贫困村民作为实验对象，是因为这样他们才出得起在村民眼里很有价值的东西。在这些村庄里，他们用1 000倍的金额变化来执行最后通牒博弈，这样就可以用20、200、2 000和20 000卢比这些不同的初始金额来探索博弈结果。这些金额在当时分别相当于0.41美元、4.1美元、41美元和410美元。考虑到如下的事实背景，我们就更能理解这些金额对于实验对象的意义：当时这些村庄的平均日收入是100卢比（2.05美元）。换句话说，在最高金额的博弈中，参与者所做的选择相当于他们200天的工资！
- 图18.4汇总了这些博弈的结果。图18.4（a）显示了在四种不同总金额下的提议金额占比，也就是在不同初始金额下，提议金额占初始金额的百分比。我们发现，和初始金额较大时相比，初始金额较小时的提议金额占比会更高。提议者似乎认识到，在金额较大时（20 000卢比），响应者将很难拒绝不公正的提议，此时的平均提议金额只有初始金额的10%多一点。那么，你认为在这种情况下响应者会如何决策？他们会拒绝提议吗？
- 图18.4（b）显示了在提议金额小于或等于初始金额20%时的拒绝率。简言之，虽然在金额较小时，人们会拒绝低比例的提议，但在大金额时很少有人会选择拒绝。图18.4（b）显示，一旦总金额变得很大，即使提议金额的占比非常低，也很少有人会拒绝该提议。例如，在20 000卢比的实验中，24个占比不高于20%的提议金额中只有1个遭到了拒绝。考虑到该组实验中的平均提议金额占比仅略高于初始金额的10%，这是一个非常低的拒绝率。这比在低金额实验组中所观察到的40%~50%的拒绝率要小得多。
- 这个实验表明人们确实重视公正，但对公正的追求也是有限度的，而这一结果也再次凸显出经济学的力量。当成本较低时，人们会大力惩罚不公正的提议。但如果惩罚不公正的代价真的很昂贵，他们就不再愿意这么做。如果机会成本过高，那他们就会让公正偏好退居次席。这一结果令经济学家感到欣慰，因为它表明，即便是公正这样的问题也在我们的经济框架中占有一席之地：经济推理的适用范围已经远远超出了我们对汽车、自行车、苹果手机和理发等商品或服务的生产和消费的分析。

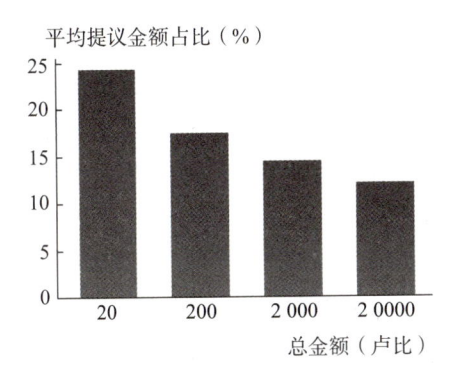

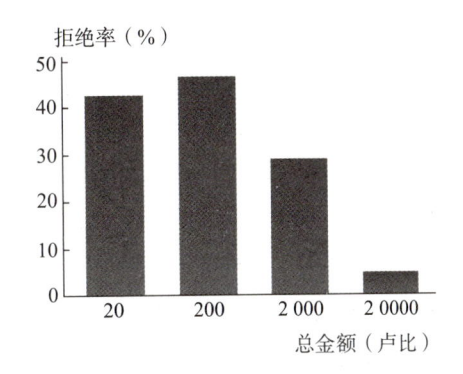

（a）不同总金额下的提议金额占比　　（b）提议金额占比低于或等于20%时的拒绝率

图18.4　最后通牒博弈实验中的出价和拒绝率

注：出现的第一个数据模式是，随着金额的增加（从20卢比增加到20 000卢比），提议者愿意分给响应者的金额占比在降低。仅这一发现就表明金额的大小很重要。但如果没有拒绝率的数据，我们就只能了解部分情况。图（a）显示了向响应者提供金额的平均占比。图中的条柱分别代表四种不同金额的最后通牒博弈实验：20、200、2000和20 000卢比。图（b）关注的是占比不高于20%的提议金额。我们在此看到了关于金额重要性的强有力证据。在金额较小的情况下，有超过40%的低比例提议金额遭到了拒绝，而当总金额为20 000卢比时，拒绝率只有不到5%。这也解释了为什么提议者认为他们可以在金额更大时提议更低的比例。这一证据表明，公正和任何其他经济商品一样，会对价格做出反应：需求定律在此成立。

问题	答案	数据	注意事项
人们在意公正吗？	在意，很多人愿意付出较小的代价来惩罚那些有不公正行为的人。但随着追求公正成本的增加，人们也会弱化在公正方面的考量。	来自印度的实地实验数据。	这是一项在世界偏远地区进行的研究，而且只有在金额足够大的情况下，我们才能发现对公正的考量会随着追求公正成本的增加而弱化。

第18章　社会经济学

18.2 信任和报复的经济学

只要稍加沉思细想，你就会意识到，信任是大多数经济交易中的一项必备要素。正如诺贝尔经济学奖得主肯尼思·阿罗所写到的："几乎每一笔商业交易本身都包含着信任的因素……我们甚至可以说，世界中的经济落后在很大程度上都可归因于缺乏相互信任。"[6] 当然，如果有人利用了你的信任，你可能会考虑实施人类最古老的行为之一：报复。在本节中，我们将讨论信任和报复的经济学。

信任经济学

在生活中，信任和守信可谓无处不在。你相信你上次在外面吃的食物是以最安全的方式加工、储存和制作的。同样，当你向朋友吐露心声时，你也需要依靠她的守信来保守你最不为人知的秘密。经济学家早已认识到，大多数经济交易都需要信任和守信，因为任何交易都不可能全面通过合同来加以规定和执行。例如，福特汽车公司很难监控其生产线工人的一举一动，工人也需要雇主信任他们不会在工厂里搞破坏或行窃。同样，商业交易中的各方也必须在一定程度上相信所有人都会履约。否则，他们就得把所有时间都花在法庭上。如第 16 章中所述，这些都是需要考量的道德风险因素。

经济学家近年来开始研究信任和守信的性质和程度。一种流行的方法是通过实验室实验来观察人们在"信任博弈"中的表现。图 18.5 展示了信任博弈的一种变体方式。该博弈有珍和加里两个参与者，他们素未谋面，并且会匿名制定决策。珍是先行动者，因此，她一开始就必须选择是否信任加里。如果她不信任加里，则她和加里都会获得

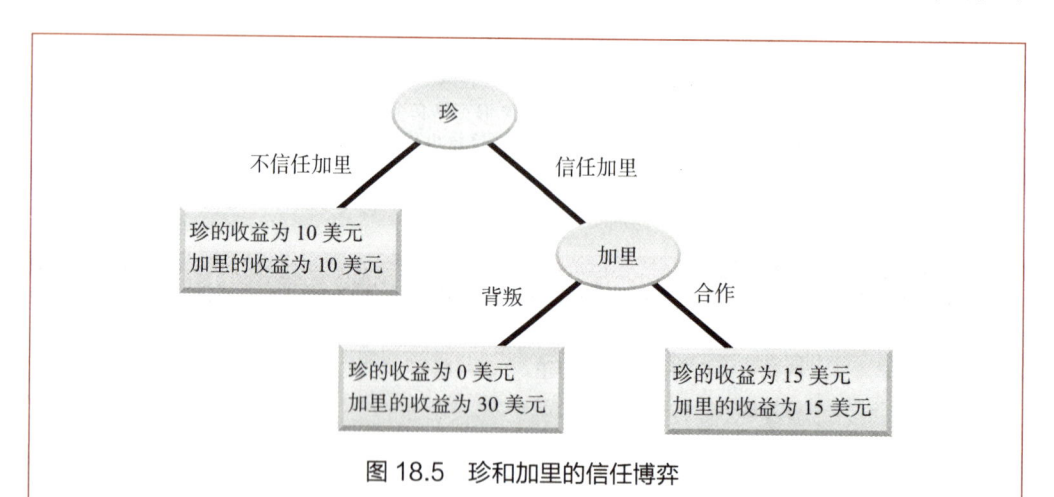

图 18.5　珍和加里的信任博弈

注：在这个信任博弈中，珍是先行动者，她必须决定是信任加里并让加里拥有最终的决定权，还是不信任加里并在第一次决策时就确定博弈结果。若加里很自私，他会选择背叛，因此为了使自己的收益最大化，珍会在第一轮就确定博弈结果，绝不给加里任何机会。不幸的是，相比于珍信任加里且加里选择与珍合作的情况，这种情况下两人的境况都变得更差了。

10美元的收益。如果她选择信任加里，则加里要么背叛、要么合作。如果他背叛，则珍什么也得不到，加里得到30美元。如果加里合作，则他和珍都能得到15美元。

如果你是珍，你会怎么决定？如果你处在加里的位置上，而且珍选择了信任你，你会做出怎样的反应？

假设图18.5包含了所有相关收益，那么你应该如我们在第13章中所学到的，使用逆向归纳法来进行这一博弈。从加里的角度看，他一旦有机会就会选择背叛，因为这样他就能赚得30美元，这高于他选择合作时的15美元收益。从珍的角度看，她应该认识到加里有为了得到更高收益而背叛的可能性（30美元大于15美元）。因此，她应该选择不信任加里。

因此，这个博弈的均衡是珍不信任加里。但这是一个糟糕的结果，因为它不具有社会效率：由于珍不信任加里，他们两人总共只赚得了20美元（每人10美元），而不是30美元。你会发现现实世界中的很多情况都类似于这个博弈。一旦你选择了信任一个陌生人甚至一个朋友，你就需要面对他们令你失望的风险。你请水管工来修理漏水的水龙头也有风险，因为这位水管工很可能只想着收钱，干活却很糊弄，结果第二天水龙头就又开始漏水了。如果图18.5中的信任博弈均衡以及我们在日常生活中许多相关博弈的均衡总是关乎后行动者（加里）的背叛和先行动者（珍）的猜疑，那么这个世界将是何等令人沮丧和混乱。

如何才能产生一个不同的均衡？一个关键因素在于加里是否会偏好于守信。就像在电视竞猜节目《朋友还是敌人？》中不公正行为可能会受到惩罚一样，如果加里不够守信，那么他可能会受到惩罚。假设惩罚是当他这样做时他会感觉很糟糕。

图18.6显示了当加里因选择背叛而受到相当于20美元的惩罚时，珍和加里之间的博弈情况。由于这项惩罚，他的背叛收益现在变成了10美元，而非30美元。我们通过研究图18.6发现，加里现在更愿意合作而非背叛。在认识到这一结果后，珍现在更愿意信任加里，而非不信任他。因此，仅仅通过使守信成为收益的一部分，就可以极大地改变各主体所面临的激励，并使他们趋向更具有社会效率的均衡。

另一个可以让各方走出初始"坏"均衡的因素是博弈是否具有长期性，也就是说，这个博弈是否会多次进行。在初始收益下的一次性博弈中，珍选择不信任加里非常合乎逻辑，但是，如果他们之间要进行多次博弈，那么珍就可能有理由信任加里。因为如果他们每次都能获得15美元而不是10美元，他们两人的境况都将得到改善。这一推理和我们在第14章中的分析完全相同，当时我们提出，串谋是符合寡头垄断者利益的一种长期安排。

让我们更明确地解释一下为什么会出现这种情况。图18.5表明，在一种重复的关系中，如果珍和加里合作，那么他们每次博弈都能得到15美元。现在我们假设加里选择背叛。在这种情况下，他一次性得到了30美元，但从此珍也将不再信任加里，这使得在接

第18章 社会经济学

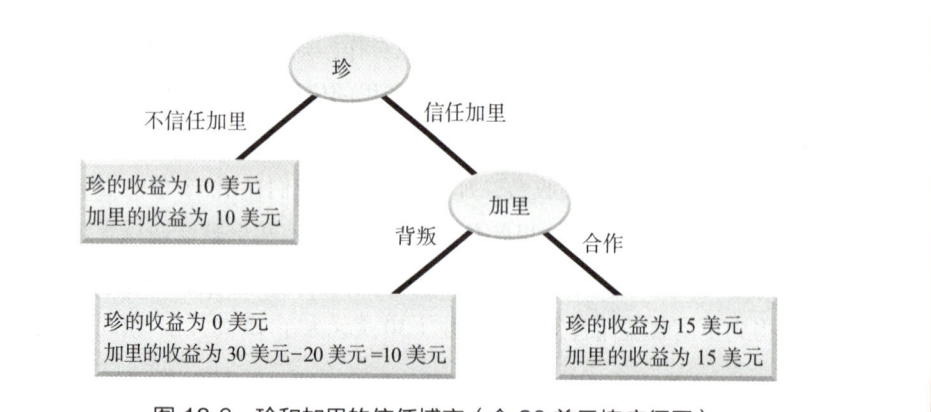

```
                     珍
        不信任加里  /   \  信任加里
                  /     \
    ┌──────────────┐     加里
    │珍的收益为10美元│    /   \
    │加里的收益为10美元│ 背叛    合作
    └──────────────┘  /       \
          ┌────────────────────────┐  ┌──────────────┐
          │珍的收益为 0 美元         │  │珍的收益为15美元│
          │加里的收益为30美元-20美元=10美元│ │加里的收益为15美元│
          └────────────────────────┘  └──────────────┘
```

图 18.6　珍和加里的信任博弈（含 20 美元愧疚惩罚）

注：和表 18.3 中所示情况一样，即使在收益中包含社会偏好，我们也仍可以使用标准工具来分析该博弈。在本例中，加里因为背叛了珍在首先行动中的信任而被处以 20 美元的愧疚罚金。这个惩罚金额很高，使得加里改为合作来最大化其收益。了解到这一事实后，珍会信任加里，从而产生"信任加里并进行合作"这一结果。

下来的每轮博弈中每个人只能获得 10 美元。因此，背叛会增加加里当前的收益，但这是以减少其未来收益为代价的。经过一番权衡，双方可能会发现合作作为一种长期战略符合他们的利益。如此一来，对未来合作的激励就可以有效地阻止背叛。

这种长期策略或许能够解释我们在现实世界中经常观察到的一些互动类型，例如，为什么朋友和家人会互相信任。如果我们认为人们是在进行一场"生活博弈"，那么就可以将类似的概念应用至整个社会。如果你行为恶劣，偷了同学的讲义，那么你的朋友可能会对你产生负面看法，将来也不太愿意和你合作。如果你给自己打上了不诚实的记号，那么将来可能会为此付出沉重的代价。你可能会失去潜在的工作机会和朋友的信任，你甚至可能会发现，有些与你私下打交道的人还打算报复你的过往行为。

报复经济学

截至目前，我们的讨论主要集中于人类行为的那些"美好"特性上：慈善、公正和信任。然而，人类也有一些明显"不美好"的偏好，例如报复。尽管它不美好，但我们还是会发现，实施报复这种能力在实践中是很有用处的。我们举一个中世纪欧洲的例子。在 10 世纪时，为了维护社会秩序，公社[①]会以威胁报复为手段来维系和平，换句话说，他们实行"以牙还牙"的政策。尽管以报复手段来惩治反社会行为

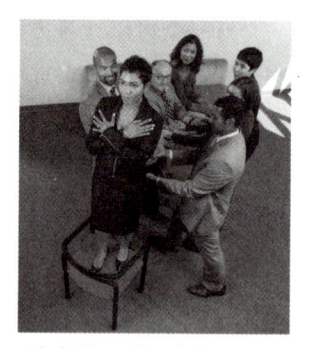

这也是一种经济算计？

[①] 中世纪的公社是一种自发形成的、具有一定自治权的城镇组织形式。——译者注

的代价很高，但从理论上来说，它是有效的，因为它减少了市民的不当行为。

在现代经济中，我们也不难找到报复经济学的示例：体罚、公开鞭笞以及其他处理不当行为的严厉手段存在于全球各地。但这是为了维护社会秩序吗？即使代价高昂，个人也会惩治他人的反社会行为吗？例如，假设你目睹了一起肇事逃逸事故，你会愿意耽误自己的时间去向警察报告车牌号，并且去当地派出所详细填写笔录吗？又或者，在明知道自己可能会被别人贴上"咄咄逼人"或"无教养"标签时，你是否还会大声斥责别人的插队行为？

让我们以一个扩展版的信任博弈案例来更为正式地研究报复经济学。假设在加里决定背叛后，珍可以对其处以 20 美元的罚款。但罚款也会使珍损失 10 美元。增加这样一个报复选项会如何改变信任博弈的均衡？

图 18.7 显示了报复的影响。在博弈树的末端，我们使得珍可以获得不同的收益。在第一种情况下，她没有报复心，所以当她对加里施加罚款时，她会有愧疚感（她损失了 10 美元，因此得到了-10 美元的收益）。在第二种情况下，她有了报复心，而且事实上她从对加里的罚款中获得了满足感（因为她是在报复加里辜负了她的信任）。假设对珍来说，这

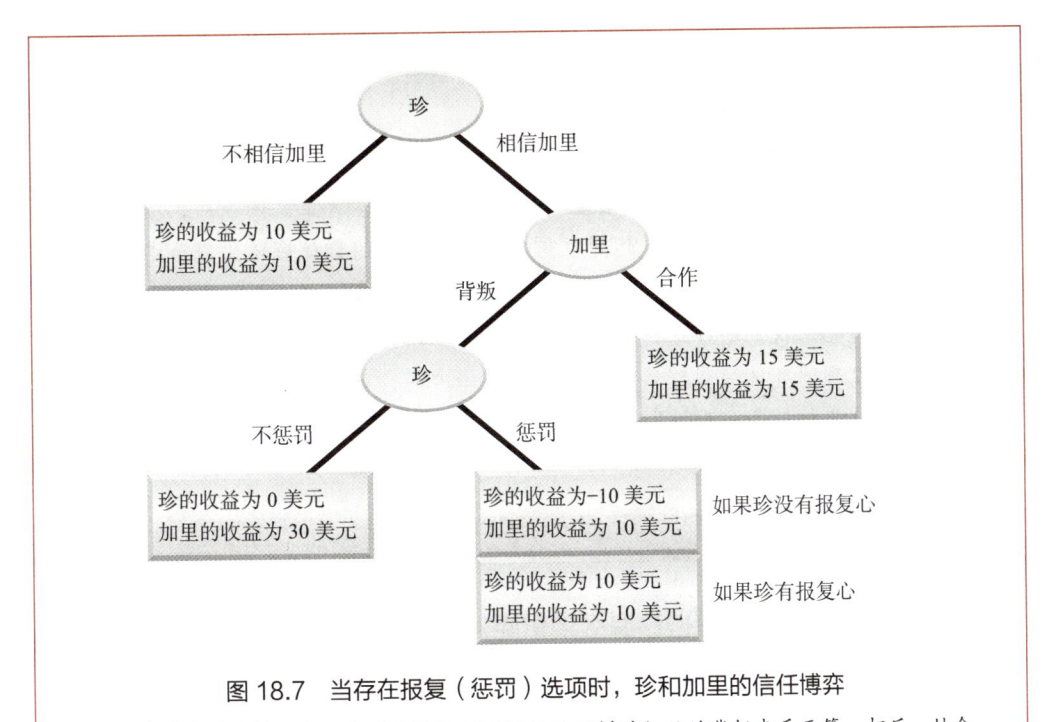

图 18.7 当存在报复（惩罚）选项时，珍和加里的信任博弈

注：在许多现实情况中，珍不会像图 18.6 所示的那样对加里的背叛束手无策，相反，她会具有惩罚加里背叛行为的能力。在这个模型中，我们调整了信任博弈，并赋予了珍对博弈结果的最初和最后决定权。如果珍没有报复心，则该博弈就会如图 18.6 所示的方式结束——由于知道加里会背叛，所以珍会在第一步就终结博弈，选择不信任加里。然而，如果珍具有报复心理，那么加里就会做出合作的选择，因为他更希望得到 15 美元的收益，而背叛具有报复心的珍的收益只有 10 美元。

种满足感价值 20 美元，则她的总收益是 20 美元 +（-10 美元）= 10 美元。

如果珍没有报复心，而加里也清楚这一事实，那么加里就会知道她不会实施惩罚。所以在具有选择权的情况下，他会继续选择背叛。但是，如果珍有报复心，那么加里就会知道，如果他敢背叛，珍就一定很乐于惩罚他。在得知这一点后，加里就必须重新思考他的策略：背叛看上去不再是一个好的选项。在这种情况下，由于加里知道珍肯定会惩罚他，所以他会选择合作。

因此，我们又找到了一种实现好的均衡的方法：威胁报复。珍的报复能力促使加里为了共同利益而行事。这与我们在第 13 章中讨论的可信承诺的效果非常相似。

选择与结果

报复有进化逻辑吗？

- 在珍和加里的多次信任博弈中，支持长期信任的规则是"合作，直至另一方背叛你，然后你再背叛他"。如果双方都使用这种策略，他们很可能就不用承受背叛之痛——过高的报复威胁导致背叛得不偿失。许多人、企业甚至国家之所以能够建立相互信任关系，就是因为他们预期不合作的行为会招致报复。事实上，这种思维可能有进化方面的根源。
- 生物学家和人类学家目前尚未就群体选择的力量达成共识。罗伯特·博伊德、彼得·里查森、埃利奥特·索伯和戴维·斯隆·威尔逊等学者正试图证明，尽管自然选择可能会青睐自私的个体，但建立信任、合作关系的群体应该比完全由自私的个体组成的群体更具生存能力。[7] 个体选择意味着最强壮的人能够生存下来并将其基因遗传至后代，群体选择则意味着最强大群体能够生存下来并将其基因遗传至后代。这项研究的一般经验法则是"在群体内部，自私会战胜利他主义，但利他主义群体将打败自私群体"。[8] 我们该如何检验这一概念在市场中的有效性？

播客说

对不起！我应该道歉，但该怎么道歉呢？

- 我们了解到，信任会影响我们社会的方方面面。当出现不守信行为时，有人就会实施报复。我们都有把事情搞砸的时候。当你犯了错误并给别人造成伤害时，你会道歉吗？如果会的话，你会用什么方式来道歉？鲜花，言语还是拥抱？你是否会经常道歉？乍一看，你可能觉得经济学无法帮助我们理解这类心理问题。然而仔细想想，你就会知道你最初的直觉是错误的。

- 企业也需要面对道歉问题。当它们提供的商品或者服务存在质量问题时，它们应该道歉吗？应该以何种形式道歉？经济学家本杰明·何、约翰·李斯特和伊恩·缪尔等人为优步解决了这个问题。[9]优步每天提供数百万次乘车服务，因此难免会时不时地出现服务质量问题。司机态度恶劣、车辆有问题、司机迷路等等都属于此类问题。同样，你也能体会一位乘客站在雨里焦急地看着手机应用程序，却一直等不到那位拐错弯的司机会是一种什么样的感受。要是真在雨中等个15分钟，那她可能这辈子再也不会用优步了。
- 我们都同意优步应该为如此糟糕的服务道歉。但是如何道歉呢？另外，道歉会对它有帮助吗？
- 为了回答以上的问题，上述几位经济学家通过数百万次的优步出行数据开展了一次实地实验。你觉得他们会有什么发现？第一个发现是，糟糕的乘车体验确实有重大影响。事实上，这导致优步损失了数百万美元的潜在收入。另一个发现是，道歉是有帮助的。但你可能会惊讶地发现，最好的道歉是金钱上的道歉——下次出行减免5美元这个办法让优步留住了许多消费者。然而，太多的道歉则可能会适得其反：当优步道歉太频繁时，它实际上会放大糟糕出行的影响，让整个情况变得更加不可收拾！

18.3 他人如何影响我们的决策

在本书中，我们曾经在不同的情况下提到我们的偏好。是什么因素决定了我们是否公正，是否屈从于社会压力，是否真正享受做了正确之事所产生的愉悦感觉，是否从实施报复中获得满足感？这些因素与决定我们喜欢巧克力冰激凌还是香草冰激凌的因素有何不同之处？

偏好从哪里来？

我们的偏好部分取决于生物和化学过程（例如，儿童更喜欢甜味）。在许多应用中，我们都可以将其作为我们经济模型中的"给定条件"。然而，我们偏好的其他维度则是由社会、信息获取以及教化决定的。

我们并不是生来就具有看电视或玩电子游戏的偏好。这些是我们后天获得的偏好。这种偏好是我们所生活社会的一个函数。我们会学着以适应社会的方式来塑造我们的行为。社会的影响，特别是朋友和家人的影响，是社会化的重要组成部分。

我们的偏好还受到一种更令人反感的力量的影响：教化。**教化**是经济主体向社会灌输其意识形态或观点的过程。一部分教化是良性的——它只是一个提供信息的过程。例如，反吸烟运动会展开大范围的付费广告宣传，因为他们相信这些广告能促使人们远离烟草。这些团体成功地培养了一种反对吸烟的文化规范。我们大多数人不愿意吸烟，部分原因在于我们已经知道了吸烟对健康的负面影响，部分原因则在于我们知道我们的社会不赞成吸烟。

在潜在有用信息的传播之外，社会中还存在一种通过教化来改变人们偏好的组织力量。在许多国家中，政府和有权势的个体都具有利用意识形态或观点来影响其民众的倾向。

同伴效应经济学

在第12章中，我们讨论了他人如何通过网络外部性影响我们的生活。例如，由于你的许多朋友都使用推特，你可能也会受到影响，觉得应该有一个推特账号。如果你所有的朋友都在看《吸血鬼日记》并整天谈论它，那么即便你对它不怎么感兴趣，也可能会觉得有必要去看一下，以避免和同伴无话可聊。除了网络外部性，其他人的影响也同样很重要。我们每天都要和人打交道，要听他们讲话，要和他们进行各种事务的沟通。我今晚出去时应该穿什么牛仔裤？下一只热门股票是什么？我应该买什么样的鞋子？

用数据说话

经济学会害了你？

- 你或许不会对以下的这个事实感到惊讶：至少有三个独立的实验室实验表明，经济学专业的学生比其他学科的学生更不愿意合作。[10] 无论是在囚徒困境实验还是在独裁者博弈中，经济学专业的学生通常都表现出更符合自私经济人的行为，而不是更符合合作性经济人的行为。
- 这是一种教化的结果吗？经济学是否会让人变得更不乐于互动，更为自私？
- 对于这些结果至少还有两种其他的解释。第一种解释是，首先，经济学学科可能会吸引比一般学生更"自私"的学生。也就是说，经济学专业学生的选择与其他专业学生的选择不同，前者更容易被金钱吸引。这是有道理的，因为经济学专业的学生毕业后的收入通常都相当不错。
- 第二种解释是，经济学专业的学生误以为经济学在此类博弈中规定了"正确"的行为。正如现在所知，就经济学家而言，只要你基于已知信息为自己做出了最佳选择，你的行为就是理性的。这并不必然意味着你一定要最大化你的收入，或者要表现得很自私。
- 但一个常见的误解是：经济学告诉我们，我们应该完全自私，我们应该牺牲他人利益来提高自己的收益。在这种思维模式下，经济学专业的学生难免会只顾得计算货币收益的均衡，而忽略了其他社会偏好。
- 也许你通过与经济学专业学生的互动就能知道这个问题的终极答案。作为经济学教授的我们愿意了解真相！

无论结果如何，我们的社会环境都会影响我们每天做出的决定。20世纪60年代流行喇叭裤，20世纪80年代流行酸洗牛仔裤，现在流行妈妈牛仔裤，这都不是哪个人或者哪个群体刻意决定的。各种潮流趋势总在不断涌现。

<mark>我们的朋友和熟人是影响我们的偏好和生活选择的主要力量。</mark>经济学家将他人决策对我们自己选择的影响称为**同伴效应**。人们倾向于从周围的人那里收集信息，并利用这些信息来决定自己的行为。我们同伴的才华和技能特征以及他们的选择都对我们的生活产生影响。

如下几个例子将帮助我们认识同伴的力量，但与此同时，这些例子也显示了通过数据来有效确认同伴

同伴效应无处不在。

效应的难度。第一个例子是经济学家奥丽娅娜·班迪埃拉和伊姆兰·拉苏尔的一项研究，他们在研究莫桑比克农民及其对葵花籽的种植时发现了有趣的同伴效应。[11] 他们研究了社区中的社会关系会如何影响葵花籽种植新技术的采用。他们发现，和没有选择种植葵花籽的人相比，那些种植葵花籽的人会认识更多选择种植葵花籽的人。显然，这个结果并不意外。

假设你是一名农民，面临着种植一种新作物的选择。如果你知道已经有一些人而不只是一两个人在种植这种新作物，你就更有可能加入其中。为什么同伴的决策和个人的决策之间存在这样的关系？一种可能性是，每个农民都在从其同伴那里打听葵花籽是否具有高产量的信息：种植这种作物的同伴越多，你就越有可能相信这是一个好主意。另一种可能性是，同伴的种植决定给你带来了社会压力：你可能不想成为唯一一个没有种植葵花籽的人。另外还有一种可能性，那就是周边地区农田的质量和类型都非常相似，如果你所在的地区非常有可能实现葵花籽的高产量，那么你和你的同伴就都更有可能种植这种作物。

在另一项更贴近日常生活的研究中，经济学家布鲁斯·萨塞尔多特考察了大学宿舍里的同伴效应。[12] 他发现了他所谓的"新生室友效应"。在一项自然实验中，近1 600名达特茅斯学院新生都被随机分配了一名室友，萨塞尔多特则研究了室友对彼此的影响。萨塞尔多特报告了不少发现，其中有一项是，他发现室友对彼此的平均学分绩点（GPA）具有显著的影响！看来一个孜孜不倦的室友也能让你更加努力地学习。然而，如果你对自己的平均学分绩点不满意，也别急着去找你室友的麻烦，因为萨塞尔多特和

第18章 社会经济学

其他学者发现，还有许多其他重要因素也会影响你的平均学分绩点。

萨塞尔多特的研究固然巧妙，但也可能存在其他解释。假设你的室友对你没有影响，但你们的宿舍恰好挨着一座时常运行到午夜的繁忙火车站。火车从你们的旁边呼啸而过，搞得你和室友都彻夜难眠。学期结束时，你和室友的平均学分绩点可能都很低，但这并不是因为你们中的一个影响了另一个，而是因为你们受到了"共同的冲击"——让你们整晚都难以入睡的火车噪声。

从众现象

人群有为了某个目的而聚集的倾向，无论是在学校、音乐会，还是在路边的事故中，人们往往会聚集在一起。在这些情况下，通常是有一些特定的事情引起了人们的注意。然而人们也可以在没有充分理由的情况下聚集。在经济学中，当个体服从他人决定时，就会出现**从众现象**。

个体决定从众的原因一般来说有两个。第一个可能只是他们害怕犯错——因此，他们可能不会太重视自己的直觉。另一种可能是，如果很多人都在做同样的决定，那么他们这样做一定是有原因的。你可能听过游乐园里的一种说法：如果队伍很长，就赶紧去排队，因为前面肯定有好东西。从众创造了一种信息均衡，在这种均衡中，人们会相信他人的智慧而忽视他们自己的信息。

不好意思，你能告诉我们最近的悬崖在哪里吗？

例如，假设你和3个朋友正走在街上，并决定找个地方吃午餐。你们四处寻找，最后发现街上有两家隔路相望的餐厅。两家餐厅里都没有顾客。在一无所知的情况下，你们随机选择了大爱餐厅而不是路对面的凯利餐厅。但你们的这一举动可能不仅仅是让凯利餐厅没做成你们的生意。让我们看看这是为什么。

5分钟后，另一个饥饿的人也路过这里，想找个地方吃饭。他也看到了凯利餐厅和大爱餐厅。也许他从一些朋友那里听说凯利餐厅的饭做得很不错。但他也看到大爱餐厅里有4个顾客，而凯利餐厅里一个人也没有。他将这些信息视为传递餐厅品质的信号——大爱餐厅肯定更好，因为它比凯利餐厅有更多的食客，也许那4个顾客就是因为掌握了一些有价值的信息才选择了大爱餐厅。所以他忽略了他的私有信息（他从朋友那里听来的信息），追随你们4个人进了大爱餐厅。随着越来越多的人来找餐厅，他们也会应用这种推理，并选择从众。最后凯利餐厅空无一人，而大爱餐厅则座无虚席。

用数据说话

同伴影响腰围

- 课堂是研究同伴效应的一个最常见情境,研究者可借此观察课堂上的同伴对人们所施加的重要经济影响。一些经济学家已将对同伴效应的研究引向了一个完全不同的方向。斯科特·卡雷尔、马克·霍克斯特拉和詹姆斯·韦斯特在美国空军学院使用随机分配的同伴组,研究了同伴效应如何影响体能状况。你认为体能不佳或肥胖与同伴效应有关吗?答案可能会让你感到惊讶。

- 经济学家利用美国空军学院学生在高中和大学的体测结果研究了同伴对体能的影响。[13] 美国空军学院的特殊之处在于,这里的大学生会被随机分配到一个由大约30人构成的小组(中队)中,同组成员基本会朝夕相处。此外,美国空军学院的学生会共同训练,他们的体能情况也受到密切监测,相应的体测结果则会被换算为一个叫作"体育平均分"的指标。这是一个综合了多种不同身体活动和某些方面体能要求的指标。

- 图18.8展示了这项研究的一项主要结果。该图的横轴显示的是美国空军学院30人小组中,高中体测结果处于最低五分位的学生占比(即体能最差的20%新生)。纵轴记录了未达到美国空军学院身体素质要求的概率。图中的曲线代表了高中阶段的体能状况。这些曲线展示了一个清晰的结果:随着周围体测不达标学生数量的增加,学生未通过体测的概率也会增加。这个案例类似于我们对达特茅斯学院

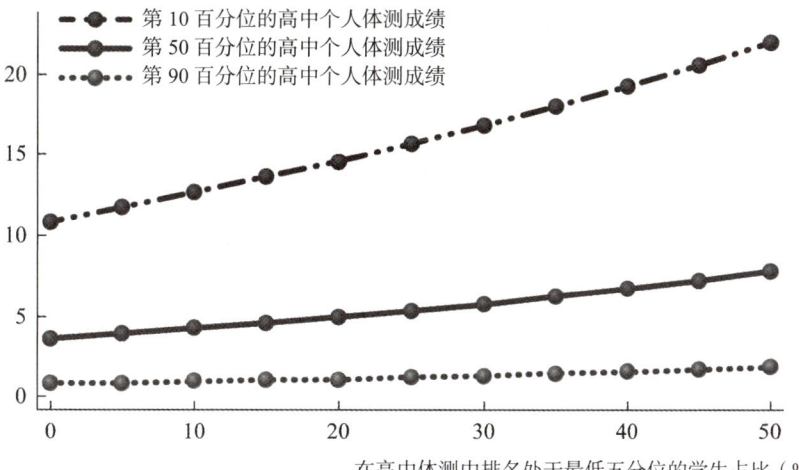

图 18.8 同伴对健康的影响

注:先看最下方的曲线。我们可以发现,在高中体测中排名第90百分位的个人,在通不过美国空军学院体测的概率方面似乎不受同伴的影响。然而,当我们转向高中体测成绩接近平均水平(中间曲线)和低于平均水平(最上方的曲线)的个体时,我们便会发现,随着同组人员平均体能水平的下降(沿着横轴从左到右移动)时,通不过美国空军学院体能测试的概率会增加。

第 18 章 社会经济学

> 室友研究的讨论，其结果也可以用多个因素来解释，包括影响一个小组中所有成员的一些"共同冲击"。但不管怎么说，研究结果强烈地表明，你周围人的身体状况与你自己的健康有相关性！

这种现象被称为**信息瀑布**，当人们根据他人的决定而不是自己的私有信息做出选择时，就会发生这种情况。例如，第二个顾客无视朋友提供的信息，跟随你们去了大爱餐厅。这样做似乎也有合理性，因为其他人经常会基于一些相关信息来做出决定。然而，信息瀑布可能会造成非常重大的影响。例如，一些经济学家认为，信息瀑布是导致资产价格大幅上涨和后续调整的一个重要因素。当人们争相买入股市中的大热门股时，该股票的价格就会出现异常的上涨。随后的调整则会压低股价，导致后续入场的投资者蒙受巨大损失。政治动荡期间的银行挤兑以及新冠疫情危机等突发事件期间的食品、水和卫生纸挤兑也是因为受到了信息瀑布的影响。

求职面试可能是信息瀑布发挥重要作用的另一个场景。雇主可能会查看候选人的简历并发现他已经失业了一段时间。即使面试进行得很顺利，并且候选人看起来很适合这份工作，雇主也可能会把候选人迄今未能找到工作的信息解读为其他人都认为此人不能胜任的信号。然后，雇主可能会认为自己在评估求职者时遗漏了一些重要的东西，而且可能会忽视自己所获得的积极信号，而更重视候选人失业经历中的信息。雇主不会给面试者提供工作，下一个或下下一个也不会……这种信息瀑布延长了这位不幸面试者的失业期。

选择与结果

你上网吗？

- 互联网永远不缺少表达自我的空间。在博客圈、推特、照片墙、TikTok（国际版抖音）和脸书上，你可以随便发表观点（是否有人阅读则是另一回事）。
- 随着这些观点的传播，大多数人都能很容易地找到自己志同道合者的观点和评论，心理学家将这种现象称为证真偏差。证真偏差预测人们只会阅读那些强化自己观念的文章，而这又会进一步加深自己的偏见。
- 然而，并非所有人都同意这一说法。对2004年美国大选的一项研究得出的结论是，互联网用户可能是最平衡的媒介消费群体之一。[14] 互联网上的文章，尤其是博客，一般都会在对他人观点进行评论之时附上原始评论的链接。和同时订阅《纽约时报》和《华尔街日报》相比，① 这种动动手指就能触达争论双方的方式能够使读者更容易阅读到相互对立的观点，更不用说这个办法还便宜得多。

---

① 这两份报纸分别是美国左派和右派的喉舌，往往对一件事情有着对立的看法。——译者注

总结

- 经济学从未规定经济主体必须只重视物质财富。对自我的审视表明，我们也会看重很多物质财富之外的东西，包括慈善、公正、信任、报复以及他人对我们的看法。我们的经济学工具能够使我们认识此类因素会在何种情况下具有重要性。
- 经济学家还考察了当我们将人作为一个"更人性化"的行为主体时，经济学预测会发生何种变化。在考虑了这些额外因素时，我们的经济推理仍然具有效力。
- 因此，标准经济模型的预测仍相当稳健，且有助于我们研究公正、报复、慈善、信任、同伴效应等这些以前没有得到很好理解的经济特征。
- 总而言之，这些因素有助于我们理解周围的世界以及如何将经济学扩展到经济的各个角落。

关键术语

纯粹利他主义　　　　　教化　　　　　　　　从众

非纯粹利他主义　　　　同伴效应　　　　　　信息瀑布

公正

问题

1. 标准模型中的"经济人"与行为经济学和社会经济学中研究的"经济人"有何区别？
2. 假设捐赠行为是一种经济商品。如何衡量慈善捐赠的价格？需求量是否会随捐赠价格的上升而减少？
3. 人们参与慈善捐赠仅仅是因为无私和关心他人福祉吗？请解释。
4. 请参考本章中为儿童医院募捐的实验。实验者在门上贴传单，并告知募捐者会在某个特定的时间来访。当知道募捐者要来时，应门的人减少了，但平均而言，这些人比那些不知道募捐者要登门的人捐出了更多的钱。从这个实验的结果中，你能就纯粹利他主义和非纯粹利他主义推断出哪些结论？
5. 在本章中，对公正有偏好指的是什么？
6. 在《朋友还是敌人？》博弈中，选择"敌人"对双方而言都是一项（弱）占优策略。但如何解释在大约50%的决策中，参与者会选择"朋友"并与另一方平分这笔钱？
7. 为什么在实验室实验中，最后通牒博弈得出了不符合博弈论预测的结果？
8. 在独裁者博弈中，由分配者决定一定数额金钱的分配，而接受者必须接受分配者做出的任何选择。当分配者对接受者保持匿名以及当分配者和接受者面对面时，博弈结果有何差别？
9. 考虑一个两人信任博弈。假设参与者只关心个人收益。结果，在均衡状态下，参与者彼此不信任，并导致了无社会效率的均衡。我们应当如何修改这个博弈，以使得在均衡状态下的参与者会彼此信任？

10. 教化如何影响我们的偏好？请举例解释。
11. 说一件物品展现了网络外部性是什么意思？请举一个你因为一件物品存在网络外部性而使用它的例子。
12. 什么是从众？人们为什么决定从众？
13. 什么是信息瀑布？请举例解释。

循证经济学习题

1. 让我们考虑在最后通牒博弈中的几种情况。首先，我们先从响应者的角度来探讨一个博弈。响应者很看重"公正"，当拒绝一个低于总额50%的提议金额时，他们将获得15美元的价值。假设提议者每次只能将提议金额提高1美元。

   a. 如果总额为20美元，响应者能接受的最低提议金额是多少？这个金额占总额的百分比是多少？

   b. 如果总额为50美元，响应者能接受的最低提议金额是多少？这个金额占总额的百分比是多少？

   c. 让我们假设响应者非常在意"公正"，当他们拒绝一个低于总额50%的提议金额时，他们反而能获得25美元的价值。如果总额是50美元，响应者能接受的最低提议金额是多少？这个金额占总额的百分比是多少？

2. 接下来我们从提议者的角度来探讨一个博弈。为了简化决策过程，我们假设提议者现在有100美元，并只会向响应者提供50美元和20美元两种金额的选择（相应地，提议者将分别给自己留下50美元和80美元）。如果提议者出50美元，响应者接受的概率为95%；如果出20美元，响应者接受的概率为75%。提议者也很看重"公正"，因此当他们所提议的金额大于或等于总额的50%时，他们将额外获得15美元的价值。

   a. 提议者提供50美元或20美元的期望值分别是多少？提议者会选择哪个金额？

   b. 假设提议者不太在意"公正"，对平均分配的估值仅为5美元。现在，提议者提供50美元和20美元的期望值分别是多少？提议者会选择哪个金额？

习题

1. 根据2012年美国税法，你可以将你所有的慈善捐款作为联邦所得税的扣除额（如果你决定逐项扣除），最高边际税率为35%。

   a. 根据2012年美国税法，对于那些选择逐项扣除且处于最高税级的人而言，100美元慈善捐款的成本是多少？

   b. 2013年，最高边际税率提高至39.6%。这一变化将如何影响税级最高者的100美元慈善捐款的成本？

   c. 针对2012年美国税法的一项修改提议是：最高边际税率仍保持在35%，但将逐项扣除额的上限设定为2.5万美元。史密斯先生属于最高税级，可享受2.5万美元的房产税和抵押贷款利息减免。这一变化将如何影响史密斯先生100美元慈善捐款的成本？

2. 你报名参加了一个实验室实验，并被告知你将作为提议者参与最后通牒博弈。你必须决定如何分配 20 美元，并且只能选择整数金额。此外，你已经了解到，在最后通牒博弈中，响应者通常会拒绝 20% 或以下的提议金额，但会接受超过 20% 的金额。在给定这些信息的情况下，如果你以最大化个人收益为目标，那你应该提议多少金额？

3. 村子里有 5 个人，每人有 10 美元。这个村子很容易出现水灾。如果人们出钱防洪，则水灾就会减少。具体而言，如果有人为防洪捐赠 1 美元，则村中每人将获得 0.5 美元的收益（防洪是一项公共物品）。举个例子，假设每人为防洪捐赠 4 美元。捐赠总额将等于 5 × 4 美元 = 20 美元，每人将剩余可用于购买衣食等商品的金额为：10 美元 - 4 美元 = 6 美元。并且每人将从防洪中获得 10 美元（0.5 × 20 美元）的收益。村中每个人都会就捐款私下做出独立决策。

   a. 假设人们只关心自己的消费和来自防洪的收益。证明在这种情况下捐赠 0 美元是一种占优策略。

   b. 现在假设每个人都关心村里的总福利，包括他们从防洪中获得的收益。证明村里每个人都将捐出其全部 10 美元用于防洪。

4. 让我们在最后通牒博弈中加入一个新条件：有 10 美元待分配，但如果响应者拒绝了提议者，他将得到 2 美元，而提议者得到 4 美元。使用逆向归纳法确定均衡。假设最小货币增量为 0.01 美元。

5. 假设某慈善机构为了提升募捐额而聘用了你。你决定以写信的方式来筹款。你会使用三种不同的信件。

   • 信件 A：对照组——标准的募捐信。
   • 信件 B："一次性捐赠"——标准的募捐信，但在前面有一个声明："现在就献出爱心，我们将再也不会提出捐赠请求！"
   • 信件 C：柔和版的"一次性捐赠"——预先声明："只需一次捐赠，您就能拯救一个孩子的生命。"

   这些信件的效果如下：

   • 信件 B 比信件 A 募集到了更多的资金：在大多数情况下，前者至少是后者的两倍。
   • 信件 C 比信件 A 募集到了更多的资金。
   • 信件 B 比信件 C 多募集到 50% 的资金。

   就本章所讨论的社会压力、利他主义、从众等概念而言，你认为哪一个最能解释实验组信件 B 的成功？

6. 在以马里奥·普佐的小说《教父》改编的同名电影中，迈克·柯里昂（电影版中由阿尔·帕西诺饰演）想见见"土耳其人"维吉尔·索洛佐。迈克担心如果他见到索洛佐，索洛佐就会杀了他。我们可以把他们的问题视为一场博弈。首先，迈克决定是否见面。如果他们没有见面，那么我们假设索洛佐和柯里昂家族各自获得的收益为零。如果他们见面，那么索洛佐将决定是否杀死迈克。如果索洛佐决定杀了迈克，那么他将得到 20 的收益，迈克得到 -10 的收益；如果索洛佐不杀迈克，那么两人将各得到 10 的收益。

   a. 绘制博弈树。

   b. 使用逆向归纳证明迈克不会决定见面。

   c. 博其基奥家族以冷酷无情而闻名。他们有一个简单的复仇法则；如果你对他们家族某一成员的死亡负有责任，他们就会杀死你的家族中的一名成员，无论付出什么代价。假设迈克在和索洛佐会面时，还要求博其基奥家族的一名成员去迈克的家里当"人质"。在那里，人质将由迈克的手下看守。如果迈克不能安全返回，他的人就会杀死人质。如果人质被杀，因为索洛佐曾保证迈克不会受到伤害，所以寻求复仇的博其基奥家族会将人质的死亡归咎于索洛佐，并最终将其杀死。如果迈克和索洛佐都被杀死，那么柯里昂家族和索洛佐各自的收益为-10。使用逆向归纳确定如何进行这一博弈。

7. 考虑如下反向最后通牒博弈：响应者首先行动，先决定是接受还是拒绝提议者最终做出的分配方案。如果响应者拒绝，那么双方都会空手而归；但如果响应者接受，那么提议者将决定如何在两者之间分配10美元。请解释基于标准经济学理论所得出的均衡。在某种程度上，这并非实际中会发生的情况，请推测一下原因。

8. 考虑一个信任博弈和最后通牒博弈的混合体，参与者为珍和加里。珍首先行动，她要么选择两人各得到10美元，要么选择进行最后通牒博弈，且在该博弈中加里是提议者，可以决定如何对30美元进行分配（假设加里只能分配整数金额）。换句话说，珍可以选择相信加里会以对双方都有利的方式进行最后通牒博弈。这个序贯博弈的均衡是什么？

9. 玛雅和保罗想看电影。现在有两部电影可看：一部喜剧片和一部动作片。玛雅喜欢喜剧片，而保罗喜欢动作片。

    a. 作为单独的个体，玛雅会选择哪一部电影？保罗会选哪一部？为什么？

    b. 如果玛雅和保罗在约会，有哪些因素（除了电影类型）会影响他们的选择？如果玛雅决定去看喜剧，那么为了获得最高收益，保罗应该选择哪部电影？

    c. 假设一帮人刚看完电影出来，他们都盛赞这部喜剧电影，而另一帮人则抱怨这部动作片很难看。玛雅和保罗应该选择哪部电影？这能用从众来解释吗？这将如何导致信息瀑布？

10. 为了研究其他人的意见会如何影响用户的在线评分，研究人员进行了一项实地实验。每当某社交新闻网站上出现了新评论，研究人员就会在该评论下随机地给予"点赞"、"差评"或"不予评价"这三种反应。进行实验的研究人员注意到，和获得其他反应的评论相比，获得点赞的评论更有可能获得新的点赞。你觉得应该如何解释这一现象？

11. 2007年12月美国经济陷入衰退之后，长期失业人数急剧增加。为了更好地理解长期失业，兰德·加亚德进行了以下研究。他针对600个空缺职位发出了3 600份假简历。他改变了假申请人的失业时间长短、跳槽频率以及工作经验。他发现，"申请人"失业的时间越长，获得面试机会的可能性就越小。你如何用信息瀑布的概念来解释这项研究的结果？

12. 有汉堡客和必胜王两家毗邻的当地餐厅，你必须决定在其中哪一家吃饭。你听过一些关于汉堡客的好评，所以你的先验判断是它有60%的可能性更好，也就是说必胜王更好的可能性为40%。然而，当你去吃饭的时候，你发现必胜王里有一名顾客，而汉堡客里一个人也没有。你相信当面对两个选择时，街上任何一个人都有75%的概率选出更好的餐厅。根据你的所信和所见，必胜王是更好餐厅的概率是多少？

致谢

作为写作这本教材的三位共同作者,我们之间相互学习,无论是在经济学知识,还是在教学以及写作方面,都彼此受益良多。在本书的整个写作过程中,我们也得到了数以百计人士的帮助,他们更是我们的良师益友。对于他们的指导,我们不胜感激且虚心受教。他们对本书的影响之深,可谓完全超出了我们当初的预想,而我们对经济学的理解,也因为他们的深入洞察和有益建议而得到了极大的提升。

得益于我们的审稿人、焦点小组参与者以及课堂测试人员,我们得以更好地表达我们的理念,我们的写作水平也得到了提升。他们高频次高质量的反馈,纠正了我们在经济上的误解,提升了我们的概念视野,也让我们了解到如何才能更为清晰地写作。他们的贡献贯穿于本书的每一个段落之中。我们会在本文末尾列出他们所有人的姓名。

感谢我们聪敏而充满创造力的研究助理艾丽西亚·张,从识别和批评我们隐含的分析假设,到分析数据,再到编辑文字以及审查贯穿全书的循证经济学问题,她在本项目的每一个阶段都扮演了非常关键的角色。在我们共同探索和完善本书所提出之教学原则的过程中,艾丽西亚一直启迪和指导着我们。这一新版的每一页都有她的杰出贡献。我们也非常感激在前几版中做出过重要贡献的研究助理:亚历克·布兰登、贾斯汀·霍尔兹、泽维尔·贾拉维尔、安吉丽娜·梁、丹尼尔·诺里斯、亚纳·佩萨霍维奇和简·齐林斯基。我们还要特别感谢对前几版做出过巨大贡献的乔什·赫维茨和玛吉·耶伦。

我们也非常感谢威尔逊·鲍威尔,他对本版教科书有着至深的影响。他不但帮助开发了哈佛大学这一版本课程的教学体系,一些实证的更新也是出自他手。我们也要感谢许多与我们一起教授这门课程的联合导师,包括托马斯·巴兰加、杰森·弗曼、安妮·勒布伦、戴维·马丁和布鲁斯·沃森等人,他们持续的指导使我们在教学法和经济学方面都得到精进。

众多充满见地的经济学家协助完成了本书的重点配套内容,我们也要对他们表示深深的敬意。麦克伦南社区学院的布鲁克斯·威尔逊对各章节末尾的问题和思考题进行了大范围的更新,这些问题都可作为启发式教学的范例。内华达大学里诺分校的托德·索伦森更新了教师手册,充满创新性和直观的教师手册能够提供有用的教学技巧,促进同步和异步的在线学习。哈佛大学的基尚·沙阿使试题库的内容对所有学习者而言更容易获取和更具相关性。基尚就问题的准确性进行了彻底的评估,并确保这些问题包含了中性代词以及包容性的示例。来自科林学院的妮可·鲍尔对试题库进行了准确性审查。得克萨斯理工大学的拉希德·阿哈穆德更新了幻灯片，这些优质的幻灯片对本书核心内容进行了解释和提炼。

最为关键的是，我们要感谢我们的编辑以及培生公司所有杰出同人的无尽付出。他们一直和我们并肩前行。他们在这个项目上投入了太多，甚至为此牺牲了晚上和周末的时间。他们的付出、他们的远见以及他们的编辑建议，影响了本书的每一句文字。关于这个项目的大多数关键决策，都是在我们编辑的帮助下做出的，这种合作精神对我们的写作是绝对必要的。在本书的出版过程中，有数十位培生员工发挥了关键作用，其中贡献最大者包括内容策略经理克里斯托弗·德约翰、高级内容分析师托马斯·海沃德、产品经理萨曼莎·刘易斯、高级内容制作人伊莱恩·佩奇、项目经理海蒂·奥尔盖尔、内容项目管理克里斯汀·乔伯（Integra 公司）、数字内容团队负责人诺埃尔·洛茨，以及数字工作室制作人梅丽莎·霍尼格。

我们还要感谢最早推动我们写作本书的丹尼斯·克林顿，以及一直在支持这个项目的唐娜·巴蒂斯塔和阿德里安娜·丹布罗西亚。这些出版界的专业人士把我们变成了作家、教师和传播者。这本书体现了他们的坚持、他们的奉献精神，以及他们对好文笔（和糟糕文笔）的敏锐察觉能力。他们对这个项目的投入既令人钦佩，亦发人深省。我们对他们所给予的指导和合作表示诚挚谢意。

最后，我们也要对其他的师友亲人表达谢意。我们之所以成为经济学家，最早也是因为受到了自己老师的启迪，他们通过言传身教，让我们领悟到了教育的力量以及经济学的乐趣。我们的父母在各个方面教育培养我们，是他们给了我们最初的人力资本，我们也因此得以实现各种职业规划。当我们因为写作此书而无暇顾及家庭生活时，我们的孩子其实也是在做出某种牺牲。当然，我们也要对我们的另一半表达最为诚挚的谢意，感谢她们在整个过程中所给予的支持、理解以及鼓励。

正如溪流汇聚方成江河，本书也是众多人共同努力的结晶，有许多人为这个项目贡献了自己的洞见和热情。我们对他们的持续配合深表感谢。

以下审稿人、课堂测试人员和焦点小组参与者都为本书提供了宝贵的见解。

Adel Abadeer, Calvin College

Ahmed Abou-Zaid, Eastern Illinois University

Temisan Agbeyegbe, City University of New York

Carlos Aguilar, El Paso Community College

Rashid Al-Hmoud, Texas Tech University

Frank Albritton, Seminole Community College

Sam Allgood, University of Nebraska, Lincoln

Neil Alper, Northeastern University Farhad Ameen, Westchester Community College

Catalina Amuedo-Dorantes, San

Diego State University

Lian An, University of North Florida

Samuel Andoh, Southern Connecticut State University

Brad Andrew, Juniata College

Len Anyanwu, Union County College

Robert Archibald, College of William and Mary

Ali Arshad, New Mexico Highlands University

Robert Baden, University of California, Santa Cruz

Mohsen Bahmani-Oskooee, University of Wisconsin, Milwaukee

Scott L. Baier, Clemson University

Rita Balaban, University of North Carolina

Mihajlo Balic, Harrisburg Area Community College

Sheryl Ball, Virginia Polytechnic Institute and State University

Spencer Banzhaf, Georgia State University

Jim Barbour, Elon University

Scott Barkowski, Clemson University

Hamid Bastin, Shippensburg University

Clare Battista, California State Polytechnic University, San Luis Obispo

Jodi Beggs, Northeastern University

Eric Belasco, Montana State University

Susan Bell, Seminole State University

Valerie Bencivenga, University of Texas, Austin

Pedro Bento, West Virginia University

Derek Berry, Calhoun Community College

Prasun Bhattacharjee, East Tennessee State University

Benjamin Blair, Columbus State University

Douglas Blair, Rutgers University

John Bockino, Suffolk County Community College

Andrea Borchard, Hillsborough Community College

Luca Bossi, University of Pennsylvania

Gregory Brock, Georgia Southern University

Bruce Brown, California State Polytechnic University, Pomona

David Brown, Pennsylvania State University

Jaime Brown, Pennsylvania State University

Laura Bucila, Texas Christian University

Don Bumpass, Sam Houston State University

Chris Burkart, University of West Florida

Julianna Butler, University of Delaware Colleen

Callahan, American University

Fred Campano, Fordham University

Douglas Campbell, University of Memphis

Cheryl Carleton, Villanova University

Scott Carrell, University of California, Davis

Kathleen Carroll, University of Maryland, Baltimore

Regina Cassady, Valencia College, East Campus

Shirley Cassing, University of Pittsburgh

Suparna Chakraborty, University of San Francisco

Catherine Chambers, University of Central Missouri

Chiuping Chen, American River College

Susan Christoffersen, Philadelphia University

Benjamin Andrew Chupp, Illinois State University

David L. Cleeton, Illinois State University

Cynthia Clement, University of Maryland

Marcelo Clerici-Arias, Stanford University

Bently Coffey, University of South Carolina, Columbia

Rachel Connelly, Bowdoin College

William Conner, Tidewater Community College

Kathleen Conway, Carnegie Mellon University

Patrick Conway, University of North Carolina

Jay Corrigan, Kenyon College

Antoinette Criss, University of South Florida

Sean Crockett, City University of New York

Patrick Crowley, Texas A&M University, Corpus Christi

Kelley Cullen, Eastern Washington University

Scott Cunningham, Baylor University

Muhammed Dalgin, Kutztown University

David Davenport, McLennan Community College

Stephen Davis, Southwest Minnesota State University

John W. Dawson, Appalachian State University

Pierangelo De Pace, California State University, Pomona

David Denslow, University of Florida

Arthur Diamond, University of Nebraska, Omaha

Timothy Diette, Washington and Lee University

Isaac Dilanni, University of Illinois, Urbana-Champaign

Oguzhan Dincer, Illinois State University

Ethan Doetsch, Ohio State University

Murat Doral, Kennesaw State University

Kirk Doran, University of Notre Dame

Tanya Downing, Cuesta College

Mitchell Dudley, University of Michigan, Ann Arbor

Gary Dymski, University of California, Riverside

Kevin Egan, University of Toledo

Eric Eide, Brigham Young University, Provo

Harold Elder, University of Alabama, Tuscaloosa

Michael Ellerbrock, Virginia Tech

Harry Ellis, University of North Texas

Noha Emara, Columbia University

Lucas Engelhardt, Kent State University, Stark

Erwin Erhardt, University of Cincinnati

Hadi Esfahani, University of Illinois, Urbana-Champaign

Molly Espey, Clemson University

Jose Esteban, Palomar College

Hugo Eyzaguirre, Northern Michigan University

Jamie Falcon, University of Maryland, Baltimore

Liliana Fargo, DePaul University

Leila Farivar, Ohio State University

Sasan Fayazmanesh, California State University, Fresno

Bichaka Fayissa, Middle Tennessee State University

Virginia Fierro-Renoy, Keiser University

Donna Fisher, Georgia Southern University

Paul Fisher, Henry Ford Community College

Todd Fitch, University of California, Berkeley

Mary Flannery, University of Notre Dame

Hisham Foad, San Diego State University

Mathew Forstater, University of Missouri, Kansas City

Irene Foster, George Mason University

Hamilton Fout, Kansas State University

Shelby Frost, Georgia State University

Timothy Fuerst, University of Notre Dame

Ken Gaines, East-West University

John Gallup, Portland State University

William Galose, Lamar University

Karen Gebhardt, Colorado State University

Gerbremeskel Gebremariam, Virginia Polytechnic Institute and State University

Lisa George, City University of New York

Gregory Gilpin, Montana State University

Seth Gitter, Towson University

Brian Goegan, Arizona State University, Tempe

Rajeev Goel, Illinois State University

Bill Goffe, State University of New York, Oswego

Julie Gonzalez, University of California, Santa Cruz

Paul Graf, Indiana University, Bloomington

Philip Graves, University of Colorado, Boulder

Lisa Grobar, California State University, Long Beach

Fatma Gunay Bendas, Washington and Lee University

Michael Hammock, Middle Tennessee State University

Michele Hampton, Cuyahoga Community College

Moonsu Han, North Shore Community College

F. Andrew Hanssen, Clemson University

David Harris, Benedictine College

Robert Harris, Indiana University-Purdue University Indianapolis

Julia Heath, University of Cincinnati

Jolien Helsel, Youngstown State University

Matthew Henry, Cleveland State University

Thomas Henry, Mississippi State University

David Hewitt, Whittier College

Wayne Hickenbottom, University of Texas, Austin

Jannett Highfill, Bradley University

Michael Hilmer, San Diego State University

John Hilston, Brevard College

Naphtali Hoffman, Elmira College and Binghamton University

Kim Holder, University of West Georgia

Robert Holland, Purdue University

Don Holley, Boise State University

Paul Holmes, Ashland University

James A. Hornsten, Northwestern University

Gail Hoyt, University of Kentucky

Jim Hubert, Seattle Central Community College

Scott Hunt, Columbus State Community College

Kyle Hurst, University of Colorado, Denver

Ruben Jacob-Rubio, University of Georgia

Joyce Jacobsen, Wesleyan University

Kenneth Jameson, University of Utah

Kevin Jasek-Rysdahl, California State University, Stanislaus

Andres Jauregui, Columbus State University

Brian Jenkins, University of California, Irvine

Sarah Jenyk, Youngstown State University

Robert Jerome, James Madison University

Deepak Joglekar, University of Connecticut

Paul Johnson, Columbus State University

Ted Joyce, City University of New York

David Kalist, Shippensburg University

Lilian Kamal, University of

Hartford*

Leonie Karkoviata, University of Houston, Downtown

Kathy Kelly, University of Texas, Arlington

Nathan Kemper, University Arkansas

Colin Knapp, University of Florida

Yilmaz Kocer, University of Southern California

Ebenezer Kolajo, University of West Georgia

Janet Koscianski, Shippensburg University

Robert Krol, California State University, Northridge

Daniel Kuester, Kansas State University

Patricia Kuzyk, Washington State University

Sumner La Croix, University of Hawaii

Rose LaMont, Modesto Community College

Carsten Lange, California State University, Pomona

Vicky Langston, Columbus State University

Susan Laury, Georgia State University

Myoung Lee, University of Missouri, Columbia

Sang Lee, Southeastern Louisiana University

Phillip K. Letting, Harrisburg Area Community College

John Levendis, Loyola University

Steven Levkoff, University of California, San Diego

Dennis P. Leyden, University of North Carolina, Greensboro

Gregory Lindeblom, Brevard College

Alan Lockard, Binghamton University

Joshua Long, Ivy Technical College

Linda Loubert, Morgan State University

Heather Luea, Kansas State University

Rotua Lumbantobing, Western Connecticut State University

Rita Madarassy, Santa Clara University

James Makokha, Collin County Community College

Liam C. Malloy, University of Rhode Island

Christopher Mann, University of Nebraska, Lincoln

Paula Manns, Atlantic Cape Community College

Vlad Manole, Rutgers University

Hardik Marfatia, Northeastern Illinois University

Lawrence Martin, Michigan State University

Norman Maynard, University of Oklahoma

Katherine McClain, University of Georgia

Scott McGann, Grossmont College

Kim Marie McGoldrick, University of Richmond

Shah Mehrabi, Montgomery Community College

Aaron Meininger, University of California, Santa Cruz

Saul Mekies, Kirkwood Community College

Kimberly Mencken, Baylor University

Diego Mendez-Carbajo, Illinois Wesleyan University

Thomas Menn, United States Military Academy at West Point

Catherine Middleton, University of Tennessee, Chattanooga

Nara Mijid, Central Connecticut State University

Laurie A. Miller, University of Nebraska, Lincoln

Edward Millner, Virginia Commonwealth University

Ida Mirzaie, Ohio State University

David Mitchell, Missouri State University, Springfield

Michael Mogavero, University

of Notre Dame

Robert Mohr, University of New Hampshire

Barbara Moore, University of Central Florida

Thaddeaus Mounkurai, Daytona State College

Usha Nair-Reichert, Emory University

Camille Nelson, Oregon State University

Michael Nelson, Oregon State University

John Neri, University of Maryland

Andre Neveu, James Madison University

Jinlan Ni, University of Nebraska, Omaha

Eric Nielsen, St. Louis Community College

Jaminka Ninkovic, Emory University

Chali Nondo, Albany State University

Richard P. Numrich, College of Southern Nevada

Andrew Nutting, Hamilton College

Grace O, Georgia State University

Norman Obst, Michigan State University

Scott Ogawa, Northwestern University

Lee Ohanian, University of California, Los Angeles

Paul Okello, Tarrant County College

Ifeakandu Okoye, Florida A&M University

Alan Osman, Ohio State University

Tomi Ovaska, Youngstown State University

Caroline Padgett, Francis Marion University

Zuohong Pan, Western Connecticut State University

Peter Parcells, Whitman College

Cynthia Parker, Chaffey College

Mohammed Partapurwala, Monroe Community College

Robert Pennington, University of Central Florida

David Perkis, Purdue University, West Lafayette

Colin Phillipps, Illinois State University

Kerk Phillips, Brigham Young University

Goncalo Pina, Santa Clara University

Michael Podgursky, University of Missouri

Greg Pratt, Mesa Community College

Guangjun Qu, Birmingham-Southern College

Fernando Quijano, Dickinson State University

Joseph Quinn, Boston College

Reza Ramazani, Saint Michael's College

Ranajoy Ray-Chaudhuri, Ohio State University

Mitchell Redlo, Monroe Community College

Javier Reyes, University of Arkansas

Teresa Riley, Youngstown State University

Nancy Roberts, Arizona State University

Malcolm Robinson, Thomas More College

Randall Rojas, University of California, Los Angeles

Sudipta Roy, Kankakee Community College

Jared Rubin, Chapman University

Jason C. Rudbeck, University of Georgia

Melissa Rueterbusch, Mott Community College

Mariano Runco, Auburn University at Montgomery

Nicholas G. Rupp, East Carolina University

Steven Russell, Indiana University Purdue University-Indianapolis

Michael Ryan, Western Michigan University

Ravi Samitamana, Daytona

State College, David Sanders, University of Missouri, St. Louis
Michael Sattinger, State University of New York, Albany
Anya Savikhin Samek, University of Wisconsin, Madison
Peter Schuhmann, University of North Carolina, Wilmington
Robert M. Schwab, University of Maryland
Jesse Schwartz, Kennesaw State University
James K. Self, Indiana University, Bloomington
Katie Shester, Washington and Lee University
Mark Showalter, Brigham Young University, Provo
Dorothy Siden, Salem State University
Mark V. Siegler, California State University, Sacramento
Carlos Silva, New Mexico State University
Timothy Simpson, Central New Mexico Community College
Michael Sinkey, University of West Georgia
John Z. Smith, Jr., United States Military Academy, West Point
Thomas Snyder, University of Central Arkansas
Joe Sobieralski, Southwestern Illinois College
Sara Solnick, University of Vermont
Martha Starr, American University
Rebecca Stein, University of Pennsylvania
Liliana Stern, Auburn University
Adam Stevenson, University of Michigan
Cliff Stone, Ball State University
Mark C. Strazicich, Appalachian State University
Chetan Subramanian, State University of New York, Buffalo
AJ Sumell, Young-stown State University
Charles Swanson, Temple University
Tom Sweeney, Des Moines Area Community College
James Swofford, University of South Alabama
Kevin Sylwester, Southern Illinois University
Vera Tabakova, East Carolina University
Emily Tang, University of California, San Diego
Mark Tendall, Stanford University
Jennifer Thacher, University of New Mexico
Charles Thomas, Clemson University
Rebecca Thornton, University of Houston
Jill Trask, Tarrant County College, Southeast
Steve Trost, Virginia Polytechnic Institute and State University
Ty Turley, Brigham Young University
Nora Underwood, University of Central Florida
Mike Urbancic, University of Oregon
Don Uy-Barreta, De Anza College
John Vahaly, University of Louisville
Ross Van Wassenhove, University of Houston
Don Vandegrift, College of New Jersey
Nancy Virts, California State University, Northridge
Cheryl Wachenheim, North Dakota State College
Jeffrey Waddoups, University of Nevada, Las Vegas
Parag Waknis, University of Massachusetts, Dartmouth
Donald Wargo, Temple University
Charles Wassell, Jr., Central Washington University
Matthew Weinberg, Drexel University

Robert Whaples, Wake Forest University

Elizabeth Wheaton, Southern Methodist University

Mark Wheeler, Western Michigan University

Anne Williams, Gateway Community College

Brock Williams, Metropolitan Community College of Omaha

DeEdgra Williams, Florida A&M University

Brooks Wilson, McLennan Community College

Mark Witte, Northwestern University

Katherine Wolfe, University of Pittsburgh

William Wood, James Madison University

Jadrian Wooten, Pennsylvania State University

Steven Yamarik, California State University, Long Beach

Guy Yamashiro, California State University, Long Beach

Bill Yang, Georgia Southern University

Young-Ro Yoon, Wayne State University

Madelyn Young, Converse College

Michael Youngblood, Rock Valley College

Jeffrey Zax, University of Colorado, Boulder

Martin Zelder, Northwestern University

Erik Zemljic, Kent State University

Kevin Zhang, Illinois State University

注释

第 1 章

1. Bureau of Labor Statistics, *Employment Situation Summary*, May 8, 2020, https://www.bls.gov/news.release/empsit.nr0.htm.
2. IEA (2019), Renewables 2019, IEA, Paris, https://www.iea.org/reports/renewables-2019.
3. Bureau of Labor Statistics, United States Department of Labor, Median Weekly Earnings for Full-Time Workers Ages 16–24, dividedby 40 hours perweek (first quarter 2020),https://www.bls.gov/news.release/wkyeng.t03.htm.
4. See www.eMarketer.com, "Social Media Effectiveness Roundup," January 2018, https://sysomos.com/wp-content/uploads/2018/06/eMarketer_Roundup_Social_Media_Effectiveness_2018.pdf.
5. Emma G. Fitzsimmons and Edgar Sandoval, "Caught in Act, Evaders of Fare 'Don't Feel Bad,'" *New York Times*, December 25, 2018. See the original report here: http://web.mta.info/mta/news/books/docs/special-finance-committee/Fare-evasion-board-doc_181130.pdf.
6. See http://gothamist.com/2018/12/05/subway_turnstile_jumping_nyc.php.
7. Adam Nagourney, "California Imposes First Mandatory Water Restrictions to Dealwith Drought," *New York Times*, April 1,2015, http://www.nytimes.com/2015/04/02/us/california-imposes-first-ever-water-restrictions-to-deal-with-drought.html?_r=0.
8. Ian Lovett, "In California, Stingy Water Users Are Fined, While the Rich Soak," *New York Times*, November 21, 2015, http://www.nytimes.com/2015/11/22/us/stingy-water-users-in-fined-in-drought-while-the-rich-soak.html.

第 2 章

1. These data for 2019–2020 are from the College Board: https://research.collegeboard.org/pdf/trends-college-pricing-2019-full-report.pdf.
2. Ferguson, Neil et al. "Impact of Non-Pharmaceutical Interventions (NPIs) to Reduce COVID-19 Mortality and Healthcare Demand." *Imperial College London*, March 16, 2020.
3. Landler, Mark, and Steven Castle. "Behind the Virus Report That Jarred the U.S. and the U.K. to Action." The *New York Times*, March 17, 2020. https://www.nytimes.com/.2020/03/17/world/europe/coronavirus-imperial-college-johnson.html.
4. Source: U.S. Census Bureau, Current Population Survey, 2019 Annual Social and Economic Supplement.
5. "World's Billionaire List: The Richest in 2020," *Forbes*, March 18, 2020. https://www.forbes.com/billionaires/#636fcc4e251c.
6. Samuel A. Mehr, Adena Schachner, Rachel C. Katz, and Elizabeth S.Spelke,"Two Randomized Trials Provide No Consistent Evidence for Nonmusical Cognitive Benefits of Brief Preschool Music Enrichment," *PloS ONE* 8(12): 2013, e82007. https://www.ncbi.nlm.nih.gov/pubmed/24349171
7. Andrew Francis-Tanand Hugo M. Mialon, "'A Diamond Is Forever' and Other Fairy Tales: The Relationship between Wedding Expenses and Marriage Duration," *Economic Inquiry*

53(4): 2015, 1919–1930.http://ssrn.com/abstract= 2501480.
8. Dell, Melissa, and Pablo Querubin. "Nation Building through Foreign Intervention: Evidence from Discontinuities in Military Strategies." *The Quarterly Journal of Economics* 133(2): 2018, 701–764.
9. Philip Oreopoulos, "Estimating Average and Local Treatment Effects of Education When Compulsory Schooling Laws Really Matter," *American Economic Review* 96(1): 2006,152–175.
10. Steven D. Levitt, John A. List, and Sally Sadoff, "The Effect of Performance-Based Incentives on Educational Achievement: Evidence from a Randomized Experiment," NBER Working Paper 22107, Cambridge, MA: National Bureau of Economic Research, 2016.

第3章

1. John Y. Campbell, Tarun Ramadorai, and Benjamin Ranish, "Getting Better or Feeling Better? How Equity Investors Respond to Investment Experience," NBER Working Paper 20000, Cambridge, MA: National Bureau of Economic Research, 2014, http://www.nber.org/papers/w20000.
2. James Frew and Beth Wilson, "Apartment Rents and Locations in Portland, Oregon: 1992–2002," *Journal of Real Estate Research* 29(2): 2007, 201–217.

第4章

1. Chico Harlan, "The Hummer Is Back. Thank Falling Oil Prices," *Washington Post*, November 10, 2014. https://www.washingtonpost.com/news/wonk/wp/2014/11/10/the-hummer-is-back-thank-falling-oil-prices/.
2. Source: U.S. Energy Information Administration.
3. Source: International Energy Agency.
4. Source: International Energy Agency.
5. Ryan Dezember, "U.S. Oil Costs Less Than Zero After a Sharp Monday Selloff," *The Wall Street Journal*, April 21,2020.
6. Fred Ferretti, "The Way We Were: A Look Back at the Late Great Gas Shortage," *New York Times*, April 15, 1974, p. 386. Subsequent quotes are from the same article.
7. Stephanie McCrummen and Aymar Jean, "17 Hurt as Computer Sale Turns into Stampede," *Washington Post*, August 17, 2005. http://www.washingtonpost.com/wp-dyn/content/article/2005/08/16/AR2005081600738.htm.
8. https://www.bloomberg.com/graphics/gas-prices/#20201:United-States:USD:g.

第5章

1. Raj Chetty, Adam Looney, and Kory Kroft, "Salience and Taxa-tion: Theory and Evidence." *American Economic Review* 99(4): 2009, 1145–1177.
2. Kevin G. Volpp, Andrea G. Levy, David A. Asch, Jesse A. Berlin, John J. Murphy, Angela Gomez, Harold Sox, Jingsan Zhu, and Caryn Lerman, "A Randomized Controlled Trial of Financial Incentives for Smoking Cessation,"*Cancer Epidemiology Biomarkers Prevention* 15(1): 2006,8–12.
3. Kate Cahill and Rafael Perera,"Competitions and Incentives for Smoking Cessation," *Cochrane Database of Systematic Reviews* 3: 2008, 1–36.
4. George Baltas,"Modelling Category Demandin Retail Chains,"*Journal of the Operational Research Society* 56(11):2005,1258–1264; Frank J. Chaloupka, Michael Grossman, and Henry Saffer, "The Effects of Price on Alcohol Consumption and Alcohol-Related Problems,"*Alcohol Research and Health* 26(1): 2002, 22–34; Craig A.Gallet and John A. List, "Cigarette Demand: A Meta-Analysis of Elasticities," *Health Economics* 12(10): 2003, 821–835; Thomas F. Hogarty and Kenneth G. Elzinga, "The Demand for Beer," *Review of*

Economics and Statistics 54(2): 1972, 195–198; Fred Kuchler, Abebayehu Tegene, and J. Michael Harris, "Taxing Snack Foods: Manipulating Diet Quality or Financing Information Programs?" *Applied Economic Perspectives and Policy* 27(1): 2005, 4–20; and USDA Economic Research Service Commodity and Food Elasticities Database, July 5, 2012, http://www.ers.usda.gov/data-products/commodity-and-food-elasticities.aspx#.UsYKP_RDvW1.

5. Angus Deaton, "Estimation of Own- and Cross-Price Elasticities from Household Survey Data," *Journal of Econometrics* 36(1): 1987, 7–30; Edwin T. Fujii, Mohammed Khaled, and James Mak, "An Almost Ideal Demand System for Visitor Expenditures," *Journal of Transport Economics and Policy* 19(2): 1985, 161–171; and Tatiana Andreyeva, Michael W. Long, and Kelly D. Brownell, "The Impact of Food Prices on Consumption: A Systematic Review of Research on the Price Elasticity of Demand for Food," *American Journal of Public Health* 100(2): 2010, 216–222.

6. Oskar R. Harmon, "The Income Elasticity of Demand for Single- Family Owner-Occupied Housing: An Empirical Reconciliation," *Journal of Urban Economics* 24(2): 1988, 173–185; Livio Di Matteo, "The Income Elasticity of Health Care Spending," *European Journal of Health Economics* 4 (1): 2003, 20–29; Bengt Kristrom and Pere Riera, "Is the Income Elasticity of Environmental Improvements Less Than One?" *Environmental and Resource Economics* 7(1): 1996, 45–55; E. Raphael Branch, "Short Run Income Elasticity of Demand for Residential Electricity Using Consumer Expenditure Survey Data," *Energy Journal* 4: 1993, 111–122; Jonathan E. Hughes, Christopher R. Knittel, and Daniel Sperling, "Evidence of a Shift in the Short-Run Price Elasticity of Gasoline Demand," NBER Working Paper 12530, Cambridge, MA: National Bureau of Economic Research, 2006; Laura Blanciforti and Richard Green, "An Almost Ideal Demand System Incorporating Habits: An Analysis of Expenditures on Food and Aggregate Commodity Groups," *Review of Economics and Statistics* 65(3): 1983, 511–515; Howarth E. Bouis, "The Effect of Income on Demand for Food in Poor Countries: Are Our Food Consumption Databases Giving Us Reliable Estimates?" *Journal of Development Economics* 44(1): 1994, 199–226; Neil Paulley, Richard Balcombe, Roger Mackett, Helena Titheridge, John Preston, Mark Wardman, Jeremy Shires, and Peter White, "The Demand for Public Transport: The Effects of Fares, Quality of Service, Income and Car Ownership," *Transport Policy* 13(4):2006,295–306; Arthur Van Soest and Peter Kooreman, "A Micro-Econometric Analysis of Vacation Behaviour," *Journal of Applied Econometrics* 2(3): 1987, 215–226; Bertrand Melenberg and Arthur Van Soest, "Parametric and Semi-Parametric Modelling of Vacation Expenditures," *Journal of Applied Econometrics* 11(1): 1996, 59–76; and Eric S. Belsky, Xiao Di Zhu, and Dan McCue, "Multiple-Home Ownership and the Income Elasticity of Housing Demand," Cambridge, MA: Joint Center for Housing Studies, Graduate Schoolof Design, and John F. Kennedy School of Government, Harvard University, 2006.

7. Tatiana Andreyeva, Michael W. Long, and Kelly D. Brownell, "The Impact of Food Prices on Consumption: A Systematic Review of Research on the Price Elasticity of Demand for Food," *American Journal of Public Health* 100(2): 2010, 216–222.

第6章

1. Based on Adam Malecek, "Wisconsin Cheeseman Closing," Sun Prairie Channel 3000.com, January 20, 2011.

2. Alec Brandon, JohnList, and Michael Price, "The Effects of Ethanol Subsidies on Producers,"

working paper, Chicago: University of Chicago.

第 7 章

1. Adam Smith, *The Wealth of Nations* (London: William Strahan and Thomas Cadell,1776).
2. John D. Graham, "The Myths of Benefit-Cost Analysis," *Regulatory Review*, June 6, 2011, University of Pennsylvania Law School, Philadelphia.
3. Vernon Smith, "Microeconomic Systems as an Experimental Science," *American Economic Review* 72(5): 1982,923–955. American Economic Association.
4. Portland, Oregon, Bureau of Transportation, "Report on Uber and Lyft," 2015. Online at http://www.portlandoregon.gov/novick/article/537131.
5. Uber, "4 Septembers of UberX in NYC," *Uber Newsroom*, October 6, 2015.
6. Jonathan Hall and Chris Nosko, "Dynamic Labor Supply in the Sharing Economy," working paper, 2015. http://www.sole-jole. org/16433.pdf.
7. Devin Leonard, "'The Only Lifeline Was the Wal-Mart,'" *Fortune*, October 3, 2005, http://archive.fortune.com/magazines/fortune/for-tune_archiv/2005/10/03/8356743/ index.htm, accessed January 9, 2019; Steven Horwitz, "Wal-Mart to the Rescue: Private Enterprise's Response to Hurricane Katrina," *Independent Review*, 13(4): 2009, 511–528.
8. Friedrich A. Hayek, "The Use of Knowledge in Society," *American Economic Review*, 35(4): 1945, 519–530.
9. This box is based on Mark Albright, "Kmart's Blue Light Back On," *Tampa Bay Times*, May 16, 2007, http://www.sptimes. com/2007/05/16/Business/Kmart_s_blue_light_ba.shtml.

第 8 章

1. Fair Trade Labelling Organizations International, *Annual Report* 2009–10.
2. Hal Weitzman,"The Bitter Cost of 'Fair Trade' Coffee," *Financial Times*, September 8, 2006.
3. Lorenzo Caliendo and Fernando Parro, "Estimates of the Trade and Welfare Effects of NAFTA," *Review of Economic Studies* 82(1): 2014, 1–44.
4. Paul Krugman, "Growing World Trade: Causes and Consequences," *Brookings Papers on Economic Activity*, Economic Studies Program 26: 1995, 327–377; and Robert Z. Lawrence, Matthew J. Slaughter, Robert E. Hall, Steven J. Davis, and Robert H. Topel, "International Trade and American Wages in the 1980s: Giant Sucking Sound or Small Hiccup?" *Brookings Papers on Economic Activity*, Microeconomics 2: 1993, 161–226.
5. Robert Z. Lawrence, "Slow Real Wage Growth and U.S. Income Inequality: Is Trade to Blame?" Conference paper prepared for "Is Free Trade Still Optimal in the 21st Century?" International Business School at Brandeis University,2007.
6. David H. Autor, David Dorn, and Gordon H. Hanson, "The China Shock: Learning from Labor Market Adjustment to Large Changes in Trade," *Annual Review of Economics* 8(1): 2016; Justin R. Pierce and Peter K. Schott, "The Surprisingly Swift Decline of U.S. Manufacturing Employment,"*American Economic Review* 106 (7):2016,1632–1662.
7. Paul Krugman, "Trade and Wages, Reconsidered," *Brookings Papers on Economic Activity* Spring, 2008,103–154.

第 9 章

1. This is a true story; we with hold identities to protect the professor.
2. Bryan L. Boulier, Tejwant S. Datta, and Robert S. Goldfarb, "Vaccination Externalities," *B.E. Journal of Economic Analysis & Policy* 7(1): 2007, article 23.
3. See, for example, F. Rall Walsh, III, and Mark D. Zoback, "Oklahoma's Recent Earthquakes and Saltwater Disposal," *Science Advances*,

June 18, 2015. http://advances.sciencemag.org/content/1/5/e1500195.full.

4. Kenneth Y. Chay and Michael Greenstone, "Does Air Quality Matter? Evidence from the Housing Market," *Journal of Political Economy* 113(2): 2005, 376–424.

5. David H. Folz and Jacqueline N. Giles, "Municipal Experience with 'Pay-as-You-Throw' Policies: Findings from a National Survey," *State and Local Government Review* 34(2): 2002,105–115.

6. Joseph M. Sulock, "The Free Rider and Voting Paradox 'Games,'" *Journal of Economic Education* 21(1): 1990,65–69.

7. Garrett Hardin, "The Tragedy of the Commons," *Science* 162(3859): 1968, 1243–1248; William Forster Lloyd, *Two Lectures on the Checks to Population* (1833).

8. Elinor Ostrom, *Governing the Commons: The Evolution of Institutions for Collective Action* (Cambridge: Cambridge University Press, 1990). See also Peter J. Deadman, Edella Schlager, and Randy Gimblett, "Simulating Common Pool Resource Management Experiments with Adaptive Agents Employing Alternate Communication Routines," *Journal of Artificial Societies and Social Simulation* 3(2): 2000, 22.

9. Jonathan Leape, "The London Congestion Charge," *Journal of Economic Perspectives* 20(4): 2006,157–176.

第 10 章

1. *America's Fiscal Insolvency and Its Generational Consequences: Testimony to the Senate Budget Committee* (2015) (Statement of Laurence J. Kotlikoff, Professor of Economics, Boston University).

2. See William Niskanen, "The Peculiar Economics of Bureaucracy," *American Economic Review* 58(2): 1968, 293–305.

3. Arthur M. Okun, *Equality and Efficiency, the Big Tradeoff,* Washington,D.C.:Brookings Institution Press,1975.

4. Ritva Reinikka and Jakob Svensson, "Local Capture: Evidence from a Central Government Transfer Program in Uganda," *Quarterly Journal of Economics* 119(2): 2004,679–705.

5. The data come from a 1987 U.S. Department of Justice report.

6. Michael T. Sas-Rolfes, "Saving African Rhinos: A Market Success Story." PERC Case Studies, Bozeman, MT: PERC,2011.

7. Gregory Warner, "Can Economics Save the African Rhino?" NPR Podcast, May 15, 2013. https://www.npr.org/sections/money/2013/05/15/184135826/can-economics-save-the-african- rhino.

8. Jenny Cousins, Jon Sadler, and James Evans, "Exploring the Role of Private Wildlife Ranching as a Conservation Tool in South Africa: Stakeholder Perspectives," *Ecology and Society* 13(2): 2008.

9. International Rhino Foundation, "White Rhino," accessed February 22, 2019. https://rhinos.org/species/white-rhino/.

10. Barry Bosworth and Gary Burtless, "Effects of Tax Reform on Labor Supply, Investment, and Saving," *Journal of Economic Perspectives* 6(1): 1992,3–25.

11. There are,of course,exceptions to this.For a summary of elasticities in the literature, see Blundell and MaCurdy (1999).Blundell and MaCurdy (1999), Saez, Slemrod, and Giertz (2012), and Goolsbee (2000) conclude that the elasticity on hours suppliedis close to zero for men. Richard Blundell and Thomas MaCurdy, "Labor Supply: A Review of Alternative Approaches," in *Handbook of Labor Economics* (Vol. 3C), eds. O. Ashenfelter and D. Card, Amsterdam: Elsevier North Holland, 1999; Emmanuel Saez, Joel Slemrod, and Seth H. Giertz, "The Elasticity of Taxable Income with Respect to Marginal Tax Rates: A Critical Review," *Journal of Economic Literature* 50 (1): 2012,3–50; Austan Goolsbee, "What

Happens When You Tax the Rich? Evidence from Executive Compensation," *Journal of Political Economy* 108(2): 2000,352–378.

12. Martin Feldstein, "The Effect of Marginal Tax Rates on Taxable Income: A Panel Study of the 1986 Tax Reform Act," *Journal of Political Economy* 103(3): 1995, 551–572; Gerald E. Auten and Robert Carroll, "Behavior of the Affluent and the 1986 Tax Reform Act," in *Proceedings of the 87th Annual Conference on Taxation of the National Tax Association*, Columbus, OH: National Tax Association, 1995,7–12.

13. Jonathan M. Karpoff, "Public versus Private Initiative in Arctic Exploration: The Effects of Incentives and Organizational Structure," *Journal of Political Economy* 109(1): 2001,38–78.

14. Ufuk Akcigit, Salomé Baslandze, and Stefanie Stantcheva, "Taxation and the International Mobility of Inventors," *American Economic Review* 106(10): 2016,2930–2981.

第 11 章

1. Gerald S. Oettinger, "An Empirical Analysis of the Daily Labor Supply of Stadium Vendors," *Journal of Political Economy* 107(2): 1999, 360–392.

2. Gary S. Becker, *The Economics of Discrimination*, Chicago: University of Chicago Press,1957.

3. Anders Akerman, Ingvil Gaarder, and Magne Mogstad, "The Skill Complementarity of Broadband Internet," *Quarterly Journal of Economics* 130(4): 2015, 1781–1824.

4. Thomas Piketty and Emmanuel Saez, "Income Inequality in the United States, 1913–1998," *Quarterly Journal of Economics* 118(1): 2003, 1–39.

5. Thomas Piketty, *Capital in the Twenty-First Century*,Cambridge, MA: Belknap Press of Harvard University,2014.

6. Claudia Goldin and Cecilia Rouse, "Orchestrating Impartiality: The Impact of 'Blind' Auditionson Female Musicians," *American Economic Review* 90(4): 2000,715–741.

7. Marianne Bertrand and Sendhil Mullainathan, "Are Emily and Greg More Employable Than Lakisha and Jamal? A Field Experiment on Labor Market Discrimination," *American Economic Review* 94(4): 2004,991–1013.

8. Kerwin Charles and Jonathan Guryan, "Prejudice and Wages: An Empirical Assessment of Becker's "The Economics of Discrimination," *Journal of Political Economy* 116(5): 2008, 773– 809.

9. For one attempt at doing so using a field experiment, see John A. List, "The Nature and Extent of Discrimination in the Marketplace: Evidence from the Field," *Quarterly Journal of Economics* 119(1): 2004, 49–89. This study uses a series of field experiments to show that women, the elderly, and African Americans receive higher price quotes in the sportscar market due to statistical discrimination.

10. Marianna Bertrand, Claudia Goldin, and Lawrence F. Katz, "Dynamics of the Gender Gap for Young Professionals in the Financial and Corporate Sectors," *American Economic Journal: Applied Economics* 2(3): 2010, 228–255.

第 12 章

1. Malcolm Gladwell, *Blink: The Power of Thinking without Thinking,* New York: Hachette Book Group USA,2007.

2. Uri Gneezy, John A. List, and Michael K. Price, "Toward an Understanding of Why People Discriminate: Evidence from a Series of Natural Field Experiments," NBER Working Paper 17855, Cambridge, MA: National Bureau of Economic Research, 2012.

3. Petra Moser, "How Do Patent Laws Influence Innovation? Evidence from Nineteenth-Century World's Fairs," *American Economic Review*

95(4): 2005,1214–1236.

4. Heidi Williams, "Intellectual Project Rights and Innovation: Evidence from the Human Genome Project," *Journal of Political Economy* 121(1): 2013, 1–27.

5. Philippe Aghion, Nick Bloom, Richard Blundell, Rachel Griffith, and Peter Howitt, "Competition and Innovation: An Inverted-U Relationship," *Quarterly Journal of Economics* 120(2): 2005, 701–728.

第 13 章

1. John F. Nash, Jr., "Non-Cooperative Games," PhD thesis, Mathematics Department, Princeton University,1950.

2. Pierre-Andre Chiappori, Steven D. Levitt, and Timothy Groseclose,"Testing Mixed-Strategy Equilibria When Players Are Heterogeneous: The Case of Penalty Kicks in Soccer," *American Economic Review* 92(4): 2002,1138–1151.

3. Mark Walker and John Wooders, "Minimax Play at Wimbledon," *American Economic Review* 91(5): 2001, 1521–1538.

4. John Maynard Keynes, *The General Theory of Employment, Interest, and Money,* London: Macmillan,1936.

5. Antoni Bosch-Domènech, Rosemarie Nagel, Albert Satorra, and Jose García-Montalvo, "One, Two, (Three), Infinity: Newspaper and Lab Beauty-Contest Experiments," *American Economic Review* 92(5): 2002,1687–1701.

6. Werner Guth, Martin Kocher, and Matthias Sutter, "Experimental 'Beauty Contests' with Homogeneous and Heterogeneous Players and with Interior and Boundary Equilibria," *Economic Letters* 74(2): 2002, 219–228.

7. John A. List, "The Behavioralist Meets the Market: Measuring Social Preferences and Reputation Effects in Actual Transactions," *Journal of Political Economy* 114(1): 2006,1–37.

第 14 章

1. Austan Goolsbee and Chad Syverson, "How Do Incumbents Respond to the Threat of Entry? Evidence from the Major Airlines," *Quarterly Journal of Economics* 123(4): 2008,1611–1633.

2. https://www.eia.gov/outlooks/aeo/.

3. Laura Hurst, Nayla Razzouk, and Julian Lee, "OPEC Unity Shattered as Saudi-Led Policy Leads to No Limits," *Bloomberg News,* December 4,2015.

4. https://www.justice.gov/opa/pr/adm-subsidiary-pleads-guilty-conspiracy-violate-foreign-corrupt-practices-act.

5. John E. Kwoka, Jr., "Advertising and the Price and Quality of Optometric Services," *American Economic Review* 74(1): 1984, 211–216.

6. Timothy F. Bresnahan and Peter C. Reiss, "Entry and Competition in Concentrated Markets," *Journal of Political Economy* 99(5): 1991, 977–1009.

7. Martin Dufwenberg and Uri Gneezy, "Price Competition and Market Concentration: An Experimental Study," *International Journal of Industrial Organization* 18(1): 2000,7–22.

第 15 章

1. Church, E. (1712). The *Book of Common Prayer*. University- Printers.

2. Nate Silver's site, FiveThirtyEight.com.

3. https://www.predictit.org/markets/detail/3698/Who-will-win-the-2020-US-presidential-election, accessed June 15,2020.

4. Daniel Read and Barbara van Leeuwen, "Predicting Hunger: The Effects of Appetite and Delay on Choice," *Organizational Behavior and Human Decision Processes* 76(2): 1998,189–205.

5. See Nate Silver's site,FiveThirtyEight.com.

6. See the Jawbone survey: https://jawbone.com/blog/university- students-sleep/.

7. Daniel Kahneman and Amos Tversky, "Prospect Theory: An Analysis of Decision under Risk,"

Econometrica 47(2): 1979, 263–292.

第 16 章

1. Michael A. Spence, "Job Market Signaling," *Quarterly Journal of Economics* 87(3): 1973, 355–374.
2. George A. Akerlof, "The Market for 'Lemons': Quality Uncertainty and the Market Mechanism," *Quarterly Journal of Economics* 84(3): 1970, 488–500.
3. Michael D. Prattand George E. Hoffer, "Testof the Lemons Model: Comment," *American Economic Review* 74(4):1984, 798–800.
4. Winand Emonsand George Sheldon,"The Market for Used Cars: A New Test of the Lemons Model," Discussion Paper Series 26353, Hamburg Institute of International Economics,2002.
5. Sean B. Carroll, *Making of the Fittest*, New York: W. W. Norton & Company, 2007.
6. Frank T. McDermott, John C. Lane, G. A. Brazenor, and Elizabeth A. Debney, "The Effectiveness of Bicyclist Helmets: A Study of 1710 Casualties," *Journal of Trauma and Acute Care Surgery* 34(6): 1993,834–845.
7. Ian Walker, "Drivers Overtaking Bicyclists: Objective Data on the Effects of Riding Position, Helmet Use, Vehicle Type and Apparent Gender," *Accident Analysis and Prevention* 39(2): 2007, 417–425.
8. This discussion draws on Daniel M. G. Raff and Lawrence H. Summers, "Did Henry Ford Pay Efficiency Wages?" *Journal of Labor Economics* 5(4): 1987, S57–S86.
9. Henry Ford, *My Life and Work*, Garden City, NY: Double Day, 1922, pp. 126, 127, 167.
10. Henry Ford, *My Life and Work*, Garden City, NY: Double Day, 1922, pp. 126, 127, 167.
11. Roland G. Fryer, Jr., Steven D. Levitt, John A. List, and Sally Sadoff, "Enhancing the Efficacy of Teacher Incentives Through Loss Aversion: A Field Experiment," NBER Working Paper 18237, Cambridge, MA: National Bureau of Economic Research, 2012.
12. Brian A. Jacob and Steven D. Levitt, "Rotten Apples: An Investigation of the Prevalence and Predictors of Teacher Cheating," *Quarterly Journal of Economics* 118(3): 2003,843–877.
13. David M. Cutler and Sarah J. Reber,"Paying for Health Insurance: The Trade-off Between Competition and Adverse Selection," *Quarterly Journal of Economics* 113(2): 1998,433–466.
14. Amitabh Chandra, Jonathan Gruber, and Robin McKnight, "The Importance of the Individual Mandate—Evidence from Massachusetts," *New England Journal of Medicine* 364(4): 2011, 293–295.
15. Alan B. Krueger and Andreas Mueller, "Job Search and Unemployment Insurance: New Evidence from Time Use Data," *Journal of Public Economics* 94(3): 2010, 298–307.
16. David Card, Raj Chetty, and Andrea Weber, "The Spikeat Benefit Exhaustion: Leaving the Unemployment System or Starting a New Job?" *American Economic Review* 97(2): 2007, 113–118.
17. Gary S. Becker, "Crime and Punishment: An Economic Approach,"*Journal of Political Economy* 76(2): 1968, 169–217; Gary S. Becker and George J. Stigler, "Law Enforcement, Malfeasance, and Compensation of Enforcers," *Journal of Legal Studies* 3(1): 1974, 1–18.

第 17 章

1. Liran Einav, Chiara Farronato, Jonathan D. Levin, and Neel Sundaresan, "Sales Mechanisms in Online Markets: What Happened to Internet Auctions?" NBER Working Paper 19021, Cambridge, MA: National Bureau of Economic Research, 2013.
2. Alvin E.Roth and Axel Ockenfels,"Last-Minute Bidding and the Rules for Ending Second-Price Auctions: Evidence from eBay and Amazon Auctions on the Internet," *American Economic*

3. Sean Gray and David H. Reiley, "Measuring the Benefits to Sniping on eBay: Evidence from a Field Experiment,"*Journalof Economics and Management* 9(2): 2013,137–152.
4. William Vickrey, "Counterspeculation, Auctions, and Competitive Sealed Tenders," *Journal of Finance* 16(1): 1961,8–37.
5. David Lucking-Reiley, "Using Field Experiments to Test Equivalence Between Auction Formats: Magicon the Internet," *American Economic Review* 89(5): 1999,1063–1080.
6. Shelly J. Lundberg, Robert A. Pollak, and Terence J. Wales, "Do Husbands and Wives Pool Their Resources? Evidence from the United Kingdom Child Benefit," *Journal of Human Resources* 32(3): 1996, 463–480.
7. Nancy Qian, "Missing Women and the Price of Tea in China: The Effect of Sex-Specific Earnings on Sex Imbalance," *Quarterly Journal of Economics* 123(3): 2008,1251–1285.

第18章

1. Charles T. Clotfelter, "The Impact of Tax Reform on Charitable Giving: A 1989 Perspective," NBER Working Paper 3273, Cambridge,MA:National Bureau of Economic Research,1990.
2. Stefano DellaVigna, John A. List, and Ulrike Malmendier, "Testing for Altruism and Social Pressure in Charitable Giving," *Quarterly Journal of Economics* 127(1): 2012,1–56.
3. John A. List, "Friend or Foe? A Natural Experiment of the Prisoner's Dilemma," *Review of Economics and Statistics* 88(3): 2006,463–471.
4. Iris Bohnet and Bruno S. Frey, "Social Distance and Other Regarding Behavior in Dictator Games: Comment," *American Economic Review* 89(1): 1999,335–339.
5. Steffen Andersen, Seda Ertac, Uri Gneezy, Moshe Hoffman, and John A. List, "Stakes Matter in Ultimatum Games," *American Economic Review* 101(7): 2011,3427–3439.
6. Kenneth J. Arrow, "Giftsand Exchanges," *Philosophy & Public Affairs* 1(4): 1972, 343–362.
7. Peter J. Richerson and Robert Boyd, *Not by Genes Alone: How Culture Transformed Human Evolution*, Chicago: University of Chicago Press,2008;and Elliott Soberand David Sloan Wilson, eds., *Unto Others: The Evolution and Psychology of Unselfish Behavior,* Cambridge, MA: Harvard University Press,1999.
8. David Sloan Wilson and Edward O. Wilson, "Rethinking the Theoretical Foundation of Sociobiology," *Quarterly Review of Biology* 82(4): 2007,327–348.
9. Halperin, Basil, Benjamin Ho, John List, and Ian Muir, 2018. "Toward an Understanding of the Economics of Apologies: Evidence from a Large-Scale Natural Field Experiment," Natural Field Experiments 00644, The Field Experiments Website.
10. Gerald Marwell and Ruth E. Ames, "Economists Free Ride, Does Anyone Else? Experiments on the Provision of Public Goods, IV," *Journal of Public Economics* 15(3): 1981, 295–310; John R. Carter and Michael D. Irons, "Are Economists Different, and If So, Why?" *Journal of Economic Perspectives* 5(2): 1991, 171–177; and Robert H. Frank, Thomas Gilovich, and Dennis T. Regan, "Does Studying Economics Inhibit Cooperation?" *Journal of Economic Perspectives* 7(2): 1993, 159–171.
11. Oriana Bandiera and Imran Rasul, "Social Networks and Technology Adoption in Northern Mozambique," *Economic Journal* 116(514): 2006, 869–902.
12. Bruce Sacerdote, "Peer Effects with Random Assignment: Results for Dartmouth Roommates," *Quarterly Journal of Economics* 116(2): 2001,

681–704.
13. Scott E. Carrell, Mark Hoekstra, and James E. West, "Is Poor Fitness Contagious? Evidence from Randomly Assigned Friends," *Journal of Public Economics* 95(7–8): 2011, 657–663.
14. John B. Horrigan, Kelly Garrett, and Paul Resnick, *The Internet and Democratic Debate*, Washington, D.C.: Pew Internet and American Life Project, 2004.

术语表

绝对优势（Absolute advantage）：绝对优势是个人、企业或国家在同等资源条件下比其他竞争对手生产更多某种商品的能力。

会计利润（Accounting profits）：会计利润等于总收入减去显性成本。

逆向选择（Adverse selection）：在存在逆向选择的市场中，交易中的一方会掌握商品的某项隐藏特征，并根据该信息决定是否参与交易。

加总（Aggregation）：将个体行为进行累加的过程被称为加总。

反垄断政策（Antitrust policy）：反垄断政策旨在监管和预防反竞争定价。

弧弹性（Arc elasticity）：弧弹性测算的是某一范围中点处的弹性。

信息不对称（Asymmetric information）：在信息不对称的市场中，买卖双方掌握着不同的信息。

拍卖（Auction）：拍卖是一个市场过程，在该过程中，众多潜在买方会为商品出价，其中出价最高者将最终获得商品。

平均固定成本 [Average fixed cost (AFC)]：平均固定成本等于固定成本除以总产出。

平均税率（Average tax rate）：一个家庭的平均税率等于其总纳税额除以总收入。

平均总成本 [Average total cost (ATC)]：平均总成本等于总成本除以总产出。

平均可变成本 [Average variable cost (AVC)]：平均可变成本等于总可变成本除以总产出。

逆向归纳（Backward induction）：逆向归纳是一种求解扩展式博弈的过程，它通过首先考虑最后一个行动者的决策来推断出先前所有行动者的决策。

柱状图（Bar chart）：柱状图使用不同高度或长度的柱子来表示不同组别的特性。

议价能力（Bargaining power）：议价能力描述的是在谈判中一方对另一方的相对支配力。

进入壁垒（Barriers to entry）：进入壁垒以防止潜在竞争对手进入市场的方式来保护卖方。

行为经济学（Behavioral economics）：行为经济学综合分析了解释人类行为的经济和心理因素，帮助确定行为主体选择最优（或接近最优）的情况，以及人们没有接近最优选择的情况。

最优反应（Best response）：如果博弈一方的策略能够在博弈另一方策略给定的情况下为自己带来最大收益，则我们将此策略称为对另一方策略的最优反应。

双边谈判（Bilateral negotiation）：双边谈判是一种由单个卖方和单个买方私下就出价和要价进行谈判的市场机制。

预算约束（Budget constraint）：预算约束显示了消费者在预算有限情况下可选择的商品或服务组合。

预算赤字（Budget deficit）：当政府税收收入低于支出时，政府就会出现预算赤字。

预算集（Budget set）：预算集是指消费者可用其收入购买的所有可能商品和服务组合的集合。

预算盈余（Budget surplus）：当税收收入超过政府支出时，政府就会出现预算盈余。

卡特尔（Cartel）：卡特尔是一种由集体实施反竞争行动的生产者所组成的正式组织。

因果关系（Causation）：当一件事直接影响另一件事时，就会产生因果关系。

俱乐部物品（Club good）：俱乐部物品具有非竞争性和排他性。

科斯定理（Coase Theorem）：科斯定理指出，私人谈判会导致资源的有效配置。

串谋（Collusion）：串谋指的是企业合谋设定其产量或价格。

命令控制型监管（Command and control regulation）：命令控制型监管要么会直接限制生产水平，要么会强制要求使用某些技术。

承诺（Commitment）：承诺指的是选择并坚持一种日后可能会为之付出代价的行为的能力。

公共池塘资源（Common pool resource goods）：公共池塘资源具有竞争性和非他性。

比较优势（Comparative advantage）：比较优势是指个人、企业或国家以比其他生产者更低的机会成本生产某种商品的能力。

补偿性工资差异（Compensating wage differentials）：补偿性工资差异是指为吸引劳动者从事不受欢迎职业而支付的工资溢价。

竞争均衡（Competitive equilibrium）：竞争均衡是供给曲线与需求曲线的交点。

竞争均衡价格（Competitive equilibrium price）：竞争均衡价格是供给量和需求量相等时的价格。

竞争均衡数量（Competitive equilibrium quantity）：竞争均衡数量是与竞争均衡价格相对应的数量。

互补品（Complements）：当一种商品的价格下降使得另一种商品的需求曲线右移时，这两种商品被称为互补品。

复利方程（Compound interest equation）：复利方程或终值方程计算的是一项利率为 r 的投资的未来价值，该投资将所有利息保留在账户中，直到 T 年后一次性取出。

规模收益不变（Constant returns to scale）：规模收益不变是指平均总成本不随产量的变化而变化。

消费者主权（Consumer sovereignty）：消费者主权是指消费者做出的选择是其真实偏好的反映，而包括政府在内的局外人不应该干涉这些选择。

消费者剩余（Consumer surplus）：消费者剩余是对商品支付意愿和支付价格之间的差值。

协调问题（Coordination problem）：当经济主体的利益一致时，就会出现如何将主体聚集在一起进行交易的协调问题。

版权（Copyright）：版权是政府授予文学或艺术作品创作者的一种专有权利。

企业所得税（Corporate income taxes）：企业所得税是企业根据其利润向政府缴纳的税款。

纠正性补贴（Corrective subsidies）：纠正性补贴（庇古补贴）旨在引导产生正外部性的经济主体将产量增加至社会最优水平。

相关关系（Correlation）：相关关系意味着两个变量趋向于同时改变。

腐败（Corruption）：腐败是指为谋取私利而滥用公共资金或扭曲资源分配的行为。

生产成本（Cost of production）：生产成本是企业为其投入所进行的必需性开支。

成本-收益分析（Cost-benefit analysis）：成本-收益分析是一种计算，它将收益和成本以一个通用计量单位（比如美元）表示，并通过收益相加并减去成本来确定最佳替代选项。

需求交叉弹性（Cross-price elasticity of demand）：需求交叉弹性测算的是由一种商品的价格百分比变化所导致的另一种商品的需求量百分比变化。

无谓损失（Deadweight loss）：无谓损失是指由市场扭曲所导致的社会剩余减少。

需求曲线（Demand curve）：需求曲线描绘了不同价格下的需求量。需求曲线是对需求表的图形化呈现。

需求曲线的移动（Demand curve shifts）：只有当给定价格下的需求量改变时，需求曲线才会发生移动。

需求表（Demand schedule）：需求表以表格形式展现了不同价格下的需求量（在其他条件不变时）。

因变量（Dependent variable）：因变量的值取决于其他变量。

差异产品（Differentiated products）：差异产品是指相似但并非完全替代品的商品。

边际收益递减（Diminishing marginal benefit）：随着你对某种商品消费数量的增加，你对额外1单位该商品的支付意愿下降。

直接监管（Direct regulation）：直接监管（命令控制型监管）是指政府为控制某一活动的数量而采取的直接行动。

贴现权重（Discount weight）：用贴现权重乘延迟的效用单位，就能将其转换为当前的效用单位。

规模不经济（Diseconomies of scale）：规模不经济是指平均总成本随产量的增加而出现上升。

占优策略（Dominant strategy）：占优策略是一种针对其他博弈方所有可能策略的最优反应。

占优策略均衡（Dominant strategy equilibrium）：如果每个参与者的相关策略都是占优策略，那么这些参与者的策略组合就构成一个占优策略均衡。

双向口头拍卖（Double oral auction）：双向口头拍卖是一个买方口头报出出价、卖方口头报出要价的市场。

双头垄断（Duopoly）：双头垄断指的是一个只有两家企业的行业。

荷式拍卖（Dutch auction）：荷式拍卖是一种公开叫价拍卖。在此种拍卖中，报价会不断下降，直至有出价者结束该拍卖。结束该拍卖的出价者将赢得拍卖标的，并根据其出价进行支付。

经济主体（Economic agent）：经济主体是指做出选择的个人或群体。

经济利润（Economic profits）：经济利润等于总收入减去显性成本和隐性成本。

经济学（Economics）：经济学研究的是经济主体如何选择分配稀缺资源，以及这些选择会给社会带来何种影响。

规模经济（Economies of scale）：规模经济是指平均总成本随产量的增加而出现下降。

效率工资（Efficiency wages）：效率工资是指高于劳动者可接受的最低工资水平的工资；雇主可以利用其来提高生产率。

有效价格（Efficient price）：以边际成本设定的价格被称为有效价格或社会最优价格。

弹性需求（Elastic demand）：具有弹性需求的商品，其需求的价格弹性大于1。

弹性（Elasticity）：弹性是对一个变量对另一

个变量变化敏感度的测算。

实证证据（Empirical evidence）：实证证据是指通过观察和测算得到的事实。我们也把实证证据称为数据。

实证（Empiricism）：实证是指使用数据进行分析，即循证分析。经济学家利用数据来发展理论，检验理论，评估不同政府政策的效果，并确定世界上各种事情发生的原因。

英式拍卖（English auction）：英式拍卖是一种公开叫价的拍卖，在这种拍卖中，价格会不断上涨，直至只有一人出价为止。这位最终出价者将赢得标的并支付出价。

均衡（Equilibrium）：均衡是一种特殊状态，在这种状态下每个人都同时在进行优化，因此，考虑到他人的选择，没有人认为他们能通过改变自身行为而使其个人受益。

公平（Equity）：公平关注的是蛋糕如何在各个经济主体之间进行分配。

公平与效率的权衡（Equity-efficiency trade-off）：公平与效率的权衡是指在确保资源公平配置（公平）与增加社会剩余或总产出（效率）之间的平衡。

超额需求（Excess demand）：当市场价格低于竞争均衡价格时，需求量超过供给量，造成超额需求。

超额供给（Excess supply）：当市场价格高于竞争均衡价格时，供给量超过需求量，造成超额供给。

特种消费行为税（Excise taxes）：特种消费行为税是在购买特定商品时所缴纳的税款。

退出（Exit）：退出是离开市场的一种长期决策。

预期价值（Expected value）：预期价值指的是所有按发生概率加权的可能结果或值的总和。

实验（Experiment）：实验是一种调查变量之间因果关系的受控方法。

出口商品（Export）：出口商品是指在国内或境内生产但销往国外或境外的任何商品。

扩展式博弈（Extensive-form game）：扩展式博弈是指具体规定了行为顺序的博弈。

外部性（Externality）：当一项经济活动对一个局外人产生了溢出成本或溢出收益时，就会发生外部性。

公平回报价格（Fair-returns price）：以平均总成本设定的价格被称为公平回报价格。

公正（Fairness）：公正是指个人愿意牺牲自己的福祉来改善他人的福祉或惩罚他们认为行为不友善的人。

企业（Firm）：企业是生产和销售商品或服务的商业实体。

先动优势（First-mover advantage）：若序贯博弈中的第一个行动者因首先行动而获益，则该博弈具有先动优势。

第一价格拍卖（First-price auction）：第一价格拍卖是指出价者同时私下出价，出价最高者赢得拍卖标的，并支付与其出价相等的金额的拍卖。

固定成本（Fixed cost）：固定成本是固定生产要素的成本，是企业即使产出为零也必须支付的成本。

固定生产要素（Fixed factor of production）：固定生产要素是一种短期内不能变化的投入。

自由进入（Free entry）：当进入不受任何特殊法律或技术壁垒限制时，我们说该行业可自由进入。

自由退出（Free exit）：当退出不受任何特殊法律或技术壁垒限制时，我们说该行业可自由退出。

自由贸易（Free trade）：自由贸易是指在没有

政府阻碍或鼓励的情况下进行贸易的能力。

搭便车困境（Free-rider problem）：在某些情况下，人们没有动力去购买商品，因为不付款也并不会妨碍他们消费，我们称这样的情况为搭便车困境。

终值（Future value）：终值即本金和利息之和。

博弈论（Game theory）：博弈论是对战略互动的研究。

博弈树（Game tree）：博弈树是对博弈的扩展式展示。

全球化（Globalization）：全球化指的是向参与对外贸易和投资的更加开放和一体化经济体的转变。

政府失灵（Government failures）：政府失灵指的是政府干预导致的无效率。

冷酷策略（Grim strategy）：冷酷策略是指如果博弈的一方背弃串谋协议，则另一方将永远以边际成本为商品定价。

国内生产总值［Gross domestic product (GDP)］：国内生产总值是一个国家在一定时期内生产的所有商品和服务的市场价值。

从众（Herding）：从众是指个体服从他人决定的行为。

市场集中度指数（Herfindahl-Hirschman Index）：市场集中度指数是一个衡量市场集中度的指标，用于估算一个行业内部的竞争程度。

隐藏行为（Hidden actions）：隐藏行为，即交易中的一方采取了与另一方相关但未被另一方观察到的行动。

隐藏特征（Hidden characteristics）：隐藏特征，即交易一方观察到了另一方没有观察到的商品或服务的某些特征。

在其他条件不变时（Holding all else equal）："在其他条件不变时"意味着经济中的其他因素都保持不变。英语的经济学写作中有时也用拉丁语 ceteris paribus（意为其他条件相同）来表达同样的意思。

同质产品（Homogeneous products）：同质产品是相同的商品，因此是完全替代品。

人力资本（Human capital）：人力资本是指每个人用于创造产出或经济价值的技能储备。

进口商品（Import）：进口商品是指在国外或境外生产但在国内或境内销售的任何商品。

非纯粹利他主义（Impure altruism）：非纯粹利他主义是一种以让自己感觉愉悦为主要动机的利他主义。

激励问题（Incentive problem）：当两个经济主体的优化行为不一致时，这些主体就会面临激励问题。

收入效应（Income effect）：收入效应是指当价格变化使消费者转到较低或较高无差异曲线时所产生的消费变化。

需求收入弹性（Income elasticity of demand）：需求收入弹性测算的是由消费者收入的百分比变化所导致的商品需求量的百分比变化。

独立（Independent）：当两个随机结果相互独立时，知道一个结果并不能帮助你预测另一个结果。

自变量（Independent variable）：自变量的值不取决于其他变量；在实验中，自变量受实验者控制。

无差异曲线（Indifference curve）：无差异曲线是为消费者提供相同满意度的消费束集合。

教化（Indoctrination）：教化是经济主体向社会灌输其意识形态或观点的过程。

无弹性需求（Inelastic demand）：无弹性需求的商品，其需求的价格弹性小于1。

劣等品（Inferior good）：消费者在收入上升时

减少购买的商品被称为劣等品。

信息瀑布（Information cascade）：当人们根据他人的决定而不是自己的私有信息做出选择时，就会产生信息瀑布。

投入品（Input）：投入品是用于生产该商品或服务的另一种商品或服务。

利息（Interest）：利息是因暂时放弃货币使用而获得的回报。

外部性内化（Internalizing the externality）：当经济主体考虑其行为的全部成本和收益时，他们就是在将外部性内化。

关键资源（Key resources）：关键资源是指生产某种商品或服务所必需的材料。

劳动互补型技术（Labor-complementary technology）：劳动互补型技术是指能够补充现有劳动投入并因此增加劳动边际产量的技术。

劳动节约型技术（Labor-saving technology）：劳动节约型技术是一种替代现有劳动投入并降低劳动边际产量的技术。

土地（Land）：土地包括固体地表和自然资源。

需求定律（Law of demand）：在几乎所有情况下，当价格下降时，需求量会增加（在其他条件不变时）。

收益递减规律（Law of Diminishing Returns）：收益递减规律表明，投入的持续增加最终会导致额外产出下降。

供给定律（Law of Supply）：在几乎所有情况下，当价格上升时，供给量会增加（在其他条件不变时）。

法定市场势力（Legal market power）：当一家企业不是通过自身而是通过政府设置的进入壁垒而获得市场势力时，它就拥有了法定市场势力。

长期（Long run）：长期是指企业投入可以发生任意变化的一段时期。

损失厌恶（Loss aversion）：损失厌恶是指人们在心理上对损失的重视远超出对收益的重视。

宏观经济学（Macroeconomics）：宏观经济学是对经济整体的研究。宏观经济学家研究各种整体经济现象，例如一个国家的经济总产出的增长率、通货膨胀率或失业率。

边际分析（Marginal analysis）：边际分析是研究一个可行选项与另一个可行选项之间差异的成本－收益计算。

边际成本（Marginal cost）：边际成本是多生产一单位产出所引起的总成本变化。

边际产量（Marginal product）：边际产量是由于多使用一单位投入而导致的总产出变化。

边际收入（Marginal revenue）：边际收入是多生产一单位产出所引起的总收入变化。

边际税率（Marginal tax rate）：边际税率是指收入的最后一美元中有多少用于纳税。

市场（Market）：市场是指一群从事商品和服务交易的经济主体以及进行交易的规则和协议。

市场需求曲线（Market demand curve）：市场需求曲线是所有潜在买方的个体需求曲线之和。它描绘了在其他条件不变时总需求量和市场价格之间的关系。

市场势力（Market power）：市场势力是指卖方影响价格的能力。

市场价格（Market price）：如果所有的卖方和买方都面临一个相同的价格，那么这个价格就是市场价格。

市场供给曲线（Market supply curve）：市场供给曲线是所有潜在卖方的个体供给曲线之和，它描绘了在其他条件不变时，总供给量和市场价格之间的关系。

基于市场的监管方法（Market-based regulatory approach）：基于市场的监管方法会利用市场力量来内化外部性。

均值（Mean）：均值（或平均数）是用所有数值的总和除以数值的个数所得出的结果。

中位数（Median）：中位数的计算方法是将数字从最小到最大排序，然后在列表的中间找到该值。

微观经济学（Microeconomics）：微观经济学研究的是个人、家庭、企业和政府如何做出选择，以及这些选择如何影响定价、资源配置和其他经济主体的福利水平。

混合策略（Mixed strategy）：混合策略是指随机选择不同的行动。

模型（Model）：模型是对现实的简化描述。有时经济学家会把模型称为理论。这些术语通常可互换使用。

垄断竞争（Monopolistic competition）：垄断竞争是一种有许多企业参与竞争且产品存在差异化的市场结构。

垄断（Monopoly）：垄断是一种行业结构，在这种结构下，只有一个卖方提供没有近似替代品的商品或服务。

买方垄断（Monopsony）：买方垄断是指只有一个买方的市场结构。

道德风险（Moral hazard）：道德风险是指在交易中一方所采取的与另一方相关但又未被其注意到的行为。

沿着需求曲线的变动（Movement along the demand curve）：如果一件商品自身的价格改变，且它的需求曲线没有移动，那么它自身的价格变化就会导致沿着需求曲线的变动。

沿着供给曲线的变动（Movement along the supply curve）：如果一件商品自身的价格改变，且它的供给曲线没有移动，那么它自身价格的改变就会导致沿着供给曲线的变动。

纳什均衡（Nash equilibrium）：在一个策略组合中，如果每个策略都是对其他参与者选择策略的最优反应，那么该策略组合就是一个纳什均衡。

自然实验（Natural experiment）：自然实验是一种实证研究，在这种研究中，一些不受实验者控制的过程会以随机或近乎随机的方式将受试者分配到对照组和实验组。

自然市场势力（Natural market power）：当一家企业通过自身创造的进入壁垒获得市场势力时，它就拥有了自然市场势力。

自然垄断（Natural monopoly）：自然垄断指的是在一个市场中，一家企业能够以低于两家或两家以上企业的成本提供某种商品或服务。

负相关关系（Negative correlation）：负相关关系意味着两个变量倾向于朝着相反的方向变动。

负相关（Negatively related）：如果两个变量向相反的方向移动，则这两个变量呈负相关。

净收益（Net benefit）：净收益等于选择一个替代方案的总收益减去选择这一替代方案的总成本。

净进口国（Net importer）：净进口国意味着该国在特定时间内的进口额大于出口额。

净现值（Net present value）：一个项目的净现值是指用收益现值减去成本现值。

网络外部性（Network externalities）：当一种产品的价值随着越来越多的消费者开始使用它而增长时，就会出现网络外部性。

非排他性物品（Non-excludable good）：对于非排他性物品，一旦它们被生产出来，我们就无法阻止人们使用这些物品。

非竞争性物品（Non-rival good）：对于非竞争性物品，一个人的消费并不妨碍其他人的消费。

正常品（Normal good）：消费者在收入上升时增加购买的商品被称为正常品。

规范经济学（Normative economics）：规范经济学分析旨在为个人或社会提供行动建议。

《北美自由贸易协定》（North American Free Trade Agreement）：《北美自由贸易协定》是一项由加拿大、墨西哥和美国签署的协议，该协议旨在建立一个三边贸易集团，减少三国之间的贸易壁垒。

寡头垄断（Oligopoly）：寡头垄断是一种只有少数企业参与竞争的市场结构。

遗漏变量（Omitted variable）：遗漏变量是指那些在研究中被忽略，但如果将其纳入便能够解释两个变量为何相关的因素。

公开叫价拍卖（Open-outcry auction）：公开叫价拍卖是一种公开出价的拍卖。

机会成本（Opportunity cost）：机会成本是对一项资源的最佳替代用途。

优化（Optimization）：优化是指基于经济主体既有的有限信息、知识、经验和训练，试图找出最佳可行选项。

最优（Optimum）：经济学家将最佳可行选项称为最优选择或最优。

帕累托有效（Pareto efficient）：如果没有人能够在不使其他人境况变得更糟的情况下变得更好，那么结果就是帕累托有效的。

专利（Patent）：专利是政府授予个人或企业的一种独家生产和销售某种商品或服务的特权。

家长主义（Paternalism）：家长主义认为，消费者并不总是知道什么对他们来说是最好的，

政府应该鼓励或引导他们改变自己的行为。

收益矩阵（Payoff matrix）：收益矩阵显示了参与者在博弈中所采取每一个行动的收益。

工资税（Payroll tax）：工资税（也被称为社会保险税）是针对劳动者工资征收的一种税款。

金钱外部性（Pecuniary externality）：当市场交易仅仅通过市场价格来影响他人时，就会发生金钱外部性。

同伴效应（Peer effects）：同伴效应指的是他人决策对我们自己选择的影响。

完全价格歧视（Perfect price discrimination）：完全价格歧视，又称一级价格歧视，是指向消费者收取他们愿意支付的最高价格。

完全竞争市场（Perfectly competitive market）：在完全竞争市场上：（1）所有的卖方都销售相同的产品或服务；（2）任何单个买方或单个卖方都不足以仅凭自身力量影响该商品或服务的市场价格。

完全弹性需求（Perfectly elastic demand）：即使是价格的小幅上涨也会导致消费者停止使用具有完全弹性需求的商品。

完全无弹性需求（Perfectly inelastic demand）：具有完全无弹性需求的商品，其需求量不受价格的影响。

实物资本（Physical capital）：任何用于生产的商品，包括机器和建筑物，都属于实物资本。

饼状图（Pie chart）：饼状图是一个被分为不同大小扇形的圆。每个扇形的面积体现着各非重叠部分的相对重要性，这些部分加总起来便是整个饼状图。

庇古补贴（Pigouvian subsidies）：庇古补贴（纠正性补贴）旨在引导产生正外部性的经济主体将产量增加至社会最优水平。

庇古税（Pigouvian tax）：庇古税（纠正性税收）旨在引导产生负外部性的经济主体将产量降低至社会最优水平。

正相关关系（Positive correlation）：正相关关系意味着两个变量倾向于朝着相同的方向变动。

实证经济学（Positive economics）：实证经济学分析旨在进行可用数据验证的客观描述或预测。

正相关（Positively related）：如果两个变量向同一方向移动，则这两个变量呈正相关。

现值（Present value）：一项未来回报的现值是指为了产生该笔未来收入而需要现在投资的金额。换句话说，现值是未来回报的贴现值。

价格上限（Price ceiling）：价格上限是市场上商品或服务价格的最高限值。

价格管制（Price control）：价格管制是政府对商品或服务价格的限制。

价格歧视（Price discrimination）：当企业对相同的商品或服务向不同的消费者收取不同的价格时，就会发生价格歧视。

需求价格弹性（Price elasticity of demand）：需求价格弹性测算的是因商品价格百分比变化而产生的需求量百分比变化。

供给价格弹性（Price elasticity of supply）：供给价格弹性测算的是供给量对价格变化的敏感度。

价格下限（Price floor）：价格下限，即商品或服务价格的最低限值（即价格不能低于这一最低限值）。

价格制定者（Price-makers）：价格制定者是指那些为商品定价的卖方。

价格接受者（Price-taker）：价格接受者是指接受了市场价格的买方或者卖方——买方不能通过讨价还价得到更低的价格，卖方也不能通过讨价还价得到更高的价格。

本金（Principal）：本金即初始的投资金额。

委托代理关系（Principal-agent relationship）：在委托代理关系中，委托人制定合约，并明确将代理人的收益同其业绩挂钩；代理人以行为影响业绩，进而影响委托人的收益。

边际优化原理（Principle of optimization at the margin）：边际优化原理指明了一个最优可行选项所具有的特质，即移至该选项会使你的境况变好，而偏离该选项会使你的境况变差。

私人物品（Private good）：私人物品兼具竞争性和排他性。

私人供给公共物品（Private provision of public goods）：私人供给公共物品是指公民致力于公共物品的生产或维护。

概率（Probability）：概率是指某件事发生的频率。

生产者剩余（Producer surplus）：生产者剩余是市场价格和边际成本的差值。

生产（Production）：生产是指将投入转化为产出的过程。

生产可能性曲线（Production possibilities curve）：生产可能性曲线显示了一种商品的最大产量与另一种商品给定生产水平之间的关系。

利润（Profits）：一家企业的利润等于其收入减去成本。

累进税制（Progressive tax system）：累进税制是指对那些收入越高的人征收税率越高的税。

产权（Property right）：产权赋予某人对财产或资源的所有权。

比例税制（Proportional tax system）：在比例税制中，无论收入水平如何，家庭都要按收入的相同比例纳税。

保护主义（Protectionism）：保护主义认为自由贸易有害，政府干预是控制贸易的必要手段。

公共物品（Public good）：公共物品兼具非排他性和非竞争性。

纯粹利他主义（Pure altruism）：纯粹利他主义是一种以帮助他人为主要动机的利他主义。

纯策略（Pure strategy）：纯策略是指总是针对某一情况选择某一特定行动。

需求量（Quantity demanded）：需求量是指在给定价格下，买方愿意购买的商品或服务的数量。

供给量（Quantity supplied）：供给量是在给定价格下，卖方愿意供给的商品或服务的数量。

随机（Random）：如果某件事存在风险，那么我们说它具有随机成分。

随机化（Randomization）：随机化是指以随机方式而非人为选择的方式将受试者分配到实验组或对照组。

累退税制（Regressive tax system）：累退税制是指对收入越高的人实行越低的税率。

监管（Regulation）：监管是指联邦政府或地方政府为影响市场结果，如商品或服务交易量、价格、质量或安全等而采取的行动。

租金（Rental price）：一件商品的租金是指在特定时间内使用该商品的成本。

研究与开发（研发）（Research and development (R&D)）：研究与开发（研发）是指企业针对尚未上市产品进行投资。

保留价值（Reservation value）：保留价值指的是一个让交易者对交易与否持无差异态度的价格。

剩余需求（Residual demand）：剩余需求是指其他企业无法满足的需求，它取决于行业中所有企业的定价。

收入（Revenue）：收入是指企业从其产品销售中所获得的金钱回报。

收益等价定理（Revenue equivalence theorem）：根据收益等价定理，在某些假设下，四种拍卖类型预计会带来相同的收入。

反向因果关系（Reverse causality）：当我们混淆了原因和结果的方向时，就会产生反向因果关系。

风险（Risk）：当结果无法预先确定时，即存在风险。

风险厌恶（Risk averse）：当人们具有风险厌恶偏好时，他们更倾向具有固定回报的投资。

风险中性（Risk neutral）：当人们属于风险中性时，他们不关心风险水平，因此不会对这两种投资表现出偏好。

风险寻求（Risk seeking）：当人们具有风险寻求的偏好时，他们更倾向于具有风险回报的投资。

销售税（Sales taxes）：销售税由买方支付，按商品销售价格的百分比计算。

稀缺资源（Scarce resources）：稀缺资源是指人们想要且想要的数量超过了其可用数量的东西。

稀缺性（Scarcity）：稀缺性指的是在一个资源有限的世界中拥有无限的需求的情况。

科学方法（Scientific method）：科学方法是一个持续的过程，经济学家和其他科学家利用其建立关于世界运转方式的模型并通过数据检验来评估这些模型。

密封出价拍卖（Sealed bid auction）：密封出价拍卖是私下出价，因此出价者互不了解出价情况的拍卖。

二级价格歧视（Second-degree price discrimination）：二级价格歧视是指根据消费者的购买特征向消费者收取不同的价格。

第二价格拍卖（Second-price auction）：第二价格拍卖是一种同时私下出价的拍卖。出价最高者将赢得拍卖标的，并支付相当于第二高出价的金额。

短期（Short run）：短期是指企业投入只能发生部分变化的一段时期。

停产（Shutdown）：停产是一种在特定时期内不进行任何生产的短期决策。

信号传递（Signaling）：信号传递是指拥有私有信息的个体为使他人相信该信息而采取行动。

同时行动博弈（Simultaneous-move games）：在同时行动博弈中，参与者要在同一时间做出行动选择。

技能偏向型技术变革（Skill-biased technological changes）：相对于非技能型工人，技能偏向型技术变革能够提高技能型工人的生产率。

斜率（Slope）：斜率等于 y 轴所示变量的数值变化除以 x 轴所示变量的数值变化。

社会剩余（Social surplus）：社会剩余是消费者剩余和生产者剩余的总和。

专业分工（Specialization）：劳动者为了提高总生产率而发展出特定的技能组合，并因此形成专业分工。

统计性歧视（Statistical discrimination）：由预期导致的对某一特定人群的歧视就是统计性歧视。

策略（Strategies）：策略指的是描述参与者将如何行动的一个完整计划。

替代品（Substitutes）：当一种商品的价格上升使得另一种商品的需求曲线右移时，这两种商品被称为替代品。

替代效应（Substitution effect）：替代效应是指当价格变化使消费者沿着给定的无差异曲线移动时所产生的消费变动。

沉没成本（Sunk costs）：沉没成本是一种一旦付出就永远无法收回，且不应当影响当前和未来生产决策的成本。

供给曲线（Supply curve）：供给曲线描绘了不同价格下的供给量。供给曲线是对供给表的图形化呈现。

供给曲线的移动（Supply curve shifts）：只有当给定价格下的供给量改变时，供给曲线才会发生移动。

供给表（Supply schedule）：供给表是一个表格，其所展现的是在其他条件不变时，不同价格下的供给量。

关税（Tariffs）：关税是对跨越政治边界的商品和服务所征收的税款。

基于偏好的歧视（Taste-based discrimination）：当人的偏好导致其歧视某一特定群体时，就会发生基于偏好的歧视。

税负归宿（Tax incidence）：税负归宿指的是税收负担的分配方式。

税收收入（Tax revenues）：税收收入（或称收入）是政府通过征税所获得的款项。

贸易条件（Terms of trade）：贸易条件是物与物的协商兑换率。

三级价格歧视（Third-degree price discrimination）：三级价格歧视是指根据不同消费者群体的属性向消费者收取不同的价格。

时间序列图（Time series graph）：时间序列图展示的是在不同时间点的数据。

总成本（Total cost）：总成本是可变成本和固定成本之和。

权衡（Trade-off）：当一个经济主体需要放弃一样东西以获取其他东西时，这个经济主体就会面临权衡。

公地悲剧（Tragedy of the commons）：当一种公共池塘资源遭到过度使用时，就会发生公地悲剧。

交易成本（Transaction costs）：交易成本是指进行经济交换的成本。

转移支付（Transfer payments）：转移支付是指政府将其部分税收入给予某些个人或团体。

单一模型（Unitary model）：家庭的单一模型假设一个家庭会在汇集了所有收入、财富和时间的预算约束下追求幸福的最大化。

单位弹性需求（Unit elastic demand）：具有单位弹性需求的商品，其需求的价格弹性等于1。

效用单位（Util）：一效用单位就是一个单位的效用。

效用（Utility）：经济学使用效用来测算从商品或服务消费中所获得的满意度或幸福感。

劳动边际产值（Value of marginal product of labor）：劳动边际产值指的是一名新增劳动者对企业收入的贡献。

实物资本的边际产值（Value of marginal product of physical capital）：实物资本的边际产值是额外一单位实物资本为企业收入所带来的贡献。

变量（Variable）：变量是指变化的因素或特征。

可变成本（Variable cost）：可变成本是可变生产要素的成本，它随企业产出的变化而变化。

可变生产要素（Variable factor of production）：可变生产要素是一种短期内可以变化的投入。

福利制度（Welfare state）：福利制度是指由政府运营的一系列保险、监管和转移支付项目，包括失业福利、养老金和政府运营和资助的医疗保健。

接受意愿（Willingness to accept）：接受意愿是指卖方愿意出售额外一个单位商品所需要的最低价格。在某一特定供给量下，接受意愿等于供给曲线的高度。接受意愿等同于边际生产成本。

支付意愿（Willingness to pay）：支付意愿是买方愿意为额外1单位商品支付的最高价格。

世界价格（World price）：世界价格是指一种商品在世界市场上的普遍价格。

零相关（Zero correlation）：当变量不存在有关联的变动时，我们说这些变量零相关。

零和博弈（Zero-sum game）：在零和博弈下，一方的损失是另一方的获益，因此收益之和为零。